普通高等教育“十三五”规划教材
经济法律精品系列

经济法概论

主　编／孔志强 赵　鹏
副主编／陈亚芹 朱　颖

立信会计出版社
LIXIN ACCOUNTING PUBLISHING HOUSE

图书在版编目(CIP)数据

经济法概论 / 孔志强，赵鹏主编. —上海：立信会计出版社，2021.3(2022.6 重印)

ISBN 978 - 7 - 5429 - 6784 - 8

Ⅰ. ①经… Ⅱ. ①孔… ②赵… Ⅲ. ①经济法—中国—高等学校—教材 Ⅳ. ①D922.29

中国版本图书馆 CIP 数据核字(2021)第 047569 号

策划编辑　赵志梅
责任编辑　赵志梅

经济法概论
JINGJIFA GAILUN

出版发行	立信会计出版社		
地　　址	上海市中山西路 2230 号	邮政编码	200235
电　　话	(021)64411389	传　　真	(021)64411325
网　　址	www.lixinaph.com	电子邮箱	lixinaph2019@126.com
网上书店	http://lixin.jd.com		http://lxkjcbs.tmall.com
经　　销	各地新华书店		

印　　刷	浙江临安曙光印务有限公司	
开　　本	787 毫米×1092 毫米	1/16
印　　张	26.5	
字　　数	645 千字	
版　　次	2021 年 3 月第 1 版	
印　　次	2022 年 6 月第 2 次	
印　　数	3 101—6 200	
书　　号	ISBN 978 - 7 - 5429 - 6784 - 8/D	
定　　价	58.00 元	

如有印订差错，请与本社联系调换

前　　言

本教材根据自2021年1月1日起施行的《中华人民共和国民法典》的最新规定以及近年来新出台和修订的其他法律、法规进行编写，反映了最新研究成果，简明地介绍了经济法的基本原理，清晰地阐述了企业和公司法律制度、市场主体经营活动法律制度、市场规制和调控法律制度以及经济纠纷处理法律制度等内容。

本教材的主要特点是突破法学界关于经济法与民商法的纷争，根据财经类高等院校培养学生知识结构的特定需要，编写了公司法、合同法和知识产权法等内容。同时，财经类高等院校学生还面临参加全国统一的注册会计师考试、会计专业技术资格考试和经济专业技术资格考试等，其中经济法和税法是这类考试中的重要内容。基于此，本教材更多地突出了有关财政、经济、税务、会计方面的法律知识，体现了针对性和实用性。

本教材每一章开篇有本章学习要点，方便学生掌握各章节的重点和难点。同时，每章均有涉及本章内容、由编者精心挑选的真实的典型案例，有助于将学生思维带入真实的法律实践中，使其更好地理解和掌握相关法律制度。

本教材由孔志强、赵鹏担任主编，陈亚芹、朱颖担任副主编。参加编写的有（按章节顺序）：张建华、孔志强（第一章、第二章），刘显娅（第三章、第四章），赵峰（第五章），吴志宏（第六章、第八章），王雁雯（第七章），陈亚芹（第九章、第十六章），邓君、廖莉（第十章），金慧华（第十一章、第十七章、第十八章），朱颖（第十二章），刘显娅、黄琳琳（第十三章），伍莉琼、陈熹（第十四章），伍莉琼、赵峰（第十五章），张建华、赵鹏（第十九章），赵鹏（第二十章），孔志强（第二十一章、第二十二章）。

本教材可作为财经类高等院校非法学专业学生的教学用书，也可作为学习经济法的自学参考用书。

限于编者水平，本教材难免存在疏漏和不当之处，恳请读者批评指正，以便日后修正。

编　者

2021年3月

目　　录

第一编　经济法总论

第一章　经济法及其调整对象 …… 3
　第一节　经济法概述 …… 4
　第二节　经济法的调整对象 …… 7

第二章　经济法律关系 …… 9
　第一节　经济法律关系的概念和特征 …… 10
　第二节　经济法律关系的构成要素 …… 11
　第三节　经济法律关系的产生、变更和终止 …… 15

第三章　经济管理权 …… 17
　第一节　经济管理权概述 …… 18
　第二节　经济管理权的内容和行使 …… 22

第四章　财产权——物权和债权 …… 27
　第一节　物权法律制度 …… 28
　第二节　债权法律制度 …… 37

第五章　财产权——知识产权 …… 42
　第一节　知识产权和知识产权法律制度概述 …… 44
　第二节　著作权法 …… 47
　第三节　专利法 …… 53
　第四节　商标法 …… 59

第二编　企业和公司法律制度

第六章　企业法概论 …… 65
　第一节　企业的概念和种类 …… 65
　第二节　企业法的概念和调整对象 …… 67

第七章 个人独资企业法律制度 …… 69
第一节 个人独资企业和个人独资企业法律制度概述 …… 70
第二节 个人独资企业的设立、解散和清算 …… 71

第八章 合伙企业法律制度 …… 75
第一节 合伙企业和合伙企业法律制度概述 …… 77
第二节 普通合伙企业法律制度 …… 77
第三节 有限合伙企业特殊法律制度 …… 84
第四节 合伙企业的解散、清算及其法律责任 …… 86

第九章 外商投资企业法律制度 …… 89
第一节 外商投资企业和外商投资企业法律概述 …… 91
第二节 外商投资企业的投资促进 …… 95
第三节 外商投资企业的投资保护 …… 98
第四节 外商投资企业的投资管理 …… 101

第十章 公司法律制度 …… 106
第一节 公司和公司法概述 …… 108
第二节 公司的设立 …… 113
第三节 公司的资本制度 …… 123
第四节 公司治理 …… 135
第五节 公司财务和会计 …… 144
第六节 公司合并、分立、解散和清算 …… 145

第十一章 企业破产法律制度 …… 151
第一节 企业破产和企业破产法律制度概述 …… 152
第二节 企业破产程序法 …… 154
第三节 企业破产实体法 …… 162

第三编 市场主体经营活动法律制度

第十二章 合同法律制度 …… 169
第一节 合同和合同法律制度概述 …… 170
第二节 合同的订立 …… 174
第三节 合同的效力 …… 182
第四节 合同的履行 …… 187
第五节 合同的变更、转让、解除和终止 …… 194
第六节 违约责任 …… 205

第十三章　担保法律制度 …… 211
第一节　担保和担保法律制度概述 …… 212
第二节　保证 …… 214
第三节　抵押 …… 217
第四节　质押 …… 221
第五节　留置 …… 224
第六节　定金 …… 226

第十四章　支付结算法律制度 …… 227
第一节　支付结算法律制度概述 …… 228
第二节　票据法律制度 …… 230
第三节　票据结算方式 …… 238
第四节　非票据结算方式 …… 245

第十五章　证券法律制度 …… 254
第一节　证券和证券法律制度概述 …… 257
第二节　证券的发行 …… 261
第三节　证券的交易 …… 265
第四节　上市公司的收购 …… 269
第五节　信息披露 …… 271
第六节　投资者保护 …… 273
第七节　法律责任 …… 275

第十六章　对外贸易法律制度 …… 281
第一节　对外贸易法律制度概述 …… 282
第二节　我国对外贸易活动的具体规定 …… 286

第四编　市场规制和调控法律制度

第十七章　广告和竞争法律制度 …… 293
第一节　广告法律制度 …… 294
第二节　反不正当竞争法律制度 …… 300
第三节　反垄断法律制度 …… 303

第十八章　产品质量和消费者权益保护法律制度 …… 308
第一节　产品质量法律制度 …… 309
第二节　消费者权益保护法律制度 …… 319

第十九章　税收法律制度 …… 329
第一节　税收和税收法律制度概述 …… 331
第二节　我国现行的主要税种 …… 335
第三节　税收征收管理法律制度 …… 355

第二十章　会计和审计法律制度 …… 364
第一节　会计法律制度 …… 366
第二节　审计法律制度 …… 378

第五编　经济纠纷处理法律制度

第二十一章　仲裁法律制度 …… 383
第一节　仲裁法律制度概述 …… 384
第二节　仲裁机构 …… 387
第三节　仲裁程序 …… 388

第二十二章　民事诉讼法律制度 …… 393
第一节　民事诉讼法律制度概述 …… 394
第二节　民事案件的主管和管辖 …… 401
第三节　民事诉讼程序 …… 405

主要参考文献 …… 413

第一编

经济法总论

第一章　经济法及其调整对象

本章要点

本章主要介绍经济法的产生和发展、经济法的概念和特征以及经济法的调整对象等内容。

典型案例

2011年3月下旬，联合利华(中国)有限公司有关负责人多次接受采访发表日化产品涨价言论，新闻媒体多次报道联合利华等品牌的日化产品将于4月份涨价，引起社会各界普遍关注，部分城市出现了抢购日化产品的现象。国家发展和改革委员会对此高度重视，责成上海市物价局对联合利华(中国)有限公司的行为依法开展检查，并约谈联合利华(中国)有限公司负责人，依法要求其在接受检查期间暂缓原定于4月1日执行的调价计划。

上海市物价局经调查发现，联合利华(中国)有限公司2011年3月向各大超市发出调价函，通知联合利华品牌部分日化产品从4月1日起涨价。该公司有关负责人自2011年3月21日开始，多次接受《新闻晚报》、《上海商报》、第一财经(微博)频道、《每日经济新闻》、新华社"中国网事"、《新京报》、《新民晚报》、《广州日报》等新闻媒体采访，发表"日化行业进入涨价周期""不排除第二次涨价的可能性"等言论。这些行为导致日化产品涨价的信息广泛传播，增强了消费者涨价预期，引发部分城市日化产品抢购，该公司的产品在个别超市的日销售额超过正常时期的几倍甚至十几倍，严重扰乱了市场秩序。联合利华(中国)有限公司的上述行为违反了《中华人民共和国价格法》(以下简称《价格法》)第14条、《价格违法行为行政处罚规定》第6条第1项的规定，属于"散布涨价信息，扰乱市场价格秩序"的价格违法行为，情节较重，社会影响较大。但考虑到该公司在被约谈后即公开宣布暂停调价并向消费者致歉，主动减轻违法行为的危害后果，根据我国《价格违法行为行政处罚规定》第6条和第17条第2款第1项以及《中华人民共和国行政处罚法》第27条第1项的规定，上海市物价局决定对联合利华(中国)有限公司作出罚款200万元的行政处罚。

为了维护正常的市场秩序，国家出台了《价格法》、《中华人民共和国反垄断法》(以下简称《反垄断法》)、《价格违法行为行政处罚规定》等法律、法规。根据法律规定，经营者依法享有自主定价权，但经营者调整价格的行为应当严格依法进行，经营者应遵循公平、合法和诚实信用的原则，不得相互串通操纵价格，不得滥用市场支配地位以不公平高价销售商品，不得捏造、散布涨价信息扰乱市场秩序，不得恶意发布涨价信息试探市场反应，与竞争对手默契串通协同涨价。主管部门对散布涨价信息引发市场波动，特别是造成抢购等破坏市场秩序的行为都将严肃查处，予以严惩，决不允许不法经营者肆意破坏市场秩序，损害消费者利益。

本案对经营者的启示是：所有经营者特别是占市场份额较多、在行业内影响较大的企业，要切实引以为戒，增强在价格方面的法律意识和社会责任意识，严格依法行使自主定价权，切实规范自身价格行为，自觉杜绝散布涨价信息、扰乱市场秩序等价格违法行为。

【资料来源】政策研究室：联合利华散布涨价信息扰乱市场秩序受到严厉处罚，https://www.ndrc.gov.cn/xwdt/xwfb/201105/t20110506_956807.html。访问日期：2020 年 12 月 20 日。

第一节 经济法概述

一、经济法的产生和发展

（一）经济法的产生

随着国家与法律的产生，经济法也就产生了。在奴隶社会与封建社会，经济法包含在“诸法合体”的法律之中。它作为一个独立的法律部门，是资本主义从自由竞争发展到垄断阶段的产物。

经济法这一概念起源于法国。18 世纪中叶，法国空想共产主义代表人物摩莱里于 1755 年在其出版的《自然法典》一书中使用了经济法一词。在该书第 4 章“合乎自然意图的法制蓝图”中，作者提出一系列法律草案，其中一个草案的名称就是“分配法或经济法”。继摩莱里之后，法国空想共产主义代表人物德萨米于 1843 年在其出版的《公有法典》一书中也使用了经济法概念。他将未来的社会结构设计为以“公社”为基本经济单位，“普遍一律地在所有公社之间实行社会财富的平均分配”。不过上述所指的经济法仅指社会活动的法则，用来描述他们设想的理想社会中公平分配财富的原则和方法，并非现代意义上的经济法。但这些思想却体现了现代经济法最本质的特征，即国家应当干预社会经济生活。现代意义上的经济法，是在资本主义社会发展到垄断阶段后产生的。在自由资本主义经济过渡到垄断资本主义经济的过程中，社会化大生产使垄断组织迅速扩大，特别是随着市场经济的发展，市场机制事后调节所具有的被动性和滞后性的固有缺陷逐渐暴露出来，导致竞争秩序混乱，引起市场结构失衡、效率低下、公平缺失等“市场失灵”现象的发生。市场经济所固有的竞争机制和自发调节失去了应有的效应，自由竞争的环境被破坏殆尽。到了垄断资本主义时期，资本主义私有制固有的根本矛盾和社会矛盾激化和集中爆发出来，经济危机的周期性爆发，社会矛盾的激化，垄断对自由竞争的限制，阻碍了生产力发展。因此，各资本主义国家为应对经济发展中出现的垄断、市场失灵和经济危机等问题，缓和各种社会矛盾、维持正常的经济秩序，不得不放弃原有的对经济生活“自由放任”和“国家不干预”等原则，开始以国家经济管理者的身份实行国家干预和市场调节相结合的经济政策。国家干预经济生活就是国家通过法律来调整特定的经济关系，规范市场主体和市场运行，以求经济稳定，最终达到稳固政权的目的。例如，德国在第一次世界大战期间，为适应战争的需要，颁布了一系列对重要物资及其价格实行国家管制的经济法律、法规。第一次世界大战后，德国为了振兴经济，继续制定了内容更为广泛的经济法律、法规。1919 年，德国颁布了被认为是世界上最早的以经济法命名的法律——《煤炭经济法》。在此前后，德国、美国等国家颁布了大量的经济法律、法规，真正意义上的经济法就这样出现了。

由此可见，在资本主义从自由竞争发展到垄断阶段以后，社会经济生活发展的客观实际要求国家要对社会经济生活进行全面干预，以求经济能够稳定发展。经济法作为一个独立的新的法律部门就应运而生了。

（二）经济法的发展

第一次世界大战以后，各国政府对经济的干预曾一度有所放松，但几年以后，资本主义国家爆发了 1929—1933 年经济危机。它使许多国家的经济面临崩溃，各国政府为了解决经济危机带来的问题，开始思考并转而对国民经济逐渐进行更为全面的总体性调节。与这个时期相适应的西方主流经济学思潮是国家干预主义，凯恩斯就是其中的代表人物。凯恩斯提出，要消除危机、拯救西方社会制度，就必须摈弃传统的经济自由主义政策，采取政府干预和调节经济的一系列措施，尤其是扩大政府的公共投资，以增加社会需求总量，刺激和带动个人消费和企业投资的增长。贯彻凯恩斯主义最典型的实例就是美国的“罗斯福新政”。“罗斯福新政”的核心就是根据当时美国垄断资本主义发展的需要，大规模兴建公共工程，调整农业，对银行证券业进行彻底检查和管制，通过颁布《国家产业复兴法》《农业调整法》《紧急银行法》《金融改革法案》等大量的经济法律、法规，利用法律手段干预经济生活，解决经济危机带来的矛盾，发展美国的垄断资本主义。德国在此时期也先后制定了大量经济法，特别是在 1933 年希特勒上台以后为发动第二次世界大战作准备所出台的一系列法律、法规，更是大大加强了国家对经济生活的干预，其中，比较有代表性的有《卡特尔条例》《德国经济有机结构条例》等。这些法律、法规的制定标志着垄断资本主义国家对社会经济生活的调整已进入一个新阶段。

第二次世界大战结束以后，各国为恢复战后经济，进入了和平发展时期，各国政府逐渐把经济发展放在了重要地位，开始自觉运用经济法来维护经济的运转和协调发展，国家的经济管理职能进一步深化，经济法的立法进一步充实、完备。德国为了重整社会经济秩序，先后颁布了一些旨在稳定经济的法律，如《经济稳定与经济增长促进法》《土地整顿法》《农业法》等。日本政府为了振兴经济，在实行经济非军事化、确立和平经济、提倡经济民主化三项原则的基础上，颁布了一系列旨在振兴经济的法律，内容涉及工业、农业、交通运输、商业、财政金融、外贸、公用事业等国民经济各个部门。美国也通过经济立法，扩大投资，兴办国有企业，刺激个人消费，拓展国外市场，推动了经济发展。第二次世界大战后，各主要资本主义国家的经济法都得到了充分的发展。

20 世纪七八十年代至今，经济法体现出新的发展趋势，得到了更为全面的发展和完善。随着现代高新科技迅猛发展，经济法与科学技术发展的结合更加紧密，立法内容空前丰富。在世界经济一体化的背景下，各国均将涉外经济法作为一国经济法中的重要内容。同时，各国注重综合运用各种经济手段，建立科学的宏观调控体系，使经济法体系更加完善和科学化。在此阶段，提倡经济民主、维护自由竞争的市场秩序、促进社会经济协调发展的“现代经济法”基本确立。

（三）我国经济法的产生和发展

我国经济法在奴隶社会与封建社会，也包括在“诸法合体”的法律之中。但作为一个现代意义上的独立法律部门的经济法是在改革开放和加强经济法制建设的背景下才出现的。改革开放以来，我国把经济法制建设与经济建设、经济体制改革和对外开放紧密结合起来，运用法律手段管理经济，保护改革开放，制定了一大批经济法律、法规，并随着社会主义市场经济体制建设步伐的推进而不断进行丰富和完善。特别是1993年3月，我国对《中华人民共和国宪法》（以下简称《宪法》）进行修正时，在修正案中提出了“国家实行社会主义市场经济”的主张，并明确提出要注重经济立法。为此，我国先后为建立和完善社会主义市场经济体制制定了大量的法律、法规，如反不正当竞争法、反垄断法、产品质量法、广告法、价格法、消费者权益保护法、预算法、政府采购法、土地管理法、对外贸易法、中国人民银行法、商业银行法、票据法、证券法、保险法等。

经济法在我国作为一个独立的法律部门，具有重要的地位，为维护社会公平和社会整体利益，促进经济与社会协调发展，发挥着不可替代的作用。

二、经济法的概念和特征

（一）经济法的概念

经济法的概念至今尚无定论，但综上所述，经济法调整的特定的经济关系可表述为国家在管理和协调市场经济活动过程中产生的经济关系，经济法是国家干预市场经济活动的结果。据此，经济法的概念可表述为，经济法是调整国家在经济管理与协调经济运行过程中发生的经济关系的法律规范的总称。

（二）经济法的特征

经济法作为一个独立的法律部门，除了具有法的一般特征外，还具有区别于其他部门法的特殊标志，主要表现在以下几个方面。

1. 综合性

首先，经济法的综合性表现在调整对象上，经济法的调整对象包括国民经济的各个领域、各个部门、各个环节中所发生的经济关系。其次，经济法的综合性表现在调整方法上，经济法把经济的、行政的以及刑事的调整方法有机地结合在一起来调整复杂的经济关系。

2. 经济性

经济法的经济性主要表现在它以一定的经济关系作为自己的调整对象，直接为经济基础服务。经济法以提高社会经济效益为直接目的，它从宏观效益与微观效益、长远效益与当前效益、整体效益与局部效益等各方面的经济效益出发，灵活运用各种经济手段来管理和协调经济关系，从而提高社会经济效益，促进国民经济持续、健康地发展。

3. 指导性

经济法的指导性是通过经济法所具有的限制和促进两种功能、产生的奖励和惩罚两种结果来体现的。一方面，国家根据不同时期的经济形势的需要，颁布限制和促进功能相结合的经济法律规范，限制一些经济关系的发生，或者促进一些经济关系的巩固和发展。另一方面，颁布奖励和惩罚相结合的经济法律规范，对积极履行法律规定义务且卓有成效的行为给予奖励；对违反法律规定义务的行为给予相应的惩罚，以此来表示国家对社会经济活动赞扬与反对的明确意向，特别是以法律形式规定奖励，是经济法所特有的。经济法通过制定具有限制和促进功能、产生奖励和惩罚结果的经济法律规范，指导各项经济活动走上正确的轨道。

4. 技术性

经济法同科学技术、自然规律的关系十分密切，是一种具有技术性特点的法律。社会经济的发展与科学技术的进步是结合在一起的。因此，作为调整社会经济关系的经济法，当然也具备技术性特点。许多经济法律、法规就是从技术规范上升为法律规范的，如有关标准化的法律、有关计量制度的法律等。还有些经济法律、法规与科技知识关系密切，如专利法、环境保护法等，这些都是经济法具有技术性特点的具体表现。

第二节　经济法的调整对象

一、经济法的调整对象的概念

经济法的调整对象是指经济法律规范所要促进、限制和保护的社会关系。任何法律部门都调整一定的社会关系，经济法的调整对象是国家需要干预的特定经济关系，即国家在经济管理与协调经济运行过程中发生的经济关系。

二、经济法的调整对象的范围

（一）市场主体调控关系

市场主体调控关系是指国家在对市场主体的活动进行管理以及市场主体在自身运行过程中所发生的社会经济关系。这里所指的市场主体，主要是指在市场上从事直接或间接交易活动的经济组织。市场主体调控关系包括两层含义：一是指国家作为一种外部力量与市场主体之间的调控关系，即国家从全局利益出发，在进行统筹规划、政策信息指导、提供服务和检查监督等活动中与性质和组织形式不同的经济组织所发生的调控关系；二是指市场主体内部的调控关系，即市场主体从自身利益出发，在进行计划、指挥、监督和调节等活动中与自己的组织机构和成员所发生的调控关系。

市场主体调控关系由经济法调整，以保证市场主体成为自主经营、自负盈亏的合格主体，使市场主体的经营活动在经济法规的指导下进行。

改革开放以来，关于中国市场经济主体管理的法律规定的主要表现形式是一系列关于公司、企业的规范性法律文件。例如，中外合资经营企业法、外资企业法、中外合作经营企业法、外商投资法（该法已取代前三部法律）、全民所有制工业企业法、公司法、合伙企业法、个人独资企业法等。

（二）市场运行调控关系

市场运行调控关系是指国家为了建立市场经济秩序，维护国家、市场经营者和消费者的合法权益而干预市场所发生的经济关系。我国实行社会主义市场经济，在市场的形成与良性循环方面就必须把左右市场体系的不正当竞争关系、产品质量关系、价格关系、广告关系、消费者利益保护关系等纳入自己的调整范围。经济法主要从国家介入市场的角度,对市场的形成、商品交易和市场运行秩序进行规制,以便建立一个良好的市场运行体系。为了加强市场管理,国家颁布了诸如反不正当竞争法、反垄断法、产品质量法、广告法、价格法以及消费者权益保护法等维护市场所必不可少的法律,通过这些法律的规制来维护一种竞争公平、市场资源合理配置、消费者权益得到合理保护的良好的市场秩序。

(三) 宏观经济调控关系

宏观经济调控关系是指国家从长远和社会公共利益出发,在对关系国计民生的重大经济因素实行全局性的管理过程中,与其他社会组织所发生的、具有隶属性或指导性的社会经济关系。

宏观经济调控的领域是广泛的:一是财政调控,即通过提高或降低税率、鼓励或抑制需求、扩大或减少政府支出来促进经济的发展;二是金融调控,即通过国家金融机构,调节货币的供应量和利率的高低,来对宏观经济活动施加影响;三是产业调控,即对农业、工业、采掘业和运输业等对国计民生有重大影响的产业实行税收倾斜、资源优化配置、限制垄断等手段来进行调控。这样,一方面可以抵销因自由竞争所带来的消极因素,为国民经济的发展创造一个公平的竞争环境和良好的经济秩序;另一方面也能减少市场的盲目性。

改革开放以来,我国在宏观调控方面制定了大量经济法律、法规。在财政调控方面,我国制定的法律主要有预算法、政府采购法等。在促进产业调节和可持续发展方面,我国制定的法律主要有土地管理法、渔业法、矿产资源法、邮政法、铁路法、农业法、对外贸易法、电力法、煤炭法、节约能源法等。在金融方面,我国制定的法律主要有中国人民银行法、商业银行法、票据法、证券法、保险法等。在价格方面,我国制定的法律有价格法等。

(四) 社会分配调控关系

社会分配调控关系是指国家在对国民收入进行初次分配和再分配过程中所发生的经济关系。例如,关于财政税收等方面的法律关系,即属此类。

关于社会分配的法律规定,在财政、税收方面,制定的法律主要有个人所得税法、企业所得税法、税收征收管理法。此外,国务院还先后制定了不少关于税收的法规,如增值税暂行条例、消费税暂行条例等。在社会保障方面,制定了残疾人保障法、老年人权益保障法、劳动法和社会保险法等。

第二章　经济法律关系

本章要点

本章主要介绍经济法律关系的概念和特征、经济法律关系的构成要素以及经济法律关系的产生、变更和终止等内容。

典型案例

2016 年，天津市市场监督管理委员会在监督检查中发现，天津市自来水集团有限公司（以下简称天津自来水公司）涉嫌滥用市场支配地位的违法行为。

经立案调查，天津自来水公司作为天津市市南主城区区域内唯一的城市公共自来水供应企业，对申请办理自来水新装业务的房地产开发企业附加在二次供水设施建设中须使用其控股公司——天津市华澄供水工程技术有限公司（以下简称华澄公司）的电器控制柜和远程监控子站的不合理条件。房地产开发企业为符合天津自来水公司的要求，多数将二次供水设施委托华澄公司建设，在施工前与华澄公司签订施工合同和远程监控子站建设合同，施工方式均采取包工包料的形式。少数房地产开发企业委托其他施工单位建设的二次供水设施的项目，其生活用水泵房也转包给华澄公司采取包工包料的形式建设，并须将远程监控子站委托华澄公司以包工包料的形式建设。上述采用包工包料形式建设的工程中所使用的电器控制柜均由华澄公司提供，房地产开发企业无法自主选择；远程监控子站均须由华澄公司建设，房地产开发企业无法自主选择。房地产开发企业如果不选择包工包料的形式将二次供水设施建设交由华澄公司施工和不选择华澄公司建设远程监控子站，就无法办理接装手续，也无法获得供水服务。

同时，依据《天津市城市供水用水条例》第 25 条"二次供水设施竣工后，建设单位应当组织供水企业等有关单位进行验收，并将竣工验收报告向供水管理部门备案。未经验收或者验收不合格的，不得投入使用，供水企业不得供水"的规定，天津自来水公司具有二次供水工程的审核验收职能。其利用这一职能，在二次供水设施施工前，要求房地产开发企业出具支付华澄公司建设远程监控子站工程款的凭证。房地产开发企业为确保工程工期和顺利验收，按时向购房人交房，在二次供水设施中也不得不使用天津自来水公司指定的电器控制柜和远程监控子站。

实际上，相关规范性法律文件仅对供水和二次供水的设计、施工和材料设备标准进行了规范，但没有规定必须使用何种品牌或者哪个公司的材料设备。自来水二次供水设施的材料设备市场本应是开放的竞争市场，只要符合国家、行业、地方标准规范的材料设备都可以进入该市场公平竞争。天津自来水公司的行为实质上是借助其在相关市场上具有的市场支配地位，将支配地位的影响力不公平地强加到电器控制柜和远程监控子站销售市场，不公平地限制了市场竞争，导致一些具备资质的合法经营者难以在本案相关地域市场销售。同时，天津自来水公司附加不合理交易条件的行为，也限制了房地产开发企业的自主选择权，损害了交易相对方的合法权益。

天津市市场监督管理委员会认为，天津自来水公司的行为违反了《反垄断法》第17条第1款第(5)项"没有正当理由搭售商品，或者在交易时附加其他不合理的交易条件"的规定。依据《反垄断法》第47条"经营者违反本法规定，滥用市场支配地位的，由反垄断执法机构责令停止违法行为，没收违法所得，并处上一年度销售额百分之一以上百分之十以下的罚款"的规定，责令其停止违法行为，并对其给予相应罚款的行政处罚。

【资料来源】天津市市场监督管理委员会行政处罚决定书（津市监稽罚字〔2019〕J1号），http://gkml.samr.gov.cn/nsjg/fldj/201907/t20190712_303429.html。访问时间：2020年12月20日。

第一节　经济法律关系的概念和特征

一、经济法律关系的概念

法律关系是一种社会关系，它是社会关系被法律规范确认和调整之后所形成的权利和义务关系，法律关系包括民事法律关系、行政法律关系、刑事法律关系、劳动法律关系、经济法律关系等。经济法律关系是法律关系的一种表现形式，是指经济关系被经济法律规范确认和调整之后所形成的权利和义务关系，即经济法主体根据经济法律规范产生的、经济法主体之间在国家管理与协调经济过程中所形成的权利和义务关系。

二、经济法律关系的特征

(1) 经济法律关系是在国家管理与协调经济过程中形成的意志关系。经济法律关系主体之间的经济权利和义务往往是由主体单方面依照法律所进行的意思表示。例如，征税往往是国家税务机关按照国家意志即法律单方面决定的，企业作为履行义务的一方，对国家的征税要求，是不能否认其法律效力的。这一关系体现的是国家意志，属于上层建筑范畴。

(2) 经济法律关系主体中的一方，多数情况下是国家经济管理机关，主体之间的地位多为不平等。

(3) 经济法主体参加法律关系时形成的经济权利和义务关系都是比较稳固的，不能任意改变。例如，国家经济管理机关不能随意放弃其经济权力，否则就构成失职。再如，税务机关征税的义务是不能随意转让的。

(4) 经济法律关系是由国家强制力保障实施的权利和义务关系。经济法律关系中的权利和义务都涉及经济利益。经济法律关系涉及的经济利益关系一般为国家或公共经济利益。由国家强制力作保障，实质上就是对经济法主体的经济权利的保护。

第二节　经济法律关系的构成要素

经济法律关系的构成要素是指构成经济法律关系的必要条件，由主体、内容和客体三个要素构成。

一、经济法律关系的主体

（一）经济法律关系的主体的概念

经济法律关系的主体简称经济法主体，是指在经济法律关系中享有经济权利、承担经济义务的当事人或参加者。享有经济权利的一方称为权利主体，承担经济义务的一方称为义务主体。但在许多情况下，经济法主体既享有经济权利又承担经济义务。

（二）经济法律关系的主体的范围

经济法律关系的主体的范围是由经济法律关系调整对象的范围决定的，由于经济法律关系调整对象范围的广泛性，经济法律关系的主体的范围亦十分广泛，我国经济法律关系的主体的范围如下所述。

1. 国家机关

国家机关是指行使国家职能的各种机关的统称，包括国家权力机关、国家行政机关、国家审判机关、国家检察机关等。作为经济法主体的国家机关主要是指国家行政机关中的经济管理机关。经济管理机关可分为三类：一是负责对国民经济全局进行宏观调控的综合性经济管理机关，如国家发展和改革委员会、财政部和中国人民银行等；二是负责对国民经济特定部门、行业进行管理的行业性经济管理机关，如交通运输部、住房和城乡建设部以及农业农村部等；三是行使专门管理职能的经济管理机关，如国家市场监督管理总局、国家税务总局和审计署等。国家机关和国家作为整体，除了是经济管理的主体之外，在某些情况下，也是经济法律关系的主体，如国家发行国债、以政府名义与外国签订经济贸易协定时。

2. 法人

法人是具权利能力和行为能力，依法独立享有权利和承担义务的组织。法人应当有自己的名称、组织机构、住所、财产或者经费。法人成立的具体条件和程序，依照法律、行政法规的规定。根据 2021 年 1 月 1 日起施行的《中华人民共和国民法典》（以下简称《民法典》）的规定，法人主要包括营利法人、非营利法人和特别法人。

1）营利法人

营利法人是指以取得利润并分配给股东等出资人为目的的成立的法人。营利法人包括有限责任公司、股份有限公司和其他企业法人等。有限责任公司和股份有限公司在本书第十章会重点介绍，此处不再赘述。其他企业法人主要包括具备法人条件但没有按照公司法成立公司法人的全民所有制企业、集体所有制企业、联营企业、外商投资企业和私营企业等。

2）非营利法人

非营利法人是指为公益目的或者其他非营利目的成立的，不向出资人、设立人或者会员分配所取得利润的法人。非营利法人可以分为事业单位法人、社会团体法人和捐助法人。

(1) 事业单位法人是指由国家出资的、以公益或社会服务为目的成立的非营利法人。实际上,我国目前还存在承担行政职能和从事生产经营活动的事业单位。不过,根据2011年《中共中央国务院关于分类推进事业单位改革的指导意见》,承担行政职能和从事生产经营活动的事业单位将从事业单位法人中剥离出去。因此,《民法典》规定的事业单位法人仅指从事公益服务的事业单位,如承担义务教育、基础性科研、公共文化、公共卫生及基层的基本医疗服务等基本公益服务的事业单位,以及承担高等教育、非营利医疗等公益服务的事业单位。

(2) 社会团体法人是指由我国公民自愿组成,为实现会员共同意愿,按照其章程开展活动的非营利性社会组织,如中华全国总工会、中国法学会等。

(3) 捐助法人是指具备法人条件、以公益为目的、以捐助财产设立的基金会、社会服务机构和依法设立的宗教活动场所。其中,基金会是指利用自然人、法人或者其他组织捐赠的财产设立的、以从事公益事业为目的的非营利性法人。社会服务机构脱胎于民办非企业单位,是指民间力量通过捐助方式举办的、以自身的资产为社会提供公益性社会服务的非营利性组织,如非营利性的民办学校和民办医院。宗教活动场所分寺院、宫观、清真寺、教堂以及其他固定宗教活动场所两类。在我国,基金会和社会服务机构均具有法人资格,而宗教活动场所不一定具有法人资格。宗教活动场所法人资格登记以自愿为原则,选择登记为法人的,则独立享有民事权利和承担民事义务;不选择登记为法人的,则没有独立的民事主体资格。

3) 特别法人

特别法人主要包括机关法人、农村集体经济组织法人、城镇农村的合作经济组织法人和基层群众性自治组织法人。机关法人主要包括有独立经费的国家机关和有独立经费的承担行政职能的法定机构。机关法人履行法定职能所从事的活动包括两种:一是公法意义上的活动,如前述国家机关所从事的经济管理活动;二是私法意义上的活动,即为履行职能所需要的民事活动。承担行政职能的法定机构是指不属于行政机关,但又行使行政机关职能的社会组织,如中国证券监督管理委员会、中国银行保险监督管理委员会等。农村集体经济组织法人是指利用农村集体的土地或其他财产,从事农业生产经营等活动的组织。城镇农村的合作经济组织法人是指按照自愿互利、民主管理、协作服务原则组建的经济组织,主要是指供销合作社等。基层群众性自治组织法人主要是依法成立的居民委员会和村民委员会,可以从事为履行职能所需要的民事活动。

3. 非法人组织

根据《民法典》第102条的规定,非法人组织是指不具有法人资格,但是能够依法以自己的名义从事民事活动的组织。非法人组织和法人的最主要区别在于其不能独立承担民事责任。当非法人组织的财产不足以承担民事责任时,则由其出资人或设立人承担连带责任。非法人组织包括个人独资企业、合伙企业、不具有法人资格的专业服务机构等。个人独资企业和合伙企业在本书第七章和第八章会重点介绍,此处不再赘述。不具有法人资格的专业服务机构是指专门提供专业服务的非法人组织,如律师事务所、采用合伙制的会计师事务所和资产评估机构等。

4. 自然人、农村承包经营户和个体工商户

自然人是指基于自然规律出生，具有五官百骸，区别于其他动物的人。自然人既是一个生物学意义上的概念，又是一个法律概念。农村承包经营户是指农村集体经济组织中依法取得农村土地承包经营权，从事家庭承包经营的农户。个体工商户是指经依法登记，从事工商业经营的自然人。此类个人主体在参与法律规定的经济活动时，便构成经济法律关系主体，享有相应权利，承担相应义务，如农户与农村集体经济组织发生承包关系、自然人向税务机关纳税等。

（三）经济法律关系的主体的资格

经济法主体必须具有进行经济活动的法定资格，即须具备经济法上的权利能力和行为能力。权利能力是指法律赋予经济法主体的享有经济权利、承担经济义务的资格或能力。行为能力是指法律确认经济法主体能够通过自己的行为实现经济权利、承担经济义务的能力。行为能力的实现，是以经济法主体具有权利能力为前提的，首先要有权利资格，然后才谈得上是否能够通过自己有意识的行为来实现。

法人与非法人组织的权利能力与行为能力具有时间和范围上的一致性，均随法人与非法人组织的成立而产生，随其终止而消灭。法人的行为能力通过其法定代表人行使。除法律有特别规定外，非法人组织的设立人或者成员都有权代表组织进行民事活动。《民法典》第 105 条规定："非法人组织可以确定一人或者数人代表该组织从事民事活动。"

自然人的权利能力和行为能力与法人有所不同。《民法典》第 13 条规定："自然人从出生时起到死亡时止，具有民事权利能力，依法享有民事权利，承担民事义务。"即自然人的民事权利能力始于出生，终于死亡。但对自然人来说，有权利能力，不一定就有行为能力。法律一般以自然人的年龄、智力和精神健康状况作为确定其行为能力的依据。根据《民法典·总则编》第二章第一节的规定，自然人的民事行为能力分为三种类型：完全民事行为能力人、限制民事行为能力人和无民事行为能力人。18 周岁以上的自然人为成年人，不满 18 周岁的自然人为未成年人。完全民事行为能力人包括：①成年人。②16 周岁以上的未成年人（以自己的劳动收入为主要生活来源的，视为完全民事行为能力人）。完全民事行为能力人可以独立实施民事法律行为。限制民事行为能力人包括 8 周岁以上的未成年人和不能完全辨认自己行为的成年人。限制民事行为能力人不能独立实施民事法律行为，须由其法定代理人代理或者经其法定代理人同意、追认；但是，可以独立实施纯获利益的民事法律行为或者与其智力、精神健康状况相适应的民事法律行为。无民事行为能力人包括不满 8 周岁的未成年人和不能辨认自己行为的成年人、8 周岁以上的未成年人。无民事行为能力人由其法定代理人代理实施民事法律行为。无民事行为能力人、限制民事行为能力人的监护人是其法定代理人。

二、经济法律关系的内容

经济法律关系的内容是指经济法主体享有的经济权利和承担的经济义务。

（一）经济权利

经济权利是指经济法主体依法能够作为或不作为一定行为，以及要求他人为或不为一

定行为的资格。我国法律赋予经济法主体的经济权利是极其广泛的。随着我国社会主义市场经济体制的建立和发展,国家对经济管理的方式逐渐由直接管理为主,转变为以间接管理为主,经济法主体的经济权利也呈现出扩大的趋势。

1. 经济职权

经济职权是指国家机关及其工作人员在行使经济管理职能时依法享有的权利。经济职权的产生基于国家授权或法律规定,具有命令与服从的隶属性质。在国家机关及其工作人员依法行使经济职权时,其他经济法主体均应服从。经济职权对国家机关及其工作人员既是权利又是义务,不得随意转让或放弃。

经济职权的表现形式主要有立法权、决策权、命令权、禁止权、许可权、批准权、撤销权、审核权、免除权、确认权、协调权和监督权等。

2. 财产权

财产权是以财产利益为对象,直接与经济利益相联系的民事权利,包括物权、债权、知识产权、股权和其他投资性权利等财产权利。

物权是指权利人依法对特定的物享有直接支配和排他的权利,包括所有权、用益物权和担保物权。所有权是指所有人依法对自己的财产享有的占有、使用、收益和处分的权利。所有权是一种不依赖、不从属于其他权利而独立存在的自主权利。它具有排他性、绝对性,一物上只能有一个所有权,而所有权人无需他人协助即可实现其权利。所有权是最充分的物权。用益物权是指权利人依法对他人的不动产或者动产享有的占有、使用和收益的权利,如土地承包经营权、建设用地使用权、宅基地使用权、居住权和地役权。担保物权是为了确保债务履行而设立的物权,包括抵押权、质权和留置权。当债务人不履行债务时,债权人就担保财产依法享有优先受偿的权利。

债权是指按照合同约定或法律规定,特定的债权人一方请求债务人为一定行为或者不为一定行为的权利。

知识产权是指权利人对其智力成果和工商业标志享有的权利。知识产权包括著作权、专利权、商标权、商业秘密权、地理标志权、植物新品种权和集成电路布图设计权等。

股权是指股东基于其股东资格而享有的从公司获取经济利益并参与公司经营管理的权利。

其他投资性权利主要是指经济法主体通过各种投资而取得的权利,包括信托权、各种期权等权利。

(二) 经济义务

经济义务是经济法主体根据法律规定或为满足权利人的要求而为或不为一定行为的法律负担。经济义务有以下几个方面的含义:①义务人必须为或不为一定行为,以满足权利人的利益需要。②义务人只承担法定范围内的义务,超出法定范围,义务人则不受限制。③义务人如不依法履行经济义务,则应承担相应的法律责任。

在经济法律关系中,经济权利与经济义务相互对立、相互联系。在通常情况下,经济权利与经济义务是一致的,权利的内容要通过相应的义务表现,而义务的内容则由相应的权利限定。经济法主体有一方享有一定的权利,必然有另一方负有相应的义务。

三、经济法律关系的客体

经济法律关系的客体是指经济法主体的权利和义务所指向的对象。根据我国法律的有关规定，经济法律关系的客体主要有物、经济行为和智力成果。

(一) 物

物是指能够为人类所认识和控制、具有一定经济价值并为经济法主体支配的、在生产和生活中所需要的客观实体。物包括自然存在的物品和人类劳动生产的产品，以及固定充当一般等价物的货币和有价证券等。但并非所有的物都可以充当经济法律关系的客体，只有与经济法主体的权利和义务相联系的物才符合经济法律关系客体的要求。

(二) 经济行为

经济行为是指经济法主体为达到一定经济目的，实现其权利和义务所进行的经济活动，包括经济管理行为、提供劳务行为和完成工作行为等。作为经济法律关系客体的经济行为仅指具有法律意义即为实现权利和义务的行为。

(三) 智力成果

智力成果是指经济法主体从事智力劳动所创造取得的成果，如科学发明、技术成果、艺术创作成果和学术论著等。智力成果本身不直接表现为物质财富，但可以转化为物质财富。智力成果作为经济法律关系的客体，其法律表现形式主要为商标权、专利权、专有技术和著作权等。

第三节　经济法律关系的产生、变更和终止

一、经济法律关系的产生、变更和终止的概念

经济法律关系的产生是指根据经济法律规范在经济法主体之间形成经济权利与经济义务关系。经济法律关系的变更是指经济法律关系的主体、内容或客体的变化。经济法律关系的终止是指经济法主体之间的经济权利与经济义务的不再存在。

二、经济法律关系的产生、变更和终止的条件

经济法律关系根据经济法律规范在经济法主体之间形成权利和义务关系。但经济法律规范本身并不能必然在经济法主体之间形成权利与义务关系，只有在一定的经济法律事实出现后，经济法律关系才能产生、变更和终止。据此，经济法律关系的产生、变更和终止需要具备以下三个条件：①经济法律规范，即经济法律关系产生、变更和终止的法律依据。②经济法主体，即权利与义务的实际享有者和承担者。③经济法律事实，即由经济法律规范所规定的、能够引起经济法律关系产生、变更和终止的客观现象。经济法律事实可以分为法律行为和法律事件两大类。

法律行为是指以经济法主体的意志为转移的、为达到一定经济目的而进行的有意识的活动。它是引起经济法律关系产生、变更和终止的最普遍的法律事实。按其性质，法律行为

可分为合法行为和违法行为两种。合法行为是指经济法主体符合法律规范的行为；违法行为是指经济法主体违反法律规范的行为。这两种行为都可以引起经济法律关系的产生、变更和终止。

法律事件是指由法律规范规定的，不以经济法主体的主观意志为转移而引起经济法律关系产生、变更和终止的客观事实。它包括自然事件和社会事件两种。自然事件又称绝对事件，如地震、洪水、台风等自然灾害；社会事件又称相对事件，如社会革命、战争等。相对事件虽由人的行为引起，但与特定经济法律关系当事人的意志无关，如当事人想履行合同，却因战争爆发而无法履行，从而导致当事人之间的法律关系变更或终止。

有些经济法律关系的产生、变更和终止，只需一个法律事实出现即可成立；有些经济法律关系的产生、变更和终止则需要同时具备两个以上的法律事实。引起某一经济法律关系产生、变更和终止的数个法律事实的总和，称为事实构成，如保险赔偿关系的产生，需要订立保险合同和发生保险事故两个法律事实出现才能成立。

第三章 经济管理权

本章要点

本章主要介绍经济管理权的概念、特征、种类、行使，以及主要由经济法律和法规制定权、经济决策权、经济计划组织权、经济调节权和经济监督权构成的经济管理权的内容。

典型案例

《国务院办公厅关于继续做好房地产市场调控工作的通知》(国办发〔2013〕17号)指出，当前房地产市场调控仍处在关键时期，房价上涨预期增强，不同地区房地产市场出现分化。为继续做好今年房地产市场调控工作，促进房地产市场平稳健康发展，经国务院同意，现就有关问题通知如下：一是完善稳定房价工作责任制。认真落实省级人民政府负总责、城市人民政府抓落实的稳定房价工作责任制。对行政区域内住房供不应求、房价上涨过快的热点城市，应指导其增加住房及住房用地的有效供应，制定并公布年度新建商品住房价格控制目标；对存在住房供过于求等情况的城市，也应指导其采取有效措施保持市场稳定。二是坚决抑制投机投资性购房。继续严格执行商品住房限购措施，继续严格实施差别化住房信贷政策，充分发挥税收政策的调节作用。三是增加普通商品住房及用地供应。各地区要根据供需情况科学编制年度住房用地供应计划，保持合理、稳定的住房用地供应规模。四是加快保障性安居工程规划建设。各地区要抓紧把建设任务落实到项目和地块，确保资金尽快到位，尽早开工建设。强化规划统筹，加强分配管理。五是加强市场监管和预期管理，引导房地产开发企业理性定价，稳步推进商品房预售制度改革。加强房地产企业信用管理，加强市场监测和研究分析。六是加快建立和完善引导房地产市场健康发展的长效机制，推进房地产税制改革，完善住房金融体系和住房用地供应机制，推进住宅产业化，促进房地产市场持续、平稳、健康发展。

该通知充分反映了国家对经济管理权的行使。政府通过宏观调控政策的实施，稳定房地产价格，遏制房地产市场投资与价格的增长速度，维护市场经济秩序。政府对房地产市场所采取的宏观调控方法，实际上是一种产业调控方法，是国家为了实现特定的经济、社会目的而对产业政策实施的经济干预，体现了国家的意志，贯彻了国家经济发展的战略，维护了社会公共利益。

【资料来源】国办发〔2013〕17号，国务院办公厅关于继续做好房地产市场调控工作的通知，2013年2月26日，有删减。索引号：000014349/2013-00031。

第一节 经济管理权概述

一、经济管理权的概念和特征

(一) 经济管理权的概念

1. 经济管理

经济管理随着人类社会的产生与发展而产生与发展。自从有了人类社会，就有了经济管理。经济管理作为社会化生产的必然要求，首先是对物的管理，即对生产、分配、消费、交换过程的经营、处理和协调。到了阶级社会，国家产生，管理才变成了对人的统治。因此，经济管理应该包括对物的管理和对人的管理两方面，它不仅是利用行政权进行的控制、取缔、监察等行政管理方式，而且是以行政管理为主的多种形式和内容的综合体系。

现代经济管理既有宏观经济管理，也有微观经济管理。宏观经济管理即国家或政府为弥补市场失灵而对国民经济体系和社会经济活动的控制、指导、调节、监督，其目的是实现经济稳定增长、重大经济结构优化、物价总水平基本稳定、充分就业、公正的收入分配和国际收支平衡。微观经济管理即各类企业、合作经济组织和个体劳动者的经营管理。本章阐述的经济管理主要是指宏观经济管理。

2. 经济管理权

随着社会生产力的发展和以此为基础而产生的社会分工的发展，系统的社会化大生产出现了。在社会化大生产的背景下，要保证社会经济正常运行，避免或者减少大的波动，客观上就需要对经济活动进行管理。经济管理权的产生是现代社会市场经济发展的必然要求，是保护社会公共利益的需要。在传统的计划体制下，虽然政府拥有包括经济管理权在内的社会经济管理权，但由于忽视和排斥市场主体的作用，将动态的社会经济运行过程与经济保护的关系当作静态的事物对待，并不能很好地调控经济。在完全的市场机制下，社会的一切经济活动都要通过市场来进行，市场在资源的配置上起着决定性作用，市场机制通过价格信号来反映各类资源的相对稀缺程度，从而调节和实现社会资源的分配。但是，市场并非万能的，它在许多方面存在明显的缺陷。如果对于市场机制调节出现明显不足的情形，国家视而不见，采取放任自流的态度，其结果将是直接危及一国的政治经济秩序，20 世纪二三十年代大规模的经济危机正是在这样的背景下产生的。政府对市场经济的运行加以宏观调控，把“看得见的手”与“看不见的手”有效地结合起来，是保证国民经济持续、快速、健康发展的前提条件。

可见，经济管理权的“权”是“权力”而不是“权利”。一般来说，权力是公共机关管理社会的权力，具有公共性，不可以放弃，放弃权力即为失职，要承担法律责任。权利则是社会主体的利益，不具有公共性，可以放弃。宏观调控是现代市场经济的需要，作为一种国家行为，必须由一定的代表机构来实施，为此，国家必须设立专门机构、以法律的形式赋予其职权。

有学者认为政府管理经济的权力是国家的一种职能，这样的国家职能可以追溯到人类社会的早期，并且它随着社会经济的发展而不断扩展，到了垄断资本主义阶段达到发达的程度。有学者则以“经济行政权”来指代政府干预经济的权力，即政府以消除市场失灵为目的干预经济活动的权力。还有学者把政府的这项权力称为“经济调制权”，并把该权力分成宏观调控权和市场规制权两大类。

国家的经济管理职能既是一种权力又是一种责任，为研究的方便，我们从权力的角度来界定国家经济管理职能，考察国家权力在经济运行中的规律及特征，这便是经济管理权的问题。因此，经济管理权是指政府的经济管理职能机关为了克服市场失灵问题，实现社会资源的最优配置和公共利益的最大化，依法对经济活动进行计划、组织、调节和监督，指引和规范市场主体经济活动的一系列公共权力的总称。

（二）经济管理权的特征

1. 法定性

所有权力都必须通过法律赋予，否则行政机关不得享有和行使任何权力，与此同时，任何权力都必须通过法律来制约和控制。经济管理权作为一种权力，也具有权力法定性的特征，主要表现为：首先，经济管理权来源于法律、法规的规定。《宪法》第 15 条规定，国家实行社会主义市场经济。国家加强经济立法，完善宏观调控。国家依法禁止任何组织或者个人扰乱社会经济秩序，这是对经济管理权的总的规定。《宪法》第 89 条又规定了国务院的经济管理权，如编制和执行国民经济和社会发展计划和国家预算，领导和管理经济工作和城乡建设、生态文明建设。除了《宪法》层面的规定外，我国各个经济领域的法律中都有具体的关于经济管理权的规定。其次，经济管理权的行使应当符合法律的规定，必须在法律授权的范围内按照法定的程序行使，不得在法律没有规定的情况下使公民负担义务或者侵害其权利，也不得在法律没有规定的情况下免除特定人的法律义务。如果经济管理主体超越法定范围行使经济管理权从而对相对人权利造成损害的，要承担行政赔偿责任，领导人员和主要执行者也要承担相应的责任。

2. 国家意志性

经济管理权的行使主体（以下简称经济管理主体）是国家的代表，所享有的权力来自国家法律的规定，以国家的名义进行活动，直接体现着国家的意志，当事人之间无权协商决定。经济管理主体只能依法行使权力，确保国家的整体利益，不得任意变更权力的内容或扩大、缩小权力的范围，没有自己独立意思表示的权力。

3. 强制性

经济管理权的强制性主要体现在法律中所规定的政府对经济违法行为的处罚上。2008 年 8 月 1 日实施的《反垄断法》第 46 条就有明确的规定。因为市场经济运行过程中总会出现各种各样偏离既定发展方向的情况，这种市场失灵的情况不仅会危害相关竞争者的利益，更会在更大范围内影响市场经济秩序。为此，经济管理主体凭借经济管理权在适当的时候对违法的市场主体进行处罚，迫使其放弃违法行为，修复受损的社会关系，使市场机制恢复到有秩序的运行轨道上来。

4. 统一性

经济管理权的职权和职责具有统一性。对经济管理主体而言，经济管理权既是它们的权力,也是它们的义务。任何经济管理主体不得将其享有的经济管理权随意转让或抛弃。但就某一具体的经济管理主体所享有的经济管理权而言,则是由其在经济管理活动中所处的地位决定的。具体的经济管理权总是与具体的经济管理主体相对应的,它随着经济管理主体的产生而产生,随着经济管理主体的消亡而消亡。与经济管理主体地位相对应的职能就是它们的职权,因为职权由国家强制力保证实施,所以义务主体必须服从。同时,经济管理主体所享有的经济管理权也是对国家的义务,是它们的职责,如果不行使、不正确行使或滥用自己所享有的经济管理权,就是失职或渎职,也将受到法律的制裁。

二、经济管理权与行政权的区别

经济管理权主要是通过计划、组织、调节、监督等手段,采取有效措施对损害整体经济利益的行为进行事前预防、事中监督和事后救济。因此,它的实施需要国家或政府的积极参与,需要运用行政权。不少人据此认为经济管理权就是行政权,甚至认为经济法就是行政法,然而,深入分析便不难发现,经济管理权与传统的行政权有着明显的区别。

(一) 两者产生的基础不同

传统的行政权产生于国家的警察职能,产生的基础是国家利益,是维护社会生活秩序和保障公共安全的必要手段,在经济领域的目标旨在不干预经济个体自由意志的前提下,维护自由竞争的市场秩序,维护公共安全。经济管理权产生于国家的社会经济管理职能,是现代市场经济条件下政府弥补市场失灵的必要补充,产生的基础是社会公共利益的需要。其目标是兼顾效率与公平,促进社会与经济的良性协调发展,解决个体营利性与社会公益性之间的矛盾。

(二) 两者行使的方式不同

传统的行政权是一种消极被动的限制权,它主要是在市场主体严重侵害国家、集体和他人利益的情况下,行政主体才行使的一种权力。行政主体不得干预市场主体之间的经济关系,更不得直接参与市场主体的经济关系。经济管理权是一种积极主动的干预权,国家经济管理机关可以依法采取各种手段和措施,计划、组织、调节、监督,积极主动地对经济主体施加影响,以保证经济法律和经济政策目标的实现。尤其是在宏观调控思想的指导下,经济管理主体通过积极主动地采取事前预防措施的方式来行使经济管理权。

(三) 两者行使的手段不同

传统的行政权行使主要是依靠公权力强制手段,行政机关依法行使行政权力。经济管理权的行使既包括传统的公权力手段,即国家经济管理机关通过行政行为直接地对相对人进行管理,以命令方式单方面为相对人设定权利和义务;还包括非公权力手段,如行政计划、行政合同、行政指导、行政扶助等,各种非公权力手段在经济法中得到了广泛运用。

(四) 两者行使的主体范围不同

传统行政权的行使主体比较单一,仅限于行政机关及法律、法规授权的组织,强调行政的统一性。经济管理权的行使主体则比较广泛。宏观经济管理权的行使主体基本上与传统行政权的行使主体相同,但在微观经济管理权方面,尊重经济法主体的自治权,经济管理权的主体范围相当广泛。

为了适应现代社会发展的需要，传统行政权的行使范围、行使手段、行使措施等发生了一些变化。正是这些变化引起了新的权力理论的产生和新的权力的确立。因此，传统行政权的变化既是国家经济管理权产生的基础，又是国家经济管理权产生的结果。

三、经济管理权的种类

按照经济管理权的属性，可以将经济管理权分为宏观调控权和市场规制权两类。

（一）宏观调控权

宏观调控权是指经济管理主体为了确保社会总需求与社会总供给之间的平衡，实现国民经济持续、稳定、协调增长的指标而对社会经济运行进行调节与控制的法定职权。宏观调控权是国家权力在经济管理领域的具体化，是国家权力的组成部分。经济管理主体行使宏观调控权进行宏观调控的目的是纠正市场失灵、指导经济发展、引导宏观经济协调运行。宏观调控权包括经济决策权、经济协调权和经济监督权三种。

宏观调控权是一项独立的、新型的国家权力，不能简单地认为其是行政权膨胀的结果。其产生的根本原因在于现代化、社会化大生产的发展和现代市场经济的形成，以及市场失灵现象严重阻碍社会经济运行，从而需要国家转变经济管理职能，对调控方式作相应的转换，即由单纯依靠行政权力手段转化为主要采取间接调控手段。我国实践中大量的宏观调控行为，如中央银行实施货币政策的许多措施，不是单纯的行政行为，宏观调控权是明显区别于行政权的一项法定的经济管理权。

（二）市场规制权

市场规制权是经济管理主体依据法律和法规，以行政、法律和经济等手段规范和限制个人、企业、行业和机构等特定的市场主体的一种法定职权。市场规制就是经济管理主体为市场主体的活动制定规矩。它可以依据法律和法规制裁违规经营的市场主体，但是不能代替市场主体进行经营，更不能介入或干预市场主体的经营管理等内部活动。

政府行使经济管理权进行市场规制的目的是禁止或限制不正当竞争行为和垄断行为，恢复自由和公平的市场竞争环境，从而发挥市场机制的调节作用。为此，市场规制权主要包括命令禁止权、批准确认权和许可撤销权三种。命令禁止权包括命令权和禁止权。命令权是指国家有关机关要求特定经济活动主体必须为特定行为的权力。禁止权则是指国家有关机关依法不允许相对人为某种行为的权力。批准确认权包括批准权和确认权。批准权是指国家有关机关依法同意特定人取得某种法律资格或实施某种行为的权力。确认权是指国家有关机关对有争议的特定的法律事实或法律关系依法宣告是否存在和有效的权力。许可撤销权包括许可权和撤销权。许可权是指国家有关机关依法对特定的事和特定的人解除禁止的权力，如特别经营许可证的发放等。撤销权是指国家有关机关依法对某种法律资格予以取缔或消灭的权力。撤销是对特定人既得权利的取消，如吊销营业执照等。

市场规制权有利于培育和发展有效的竞争市场，规范竞争秩序，给市场主体创造一个公平的、有效的市场环境，提高市场竞争效率。同时，有利于保护消费者，协调社会成员的利益，增进社会福利，保护环境，减少外部性，保护国内产品，维护民族经济利益。

第二节　经济管理权的内容和行使

一、经济管理权的内容

经济管理权是一种与职位相对应的权力，因此，不同的经济管理主体享有不同的经济管理权。从宏观上而言，经济管理权主要包括以下内容。

(一) 经济法律和法规制定权

经济法律和法规制定权是经济管理主体在建构市场体系和规范市场机制运行过程中制定经济法律和法规的权力。其目的是介入市场经济生活，实现经济管理主体对经济的干预和管理。没有法律制度建构的行为规则体系，市场就不能正常运转。经济法律和法规的制定权可以从宏观和微观两个方面分类，宏观上涉及计划法、财政法、税法、金融法、价格法等宏观调控经济关系的法律制度，其目的是弥补市场调节的缺陷，防止或消除经济发展中的总量失衡和结构失衡。微观上主要涉及反垄断法、反不正当竞争法、消费者权益保护法、产品质量法、广告法等，其目的是维护市场秩序的正常运行，打击市场经济中阻碍正当竞争的反市场因素，确保市场资源配置功能的有效发挥。

(二) 经济决策权

经济决策权是指经济管理主体为了实现国民经济和社会发展的总体协调，保证国民经济总量的平衡，保证产业结构的优化组合及各种生产要素的优化配置，决定社会经济发展模式、改革进程以及调整产业和区域经济结构的权力。这项权力是经济管理权中社会影响最大、最核心的权力。经济决策权有不同的层次，也就是说不同级别的经济管理主体享有不同权限的决策权。中央政府享有最高层次的经济决策权，其决定的事项涵盖国民经济发展的各个领域，包括经济体制改革、区域经济的发展、产业结构的布局、社会财富的分配和社会保障体系的完善。地方政府的经济决策权主要是在中央政府决策的指导下，决定管辖区域内经济发展战略等宏观性经济事项的权力。

(三) 经济计划组织权

经济计划组织权是在市场经济背景下产生的，它不同于古代政府管理经济的国家职能，是经济管理主体为了克服市场自身调节的不足而对经济活动的计划和组织权力。现代国家所实行的市场经济体制不是纯粹的自由经济，也不是纯粹的计划经济，几乎都是自由市场与经济管理主体计划组织的结合，区别只是两者的比例不同，以英美为代表的发达资本主义国家中自由市场成分较多，而北欧国家和前社会主义国家中的计划组织的成分较多。

(四) 经济调节权

经济调节权是经济管理主体为了实现国民经济和社会发展计划目标，在应对重大事件以及促进横向经济联系的过程中，利用经济杠杆或行政权力，运用干预、参与等方法对地区、部门、企业之间的经济关系进行调度与平衡，以促进国民经济稳定、协调、健康发展的权力。在市场经济条件下，市场主体与市场主体之间、市场主体与管理主体之间不可避免地会产生一些矛盾和纠纷，如果它们之间的纠纷和矛盾不能得到及时解决，市场主体因国家经济调节而受到的权利损害不能及时得到保护，不仅会影响经济法的贯彻实施，无法实现经济法的立法宗旨，而且会对社会秩序的稳定构成一定的威胁，也会阻碍社会经济的发展。

（五）经济监督权

经济监督权是经济管理主体在经济管理的过程中对市场主体的生产经营活动予以监督、检查，必要时进行控制，以保障交易安全，维护市场秩序的权力。在市场竞争的压力下，一些市场主体为了以最小的成本获取最大的收益，不惜采用不正当手段进行竞争，从而损害了其他市场主体的合法利益，也危害了正常的市场竞争秩序。这是市场机制的内在缺陷，不可能由市场自身的调节机能解决，必须依靠政府对经济行为的监督。

监督可以涉及经济活动的各个方面。例如，计划监督主要是指国家机关对国民经济和社会发展计划的制订、执行以及实施情况的监督；财政监督主要是指国家机关对国家预算执行情况进行检查，对有关部门和单位完成财政收支计划情况进行的监督；会计监督主要是指享有会计职权的经济管理主体对有关单位的款项收支、财产的存用、债权债务的发生与结算的合法性、有效性进行的监督。另外，还有审计监督、银行监督等，都属于国家机关经济职权中的经济监督权。

二、经济管理权的行使

（一）经济管理权行使的主体

经济管理权行使的主体是指在经济法律关系中承担管理职能的当事人。它们主要是根据《宪法》和行政法设立的，由《宪法》和行政法对其性质、职能、任务、隶属关系等进行明确规定，承担决策、执行、协调、监督等经济管理职能的组织或者机构，也包括由法律和法规授权，承担某种政府或社会的经济管理职能的其他组织，如我国的银行保险监督管理委员会和证券监督管理委员会等。经济管理行使的主体具体分为以下四类。

1. 各级人民代表大会及其常务委员会

根据我国《宪法》的规定，我国的权力机关分为五级。它们在立法和审查、批准、决定重大事项，依法实施监督的过程中与有关机关、组织和个人发生经济法律关系。比如，全国人民代表大会是国家最高权力机关，享有包括制定和修改《宪法》在内的最高立法权，并有权审查和批准国民经济和社会发展规划、国家的预决算等。县级以上地方各级人民代表大会是地方各级权力机关，享有本地区最高权力，本地区的其他国家机关由它产生，对它负责并受它监督。县级以上地方各级人民代表大会保证本地区对《宪法》、法律和法规、国家规划和预算等的遵守和执行。它还可以依法制定地方性法规，决定本地区的重大事项，审查、批准本地区国民经济和社会发展规划、预算，批准和作出重大的经济决策等。县级以上各级人民代表大会常务委员会是各级人民代表大会的常设机关。

2. 各级人民政府及其管理部门

根据我国《宪法》的规定，国务院即中央人民政府，是我国的最高行政机关，它负责领导和管理全国的经济工作和城乡建设，编制、执行国民经济和社会发展规划及国家预算。

国务院和地方各级人民政府承担经济管理职能的部门大致可以分为宏观调控管理部门和专门经济管理部门。它们是按照《宪法》等有关法律规定的程序组建，运用国家权力管理国民经济的组织，其他任何组织和个人不享有经济管理权。

县级以上各级人民政府在国务院统一领导下，依法管理本行政区域内的经济、城乡建设事业和财政等工作。

3. 特殊企业

作为经济管理权行使主体的特殊企业之所以“特”，是因为它具有公共性、政策性、管理性等特征，其主要包括政策性经营企业和专事国有资产投资或控股管理的企业。政策性经营企业承担着执行国家政策及相应的管理职能，如中国国家开发银行办理重点建设贷款和贴息业务，对固定资产投资总量和结构进行调节；中国农业发展银行主要承担国家粮棉油储备和农副产品合同收购、农业开发等业务中的政策性贷款，代理财政支农资金的拨付和监督使用；中国进出口银行执行国家产业政策和外贸政策，为扩大我国企业机电产品和成套设备等资本性货物出口提供政策性金融支持。专事国有资产投资或控股管理的企业，在市场经济条件下是政府对国有资产投资经营管理的重要形式，如中国投资有限公司、国家开发投资公司、地方各级政府设立的各种国有资产经营公司或投资公司等。

4. 法律和法规授权的其他组织

有些经济管理权行使的主体既不是权力机关、行政机关，也不是特殊企业，而是因法律和法规的授权而获得了一些经济管理职能的其他组织，如我国的银行保险监督管理委员会和证券监督管理委员会等监管机构，还有就是电力、电信等公司经法律、法规的授权在公用事业方面获得了一定的管理职能，因而也成为经济管理权行使的主体。

（二）经济管理权行使的要求

1. 法治

法治是现代行政的基本手段，是建立良好的政府与公民、社会、市场关系的基础，政府的一切行为都应符合法律的规定和精神。就经济管理权的行使而言，政府对市场经济的管理要由法律限定，政府的宏观调控行为和市场规制行为都应依法进行：首先，应将宏观调控权的行使纳入法律的规范范畴。其次，市场规制权的行使因与市场主体发生直接的关系，更容易侵犯相对人的合法权益和引发不公，所以在市场规制权行使过程中的法治规则更为重要。政府在行使市场规制权的过程中必须严格依照法律的授权，按照法定程序进行，在行使自由裁量权的时候也必须依据法律授权的基本精神和限度。

2. 效率

经济管理权行使的效率要求包含两层含义：一是经济管理人员和机构应充分提高行政效率，降低政府经济管理的成本；二是经济管理权的行使必须促进市场经济效率。在宏观调控方面，通过计划、价格、金融、财税等方面的经济措施对市场经济的发展制订宏观计划，依法对一定时期的经济运行制订各种中长期计划，减少市场经济运行的盲目性和市场主体行为的短期性，使市场在克服其自身缺陷的基础上实现效率，克服市场失灵，维护市场秩序。

3. 合理

经济管理权的行使不仅要依法进行，而且还必须针对具体情况把握合理的尺度，合理也是经济管理权行使的要求之一。经济管理权涉及的经济事务纷繁复杂，法律规定难以穷尽所有的细节，法律往往会赋予政府机关在某个法定幅度和范围内行使经济管理权力。法律规定的确定性和稳定性在一定程度上会落后于现实。这种情况决定了经济管理机关行使经济管理权时必须赋予其一定的自由裁量权。但这种自由裁量不是任意的自由裁量，而必须以合理为原则。

4. 信用

信用是市场交易的润滑剂，也是市场机制发挥作用的重要资源，它作为经济管理权行使的要求包含两层含义：一是经济管理主体自身必须要有信用，成为讲信用、守信用的表率，取信于民，信用缺失是永远也克服不了的毒瘤；二是经济管理主体应注重推进建立和完善市场信用体系。目前，我国的社会主义市场经济的信用体系刚刚起步，企业信用制度和个人信用制度尚未建立起来。为此，经济管理主体应通过政策引导和调控，尽快建立起与社会主义市场经济相适应的国民信用体系。

5. 公开

经济管理主体进行的经济管理是一项复杂的系统工程，涉及社会各个方面和各个层次的利益。因此，为了使经济管理权的行使具有公信力，经济管理权行使必须遵循公开原则，落实公民的知情权，增强经济管理主体工作的透明度和公众参与度，促进我国市场经济体制的进一步发展和完善。

（三）经济管理权行使的规则

经济管理权行使的过程是将法律上的权力实际转化为经济管理主体及其工作人员的权力的过程。经济管理权运用合理得当，可以极大地促进经济社会的发展，运用不当，则会成为侵犯市场主体基本权利以至妨害市场机制正常作用发挥的工具。为此，经济管理权行使的规则主要有以下几点。

1. 市场优先规则

在市场经济条件中，市场机制是社会经济运行的基本模式，也是配置经济资源的主要途径。经济管理主体不能代替市场的作用，不能违背市场机制的运行规律，不得侵犯市场主体的自主权利，从而使市场保持高度的竞争活力。

经济管理权的行使应当是当市场失灵时，经济管理主体介入市场进行经济管理，克服市场失灵问题，矫正失范的市场行为，使其回到正常的轨道中，使供求、竞争、价格、风险机制都能准确地传达经济运行过程中的信息，市场机制发挥其应有的作用。因此，经济管理权的行使是为了配合市场经济的有效运行，而不是为了否认市场机制的调节作用和资源配置能力。

2. 利益规则

经济管理权的行使应考虑三种利益，即市场主体利益、社会公共利益和政府自身利益。政府进行经济管理的目的是克服市场失灵问题，即保障市场主体的正当利益，限制其采用不正当手段和方式追求利益，从而使社会公共利益与市场主体利益相统一，也就发挥了“有形之手”的作用。同时，政府还应当由管理型政府向服务型政府转变，在市场机制不能发挥作用的领域，如公共产品的提供、社会保障体系的建立等方面有所作为，这是保障和促进社会公共利益的重要方面。此外，还应注意到政府也有其自身的利益，政府并不完全是社会公共利益的代表。

3. 责权统一规则

经济管理权是公权力，责权统一规则意味着“有权才能行使且必须行使”。其行使应当遵循公权力的运行规则，适用的是“权力法定”原则，即法律没有授权的，经济管理主体就不得为之，超越法律规定就意味着滥用权力。如果出现阻碍市场正常发展的现象，政府必须主动介入进行干预和管理，这是政府所负有的职责，否则就应当承担渎职的责任。

总之，市场经济国家不管其具体国情如何，竞争性的市场机制是必不可少的，政府的干预也是必不可无的。“看得见的手”和“看不见的手”这两只手必须紧密配合。

第四章 财产权——物权和债权

本章要点

本章主要阐述物权和债权法律制度。在物权法律制度中，介绍物权的概念和特征、体系和内容以及基本原则，阐述所有权的概念、内容、取得与用益物权的概念、特征和种类。在债权法律制度中，阐述债的概念、债的法律关系的构成和特征以及债的发生和债的种类。

典型案例

2020 年 1 月 19 日，原告合肥莱茵家具有限公司误将支付给案外人的价款 24 293 元汇入被告上海爱青木业有限公司的账户。原告发现操作失误后，联系被告退款未果。原告向上海市嘉定区人民法院提出诉讼请求：判令被告返还原告不当得利款 24 293 元及利息（利息自起诉之日起按照同期全国银行间同业拆借中心公布的贷款市场报价利率计算至清偿完毕之日止）。被告辩称，确实收到这笔款项，但是过错不在被告，原告打款前没有告知被告，被告也不知道收款的事实，后被告的账户被冻结，没有办法归还这笔款项，综上，过错不在被告，现在没办法归还，请求驳回原告诉请。针对原告和被告间的这一不当得利纠纷一案，上海市嘉定区人民法院于 2020 年 7 月 3 日立案受理后，依法适用简易程序，于 2020 年 9 月 8 日公开开庭进行了审理。经审理，上海市嘉定区人民法院根据原告提交的银行付款回单、微信聊天记录以及本案庭审笔录等证据，认定原告和被告间曾有业务关系。法院认为原告误将支付给案外人的价款支付给被告，导致被告获得款项 24 293 元，被告所获款项属于不当得利。根据相关法律规定，被告应履行返还义务。原告错汇当天即联系被告要求返还，彼时被告已经知悉错汇款项一事，嗣后被告即为恶意占有，其账户被查封不能成为拒不返还的理由。原告主张被告返还价款并主张自起诉之日起的利息，于法有据，法院予以支持。据此，依照《中华人民共和国民法总则》第 122 条的规定，判决如下：被告上海爱青木业有限公司应于本判决生效之日起 10 日内返还原告合肥莱茵家具有限公司价款 24 293 元，并偿付以该金额为基数计算的利息（自 2020 年 7 月 3 日起计算至实际清偿之日止，按照全国银行间同业拆借中心公布的贷款市场报价利率计算）。如果被告未按本判决指定的期限履行给付金钱义务，应当依照《中华人民共和国民事诉讼法》（以下简称《民事诉讼法》）第 253 条的规定，加倍支付迟延履行期间的债务利息。

【资料来源】中国裁判文书网，合肥莱茵家居有限公司与上海爱青木业有限公司不当得利纠纷一审民事判决书，(2020)沪 0114 民初 14073 号。

第一节 物权法律制度

一、物权法律制度概述

(一) 物权的概念和特性

1. 物权的概念

如同民法上的其他诸多概念的渊源一样,物权的概念也滥觞于罗马法。罗马法曾确认了所有权、永佃权、地上权、质权、抵押权等具体的物权形式,并创设了与对人之诉相对应的对物之诉,以便对上述各种权利进行保护。不过,罗马法中并没有出现抽象概括性的物权和他物权的名词和概念,它们是中世纪注释法学派在研究、诠释罗马法时创造的。

一般认为,1804 年的法国《民法典》率先使用了物权的概念,该法典第 2262 条规定:“一切物权或债权的诉权,均经 30 年的时效而消灭。”1900 年颁布的德国《民法典》以“物权”为该法的第三编的编名,用了 442 个条文对物权制度作了系统、完整的规定,奠定了物权作为一项基本民事权利的地位及物权法的基本体系。其后,物权概念为多数国家的立法所接受,物权法律制度也成为现今大陆法系国家民法的重要组成部分。

关于物权的概念,我国台湾学者大致有三种表述。比如,梅仲协在《民法要义》中认为:“物权者,支配物的权利也。”郑玉波在《民法概要》中说:“物权乃直接支配其标的物,而可以对任何人主张之一种财产权。”史尚宽在《物权法论》中对物权的定义为:“直接支配一定之物,而享受利益之排他的权利。”这几种说法基本相同,没有质的差别,即物权是权利人直接支配特定物并享有排他性的权利。我国内地民法书籍关于物权的定义大致也是如此。

我国《民法典》第 114 条第 2 款规定:“物权是权利人依法对特定的物享有直接支配和排他的权利,包括所有权、用益物权和担保物权。”这一概念的界定,强调了对物支配与效力排他这两个基本要素,并指出了物权的基本类别。

2. 物权的特性

物权的特性是物权本质属性的集中体现,也是物权区别于其他权利的标志。与债权相比,物权的特性可以概括为以下四个方面。

(1) 物权在内容上的特性——支配性。物权以直接支配标的物为内容,即物权人依自己的意愿支配特定物,可以直接对特定物行使权利,可以无需他人行为的介入。例如,所有权人对自己的房屋可以居住及翻修、改建,也可以将其出租、出借、抵押、出售。不过物权人对物的支配性因物权种类的不同而不同,所有权的支配性最完全,其他物权仅在一定限度上支配特定物。所有权人直接管领所有物状态下的支配性完全无需他人行为的介入。所有权人在未直接管领所有物时,其对所有物行使支配性则需他人行为的介入。用益物权人的支配性以所有权人行为介入为前提,但是排斥第三人的介入。

(2) 物权在效力上的特性——排他性。物权是直接支配标的物的权利,对外具有排除他人干涉而由权利人独占享有其利益的性质与效力。不过对于物权的排他性,学界的认识并不完全相同。一般而言,排他性是指排除他人干涉的权利,它一方面是指物权不容他人侵犯，另一方面是指同一物上不得同时成立两个内容不相容的物权。例如，一套房子只能有一个所有权，不能存在两个所有权。物权也不全是排他的，也有容他的属性。所有权与用益物权、担保物权可以在同一物上并存，如在同一块土地上，农民集体对土地的所有权与农户对土地的承包经营权可以并存。用益物权之间若不相斥，也可在同一物上并存，如宅基地使用权与征用物权可以并存。一个物若容量很大，允许设多个抵押物权。

（3）物权在主体上的特性——对世性。物权是指特定主体所享有的、排除一切不特定人的侵害的财产权利。在权利的分类上，物权被称为“对世权”或“绝对权”，即是对不特定世人皆可主张权利的权利。物权的权利主体特定，义务主体不特定，权利人以外的任何人都负有不得非法干涉和侵害其物权的义务。而债权只是发生在债权人和债务人之间，债权的权利主体和义务主体都是特定的。债权人的请求权只对特定的债务人发生效力，因此，在权利的分类上债权被称为“对人权”或“相对权”。

（4）物权在客体上的特性——特定性。物权是民事主体对物质资料的占有关系在法律上的反映，因此，物权的客体只能是物，而不能是行为或非物质的精神财富。同时，其客体还应该是特定的、独立的、有形的、既存的物，否则物权的支配权无法进行，若发生物权变动时也无法进行登记或交付。作为物权客体的物原则上是有形的动产或不动产，唯一例外的是在法律有特别规定的情况下，财产权利也可以成为担保物权的客体。

（二）物权法律制度的体系和内容

2020 年 5 月 28 日，中华人民共和国第十三届全国人民代表大会第三次会议审议通过了《民法典》，于 2021 年 1 月 1 日起施行。它是一部社会生活的百科全书，人民民事权利的保护法典，分为 7 编，其中第二编为物权编。这是我国自 2007 年《中华人民共和国物权法》（以下简称《物权法》）实施后首次修改物权法律制度，并实现了从《物权法》单行法到《民法典》重要分编的转变。

物权法律制度调整因物的归属和利用而产生的民事关系，是最重要的民事基本制度之一。《民法典·物权编》以单行法《物权法》为基础，结合现实需要，进一步修改完善了物权法律制度，包括通则编、所有权编、用益物权编、担保物权编和占有编 5 个分编，共 20 章 258 条。

通则编规定了物权制度基础性规范，包括平等保护等物权基本原则，物权变动的具体规则，以及物权保护制度。所有权编规定了所有权制度，包括所有权人的权利，征收和征用规则，国家、集体和私人的所有权，相邻关系、共有等所有权基本制度并进一步完善了业主的建筑物区分所有权制度。用益物权编规定了用益物权制度，明确了用益物权人的基本权利和义务，以及建设用地使用权、宅基地使用权、地役权、居住权等用益物权。担保物权编规定担保物权制度，明确了担保物权的含义、适用范围、担保范围等共同规则，以及抵押权、质权和留置权的具体规则。占有编规定了物权占有制度，明确了占有的调整范围、无权占有情形下的损害赔偿责任、原物及孳息的返还以及占有保护等规定。

（三）物权法律制度的基本原则

物权法律制度的基本原则是制定、解释、适用、研究物权法律制度的基本准则，反映物权的本质、规律。这里所讲述的物权法律基本原则主要是指物权领域适用的一些重要特殊的原则。

1. 物权法定原则

物权法定原则又称为物权法定主义，是指物权的种类和内容均由法律明确规定，当事人不得任意创设新物权或变更物权的法定内容。对此，日本《民法典》规定，物权，除本法及其他法律所定者外，不得创设。我国《民法典》第 116 条也明确规定："物权的种类和内容，由法律规定。"

民法典之所以规定物权法定原则，是因为物权是绝对权，具有极强的效力，与他人的利益和社会经济秩序都有直接关系，只有以强行性法律规范规定物权的种类、内容、效力、变动等，才能使物权的存在明朗化、物权变动公开化，也只有这样，才既能保障物权人的利益，又能保护第三人、国家和集体的利益，维护正常的经济秩序，促进物的经济效用的充分发挥。

2. 物权公示原则

物权具有支配性、对世性和效力的排他性，物权的变动如果不能公开、透明，则不利于保护权利人的权利，也不利于维护善意第三人的利益。物权的公示历来都是物权法上的重要问题，物权公示原则也因此成为物权法律制度的基本原则，主要适用于基于法律行为而发生物权变动的情况。非基于法律行为而发生的物权变动，则适用法律的特殊规则。

物权的公示是指以公开的、外在的、易于查知的适当形式展示物权存在和变动的情况。对物权公示的方法，我国《民法典》第 208 条规定，不动产物权的设立、变更、转让和消灭，应当依照法律规定登记。动产物权的设立和转让，应当依照法律规定交付。物权公示原则就是法律上要求当事人必须以法定的、公开的方式展示现有物权变动的事实，否则不能发生物权变动的效力。

二、所有权

（一）所有权的概念和特征

1. 所有权的概念

所有权是罗马私法中一个极为重要的概念，在罗马法中，所有权是物权中最重要也是最完全的一种权利。随着时代的变迁，罗马法中的所有权已经不能妥善解决一些现实问题了，但所有权这个术语仍然存在。目前，在法律上仍然采用所有权这个概念的国家以大陆法系的法国最为典型，法国《民法典》对所有权的定义是："以完全绝对的方式享有和处置物的权利，但法律或条例禁止使用的除外。除非因公益使用的原因并事先给予公道补偿，任何人均不受强迫让与其财产所有权。"这说明法律、条例可以限制所有权人对物的使用。

从学理和立法上看，我国对所有权的定义方式有两种：一是具体的列举式定义，即所有权是对物占有、使用、收益、处分的权利。这一定义明确了所有权权能，给人们造成一种所有权就是占有、使用、收益、处分权能相加的印象，便于人们理解和掌握，但难以概括所有权的全部权能。二是抽象概括式定义，即不列举所有权的具体权能，而是通过规定所有权的抽象权能而确定其概念。这一定义逻辑严谨，反映出所有权是对物的全面支配权这一根本法律属性，但太抽象，不利于人们对所有权的理解和把握。

我国《民法典》第 240 条规定："所有权人对自己的不动产或者动产，依法享有占有、使用、收益和处分的权利。"据此规定和学理立法上的定义方式，所有权的概念可以概括为：所有权人在法律规定的范围内，对自己的财产以占有、使用、收益和处分等方式进行全面支配，并排除他人干涉的权利。

2. 所有权的特征

所有权作为调整人类社会生活中有关物之归属与支配关系的重要而基本的法律制度，不仅是各种财产权的权源和基础，也是各种人格权健全与完善的支撑，对国家基本经济体制的巩固具有重要意义。所有权除具有物权的一般特征外，还具有以下特征。

(1) 所有权具有完整性。所有权是所有权人对自己的物所享有的最完整的物权，是主体对于物所能享有的最完整、最充分的权利，包括占有、使用、收益和处分等各种权能，而且所有权的这些权能浑然一体，所有权本身不得在内容或时间上加以分割。

(2) 所有权具有弹力性。所有权的弹力性是指所有权的单一内容可以自由伸缩，即其权能可以基于一定情况分出、回归。在所有权上设定限制物权时，所有权人对物的全面支配权将受到限制而缩减，该限制条件解除时，所有权人又会恢复对物的完整全面的支配权。

(3) 所有权具有永恒性。所有权的永恒性又称为永久性、无期性，是指所有权因标的物的存在而永久存在，不得预定其存在的期间，所有权是无期物权。

(二) 所有权的内容

所有权的内容就是所有权的权能，是所有权人为实现其利益而于法律规定的界限内可以采取的各种措施和手段。一般来说，所有权的内容包括所有权人对所有物的占有、使用、收益和处分四个方面的权利。

1. 占有权

占有权是指所有权人对标的物为事实上管领的权利，是所有权的基本内容，也是所有权人行使物的支配权的基础与前提。所有权人的占有受法律保护，不得非法侵犯。对于动产，除非有相反证明，占有某物即是判定占有人享有该物所有权的标准。作为所有权的一项权能，占有权在一定条件下可以与所有权相分离。当占有权与所有权相分离时，作为非所有权人的保管人、承租人、质权人对物的占有权同样受到法律的保护，所有权人不能随意请求其返还原物；当非所有权人的合法占有被他人侵犯时，其同样可以诉请保护。

2. 使用权

使用权是指依据所有物的性能或者用途，在不损害物的本体或改变其性质的情形下对物加以利用，实现其使用价值的权利。如使用机器生产产品，在土地上种植农作物。拥有物的目的一般是使用，各国民法对于使用权一般都有明确规定。物的使用权，既可以由所有权人自己行使，也可以由非所有权人行使。非所有权人行使对物的使用权时，必须有合法的依据。无法定或约定依据而使用他人之物的，为无权使用或非法使用，使用人须返还因对物之使用而获取的不当得利并承担其他民事责任。

3. 收益权

收益权是指收取所有物所产生的经济利益或物质利益的权利。收益也包括孳息，孳息分为天然孳息和法定孳息。家畜生仔、果树结果等属于天然孳息；存款所得的利息、出租所得租金属于法定孳息。收益权与使用权有着密切的联系，通常是使用方有收益权。但所有权人可以将使用权授予他人，而自己保留收益权，如出租。收益权也可以与所有权相分离，在现代市场经济条件下，收益权常常与所有权相分离，如企业的租赁经营、建设用地使用权和农村土地承包经营权的设立、对“四荒”土地设立一定期限内的无偿使用权、可开发经营权等，都意味着所有权人将财产的收益权部分或全部让与他人。

4. 处分权

处分权是指所有权人对物进行处置，从而改变物的命运的权利，是所有权的核心内容。处分权一般由所有权人行使，但在某些情况下，非所有权人也可以有处分权，如对运输的货物，如果发生紧急情况，承运人也可以依法进行处分。所有权人的处分可以分为事实上的处分和法律上的处分两种形式。事实上的处分是指对物进行实质上的变形、改造或毁损，如拆除房屋、消耗可消耗物等。法律上的处分是指使标的物的所有权发生转移、限制或消灭，从而使所有权发生变动的法律行为，如赠与、出卖标的物等。法律上的处分导致所有权的相对消灭。在自己的所有物上为他人设定抵押权、质权等，也是属于法律上的处分，即对所有权的限制。

(三) 所有权的取得与丧失

所有权可以分为国家所有权、集体所有权和私人所有权。《民法典》第 242 规定：“法律规定专属于国家所有的不动产和动产，任何组织或者个人不能取得所有权。”第 261 条至第 265 条规定，集体所有的不动产和动产属于本集体成员集体所有，禁止任何组织或者个人侵占、哄抢、私分、破坏。因此，下文所述的所有权的取得与丧失主要是指私人所有权。

1. 所有权的取得

所有权的取得，即所有权的发生，是指民事主体依据一定的法律事实而获得某物的所有权。我国《民法典》第 266 条和第 267 条指出：“私人对其合法的收入、房屋、生活用品、生产工具、原材料等不动产和动产享有所有权。私人的合法财产受法律保护，禁止任何组织或者个人侵占、哄抢、破坏。”据此，所有权的取得必须合法，凡缺乏法律根据或违反法律规定而取得财产的，均属非法取得，不能发生效力。民法学通常依据是否以原所有人的所有权与意志为根据，将所有权的取得分为两类，即原始取得和继受取得，两种取得又各有其不同的方法。

1) 所有权的原始取得

所有权的原始取得是指不以他人已有的所有权和所有之意志为根据，直接依照法律规定，通过某种方式或者行为取得物之所有权。从各国民法典的规定以及物权学说来看，所有权的原始取得方式主要包括以下几种。

(1) 劳动生产取得。即人们运用工具通过体力和脑力的支出对自然物进行改造、加工或利用原材料制造出具有交换价值和使用价值的产品。劳动生产是取得所有权的最基本、最重要的方式，如农民收割庄稼、工厂生产产品。劳动生产为取得所有权的一种方法，是我国民法学界目前的一种普遍说法。

(2) 孳息取得。孳息是相对于原物而言的，是原物所出之收益，孳息分为天然孳息和法定孳息。一般情况下，物的所有人对物所产生的孳息拥有所有权。我国《民法典》第 321 条规定：“天然孳息，由所有权人取得；既有所有权人又有用益物权人的，由用益物权人取得。当事人另有约定的，按照其约定。”法定孳息，当事人对其有约定的，按照约定取得；对其没有约定或者约定不明确的，按照交易习惯取得。

（3）国家强制取得。国家强制取得是在法律规定的特定场合下，国家从社会公共利益出发，直接采取没收、征收、国有化或税收等强制手段取得所有权的方式。根据我国《民法典》第 243 条的规定，为了公共利益的需要，依照法律规定的权限和程序可以征收集体所有的土地、组织和个人的房屋以及其他不动产。征收集体所有的土地，应当依法及时足额支付土地补偿费、安置补助费以及农村村民住宅、其他地上附着物和青苗等的补偿费用，并安排被征地农民的社会保障费用，保障被征地农民的生活，维护被征地农民的合法权益。征收组织和个人的房屋以及其他不动产，应当依法给予征收补偿，维护被征收人的合法权益；征收个人住宅的，还应当保障被征收人的居住条件。

（4）拾得遗失物取得。遗失物是指所有人或合法占有人不慎丢失之物。漂流物与失散的饲养动物，通常也被视为遗失物。我国《民法典》规定，拾得遗失物，应当返还权利人。拾得人应当及时通知权利人领取，或者将其送交公安等有关部门。同时规定，遗失物自发布招领公告之日起 1 年内无人认领的，归国家所有。依据我国法律规定，拾得遗失物必须返还失主（权利人），确实无人认领的，应由国家取得所有权。

（5）无主物取得。无主物是指没有所有人或所有人不明的财产，主要包括所有人不明的埋藏物、隐藏物、无人继承又无人受遗赠的财产。依我国法律规定，无主财产出现时，一般由国家取得所有权，死者生前是农村集体成员，如有无人继承或无人受遗赠的财产，也可由集体所有制组织取得所有权。自然人、法人对于挖掘发现的埋藏物、隐藏物，如果能够证明属其所有，而且根据现行的法律、政策又可以归其所有的，应当予以保护。我国《民法典》也规定，拾得漂流物、发现埋藏物或者隐藏物的，参照适用拾得遗失物的有关规定。《文物保护法》等法律另有规定的，依照其规定。

（6）添附取得。添附是指不同所有人之物结合、混合在一起或者不同人的劳力与物结合在一起而形成一种新物的法律状态。学理上一般认为，添附包括附合、混合与加工三种形式。附合是指不同所有人的物结合在一起而形成的新物。混合是指不同所有人的动产互相混杂在一起而成为新物。加工是指对他人的动产进行制作、改造，使之形成一种具有更高价值的新物。我国《民法典》第 322 条规定："因加工、附合、混合而产生的物的归属，有约定的，按照约定；没有约定或者约定不明确的，依照法律规定；法律没有规定的，按照充分发挥物的效用以及保护无过错当事人的原则确定。因一方当事人的过错或者确定物的归属造成另一方当事人损害的，应当给予赔偿或者补偿。"添附取得是世界各国法律所公认的一种财产所有权的取得方式。法国、德国等民法理论较成熟的国家在物权法中对添附都有较详细的规定。

（7）善意取得。我国《民法典》第 311 条、第 313 条规定，无处分权人将不动产或者动产转让给受让人的，所有权人有权追回；除法律另有规定外，符合下列情形的，受让人取得该不动产或者动产的所有权：①受让人受让该不动产或者动产时是善意的；②以合理的价格转让；③转让的不动产或者动产依照法律规定应当登记的已经登记，不需要登记的已经交付给受让人。受让人依照前述规定取得不动产或者动产的所有权的，原所有权人有权向无处分权人请求赔偿损失。当事人善意取得其他物权的，参照前述规定。善意受让人取得动产后，该动产上的原有权利消灭，但是善意受让人在受让时知道或者应当知道该权利的除外。如甲出差托付乙保管其电动车，在甲出差期间，乙把电动车卖给了丙，而丙事前并不知道乙没有处置权，而且以合理的价格构成交易。该案例中丙就属于善意取得该电动车的所有权。甲回来得知后也不能找丙索回电动车，甲只能要求乙返还交易金额，还可以要求乙赔偿。

2）所有权的继受取得

所有权的继受取得是指主要以民事法律行为取得物的所有权的方式。继受取得的方式主要有买卖、赠与、互易、继承、遗赠等方式。继受取得不同于原始取得，它以原所有权人的所有权和转让所有权的意思为前提和依据，因此，它又称传来取得、派生取得。这种取得方式，意味着物的所有权的转手，即财产所有权从原所有权人手中转移到新所有权人手中，故又称所有权的移转。

（1）买卖。买卖是指买卖双方根据所达成的协议，一方出让标的物所有权，另一方支付价金的双方法律行为。它是商品交换最典型的法律形式，凡是法律不禁止、不限制流通的物，均可通过订立买卖合同转移所有权。双方当事人一旦订立了买卖合同，出卖人则有义务将标的物交付给买受人，而买受人也负有给付价金、接受标的物的义务。买卖是继受取得所有权的最主要的方式。

（2）赠与。赠与是指当事人一方将自己的财产所有权无偿转让给他方的双方民事法律行为，赠与的目的是无偿转移财产所有权。赠与虽不是商品交换的形式，但是随着商品经济的发展，人的社会意识及社会责任感的加强，赠与的社会作用日益得到充分发挥，成为解决救灾、救济等社会问题及发展社会公益事业的重要手段。在这种发展趋势下，赠与不仅是自然人继受取得财产所有权的方法，而且日益成为国家、社会公益团体继受取得财产所有权的重要方法。

（3）互易。互易是以物易物的双方民事法律行为，是互相继受对方财产所有权的方法。互易与买卖同为转移物之所有权，但买卖是以货币换物，而互易则为以物换物，因此，互易又称以物易物或物物交换。互易是最古老的商品交换形式，在货币出现以前，商品交换只能通过互易的方式进行。货币产生以后，互易在商品交换中的地位虽日益为买卖所取代，但互易至今仍是商品交换的一种形式，不仅国内商品交换经常使用，国际商品交换亦经常采用，特别是对缺乏硬通货的国家，换货贸易具有重要的意义。因此，互易也是继受取得财产所有权的重要方法。与买卖相比较，互易具有如下特点：其一，双方当事人均承担出卖人的义务，即双方当事人均应向对方交付标的物，并移转物之所有权给对方；其二，双方当事人又都享有买受人的权利，即双方当事人均有权受领对方交付的财产并取得其所有权。

（4）继承与遗赠。继承是指死者的近亲属按照死者的有效遗嘱或法律规定，无偿取得死者的遗产。遗赠是指自然人以遗嘱方式表示在其死后将其遗产的一部分或全部赠送给国家、集体或法定继承人以外的其他人的单方要式法律行为。这些人取得遗产所有权，是以死者生前的财产所有权为根据的。遗嘱继承人和遗赠受领人取得遗产所有权还直接体现了死者生前处分其遗产的意愿的推定，也是体现死者的意志的。因此，继承与遗赠是继受取得财产所有权的方法。

除可基于上述根据继受取得所有权外，还可基于其他合法根据继受取得所有权。例如，取得法人终止后遗留的财产；通过完成一定工作、提供一定劳务、转让智力成果等方式取得财产所有权等，均属所有权的继受取得。

2. 所有权的丧失

所有权可因一定的法律事实而取得，也可因一定的法律事实而丧失。所谓所有权的丧失，亦称所有权的消灭或终止，是指所有权人因一定的法律事实的出现而丧失其所有权。依据不同的标准，所有权的丧失可以分为绝对丧失和相对丧失两种。前者指所有权人对某一标的物的所有权因标的物的丧失而永远丧失；后者则指所有权人丧失对某一标的物的所有权，但该物尚存，只是其归他人享有而已。所有权的丧失主要有以下原因。

(1) 所有权人死亡或终止。自然人死亡、法人终止后，因其权利主体资格已经消灭，其财产依法定程序转移给他人所有，因此所有权归于消灭。

(2) 所有权被抛弃。这是指所有权人主动放弃自己对某项财产的所有权。它通常包括两种情况：一是依法可以享受所有权的人不愿取得而予以放弃，随即丧失所有权。例如，继承人放弃继承遗产；二是所有权人抛弃所有物，所有权就随之丧失。例如，丢弃用过的考试辅导用书、放弃继承权等，权利主体会因主动抛弃其所有物或者放弃其财产权而导致所有权消灭。

(3) 所有权被依法转让。这是指所有权人根据自己的意志把财产转让给他人，其所有权即归于消灭，受让人对该财产即取得了所有权，所有权转让是所有权人对其所有物行使处分权的一种结果。例如，买卖、赠与等转让行为，其结果是出让人的所有权消灭，而受让人的所有权产生，这是所有权的相对消灭。

(4) 所有权被依法强制消灭。这是指国家依照法律规定，为了社会公共利益的需要，采用强制措施，依法通过征购、没收、拍卖、罚款等强制手段，有偿或者无偿地迫使所有权人转移其原享有的财产所有权，导致所有权消灭。

(5) 所有物灭失。这是指作为所有权客体的所有物在生产中被消耗、在生活中被消费、在自然灾害中灭失时，该物的所有权即不复存在，所有权人即丧失所有权。例如，一杯酸奶被饮用、地震导致彩电粉碎等，都会因为消费、消耗或者不可抗力导致所有权客体不复存在，从而产生所有权绝对消灭的后果。

三、用益物权

(一) 用益物权概念和特征

1. 用益物权的概念

用益物权制度是一项古老的法律制度，早在《汉谟拉比法典》中就已经出现了永佃权的萌芽。至罗马时代，由于简单商品经济的发展，对于物的利用越来越广泛。因此，罗马法除了创立较为完善的所有权制度外，还确立了地役权、人役权、地上权、永佃权等用益物权制度。近现代大陆法系各国继受罗马法的传统，在其民法典中都规定了用益物权制度。我国《民法典·物权编》第三分编第十至第十五章对用益物权进行了专门规定，重点规定了土地承包经营权、建设用地使用权、宅基地使用权、居住权和地役权五种用益物权。同时，在用益物权的“一般规定”中也明确了海域使用权以及探矿权、采矿权、取水权、养殖权和捕捞权的用益物权性质。

我国《民法典》第 323 条规定:“用益物权人对他人所有的不动产或者动产,依法享有占有、使用和收益的权利。”第 324 条规定:“国家所有或者国家所有由集体使用以及法律规定属于集体所有的自然资源,组织、个人依法可以占有、使用和收益。”

综上,用益物权是物权的一种,是对他人所有的物,在一定范围内进行占有、使用、收益的他物权。

2. 用益物权的特征

完善合理的用益物权制度,有利于妥善处理所有权人与用益权人的利益关系,保护和合理开发利用自然资源,提升自然资源的利用效益,具有重大的意义。基于不同的历史文化传统与经济制度,各国民法上的用益物权类型多有不同,体现了较为突出的固有法特征。与所有权、担保物权相比较,用益物权具有如下特征。

(1) 用益物权是一种他物权、限定物权和有期限物权。用益物权是在他人所有物上设定的物权,是非所有权人根据法律的规定或者当事人的约定,对他人所有物享有的使用、收益的权利。从法律性质上讲,用益物权属于他物权。用益物权作为他物权,其客体是他人所有之物。它是所有权人将所有权与其部分权能分离的结果,是由所有权派生的权利。但是,用益物权一旦产生,其权利人就可以在设定的范围内独立地对物进行使用和收益。基于用益物权的他物权性质,用益物权还是限定物权和有期限物权。用益物权作为一种限定物权,它只是在一定方面拥有支配标的物的权利。用益物权还是一种有期限物权,与所有权不同。所有权是没有一定存续期限的物权。用益物权则有一定的期限,在其存续期限届满时用益物权即当然归于消灭。用益物权之所以附有一定的存续期限,是因为用益物权是在他人之物上设定的权利,起着限制所有权的作用。如果允许设定永久无期的用益物权,则所有权会处于一种有名无实的境地,有损所有权的本质。

(2) 设立用益物权的目的是对物进行使用和收益。物的价值有使用价值和交换价值之分,用益物权侧重于支配物的使用价值,且以对物使用、收益以获取最大的经济效益为目的。用益物权的“用益”,顾名思义,就是对物的使用、收益,取得物的使用价值。就对标的物的支配方式而言,用益物权是对标的物的有形支配,而且这种有形支配是作为对物的利用的前提而存在的。担保物权则不同,它的内容在于取得物的交换价值,因而可以不必对物进行有形支配,而可以对物进行无形支配。

(3) 用益物权的标的物一般限于不动产。不动产一般是指土地及其定着物(主要是房屋)。用益物权的标的物主要是土地,如建设用地使用权、地役权等权利都是以土地为其标的物的。这是因为不动产尤其是土地价值较高且总量有限,不易拥有,其所有权与利用权分别归于不同的人可以满足更多人的需要,充分发挥不动产的效用,同时促进社会经济的发展。

用益物权是不动产物权,由于不动产在财产体系中的重要地位,用益物权成为一类重要的财产权利。在这一点上它与所有权和担保物权都不同,所有权和担保物权的标的物既包括动产,也包括不动产。

(二) 用益物权的种类

在我国,用益物权主要包括土地承包经营权、建设用地使用权、宅基地使用权、居住权和地役权五种类型。土地承包经营权是指农业生产经营者为种植、养殖、畜牧等农业目的，对其依法承包的农民集体所有和国家所有由农民集体使用的土地享有的占有、使用、收益的权利。建设用地使用权是指土地使用权人为建造建筑物、构筑物及其附属设施而使用国有土地的权利。宅基地使用权是指农民集体经济组织成员依法在集体所有的土地上建造住宅及其附属设施并享有占有和使用的权利。居住权是指居住权人为了满足生活居住的需要，有权按照合同约定，对他人的住宅享有占有、使用的用益物权。地役权是指为了自己的不动产使用的便利和效益，按照合同约定而使用他人不动产的权利。

四、担保物权

担保物权是指担保物权人在债务人不履行到期债务或者发生当事人约定的实现担保物权的情形，依法享有就担保财产优先受偿的权利，法律另有规定的除外。担保物权是以担保债的履行为目的在债务人或第三人的物上所设立的权利，理论上属于他物权。出于对教材编写体例的考虑，担保物权的有关内容将集中在本书第十三章阐述。

第二节　债权法律制度

一、债权法律制度概述

（一）债和债权的概念

1. 债的概念

“债”这个词在日常生活中用得非常多，且多指金钱债务，如借债、欠债、还债等。民法上的“债”比日常生活中“债”的概念的含义广泛得多，包括当事人之间因各类合同引起的债权债务关系，除此之外还包括因缔约过失、公开悬赏、侵权行为、无因管理、不当得利等行为和事件的发生，而在当事人之间产生的债的关系。

现代民法上债的概念源自罗马法《法学总论》中的解释：“债是法律关系，基于这种关系，我们受到约束而必须依照我们国家法律给付某物的义务。”债的系统理论与学说由德国法学家提出后，大陆法系国家民法典中债编的理论基本上沿用了德国《民法典》中债的理论，尽管对于债的称谓有所不同，但其含义是一致的，都是关于债权债务关系的法律规范的总称。

我国在清末的《大清民律草案》中首次引入西方民法中债的概念。债是特定当事人之间请求为一定给付的民事法律关系。在这一法律关系中享有权利的人是债权人，负有义务的人是债务人。

2. 债权的概念

我国《民法典》第 118 条规定：“民事主体依法享有债权。债权是因合同、侵权行为、无因管理、不当得利以及法律的其他规定，权利人请求特定义务人为或者不为一定行为的权利。”债权人有权请求债务人按照合同的约定或法律的规定履行其义务；债务人有义务按照合同的约定或者法律的规定为特定行为以满足债权的请求。通常认为，债权包括请求权、受领权、执行权、保有权、抗辩权、撤销权和代位权等。其中，请求权是债权的主要权利，债权人取得其利益，只能通过请求债务人给付来完成。债权人既不能直接支配债务人应给付的特定物，也不能直接支配债务人的人身。同时因为债是特定主体之间的法律关系，债权人只能向特定的债务人主张权利，即请求特定债务人为给付，对于债务人以外的第三人，债权人不得主张权利，债权具有相对性。债权还是有期限的权利，在请求期限到来之前，债权人不能随时请求债务人履行债务，债务人也不负履行债务的义务。债权期限届满，债权即归于消灭。

(二) 债的法律关系

1. 债的法律关系的构成

债的法律关系的构成又称为债的要素，是指构成债的法律关系所必须具备的要素，缺少任何一个要素都不能构成债的关系，它包括债的主体、债的内容和债的客体三个要素。

(1) 债的主体。债的主体也称债的当事人，是指参与债的关系的双方当事人，即债权人和债务人。其中，享有权利的一方当事人称为债权人，负有义务的一方当事人称为债务人。债权人和债务人是相互对立、相互依存的，缺少任何一方，债的关系便不能成立和存续。在债的关系中，债权人或债务人任何一方既可以是单数，也可以是多数。债权人和债务人以外的人，称债的关系以外的第三人，第三人不是债的关系的主体。在某些债中，债的一方当事人仅享有权利而不负担义务，在多数情况下，债的当事人双方都既享有权利，又负担义务，既是债权人，又是债务人。在我国，一切民事主体都可以成为债权人或者债务人。只是不同类型的债对主体有一定的要求。例如，合同是法律行为，因此，合同主体要受行为能力的限制；而无因管理之债对主体则没有行为能力的要求。

(2) 债的内容。债的内容是指债的主体所享有的权利和负担的义务，即债权和债务。从权利人的权利方面来说是债权，是特定人请求特定人为特定给付的权利。从义务人的义务方面来说是债务，是特定人按照特定他方的请求负有特定给付的义务，也是债务人根据债的关系应受到的拘束或负担。债务不仅包括给付义务，还包括附随义务。附随义务是指在债的关系发展过程中，债务人在给付义务之外，基于诚实信用原则，根据债的性质、目的和交易习惯而应履行的义务，如照顾义务、保管义务、协助义务、保密义务和保护义务等。债权债务表明了债权人和债务人利益的不同。债权是权利人享有的特定利益，债务是义务人负担的义务。债务与债权相对应，没有债务则无所谓债权，债权的实现又依靠债务人义务的履行，两者相辅相成。

(3) 债的客体。债的客体也称债的标的，是指债务人依当事人约定或法律规定应为或不应为的特定行为，统称为给付。作为债的客体，给付应具备以下要件：①合法性。债的给付必须是法律允许的合法正当的给付，以违法行为为给付的，在当事人之间不能发生债权债务关系。给付违反公共秩序和善良风俗的，也属无效。②确定性。给付如果不能确定，债权债务将无法实现。因此，法律要求给付于债成立时已经确定或于债务履行时能够确定。不能确定的，债的关系无效。③财产性。债的给付应具有财产价值，且是事实上或法律上能够实现的给付。

2. 债的法律关系的特点

(1) 债是一种民事法律关系。债是民事主体之间以权利和义务为内容的法律关系，债的主体双方在法律上是平等的、独立的，相互不具有依附、命令关系。不具有法律属性，不是由法律保护的非以权利和义务为内容的关系，不属于债。例如，所谓的“人情债”即不是法律上的债。公法上的债的关系，如税收之债，也不是民法上债的关系。

（2）债是特定当事人之间的法律关系。法律关系有的发生在特定人与不特定人之间，有的发生在特定人与特定人之间。债的关系是特定主体之间的法律关系，权利主体（债权人）和义务主体（债务人）都是特定的。换言之，债权人只能向特定的债务人主张权利，债务人也只对特定的债权人承担义务。这种权利和义务的相对性，是债的关系与物权关系、知识产权关系以及继承权等关系的重要区别。

（3）债是以财产性给付为内容的法律关系。民法调整平等主体之间的财产关系和人身关系，其结果表现为财产法律关系和人身法律关系。债的关系是建立于债权人与债务人之间的利益关系，这种利益关系或者直接表现为财产性质，或者最终与财产利益相关。债的关系所包含的债权债务，最终都能以货币衡量评价。因此，债是一种财产法律关系，反映财产利益从一个主体移转到另一主体的财产流转关系。

（4）债是按照合同或者法律规定而发生的法律关系。“债”这个词在民法上有其特定的含义，法律上的债既可因合同发生，也可因法律规定而发生。对于合同行为设定的债，法律并不限定其种类，而是任由当事人自行设定，因而其有极广的适用范围。不论是法律规定的债还是当事人合意建立的债，只要产生债的原因事实出现，债就像一把锁，把当事人连接在一起。在债务没有履行之前，双方就被法锁锁住，债务人的给付是打开法锁的钥匙。

二、债的发生和债的种类

（一）债的发生

债的发生是指债权债务关系在相对的当事人之间产生。在罗马法中，债的发生有契约、准契约（即无因管理和不当得利）、私犯（即侵犯人身和私人财产的行为）、准私犯（类似现代法上的特殊侵权行为）四种情况。近代大陆法系国家民法典基本上继承了罗马法的模式，将契约、无因管理、不当得利和侵权行为分别作为债的发生原因，我国《民法典》也是如此。

1. 合同之债

合同是平等主体的自然人、法人、其他组织之间设立、变更、终止民事权利和义务关系的协议。合同依法成立并生效后当事人之间即依据合同的约定产生债权债务关系，因此，合同是债的发生根据。基于合同所产生的债，称为合同之债。合同是债的最主要发生原因，在债法中占有举足轻重的地位。

2. 无因管理之债

无因管理在罗马法上被认为是准契约，即当事人之间虽然没有订立合同，但是衡量公平原则以及社会的公共秩序和善良风俗，其行为所发生的法律效果与订立合同相同，故为准契约。后来，随着债法的发展，各国民法典为了弘扬社会道德都把无因管理作为债的发生原因，排除了准契约的概念。

无因管理是指没有法定或约定义务的人，为了避免他人的利益受损失而自愿为他人管理必要事务的行为。无因管理一经成立，在无因管理人和受益人之间即发生债权债务关系，即无因管理人有权请求受益人返还其因管理事务所支出的必要费用，受益人有依法返还该费用的义务。这一债权债务关系就是无因管理之债。

无因管理之债与合同之债一样，都是因合法行为而发生的，两者的根本区别在于合同之债为意定之债，无因管理之债为法定之债。

3. 不当得利之债

不当得利之债与侵权行为之债、无因管理之债一样都属法定之债。不当得利是指一方没有合法的依据获得利益而使他人受到损失。为了纠正这种不当的损益变动，法律规定无法律根据而获得利益的人应将不当得利返还受损人，受损人有权请求获利人返还不当得利。双方因此形成的债权债务关系，即不当得利之债。法律规定不当得利之债制度，纠正了欠缺法律原因的财产转移，保护了原权利人对财产的所有权，体现了民法追求公平正义，不得损人利己的精神。

不当得利之债不同于前述三种债的产生，它不像合同之债那样是基于当事人的合意而产生的，不像侵权行为之债那样是因为不法行为而产生的，也不像无因管理之债那样是因合法的事实行为而产生的，而是基于当事人之间的利益发生不当变动的法律事实（事件）而产生的。

4. 侵权行为之债

侵权行为是指不法侵害他人支配型权利或者受法律保护的利益，因而行为人须就所产生的损害负担责任的行为。依法律规定，侵权行为发生后，加害人负有赔偿受害人损失的义务，受害人享有请求加害人赔偿损失的权利。这种特定主体之间的权利和义务关系，即侵权行为之债。侵权行为之债是除合同之债以外的另一类较为常见的债，它由非法行为引起，依法律规定而产生，以损害赔偿为主要内容。由于该债的效果是法律规定的效果，所以侵权行为之债又称为法定之债、非合意之债。

除上述发生原因外，债还可因其他法律事实而产生。例如，因缔约过失会在缔约当事人之间产生债权债务关系；因拾得遗失物会在拾得人与物的所有人之间产生债权债务关系；因悬赏广告所生之债；因物的添附或混同所生之债等。这些债的发生，从表面上看，似乎彼此没有关联，而从本质上看，都是民法意思自治原则的体现。

（二）债的种类

债的种类是债的不同表现形式。债作为人与人之间的一种受法律约束的关系，有多种类型，表现了债的不同作用。依据不同的标准，可以把债分为不同的种类。

1. 意定之债和法定之债

以债的发生原因为标准，债可以分为意定之债和法定之债。债作为民事法律关系之一，要由一定的法律事实引起。能够引起债的关系的法律事实有法律行为和法律行为以外的事实。法律行为是以意思表示为要素并依意思表示的内容产生私法效果的法律事实。法律行为以外的事实包括自然发生的事实、事件以及违法行为。

意定之债是因法律行为所生之债，是指债的发生和债的内容都是由当事人的自由意志决定的。合同之债就是典型的意定之债。

法定之债是因法律行为以外的原因所生之债。但法律行为以外的事实并非都能产生债，需要有法律的明确规定。法律规定的此类债主要有无因管理之债、不当得利之债和侵权行为之债等。

2. 按份之债和连带之债

以多数人一方当事人对债权债务承受情况的不同表现为标准,债可以分为按份之债和连带之债。

按份之债是指两个以上的债权人或债务人各自按照一定的份额享有债权或者承担债务的债。其特点是各个债权人或各个债务人仅对自己的那一份债权或债务发生效力,而不对整个的债权或债务关系发生效力。按份之债中的各债权人只能就其享有的那部分债权份额请求债务人履行,或接受债务人的给付,而无权接受超过其债权份额的给付。债务人也只就自己所负担的债务份额向债权人清偿,对其他债务人的债务份额没有清偿责任。

连带之债是指在多数人之债中,多数债权人中的任何一人都有权请求债务人向其清偿全部债务,多数债务人中的任何一人都有义务清偿全部债务的债。其特点是债的主体一方或双方为多数人,各债权人可以独立向各债务人请求全部给付,各债务人负有全部给付义务。因一人的全部给付,使各债权或债务全部消灭。

从连带之债的特点可以看出,连带之债与按份之债最本质的不同在于:按份之债的债权人的债权与债务人的债务彼此之间是独立的,没有效力上的牵连关系。而连带之债的多数债权人之间的债权或者多数债务人之间的债务在效力上互相牵连。

3. 特定物之债和种类物之债

以给付的债的标的物是否特定为标准,债可以分为特定物之债和种类物之债。

特定物之债是指以特定物为给付标的物的债,如约定以一件古董、一幅字画、某幢房屋为债务人应当交付的标的物,即为特定物之债。由于特定物具有独立的特征,是不能以其他物代替的物,债务人在履行债务时,只能交付该特定物,不能以其他物代替。如果在交付前,特定物因意外原因灭失,则债务人免除给付义务。

种类物之债是以种类物为标的物的债,种类物之债在债发生时,给付的标的物尚未确定,只是在交付时才确定。如约定由债务人交付某种商标、某种规格的电视机若干台等债。种类物不像特定物,即使种类物在给付前因意外原因灭失,债务人也不能免责,可用同种类的物履行义务。

4. 选择之债和不可选择之债

以债的标的能否选择为标准,债可以分为选择之债和不可选择之债。

选择之债是指有选择权的当事人可以从两个以上的标的中确定一种来履行的债。选择权的归属应当依法律的规定或合同的约定确定。如果法律没有明确规定,当事人也无明确约定,则选择权应归债务人享有。行使选择权的时候,应以书面或口头方式明确表示。选择后如果发生给付不能,选择权人可在其余的给付中继续选择;如果由于无选择权的人的过失造成给付不能,则由无选择权人承担相应的法律后果。

不可选择之债又称为单纯之债,是指当事人只能按照确定的标的履行的债,没有选择的余地。选择之债一旦选定,即变为单纯之债。不可选择之债因为没有选择的余地,一旦发生履行不能,债的关系解除,产生违约责任。

第五章　财产权——知识产权

本章要点

本章在介绍知识产权的概念范畴、知识产权法体系的基础上，主要介绍著作权法、专利法和商标法三大知识产权领域法律制度的核心内容。本章内容立足于我国知识产权法律保护的现状，以知识产权的法律规范为主线，重点介绍著作权、专利权、商标权各自的主体、客体、内容、权利的取得、期限、限制和保护等内容。

典型案例

对原告陈子扬与被告中国邮政速递物流股份有限公司（简称邮政公司）、广州市仟云文化传播有限公司（简称仟云公司）侵害作品信息网络传播权纠纷一案，广州互联网法院立案后，依法适用普通程序，公开开庭进行了审理，于 2020 年 8 月 3 日作出判决。

原告的诉讼请求为：①被告立即停止侵害原告著作权行为，包括但不限于删除侵权视频，断开视频链接等。②被告在羊城晚报上书面公开向原告赔礼道歉、消除影响。③被告赔偿原告经济损失及为调查、制止侵权行为的合理费用 30 000 元（其中经济损失 25 000 元、合理费用 5 000 元）。④被告赔偿原告精神损失费 5 000 元。⑤讼费由被告承担。在庭审中，原告撤回第 1、第 2 项诉请。

原告提出的事实与理由为：原告为专业摄影创作人，曾为广州、云南、深圳、四川等多个省市制作了宣传片，作品在微视频创作行业内和终端受众群体里有很高的知名度、美誉度。2015 年至 2017 年期间，原告运用独特的延时拍摄手法，将光影流转定格为独特的瞬间，把漫长的拍摄对象变化过程压缩在较短时间里，以视频的方式呈现城市高速运转和肉眼无法察觉的奇特景象，并通过后期剪辑，独立完成了《广州 guangzhou2015 延时摄影作品》《广州塔 2016 延时摄影作品》《2015—2017 广州延时素材整合》作品，并办理了著作权登记。上述作品的市场认可程度高、商业价值大。故此，被告对原告的赔偿应当按其每帧所选用的所有摄影作品的总数进行赔偿。被告的视频作品《中国邮政 EMS 便民通宣传片》中第 0:01、0:03、0:06 秒处的画面与原告作品《广州塔 2016 延时摄影作品》中的画面基本一致。被告行为侵犯了原告作品的信息网络传播权。另外，被告将原告的作品作为商业广告组成部分进行制作和宣传，淡化了原告作品的独创性，极大地损害了原告产品的价值，被告仟云公司作为广告创作者，对作品的著作权问题不可能不了解，侵权现象使原告的摄影事业陷入生存的危机之中，故此，两被告的行为也构成不正当竞争行为。原告为此提起诉讼。

被告中国邮政速递物流股份有限公司辩称：①邮政公司并非被诉侵权视频的上传者，原告主张邮政公司侵犯其信息网络传播权的主张没有事实依据。②邮政公司的宣传片是委托仟云公司制作的，根据两被告签订的《委托广州市仟云文化传播有限公司广告片制作合同》第六条第2款第6段的约定，因仟云公司原因导致侵犯第三方权益的，由仟云公司进行处理并赔偿被告的损失。据邮政公司向仟云公司了解，宣传片中的被诉侵权图片是仟云公司通过正规视频素材网站购买的。邮政公司并不存在侵权故意和重大过失，且邮政公司对该宣传片是否侵犯他人著作权履行了适当的注意义务，包括要求仟云公司提供拍摄素材的来源、购买途径、付费凭证等，因此，邮政公司不须向原告承担任何侵权损害赔偿责任。③原告要求赔偿损失30 000元以及相关费用没有事实依据。原告将作品上传到互联网平台，按常理其是有作品转让使用收入的，而仟云公司以购买的方式购买案涉权利作品的使用权，没有造成原告的经济损失。综上所述，原告不能证明其所举证的特定网站上的宣传片视频是邮政公司上传，且邮政公司的宣传片是委托仟云公司制作而得的，邮政公司既无侵权故意，也无重大过失，且履行了合理的注意义务。因此，邮政公司依法不须承担任何侵权损害赔偿。

被告广州市仟云文化传播有限公司辩称：①对仟云公司受邮政公司委托摄制的视频作品《中国邮政EMS便民通宣传片》中，有涉及侵害原作者的著作权的行为深表歉意。②关于《中国邮政EMS便民通宣传片》里第00:04画面与律师函里提及的原创摄影作品的画面基本一致问题，仟云公司对此作出以下几点说明：在制作《中国邮政EMS便民通宣传片》的过程中，由于被诉侵权画面素材并没有任何LOGO或作者名称，仟云公司的后期制作人员是在不清楚该视频素材具有版权的情况下使用的，属于无意之过。③仟云公司的后期制作素材均在合法的视频素材付费网站正规购买获取。本宣传片里被诉侵权的00:01秒、00:03秒画面便是仟云公司通过VJshi素材付费网站下载获取的。④仟云公司在接到律师函后，第一时间下架了此条视频作品。

法院审理后认定，原告主张权利的广州塔延时摄影作品为以类似摄制电影的方法创作的作品，原告为案涉权利视频的著作权人，有权提起本案诉讼。经比对，被告的《中国邮政EMS便民通宣传片》中的00:01秒、00:03秒、00:06秒三个画面内容与原告发布在微信公众号"中国广州发布"、腾讯视频上的权利视频对应画面内容高度一致。上述素材视频未显示版权归属，原告确认其未许可VJshi素材付费网站使用案涉权利视频。

对于本案争议的焦点——被告是否侵犯案涉权利作品的信息网络传播权，法院认为，仟云公司未经著作权人许可，制作含案涉权利视频内容的宣传片，该视频投放于腾讯视频平台后，相关公众可以在其个人选定的时间和地点获得案涉权利视频内容，且仟云公司对案涉权利视频的使用并不属于信息网络传播的合理范畴，故仟云公司的行为侵害了原告的信息网络传播权，依法应当承担相应的侵权责任。关于仟云公司主张的被诉侵权的第00:01秒、00:03秒画面是其通过VJshi素材付费网站下载获取的，仟云公司对此不存在过错的请求，从仟云公司提供的购买记录截图和素材视频可见，VJshi素材付费网站并未明示其对相关素材享有著作权，亦未标明素材来源或权利人信息，而仟云公司作为从事广播、电视、电影制作业的主体，从素材付费网站购买素材后，用于制作客户的推广短片，理应负有较高的审查注意义务；因此，仟云公司以其所使用的素材来源于素材付费网站为由，认为其不构成侵权，理由不成立。关于邮政公司，因被侵权视频《中国邮政EMS便民通宣传片》是以邮政公司的名义发布于腾讯视频的，视频内容亦是有关邮政公司的便民通业务；且两被告签订的《委托广州市仟云文化传播有限公司广告片制作合同》亦明确约定“视频制作所拍摄素材、制作成片、样片，归邮政公司所有”。邮政公司辩称其对该宣传片是否侵犯他人著作权履行了适当的注意义务，但对此未举证予以证明。因此，邮政公司应对其发布含侵权内容的宣传片的行为承担相应的侵权责任。

由于原告未举证证明其实际损失，亦不能证明被告的侵权获利所得，法院综合案涉权利视频类型、案涉权利作品的存储和传播成本、被告过错程度、侵权行为的性质及后果、原告为制止侵权行为所支付的合理开支等因素，酌情确定两被告共同赔偿原告8 000元。因原告未能举证证明其人格权利遭受被告非法侵害的事实，故对于原告要求被告赔偿精神损失费的诉讼请求不予支持。驳回原告的其他诉讼请求。

【资料来源】中国裁判文书网，陈子扬诉中国邮政速递物流股份有限公司广州市仟云文化传播有限公司侵害作品信息网络传播权纠纷案，(2019)粤0192民初51637号。访问时间：2020年12月20日。

第一节　知识产权和知识产权法律制度概述

一、知识产权概述

(一) 知识产权的词源与概念

知识产权被认为是对英文“intellectual property”的意译。将一切来自知识活动的权利概括为“知识产权”，最早由17世纪中叶的法国学者卡普佐夫提出，后为比利时著名法学家皮卡弟所发展。知识产权作为法律用语，最早出现于1967年的《建立世界知识产权组织公约》中，从此便作为一个正式的法律概念逐渐被世界上绝大多数国家采用。我国由于受苏联法学理论的影响，一直采用“智力成果权”表示这一权利概念，直到1986年颁布的《中华人民共和国民法通则》才正式明确采用“知识产权”用语。另外，我国台湾地区称之为“智慧财产权”；日本曾经称之为“无体财产权”，现在则称之为“知识的所有权”。

关于“知识产权”的定义或概念，据考证，迄今为止，国际条约和多数国家的法律都只是从划定范围出发去明确知识产权这个定义或概念的。概括式定义主要反映在国内外知识产权法的论著或教科书中。世界知识产权组织编写的《知识产权法教程》指出：“知识产权的对象是指人的脑力和智力的创造物。之所以将其称为知识财产，是因为知识财产与各种各样的信息有关，人们将这些信息在世界不同地方大量复制。知识财产并不指这些复印件，而是指这些复印件中所包含的信息。”我国知识产权法泰斗郑成思教授认为：“知识产权指的是人们可以就其智力创造的成果依法享有的专有权利。”

(二) 知识产权的范围

知识产权有广义与狭义之分。目前，广义的知识产权范围主要由两个知识产权国际公约界定。

1.《世界知识产权组织公约》界定的范围

(1) 文学、艺术和科学作品的权利。

(2) 表演艺术家的演出、录音和广播的权利。

(3) 人类在一切领域的发明的权利。

(4) 科学发现的权利。

(5) 工业品外观设计的权利。

(6) 商标、服务标记、商号及其他商业标记的权利。

(7) 制止不正当竞争的权利。

(8) 其他一切来自工业、科学及文学艺术领域的智力创作活动所产生的权利。

2.《与贸易有关的知识产权协定》界定的范围

(1) 版权与邻接权。

(2) 商标权。

(3) 地理标志权。

(4) 工业品外观设计权。

(5) 专利权。

(6) 集成电路布图设计(拓扑图)权。

(7) 未披露过的信息专有权,主要是商业秘密权。

知识产权是一个不断扩张的开放体系。随着科学技术的发展和社会的进步,不断有新的非物质客体被纳入知识产权范围,新型知识产权应运而生,如电子科技的发展,催生了集成电路布图设计(拓扑图)权。同时,传统知识产权也在不断扩张,如网络时代,著作权人被赋予了信息网络传播权。知识产权的内涵、外延呈不断丰富拓展之态势。

狭义的知识产权是指传统意义上的知识产权,主要包括著作权、专利权和商标权。本章即介绍狭义角度知识产权。

(三) 知识产权的特征

知识产权的特征是指知识产权与其他民事权利特别是物权相比较所表现出的差异,是知识产权作为一种独立民事权利本质属性的概括。学界对此争议较大。我们认为,知识产权的特征体现为以下五个方面。

(1) 非物质性。知识产权与物权相比最为突出的特征在于客体不同。物权的客体是物,而且主要是有体物。而知识产权的客体则是具有非物质性的作品、发明创造、外观设计和商标标识等。知识产权的客体与其载体具有可分离性。知识产权客体的非物质性是知识产权的本质属性,这是其与其他有形财产所有权最根本的区别。

(2) 法定性。法定性是指知识产权的范围和产生由法律规定。

(3) 专有性。专有性即排他性。知识产权的专有性主要体现在两个方面:一是知识产权为权利人所独占,权利人垄断这种专有权并受到严格保护,没有法律规定或未经权利人许可,任何人不得使用权利人的知识产品;二是对同一项知识产品,不允许有两个或两个以上的主体同时对同一属性的知识产品享有权利。

(4) 地域性。知识产权作为专有权在空间上的效力并不是无限的,而要受到地域的限制，其效力仅限于本国境内。根据一国法律获得承认和保护的知识产权，只能在该国发生法律效力。

（5）时间性。知识产权作为一种民事权利，有时间上的限制。即知识产权只在法律规定的期限内受到保护，一旦超过法律规定的有效期限，这一权利就自行消灭，而其客体就会成为整个社会的共同财富，为全人类所共同使用。

当然，这些特征并非是绝对的。比如，著作人身权多数受永久性保护。但存在某些例外并不能从根本上否定知识产权的上述特征。

二、知识产权法律制度概述

（一）知识产权主要国际公约

涉及知识产权的国际公约众多，除了专门性的知识产权国际公约，还有大量综合性国际公约也涉及知识产权保护。专门性的知识产权国际公约中，最为重要的有《保护工业产权巴黎公约》（简称《巴黎公约》）、《保护文学艺术作品的伯尔尼公约》（简称《伯尔尼公约》）、《与贸易有关的知识产权协定》（简称 TRIPS）、《世界知识产权组织版权条约》（简称 WCT）、《世界知识产权组织表演和录音制品条约》（简称 WPPT）。上述五个公约，除了 TRIPS 是由世界贸易组织（WTO）管理以外，其余四个公约都是由世界知识产权组织（WIPO）管理。我国均已加入这些国际公约。

（二）我国的知识产权法律体系

我国的知识产权立法开始较晚，但发展很快，目前，我国已经初步建立起了一套完整的知识产权法律制度。基于对知识产权认识的不断深化和司法实践中暴露出的问题，知识产权法律领域成为我国修法速度最快、频率最高的法律领域。我国知识产权法的渊源可以分为国内法律规范和国际公约两个部分。

国内法律规范包括综合性法律、专门性法律和法规规章三类。

综合性法律主要涉及以下内容：我国《民法典·总则编》第五章民事权利第 123 条明确规定“民事主体依法享有知识产权”。《民法典·合同编》第二十章规范了“技术合同”。2017 年修订的《中华人民共和国刑法》（以下简称《刑法》）中，分则第三章第七节规定了“侵犯知识产权罪”。《中华人民共和国对外贸易法》（以下简称《对外贸易法》，1994 年通过，2016 年修正）第五章专门规定了“与对外贸易有关的知识产权保护”。

专门性法律有《中华人民共和国商标法》（以下简称《商标法》，1982 年通过，1993 年、2001 年、2013 年、2019 年 4 次修正）、《中华人民共和国专利法》（以下简称《专利法》，1984 年通过，1992 年、2000 年、2008 年、2020 年 4 次修正）、《中华人民共和国著作权法》（以下简称《著作权法》，1990 年通过，2001 年、2010 年、2020 年 3 次修正）、《中华人民共和国反不正当竞争法》（以下简称《反不正当竞争法》，1993 年通过，2017 年修订，2019 年修正）。

法规规章数量众多，主要为国务院制定的行政规章，如《中华人民共和国商标法实施条例》《中华人民共和国专利法实施细则》《中华人民共和国著作权法实施条例》《计算机软件保护条例》《植物新品种保护条例》《集成电路布图设计保护条例》《实施国际著作权条约的规定》《知识产权海关保护条例》等。

此外，我国还加入了一系列有关保护知识产权的国际公约，重要的有《建立世界知识产权组织公约》《与贸易有关的知识产权协定》《保护工业产权巴黎公约》《保护文学和艺术作品伯尔尼公约》《世界版权公约》《世界知识产权组织版权条约》《世界知识产权组织表演和录音制品条约》《保护录音制品制作者防止未经许可复制其录音制品公约》《商标国际注册马德里协定》《商标国际注册马德里协定有关议定书》《保护奥林匹克会徽内罗毕条约》《专利合作条约》《国际专利分类斯特拉斯堡协定》《国际承认用于专利程序的微生物保存布达佩斯条约》《建立工业品外观设计国际分类洛迦诺协定》《集成电路知识产权条约》《保护植物新品种国际公约》《保护非物质文化遗产公约》《商标注册用商品和服务国际分类尼斯协定》《视听表演北京条约》等。

(三) 知识产权法的性质与归属

在知识产权法中，既有私法规范，也有公法规范；既有实体法规范，也有程序法规范。不过公法规范和程序法规范不占主导地位。虽然知识产权保护的国际化趋势日益加强，但这并不能改变其国内法的性质。知识产权法属于民法法律部门。

第二节　著作权法

一、著作权和著作权法

著作权也称版权，是指文学、艺术和科学等作品的作者或其他著作权人，在法定期限内对其作品所依法享有的专有权利。著作权通常有狭义和广义之分。狭义的著作权即作者权，是指作者依法享有的权利，包括著作人身权和著作财产权。广义的著作权还包括邻接权，即与著作权有关的权利，主要指表演者、录音录像制品制作者和广播电视组织的权利以及图书报刊出版者的权利等。

著作权法是调整著作权人、与著作权有关的权利人与公众之间因著作权及相关权益的取得、行使和保护而产生的人身关系和财产关系的法律规范的总和。其基础性法律为《著作权法》。国务院制定的行政规章主要有《中华人民共和国著作权法实施条例》以及《信息网络传播权保护条例》《计算机软件保护条例》《音像制品管理条例》《著作权集体管理条例》《实施国际著作权条约的规定》等。我国已加入的著作权国际公约主要有《伯尔尼公约》《世界版权公约》《保护录音制品日内瓦公约》《世界知识产权组织版权条约》(WCT)、《世界知识产权组织表演和录音制品条约》《与贸易有关的知识产权协定》(TRIPS)等。

二、著作权的主体和客体

(一) 著作权的主体

著作权的主体即著作权人，包括作者和其他著作权人。在我国著作权法中，著作权主体包括自然人、法人或者非法人组织以及国家。

1. 一般意义上的著作权主体

(1) 作者。作者是指文学、艺术和科学作品的创作人。在作品上署名的自然人、法人或者非法人组织为作者，且该作品上存在相应权利，但有相反证明的除外。作者可以是自然人、法人或者非法人组织，也可以是若干个自然人、法人或者非法人组织。

《著作权法》第11条规定，由法人或者非法人组织主持，代表法人或者非法人组织意志创作，并由法人或者非法人组织承担责任的作品，法人或者非法人组织视为作者。这类作品被称为法人作品。

(2) 继受著作权人。继受著作权人是指基于继承、赠与、遗赠或受让等法律事实而取得著作权的人。著作权属于法人或者非法人组织的，法人或者非法人组织变更、终止后，没有承受其权利和义务的法人或者非法人组织的，著作权由国家享有。

2. 特殊作品的著作权人

(1) 演绎作品。基于已有作品进行再次创作而产生的新作品统称为演绎作品。演绎创作主要有改编、翻译、注释和整理等。演绎已有作品时，应事先征得原作品作者的同意。演绎作品为新作品，其著作权由演绎者享有，但其行使著作权时，不得侵犯原作品的著作权。

(2) 汇编作品。汇编作品是指汇编若干作品、作品的片段或者不构成作品的数据或者其他材料，对其内容的选择或者编排体现独创性的作品。汇编现有作品时，应事先征得原作品作者的同意。汇编作品的著作权由汇编人享有，但其行使著作权时，不得侵犯原作品的著作权。

(3) 委托作品。委托作品是作者根据委托合同而创作的作品。委托作品著作权的归属由委托人和受托人通过合同约定，合同未约定的，著作权归受托人。

(4) 职务作品。职务作品是自然人为完成法人或者非法人组织工作任务所创作的作品。根据《著作权法》第18条的规定，职务作品的著作权由作者享有，但法人或者非法人组织有权在其业务范围内优先使用。作品完成2年内，未经单位同意，作者不得许可第三人以与单位使用的相同方式使用该作品。有下列情形之一的职务作品，作者享有署名权，著作权的其他权利由法人或者非法人组织享有，法人或者非法人组织可以给予作者奖励：①主要是利用法人或者非法人组织的物质技术条件创作，并由法人或者非法人组织承担责任的工程设计图、产品设计图、地图、示意图、计算机软件等职务作品。②报社、期刊社、通讯社、广播电台、电视台的工作人员创作的职务作品。③法律、行政法规规定或者合同约定著作权由法人或者非法人组织享有的职务作品。

(5) 合作作品。合作作品是2人以上合作创作的作品。合作作品的成立应符合三个条件：一是共同创作的意图；二是存在合作关系；三是由合作作者各自完成的作品部分有机构成的一个整体作品。合作作品可以分为可分割使用的合作作品和不可以分割使用的合作作品。合作作品的著作权由合作作者共同享有。合作作者行使著作权应当以协商一致为基础，在意见不一致的情况下，任何一方无正当理由不得阻止他方行使除转让、许可他人专有使用、出质以外的其他权利，但是所得收益应当合理分配给所有合作作者。可分割使用的合作作品，作者对各自创作的部分可以单独享有著作权，但行使著作权时不得侵犯合作作品整体的著作权。

(6) 视听作品。视听作品是指摄制在一定介质上，由一系列有伴音或者无伴音的画面组成，并且借助适当装置放映或者以其他方式传播的作品。视听作品中的电影作品、电视剧作品的著作权由制作者享有，但编剧、导演、摄影、作词、作曲等作者享有署名权，并有权按照与制作者签订的合同获得报酬。上述规定以外的视听作品的著作权归属由当事人约定；没有约定或者约定不明确的，由制作者享有，但作者享有署名权和获得报酬的权利。视听作品中的剧本、音乐等可以单独使用的作品的作者有权单独行使其著作权。

(7) 原件所有权转移的美术、摄影作品。作品原件所有权的转移，不改变作品著作权的归属，但美术、摄影作品原件的展览权由原件所有人享有。作者将未发表的美术、摄影作品的原件所有权转让给他人，受让人展览该原件不构成对作者发表权的侵犯。

(二) 著作权的客体

著作权的客体是指受著作权保护的作品。《著作权法》第 3 条规定，《著作权法》所称的作品是指文学、艺术和科学领域内具有独创性并能以一定形式表现的智力成果。

对作品的这一定义，应当从以下三个方面来理解。

(1) 作品必须是人类的智力成果。纯粹的自然风光和声音虽然可能很优美、具有欣赏价值，以至于可以被称为“大自然的杰作”，但却不是人类智力创作的结果，也就不是著作权法意义上的作品。

(2) 作品必须是能够被他人客观感知的外在表达，具有可复制性。单纯停留在内心世界的思想感情或者“腹稿”并不是著作权法意义上的作品。作品中抽象的思想本身是不受《著作权法》保护的，只有对思想的具体表达才受《著作权法》保护。

(3) 作品必须具有“独创性”。“独”是指“独立创作、源于本人”，即劳动成果是由劳动者独立完成的，而非抄袭的结果。“创”是指一定水准的智力创造高度，“创”并不意味着具备高度文学和美学价值，但要求智力创造性不能过于微不足道。

著作权法对创造性的要求远远低于专利法的要求，且对作品的保护不以新颖性为前提，如果多位作者同时就相同或类似的思想内容完成意见相同或类似的作品，只要他们都具有创造性，就都受到保护。

目前，我国在立法上对“独创性”标准没有明确界定，导致司法实践中的判断尺度无法统一。

《著作权法》第 3 条用列举的方法规定了九类受保护的作品：①文字作品。②口述作品。③音乐、戏剧、曲艺、舞蹈、杂技艺术作品。④美术、建筑作品。⑤摄影作品。⑥视听作品。⑦工程设计图、产品设计图、地图、示意图等图形作品和模型作品。⑧计算机软件。⑨符合作品特征的其他智力成果。

依法禁止出版、传播的作品，不受《著作权法》保护。另外，我国《著作权法》不适用于：①法律、法规，国家机关的决议、决定、命令和其他具有立法、行政、司法性质的文件及其官方正式译文。②单纯事实消息。③历法、通用数表、通用表格和公式。民间文学艺术作品的著作权保护办法由国务院另行规定。

三、著作权的内容、取得和保护期限

(一) 著作权的内容

著作权的内容即著作权法律关系的主体享有的权利和承担的义务，其权利包括著作人身权和著作财产权两部分。

1. 著作人身权

著作人身权又称精神权利或人格权，是指作者基于作品依法享有的以人身权益为内容的、与其人身密不可分的权利。著作人身权专属于作品的作者，通常不得转让、继承和放弃。

(1) 发表权，即作者决定作品是否公之于众的权利。无论任何作品，发表权只能行使一次，且专属于作者。

(2) 署名权，即表明作者身份，在作品上署名的权利。署名权的行使方式包括署真名、署假名、署笔名和不署名。

(3) 修改权，即修改或者授权他人修改作品的权利。

(4) 保护作品完整权，即保护作品不受歪曲、篡改的权利。

2. 著作财产权

著作财产权是指著作权人依法通过各种方式利用其作品带来经济效益的权利。著作财产权主要是复制权、出租权、发行权、展览权、表演权、放映权、广播权、信息网络传播权、摄制权、改编权、翻译权、汇编权等使用作品的权利。

著作权人可以许可他人行使上述权利，并依照约定或者《著作权法》有关规定获得报酬。

(二) 著作权的取得

我国著作权法实行的是自动保护原则，即权利随着作品的产生而产生，无须履行审查登记手续。我国《著作权法》第 2 条规定，中国自然人、法人或者非法人组织的作品，不论是否发表，依照本法享有著作权。

作者等著作权人可以向国家著作权主管部门认定的登记机构办理作品登记。

(三) 著作权的保护期限

(1) 作者的署名权、修改权、保护作品完整权的保护期不受限制。

(2) 自然人的作品，其著作财产权的保护期为作者终生及其死亡后 50 年，截至作者死亡后第 50 年的 12 月 31 日；如果是合作作品，截止于最后死亡的作者死亡后的第 50 年的 12 月 31 日。

(3) 法人或者非法人组织的作品、著作权(署名权除外)由法人或者非法人组织享有的职务作品，其发表权的保护期为 50 年，截止于作品创作完成后第 50 年的 12 月 31 日；其著作财产权的保护期为 50 年，截止于作品首次发表后第 50 年的 12 月 31 日，但作品自创作完成后 50 年内未发表的，不再受保护。

(4) 视听作品，其发表权的保护期为 50 年，截止于作品创作完成后第 50 年的 12 月 31 日；其著作财产权的保护期为 50 年，截止于作品首次发表后第 50 年的 12 月 31 日，但作品自创作完成后 50 年内未发表的，不再受保护。

四、著作权的限制

著作权法的目的在于鼓励和保护优秀作品的创作，但著作权的滥用将会与社会对文化知识的需求产生矛盾，束缚科学技术的发展，阻碍社会进步。所以，各国在保护著作权及与著作权有关的权利的同时也对著作权作出了限制，如合理使用、法定许可。我国《著作权法》第 24 条规定了著作权合理使用的法定情形，即在下列情况下使用作品，可以不经著作权人许可，不向其支付报酬，但应当指明作者姓名或者名称、作品名称，并且不得影响该作品的正常使用，也不得不合理地损害著作权人的合法权益：

(1) 为个人学习、研究或者欣赏，使用他人已经发表的作品。

(2) 为介绍、评论某一作品或者说明某一问题，在作品中适当引用他人已经发表的作品。

(3) 为报道新闻，在报纸、期刊、广播电台、电视台等媒体中不可避免地再现或者引用已经发表的作品。

(4) 报纸、期刊、广播电台、电视台等媒体刊登或者播放其他报纸、期刊、广播电台、电视台等媒体已经发表的关于政治、经济、宗教问题的时事性文章，但著作权人声明不许刊登、播放的除外。

(5) 报纸、期刊、广播电台、电视台等媒体刊登或者播放在公众集会上发表的讲话，但作者声明不许刊登、播放的除外。

(6) 为学校课堂教学或者科学研究，翻译、改编、汇编、播放或者少量复制已经发表的作品，供教学或者科研人员使用，但不得出版发行。

(7) 国家机关为执行公务在合理范围内使用已经发表的作品。

(8) 图书馆、档案馆、纪念馆、博物馆、美术馆、文化馆等为陈列或者保存版本的需要，复制本馆收藏的作品。

(9) 免费表演已经发表的作品，该表演未向公众收取费用，也未向表演者支付报酬且不以营利为目的。

(10) 对设置或者陈列在公共场所的艺术作品进行临摹、绘画、摄影、录像。

(11) 将中国自然人、法人或者非法人组织已经发表的以国家通用语言文字创作的作品翻译成少数民族语言文字作品在国内出版发行。

(12) 以阅读障碍者能够感知的无障碍方式向其提供已经发表的作品。

(13) 法律、行政法规规定的其他情形。《著作权法》第25条规定了著作权的法定许可情形，即为实施义务教育和国家教育规划而编写出版教科书，可以不经著作权人许可，在教科书中汇编已经发表的作品片段或者短小的文字作品、音乐作品或者单幅的美术作品、摄影作品、图形作品，但应当按照规定向著作权人支付报酬，指明作者姓名或者名称、作品名称，并且不得侵犯著作权人依照《著作权法》享有的其他权利。

对著作权的限制同样适用于对与著作权有关的权利的限制。

五、著作权的保护

(一) 著作权侵权行为

1.《著作权法》第52条规定的构成侵犯著作权的行为

(1) 未经著作权人许可，发表其作品的。

(2) 未经合作者许可，将与他人合作创作的作品当作自己单独创作的作品发表的。

(3) 没有参加创作，为谋取个人名利，在他人作品上署名的。

(4) 歪曲、篡改他人作品的。

(5) 剽窃他人作品的。

(6) 未经著作权人许可，以展览、摄制视听作品的方法使用作品，或者以改编、翻译、注释等方式使用作品的,《著作权法》另有规定的除外。

(7) 使用他人作品,应当支付报酬而未支付的。

(8) 未经视听作品、计算机软件、录音录像制品的著作权人、表演者或者录音录像制作者许可,出租其作品或者录音录像制品的原件或者复制件的,《著作权法》另有规定的除外。

(9) 未经出版者许可,使用其出版的图书、期刊的版式设计的。

(10) 未经表演者许可,从现场直播或者公开传送其现场表演,或者录制其表演的。

(11) 其他侵犯著作权以及与著作权有关的权利的行为。

2.《著作权法》第 53 条规定的构成侵犯著作权的行为

(1) 未经著作权人许可,复制、发行、表演、放映、广播、汇编、通过信息网络向公众传播其作品的,本法另有规定的除外。

(2) 出版他人享有专有出版权的图书的。

(3) 未经表演者许可,复制、发行录有其表演的录音录像制品,或者通过信息网络向公众传播其表演的,《著作权法》另有规定的除外。

(4) 未经录音录像制作者许可,复制、发行、通过信息网络向公众传播其制作的录音录像制品的,《著作权法》另有规定的除外。

(5) 未经许可,播放、复制或者通过信息网络向公众传播广播、电视的,《著作权法》另有规定的除外。

(6) 未经著作权人或者与著作权有关的权利人许可,故意避开或者破坏技术措施的,故意制造、进口或者向他人提供主要用于避开、破坏技术措施的装置或者部件的,或者故意为他人避开或者破坏技术措施提供技术服务的,法律、行政法规另有规定的除外。

(7) 未经著作权人或者与著作权有关的权利人许可,故意删除或者改变作品、版式设计、表演、录音录像制品或者广播、电视上的权利管理信息的,知道或者应当知道作品、版式设计、表演、录音录像制品或者广播、电视上的权利管理信息未经许可被删除或者改变,仍然向公众提供的,法律、行政法规另有规定的除外。

(8) 制作、出售假冒他人署名的作品的。

(二) 著作权侵权行为的法律责任

1. 民事责任

侵害著作权的,应当承担停止侵害、消除影响、赔礼道歉和赔偿损失的民事责任。就赔偿损失的民事责任,侵权人应当按照权利人因此受到的实际损失或者侵权人的违法所得给予赔偿;权利人的实际损失或者侵权人的违法所得难以计算的,可以参照该权利使用费给予赔偿。对故意侵犯著作权或者与著作权有关的权利,情节严重的,可以在按照上述方法确定数额的 1 倍以上 5 倍以下给予赔偿。权利人的实际损失、侵权人的违法所得、权利使用费难以计算的,由人民法院根据侵权行为的情节,判决给予 500 元以上 500 万元以下的赔偿。赔偿数额还应当包括权利人为制止侵权行为所支付的合理开支。

2. 行政责任

对《著作权法》第 53 条规定的侵权行为,同时损害公共利益的,由主管著作权的部门责令停止侵权行为,予以警告,没收违法所得,没收、无害化销毁处理侵权复制品以及主要用于制作侵权复制品的材料、工具、设备等，违法经营额5万元以上的，可以并处违法经营额1倍以上5倍以下的罚款；没有违法经营额、违法经营额难以计算或者不足5万元的，可以并处25万元以下的罚款。

3. 刑事责任

《刑法》第217条规定了侵犯著作权罪，第218条规定了销售侵权复制品罪，构成这两条罪名的，应分别追究相应的刑事责任。

第三节　专　利　法

一、专利、专利权和专利法

专利是指经行政主管机关批准的具有专利性的发明创造或者是具有独占权的公开技术。专利具有以下特征：①专利是一项特殊的智力劳动成果。②专利是一种发明创造，应符合专利法规定的专利获取条件。③专利必须经主管机关依照法定程序审查确定。

专利权是指专利权人在法律规定的期限内对其发明创造所享有的一种独占权或专有权。

专利法是指确认、保护发明创造专有权和调整利用发明创造过程中所发生的各种社会关系的法律规范的总称。其基础性法律为《专利法》。国务院制定的行政规章主要有《中华人民共和国专利法实施细则》《专利代理条例》《国防专利条例》等。有关专利保护的国际公约中，我国已经加入的有《巴黎公约》《专利合作条约》(PCT)、《国际承认用于专利程序的微生物保存条约》《工业品外观设计国际分类协定》《专利国际分类协定》(IPC)和《与贸易有关的知识产权协定》等。

二、专利权的主体、客体和内容

(一) 专利权的主体及其确认

专利权的主体是指有权提出专利申请并获得专利权的单位或个人。当一项发明创造依法取得专利权后，专利申请人成为专利权所有人。按照专利法的规定，发明人或设计人、发明人或设计人所在的单位、外国人均可成为专利权人。同时，按照其他法律规定，专利权人的继受人也可以成为专利权人。

专利法对专利权主体的主要规定如下所述。

1. 发明人(或设计人)、申请人和专利权人

发明人(或设计人)是指真正完成发明创造的人，即对发明创造的实质性特点作出创造性贡献的人。申请人是指就一项发明创造向专利局申请专利的人。除了发明人可以作为申请人外，通过合同从发明人那里取得发明专利申请权的其他人、从发明人那里继承发明专利申请权的继承人、职务发明创造中按规定享有申请权的单位，都可以成为专利申请人。经申请依法取得专利权的人为专利权人。

2. 职务发明人

企业、事业单位、社会团体、国家机关等单位的工作人员执行本单位的任务或者主要

利用本单位的物质技术条件完成的发明创造，是职务发明创造。对职务发明创造申请专利的权利属于单位。申请被批准后，单位为专利权人。除上述情况，非职务发明创造，申请专利的权利属于发明人（或设计人），申请被批准后，该发明人（或设计人）为专利权人。

利用本单位的物质技术条件所完成的发明创造，单位与发明人（或设计人）订有合同，对申请专利的权利和专利权的归属作出约定的，从其约定。

这里，执行本单位的任务是指：①在从事本职工作时作出的发明创造。②履行本单位交付的本职工作之外的任务所作出的发明创造。③退职、退休或者调动工作后1年内作出的、与其在原单位承担的本职工作或者分配的任务有关的发明创造。主要利用本单位的物质技术条件是指利用本单位的资金、设备、零部件、原材料或者不对外公开的技术资料等。

3. 共同发明和委托发明

两个以上单位或者个人合作完成的发明创造、一个单位或者个人接受其他单位或者个人委托所完成的发明创造，除另有协议的以外，申请专利的权利属于完成或共同完成的单位或者个人。申请被批准后，申请单位或者个人为专利权人。专利申请权或专利权的共有人对权利的行使有约定的，从其约定；没有约定的，共有人可以单独实施或以普通许可方式许可他人实施该专利，许可他人实施该专利的，收取的使用费应当在共有人中间分配。此外，行使共有的专利申请权或专利权应当取得全体共有人的同意。

（二）专利权的客体

专利权的客体是指专利法所规定的予以专利保护的发明创造。我国专利法所称的发明创造是指发明、实用新型和外观设计。

发明是指对产品、方法或其改进所提出的新的技术方案。发明可分为产品发明和方法发明。实用新型又称“小发明”，是指对产品的形状、构造或其结合所提出的适于实用的新的技术方案。外观设计是指对产品整体或者局部的形状、图案或者其结合以及色彩与形状、图案的结合所作出的富有美感并适合工业上应用的新设计。

专利法规定，下列各项不授予专利权：①科学发现。②智力活动的规则和方法。③疾病的诊断和治疗方法。④动物和植物品种。⑤原子核变换方法以及用原子核变换方法获得的物质。⑥对平面印刷的图案、色彩或者两者的结合作出的主要起标识作用的设计。对于第④项所列产品的生产方法，可以依照专利法规定授予专利权。对违反法律、社会公德或者妨害公共利益的发明创造，不授予专利权。对违反法律、行政法规的规定获取或者利用遗传资源，并依赖该遗传资源完成的发明创造，不授予专利权。

（三）专利权的内容——专利权人的权利和义务

专利权人享有以下权利。

（1）实施权。专利权人在专利有效期限内享有为生产经营目的专有制造、使用、许诺销售、销售、进口其专利产品或专有使用其专利方法的权利。

（2）许可权。专利权人有权许可他人使用其专利权，并收取专利使用费。任何单位或者个人实施他人专利的，都应当与专利权人订立实施许可合同，向专利权人支付专利使用费。被许可人无权允许合同规定以外的任何单位或个人实施该专利。

（3）转让权。专利申请权和专利权可以转让。转让专利申请权或者专利权的，当事人应当订立书面合同，并向专利局登记，由专利局予以公告。专利申请权或者专利权的转让自登记之日起生效。中国单位或者个人向外国人、外国企业或其他外国组织转让专利申请权或专利权的，应当依照有关法律、行政法规的规定办理手续。

(4) 标记权。专利权人有权在其专利产品或该产品的包装上标明专利标识；发明人或设计人有权在专利文件中写明自己是发明人(或设计人)。

(5) 禁止权。除专利法另有规定外，任何单位或个人未经专利权人许可，都不得实施其专利，即不得以营利为目的制造、使用、许诺销售、销售、进口其专利产品或者使用该专利方法直接获得的产品。

专利权人的主要义务为实施专利、缴纳专利年费。

三、专利权的申请和取得

(一) 专利权的申请原则

国务院专利行政部门主管全国专利申请和管理的工作。

我国专利申请的原则主要有以下三个。

1. 一发明一专利原则

一件发明或者实用新型专利申请应当限于一项发明或者实用新型。属于一个总的发明构思的两项以上的发明或者实用新型，以及用于同一类别并且成套出售或者使用的产品的两项以上的外观设计，可以作为一项申请提出。一件外观设计专利申请应当限于一项外观设计。同一产品两项以上的相似外观设计，或者用于同一类别并且成套出售或者使用的产品的两项以上外观设计，可以作为一件申请提出。

2. 申请在先原则

2 个以上的申请人分别就同样的发明创造申请专利的，专利权授予最先申请的人，对其他人的申请一律予以驳回。如果发生 2 个以上的申请人在同一日分别就同样的发明创造申请专利的，应当在收到国务院专利行政部门的通知后自行协商确定申请人。国务院专利行政部门只对协商确定的人授予专利权。如果协商意见不一致的，或者一方拒绝协商的，则对任何一方不授予专利权。

3. 优先权原则

申请人在一个缔约国第一次提出专利申请后，在一定期限内又以相同的发明创造向其他缔约国提出申请的，则该申请人有权要求该缔约国以申请人第一次提出专利申请的缔约国的申请日为申请日，也就是优先权日。

专利申请的优先权可以分为外国优先权和本国优先权。

外国优先权是指申请人自发明或者实用新型在外国第一次提出专利申请之日起 12 个月内，或者自外观设计在外国第一次提出专利申请之日起 6 个月内，又在中国就相同主题提出专利申请的，依照该外国同中国签订的协议或者共同参加的国际条约，或者依照相互承认优先权的原则，可以享有优先权，即把申请人第一次提出专利申请的申请日，作为在我国的申请日。

本国优先权是指申请人自发明或者实用新型在中国第一次提出专利申请之日起 12 个

月内，或者自外观设计在中国第一次提出专利申请之日起6个月内，又向国务院专利行政部门就相同主题提出专利申请的，可以享有优先权。

（二）授予专利权的条件

1. 取得专利权的实质要件

根据《专利法》第22条的规定，发明和实用新型获得专利权必须具备以下三个条件。

（1）新颖性。新颖性是指该发明或者实用新型不属于现有技术；也没有任何单位或者个人就同样的发明或者实用新型在申请日以前向国务院专利行政部门提出过申请，并记载在申请日以后公布的专利申请文件或者公告的专利文件中。

根据《专利法》第24条的规定，申请专利的发明创造在申请日以前6个月内，有下列情形之一的，不丧失新颖性：①在国家出现紧急状态或者非常情况时，为公共利益目的首次公开的。②在中国政府主办或者承认的国际展览会上首次展出的。③在规定的学术会议或者技术会议上首次发表的。④他人未经申请人同意而泄露其内容的。

（2）创造性。创造性是指与申请日以前在国内外为公众所知的技术相比，该发明具有突出的实质性特点和显著的进步，该实用新型具有实质性特点和进步。

（3）实用性。实用性是指该发明或者实用新型能够制造或者使用，并且能够产生积极效果。

根据《专利法》第23条的规定，授予专利权的外观设计，应当不属于现有设计；也没有任何单位或者个人就同样的外观设计在申请日以前向国务院专利行政部门提出过申请，并记载在申请日以后公告的专利文件中。授予专利权的外观设计与现有设计或者现有设计特征的组合相比，应当具有明显区别。授予专利权的外观设计不得与他人在申请日以前已经取得的合法权利相冲突。所谓现有设计，是指申请日以前在国内外为公众所知的设计。

2. 取得专利权的形式要件

专利权不能自动取得，申请人必须履行专利法所规定的专利申请手续，向国家专利机关提交必要的书面申请文件。

在我国，发明专利实行"早期公开，延迟审查"的制度，经过初步审查、公布申请和实质审查三个阶段，方可授予专利权。而实用新型和外观设计专利的审查，只要经过初步申请，没有发现可驳回申请的理由，专利机关就可以授予专利权。

自国务院专利行政部门公告授予专利权之日起，任何单位或者个人认为该专利权的授予不符合专利法有关规定的，可以请求国务院专利行政部门宣告该专利权无效。国务院专利行政部门对宣告专利权无效的请求应当及时审查和作出决定，并通知请求人和专利权人。对国务院专利行政部门宣告专利权无效或者维持专利权的决定不服的，可以自收到通知之日起3个月内向人民法院起诉。

（三）专利权的保护期限

发明专利权的期限为20年，实用新型专利权的期限为10年，外观设计专利权的期限为15年，均自申请日起计算。

自发明专利申请日起满4年，且自实质审查请求之日起满3年后授予发明专利权的，国务院专利行政部门应专利权人的请求，就发明专利在授权过程中的不合理延迟给予专利权期限补偿，但由申请人引起的不合理延迟除外。为补偿新药上市审评审批占用的时间，对在中国获得上市许可的新药相关发明专利，国务院专利行政部门应专利权人的请求给予专利权期限补偿。补偿期限不超过5年，新药经批准上市后总有效专利权期限不超过14年。

四、专利权的限制

专利权的限制是指在法律规定的情形下，他人可以不经专利权人的许可而实施其专利，包括合理使用和强制许可。

（一）专利权的合理使用

根据《专利法》第75条的规定，有下列情形之一的，不视为侵犯专利权。

（1）专利产品或者依照专利方法直接获得的产品，由专利权人或者经其许可的单位、个人售出后，使用、许诺销售、销售、进口该产品的。

（2）在专利申请日前已经制造相同产品、使用相同方法或者已经作好制造、使用的必要准备，并且仅在原有范围内继续制造、使用的。

（3）临时通过中国领陆、领水、领空的外国运输工具，依照其所属国同中国签订的协议或者共同参加的国际条约，或者依照互惠原则，为运输工具自身需要而在其装置和设备中使用有关专利的。

（4）专为科学研究和实验而使用有关专利的。

（5）为提供行政审批所需要的信息，制造、使用、进口专利药品或者专利医疗器械的，以及专门为其制造、进口专利药品或者专利医疗器械的。

（二）专利实施的强制许可

强制许可是指国家专利行政部门可以不经专利权人的同意，通过行政申请程序直接允许申请者实施发明专利或者实用新型专利，并向其颁布实施专利的强制许可。取得实施强制许可的单位或者个人不享有独占的实施权，并且无权允许他人实施。取得实施强制许可的单位或者个人应当付给专利权人合理的使用费，或者依照我国参加的有关国际条约的规定处理使用费问题。付给使用费的，其数额由双方协商，双方不能达成协议的，由国务院专利行政部门裁决。专利权人对国务院专利行政部门关于实施强制许可的决定不服的，专利权人和取得实施强制许可的单位或者个人对国务院专利行政部门关于实施强制许可的使用费的裁决不服的，可以自收到通知之日起3个月内向人民法院起诉。

实施强制许可的法定情形包括以下四种。

（1）对滥用专利权的强制许可。《专利法》第53条规定，有下列情形之一的，国务院专利行政部门根据具备实施条件的单位或者个人的申请，可以给予实施发明专利或者实用新型专利的强制许可：①专利权人自专利权被授予之日起满3年，且自提出专利申请之日起满4年，无正当理由未实施或者未充分实施其专利的。②专利权人行使专利权的行为被依法认定为垄断行为，为消除或者减少该行为对竞争产生的不利影响的。

（2）紧急状态或公共利益目的的强制许可。《专利法》第54条规定："在国家出现紧急状态或者非常情况时，或者为了公共利益的目的，国务院专利行政部门可以给予实施发明专利或者实用新型专利的强制许可。"

(3) 为公共健康目的对专利药品的强制许可。《专利法》第55条规定:"为了公共健康目的,对取得专利权的药品,国务院专利行政部门可以给予制造并将其出口到符合中华人民共和国参加的有关国际条约规定的国家或者地区的强制许可。"

(4) 有依赖关系专利的强制许可。《专利法》第56条规定:"一项取得专利权的发明或者实用新型比之前已经取得专利权的发明或者实用新型具有显著经济意义的重大技术进步,其实施又有赖于前一发明或者实用新型的实施的,国务院专利行政部门根据后一专利权人的申请,可以给予实施前一发明或者实用新型的强制许可。在依照前款规定给予实施强制许可的情形下,国务院专利行政部门根据前一专利权人的申请,也可以给予实施后一发明或者实用新型的强制许可。"

五、专利权的保护

(一) 专利权侵权行为

根据专利法的规定,侵犯他人专利权的行为有下列几种。

(1) 制造专利产品的行为。

(2) 故意使用发明或实用新型专利产品的行为。

(3) 故意销售他人专利产品的行为。

(4) 进口他人专利产品的行为。

(5) 使用他人专利方法以及使用、许诺销售、销售进口依照专利方法直接获得的产品的行为。

(6) 假冒他人专利的行为。

(二) 专利权侵权行为的法律责任

1. 民事责任

侵害专利权的,应当承担停止侵害、消除影响、赔偿损失的民事责任。

侵犯专利权的赔偿数额按照权利人因被侵权所受到的实际损失或者侵权人因侵权所获得的利益确定;权利人的损失或者侵权人获得的利益难以确定的,参照该专利许可使用费的倍数合理确定。对故意侵犯专利权,情节严重的,可以在按照上述方法确定数额的1倍以上5倍以下确定赔偿数额。权利人的损失、侵权人获得的利益和专利许可使用费均难以确定的,人民法院可以根据专利权的类型、侵权行为的性质和情节等因素,确定给予3万元以上500万元以下的赔偿。

赔偿数额还应当包括权利人为制止侵权行为所支付的合理开支。

2. 行政责任

假冒专利的,除依法承担民事责任外,由负责专利执法的部门责令改正并予以公告,没收违法所得,可以并处违法所得5倍以下的罚款;没有违法所得或者违法所得在5万元以下的,可以处25万元以下的罚款。

3. 刑事责任

《刑法》第216条规定,假冒他人专利,情节严重的,处3年以下有期徒刑或者拘役,并处或单处罚金。

第四节　商　标　法

一、商标、商标权和商标法

商标是商品生产者、经营者或服务的提供者在其商品或服务上使用的，由文字、图形、颜色、声音等或其组合构成的，具有显著特征、便于识别商品或服务来源的标志。商标法规定的注册商标的构成要素为文字、图形、字母、数字、三维标志、颜色组合和声音等，以及上述要素的组合。

商标权是商标所有人对法律确认并给予保护的商标所享有的权利。经商标局核准注册的商标为注册商标，商标注册人对注册商标享有专有权。

商标法是指在调整确认、保护商标专用权和商标使用过程中发生的社会关系的法律规范的总称。其基础性法律为《商标法》。国务院制定的行政规章主要有《中华人民共和国商标法实施条例》《驰名商标认定和保护规定》《集体商标、证明商标注册和管理办法》《地理标志产品保护规定》等。我国已加入的商标权国际公约主要有《巴黎公约》《商标国际注册马德里协定》《商标注册用商品和服务分类协定》《与贸易有关的知识产权协定》等。

二、商标权的主体、客体和内容

（一）商标权的主体

商标权的主体是指有权申请商标注册并依法取得商标所有权的单位和个人。商标法规定，自然人、法人或者其他组织，对其生产、制造、加工、拣选或者经销的商品，或者对其提供的服务项目，需要取得商标专用权的，应当向商标局申请商标注册。不以使用为目的的恶意商标注册申请，应当予以驳回。2 个以上自然人、法人或者其他组织可以共同向商标局申请同一商标，共同享有和行使商标专用权。申请商标注册或者办理其他商标事宜，可以自行办理，也可以委托依法设立的商标代理机构办理。外国人或外国企业在中国申请商标注册的，应按其所属国和我国签订的协议或共同参加的国际条约办理，或者按对等原则办理。外国人或外国企业在中国申请商标注册和办理其他商标事宜的，应当委托国家认可的具有商标代理资格的组织代理。

（二）商标权的客体

商标权的客体是指经过国家商标局核准注册的商标，即注册商标。

申请商标注册的商标必须符合以下规定。

（1）申请注册的商标，应当有显著特征，便于识别，并不得与他人在先取得的合法权利相冲突。

（2）下列标志不得作为商标使用（即商标禁用标志）：①同中华人民共和国国家名称、国旗、国徽、国歌、军旗、军徽、军歌、勋章等相同或者近似的，以及同中央国家机关的名称、标志、所在地特定地点的名称或者标志性建筑物的名称、图形相同的。②同外国的国家名称、国旗、国徽、军旗等相同或者近似的，但该国政府同意的除外。③同政府间国际组织的名称、旗帜、徽记等相同或者近似的，但经该组织同意或者不易误导公众的除外。④与表明实施控制、予以保证的官方标志、检验印记相同或者近似的，但经授权的除外。⑤同“红十字”“红新月”的标记、名称相同或相近似的。⑥带有民族歧视性的。⑦带有欺骗性，容易使公众对商品的质量等特点或者产地产生误认的。⑧有害于社会主义道德风尚或者有其他不良影响的。

另外，县级以上行政区划的地名或者公众知晓的外国地名，不得作为商标，但是，地名具有其他含义或者作为集体商标、证明商标组成部分的除外；已经注册的使用地名的商标继续有效。

(3) 下列标志不得作为注册商标：①仅有本商品的通用名称、图形、型号的。②仅直接表示商品的质量、主要原料、功能、用途、重量、数量及其他特点的。③其他缺乏显著特征的。上述所列标志经过使用取得显著特征，并便于识别的，可以作为商标注册。

(三) 商标权的内容——商标权人的权利和义务

商标权人的主要权利如下。

(1) 商标专用权。商标权人享有商标专用权，可以将其注册商标在核准的商品上使用，并因此获得合法利益。其他人未经商标权人许可，不得使用注册商标。

(2) 转让权。商标权人有权将其注册商标转让给其他单位或者个人。商标转让是商标所有权的转移。转让注册商标的，转让人和受让人应当签订转让协议，并共同向商标局提出申请。

(3) 许可权。商标注册人可以通过签订商标使用许可合同，许可他人使用其注册商标。许可人应当监督被许可人使用其注册商标的商品质量。被许可人应当保证使用该注册商标的商品质量。经许可使用他人注册商标的，必须在使用该注册商标的商品上标明被许可人的名称和商品产地。商标使用许可合同应当报商标局备案。

(4) 禁用权。商标权人有禁止他人未经许可而使用其注册商标或使用与之相混同的商标的权利。他人未经许可不得在同一种商品或类似商品上使用该注册商标或近似的商标，否则构成侵权。

(5) 收益权。商标权人通过使用、许可使用、转让等方式行使其商标权而获得经济利益的权利。

商标权人的主要义务有使用注册商标、确保商品质量、缴纳规费和其他义务。

三、商标权的取得

(一) 商标的注册原则

商标局主管全国商标注册和管理的工作。

我国商标注册有如下几个原则。

1. 自愿注册原则为主，强制注册原则为辅

对商标注册，我国采用自愿和强制相结合的原则。对绝大多数商品采用自愿注册原则，商标是否注册，由当事人自行决定。未注册商标不享有商标专用权，但被认定的驰名商标例外，对驰名商标给予更强的保护。

法律、行政法规规定必须使用注册商标的商品，必须申请商标注册，未经核准注册的，不得在市场上销售。

2. 申请在先原则为主，使用在先原则为辅

2个以上的申请人先后就同一种类的商品以相同或相似的商标申请注册的，商标局对申请在先者予以审核和注册，并驳回其他人的申请；同一天申请的，商标局对使用在先者予以审核和注册，驳回其他人的申请。申请先后的确定以申请日为准。申请日的确定以商标局收到申请文件为准。

但是，申请商标注册不得损害他人现有的在先权利，也不得以不正当手段抢先注册他人已经使用并有一定影响的商标。就同一种商品或者类似商品申请注册的商标与他人在先使用的未注册商标相同或者近似，申请人与该他人具有合同、业务往来关系或者其他关系而明知该他人商标存在，该他人提出异议的，不予注册。

3. 一标多类申请原则

商标注册申请人应当按规定的商品分类表填报使用商标的商品类别和商品名称，提出注册申请。商标注册申请人可以通过一份申请就多个类别的商品申请注册同一商标。

4. 优先权原则

商标注册申请人自其商标在外国第一次提出商标注册申请之日起6个月内，又在中国就相同商品以同一商标提出商标注册申请的，依照该外国同中国签订的协议或者共同参加的国际条约，或者按照相互承认优先权的原则，可以享有优先权。

商标在中国政府主办的或者承认的国际展览会展出的商品上首次使用的，自该商品展出之日起6个月内，该商标的注册申请人可以享有优先权。

（二）商标注册的程序

商标注册的程序通常包括注册申请、审查、初步审定和公告、异议、核准注册等几个阶段。申请注册商标应当向商标局提交申请书、商标图样，附有关证明文件，缴纳申请费用。对申请注册的商标，商标局应当自收到商标注册申请文件之日起9个月内审查完毕，符合商标法规定的，予以初步审定公告。对初步审定公告的商标，自公告之日起3个月内，在先权利人、利害关系人认为侵犯自己在先权利的，或者任何人认为违反商标注册禁止性规定的，可以向商标局提出异议。公告期满无异议的，予以核准注册，发给商标注册证，并予公告。

（三）商标权的期限

我国注册商标的有效期为10年，自核准注册之日起计算。注册商标期限届满，需要继续使用的，可以申请续展，且次数不受限制，每次续展注册的有效期为10年。注册商标的续展，应在期满前6个月内申请，在此期间未能提出申请的，可给予6个月的宽展期。续展注册经核准的，予以公告。宽展期满仍未提出申请续展的，商标局注销注册商标。

四、注册商标专用权的保护

（一）商标权侵权行为

《商标法》第57条规定，有下列行为之一的，均属侵犯注册商标专用权。

(1) 未经商标注册人的许可,在同一种商品上使用与其注册商标相同的商标的。

(2) 未经商标注册人的许可,在同一种商品上使用与其注册商标近似的商标,或者在类似商品上使用与其注册商标相同或者近似的商标,容易导致混淆的。

(3) 销售侵犯注册商标专用权的商品的。

(4) 伪造、擅自制造他人注册商标标识或者销售伪造、擅自制造的注册商标标识的。

(5) 未经商标注册人同意,更换其注册商标并将该更换商标的商品又投入市场的。

(6) 故意为侵犯他人商标专用权行为提供便利条件,帮助他人实施侵犯商标专用权行为的。

(7) 给他人的注册商标专用权造成其他损害的。

《商标法》第 58 条规定:"将他人注册商标、未注册的驰名商标作为企业名称中的字号使用,误导公众,构成不正当竞争行为的,依照《中华人民共和国反不正当竞争法》处理。"

(二) 商标权侵权行为的法律责任

1. 民事责任

侵害商标专用权的,应当承担停止侵权行为、消除影响、赔偿损失的民事责任。

侵犯商标专用权的赔偿数额,按照权利人因被侵权所受到的实际损失确定;实际损失难以确定的,可以按照侵权人因侵权所获得的利益确定;权利人的损失或者侵权人获得的利益难以确定的,参照该商标许可使用费的倍数合理确定。对恶意侵犯商标专用权,情节严重的,可以在按照上述方法确定数额的 1 倍以上 5 倍以下确定赔偿数额。赔偿数额应当包括权利人为制止侵权行为所支付的合理开支。

权利人因被侵权所受到的实际损失、侵权人因侵权所获得的利益、注册商标许可使用费难以确定的,由人民法院根据侵权行为的情节判决给予 500 万元以下的赔偿。

2. 行政责任

根据《商标法》及其实施细则,对侵犯商标权的侵权人采取如下行政处罚方式。

(1) 责令停止侵权行为。

(2) 没收、销毁侵权商品。

(3) 清除现存商品上的侵权商标。

(4) 收缴专门用于制造侵权商品、伪造注册商品标志的工具。

(5) 采取上述四项措施不足以制止侵权行为的,或者侵权商品与商品难以分离的,责令监督销毁侵权物品。

(6) 罚款。

3. 刑事责任

《刑法》第 213 条规定了假冒注册商标罪,第 214 条规定了销售假冒注册商标的商品罪,第 215 条规定了非法制造、销售他人注册商标标识罪,构成这些罪名的,应分别追究相应的刑事责任。

第二编

企业和公司法律制度

第六章　企业法概论

本章要点

本章主要介绍企业的概念，企业的特征和种类，企业法的概念，企业法的特征、调整对象和法律体系。

典型案例

原告是广东美的物业管理股份有限公司，为美的海岸花园提供物业管理服务。美的海岸花园洋房物业服务费原按每月 1 元/平方米收取。2015 年 7 月起，洋房调整为按每月 1.3 元/平方米收取。被告系佛山市顺德区北滘镇美的海岸花园海晴居二栋一单元 501 房业主。原告于 2015 年 5 月 16 日提起诉讼，认为被告欠其 2017 年 9 月 1 日至 2018 年 5 月 31 日的物业服务费合计 1 289.22 元，要求被告支付拖欠物业服务费及违约金。

法院认为，原告负责被告房屋的物业管理，而被告亦实际享受了物业服务，故原告有权向被告收取相应物业服务费。原告起诉认为被告欠其 2017 年 9 月至 2018 年 5 月物业服务费未支付，被告既不到庭参加诉讼，也不提交书面答辩意见，视为放弃质证与抗辩的权利。经核算，被告 2017 年 9 月 1 日至 2018 年 5 月 31 日应缴物业服务费合计为 1 289.25 元(143.25元/月×9 个月)，原告主张 1 289.22 元，是当事人自行处分其民事权利，法院予以采纳。原告向被告提供了物业服务，被告有义务按月向原告支付物业服务费。被告若认为原告在提供服务过程中存在不当行为，可通过合法途径反映解决，而不宜以拒付物业服务费的方式处理。原告主张违约金有理，但原告未能提交证据证明双方曾约定按欠款额按每日 1‰ 计算逾期付款违约金，本院确定逾期付款违约金以当月拖欠的物业服务费数额为基数，按中国人民银行同期贷款利率从逾期之日起计算。

【资料来源】中国裁判文书网，广东美的物业管理股份有限公司与刘莹物业服务合同纠纷案，(2018)粤 0606 民初 8451 号。访问时间：2020 年 12 月 20 日。

第一节　企业的概念和种类

一、企业的概念和特征

企业是指依法设立的，以营利为目的的，从事生产经营活动或服务性活动的社会经济组织。企业作为重要的市场经济主体，具有以下特征：

(1) 企业必须依法设立。企业的设立必须依照相关的企业法律规定进行。我国有关的企业法律对企业的组织形式、设立条件及设立程序都作了明确的规定。

(2) 企业是从事生产经营活动或服务性活动的社会经济组织。企业是由一定的人和物所构成的社会组织，即企业是通过一定的组织形式将劳动者、生产资料和生产对象等要素有机结合起来的社会组织，这一社会组织从事的活动主要是生产、流通和服务性的经营活动。

(3) 企业是以营利为目的的经济组织。企业作为具有人的要素和物的要素有机结合的社会经济组织，其设立的目的是通过生产、流通和服务性的经营活动创造财富，最终获取利润。

(4) 企业是实行独立核算的社会经济组织。实行独立核算是指要单独计算成本费用，以收抵支，计算盈亏，对经济业务作出全面反映和控制。不实行独立核算的社会经济组织不能称之为企业。

二、企业的种类

(一) 传统的企业种类

企业按照其投资者的出资方式和责任形式的不同，可以分为独资企业、合伙企业和公司企业。

(1) 独资企业。独资企业是指由一个自然人投资设立的企业，企业财产为投资者所有，投资者以其个人财产对企业债务承担无限责任。独资企业在法律上属于自然人企业，不具有法人资格。

(2) 合伙企业。合伙企业是指由 2 个或 2 个以上自然人、法人或其他组织按照合伙协议共同出资、共同经营、共享收益、共担风险，对外承担无限责任的企业。合伙企业也不具有法人资格。

(3) 公司企业。公司企业是指依公司法设立的经营性的法人。公司通常由 2 个以上的投资者投资设立，但当代各国法律开始允许由一个投资者单独投资设立公司，如一人公司。公司与独资企业、合伙企业不同，它是法人，具有独立的法律人格。

(二) 我国的企业种类

根据我国现行有关企业的法律规定，常见的企业种类划分方式如下：

第一，全民所有制企业、集体所有制企业、私营企业、混合所有制企业。这是我国以企业的所有制形式为标准对企业的一种分类。采用这种分类除了可以明确企业财产所有权的归属外，还可以使国家对不同经济性质的企业采用不同的经济政策和监管办法。

全民所有制企业即国有企业，是指由国家出资建立的，利用全民所有的财产从事经营性活动的企业。按通常的理解，全民所有制企业不包括根据公司法设立的国有独资公司和股东均为国有主体的国有公司。

集体所有制企业是指企业财产归一定范围内的社会成员集体所有，由集体投资或社会成员入股集资设立的企业。

私营企业是指由私人投资设立或控股经营，企业财产属于私人所有的企业。私人企业主要采取独资企业、合伙企业和有限责任公司这些传统的企业形式。

混合所有制企业主要是指跨所有制界限组成的联营企业、中外合资经营企业、中外合作经营企业以及股份制企业。

第二，内资企业、外商投资企业和我国港澳台商投资企业。这是我国按企业投资者是否含有涉外或涉及我国港澳台因素对企业所作的分类。这样划分的目的是适应国家统计、宏观决策的需要，适应国家管理的需要。

内资企业是指由内地投资者单独创办的企业。

外商投资企业是指由中国内地投资者和外国投资者在中国境内按照平等互利的原则，共同创办或者仅由外国投资者创办的企业。这里的中国内地投资者包括中国内地的自然人、公司、企业和其他经济组织，外国投资者包括外国的公司、企业和其他组织或自然人。

我国港澳台商投资企业是指港澳台地区投资者按照有关外商投资企业法的规定与内地投资者共同创办或单独创办的企业。

第三，大型企业、中型企业和小型企业。这是我国以企业生产经营的规模为标准对企业所作的分类。

此外，还可以按照其他的标准对企业进行分类，如把企业按是否具备法人资格分为法人企业和非法人企业；把企业按行业范围分为工业企业、商业企业、交通运输企业和金融企业等。

第二节　企业法的概念和调整对象

一、企业法的概念和特征

（一）企业法的概念

世界上没有一个国家曾经制定过一部统一的被称为“企业法”的法典，甚至有的国家和地区的立法和实践中都不存在“企业法”这一法律用语，因此迄今为止也没有统一的企业法的概念，对企业法的概念的研究往往是相对于特定国家或地区的。在我国，一般认为企业法是关于确立企业的法律地位，调整企业在设立、变更、终止及其生产经营过程中发生的社会关系的法律规范的总称。

（二）企业法的特征

企业法以企业为规范的对象，规定及调整企业内外部组织关系、企业从设立到终止过程中发生的各种社会关系，它是一部组织法。同时，企业法也对一些与企业直接相关的生产经营行为加以规范，对企业的一般活动规则作了规定，因此，企业法又具备行为法的性质。

二、企业法的调整对象

企业法是经济立法的核心和完善经济立法的关键环节。不同法律的调整对象是特定而各不相同的社会关系，这些社会关系不可避免地会有交叉重合之处，从而形成法律之间的冲突与调和的现象。因此，明确企业法的调整对象，协调处理企业法与相关法之间的关系，具有十分重要的理论意义和实践价值。企业法的调整对象主要有如下几种。

(1) 国家与企业之间的经济管理关系。这是国家在对企业生产经营实行宏观调控过程中发生的国家与企业之间的管理与被管理的关系。企业法对这类关系的调整主要表现在：通过规定企业设立、变更和终止的条件、方式、程序及后果进行调整；通过规定国家对企业生产经营活动实行计划指导、经济调节和行政监督的权利和义务进行调整等。在此过程中发生的包括各类职能管理部门、行业管理部门、地方政府部门与企业之间的权利和义务均属于企业法调整的范围。

(2) 企业内部的组织管理关系。这是企业在设立、变更、终止过程中发生的投资者与企业内部组织机构之间及企业内部组织机构之间的关系，具体包括企业的法律地位和主体资格，企业的设立、变更和终止，企业的内部组织机构，企业投资者的权利和义务等。企业内部的组织管理是企业对外进行经营性活动的前提和基础，也是当前国家实行的企业内部经济管理政策在企业内部的反映。

(3) 企业的经营关系。这是企业在对内和对外从事经营性活动过程中所发生的社会关系，如有限责任公司的股权转让，股份有限公司债券的发行等。

三、企业法的法律体系

企业法的法律体系是指调整企业内外部经济关系的各种法律、法规的有机统一体，是彼此相互衔接作用的统一整体。

我国早期的企业法立法主要表现在《中华人民共和国民法通则》的零星规定和单行企业法规中。但随着我国经济建设的迅猛发展，简单的立法显然无法满足经济建设的现实需要。目前，我国已陆续出台了关于各类企业的核心法规及其相关配套法规，涉及企业法规的主要有如下几种。

1. 独资企业、合伙企业、公司企业立法

20世纪90年代以来，以《中华人民共和国公司法》(以下简称《公司法》)的诞生为标志，我国开始建立一个全新的企业立法体系，即由原先的按企业所有制性质为标准转为按企业资本构成和投资者责任形式为标准进行企业立法。我国在这方面主要的立法有《公司法》《中华人民共和国合伙企业法》(以下简称《合伙企业法》)和《中华人民共和国个人独资企业法》(以下简称《个人独资法》)。

2. 外商投资企业立法

我国主要的外商投资企业立法有《中华人民共和国外商投资法》(以下简称《外商投资法》)，该法配套法规有《中华人民共和国外商投资法实施条例》(以下简称《外商投资法实施条例》)。

3. 企业登记管理立法体系

我国企业登记管理方面的条例规范主要有《企业法人登记管理条例》《公司登记管理条例》《合伙企业登记管理办法》《企业法人法定代表人登记管理规定》等。

第七章　个人独资企业法律制度

本章要点

本章主要介绍个人独资企业的概念、特征，个人独资企业的设立条件和程序，个人独资企业的事务管理方式和内容及其解散、清算和法律责任。

典型案例

刘某是某高校的在职研究生，经济上独立于其家庭。2000 年 8 月，刘某在工商行政管理机关注册成立了一家主营信息咨询的个人独资企业，取名为“远大信息咨询有限公司”，注册资本为人民币 1 元。营业形势看好，收益甚丰。后来，黄某与刘某协议参加该个人独资企业的投资经营，并注入 5 万元人民币投资。在经营过程中，该企业先后聘用工作人员 10 名，刘某认为，自己开办的是私人企业，并不需要为职工办理社会保险，因此没有给职工缴纳社会保险费，也没有与职工签订劳动合同。后来，该企业因经营不善导致负债 10 万元。刘某决定于 2001 年 10 月自行解散企业，但因为企业财产不足清偿而被债权人、企业职工诉诸人民法院。法院审理后认为，刘某与黄某形成事实上的合伙关系，判决责令刘某、黄某补充办理职工的社会保险并缴纳保险费，由刘某与黄某对该企业的债务承担无限连带责任。

具体点评如下所述。

(1) 该企业的设立是否合法？根据《个人独资企业法》第 2 条和第 10 条的规定，自然人可以单独投资设立个人独资企业，设立时，法律仅要求投资人申报出资额和出资方式但并不要求须缴纳最低注册资本金。因此，刘某单独以 1 元人民币经法定工商登记程序投资设立个人独资企业的做法，符合法律规定。但根据第 11 条的规定，个人独资企业的名称应与其责任形式相符合，个人独资企业为投资人个人负无限责任，因此，刘某将其取名为“远大信息咨询有限公司”违反法律规定。

(2) 刘某允许另一公司参加投资，共同经营的行为是否合法？根据《个人独资企业法》第 2 条、第 8 条、第 15 条的规定，个人独资企业须为一个自然人单独投资设立，企业在存续期间登记事项发生变更时，应当在作出变更决定之日起 15 日内申请办理变更登记。因此，刘某如允许他人参加投资经营，必须依法办理变更登记，并改变为其他性质的企业，因为此时该经济组织已经不符合个人独资企业的法定条件了。

(3) 该企业是否应当与职工签订劳动合同并为其办理社会保险？根据我国的社会保障方面的立法规定、《中华人民共和国劳动法》的相关规定，该企业不与职工签订劳动合同，不为职工办理社会保险的做法违反法律的强制性规定。《个人独资企业法》第 22 条和第 23 条对此也作出了规定,“个人独资企业招用职工的,应当依法与职工签订劳动合同”,并“按照国家规定参加社会保险,为职工缴纳社会保险费”。

(4) 该企业的债权人在刘某不能清偿债务时能否向刘某的家庭求偿?根据《个人独资企业法》第 2 条和第 18 条的规定,刘某在经济上独立于其家庭,且法律规定只有投资人在申请设立个人独资企业进行登记时明确以其家庭共有财产作为个人出资的,才可以依法由家庭共有财产对企业债务承担无限责任,因此债权人不能向刘某的家庭求偿,而应当是由刘某个人负无限责任。

(5) 刘某决定自行解散企业的做法是否合法?根据《个人独资企业法》第 26 条的规定,刘某作为该企业的投资人,有权决定自行解散个人独资企业,因此刘某的做法并不违法。

(6) 就本案而言,由于黄某后来加入投资经营,因此该个人独资企业事实上已转变为自然人之间的合伙关系,由此,法律责任也应当由合伙人刘某和黄某共同承担。人民法院的判决是正确的。

【资料来源】法律教育网,http://www.chinalawedu.com/new/1900a22a2010/20101128shangf103714.shtml。访问时间:2011 年 12 月 27 日。

第一节　个人独资企业和个人独资企业法律制度概述

一、个人独资企业的概念和特征

(一) 个人独资企业的概念

个人独资企业是指依法在中国境内设立,由一个自然人投资,财产为投资人个人所有,投资人以其个人财产对企业债务承担无限责任的经营实体。

(二) 个人独资企业的特征

(1) 个人独资企业的投资主体具有单一性。个人独资企业是由一个自然人投资设立的,且该投资主体只能是中华人民共和国公民。

(2) 个人独资企业的投资人依法享有对企业的全部权利。由于投资人是个人独资企业唯一的所有者,其个人能够完全控制和支配企业的经营,享有对企业的全部权利。

(3) 个人独资企业的投资人对企业债务承担无限责任。个人独资企业的全部财产属于个人所有,而且通常是与出资人的其他个人财产相互混合,往往难以明确加以划分。因此,个人独资企业法规定出资人应以其全部财产对企业经营中发生的债务和风险承担无限责任。

(4) 个人独资企业不具有法人资格。个人独资企业实际上是自然人个人进行商业活动的特殊形态,是自然人从事商业活动的一种组织形式。在权利和义务上,企业和个人融为一体,企业的财产即是投资人个人的财产,企业的责任即是投资人个人的责任,因此企业不具有独立承担民事责任的能力,不具有法人资格。

(5) 个人独资企业在其设立条件、注册资本、登记程序、内部结构设置以及经营管理方式的选择等方面具有灵活性。

二、个人独资企业法的概念和适用范围

个人独资企业法是调整个人独资企业法律关系的法律规范的总称。《个人独资企业法》于1999年8月30日第9届全国人民代表大会常务委员会第11次会议通过，于2000年1月1日起施行。

第二节 个人独资企业的设立、解散和清算

一、个人独资企业的设立条件和设立程序

(一) 个人独资企业的设立条件

根据个人独资企业法的规定，设立个人独资企业应当具备下列条件。

(1) 投资人为一个自然人。个人独资企业的投资人只能是自然人，而且必须是中国公民。投资人应当具有相应的民事权利能力和完全的民事行为能力。限制民事行为能力人和无民事行为能力人不得作为投资人申请设立个人独资企业；法律、行政法规禁止从事营利性活动的人也不得作为投资人申请设立个人独资企业。

(2) 有合法的企业名称。个人独资企业的名称应当符合国家关于企业名称登记管理的有关规定。个人独资企业的名称中不得使用"有限"或"有限责任"字样。

(3) 有投资人申报的出资。个人独资企业法没有对个人独资企业规定最低资本数额，但是要求投资人应申报与其申办的个人独资企业规模相当的出资。投资人对其申报的出资无须提交验资报告或者出资权属证明文件。投资人对其申报的出资数额、出资权属以及是否实际缴付等情况不予审查，由出资人对其申报的出资情况承担法律责任。

(4) 有固定的生产经营场所和必要的生产经营条件。个人独资企业法规定，设立个人独资企业应具备固定的生产经营场所和必要的生产经营条件，这是企业开展生产经营活动的物质基础。而从事临时经营、季节性经营、流动经营和没有固定门面的摆摊经营的，不得申请设立个人独资企业。

(5) 有必要的从业人员。个人独资企业法没有对个人独资企业从业人员的人数作出具体规定。由企业视其经营情况而定。

(二) 个人独资企业的设立程序

1. 申请

设立个人独资企业，应当由投资人或者其委托的代理人向个人独资企业所在地的登记机关提出申请。申请设立个人独资企业应当提交下列文件：①设立申请书。②投资人身份证明。③生产经营场所使用证明文件。④由委托代理人申请设立登记的，应当出具投资人的委托书和代理人的身份证明。其中，设立申请书应当包括下列事项：企业的名称和住所、投资人的姓名和居所、投资人的出资额和出资方式以及经营范围。

独资企业不得从事法律、行政法规禁止经营的业务。从事法律、行政法规规定须报经有关部门审批的业务，应当在申请设立登记时提交有关部门的批准文件。

2. 登记

企业登记机关自收到设立申请文件之日起15日内，对符合个人独资企业法规定条件的，予以登记，发给营业执照；对于不符合个人独资企业法规定条件的，不予登记，给予书面答复，并说明理由。

营业执照的签发之日，为个人独资企业的成立之日。

二、个人独资企业的事务管理方式和内容

（一）个人独资企业的经营管理

1. 个人独资企业的经营管理模式

个人独资企业经营管理的模式主要有三种。

（1）自行管理，即个人独资企业的投资人本人对企业的经营事务直接进行管理。

（2）委托管理，即由个人独资企业的投资人委托其他具有民事行为能力的人负责企业的经营事务的管理。

（3）聘用制管理，即个人独资企业的投资人聘用其他具有民事行为能力的人负责企业的经营事务管理。

采取后两种模式进行经营管理的，要求个人独资企业的投资人与受托人或被聘用人签订书面委托合同，在合同中明确委托的具体内容和授予的权利范围。投资人对受托人或者被聘用的人员的限制，不得对抗善意第三人。

2. 受托人和被聘用人员的义务和责任

为了保护投资人的权益，个人独资企业法专门规定了受托人或者被聘用的人员的义务和责任。个人独资企业法规定，受托人或者被聘用的人员应当履行诚信、勤勉义务，按照与投资人签订的合同负责个人独资企业的事务管理。受托人或者被聘用的人员管理个人独资企业事务时违反双方订立的合同，给投资人造成损害的，应承担民事赔偿责任。

投资人委托或者聘用的管理独资企业事务的人员不得有下列行为。

（1）利用职务上的便利，索取或者收受贿赂。

（2）利用职务或者工作上的便利侵占企业财产。

（3）挪用企业的资金归个人使用或者借贷给他人。

（4）擅自将企业资金以个人名义或者以他人名义开立账户储存。

（5）擅自以企业财产提供担保。

（6）未经投资人同意，从事与本企业相竞争的业务。

（7）未经投资人同意，同本企业订立合同或者进行交易。

（8）未经投资人同意，擅自将企业商标或者其他知识产权转让给他人使用。

（9）泄露本企业的商业秘密。

（10）法律、行政法规禁止的其他行为。

投资人委托或者聘用的人员违反规定从事上述行为，侵犯个人独资企业财产权益的，应责令退还侵占的财产；给企业造成损失的，依法承担赔偿责任；有违法所得的，没收违法所得；构成犯罪的，依法追究刑事责任。

(二) 个人独资企业的财务管理

个人独资企业应当依法设置会计账簿，进行会计核算。

(三) 个人独资企业的劳动管理

个人独资企业招用职工的，应当依法与职工签订劳动合同，保障职工的劳动安全，按时、足额发放职工工资。

个人独资企业应当按照国家规定参加社会保险，为职工缴纳社会保险费。

三、个人独资企业的解散、清算和法律责任

(一) 个人独资企业的解散

个人独资企业有下列情形之一时，应当解散。

(1) 投资人决定解散。

(2) 投资人死亡或者被宣告死亡，无继承人或者继承人决定放弃继承。

(3) 被依法吊销营业执照。

(4) 法律、行政法规规定的其他情形。

(二) 个人独资企业的清算

1. 确定清算人

个人独资企业解散，由投资人自行清算或者由债权人申请人民法院指定清算人进行清算。

2. 通知债权人

投资人自行清算的，应当在清算前 15 日内书面通知债权人；无法通知的，应当予以公告。债权人应当在接到通知之日起 30 日内，未接到通知的应当在公告之日起 60 日内，向投资人申报其债权。

个人独资企业解散后，原投资人对个人独资企业存续期间的债务仍应承担偿还责任，但债权人在 5 年内未向债务人提出偿债请求的，该责任消灭。

3. 财产清偿

个人独资企业解散的，财产应当按照下列顺序清偿。

(1) 所欠职工工资和社会保险费用。

(2) 所欠税款。

(3) 其他债务。

在清算期间，个人独资企业不得开展与清算目的无关的经营活动。在按前条规定清偿债务前，投资人不得转移、隐匿财产。

个人独资企业财产不足以清偿债务的，投资人应当以其个人的其他财产予以清偿。

4. 注销登记

个人独资企业清算结束后，投资人或者人民法院指定的清算人应当编制清算报告，并于 15 日内到登记机关办理注销登记。

(三) 个人独资企业的法律责任

1. 个人独资企业在登记过程中违反法律有关规定的法律责任

(1) 违反个人独资企业法规定，提交虚假文件或采取其他欺骗手段，取得企业登记的，

责令改正，处以5 000元以下的罚款；情节严重的，并处吊销营业执照。

（2）违反个人独资企业法规定，个人独资企业使用的名称与其在登记机关登记的名称不相符合的，责令限期改正，处以2 000元以下的罚款。

（3）涂改、出租、转让营业执照的，责令改正，没收违法所得，处以3 000元以下的罚款；情节严重的，吊销营业执照。

伪造营业执照的，责令停业，没收违法所得，处以5 000元以下的罚款。构成犯罪的，依法追究刑事责任。

（4）个人独资企业成立后无正当理由超过6个月未开业的，或者开业后自行停业连续6个月以上的，吊销营业执照。

（5）违反个人独资企业法规定，未领取营业执照，以个人独资企业名义从事经营活动的，责令停止经营活动，处以3 000元以下的罚款。

个人独资企业登记事项发生变更时，未按个人独资企业法规定办理有关变更登记的，责令限期办理变更登记；逾期不办理的，处以2 000元以下的罚款。

2. 个人独资企业及有关人员在管理过程中违反法律有关规定的法律责任

（1）投资人委托或者聘用的人员管理个人独资企业事务时违反双方订立的合同给投资人造成损害的，承担民事赔偿责任。

（2）个人独资企业违反个人独资企业法规定，侵犯职工合法权益，未保障职工劳动安全，不缴纳社会保险费用的，按照有关法律、行政法规予以处罚，并追究有关责任人员的责任。

（3）投资人委托或者聘用的人员违反《个人独资企业法》第20条规定，侵犯个人独资企业财产权益的，责令退还侵占的财产；给企业造成损失的，依法承担赔偿责任；有违法所得的，没收违法所得；构成犯罪的，依法追究刑事责任。

（4）违反法律、行政法规的规定强制个人独资企业提供财力、物力、人力的，按照有关法律、行政法规予以处罚，并追究有关责任人员的责任。

（5）个人独资企业及其投资人在清算前或清算期间隐匿或转移财产，逃避债务的，依法追回其财产，并按照有关规定予以处罚；构成犯罪的，依法追究刑事责任。

（6）投资人违反个人独资企业法规定，应当承担民事赔偿责任和缴纳罚款、罚金，其财产不足以支付的，或者被判处没收财产的，应当先承担民事赔偿责任。

3. 登记机关及有关人员在登记过程中违反法律有关规定的法律责任

（1）登记机关对不符合个人独资企业法规定条件的个人独资企业予以登记，或者对符合个人独资企业法规定条件的企业不予登记的，对直接责任人员依法给予行政处分；构成犯罪的，依法追究刑事责任。

（2）登记机关的上级部门的有关主管人员强令登记机关对不符合个人独资企业法规定条件的企业予以登记，或者对符合个人独资企业法规定条件的企业不予登记的，或者对登记机关的违法登记行为进行包庇的，对直接责任人员依法给予行政处分；构成犯罪的，依法追究刑事责任。

（3）登记机关对符合法定条件的申请不予登记或者超过法定时限不予答复的，当事人可依法申请行政复议或提起行政诉讼。

第八章　合伙企业法律制度

本章要点

本章主要介绍合伙企业的概念，普通合伙企业的设立条件、财产构成、事务执行、与第三人的关系、入伙、退伙以及特殊普通合伙企业的特殊法律规定；有限合伙企业特殊法律制度，如该企业的设立、财产转让、事务执行、债务承担以及有限合伙人的入伙和退伙的特殊规定；合伙企业的解散和清算等内容。

典型案例

原告张中木与被告上海恒荟股权投资管理合伙企业（有限合伙）（以下简称恒荟合伙企业）、何劲松合同纠纷一案，法院于2019年3月27日立案后，依法适用普通程序，于2019年6月3日公开开庭进行了审理。原告张中木的委托诉讼代理人陈甲骏到庭参加诉讼。被告恒荟合伙企业、何劲松经法院依法传唤无正当理由拒不到庭。

原告张中木向法院提出诉讼请求：①判令被告恒荟合伙企业归还原告本金人民币6 600 000元，支付利息人民币633 021.53元（暂计算至2018年10月31日止，后续利息以本金6 600 000元为基数，按月利率1.5%计算，自2018年11月1日起算，实至实际付清之日止）。②判令被告恒荟合伙企业向原告退还管理费330 000元。③判令被告上海恒荟股权投资管理合伙企业（有限合伙）向原告支付违约金756 302.15元。④判令被告上海恒荟股权投资管理合伙企业（有限合伙）向原告支付律师费109 351元。上述①～④项合计8 428 674.68元。⑤判令被告何劲松对①～④项诉请承担连带还款责任。⑥判令本案诉讼费、保全费由两被告承担。

原告的事实和理由：原告于2016年12月以2 200万元认购了渤海信托德诚复兴1号集合资金信托计划。2016年12月26日，原告与被告恒荟合伙企业签订了《二级市场结构化产品投资顾问协议》，约定由被告恒荟合伙企业担任本信托产品的投资顾问。同日，原告与两被告共同签订了《二级市场结构化产品补仓协议》，约定：信托产品投资期满，原告本金损失的部分由被告恒荟合伙企业承担，被告恒荟合伙企业应在本金损失发生之日起5个工作日内支付给原告，被告何劲松对此债务向原告承担连带保证责任。2017年12月21日，信托计划提前终止，根据清算结果，原告已实际取回本金9 440 770.74元，共亏损本金12 559 229.26元。2018年2月13日，原告与两被告签订了《还款协议书》，确认被告恒荟合伙企业分期向原告支付本金12 559 229.26元，并退还已收取的管理费330 000元，支付滞纳金30 000元和利息暂计 1 219 347.28 元(分段计算,以各期未付本金为基数,以月利率 1.5%为计算标准,自 2018 年 1 月 1 日起算),以上总计 14 138 576.54 元,并约定了具体的分期付款方式,任意一期未还的,原告有权宣布所有债权到期,要求被告恒荟合伙企业承担还款责任,且被告恒荟合伙企业另需支付原告因主张权利产生的各项费用(包括但不限于诉讼费、保全费、鉴定费、评估费、拍卖费、律师费、执行费、差旅费等)及剩余债权 10%的违约金,原告亦有权要求被告何劲松对上述债权承担连带担保责任。《还款协议书》签订后,被告还款共计6 575 555元,尚余债权尚未归还,原告多次向两被告追讨未果。

原告张中木围绕诉讼请求依法提交了证据,经庭审出示、质证。因被告恒荟合伙企业、何劲松缺席未到庭应诉,系自动放弃质证权利。法院认为原告张中木提交的证据,来源合法,能相互佐证案件事实,符合有效证据的形式要件,法院均予确认并在卷佐证。

法院查明,根据庭审及当事人的陈述,法院查明的案件事实与原告张中木所诉述的事实基本一致。

在庭审中,原告张中木确认被告恒荟合伙企业已归还款为 6 575 555 元,尚欠款为7 563 021.53元。其中,本金 6 600 000 元、利息 633 021.53 元、管理费 330 000 元。

为本案的诉讼,原告张中木与北京德恒(杭州)律师事务所律师签订《委托代理合同》并向北京德恒(杭州)律师事务所律师支付律师代理费 109 351 元。

法院认为,原告张中木与被告恒荟合伙企业、何劲松签订的《还款协议书》系双方当事人真实意思的表示,符合法律规定,应确认有效。被告恒荟合伙企业未在协议约定时间内支付欠款是造成本案纠纷的直接原因,其行为已构成违约,故被告恒荟合伙企业应承担相应的民事责任。原告张中木要求被告恒荟合伙企业支付欠款及承担利息、违约金的诉讼请求,法院予以支持,但约定的利息利率及违约金比例超过法律规定,故法院酌情调整为按年利率 24%计算违约金,按所欠款本金 6 600 000 元为基数,从 2018 年 11 月 1 日开始计算至实际履行完毕止,超过部分法院不予支持。被告恒荟合伙企业、何劲松经法院合法传唤,无正当理由拒不到庭应诉,不影响本案的审理。综上,依照《中华人民共和国合同法》第 107 条、《民事诉讼法》第 64 条和第 144 条的规定,判决如下。

(1) 被告上海恒荟股权投资管理合伙企业(有限合伙)于本判决生效之日起 10 日内支付给原告张中木欠款本金 6 600 000 元。

(2) 被告上海恒荟股权投资管理合伙企业(有限合伙)于本判决生效之日起 10 日内支付给原告张中木利息 633 021.53 元(计算至 2018 年 10 月 31 日止)。

(3) 被告上海恒荟股权投资管理合伙企业(有限合伙)于本判决生效之日起 10 日内支付给原告张中木违约金 602 800 元(以 660 000 元为基数,按年利率 24%从 2018 年 11 月 1 日起暂计算至 2019 年 3 月 18 日,此后以未还本金为基数,按年利率 24%计算至实际履行完毕止)。

(4) 被告上海恒荟股权投资管理合伙企业(有限合伙)于本判决生效之日起 10 日内支付退还给原告张中木管理费 330 000 元。

(5) 被告上海恒荟股权投资管理合伙企业(有限合伙)于本判决生效之日起 10 日内支付给原告张中木为实现债权而支出的律师费 109 351 元。

（6）被告何劲松对被告上海恒荟股权投资管理合伙企业（有限合伙）履行上述款项承担连带还款责任。

（7）驳回原告张中木的其他诉讼请求。

【资料来源】中国裁判文书网，张中木与上海恒荟股权投资管理合伙企业、何劲松合同纠纷案，(2019)浙0103民初2297号。访问时间：2020年12月20日。

第一节　合伙企业和合伙企业法律制度概述

一、合伙企业的概念和分类

（一）合伙企业的概念

合伙企业是指按照合伙企业法的规定，自然人、法人或其他组织在中国境内设立的普通合伙企业和有限合伙企业。

（二）合伙企业的分类

根据我国合伙企业法的规定，合伙企业分为普通合伙企业和有限合伙企业。

普通合伙企业分为一般普通合伙企业和特殊普通合伙企业。一般普通合伙企业是指由普通合伙人组成的，合伙人对合伙企业的债务承担无限连带责任的合伙企业。特殊普通合伙企业是指以专门知识和专门技能为客户提供有偿服务而设立的合伙企业，合伙人在执业活动中因故意或重大过失造成合伙企业债务的，该合伙人承担无限连带责任，其他合伙人以其在合伙企业中的财产份额为限承担责任。

有限合伙企业由普通合伙人和有限合伙人组成，普通合伙人对合伙企业的债务承担无限连带责任，有限合伙人以其认缴的出资额为限对合伙企业债务承担责任。

二、合伙企业法的概念

合伙企业法是指调整合伙企业法律关系的法律规范的总称。合伙企业法有狭义和广义之分。狭义的合伙企业法是指《合伙企业法》，该法于1997年2月23日由第8届全国人民代表大会常务委员会第24次会议通过，自1997年8月1日实行；2006年8月27日，第10届全国人民代表大会常务委员会第23次会议对合伙企业法进行了修订，修订后的合伙企业法于2007年6月1日施行。广义的合伙企业法不仅包括《合伙企业法》，还包括其他与合伙企业有关的法律、行政法规和规章以及司法解释等规范。

第二节　普通合伙企业法律制度

一、普通合伙企业的设立条件和程序

普通合伙企业是指由普通合伙人组成的，合伙人对合伙企业的债务承担无限连带责任

的合伙企业。

(一) 普通合伙企业的设立条件

根据《合伙企业法》的规定,设立普通合伙企业应当具备以下条件。

(1) 有2个以上合伙人。合伙人可以是自然人、法人和其他组织。合伙人为自然人的,应当具有完全民事行为能力。国有独资公司、国有企业、上市公司以及公益性事业单位、社会团体不得成为普通合伙人。

(2) 有书面合伙协议。合伙协议又称合伙合同,是由全体合伙人通过自愿协商,达成的确定相互间的权利和义务的,具有法律约束力的协议。按照《合伙企业法》,合伙协议应当具备下列事项:①合伙企业的名称和主要经营场所的地点。②合伙目的和合伙经营范围。③合伙人的姓名或者名称、住所。④合伙人的出资方式、数额和缴付期限。⑤利润分配、亏损分担方式。⑥合伙事务的执行。⑦入伙与退伙。⑧争议解决办法。⑨合伙企业的解散与清算。⑩违约责任。合伙协议应当采用书面形式,经全体合伙人签名、盖章后生效。合伙人按照合伙协议享有权利、履行义务。修改或者补充合伙协议,应当经全体合伙人一致同意;但是,合伙协议另有约定的除外。合伙协议未约定或者约定不明确的事项,由合伙人协商决定;协商不成的,依照合伙企业法和其他有关法律、行政法规的规定处理。

(3) 有合伙人认缴或者实际缴付的出资。合伙协议生效后,合伙人应当按照合伙协议的规定缴付出资。合伙人可以用货币、实物、知识产权、土地使用权或者其他财产权利出资,也可以用劳务出资。合伙人以实物、知识产权、土地使用权或者其他财产权利出资,需要评估作价的,可以由全体合伙人协商确定,也可以由全体合伙人委托法定评估机构评估。合伙人以劳务出资的,其评估办法由全体合伙人协商确定,并在合伙协议中载明。合伙人应当按照合伙协议约定的出资方式、数额和缴付期限,履行出资义务。以非货币财产出资的,依照法律、行政法规的规定,需要办理财产转移手续的,应当依法办理。

(4) 有合伙企业的名称和生产经营场所。企业在设立时必须有名称,企业的名称是企业与企业区别的标志。根据《合伙企业法》的规定,普通合伙企业在其名称中应当标明“普通合伙”字样,特殊普通合伙企业在其名称中应当标明“特殊普通合伙”字样。生产经营场所是指合伙企业进行生产经营活动的所在地。

(5) 法律、行政法规规定的其他条件。

(二) 普通合伙企业的设立程序

1. 申请

申请设立普通合伙企业,应当向企业登记机关提交登记申请表、合伙协议书、合伙人身份证明、出资权属证明、经营场所证明以及其他文件。法律、行政法规规定设立合伙企业必须报经有关部门审批的,还应当提交有关批准文件。

2. 登记

企业登记机关应当自收到申请登记文件之日起20日内,作出是否登记的决定。对申请人提交的登记申请材料齐全、符合法定形式,企业登记机关能够当场登记的,应予当场登记,发给营业执照;对不符合法律规定的,不予登记,并应当给予书面答复,说明理由。

合伙企业的营业执照签发日期,为合伙企业成立日期。合伙企业领取营业执照前,合伙人不得以合伙企业名义从事合伙业务。合伙企业设立分支机构，应当向分支机构所在地的企业登记机关申请登记，领取营业执照。合伙企业登记事项发生变更的，执行合伙事务的合伙人应当自作出变更决定或者发生变更登记事由之日起15日内，向企业登记机关申请变更登记。

二、普通合伙企业的财产构成和转让

（一）普通合伙企业的财产构成

根据《合伙企业法》的规定，合伙人的出资、以合伙企业名义取得的收益和依法取得的其他财产，均为合伙企业的财产。可见，合伙企业财产由以下三部分构成。

（1）合伙人的出资。《合伙企业法》规定，合伙人可以用货币、实物、知识产权、土地使用权或者其他财产权利出资，也可以用劳务出资。这些出资都是合伙企业的财产。

（2）以合伙名义取得的收益。合伙企业是一个独立的经济实体，以其名义取得的收益归合伙企业所有，是其财产的一部分。以合伙企业名义取得的收益，主要包括合伙企业未分配的盈余、合伙企业债权、合伙企业取得的工业产权和非专利技术等财产权利。

（3）依法取得的其他财产。合伙企业根据法律、行政法规等的规定取得的其他财产，如合伙企业受赠的财产等。

合伙人在合伙企业清算前，不得请求分割合伙企业的财产。但是，《合伙企业法》另有规定的除外。合伙人在合伙企业清算前私自转移或处分合伙企业财产的，合伙企业不得以此对抗善意第三人。

合伙人按照合伙协议的约定或者经全体合伙人决定，可以增加或者减少对合伙企业的出资。

（二）普通合伙企业的财产转让

《合伙企业法》对合伙人在合伙企业中的财产份额的转让作了限制性的规定。

（1）内部转让。合伙人之间转让在合伙企业中的全部或部分财产份额时，应当通知其他合伙人。

（2）对外转让。除合伙协议另有约定外，合伙人向合伙人以外的人转让其在合伙企业中的全部或部分财产份额时，须经其他合伙人一致同意。

合伙人向合伙人以外的人转让其在合伙企业中的财产份额的，在同等条件下，其他合伙人有优先购买权。但是，合伙协议另有约定的除外。

合伙人以外的人依法受让合伙人在合伙企业中的财产份额的，经修改合伙协议即成为合伙企业的合伙人，依照《合伙企业法》和修改后的合伙协议享有权利，履行义务。

此外，合伙人以其在合伙企业中的财产份额出质的，须经其他合伙人一致同意；未经其他合伙人一致同意的，其行为无效，由此给善意第三人造成损失的，由行为人依法承担赔偿责任。

三、普通合伙企业的事务执行

（一）普通合伙企业事务执行的方式

合伙人对执行合伙事务享有同等的权利。普通合伙企业事务的执行可以采取灵活的方式，主要有以下几种。

第一，全体合伙人共同执行合伙事务。这是合伙企业事务执行的基本方式。采取这种方式的合伙企业，每个合伙人都直接参与企业的经营，处理合伙企业的事务，对外代表合伙企业。

第二，委托一个或者数个合伙人对外代表合伙企业，执行合伙事务。企业可以按照合伙协议的约定或者经全体合伙人决定，可以委托一个或者数个合伙人对外代表合伙企业，执行合伙事务。作为合伙人的法人、其他组织执行合伙事务的，由其委派的代表执行。

委托一个或者数个合伙人执行合伙事务的，其他合伙人不再执行合伙事务。

不执行合伙事务的合伙人有权监督执行事务合伙人执行合伙事务的情况。

由一个或者数个合伙人执行合伙事务的，执行事务合伙人应当定期向其他合伙人报告事务执行情况以及合伙企业的经营和财务状况，其执行合伙事务所产生的收益归合伙企业，所产生的费用和亏损由合伙企业承担。

合伙人为了解合伙企业的经营状况和财务状况，有权查阅合伙企业会计账簿等财务资料。

合伙人分别执行合伙事务的，执行事务合伙人可以对其他合伙人执行的事务提出异议。提出异议时，应当暂停该项事务的执行。

受委托执行合伙事务的合伙人不按照合伙协议或者全体合伙人的决定执行事务的，其他合伙人可以决定撤销该委托。

第三，聘任合伙人以外的人对合伙企业进行经营管理。聘任合伙人以外的人担任合伙企业的经营管理人员，除合伙协议另有约定外，应当经全体合伙人一致同意。被聘任的合伙企业的经营管理人员应当在合伙企业授权范围内履行职务。

被聘任的合伙企业的经营管理人员，超越合伙企业授权范围履行职务，或者在履行职务过程中因故意或者重大过失给合伙企业造成损失的，依法承担赔偿责任。

（二）普通合伙企业事务的决定

合伙人对合伙企业有关事项作出决议，按照合伙协议约定的表决办法办理。合伙协议未约定或者约定不明确的，实行合伙人一人一票并经全体合伙人过半数通过的表决办法。除合伙协议另有约定外，合伙企业的下列事项应当经全体合伙人一致同意：①改变合伙企业的名称。②改变合伙企业的经营范围、主要经营场所的地点。③处分合伙企业的不动产。④转让或者处分合伙企业的知识产权和其他财产权利。⑤以合伙企业名义为他人提供担保。⑥聘任合伙人以外的人担任合伙企业的经营管理人员。

（三）对合伙人执行事务的限制

根据《合伙企业法》的规定，合伙人不得有下列行为：①合伙人不得自营或者同他人合作经营与本合伙企业相竞争的业务。②除合伙协议另有约定或者经全体合伙人一致同意外，合伙人不得同本合伙企业进行交易。③合伙人不得从事损害本合伙企业利益的活动。

（四）普通合伙企业的损益分配

损益分配，即合伙企业利润的分配和亏损或风险的分担。《合伙企业法》对此作了原则性的规定：合伙企业的利润分配、亏损分担，按照合伙协议的约定办理；合伙协议未约定或者约定不明确的，由合伙人协商决定；协商不成的，由合伙人按照实缴出资比例分配、分担；无法确定出资比例的，由合伙人平均分配、分担。

合伙协议不得约定将全部利润分配给部分合伙人或者由部分合伙人承担全部亏损。

四、普通合伙企业与第三人的关系

合伙企业与第三人的关系是指有关合伙企业的对外关系，涉及合伙企业对外代表权的效力、合伙企业和合伙人的债务清偿等问题。

（一）对外代表权的效力

根据《合伙企业法》的规定，执行合伙企业事务的合伙人，对外代表合伙企业。可以取得合伙企业对外代表权的合伙人，主要有三种情况：①由全体合伙人共同执行合伙企业事务的，全体合伙人都有权对外代表合伙企业，即全体合伙人都取得了合伙企业的对外代表权。②由部分合伙人执行合伙企业事务的，只有受委托执行合伙企业事务的那一部分合伙人有权对外代表合伙企业，而不参加执行合伙企业事务的合伙人则不具有对外代表合伙企业的权利。③由于特殊授权在单项合伙事务上有执行权的合伙人，依照授权范围可以对外代表合伙企业。

执行合伙企业事务的合伙人，在取得对外代表权后，可以在代表权的范围内以合伙企业的名义进行经营活动，这些经营活动对合伙企业有法律约束力，由此产生的收益归合伙企业所有，由此产生的风险，也由合伙企业承担。

合伙企业对合伙人执行合伙事务以及对外代表合伙企业权利的限制，不得对抗善意第三人。

（二）合伙企业和合伙人的债务清偿

1. 合伙企业的债务清偿与合伙人的关系

根据《合伙企业法》的规定，合伙企业对其债务，应先以其全部财产进行清偿。合伙企业不能清偿到期债务的，合伙人承担无限连带责任。合伙人的无限责任是指当合伙企业的财产不足以清偿合伙企业的到期债务时，由合伙人的自有财产来清偿合伙企业未能清偿的债务。合伙人的连带责任是指当合伙企业的财产不足以清偿到期债务时，合伙企业的债权人可以向任何一个合伙人主张权利，要求清偿，该合伙人不得以其在合伙企业中的份额大小、合伙协议有特别约定等理由拒绝。合伙人由于承担无限连带责任，清偿数额超过其亏损分担比例的，有权向其他合伙人追偿。

2. 合伙人的债务清偿与合伙企业的关系

对合伙企业存续期间合伙人发生的个人债务，《合伙企业法》规定：①合伙人发生与合伙企业无关的债务，相关债权人不得以其债权抵销其对合伙企业的债务，也不得代位行使合伙人在合伙企业中的权利。②合伙人的自有财产不足清偿其与合伙企业无关的债务的，该合伙人可以以其从合伙企业中分取的收益用于清偿，债权人也可以依法请求人民法院强制执行该合伙人在合伙企业中的财产份额用于清偿。③人民法院强制执行合伙人的财产份额时，应当通知全体合伙人，其他合伙人有优先购买权；其他合伙人未购买，又不同意将该财产份额转让给他人的，依照《合伙企业法》为该合伙人办理退伙结算，或者办理削减该合伙人相应财产份额的结算。

五、普通合伙企业的入伙和退伙

(一) 入伙

入伙是指在合伙企业存续期间,合伙人以外的第三人加入合伙企业,从而取得合伙人的资格的行为。

根据《合伙企业法》的规定,新合伙人入伙,除合伙协议另有约定外,应当经全体合伙人一致同意,并依法订立书面入伙协议。订立入伙协议时,原合伙人应当向新合伙人如实告知原合伙企业的经营状况和财务状况。入伙的新合伙人与原合伙人享有同等权利,承担同等责任。入伙协议另有约定的,从其约定。新合伙人对入伙前合伙企业的债务承担无限连带责任。

(二) 退伙

退伙是指在合伙企业存续期间,部分合伙人退出合伙企业,从而丧失合伙人资格的行为。

根据《合伙企业法》的规定,退伙有两种情形。

1. 自愿退伙

自愿退伙是指合伙人基于自愿的意思表示而退伙。自愿退伙可以分为协议退伙和通知退伙两种。

对协议退伙,《合伙企业法》规定,合伙协议约定合伙期限的,在合伙企业存续期间,有下列情形之一的,合伙人可以退伙:①合伙协议约定的退伙事由出现。②经全体合伙人一致同意。③发生合伙人难以继续参加合伙的事由。④其他合伙人严重违反合伙协议约定的义务。

对通知退伙,《合伙企业法》规定,合伙协议未约定合伙期限的,合伙人在不给合伙企业事务执行造成不利影响的情况下,可以退伙,但应当提前30日通知其他合伙人。

合伙人违反上述规定退伙的,应当赔偿由此给合伙企业造成的损失。

2. 法定退伙

法定退伙是指合伙人因出现法律规定的事由而退伙。法定退伙可以分为当然退伙和除名两种。

《合伙企业法》规定,合伙人有下列情形之一的,当然退伙:①作为合伙人的自然人死亡或者被依法宣告死亡。②个人丧失偿债能力。③作为合伙人的法人或者其他组织依法被吊销营业执照、责令关闭、撤销,或者被宣告破产。④法律规定或者合伙协议约定合伙人必须具有相关资格而丧失该资格。⑤合伙人在合伙企业中的全部财产份额被人民法院强制执行。

合伙人被依法认定为无民事行为能力人或者限制民事行为能力人的,经其他合伙人一致同意,可以依法转为有限合伙人,普通合伙企业依法转为有限合伙企业。其他合伙人未能一致同意的,该无民事行为能力或者限制民事行为能力的合伙人退伙。

退伙事由实际发生之日为退伙生效日。

对除名,《合伙企业法》规定,合伙人有下列情形之一的,经其他合伙人一致同意,可以决议将其除名：①未履行出资义务。②因故意或者重大过失给合伙企业造成损失。③执行合伙事务时有不正当行为。④发生合伙协议约定的事由。

对合伙人的除名决议应当书面通知被除名人。被除名人接到除名通知之日，除名生效，被除名人退伙。被除名人对除名决议有异议的，可以自接到除名通知之日起30日内，向人民法院起诉。

对财产继承，《合伙企业法》规定，合伙人死亡或者被依法宣告死亡的，对该合伙人在合伙企业中的财产份额享有合法继承权的继承人，按照合伙协议的约定或者经全体合伙人一致同意，从继承开始之日起，取得该合伙企业的合伙人资格。有下列情形之一的，合伙企业应当向合伙人的继承人退还被继承合伙人的财产份额：①继承人不愿意成为合伙人。②法律规定或者合伙协议约定合伙人必须具有相关资格，而该继承人未取得该资格。③合伙协议约定不能成为合伙人的其他情形。合伙人的继承人为无民事行为能力人或者限制民事行为能力人的，经全体合伙人一致同意，可以依法成为有限合伙人，普通合伙企业依法转为有限合伙企业。全体合伙人未能一致同意的，合伙企业应当将被继承合伙人的财产份额退还该继承人。

对退伙清算，《合伙企业法》规定，合伙人退伙，其他合伙人应当与该退伙人按照退伙时的合伙企业财产状况进行结算，退还退伙人的财产份额。退伙人对给合伙企业造成的损失负有赔偿责任的，相应扣减其应当赔偿的数额。退伙时有未了结的合伙企业事务的，待该事务了结后进行结算。退伙人在合伙企业中财产份额的退还办法，由合伙协议约定或者由全体合伙人决定，可以退还货币，也可以退还实物。退伙人对基于其退伙前的原因发生的合伙企业债务，承担无限连带责任。合伙人退伙时，合伙企业财产少于合伙企业债务的，退伙人应当依照《合伙企业法》规定的原则分担亏损。

六、特殊的普通合伙企业

（一）特殊的普通合伙企业的概念

特殊的普通合伙企业是指以专业知识和专门技能为客户提供有偿服务的专业服务机构。特殊的普通合伙企业名称中应当标明“特殊普通合伙”字样。

（二）特殊的普通合伙企业的责任

对特殊的普通合伙企业的责任，《合伙企业法》规定，一个合伙人或者数个合伙人在执业活动中因故意或者重大过失造成合伙企业债务的，应当承担无限责任或者无限连带责任，其他合伙人以其在合伙企业中的财产份额为限承担责任。

合伙人在执业活动中非因故意或者重大过失造成的合伙企业债务以及合伙企业的其他债务，由全体合伙人承担无限连带责任。

合伙人在执业活动中因故意或者重大过失造成的合伙企业债务，以合伙企业财产对外承担责任后，该合伙人应当按照合伙协议的约定对给合伙企业造成的损失承担赔偿责任。

（三）特殊的普通合伙企业的执业风险防范

特殊的普通合伙企业应当建立执业风险基金、办理职业保险。

执业风险基金用于偿付合伙人执业活动造成的债务。执业风险基金应当单独立户管理。具体管理办法由国务院规定。

第三节 有限合伙企业特殊法律制度

有关有限合伙企业及其合伙人的法律适用,《合伙企业法》作了专章规定,对专章未作规定的,适用《合伙企业法》关于普通合伙企业及其合伙人的规定。

一、有限合伙企业设立的特殊规定

(一) 有限合伙企业的合伙人数

有限合伙企业由2个以上50个以下合伙人设立;但是,法律另有规定的除外。有限合伙企业的合伙人包括有限合伙人和普通合伙人,其中至少应当有1个普通合伙人。

(二) 有限合伙企业的名称

有限合伙企业名称中应当标明“有限合伙”字样,而不能标明“普通合伙”“特殊普通合伙”“有限责任”等字样。

(三) 有限合伙企业的协议

有限合伙企业的合伙协议除符合普通合伙企业合伙协议的规定外,还应当载明下列事项:①普通合伙人和有限合伙人的姓名或者名称、住所;②执行事务合伙人应具备的条件和选择程序;③执行事务合伙人权限与违约处理办法;④执行事务合伙人的除名条件和更换程序;⑤有限合伙人入伙、退伙的条件、程序以及相关责任;⑥有限合伙人和普通合伙人相互转变程序。

(四) 有限合伙企业的出资

有限合伙人可以用货币、实物、知识产权、土地使用权或者其他财产权利作价出资。有限合伙人不得以劳务出资。

有限合伙人应当按照合伙协议的约定按期足额缴纳出资;未按期足额缴纳的,应当承担补缴义务,并对其他合伙人承担违约责任。

(五) 有限合伙企业的登记事项

有限合伙企业的登记事项应当载明有限合伙人的姓名或者名称及认缴的出资数额。

二、有限合伙企业财产转让的特殊规定

有限合伙人可以按照合伙协议的约定向合伙人以外的人转让其在有限合伙企业中的财产份额,但应当提前30日通知其他合伙人。有限合伙人对外转让其在有限合伙企业的财产份额时,有限合伙企业的其他合伙人在同等条件下享有优先购买权。

三、有限合伙企业事务执行的特殊规定

(一) 有限合伙企业事务执行人

有限合伙企业由普通合伙人执行合伙事务。执行事务合伙人可以要求在合伙协议中确定执行事务的报酬及报酬提取方式。

（二）禁止有限合伙人执行合伙事务

有限合伙人不得执行合伙事务，不得对外代表有限合伙企业。

有限合伙人的下列行为，不视为执行合伙事务：①参与决定普通合伙人入伙、退伙。②对企业的经营管理提出建议。③参与选择承办有限合伙企业审计业务的会计师事务所。④获取经审计的有限合伙企业财务会计报告。⑤对涉及自身利益的情况，查阅有限合伙企业财务会计账簿等财务资料。⑥在有限合伙企业中的利益受到侵害时，向有责任的合伙人主张权利或者提起诉讼。⑦执行事务合伙人怠于行使权利时，督促其行使权利或者为了本企业的利益以自己的名义提起诉讼。⑧依法为本企业提供担保。

第三人有理由相信有限合伙人为普通合伙人并与其交易的，该有限合伙人对该笔交易承担与普通合伙人同样的责任。有限合伙人未经授权以有限合伙企业名义与他人进行交易，给有限合伙企业或者其他合伙人造成损失的，该有限合伙人应当承担赔偿责任。

（三）有限合伙企业利润分配

有限合伙企业不得将全部利润分配给部分合伙人；但是，合伙协议另有约定的除外。

（四）有限合伙人权利

有限合伙人可以同本有限合伙企业进行交易；但是，合伙协议另有约定的除外。

有限合伙人可以自营或者同他人合作经营与本有限合伙企业相竞争的业务；但是，合伙协议另有约定的除外。

有限合伙人可以将其在有限合伙企业中的财产份额出质；但是，合伙协议另有约定的除外。

四、有限合伙企业债务承担的特殊规定

有限合伙人的自有财产不足清偿其与合伙企业无关的债务的，该合伙人可以以其从有限合伙企业中分取的收益用于清偿；债权人也可以依法请求人民法院强制执行该合伙人在有限合伙企业中的财产份额用于清偿。

人民法院强制执行有限合伙人的财产份额时，应当通知全体合伙人。在同等条件下，其他合伙人有优先购买权。

五、有限合伙人的入伙和退伙

（一）入伙

《合伙企业法》规定，新入伙的有限合伙人对入伙前有限合伙企业的债务，以其认缴的出资额为限承担责任。而在普通合伙企业中，新入伙的合伙人对入伙前合伙企业的债务承担无限连带责任。

（二）退伙

1. 有限合伙人当然退伙

《合伙企业法》规定，有限合伙人有下列情形之一的，当然退伙：①作为合伙人的自然人死亡或者被依法宣告死亡。②作为合伙人的法人或者其他组织依法被吊销营业执照、责令关闭、撤销，或者被宣告破产。③法律规定或者合伙协议约定合伙人必须具有相关资格而丧

失该资格。④合伙人在合伙企业中的全部财产份额被人民法院强制执行。

2. 有限合伙人丧失民事行为能力的处理

作为有限合伙人的自然人在有限合伙企业存续期间丧失民事行为能力的，其他合伙人不得因此要求其退伙。

3. 有限合伙人继承人的权利

作为有限合伙人的自然人死亡、被依法宣告死亡或者作为有限合伙人的法人及其他组织终止时，其继承人或者权利承受人可以依法取得该有限合伙人在有限合伙企业中的资格。

4. 有限合伙人退伙后的责任

有限合伙人退伙后，对基于其退伙前的原因发生的有限合伙企业债务，以其退伙时从有限合伙企业中取回的财产承担责任。

六、有限合伙人和普通合伙人的相互转变

《合伙企业法》规定，除合伙协议另有约定外，普通合伙人转变为有限合伙人，或者有限合伙人转变为普通合伙人，应当经全体合伙人一致同意。有限合伙人转变为普通合伙人的，对其作为有限合伙人期间有限合伙企业发生的债务承担无限连带责任。普通合伙人转变为有限合伙人的，对其作为普通合伙人期间合伙企业发生的债务承担无限连带责任。

第四节　合伙企业的解散、清算及其法律责任

一、合伙企业的解散和清算

（一）合伙企业的解散

《合伙企业法》规定，合伙企业有下列情形之一的，应当解散：①合伙期限届满，合伙人决定不再经营。②合伙协议约定的解散事由出现。③全体合伙人决定解散。④合伙人已不具备法定人数满 30 天。⑤合伙协议约定的合伙目的已经实现或者无法实现。⑥依法被吊销营业执照、责令关闭或者被撤销。⑦法律、行政法规规定的其他原因。

（二）合伙企业的清算

合伙企业解散，应当进行清算。合伙企业法对合伙企业清算作了以下规定。

1. 确定清算人

合伙企业解散，应当由清算人进行清算。清算人由全体合伙人担任；经全体合伙人过半数同意，可以自合伙企业解散事由出现后 15 日内指定一个或者数个合伙人，或者委托第三人担任清算人。自合伙企业解散事由出现之日起 15 日内未确定清算人的，合伙人或者其他利害关系人可以申请人民法院指定清算人。

清算人在清算期间执行下列事务：①清理合伙企业财产，分别编制资产负债表和财产清单。②处理与清算有关的合伙企业未了结事务。③清缴所欠税款。④清理债权债务。⑤处理合伙企业清偿债务后的剩余财产。⑥代表合伙企业参加诉讼或者仲裁活动。

2. 通知和公告债权人

清算人自被确定之日起10日内将合伙企业解散事项通知债权人，并于60日内在报纸上公告。债权人应当自接到通知书之日起30日内，未接到通知书的自公告之日起45日内，向清算人申报债权。债权人申报债权，应当说明债权的有关事项，并提供证明材料。清算人应当对债权进行登记。清算期间，合伙企业存续，但不得开展与清算无关的经营活动。

3. 财产清偿

合伙企业财产在支付清算费用和职工工资、社会保险费用、法定补偿金以及缴纳所欠税款、清偿债务后的剩余财产，由合伙人按照合伙协议约定的比例进行分配；合伙协议未约定或者约定不明确的，由合伙人协商决定；协商不成的，由合伙人按照实缴出资比例分配；无法确定出资比例的，由合伙人平均分配。

合伙企业不能清偿到期债务的，债权人可以依法向人民法院提出破产清算申请，也可以要求普通合伙人清偿。

合伙企业依法被宣告破产的，普通合伙人对合伙企业债务仍应承担无限连带责任。

4. 注销登记

清算结束，清算人应当编制清算报告，经全体合伙人签名、盖章后，在15日内向企业登记机关报送清算报告，申请办理合伙企业注销登记。

合伙企业注销后，原普通合伙人对合伙企业存续期间的债务仍应承担无限连带责任。

二、违反合伙企业法的法律责任

（一）违反法律有关合伙企业登记规定的法律责任

（1）违反《合伙企业法》的规定，提交虚假文件或者采取其他欺骗手段，取得合伙企业登记的，由企业登记机关责令改正，处以5 000元以上5万元以下的罚款；情节严重的，撤销企业登记，并处以5万元以上20万元以下的罚款。

（2）违反《合伙企业法》的规定，合伙企业未在其名称中标明“普通合伙”“特殊普通合伙”或者“有限合伙”字样的，由企业登记机关责令限期改正，处以2 000元以上1万元以下的罚款。

（3）违反《合伙企业法》的规定，未领取营业执照，而以合伙企业或者合伙企业分支机构名义从事合伙业务的，由企业登记机关责令停止，处以5 000元以上5万元以下的罚款。

（4）合伙企业登记事项发生变更时，未依照《合伙企业法》规定办理变更登记的，由企业登记机关责令限期登记；逾期不登记的，处以2 000元以上2万元以下的罚款。合伙企业登记事项发生变更，执行合伙事务的合伙人未按期申请办理变更登记的，应当赔偿由此给合伙企业、其他合伙人或者善意第三人造成的损失。

（二）违反法律有关合伙企业管理规定的法律责任

（1）合伙人执行合伙事务，或者合伙企业从业人员利用职务上的便利，将应当归合伙企业的利益据为己有的，或者采取其他手段侵占合伙企业财产的，应当将该利益和财产退还合伙企业；给合伙企业或者其他合伙人造成损失的，依法承担赔偿责任。

（2）合伙人对《合伙企业法》规定或者合伙协议约定必须经全体合伙人一致同意始得执

行的事务擅自处理，给合伙企业或者其他合伙人造成损失的，依法承担赔偿责任。不具有事务执行权的合伙人擅自执行合伙事务，给合伙企业或者其他合伙人造成损失的，依法承担赔偿责任。

(3) 合伙人违反《合伙企业法》的规定或者合伙协议的约定，从事与本合伙企业相竞争的业务或者与本合伙企业进行交易的，该收益归合伙企业所有；给合伙企业或者其他合伙人造成损失的，依法承担赔偿责任。

(4) 合伙人违反合伙协议的，应当依法承担违约责任。

(5) 合伙人履行合伙协议发生争议的，合伙人可以通过协商或者调解解决。不愿通过协商、调解解决或者协商、调解不成的，可以按照合伙协议约定的仲裁条款或者事后达成的书面仲裁协议，向仲裁机构申请仲裁。合伙协议中未订立仲裁条款，事后又没有达成书面仲裁协议的，可以向人民法院起诉。

(三) 违反法律有关合伙企业清算规定的法律责任

(1) 清算人未依照《合伙企业法》规定向企业登记机关报送清算报告，或者报送清算报告隐瞒重要事实，或者有重大遗漏的，由企业登记机关责令改正。由此产生的费用和损失，由清算人承担和赔偿。

(2) 清算人执行清算事务，牟取非法收入或者侵占合伙企业财产的，应当将该收入和侵占的财产退还合伙企业；给合伙企业或者其他合伙人造成损失的，依法承担赔偿责任。

(3) 清算人违反《合伙企业法》的规定，隐匿、转移合伙企业财产，对资产负债表或者财产清单作虚假记载，或者在未清偿债务前分配财产，损害债权人利益的，依法承担赔偿责任。

(四) 其他法律责任

(1) 有关行政管理机关的工作人员违反《合伙企业法》的规定，滥用职权、徇私舞弊、收受贿赂、侵害合伙企业合法权益的，依法给予行政处分。

(2) 违反《合伙企业法》的规定，构成犯罪的，依法追究刑事责任。

(3) 违反《合伙企业法》的规定，应当承担民事赔偿责任和缴纳罚款、罚金，其财产不足以同时支付的，先承担民事赔偿责任。

第九章　外商投资企业法律制度

本章要点

本章主要介绍外商投资企业与外商投资企业法的概念、特征及演进，外商投资法对于外商投资企业的调整，包括对外商投资的促进、保护及管理的相关制度。

典型案例

2009 年 11 月 10 日，程骏平与张锋、程岚约定在上海成立贸易公司。由于程骏平为美国籍，当时无法与国内自然人成立合资公司，经商讨，3 人同意先期以张锋、程岚 2 人名义成立公司，等条件成熟后，程骏平与该公司成立中外合资公司，各方仍按约定的比例出资……

2009 年 11 月 11 日，纽鑫达公司成立，类型为有限责任公司(自然人投资或控股)，法定代表人张锋，注册资本 100 万元，股东为张锋(占 51%股权)、程岚(占 49%股权)……

2012 年 9 月，经程骏平、张锋、程岚 3 人协商，股东会决议纽鑫达公司以股权收购形式，购买××公司 100%股权，纽鑫达公司拥有××公司 100%股权，根据 3 人分别拥有的纽鑫达公司股份比例，3 人对××公司股份的实际拥有比例如下：程骏平拥有××公司 51%的股权，张锋拥有××公司 25%的股权，程岚拥有××公司 24%的股权……

2018 年 8 月 6 日，纽鑫达公司向程骏平出具一份出资证明书，载明程骏平于 2009 年 11 月 3 日向纽鑫达公司缴纳出资 51 万元。

程骏平向一审法院起诉请求：①确认其为纽鑫达公司的股东，并享有公司 51%的股权。②纽鑫达公司配合其将张锋持有的公司 26%的股权变更登记到程骏平名下……

一审法院认为，本案系股东资格确认纠纷。纽鑫达公司系有限责任公司(自然人投资或控股)，显名股东为张锋、程岚，均系国内自然人；隐名股东为程骏平，系美国籍。如要变更相应的工商登记，使隐名股东显名，主要存在以下争议。

(1) 关于国内自然人能否与外国人成立外商投资企业问题。《中华人民共和国中外合资经营企业法》第一条规定，“允许外国公司、企业和其他经济组织或个人……同中国的公司、企业或其他经济组织共同举办合营企业”。该法规定的中国合营者未包括中国的自然人，但该法已于 2020 年 1 月 1 日废止。新施行的《外商投资法》并没有这方面的限制。该法第二条明确规定，“外商投资企业，是指全部或者部分由外国投资者投资，依照中国法律在中国境内经登记注册设立的企业”。《外商投资法实施条例》第三条进一步明确，外商投资法第二条中的其他投资者，包括中国的自然人在内。同时，根据《最高人民法院关于适用〈中华人民共和国外商投资法〉若干问题的解释》第 2 条规定："对外商投资法第四条所指的外商投资准入负面清单之外的领域形成的投资合同，当事人以合同未经有关行政主管部门批准、登记为由主张合同无效或者未生效的，人民法院不予支持。前款规定的投资合同签订于外商投资法施行前，但人民法院在外商投资法施行时尚未作出生效裁判的，适用前款规定认定合同的效力。"因此，在本案中，纽鑫达公司及张锋要求确认程骏平与其他第三人共同成立公司的行为无效，一审法院不予支持。

（2）关于外国人成为公司股东是否需要办理相关审批手续问题。《外商投资法》施行后，我国对外商投资实行准入前国民待遇加负面清单管理制度。所谓准入前国民待遇，是指在投资准入阶段给予外国投资者及其投资不低于本国投资者及其投资的待遇；所谓负面清单，是指国家规定在特定领域对外商投资实施的准入特别管理措施。国家对负面清单之外的外商投资，给予国民待遇。在本案中，一审法院致函上海市商务委员会，就"如确认程骏平为纽鑫达公司股东，上海市商务委员会是否同意将程骏平变更为纽鑫达公司股东，并将纽鑫达公司变更为外商投资企业"进行咨询。浦东新区商务委投资促进处复函称，"纽鑫达公司所从事领域不属于外商投资准入特别管理措施（负面清单）内范围，我委办理 Carson Junping Cheng 变更为纽鑫达公司股东，并将纽鑫达公司变更为外商投资企业的备案手续不存在法律障碍"。因此，程骏平要求变更为纽鑫达公司股东，不需要履行特别的审批手续，亦不存在法律上的障碍。

此外，根据《最高人民法院关于适用〈中华人民共和国公司法〉若干问题的规定（三）》第 25 条的规定，实际出资人请求公司变更股东、签发出资证明书、记载于股东名册、记载于公司章程并办理公司登记机关登记的，应当经公司其他股东半数以上同意。在本案中，除名义股东张锋以外的其他股东，即程岚明确认可程骏平的股东身份，也同意将程骏平变更登记为纽鑫达公司股东。因此，程骏平要求纽鑫达公司将张锋代持的纽鑫达公司 26％的股权变更登记到自己名下，符合法律及司法解释规定，一审法院予以支持。

二审法院认定，程骏平系纽鑫达公司的股东，张锋名下 26％的纽鑫达公司股权应归程骏平所有。法院同时注意到，《外商投资法》取消了原先中外合资经营企业中，中方自然人合营的限制。且《外商投资法实施条例》第 3 条明确，"外商投资法第二条第二款第一项、第三项所称其他投资者，包括中国的自然人在内。"鉴于我国对外商投资实行准入前国民待遇加负面清单管理制度，一审法院亦在一审诉讼期间致函有关行政管理机关，得到了"上海纽鑫达进出口有限公司所从事领域亦不属于外商投资准入特别管理措施（负面清单）内范围……我委办理 Carson Junping Cheng 变更为上海纽鑫达进出口有限公司股东，并将上海纽鑫达进出口有限公司变更为外商投资企业的备案手续不存在法律障碍"的复函。因此，程骏平要求变更登记为纽鑫达公司股东，无须履行特别的审批手续，不存在法律和政策上的障碍。

【资料来源】中国裁判文书网，上海纽鑫达进出口有限公司与 Carson Junping Cheng 股东资格确认纠纷案，(2020)沪 01 民终 3024 号。访问时间：2020 年 12 月 20 日。

第一节　外商投资企业和外商投资企业法律概述

一、外商投资企业概述

(一) 外商投资企业的概念和特征

1. 外商投资企业的概念

外商投资企业是指全部或者部分由外国投资者投资,依照中国法律在中国境内经登记注册设立的企业,其中,外国投资者包括外国的自然人、企业或者其他组织。中国投资者包括中国的自然人、公司、企业或者其他经济组织。

2019 年 3 月 15 日出台的《外商投资法》未对我国港澳台投资法律适用问题作出明确规定,根据《外商投资法实施条例》,香港特别行政区、澳门特别行政区投资者在内地投资,参照《外商投资法》和《外商投资法实施条例》执行;法律、行政法规或者国务院另有规定的,从其规定。台湾地区投资者在大陆投资,适用《中华人民共和国台湾同胞投资保护法》及其实施细则的规定;台湾同胞投资保护法及其实施细则未规定的事项,参照《外商投资法》和《外商投资法实施条例》执行。

2. 外商投资企业的特征

首先,外商投资企业是外商直接投资设立的企业,无论有无中国投资者加入,外国投资者都是外商投资企业的必需投资人。

其次,外商投资企业是在中国境内设立的企业,是中国的法律主体。

(二) 外商投资企业的演进

党的十一届三中全会确立了改革开放的基本国策。1979 年 7 月 1 日,第五届全国人民代表大会第二次会议通过《中华人民共和国中外合资经营企业法》,首次从法律上允许外商在我国直接投资设立外商投资企业。1982 年《宪法》第 18 条第一款规定:“中华人民共和国允许外国的企业和其他经济组织或者个人依照中华人民共和国法律的规定在中国投资,同中国的企业或者其他经济组织进行各种形式的经济合作。”这一规定是结合当时情况,从外商投资政策导向、外商投资形式、中方投资者范围、外国投资者范围四个方面作出规定。现行《宪法》的历次修改对该条均未作修改。以此为基础,国家利用外资方针政策不断调整,相关法律法规日益完善,《宪法》的这一规定的内涵外延也随之发生了渐进式、扩容性的演进。

1. 外国投资者的范围演进

与宪法第 18 条规定的外国的企业和其他“经济组织”相比,我国外商投资企业法中的“外国投资者”已发展为不限于经济性质的“组织”。

在改革开放初期,我国尚未实行社会主义市场经济,也尚未制定民法,市场主体制度、民事主体法律制度均未建立,对于可以从事投资等经济活动的主体尚未形成规范的法律概念,因此,1982 年《宪法》将企业以外从事经济活动的组织,称为“经济组织”。我国《宪法》对社会主义经济制度作了规定,但主要从所有制角度进行表述,如国有经济(即社会主义全民所有制经济)、集体所有制经济、个体经济、私营经济等,“经济组织”的表述由此产生。1986

年，我国通过《中华人民共和国民法通则》，建立了民事主体制度，采用“公民（自然人）”“法人”“其他组织”的表述。这一表述与“企业、其他经济组织和个人”相比，更加精准、科学。2005年以后制定的法律，“经济组织”仅用于“个体经济组织”“农业集体经济组织”等专有名词中，不再单独使用。

从实践上看，外国来华投资主体日益多样，已不局限于企业等经济组织，大量教育机构、医疗机构等也来华投资。因此，《外商投资法》未采用“经济组织”的表述，而将“外国投资者”的范围扩大为包括自然人、企业及其他组织，此处的“其他组织”，显然既包括经济性组织，也包括非经济性组织。

2. 中方投资者的范围演进

参与外商投资企业投资的中国投资者从“中国的企业或者其他经济组织”发展为中国自然人也可成为投资主体。

1982年《宪法》和之前调整外商投资企业的基础性法律根据我国当时实际，规定中国的“公司、企业或其他经济组织”可以作为中方投资者，对自然人是否可以成为投资主体未作规定。为调动个人参与经济建设积极性，我国不断调整法律、法规和政策，逐步改变了这一限定。

(1) 1999年通过个人独资企业法允许自然人设立企业，2005年修订《公司法》允许一个自然人出资设立有限责任公司。基于此，自然人可以通过开设“个人独资企业”或“一人公司”的方式与外商进行合资合作。

(2) 中国自然人可继续作为并购后新设外商投资企业的投资者。随着市场经济发展，境内企业所有制的多样化，除传统“绿地投资”（直接在华投资创建企业）外，外商投资日渐采用“褐地投资”（投资并购中国企业）模式。2003年，原对外经贸部等4部门发布《外国投资者并购境内企业暂行规定》，明确被股权并购的境内公司中国自然人股东，在原公司享有股东地位1年以上的，经批准可继续作为新设外商投资企业的中方投资者。2006年商务部等6部门联合出台的《境外投资者并购境内企业的规定》，进一步取消了“享有股东地位1年以上”的限制。

(3) 2006年修订《合伙企业法》允许外国投资者在中国境内设立合伙企业；2009年，国务院发布《外国企业或者个人在中国境内设立合伙企业管理办法》（国务院令第567号），明确外国企业或者个人可以与中国的自然人设立合伙企业。之后，以律师事务所、会计师事务所为代表的一批外资合伙企业设立，中国个人可以成为其合伙人。

2019年颁布的《外商投资法》第2条允许外国投资者单独或者与其他投资者共同在中国境内设立外商投资企业，其实施条例进一步明确，上述“其他投资者”包括中国的自然人在内。

（三）外商投资形式的演进

外商投资企业的形式从中外“合作”“合资”发展为“合资”“合作”“独资”。

1982年《宪法》第18条规定的外商投资企业的形式包括中外“合作”和“合资”。之后调整外商投资企业的基础性法律规定了三种主要的外商投资形式：中外合资、中外合作和外商独资。改革开放初期，外国投资者对我国法制、市场和行业等情况尚缺乏了解，通过与中方投资者合作和合资，可以尽快融入中国市场。1985年之前，风险低、见效快的合作企业占据主要地位。基于投资环境的改善和法律制度的完善,从1986年起,合资企业取代合作企业成为外商投资主导方式。随着改革开放的深化,外国投资者对我国投资环境有了更深入的把握,对境内投资者的依赖程度有所降低,独资企业实际利用外资金额于1990年超过合作企业,1999年又超过合资企业,之后比重继续上升,占据了绝对主导地位。《宪法》第18条明确的合作、合资两种企业形式,已转变为以独资企业为主导形式。

二、外商投资企业法概述

(一) 外商投资企业法的概念与特征

1. 外商投资企业法的概念

外商投资企业法是调整国家协调经济运行过程中发生的关于外商投资企业的经济关系的法律规范的总称,既包括有关外商投资的促进、保护和管理的法律规范,也包括有关外商投资企业的组织和活动的行为规范的法律、法规,是由众多的有关外商投资企业的立法规范形成的法律体系。

2. 外商投资企业法的特征

(1) 外商投资企业法是国内法。

(2) 外商投资企业法调整国家在统一管理和促进外国投资过程中,以及外商投资企业在设立、经营和终止过程中产生的各种关系。

(二) 外商投资企业法的演变与发展

1979年,全国人民代表大会通过《中华人民共和国中外合资经营企业法》,首次从法律上允许外商对华直接投资。1982年《宪法》第18条首次在国家根本法上规定国家允许外商来中国投资,明确国家保护外商合法权益,为外商来华投资提供了宪法保障。之后,1986年4月12日,第六届全国人民代表大会第四次会议通过《中华人民共和国外资企业法》。1988年4月13日,第七届全国人民代表大会第一次会议通过《中华人民共和国中外合作经营企业法》。与第一部外商投资企业法律《中华人民共和国中外合资经营企业法》一起,上述三部外商投资企业法(即"外资三法")成为规范我国外商投资企业活动的支柱法律,为改革开放提供了坚实的制度保障。除"外资三法"外,还有行政法规、部门规章,以及大量相关司法解释、行业规定和团体规定等。

进入21世纪后,为适应加入世界贸易组织的需要,全国人民代表大会及其常务委员会对"外资三法"作出部分修改,删除了法律中要求外商投资企业在境内优先采购、实现外汇收支平衡、出口实绩等规定。2007年,全国人民代表大会通过《中华人民共和国企业所得税法》(以下简称《企业所得税法》),实现了内外资企业所得税制统一。党的十八大以后,根据全面深化改革、扩大对外开放的需要,全国人民代表大会常务委员会于2013年和2014年两次作出决定,授权在有关自由贸易试验区内暂时调整"外资三法"关于外商投资企业审批等规定,试行准入前国民待遇加负面清单管理方式。2016年,根据自由贸易试验区取得的可复制推广的经验,全国人民代表大会常务委员会对"外资三法"作出修改,在法律中确立外商投资企业实行准入前国民待遇加负面清单管理制度,将自由贸易试验区的改革试点经验推广到全国。

"外资三法"实际上是融商业组织法与外商投资法为一体的混合性立法,这些法律制度曾为我国外商投资企业提供了有力的法治保障。随着社会主义市场经济体制和中国特色社会主义法律体系的建立和不断完善,“外资三法”的相关规范已逐步为公司法、合伙企业法、民法总则、物权法、合同法等市场主体和市场交易方面的法律所涵盖;同时,新形势下全面加强对外商投资的促进和保护、进一步规范外商投资管理的要求,也大大超出了“外资三法”的调整范围。在新的形势下,“外资三法”已难以适应新时代改革开放实践的需要。2015 年 5 月 5 日,国务院通过《中共中央国务院关于构建开放型经济新体制的若干意见》,要求“制定新的外资基础性法律,将规范和引导境外投资者及其投资行为的内容纳入外资基础性法律。对于外资企业组织形式、经营活动等一般内容,可由统一适用于各类市场主体法律法规加以规范的,按照内外资一致的原则,适用统一的法律法规”。

作为外商投资领域的基础性法律,《外商投资法》早在 2011 年就已启动修法研究,2015 年第一次在商务部官网公开征求意见,当时法案名称为《中华人民共和国外国投资法》。2018 年 12 月 23 日,法案二度公开亮相,经十三届全国人民代表大会常务委员会第七次会议初次审议,法案名称调整为《中华人民共和国外商投资法》(一审稿)。2019 年 1 月 29 日,十三届全国人民代表大会常务委员会第八次会议对《中华人民共和国外商投资法(草案)》进行第二次审议(二审稿)。2019 年 3 月 8 日《中华人民共和国外商投资法(草案)》提请全国人民代表大会审议(人大审议稿)。《外商投资法》于 2019 年 3 月 15 日通过,并于 2020 年 1 月 1 日起施行。

《外商投资法》是中国历史上第一个全面系统的外资立法,具有里程碑式意义,是贯彻落实中央扩大对外开放、促进外商投资决策部署的重要举措。该法确立了我国新型外商投资法律制度的基本框架,确定了我国对外开放、促进外商投资的基本国策和大政方针,对外商投资的准入、促进、保护、管理等作出了统一规定,是我国外商投资领域新的基础性法律。《外商投资法》只解决外商投资行为当中的某些特别问题,不再涉及企业组织关系上的问题,其定位就是促进法、保护法和管理法。《外商投资法》第 31 条明确规定:“外商投资企业的组织形式、组织机构及其活动准则,适用《中华人民共和国公司法》《中华人民共和国合伙企业法》等法律的规定。”换言之,《外商投资法》将外商投资所涉及的企业组织形式方面的内容交由上述法律制度去统一调整和规范,自身则集中于与外商投资行为直接相关的特色性内容,包括外资界定、外资准入、外资保护和外资审查等。这符合国际通行的立法模式。

2019 年 12 月 12 日,国务院第 74 次常务会议又通过《外商投资法实施条例》。《外商投资法实施条例》作为外商投资法的配套法规,严格贯彻外商投资法的立法原则和宗旨,更加突出促进和保护外商投资的主基调,增强制度的可操作性,保障法律有效实施。该条例自 2020 年 1 月 1 日起施行。

2019 年 12 月 16 日,最高人民法院审判委员会第 1787 次会议通过关于适用《中华人民共和国外商投资法》若干问题的解释,自 2020 年 1 月 1 日起施行。该解释依据《外商投资法》第 2、第 4、第 28 条的规定,在审判领域落实国家对外商投资实行准入前国民待遇加负面清单管理制度,国家对负面清单之外的外商投资,给予国民待遇,按照内外资一致的原则适用法律。该解释的硬核,在于贯彻党的十九大和十九届四中全会精神,准确体现《外商投资法》立法精神,严格适用准入前国民待遇和负面清单,鼓励、促进外商投资,从严认定合同无效情形，最大限度维护合同效力，保持经济秩序和商业规则的稳定性，平等保护外国投资者的合法利益，推动全方位对外开放。

此外，2019 年 11 月国家发改委、商务部发布了《市场准入负面清单（2019 年版）》，其列入事项比 2018 年版减少了 20 项，表明中国为改善商业环境作出了努力。

本章着重介绍《外商投资法》对外商投资企业的投资促进、投资保护以及投资管理方面的特别调整。

第二节　外商投资企业的投资促进

一、外商投资政策导向的演进——从“允许”发展为“鼓励”

1982 年《宪法》明确“允许外国的企业和其他经济组织或者个人”“在中国投资”，为外商投资和相关立法确立了最高法律依据。1979 年《中外合资经营企业法》和 1986 年《外资企业法》第 1 条也都表述为“允许”外商举办企业，体现了国家对利用外资的态度由改革开放前的否定转为肯定。1988 年《中外合作经营企业法》第 1 条中使用了“促进”外商举办合作企业的表述，表明态度更加积极。1986 年 10 月发布的《国务院关于鼓励外商投资的规定》规划了我国利用外资总体战略，以行政法规形式第一次明确提出“鼓励”外国投资者在华兴办企业，并规定了一系列优惠政策。1992 年，邓小平同志南巡谈话进一步为对外开放破除了理论和思想障碍。1993 年《宪法》修正案将“坚持改革开放”写入《宪法》序言，外商投资有了更坚实的宪法保障。

2004 年，国家发改委发布《外商投资项目核准暂行管理办法》，把改革开放之初实行的“审批制”转变为“核准制”。2016 年，根据自贸区改革试点经验，全国人民代表大会常务委员会集中修改“外资三法”和《中华人民共和国台湾同胞投资保护法》，将审批管理变为备案管理，外资管理效率进一步提高。国家发展和改革委员会、商务部 2017 年修订《外商投资产业指导目录》，提出全面实行准入前国民待遇加负面清单模式，这是外资管理体制的一次深刻变革。该目录经过 7 次修订，在“鼓励”“限制”“禁止”三类项目中，“鼓励”类项目从 1995 年的 172 项逐渐增至 2017 年的 348 项，占比也由 55％提高到了 85％，表明我国对外商投资态度愈益积极开放。

二、外商投资法促进外商投资的举措

与“外资三法”侧重于管理不同，《外商投资法》更为强调对外商投资的促进与保护，设立专门章节规范投资促进和保护制度，从法律层面为各级政府和机构开展外商投资促进工作提供明确指引，为外国投资企业维护自身合法权益提供更加坚实的法律保障。为了积极促进外商投资，《外商投资法》在总则一章中规定，国家坚持对外开放的基本国策，鼓励外国投资者依法在中国境内投资；国家实行高水平投资自由化便利化政策，建立和完善外商投资促进机制，营造稳定、透明、可预期和公平竞争的市场环境。其主要内容如下所述。

（一）提高外商投资政策的透明度

《外商投资法》规定，制定与外商投资有关的法律、法规、规章，应当采取适当方式征求外商投资企业的意见和建议；与外商投资有关的规范性文件、裁判文书等，应当依法及时公布。《外商投资法实施条例》第7条进一步要求，制定与外商投资有关的行政法规、规章、规范性文件，或者政府及其有关部门起草与外商投资有关的法律、地方性法规，都应当根据实际情况，采取书面征求意见以及召开座谈会、论证会、听证会等多种形式，听取外商投资企业和有关商会、协会等方面的意见和建议；对反映集中或者涉及外商投资企业重大权利和义务问题的意见和建议，应当通过适当方式反馈采纳的情况。与外商投资有关的规范性文件应当依法及时公布，未经公布的不得作为行政管理依据。与外商投资企业生产经营活动密切相关的规范性文件，应当结合实际，合理确定公布到施行之间的时间。

上述规定既让外商有机会从政策的合理程度、管理的宽松程度等方面提出意见，也可以通过这个过程督促有关部门在出台操作性的规定时更符合立法初衷。

（二）保障外商投资企业平等参与市场竞争

党的十九大报告明确提出，“凡是在我国境内注册的企业，都要一视同仁、平等对待”。《外商投资法》第9、第15、第16、第17条等都体现了外商投资企业平等参与、内外资规则一致的精神。

1. 内外资企业将平等适用各项政策

在政策适用性上，《外商投资法》第9条强调：“外商投资企业依法平等适用国家支持企业发展的各项政策。”此举旨在营造更好的外商投资政策环境，也是为了解决外商进入中国投资之前的一个顾虑。但该法第40条也首次引入国际法上的反制措施，规定如果任何国家或者地区在投资方面对我国采取歧视性的禁止、限制或者其他类似措施的，我国可以根据实际情况对该国家或者该地区采取相应的措施。

2. 外资企业将有权平等参与标准化工作

“外资三法”、《中华人民共和国标准化法》《中华人民共和国标准化法实施条例》和《国家标准管理办法》并未对外商投资企业参与标准化工作专门作出规定，也未强调强制性标准平等适用于外商投资企业。实践中也存在在制定相关标准时听取外资企业意见不充分的情况。

2017年1月，国务院发布的《关于扩大对外开放积极利用外资若干措施的通知》(国发〔2017〕5号)(简称国发5号文)指出，要“促进内外资企业公平参与我国标准化工作。进一步深化标准化工作改革，提高标准制修订的透明度和开放度。推进标准制修订全过程信息公开，强化标准制修订过程中的信息共享和社会监督”。为贯彻该通知的有关要求，国家标准化管理委员会、国家发改委和商务部于同年11月印发了《关于外商投资企业参与我国标准化工作的指导意见》，提出“外商投资企业参与我国标准化工作，与内资企业享有同等待遇”，并对外商投资企业如何参与我国标准化工作作出了指导性规定，如“外商投资企业可以参与国家标准起草工作和国家标准外文版翻译工作，也可以在标准立项、征求意见、标准实施等过程中提出意见和建议。”

《外商投资法》第15条以法律形式确认外商投资企业参与我国标准化工作的制度，并规定国家制定的强制性标准平等适用于外商投资企业。《外商投资法实施条例》第 14 条进一步明确，不得专门针对外商投资企业适用高于强制性标准的技术要求。

3. 外资企业可公平参与政府采购

"外资三法"、《政府采购法》和《政府采购法实施条例》并未对外商投资企业参与政府采购活动作出专门规定。2017 年 1 月，国务院在其发布的国发 5 号文中指出，要"深化政府采购改革，坚持公开透明、公平竞争原则，依法依规对外商投资企业在我国境内生产的产品一视同仁、平等对待，促进内外资企业公平参与政府采购招投标"。

《外商投资法》一审稿包含了国家保障外商投资企业公平参与政府采购的内容，但仅规定政府采购依法对外商投资企业在中国境内生产的产品平等对待，是否包括服务，不够明确。最终通过的《外商投资法》第 16 条根据全国人民代表大会审议时的修改意见，明确规定"国家保障外商投资企业依法通过公平竞争参与政府采购活动。政府采购依法对外商投资企业在中国境内生产的产品、提供的服务平等对待"。

4. 外资企业可通过资本市场融资

"外资三法"并未对外商投资企业通过资本市场融资作出专门规定，但事实上，国家支持外商投资企业在境内融资并不是一项新政策。2001 年，证监会等多部门发布《关于上市公司涉及外商投资有关问题的若干意见》，该意见结合证监会在 2002 年发布的《公开发行证券的公司信息披露编报规则第 17 号——外商投资股份有限公司招股说明书内容与格式特别规定》，基本确立了外商投资企业在境内发行股票、上市融资的依据。国发 5 号文也指出，要"支持外商投资企业拓宽融资渠道。外商投资企业可以依法依规在主板、中小企业板、创业板上市，在新三板挂牌，以及发行企业债券、公司债券、可转换债券和运用非金融企业债务融资工具进行融资"。

《外商投资法》第 17 条以法律形式再次明确"外商投资企业可以依法通过公开发行股票、公司债券等证券以及其他方式进行融资"，保障了外商投资企业在市场竞争中与其他企业平等的地位，体现了外商投资企业平等参与、内外资规则一致的精神。根据《外商投资法实施条例》第 18 条，外商投资企业可以采取的融资方式包括依法在中国境内或者境外通过公开发行股票、公司债券等证券，以及公开或者非公开发行其他融资工具、借用外债等。

（三）加强外商投资服务

《外商投资法》第 11 条规定，国家建立健全外商投资服务体系，为外国投资者和外商投资企业提供法律法规、政策措施、投资项目信息等方面的咨询和服务。《外商投资法》第 19 条进一步强调，各级人民政府及其有关部门应当按照便利、高效、透明的原则，简化办事程序，提高办事效率，优化政务服务，进一步提高外商投资服务水平。有关主管部门应当编制和公布外商投资指引，为外国投资者和外商投资企业提供服务和便利。相比之前的草案，第 19 条增加了"简化办事程序，提高办事效率"，对政府及其有关部门提高外商投资服务水平的规定更为具体明确。另外，《外商投资法实施条例》要求各级人民政府应当按照政府主导、多方参与的原则，建立健全外商投资服务体系，不断提升外商投资服务能力和水平。政府及其有关部门应当通过政府网站、全国一体化在线政务服务平台集中列明有关外商投资的法律、法规、规章、规范性文件、政策措施和投资项目信息，并通过多种途径和方式加强宣传、解读，为外国投资者和外商投资企业提供咨询、指导等服务。

（四）依法依规鼓励和引导外商投资

《外商投资法》规定，国家根据需要，设立特殊经济区域，或者在部分地区实行外商投资试验性政策措施，促进外商投资，扩大对外开放。根据《外商投资法实施条例》，上述特殊经济区域，是指经国家批准设立、实行更大力度的对外开放政策措施的特定区域。而国家在部分地区实行的外商投资试验性政策措施，经实践证明可行的，根据实际情况在其他地区或者全国范围内推广。另外，《外商投资法》还规定，国家根据国民经济和社会发展需要，鼓励和引导外国投资者在特定行业、领域、地区投资，并可以依照法律、行政法规或者国务院的规定给予优惠；县级以上地方人民政府可以根据法律、行政法规、地方性法规的规定，在法定权限内制定外商投资促进和便利化政策措施。如此一来，地方政府将有权根据当地经济发展实际情况，依法因地制宜制定外商投资促进政策，以扩大引进外资力度。相比过去地方政府搞减免税收、免去费用的优惠做法，法律具有长期执行效力的，有利于保持开放政策的稳定性，创造一个公平竞争的法治环境。

第三节　外商投资企业的投资保护

《宪法》第 18 条第 2 款规定："在中国境内的外国企业和其他外国经济组织以及中外合资经营的企业，都必须遵守中华人民共和国的法律。它们的合法的权利和利益受中华人民共和国法律的保护。"随着外国投资主体范围的不断扩大，形式不断多样化，《宪法》第 18 条规定的"遵守中国法律"和"受中国法律保护"，应理解为对外商投资主体普遍适用的法律原则，而不仅适用于该款明确的合资企业。对中外合作、外国独资企业，及外商投资法施行后新设立的各类企业，宪法法律同样予以保护。

党的十九大报告明确提出，"凡是在我国境内注册的企业，都要一视同仁、平等对待"。为了加强对外商投资合法权益的保护，《外商投资法》在总则一章中规定，国家依法保护外国投资者在中国境内的投资、收益和其他合法权益。同时，设"投资保护"专章，主要包括对外商投资企业的产权保护、强化对制定涉及外商投资规范性文件的约束、促使地方政府守约践诺以及建立外商投资企业投诉工作机制。

一、加强对外商投资企业的产权保护

《外商投资法》规定，国家对外国投资者的投资不实行征收；在特殊情况下，国家为了公共利益的需要，可以依照法律规定对外国投资者的投资实行征收或者征用，征收、征用应当依照法定程序进行，并及时给予公平、合理的补偿。外国投资者在中国境内的出资、利润、资本收益、资产处置所得、知识产权许可使用费、依法获得的补偿或者赔偿、清算所得等，可以依法以人民币或者外汇自由汇入、汇出。国家保护外国投资者和外商投资企业的知识产权，鼓励基于自愿原则和商业规则开展技术合作。

（一）非特殊情形不对外资实行征收

这一内容最早在 1986 年制定《外资企业法》时就已写入，是针对外商来华投资担心被国

有化或者被征收所作的有针对性的规定。按照当时的立法原意，法律上所说的"特殊情况"就是指在发生战争的情况下。

《外商投资法》(一审稿)延续了对外商投资原则上不进行征收的立场。二审稿根据常委会委员的建议，按照《宪法》关于征收、征用的规定，将相关规定进行修改完善，《外商投资法》最终采用了二审稿的表述，第 20 条明确"国家对外国投资者的投资不实行征收""在特殊情况下，国家为了公共利益的需要，可以依照法律规定对外国投资者的投资实行征收或者征用。征收、征用应当依照法定程序进行，并及时给予公平、合理的补偿"，进一步强调了"依照法律规定"实行征收或征用，以及给予补偿时的"及时"承诺。《外商投资法实施条例》还规定，国家为了公共利益的需要依照法律规定对外国投资者的投资实行征收的，应当以非歧视性的方式进行，并按照被征收投资的市场价值及时给予补偿。而外国投资者对征收决定不服的，可以依法申请行政复议或者提起行政诉讼。

与"外资三法"规定的"国家对合营企业/外资企业不实行国有化和征收；在特殊情况下，根据社会公共利益的需要，对合营企业/外资企业可以依照法律程序实行征收，并给予相应的补偿"相比而言，《外商投资法》进一步详细规定了国家对于外国投资者的投资征收的前提条件及补偿说明，强调了补偿的及时性、公平性和合理性，加强了对于外商投资在我国投资的保障，体现出较以往更强的保护力度和更高的保护水平。

(二) 资金的汇入汇出将依法自由化

"外资三法"允许外商投资者将利润收入等汇往国外。但随着实践的发展，外商投资形式越来越多，涉及的保护领域也需要拓宽。

《外商投资法》第 21 条的规定相比"外资三法"更为全面，将可以汇入汇出的范围细化为出资、利润、资本收益、资产处置所得、知识产权使用费、依法获得的补偿或者赔偿以及清算所得等。另外，"外资三法"的表述是"可以汇往国外""可以依法汇往国外"等，强调允许单向汇出，而《外商投资法》的表述是"自由汇入或者汇出"，强调允许资金双向流动；《外商投资法实施条例》更明确对外国投资者汇入、汇出资金的币种(以人民币或外汇)、数额以及汇入、汇出的频次等，任何单位或个人不得违法进行限制。上述规定提高了外国投资者资金汇入汇出的便捷性，增加其资产流动性，给予外国投资者资金流转上更多的便利。

(三) 继续加强知识产权保护

"外资三法"并未对保护外国投资者和外商投资企业知识产权作出专门规定，但是我国已经建立了比较完善的知识产权法律体系，包括《专利法》《著作权法》和《商标法》等。国发 5 号文再次提出，"依法依规严格保护外商投资企业知识产权。健全知识产权执法机制，加强知识产权执法、维权援助和仲裁调解工作。加强知识产权对外合作机制建设，推动相关国际组织在我国设立知识产权仲裁和调解分中心"。2017 年 9 月，为贯彻该文，全国打击侵犯知识产权和制售假冒伪劣商品工作领导小组办公室会同知识产权局以及其他有关政府部门制定了《外商投资企业知识产权保护行动方案》，采取多项措施打击侵犯外商投资企业知识产权的违法犯罪行为，保护外商投资企业合法权益。

对外商投资企业知识产权加以保护的规定在《外商投资法》草案中已有体现。在全国人民代表大会审议过程中，有些代表建议应对知识产权保护的规定进一步予以完善，强化责任追究。最终,《外商投资法》第 22 条规定,国家保护外国投资者和外商投资企业的知识产权,保护知识产权权利人和相关权利人的合法权益,并增加了“对知识产权侵权行为,严格依法追究法律责任”的内容。《外商投资法实施条例》进一步强调加大对知识产权侵权行为的惩处力度,持续强化知识产权执法,推动建立知识产权快速协同保护机制,健全知识产权纠纷多元化解决机制,平等保护外国投资者和外商投资企业的知识产权。

同时,“外资三法”曾规定“国家鼓励举办技术先进的外资企业”。而我国实践中存在借助外国资本进入的机会,提出技术转让要求来获得该技术的做法。为了回应外国投资者的需求,保障外国投资者的权益,《外商投资法》不再保留“外资三法”的上述规定,而是明确禁止利用行政手段强制转让技术,申明“国家鼓励在外商投资过程中基于自愿原则和商业规则开展技术合作”的立场,并明确,技术合作的条件由投资各方遵循公平原则平等协商确定,行政机关(包括法律、法规授权的具有管理公共事务职能的组织)及其工作人员不得利用行政手段强制转让技术,包括不得利用实施行政许可、行政检查、行政处罚、行政强制以及其他行政手段,强制或者变相强制外国投资者、外商投资企业转让技术。上述规定更好地回应了外国投资者对其知识产权保护问题的担忧和顾虑。

另外,根据第十三届全国人民代表大会宪法和法律委员会的建议,《外商投资法》增加第 23 条规定,行政机关及其工作人员对于履行职责过程中知悉的外国投资者、外商投资企业的商业秘密,应当依法予以保密,不得泄露或者非法向他人提供。同时对行政机关工作人员违反保密义务的法律责任作了规定。

二、强化对制定涉及外商投资规范性文件的约束

《外商投资法》要求各级人民政府及其有关部门制定涉及外商投资的规范性文件时,应当符合法律法规的规定;没有法律、行政法规依据的,不得减损外商投资企业的合法权益或者增加其义务,不得设置市场准入和退出条件、干预外商投资企业的正常生产经营活动。而《外商投资法实施条例》更强调对于各级政府的监督管理,要求政府及其有关部门制定涉及外商投资的规范性文件,应当按照国务院的规定进行合法性审核。外国投资者、外商投资企业认为行政行为所依据的国务院部门和地方人民政府及其部门制定的规范性文件不合法,在依法对行政行为申请行政复议或者提起行政诉讼时,可以一并请求对该规范性文件进行审查。

三、促使地方政府守约践诺

过去在利用外资方面,一些地方在招商引资过程中存在乱承诺、承诺以后不兑现、新官不理旧账等情况,影响了在当地贯彻落实中央外资政策的连续性和稳定性,挫伤了外商投资者的投资信心。

针对这样的问题,《外商投资法》规定,一方面在招商引资过程当中,地方各级政府及其有关部门应当依法在职权范围内作出政策承诺,或者依法订立有关协议合同,不得超越法定权限;另一方面也强调,一旦地方政府和有关部门依法作出了政策承诺或依法签订了相关协议,就必须履行而不能随意改变。地方政府不得以行政区划调整、政府换届、机构或者职能

调整以及相关责任人更替等为由违约毁约。如果因国家利益、社会公共利益需要改变政策承诺、合同约定的，应当依照法定权限和程序进行，并依法对外国投资者、外商投资企业因此受到的损失予以补偿。上述立法规定进一步保障了外国投资者在我国投资的安全，规制了政府行为。当然，本条保护的是外国投资者、外商投资企业基于“依法作出”的政策承诺和“依法订立”的合同所享有的权益，因此，在适用本规定之前，首先需要判断的是相关政策承诺或合同是否存在超越权限作出或存在其他违法情形。

四、建立外商投资企业投诉工作机制

“外资三法”并未统一建立外商投资企业投诉工作机制。目前部分地区已经建立了适用于本地外商投资企业的投诉处理机制。完善外商投资企业投诉工作机制，有利于切实解决营商环境方面的突出问题、打造内外资企业公平竞争的市场环境、保护外商投资合法权益并及时处理外商投资企业反映的问题。

《外商投资法》以法律的形式明确国家建立外商投资企业投诉工作机制，彰显国家保护外商投资的决心。该法第 26 条规定，国家建立外商投资企业投诉工作机制，及时处理外商投资企业或者其投资者反映的问题，协调完善相关政策措施。外商投资企业或者其投资者认为行政机关及其工作人员的行政行为侵犯其合法权益的，可以通过外商投资企业投诉工作机制申请协调解决。《外商投资法实施条例》更要求，县级以上人民政府及其有关部门应按照公开透明、高效便利原则，建立健全外资企业投诉机制，指定部门或机构专门受理，投诉规则、处理时限等要对外公布。通过外商投资企业投诉工作机制申请协调解决的，协调结果应当以书面形式及时告知申请人。

另外，由于行政复议、行政诉讼是我国法律规定的救济途径，为避免产生投诉工作机制排斥行政复议、行政诉讼等法定救济途径的误解，《外商投资法》第 26 条第 3 款还增加了“外商投资企业或者其投资者认为行政机关及其工作人员的行政行为侵犯其合法权益的，除依照前款规定通过外商投资企业投诉工作机制申请协调解决外，还可以依法申请行政复议、提起行政诉讼”的内容。《外商投资法实施条例》进一步明确，外商投资企业或者其投资者申请协调解决有关问题的，不影响其依法申请行政复议、提起行政诉讼。而且，除外商投资企业投诉工作机制外，外商投资企业或者其投资者还可以通过其他合法途径向政府及其有关部门反映问题。

第四节　外商投资企业的投资管理

在“外资三法”时代的大多数时期，外商投资和外国投资者在市场准入方面并不享有国民待遇，而是同中国投资者区别对待，需要进行专门审批。外商投资和外国投资者所享有的国民待遇仅限于准入后。对外商投资进行全链条审批，管得过多、过宽、过死，不符合行政放权、企业自主、市场自治的大趋势，成为我国市场经济发展和进一步改革开放的制度性障碍。

从 2013 年起，我国在上海自由贸易试验区试行“准入前国民待遇加负面清单”的投资准

入管理模式，自投资准入阶段起就给予外国投资者国民待遇。2018 年 6 月，我国推出了全国版外商投资负面清单，将自贸试验区的成功经验正式推广到全国。在此基础上，《外商投资法》以法律形式进一步在总则中确认"国家对外商投资实行准入前国民待遇加负面清单管理制度"，至此，我国正式实现了与国际通行的外商投资准入管理模式的接轨。

一、外商投资准入前国民待遇加负面清单管理制度

《外商投资法》一审稿即规定国家对外商投资实行准入前国民待遇加负面清单管理制度，二审稿对其作了进一步修改完善。最终通过的《外商投资法》在二审稿的基础上，通过以下四款对该制度进行表述："国家对外商投资实行准入前国民待遇加负面清单管理制度。""前款所称准入前国民待遇，是指在企业设立、取得、扩大等阶段给予外国投资者及其投资不低于本国投资者及其投资的待遇；所称负面清单，是指国家规定在特定领域对外商投资实施的准入特别管理措施。国家对负面清单之外的外商投资，给予国民待遇。""负面清单由国务院发布或者批准发布。""中华人民共和国缔结或者参加的国际条约、协定对外国投资者准入待遇有更优惠规定的，可以按照相关规定执行"。

需要注意的是，准入前国民待遇加负面清单管理制度，并不等于准入后不对其实行国民待遇。2013 年之前，我国在国际投资协定谈判中未承诺给予"准入前国民待遇"。相比较 2013 年之前我国的缔约立场，准入前国民待遇加负面清单管理制度是将国民待遇义务的适用范围从准入后扩大到准入前，而不是否认准入后国民待遇。

根据我国有关实践和需要，《外商投资法》进一步规定：负面清单规定禁止投资的领域，外国投资者不得投资；负面清单规定限制投资的领域，外国投资者进行投资应当符合负面清单规定的条件，该条件在《外商投资法实施条例》中被表述为"负面清单规定的股权要求、高级管理人员要求等限制性准入特别管理措施。"而且《外商投资法实施条例》还进一步强调，有关主管部门应依法履行职责，并对负面清单规定执行情况加强监督检查：对外国投资者拟投资负面清单内领域，但不符合负面清单规定的，不予办理许可、企业登记注册等相关事项；涉及固定资产投资项目核准的，不予办理相关核准事项；发现外国投资者投资负面清单规定禁止投资的领域，或者外国投资者的投资活动违反负面清单规定的限制性准入特别管理措施的，依照《外商投资法》第 36 条的规定予以处理。

同时，《外商投资法》还对外商投资管理作出了一些指引性、衔接性规定，如明确按照内外资一致的原则对外商投资实施监督管理。《外商投资法》第 29 条和第 30 条规定：外商投资需要办理投资项目核准、备案的，按照国家有关规定执行；外国投资者在依法需要取得许可的行业、领域进行投资的，应当依法办理相关许可手续。而《外商投资法实施条例》要求，有关主管部门审核外国投资者的许可申请，不得在许可条件、申请材料、审核环节、审核时限等方面对外国投资者设置歧视性要求。负责实施许可的有关主管部门应当通过多种方式，优化审批服务，提高审批效率。对符合相关条件和要求的许可事项，可以按照有关规定采取告知承诺的方式办理。

二、外商投资企业的组织形式、组织机构及活动准则

作为目前外资领域的基础性法律，"外资三法"分别规定了中外合作企业、中外合资企业

和外商独资企业三种外商投资企业的组织形式和组织机构及活动准则。党的十八届三中全会提出“统一内外资法律法规”,《中共中央、国务院关于构建开放型经济新体制的若干意见》也要求,“制定新的外资基础性法律,将规范和引导境外投资者及其投资行为的内容纳入外资基础性法律。对于外资企业组织形式、经营活动等一般内容,可由统一适用于各类市场主体法律法规加以规范的,按照内外资一致的原则,适用统一的法律法规”。

《外商投资法》人大审议稿第 30 条规定,外商投资企业的组织形式、组织机构,适用公司法、合伙企业法等法律的规定。在全国人民代表大会审议过程中,有些代表提出,《公司法》《合伙企业法》等市场主体法律,既规范企业的组织形式、组织机构,还规范企业的行为。草案的上述规定不够全面,建议补充完善。最终通过的《外商投资法》第 31 条规定,外商投资企业的组织形式、组织机构及其活动准则,适用《中华人民共和国公司法》《中华人民共和国合伙企业法》等法律的规定。《外商投资法》正式出台后,将取代“外资三法”成为外资领域的基础性法律。《外商投资法》不再直接规范企业的组织形式、经营活动等内容,未来外商投资企业的组织形式等将直接适用《公司法》和《合伙企业法》。这一转变意味着主管部门不再对外商投资企业进行有别于内资企业的概括式管理,而是以内外资企业相同对待为原则,外商投资企业在企业组织和运营方面同内资企业一样贯彻公司自治、企业自治,淡化行政审批色彩,在企业设立、股权转让、变更终止等方面赋予中外经营者更多契约自由和更大的自主权。

另外,《外商投资法实施条例》针对外商投资企业的组织形式、组织机构等的保留或变更等作出了过渡性规定,即《外商投资法》施行前依照“外资三法”设立的外商投资企业,在外商投资法施行后 5 年内,可以依照《公司法》《合伙企业法》等法律的规定调整其组织形式、组织机构等,并依法办理变更登记,也可以继续保留原企业组织形式、组织机构等。自 2025 年 1 月 1 日起,对未依法调整组织形式、组织机构等并办理变更登记的现有外商投资企业,市场监督管理部门不予办理其申请的其他登记事项,并将相关情形予以公示。现有外商投资企业的组织形式、组织机构等依法调整后,原合营、合作各方在合同中约定的股权或者权益转让办法、收益分配办法、剩余财产分配办法等,可以继续按照约定办理。

三、外商投资信息报告制度

2015 年,中共中央、国务院在《中共中央、国务院关于构建开放型经济新体制的若干意见》提出:“建立外商投资信息报告制度和外商投资信息公示平台,充分发挥企业信用信息公示系统的平台作用,形成各政府部门信息共享、协同监管、社会公众参与监督的外商投资全程监管体系。”2017 年,商务部颁布了《商务部关于进一步加强外商投资信息报告制度和信息公示平台建设有关工作的通知》(商资函〔2017〕318 号),提出加强外商投资信息报告制度建设。

参照借鉴国际上的通行做法,《外商投资法》以法律的形式明确外商投资信息报告制度,要求外国投资者和外国投资企业报告有关的投资信息,便于在外商政策的制定和管理方面提供基础信息。《外商投资法》第 34 条规定,国家建立外商投资信息报告制度。外国投资者或者外商投资企业应当通过企业登记系统以及企业信用信息公示系统向商务主管部门报送投资信息。外商投资信息报告的内容和范围按照确有必要的原则确定；通过部门信息共享能够获得的投资信息，不得再行要求报送。另外，《外商投资法实施条例》还规定，外商投资信息报告的内容、范围、频次和具体流程，由国务院商务主管部门会同国务院市场监督管理部门等有关部门按照确有必要、高效便利的原则确定并公布。商务主管部门、其他有关部门应当加强信息共享。这样的规定能够更利于减轻外国投资者及外国投资企业的报告负担。

四、外商投资经营者集中审查

反垄断审查条款是《外商投资法》二审稿新增的问题，也是征求意见过程有关方面建议加以规定的重要问题。现行有效的《关于外国投资者并购境内企业的规定(2009修订)》中已对该项内容进行了规定："依据《反垄断法》的规定，外国投资者并购境内企业达到《国务院关于经营者集中申报标准的规定》规定的申报标准的，应当事先向商务部申报，未申报不得实施交易。"

近年来，中国企业到境外投资，经常遇到反垄断的审查。在西方国家，他们企业的投资行为也经常受到反垄断审查。应该说，反垄断审查是市场经济条件下一个很重要的投资审查制度。尤其涉及跨境投资的时候，大部分国家都有这方面的规定。《外商投资法》对此加以规定是必要和合理的。《外商投资法》第33条规定，外国投资者并购中国境内企业或者以其他方式参与经营者集中的，应当依照《反垄断法》的规定接受经营者集中审查。

五、外商投资安全审查制度

对于外商投资国家安全审查，我国现行法律法规及规范性文件对其有所规定，但较为分散，均是在个别法条中初步提及或进行原则性规定。

《外商投资法》第35条规定，国家建立外商投资安全审查制度，对影响或者可能影响国家安全的外商投资进行安全审查。这标志着我国正式建立了外商投资国家安全审查制度，从法律层面提升了我国国家安全审查制度的地位和重要性，商务部、发展改革委等相关行政机关也将依法配备相应的预算和编制资源加强执法，并细化相关规定。

结合《外商投资法》第2条和第35条所确立的新的外资安全审查制度将不仅涵盖并购投资，也涵盖新设投资，并且，依法作出的国家安全审查决定为最终决定。这有利于维护国家安全审查决定的确定性，避免因为不确定性影响投资者的利益。

作为全面建立我国外商投资国家安全审查制度的开端，《外商投资法》的条文规定依然比较原则性，国家安全审查制度的具体内容、条件、申请要求、审查要素、审查程序和时限等方面的实施，将有赖于相关配套细则的同步制定和实施。而现行法律法规对国家安全审查范围的规定都是较为原则性的规定。在全国人民代表大会常务委员会第二次审议期间，有委员指出草案规定过于原则，操作性不够强。但最终出台的《外商投资法》并未对此进行调整。《外商投资法》也并未对实施外商投资安全审查的范围予以规定。不排除有关部门后续将制定发布具体的配套规定以便于市场主体判定需要进行安全审查的具体事项。

六、外商投资企业的用工管理

在全国人大审议稿审议期间，有委员建议在外商投资法草案中增加有关用工管理的内容。宪法和法律委员会经研究，建议采纳上述意见，在草案修改稿中增加外商投资企业应当“遵守法律、行政法规有关劳动保护、社会保险的规定”。最终，《外商投资法》第 32 条规定，外商投资企业开展生产经营活动，应当遵守法律、行政法规有关劳动保护、社会保险的规定，依照法律、行政法规和国家有关规定办理税收、会计、外汇等事宜，并接受相关主管部门依法实施的监督检查。

第十章　公司法律制度

本章要点

本章主要介绍公司的基本法理和法律制度，包括公司与公司法概述，公司设立的基本原理和制度，公司的资本制度，公司治理，公司的财务与会计，公司的合并、分立、解散与清算等主要内容。

典型案例

原告徐工集团工程机械股份有限公司（以下简称徐工机械公司）诉称：成都川交工贸有限责任公司（以下简称川交工贸公司）拖欠其货款未付，而成都川交工程机械有限责任公司（以下简称川交机械公司）、四川瑞路建设工程有限公司（以下简称瑞路公司）与川交工贸公司人格混同，3个公司实际控制人王永礼以及川交工贸公司股东等人的个人资产与公司资产混同，均应承担连带清偿责任。请求判令：川交工贸公司支付所欠货款10 916 405.71元及利息；川交机械公司、瑞路公司及王永礼等个人对上述债务承担连带清偿责任。

被告川交工贸公司、川交机械公司、瑞路公司辩称：3个公司虽有关联，但并不混同，川交机械公司、瑞路公司不应对川交工贸公司的债务承担清偿责任。

王永礼等人辩称：王永礼等人的个人财产与川交工贸公司的财产并不混同，不应为川交工贸公司的债务承担清偿责任。

法院经审理查明：川交机械公司成立于1999年，股东为四川省公路桥梁工程总公司二公司、王永礼、倪刚、杨洪刚等。2001年，股东变更为王永礼、李智、倪刚。2008年，股东再次变更为王永礼、倪刚。瑞路公司成立于2004年，股东为王永礼、李智、倪刚。2007年，股东变更为王永礼、倪刚。川交工贸公司成立于2005年，股东为吴帆、张家蓉、凌欣、过胜利、汤维明、武竞、郭印，何万庆2007年入股。2008年，股东变更为张家蓉（占90%股份）、吴帆（占10%股份），其中张家蓉系王永礼之妻。在公司人员方面，3个公司经理均为王永礼，财务负责人均为凌欣，出纳会计均为卢鑫，工商手续经办人均为张梦；3个公司的管理人员存在交叉任职的情形，如过胜利兼任川交工贸公司副总经理和川交机械公司销售部经理的职务，且免去过胜利川交工贸公司副总经理职务的决定系由川交机械公司作出；吴帆既是川交工贸公司的法定代表人，又是川交机械公司的综合部行政经理。在公司业务方面，3个公司在工商行政管理部门登记的经营范围均涉及工程机械且部分重合，其中川交工贸公司的经营范围被川交机械公司的经营范围完全覆盖；川交机械公司系徐工机械公司在四川地区（攀枝花除外)的唯一经销商,但3个公司均从事相关业务,且相互之间存在共用统一格式的销售部业务手册、二级经销协议、结算账户的情形;3个公司在对外宣传中区分不明,2008年12月4日,重庆市公证处出具的公证书记载:通过因特网查询,川交工贸公司、瑞路公司在相关网站上共同招聘员工,所留电话号码、传真号码等联系方式相同;川交工贸公司、瑞路公司的招聘信息,包括大量关于川交机械公司的发展历程、主营业务、企业精神的宣传内容;部分川交工贸公司的招聘信息中,公司简介全部为对瑞路公司的介绍。在公司财务方面,3个公司共用结算账户,凌欣、卢鑫、汤维明、过胜利的银行卡中曾发生高达亿元的往来,资金的来源包括3个公司的款项,对外支付的依据仅为王永礼的签字;在川交工贸公司向其客户开具的收据中,有的加盖其财务专用章,有的则加盖瑞路公司财务专用章;在与徐工机械公司均签订合同、均有业务往来的情况下,3个公司于2005年8月共同向徐工机械公司出具说明,称因川交机械公司业务扩张而注册了另2个公司,要求所有债权债务、销售量均计算在川交工贸公司名下,并表示今后尽量以川交工贸公司名义进行业务往来;2006年12月,川交工贸公司、瑞路公司共同向徐工机械公司出具申请,以统一核算为由要求将2006年度的业绩、账务均计算至川交工贸公司名下。

另查明,2009年5月26日,卢鑫在徐州市公安局经侦支队对其进行询问时陈述:川交工贸公司目前已经快破产了,但未注销。又查明徐工机械公司未得到清偿的货款实为10 511 710.71元。

经过法院审理,法院首先认定川交工贸公司与川交机械公司、瑞路公司人格混同。一是3个公司人员混同。3个公司的经理、财务负责人、出纳会计、工商手续经办人均相同,其他管理人员亦存在交叉任职的情形,川交工贸公司的人事任免存在由川交机械公司决定的情形。二是3个公司业务混同。3个公司实际经营中均涉及工程机械相关业务,经销过程中存在共用销售手册、经销协议的情形;对外进行宣传时信息混同。三是3个公司财务混同。3个公司使用共同账户,以王永礼的签字作为具体用款依据,对其中的资金及支配无法证明已作区分;3个公司与徐工机械公司之间的债权债务、业绩、账务及返利均计算在川交工贸公司名下。因此,3个公司之间表征人格的因素(人员、业务、财务等)高度混同,导致各自财产无法区分,已丧失独立人格,构成人格混同。其次,法院认定川交机械公司、瑞路公司应当对川交工贸公司的债务承担连带清偿责任。公司人格独立是其作为法人独立承担责任的前提。《公司法》第3条第1款规定:"公司是企业法人,有独立的法人财产,享有法人财产权。公司以其全部财产对公司的债务承担责任。"公司的独立财产是公司独立承担责任的物质保证,公司的独立人格也突出表现在财产的独立上。当关联公司的财产无法区分,丧失独立人格时,就丧失了独立承担责任的基础。《公司法》第20条第3款规定:"公司股东滥用公司法人独立地位和股东有限责任,逃避债务,严重损害公司债权人利益的,应当对公司债务承担连带责任。"

本案中,3个公司虽在工商登记部门登记为彼此独立的企业法人,但实际上相互之间界线模糊、人格混同,其中川交工贸公司承担所有关联公司的债务却无力清偿,又使其他关联公司逃避巨额债务,严重损害了债权人的利益。上述行为违背了法人制度设立的宗旨,违背了诚实信用原则,其行为本质和危害结果与《公司法》第20条第3款规定的情形相当,故参照《公司法》第20条第3款的规定，川交机械公司、瑞路公司对川交工贸公司的债务应当承担连带清偿责任。

【资料来源】中国法院网，https://www.chinacourt.org/article/detail/2013/02/id/893723.shtml。访问时间：2020年12月20日。

第一节　公司和公司法概述

一、公司的起源与发展

公司历来被誉为现代社会的“神奇什物”“看不清的帝国”“人类最伟大的软件”，以至于蒸汽机以及电子都无法与之媲美，是最伟大的独一无二的人类创举。特别是进入21世纪以来，随着世界经济蓬勃发展，公司已成为各国经济活动的核心组织，掌握绝大多数的社会资源与财富，甚至富可敌国，影响日益深远。关于公司的起源有多种说法：一种是古罗马起源说。当时，随着商品经济的发展，人们开始合伙经营，在合伙的基础上建立船夫协会等组织，这是最原始的公司形式。另一种说法是公司起源于中世纪的欧洲，这是比较通行的说法。其他说法还有大陆起源说、海上起源说和综合起源说。

公司的形成与资本主义生产关系的产生有着密切的联系。从十四五世纪地中海沿岸一些城市资本主义生产关系的萌芽，到16世纪西欧封建制度迅速解体、资本主义生产关系统治地位的确立，都需要庞大的资本积累。16世纪，国际贸易的重心由地中海逐步移至大西洋，英格兰成为国际贸易中心。之后，西欧国家的资产阶级在争夺政治、经济权力的过程中，采取了一系列重商主义政策和对外殖民扩张政策。在这一背景下，出于殖民扩张、对外贸易、进行资本原始积累的目的，英国、荷兰、法国等国出现了一批政府特许建立的以股份集资经营为主的贸易公司企业。这些公司企业分为两类：一类是合组公司，即公司没有共同资本，入伙各方虽加入组织但经营各自的资本、承担各自的贸易风险，对公司只承担遵守公司规约的义务；另一类是合股公司，即以共同资本进行贸易，出资各方按出资比例分享收益和分担经营风险。合股公司可以募集巨额资金，能够分散经营风险，其所有权与经营权分开。在英国、美国等国政府特准股份公司建立的同时，德国、法国等国的家族营业团体逐步向无限公司和有限公司的方向发展，并逐步取得法律的认可。此后，公司企业的形式逐步在欧美被法律认可。在现代社会中，由于公司企业产权关系明晰、组织结构合理、管理科学，它已成为最重要的企业组织形式。

二、公司的概念与法律特征

（一）公司的概念

一般来说，大陆法系的公司是指依法设立的以营利为目的的企业法人。但各个国家公司法对设立公司的要求不同，对公司的法律概念界定也不尽相同。总的来说，大致可分为以下三种情况：①在《公司法》或《商法》中对公司作统一定义，如日本、韩国、法国、中国。日本《商法典》第52条规定：“本法所谓公司指以从事商行为目的而设立的社团。”而我国《公司法》规定："公司是指依照本法在中国境内设立的有限责任公司和股份有限公司。"②不对公司作统一定义，而是对各类公司分别定义，如意大利、瑞士。③既未对公司下统一定义，也未对各类公司分别定义，但根据对各类公司的规定可以概括出各类公司的定义，如德国、葡萄牙。英美法系素来不注重对法律概念的严格界定，因而也缺乏对公司概念的明确定义。

(二) 公司的法律特征

(1) 公司是依照公司法的规定设立的组织。如果一个企业不是按照公司法的规定设立的，也不符合公司法规定的各项要求，即使它的名字冠有公司的字样，也不能认定其为公司。

(2) 公司是以营利为目的的法人团体。所谓以营利为目的，是指公司从事生产、经营或者提供劳务都是为了获取利润最大化。对于某些法人团体，其在业务活动中虽然也可能取得一定的收入盈余，但如果其不以营利为目的，则不是公司。

(3) 公司是企业法人。企业的形态在法律上可分为两种：一种是法人企业；另一种是非法人企业。法人企业是指具有民事权利能力和民事行为能力，依法独立承担民事责任的组织。非法人企业则是以自己的名义从事生产、经营和提供服务，但不独立承担民事责任的组织。公司是企业法人，有独立的法人财产，享有法人财产权。公司以其全部财产对公司的债务承担责任。有限责任公司的股东以其认缴的出资额为限对公司承担责任；股份有限公司的股东以其认购的股份为限对公司承担责任。

(4) 公司的所有权归股东所有。公司的股东按照拥有的资本价值或数额比例分配利润。公司如果终止并进行清算，股东有权分得公司出卖全部资产并偿还所有债务之后剩余的资产净值。

三、公司的种类

(一) 公司的分类

公司从不同的角度，可以有不同的分类。

(1) 以公司资本的结构和股东对公司债务所承担责任的方式为标准，大陆法系国家将公司分为无限责任公司、两合公司、股份有限公司、股份两合公司和有限责任公司。无限责任公司是指全体股东对公司债务承担无限连带责任的公司。两合公司是指由一部分股东对公司债务承担无限责任，另一部分股东对公司债务承担有限责任的公司。股份有限责任公司是指将全部资本划分为等额股份，股东以其认购的股份为限对公司承担责任，公司以其全部资产对公司债务承担责任的公司。股份两合公司是指两合公司中负有限责任的股东依照股份形式认购股份的公司。有限责任公司是指由一定人数的股东组成，股东以其认缴的出资额为限对公司承担责任，公司以其全部资产对公司债务承担责任的公司。

(2) 从公司对外活动的信用基础看，公司可分为人合公司和资合公司。人合公司是指以股东个人信用为基础的公司。人合公司的对外信用主要取决于股东个人的信用状况，故人合公司的股东之间通常存在特殊的人身信任或人身依附关系。人合公司的对外信用不在于公司资本的多少，而在于股东个人的信用如何。无限责任公司是典型的人合公司。资合公司是指以其资本额作为信用基础的公司。资合公司的对外信用和债务清偿保障主要取决于公司的资本总额和现有资产状况。正因为如此，为防止公司资本缺乏而损害债权人的利益，绝大多数大陆法系国家的公司均对资合公司的设立条件予以严格限制，即公司只有具备了法定最低注册资本额才可以设立，股份有限公司就是典型的资合公司。人合兼资合公司是指公司的设立和经营同时依赖于股东个人信用和公司资本规模的公司。两合公司、股份两合公司和有限责任公司均属此类。

(3) 根据公司的控制和依附关系不同，公司可分为母公司和子公司。母公司是指通过持有其他公司的股份等方式从而能够实际控制其他公司经营活动的公司。子公司是指其经营活动受到其他公司实际控制的公司。

(4) 根据公司的组织系统不同，公司可分为总公司和分公司。总公司是指依法首先设立或者同时设立，具有独立法人资格，并管辖全部企业组织系统的公司。分公司是指由总公司管辖的分支机构。分公司不具有独立法人资格。

(5) 根据公司的国籍不同，公司可分为本国公司、外国公司和跨国公司。对于公司国籍的认定，有不同的标准和学说：①住所地说。即公司的住所地在哪一个国家，便属于该国公司。其中的住所地系公司的管理地，主要包括公司的法定机构所在地。②登记国说。③设立人国籍说。④实际控制说。⑤复合标准说，即住所地和登记地结合起来确定。我国采用复合标准说，凡依中国法律在中国境内登记成立的公司，即为本国公司，并受中国公司法调整。

(6) 根据所依据的法律不同，公司可分为一般法上的公司和特别法上的公司。比如，我国的三资企业、商业银行、证券公司、保险公司、信托公司等均属于特别法上的公司。

(7) 根据股东对象的不同和股票能否转让，公司可分为封闭式公司和开放式公司。这是英美法系国家对公司的基本分类。封闭式公司又称少数人公司、不上市公司或私公司，是指依照公司法成立的，股东人数有限制(通常在50人以下)，不能对外发行股份，禁止吸引公众购买其任何股份或任何债务的公司。有限责任公司属于封闭式公司。开放式公司又称多数人公司、上市公司，是指可以按法定程序公开招股，股东人数无法定限制，股份可以在证券市场公开自由转让的公司。

(8) 我国公司的分类。按照我国公司法的规定，我国的公司分为有限责任公司和股份有限公司。有限责任公司的股东以其认缴的出资额为限对公司承担责任，公司以其全部资产对公司的债务承担责任。有限责任公司又可以具体分为一般有限责任公司、一人公司和国有独资公司。而股份有限公司的全部资本分为等额股份，股东以其认缴的股份为限对公司承担责任，公司以其全部资产对公司的债务承担责任。股份有限公司又可分为发起设立的股份有限公司和募集设立的股份有限公司，上市公司和非上市公司等。

(二) 有限责任公司

有限责任公司是指由50个以下股东出资设立，股东以其认缴的出资额为限对公司承担责任，公司以其全部资产对其债务承担责任的企业法人。

1. 有限责任公司的法律特征

(1) 股东人数的限制性。各国对于有限责任公司都作了人数上限的规定，我国公司法规定，有限公司的人数为50人以下，这是因为有限公司具有人合的性质。

(2) 股东责任的有限性。股东对公司债务承担有限责任是有限公司与无限公司的最大区别。有限公司的股东对公司债务的承担以其认缴的出资额为限，即公司的债务只与股东认缴的出资额有关，而与股东的其他财产无关。

(3) 股东出资的非股份性。由于不能发行股票，有限责任公司的资本一般不分为股份，每个股东只有一份认缴出资，且认缴出资份额由股东协商决定。股东出资后，由公司出具一份股份权利证明书。这也形成了有限责任公司与股份有限责任公司的区别之一。

(4) 公司资本的封闭性。有限责任公司的资本不能向社会公开募集，只能由股东认缴，而且对股东认缴出资的转让亦有很多限制。由于其经营无须社会公众参加，故其经营情况亦无须向社会公开。

(5) 设立手续和公司组织机构的简易性。有限公司只能发起设立，不能募集设立，发起人即股东按章程规定缴纳足额资本后，经申请由登记机关登记即可设立。有限责任公司的机关也相对简单，虽然公司法规定有限责任公司设股东会、董事会和监事会，但在规模小的有限公司，可以不设股东会，有 1 名以上股东就可以，可以不设董事会但必须有 1 名执行董事，监事会也可由 1～2 名监事代替。

2. 有限责任公司的法律地位

在公司发展史上，有限责任公司是最晚产生的一种公司类型，但由于其固有的优点，使其从出现以来，就具有极强的生命力，其优点主要表现在：①设立成本低，手续简单，风险小。②组织机构简单，运行方便，效率高。③股东只以出资额为限对公司承担责任，公司经营的好坏不影响股东的其他财产。但有限责任公司亦存在一些明显的缺点，主要表现为：①简单的组织机构会导致不规范运作，易产生权力滥用，从而损害股东利益。②责任的有限性会损害债权人的利益。③人数的有限性会影响企业的规模扩张。尽管如此，有限责任公司自出现以来，以其强大的生命力而迅速发展，并逐渐为世界各国所重视，到目前为止，在世界各国的公司总数中，有限责任公司的数量仍占据主导地位。比如，在德国，有股份公司约为 7 000 家，而其有限责任公司则接近 20 万家；在我国，有限公司在数量上更是占据了绝对的主导地位。

3. 一人有限责任公司

一人有限责任公司是指只有一个自然人股东或者一个法人股东的有限责任公司。

我国公司法对一人有限责任公司作出了特别规定：①一个自然人只能投资设立一个一人有限责任公司，该一人有限责任公司不能投资设立新的一人有限责任公司。②一人有限责任公司应当在公司登记中注明自然人独资或者法人独资，并在公司营业执照中载明。③一人有限责任公司应当在每一会计年度终了时编制财务会计报告，并经会计师事务所审计。④一人有限责任公司的股东不能证明公司财产独立于股东自己的财产的，应当对公司债务承担连带责任。

4. 国有独资公司

国有独资公司是指国家单独出资、由国务院或者地方人民政府授权本级人民政府国有资产监督管理机构履行出资人职责的有限责任公司。国有独资公司章程由国有资产监督管理机构制定，或者由董事会制定并报国有资产监督管理机构批准。国有独资公司不设股东会，由国有资产监督管理机构行使股东会职权。国有资产监督管理机构可以授权公司董事会行使股东会的部分职权，决定公司的重大事项，但公司的合并、分立、解散、增加或者减少注册资本和发行公司债券等事项，必须由国有资产监督管理机构决定。其中，重要的国有独资公司合并、分立、解散、申请破产的,应当由国有资产监督管理机构审核后,报本级人民政府批准。

(三)股份有限公司

股份有限公司是指全部资本划分为等额股份,股东以其认购的股份为限对公司承担责任,公司以其全部财产对公司的债务承担责任的公司。

1. 股份有限公司的法律特征

(1) 股东对公司债务承担有限责任。与有限责任公司不同的是,股份有限公司的资本划分为若干等额的股份,股东只以自己认购的股份对公司负责。

(2) 股份有限公司是比较典型的资合公司。这主要表现在:一是股份公司必须有一定数量的资本,其最低注册资本远超过其他形式的公司;二是股东身份对公司基本没有实质意义,公司的信誉主要来源于公司的资产额。

(3) 股份有限公司是一种开放性和公开性公司。公司可以向社会募集资本,公司股份可以以股票的形式发行和转让,与此同时公司必须依法公开其财务会计报告。

(4) 有最低法定人数的限制。各国对股份公司都作了最低人数的限制,我国公司法规定,设立股份有限公司,应当有 2 人以上 200 人以下为发起人,其中须有半数以上的发起人在中国境内有住所。说明我国股份公司的最低股东人数为 2 人。

(5) 公司实行所有权与经营权相分离的治理机制。股东通常只提供资金,按股份分享利润和承担责任,一般不直接参与公司的经营管理活动。

2. 上市公司与非上市公司

上市公司是指所发行的股票经过国家证券监督管理机构批准在证券交易所上市交易的股份有限公司。所谓非上市公司,是指其股票没有上市和没有在证券交易所交易的股份有限公司。上市公司是股份有限公司的一种,这种公司须符合一定的条件,经过批准,才能在证券交易所上市交易。具体可参见本书第十五章相关内容。

上市公司的法律特征:①上市公司是股份有限公司。股份有限公司可为非上市公司,但上市公司必须是股份有限公司;②上市公司要经过政府主管部门的批准,未经批准不得上市;③上市公司发行的股票在证券交易所交易。

四、公司法概述

(一) 公司法的概念与特征

公司法是规定公司的设立、组织、活动、解散及其对内、对外关系(与公司的组织特点有关)的法律规范的总称。公司法具有如下特征:①公司法是一种组织法。②公司法是一种行为法。它规定与公司的组织特点有关的经营活动,如股票发行、转让等。与公司的组织特点无关的经营活动不属于公司法的调整范围。③公司法是一种制定法。④公司法的内容多为强制性规范。⑤公司法是具有国际性的国内法。

(二) 公司法的历史沿革和发展趋势

英国公司法权威高维尔教授在《现代公司法原理》中指出,历史背景知识的匮乏,将导致不能够领会有关公司法的精髓。西方国家的公司立法已有 300 多年的历史,公司立法和公司实践在互动中不断得到发展和完善,形成了大陆法系、英美法系、大陆法系与英美法系融合的三大模式，其中大陆法系又分为法国法系和德国法系。德国法系以其条文严谨、论理缜密见长，而英美法系则以判例切合实际为特点。

公司法是与公司的产生和发展紧密相连的。在大陆法系国家，早期的公司法主要规定在商法典中。后来随着公司作用和影响的增大，大陆法系国家的公司法从商事法典中分离出来，采用单行法的形式。特别是进入 20 世纪八九十年代以来，充满变动的、敢于创新的、经济全球化、竞争激烈化的潮流风起云涌，强化公司监控与放松资本管制的改革呼声不绝于耳，公司法的修订成了一股势不可挡的世界风尚。首先，西方国家公司立法强化了资本安全流通的监管，注重保护中小股东的权益。股东会的表决权的完善、执行董事和控股股东权力的限制、独立审计人员的设立等，都是确保股东权益的新措施。其次，重在确保公司的自由、高效的经营。在私法公法化加强管制的同时，进行法规松绑、高效经营的理念如潮而涨，大有强化市场主体的营业自由、向早期私法自治神圣至上的回归之势，如公司设立从许可主义、严格准则主义改为准则主义，商事登记从设权效力改为宣示效力，法定资本制改为授权资本制，最低资本强制性的缓和，一人公司的承认，公司“越围”原则的放弃，再生重整制度的提倡，都说明自由、安全、正义和平等的价值理念在公司经济竞争生活中深入人心。最后，西方国家公司立法还越来越保护雇员、债权人、消费者、社区等利益相关者的合法权益，社会责任思潮大张旗鼓地登上时代舞台。

(三) 我国公司法的历史沿革

中国自 1904 年 1 月正式颁行《大清公司律》以来已有百年历史。中华民国成立后，于 1914 年公布《公司条例》，共 6 章 251 条，在体例结构上仿照日本商法，在内容上主要效仿德国新商法。1929 年 12 月，国民政府颁行了新的公司法，共 6 章 233 条，这是一部比较完整的现代意义上的中国公司立法，目前台湾地区的公司立法就是在这部公司法的基础上经过多次修订而成。中华人民共和国成立后，废除了原中华民国的一切法律，包括公司法。但为鼓励私人投资经营有利于国计民生的企业，并为了确定这些公司和私营企业的法律地位，我国于 1950 年通过了《中华人民共和国私营企业暂行条例》，1951 年又公布了《中华人民共和国私营企业暂行条例施行办法》，1954 年颁布了《公私合营工业企业暂行条例》。1956 年随着社会主义改造的完成，西方国家普遍存在的那些公司形式在我国大陆地区就不存在了。1992 年，国家体改委颁布了“股份有限公司规范意见”和“有限责任公司规范意见”，并在这基础上起草公司法草案。我国《公司法》于 1993 年 12 月 29 日第八届全国人民代表大会常务委员会第五次会议通过，并于 1994 年 7 月 1 日起施行。该法分别于 1999 年、2004 年进行了修正，2005 年进行了修订并于 2006 年 1 月 1 日起施行，2013 年、2018 年又分别进行了修正。

第二节　公司的设立

一、公司设立的概念

公司设立是指发起人为组建公司，使其取得法人资格所进行的一系列法律行为的总称。公司设立与公司成立是两个完全不同的概念。公司成立是指公司经过设立程序，具备了法律规定的条件，经主管机关核准登记，发给营业执照，取得法人资格的一种状态或事实。而公司设立则是发起人创设一个具有法律人格的社会组织的过程或行为。它们主要存在以下区别：①发生阶段不同。设立行为发生于公司成立之前，成立则发生于公司被依法核准登记之时，成立是设立行为被法律认可后的一种法律后果。设立是公司成立的前提，成立则是公司设立的可能结果之一。②行为性质不同。设立行为发生于发起人或发起人与认股人之间，是一种私法行为；而成立行为则发生于发起人与登记主管机关之间，具有公法性质。③法律效力不同。在公司设立阶段，公司尚不具备独立的法律主体资格，其对内、对外关系视同为合伙，如公司最终未获准登记，因设立公司所发生的债权债务关系，类推适用有关合伙的规定；如公司被核准成立，发起人为设立公司所实施的法律行为，其后果归属于公司，其债务则由成立后的公司承担。④解决有关行为争议的依据不同。设立过程中的争议和纠纷，一般依照发起人之间订立的协议解决。而成立过程中，因设立事实能否得到登记机关或审批机关的登记认可或批准所产生的争议，一般依照有关行政法规解决，多表现为行政争议，当事人可以提起行政诉讼。

二、公司设立的原则

公司设立的原则是公司法理论中的习惯用语，实质上，它并非是通常意义上所称的"原则"，而是指公司设立的基本依据及基本方式。概括来说，公司设立大体经历了自由设立主义、特许主义、核准主义和准则主义等几个不同的立法阶段。

（一）自由设立主义

自由设立主义也称放任主义，即公司的设立完全听凭当事人的自由，国家不加任何干预或限制。自由设立主义主要是在欧洲中世纪公司勃兴的初期国家对公司设立所采取的立法态度。自由设立主义便利于公司产生，但在这一原则下公司与合伙很难区分，极易导致虚假公司的泛滥，危及债权人的权益，进而影响交易安全，这一原则随着法人制度的完善而被淘汰。

（二）特许主义

特许主义是指公司的设立需要王室或议会通过颁布专门的法令予以特别许可。特许主义的产生有其深刻的历史背景，在特许主义下设立的公司，通常被视为早期资本同绝对主义和极权主义王权相结合的产物，是国家权力的延伸。例如，在早期殖民主义时期，英国东印度公司、荷兰东印度公司、哈德孙公司等大型海外贸易公司无不充当着国家对外推行殖民扩张和掠夺工具的角色。到了19世纪初，特许主义原则便为资产阶级立法所摒弃，近代各国除对某些特殊公司仍采取特许主义外，对一般的公司则不再采用。

（三）核准主义

核准主义也称许可主义或审批主义，是指公司设立除具备法定的一般要件外，还须经政府行政主管机关进行审查批准。法国路易十四时期制定的《商事条例》是最早确立这一原则的，后为德国等其他欧洲国家所采用。核准主义与特许主义，前者为行政上的特权，后者为立法上的特权。核准主义显然较特许主义前进了一步，它极大地便利了公司的设立。但在核准制下设立公司的制度仍过于严格，有碍公司的成立和发展。

(四) 准则主义

准则主义又称登记主义，是指在公司设立时，只要具备法律规定的要件，设立公司无须经过行政主管机关批准，公司即可登记成立。准则主义已为现代大多数国家立法所普遍遵循和采用。我国公司法对设立一般的公司实行准则主义，凡符合法定条件，即可直接向公司登记机关申请注册登记，但对于法律、行政法规规定须报批的公司，须在登记前办理审批手续，即仍采取核准主义。

三、公司设立的方式

(一) 发起设立

发起设立亦称共同设立或单纯设立，是指公司的资本由发起人全部认购，不向发起人之外的任何人募集而设立公司的方式。无限责任公司、两合公司和有限责任公司均属于封闭性公司，不能向社会发行股份，因此，只能采取发起方式设立公司。股份有限公司属于开放性公司，可以向社会发行股份，因而既可以采取发起方式设立公司，也可以采取募集方式设立公司。

(二) 募集设立

募集设立是指由发起人认购公司应发行股份的一部分，其余股份向社会公开募集或者向特定对象募集而设立公司的方式。募集设立与发起设立的主要不同在于公司在设立阶段可以向外招募股份，因此，只有股份有限公司方能采取募集设立方式设立公司。各国公司法对采取募集方式设立公司时发起人认购的股份应占发行资本总数的比例大多有限制性规定。这对于加重发起人的责任，保护广大投资者的利益是必要的。我国公司法规定，以募集设立方式设立股份有限公司的，发起人认购的股份不得少于公司股份总数的 35%，但是法律、行政法规另有规定的，从其规定。

四、公司设立的条件

公司设立的条件是指公司取得法人资格所须具备的基本要素。我国公司法对有限责任公司和股份有限公司设立的条件都作出了明确的规定。尽管在不同的国家对不同类型公司设立的条件所规定的宽严标准和具体内容有所不同，但一般都包括以下几个方面的要件。

(一) 组织要件

组织要件包括公司的名称、种类、组织机构、经营范围以及经营场所等。设立公司，必须确定公司的名称，建立符合法律要求的组织机构，要有固定的生产经营场所。公司的名称是公司与其他经济组织相区别的标志，是公司的法定登记事项。而作为社会组织的公司，其团体意志的形成和实现均须借助于一定的组织机构，没有一定的组织机构，公司就不能作为有意志的独立主体进行活动，也不可能享有权利和承担义务。场所则是公司从事生产经营活动的地方，是公司组织机构赖以生存的空间。因此，我国公司法要求，无论是有限责任公司还是股份有限公司，都必须有公司名称，有符合要求的公司组织机构，有固定的生产经营场所。

(二) 发起人的要件

发起人亦称创办人，是指订立公司发起协议，提出设立公司申请，向公司认缴出资或认购股份，并对公司设立承担责任的人。由于发起人负有认缴出资或认购股份的义务，在公司成立后即成为公司的首批股东。设立公司离不开发起人的创设活动，但并非任何人都可以成为公司的发起人。除须具备民事权利能力和民事行为能力外，法律还对发起人的人数和资格等作出了限制。

1. 发起人的人数限制

由于公司是社团法人，是人的组合，具有鲜明的股东多元化的特征，世界上除了个别国家允许 1 人发起设立公司外，绝大多数国家的公司法都规定公司的发起人必须是 2 人以上。对于股份有限公司的发起人的人数则要求更高。例如，法国、韩国、英国规定发起人应为 7 人以上，德国规定发起人应为 5 人以上，挪威、瑞典规定发起人应为 3 人以上。我国公司法规定有限责任公司必须有 50 人以下的股东方可设立；并规定设立股份有限公司，应当有 2 人以上 200 人以下为发起人。

2. 发起人的资格限制

(1) 发起人的身份限制。一般情况下，公司的发起人可以是自然人，也可以是法人；既可以是本国人，也可以是外国人。只要发起人具有民事权利能力和民事行为能力，即可成为公司的发起人。但有些国家的公司法对发起人的身份作了特殊要求。例如，瑞典公司法要求股份有限公司的发起人必须是本国人。意大利公司法规定，公司创办人不一定是具有意大利国籍的公民，但外国人拥有意大利公司 30％以上股份时，须经意大利财政部批准。根据我国公司法的规定，自然人和法人在内的具有民事权利能力和民事行为能力的所有民事主体都可以作为公司发起人。但是，自然人作为发起人，一般应是具有完全民事行为能力的人，而且，依照法律、行政法规禁止从事营利性活动的人不得作为发起人申请设立公司。法人作为发起人，应为法律上不受特别限制的人。

(2) 发起人的住所要求。由于股份有限公司设立程序复杂，涉及社会公众较多，发起人在设立股份有限公司及股份有限公司成立之初责任重大。为了保证设立活动的顺利进行，加强国家对发起人的管理，防止发起人利用设立股份有限公司来损害广大社会公众的利益，不少国家对股份有限公司发起人的住所作出了特殊要求。我国公司法要求股份有限公司的发起人应半数以上在中国境内有住所。

3. 发起人应当承担的责任

发起人应当承担的责任主要包括：①公司不能成立时，对设立行为所产生的债务和费用负连带责任。②股份公司不能成立时，对认股人已缴纳的股款，负返还股款并加算银行同期存款利息的连带责任。③在公司设立过程中，由于发起人的过失致使公司利益受到损害的，应当对公司承担赔偿责任。

(三) 资本要件

资本要件是指作为公司的有限责任公司和股份有限公司所应具备的必要的物质条件。资本亦称股本，是指由全体发起人或股东认缴的股金总额。公司的资本是公司赖以生存的"血液"，是公司运营的物质基础，也是公司债务的总担保。因此，各国公司法均要求公司必须拥有与其生产经营规模相适应的独立的财产。在我国，公司资本应为在公司注册登记机关登记的由股东认缴的股本总额。此外，我国公司法还对股东的认缴出资方式、认缴出资程序、认缴出资转让以及资本的增加与减少等作出了详尽的规定(详见本章第三节的相关内容)。

(四) 行为要件

行为要件是指公司发起人必须完成规定的设立行为,且设立行为须符合法律规定,否则公司不能成立。设立行为是公司发起人为创办公司所从事的一系列连续性的准备行为,包括签订发起人协议、订立公司章程、认缴出资、确定公司机关、申请注册登记等。上述设立行为均须依照法定程序和要求进行。

五、公司设立的程序

(一) 有限责任公司设立的程序

依据我国公司法的规定,设立有限责任公司须经过以下程序。

1. 签订发起人协议

发起人协议是发起人之间就设立公司事项所达成的明确彼此之间权利和义务关系的书面协议。与旨在规范成立后公司及成员行为的公司章程不同,它重在约束、规范发起人的行为,其性质类似于合伙协议。在公司设立程序中,组建公司的方案、股权分散或集中的程度、发起人之间的职责分工等,均由发起人协议形成最初格局。因此,拟定发起人协议不仅对公司组建工作至关重要,而且对公司的未来发展也有着难以磨灭的影响。

2. 订立公司章程

订立公司章程是公司设立的一个必经程序。任何公司的设立均须订立公司章程,订立公司章程的目的是为了确定公司的宗旨、设立方式、经营范围、注册资本、组织机构以及利润分配等重大事项,为公司设立创造条件并为公司成立后的活动提供一个基本的行为规范。

3. 报经主管部门审批

根据我国公司法的规定,报经有关部门审批并不是设立所有公司都要经过的程序,只有法律、行政法规规定必须报经审批的,方须经过这一程序。据此,设立一般性的公司,在制定了章程,缴纳了出资,具备了设立公司的实质要件之后,即可直接向注册登记机关申请注册登记。但法律、法规对设立公司规定必须报经审批的,在公司登记前须依法办理审批手续,这类公司主要是欲进入许可制度管理和控制之下的某些行业的公司或者三资企业。

4. 认缴出资

公司的资本来源于股东认缴的出资。认缴出资是股东基于股东资格对公司所为的一定给付。凡股东都须履行约定的认缴出资义务。除实行授权资本制的国家外,公司章程中所记载的资本总额,在公司成立时都必须落实到每一个股东名下。尽管有些国家的公司法规定股东可以分期缴付股款,但股款已经认购尚未缴付的出资,也构成对公司债务的确切担保。因此,认缴出资是有限责任公司设立的关键性程序,没有股东的认缴出资行为,公司便无从成立。为了从根本上维护公司及债权人的合法权益,我国公司法特别强调公司资本的充实,要求股东足额缴纳章程所规定的各自所认缴的出资额。其中,股东以货币出资的,应当将货币出资存入准备设立的有限责任公司在银行开设的临时账户,以实物、工业产权出资的,应当依法办理财产权转移手续。如果股东违反上述义务,应对已认缴股款的股东承担违约责任,其他股东对此承担连带责任。

5. 确立公司机关

公司的机关是对内管理公司事务,对外代表公司的法定机构。作为法人组织的有限责任公司,其意志的形成和实现,均须依赖于法人机关及其成员的活动。因此,公司在成立登记前必须对公司的权力机关、业务执行机关和监督机关的组成及其成员的职责分工作出决定,并且必须符合法律规定。

6. 申请登记

设立有限责任公司,应当由全体股东指定的代表或共同委托的代理人向公司登记机关申请登记。申请设立有限责任公司,应当向公司登记机关提交设立登记申请书、公司章程、股东的法人资格证明或者自然人的身份证明等文件。法律、行政法规规定设立时必须经过审批的还应提交有关审批文件。公司登记机关对于申请设立登记的公司进行认真审查,凡符合公司法规定条件的,应予以登记。经公司登记机关核准并发给营业执照后,公司即告成立。

(二) 股份有限公司的设立程序

股份有限公司既可采取发起方式设立,又可采取募集方式设立。设立方式不同,法律对设立程序的要求也不尽一致。因此,股份有限公司的设立程序因设立方式的不同而有所差异。

1. 发起设立的程序

采取发起方式设立股份有限公司,由于公司资本全部由发起人认缴,无须向社会公众募集,因此,其设立程序相对简单,与有限责任公司的设立方式基本相同,主要包括发起人签订发起协议、制定公司章程、发起人认缴股款、选举公司机关成员、申请设立登记等。

2. 募集设立的程序

采取募集方式设立股份有限公司,因须对外募集股份,所以其设立程序比发起设立复杂。除了发起人签订发起人协议、制定公司章程等程序外,还要完成报送国家证券监管机构审批等程序,它与发起设立程序有很大不同。募集设立的主要程序包括以下几个方面。

(1) 发起人认足部分股份。发起人认足法定比例的股份,是保证公司设立顺利进行和加重发起人责任、保护众多出资人利益的需要,是各国普遍一致的做法。我国公司法规定,以募集设立方式设立股份有限公司的,发起人认购的股份不得少于公司股份总数的35%。因此,发起人只有在认足上述规定比例的股份之后,方可进行其后的设立行为。

(2) 制作招股说明书。招股说明书又称募股章程,是指公司发起人制作的,向社会公开的,旨在使社会公众了解公司的募集情况和认股具体办法,以便社会公众认购公司发行股份的书面文件。招股说明书又是公司为获得募股资格而向证券监管部门报批的法定文件。就实质而言,招股说明书是一个包含发行条件的文件,也是一种向社会公众要约认购公司股份的邀请。为了防止发起人以不正当的手段招股,保护认股人的利益,各国公司法都规定,在公开招股前,发起人应制作招股说明书。许多国家还对招股说明书的内容及制作虚假招股说明书的法律责任作出明确规定,我国也不例外。我国公司法规定,招股说明书应当附有发起人制定的公司章程,并载明下列事项:①发起人认购的股份数。②每股的票面金额和发行价格。③无记名股票的发行总数。④募集资金的用途。⑤认股人的权利和义务。⑥本次募股的起止期限及逾期未募足时认股人可撤回所认股份的说明。

（3）报送国家证券监督管理机构审批。由于公开募集股份涉及广大社会公众的利益，关系社会经济秩序的正常和稳定，我国公司法要求发起人在向社会公开募集股份时，必须报经国家证券监督管理机构审批。未经国家证券监督管理机构对募股申请进行批准的，发起人不得向社会公开募集股份。

（4）公告和招募股份。发起人在募股申请得到国家证券监督管理机构批准后，即可向社会公告其招股说明书，邀约公众认购股份；同时制作认股书供认股人填写。认股书是社会公众认购公司发行股份的一种书面凭证。认股书应当载明招股说明书所载的有关事项，由认股人填写所认购股份数、金额、住所，并签名盖章。认股书具有合同性质，手续完备即发生法律效力，认股人须按所认购的股份数额按期缴纳股款。我国公司法规定，股份有限公司的认股人未按期缴纳所认股的股份，经公司发起人催告后在合理期间仍未缴纳，公司发起人对该股份另行募集的，该募集行为有效。认股人延期缴纳股款给公司造成损失，公司可以请求该认股人承担赔偿责任。股份发行有直接发行与间接发行两种方式。公司直接向社会公众发行股份，为直接发行；由证券商作为中介机构向社会公众发行股份，为间接发行。我国目前只允许采取后一种方式发行股份，即发起人应当与依法设立的证券经营机构签订承销协议，由证券经营机构采取承销方式发行股份；与此同时，发起人还要与银行签订协议委托银行代收股款，代收股款的银行应当按照协议代收和保存股款，向缴纳股款的认股人出具收款单据，并负有向有关部门出具收款证明的义务。

（5）召开创立大会。我国公司法规定，公司发行股份的股款缴足后，必须经依法设立的验资机构验资并出具证明。发起人应当自股款缴足之日起 30 日内主持召开公司创立大会。创立大会由发起人、认股人组成，创立大会是公司成立前的决议机关，行使与股东大会类似的职权。创立大会行使的职权包括：①审议发起人关于公司筹办情况的报告。②通过公司章程。③选举董事会成员。④选举监事会成员。⑤对公司的设立费用进行审核。⑥对发起人用于抵作股款的财产的作价进行审核。⑦发生不可抗力或者经营条件发生重大变化直接影响公司设立的，可以作出不设立公司的决议。发起人应当在创立大会召开 15 日前将会议日期通知各认股人或者予以公告。创立大会应有代表股份总数过半数的发起人、认股人出席，方可举行；大会决议应由出席会议的认股人所持表决权过半数通过。创立大会在选出董事会和监事会并完成它的使命后即告解散。

（6）申请设立登记。董事会应于创立大会结束后 30 日内，向公司登记机关报送有关文件，申请设立登记。登记机关对报送文件进行审核，对符合公司法规定条件的，应当自接到设立登记申请之日起 30 日内作出予以登记的决定，并发给营业执照。公司营业执照签发之日，为公司成立的日期。

六、公司章程

（一）公司章程的制定

公司章程是出资人共同意志的体现，设立公司必须依法制定公司章程。无限责任公司、有限责任公司以及两合公司的章程，均应在设立阶段由公司最初的全体股东共同制定。发起式设立的股份有限公司的章程，由全体发起人制定。募集式设立的股份有限公司的章程，由全体发起人制定，但还须由创立大会以决议形式通过。公司章程对公司、股东、董事、监事、高级管理人员具有约束力。

（二）公司章程的记载事项

依据法律对公司章程记载的事项有无明确规定，以及所记载事项对章程效力的影响，章程的记载事项可分为必要记载事项和任意记载事项。

1. *必要记载事项*

必要记载事项是指章程中必须予以记载的、不可缺少的事项，公司章程缺少其中任何一项或任何一项记载不合法，就会导致整个章程的无效。对于章程的必要记载事项，各国公司法都予以明文规定，主要是公司性质所要求的章程的必备条款，通常包括公司的名称、住所地、公司的宗旨、注册资本、财产责任等，股东应当在公司章程上签名、盖章。

依据我国公司法的规定，有限责任公司章程应当载明下列事项：①公司名称和住所。②公司经营范围。③公司注册资本。④股东姓名或者名称。⑤股东的出资方式、出资额和出资时间。⑥公司的机构及其产生办法、职权、议事规则。⑦公司法定代表人。⑧股东会会议认为需要规定的其他事项。股份有限公司章程应当载明下列事项：①公司名称和住所。②公司经营范围。③公司设立方式。④公司股份总数、每股金额和注册资本。⑤发起人的姓名或者名称、认购的股份数、出资方式和出资时间。⑥董事会的组成、职权、任期和议事规则。⑦公司法定代表人。⑧监事会的组成、职权、任期和议事规则。⑨公司利润分配办法。⑩公司的解散事由与清算办法。⑪公司的通知和公告办法。⑫股东大会会议认为需要规定的其他事项。

2. *任意记载事项*

所谓任意记载事项，是指法律并不列举，只要不违反法律的强行规定、公共秩序和善良风俗，章程制定人便可根据实际需要载入章程的诸多事项。在公司章程中，这些事项与其他事项同样具有约束力，非依股东会的特别决议不能变更。如不加以记载，不影响整个章程的效力；如记载不合法，也仅该事项无效，章程的其他事项仍具效力。我国公司法规定的“股东（或股东大会）认为需要规定的其他事项”属于任意记载事项。

（三）公司章程的变更

与章程的性质和效力相适应，章程一经生效，应保持其内容的稳定性，不得随意加以变更。如因内部、外部情况变化确需加以修改的，须遵守法定程序，并不得违反法律和社会公共利益。大多数国家的公司法都将变更公司章程的职权赋予股东会或股东大会，且规定修改或变更公司章程的决议应为特别决议，我国亦然。我国公司法要求，修改公司章程的决议，有限责任公司必须经代表 2/3 以上表决权的股东通过，股份有限公司必须经出席会议股东所持表决权的 2/3 以上通过。修改章程原则上在股东会作出决议后生效，无须经过公证或有关机关批准等手续。但法律规定某些变更事项应经主管机关批准的，则经过批准后才发生效力。登记事项发生变更时，公司应向公司登记机关申请进行变更登记，如果不作变更登记的，不得以变更事项对抗善意第三人。

七、公司的权利能力和行为能力

(一) 公司的权利能力

公司法人作为民事、商事主体，和自然人一样，都具有民事权利能力，即享有民事权利和承担民事义务的资格。但是，由于公司法人与自然人在性质上的差异，以及公司法对公司的特殊要求，决定了公司的权利能力在性质上、法律上和目的上都受到限制，并由此形成了公司权利能力区别于自然人权利能力的特征。

1. 公司权利能力因性质受到限制

尽管公司和自然人一样，具有民事权利能力，但公司与自然人毕竟是两类不同性质的民事权利主体。公司作为一个组织体区别于作为生命体的自然人，所以公司不能享有自然人的那些以自然性质为前提的专属于自然人的权利，如生命健康权、肖像权、亲属权、自由权、隐私权等。除了上述权利之外，公司权利能力不受性质限制。例如，公司可以享有名称权、受遗赠权，公司还可以成为其他公司的发起人，可以充任资合公司的股东、董事、监事以及清算人等。

2. 公司权利能力因法律规定受到限制

法人和自然人一样，其权利能力都要受到法律的限制，即主体只在法律限制的范围内享有权利能力。但是，公司作为法人，不仅要受到一般法律的限制，而且还要受到公司法的特别限制。公司法对公司权利的限制主要表现在以下几个方面。

(1) 公司对外投资的限制。我国公司法规定，公司可以向其他企业投资；但是，除法律另有规定外，不得成为对所投资企业的债务承担连带责任的出资人。

(2) 公司对外担保的限制。我国公司法规定，公司向其他企业投资或者为他人提供担保，依照公司章程的规定，由董事会或者股东会(股东大会)决议；公司章程对投资或者担保的总额及单项投资或者担保的数额有限额规定的，不得超过规定的限额。公司为公司股东或者实际控制人提供担保的，必须经股东会或者股东大会决议。上述股东或者受上述实际控制人支配的股东，不得参加该事项的表决，该项表决由出席会议的其他股东所持表决权的过半数通过。上市公司在 1 年内购买、出售重大资产或者担保金额超过公司资产总额 30% 的，应当由股东大会作出决议，并经出席会议的股东所持表决权的 2/3 以上通过。

(3) 公司经营范围与公司权利能力的关系。世界各国普遍认为，公司经营范围不构成对公司权利能力的限制。

(二) 公司的行为能力

公司的行为能力是指公司以自己的意思或行为独立地取得权利并承担义务的资格。它与公司的权利能力范围是一致的，始于公司产生之时，终于公司终止之时。公司不同于自然人，其本身不能实施民事行为，它是通过它的机关来实现其行为能力的。公司的机关就是公司的组织机构，通常为股东会、董事会、监事会、经理。公司有时也通过其代理人进行民事活动。代理人根据公司的委托，以公司的名义与第三人进行民事法律行为，从而实现公司的民事行为能力。但代理人不同于公司的机关，公司的机关是公司的一个组成部分，与公司是同一主体，它是代表公司进行活动的，而公司的代理人则与公司是 2 个独立的主体，代理人的意志和法人的团体意志是各自独立存在的。代理人的行为须有公司的授权委托才能对公司产生效力，而公司的机关以公司的名义实施的民事行为，自然对公司发生效力。

八、公司的名称和住所

（一）公司的名称

公司名称是公司人格特定化的标识，公司凭借自身的名称区别于其他商事主体。一个公司只能登记一个公司名称，公司名称受法律保护。公司法将公司名称规定为公司设立的要件和章程必备条款。公司名称不仅是一种供区别于其他商事主体的符号，而且公司名称往往凝聚了公司的商业信誉，是公司的无形资产。公司可以依法决定、使用和转让自己的名称权，公司名称权具有排他性效力。根据我国《公司法》和《企业名称登记管理规定》（1991 年 5 月 6 日国家工商行政管理局令第 7 号发布，2012 年 11 月第一次修订，2020 年 12 月第二次修订并于 2021 年 3 月 1 日起施行）以及其他相关法律规范，关于公司的名称有如下法定要求。

（1）公司名称的基本要素和构成规范。公司名称由行政区划名称、字号、行业或者经营特点、组织形式组成。跨省、自治区、直辖市经营的公司，其名称可以不含行政区划名称；跨行业综合经营的公司，其名称可以不含行业或者经营特点。公司名称应当使用规范汉字。民族自治地方的公司名称可以同时使用本民族自治地方通用的民族文字。

第一，公司名称中的行政区划名称应当是公司所在地的县级以上地方行政区划名称。市辖区名称在公司名称中使用时应当同时冠以其所属的设区的市的行政区划名称。开发区、垦区等区域名称在公司名称中使用时应当与行政区划名称连用，不得单独使用。

第二，公司名称中的字号应当由两个以上汉字组成。县级以上地方行政区划名称、行业或者经营特点不得作为字号，另有含义的除外。

第三，公司名称中的行业或者经营特点应当根据公司的主营业务和国民经济行业分类标准标明。国民经济行业分类标准中没有规定的，可以参照行业习惯或者专业文献等表述。

第四，公司应当根据其组织结构或者责任形式，依法在公司名称中标明组织形式。依照《公司法》设立的有限责任公司，必须在公司名称中标明“有限责任公司”或者“有限公司”字样；依照《公司法》设立的股份有限公司，必须在公司名称中标明“股份有限公司”或者“股份公司”字样。

（2）公司名称不得有下列情形：损害国家尊严或者利益；损害社会公共利益或者妨碍社会公共秩序；使用或者变相使用政党、党政军机关、群团组织名称及其简称、特定称谓和部队番号；使用外国国家（地区）、国际组织名称及其通用简称、特定称谓；含有淫秽、色情、赌博、迷信、恐怖、暴力的内容；含有民族、种族、宗教、性别歧视的内容；违背公序良俗或者可能有其他不良影响；可能使公众受骗或者产生误解；法律、行政法规以及国家规定禁止的其他情形。公司名称冠以“中国”“中华”“中央”“全国”“国家”等字词，应当按照有关规定从严审核，并报国务院批准。国务院市场监督管理部门负责制定具体管理办法。公司名称中间含有“中国”“中华”“全国”“国家”等字词的，该字词应当是行业限定语。使用外国投资者字号的外商独资或者控股的外商投资企业，公司名称中可以含有“（中国）”字样。

（3）公司名称自主申报。公司名称由申请人自主申报。申请人可以通过企业名称申报系统或者在企业登记机关服务窗口提交有关信息和材料，对拟定的公司名称进行查询、比对和筛选，选取符合法定要求的公司名称。申请人提交的信息和材料应当真实、准确、完整，并承诺因其公司名称与他人企业名称近似侵犯他人合法权益的，依法承担法律责任。公司登记机关对通过企业名称申报系统提交完成的公司名称予以保留，保留期为2个月。设立公司依法应当报经批准或者公司经营范围中有在登记前须经批准的项目的，保留期为1年。申请人应当在保留期届满前办理公司登记。

公司登记机关在办理公司登记时，发现公司名称不符合法定要求的，不予登记并书面说明理由。公司登记机关发现已经登记的公司名称不符合法定要求的，应当及时纠正。其他单位或者个人认为已经登记的公司名称不符合法定要求的，可以请求公司登记机关予以纠正。公司名称转让或者授权他人使用的，相关公司应当依法通过国家企业信用信息公示系统向社会公示。

(二) 公司的住所

公司住所对于公司来说是必不可少的，它是公司章程的必要记载事项，也是公司注册登记的事项之一。公司住所的确认标准，各国法律的规定不尽相同。有的国家以公司的业务执行地为其住所，也有的国家以公司的注册登记地为公司的住所。我国公司法规定，公司以其主要办事机构所在地为住所。所谓主要办事机构所在地，一般是指管辖公司全部组织的中枢机构，如公司总部、总公司等，也有以主要营业地为住所的。在公司无分公司时，以公司的主要办事机构所在地为公司住所；在公司设有分公司时，以总公司的所在地为住所。

九、公司的登记制度

公司登记是指公司为取得、变更或终止经营资格，按照法律规定的条件及程序，向公司登记机关申请，以及公司登记机关依法进行审查核准的行为。公司登记包括设立登记、变更登记和注销登记。《中华人民共和国公司登记管理条例》规定，设立公司，应当依法向公司登记机关申请设立登记，符合公司法规定的设立条件的，由公司登记机关分别登记为有限责任公司或者股份有限公司；法律、行政法规规定设立公司必须报经批准的，应当在公司登记前依法办理批准手续。依法设立的公司，由公司登记机关发给公司营业执照。公司营业执照签发日期为公司成立日期。公司营业执照应当载明公司的名称、住所、注册资本、实收资本、经营范围、法定代表人姓名等事项。公司营业执照记载的事项发生变更的，公司应当依法办理变更登记，由公司登记机关换发营业执照。公司终止时，公司清算人应当向原办理设立登记的公司登记机关办理注销登记，注销登记是公司终止的法律标志。

第三节　公司的资本制度

一、公司资本的原则

为保护债权和交易安全，大陆法系国家的公司法普遍确认了公司资本的三项基本原则，即资本确定原则、资本维持原则和资本不变原则，并称为资本三原则。

(一) 资本确定原则

资本确定原则是指公司在设立时,必须在章程中对公司的资本总额作出明确的规定,并须由股东全部认足,否则公司就不能成立的原则。其含义有二:一是要求公司资本总额必须明确记载于公司章程,使之成为一个具体的、确定的数额;二是要求章程所确定的资本总额在公司设立时必须分解落实到人,即由全体股东认足。确定的公司资本数额是公司资本实力的直接标志,也是股东承担责任的限定范围。从各国公司法都规定注册资本为章程必要记载事项的角度来看,资本确定原则是一项普遍适用的公司资本原则。资本确定原则能够有效地保证公司的资本真实、可靠,防止公司设立中的欺诈、投机行为。

我国公司法规定,有限责任公司的注册资本为在公司登记机关登记的全体股东认缴的出资额。股份公司采取发起设立方式设立的,注册资本为在公司登记机关登记的全体发起人认购的股本总额。股份公司采取募集设立方式设立的,注册资本为在公司登记机关登记的实收股本总额,该实收股本总额等于股份公司发行在外的所有股票面值的总和(股份数×1 元),溢价发行所得列入公司资本公积金。

(二) 资本维持原则

资本维持原则又称资本充实原则,是指公司在其存续过程中,应经常保持与其资本额相当的财产的原则。公司资本不仅是公司赖以生存和经营的物质基础,也是公司对债权人的总担保。在公司成立后的经营活动中,由于盈利或亏损,以及财产的无形损耗,都将使公司的实有财产的价位高于或低于公司的资本,使公司的资本实质上成为一个变数。当公司的财产价值高于公司资本时,其偿债能力亦随之增强,一般不成为问题。但当公司的实际财产价值低于其资本时,就必然使公司无法按其资本数额来承担财产责任。为防止因公司资本的减少而危害债权人的利益,同时也是为了防止股东对盈利分配的过高要求,确保公司本身业务活动的正常开展,各国公司法都确认了资本维持原则。资本维持原则在我国公司法中具体表现为以下规定。

1. 不得抽逃出资

为确保公司资本真实可靠,我国公司法规定,发起人、认股人缴纳股款或者交付抵作股款的出资后,除未按期募足股份、发起人未按期召开创立大会或者创立大会决议不设立公司的情形外,不得抽回其股本。我国公司法规定,公司的发起人、股东在公司成立后,抽逃其出资的,由公司登记机关责令改正,处以所抽逃出资金额 5%以上 15%以下的罚款。我国《刑法》也对此种犯罪作了具体的刑罚规定。

2. 亏损必先弥补

我国公司法规定,公司分配当年税后利润时,应当提取利润的 10%列入公司法定公积金。公司法定公积金累计额为公司注册资本的 50%以上的,可以不再提取。公司的法定公积金不足以弥补以前年度亏损的,在依照规定提取法定公积金之前,应当先用当年利润弥补亏损。公司从税后利润中提取法定公积金后,经股东会或者股东大会决议,还可以从税后利润中提取任意公积金。公司弥补亏损和提取公积金后所余税后利润,有限责任公司按照股东实缴的出资比例分取红利,但全体股东约定不按照出资比例分取红利的除外;股份有限公司按照股东持有的股份比例分配,但股份有限公司章程规定不按持股比例分配的除外。股东会、股东大会或者董事会违反规定，在公司弥补亏损和提取法定公积金之前向股东分配利润的，股东必须将违反规定分配的利润退还公司。

3. 对外投资的限制

我国公司法规定，公司可以向其他企业投资；但是，除法律另有规定外，不得成为对所投资企业的债务承担连带责任的出资人。

4. 股份公司股票的发行价格不得低于票面金额

股票是股份有限公司股份的表现形式，股份的总和即为公司的资本。为维持公司资本的实际财产价值，我国公司法规定，股票发行价格可以按票面金额，也可以超过票面金额，但不得低于票面金额。

5. 公司不得收购本公司的股票

我国公司法规定，公司不得收购本公司股份。但是，有下列情形之一的除外：①减少公司注册资本。②与持有本公司股份的其他公司合并。③将股份用于员工持股计划或者股权激励。④股东因对股东大会作出的公司合并、分立决议持异议，要求公司收购其股份。⑤将股份用于转换上市公司发行的可转换为股票的公司债券。⑥上市公司为维护公司价值及股东权益所必需的。公司因上述第①、第②项规定的情形收购本公司股份的，应当经股东大会决议；公司因上述第③、第⑤、第⑥项规定的情形收购本公司股份的，可以依照公司章程的规定或者股东大会的授权，经 2/3 以上董事出席的董事会会议决议。公司依照上述规定收购本公司股份后，属于第①项情形的，应当自收购之日起 10 日内注销；属于第②、第④项情形的，应当在 6 个月内转让或者注销；属于第③、第⑤、第⑥项情形的，公司合计持有的本公司股份数不得超过本公司已发行股份总额的 10%，并应当在 3 年内转让或者注销。上市公司收购本公司股份的，应当依照我国证券法的规定履行信息披露义务。上市公司因上述第③、第⑤、第⑥项规定的情形收购本公司股份的，应当通过公开的集中交易方式进行。公司不得接受本公司的股票作为质押权的标的。

6. 有限责任公司设立时的股东对现金以外的出资价值负连带保证责任

我国公司法规定，有限责任公司成立后，发现作为设立公司出资的非货币财产的实际价额显著低于公司章程所定价额的，应当由交付该出资的股东补足其差额；公司设立时的其他股东承担连带责任。

(三) 资本不变原则

资本不变原则是指公司的资本一经确定，即不得随意改变，如需增加或减少资本，必须严格按法定程序进行的原则。公司资本不变并非绝对不能改变，事实上，在公司成立后的运营过程中，因各种原因，如经营规模的扩大或缩小、经营宗旨的改变、经营范围的变动、股东人数的增减等，都可能导致公司资本的增加或减少。公司的增资或减资，不仅为法律所允许，且与资本不变原则也不相悖，因为资本不变只是指不得随意改变，公司资本一经确定即应相对稳定，不能朝令夕改，不能随意增减。为保护债权人的利益，我国公司法规定：①公司减资必须以特别决议通过，即有限责任公司必须由股东会经代表 2/3 以上表决权的股东通过，股份有限公司须经出席会议的股东所持表决权的 2/3 以上通过。②公司需要减少注册资本时，必须编制资产负债表及财产清单。公司还应当自作出减少注册资本决议之日起 10

日内通知债权人，并于30日内在报纸上公告。债权人自接到通知书之日起30日内，未接到通知书的自公告之日起45日内，有权要求公司清偿债务或者提供相应的担保。此外，我国公司法对增资实行公司自治，即有限责任公司股东按照实缴的出资比例分取红利，公司新增资本时，股东有权按实缴的出资比例认缴出资。但全体股东约定不按照出资比例分取红利或不按照出资比例优先认缴出资的除外。

就立法意图而言，资本不变原则与资本维持原则基本一致，都是为了防止因公司资本总额的不当减少而导致公司责任能力的缩小，从而强化对债权人利益和交易安全的保护。资本不变原则与资本维持原则又有着密切的联系，这表现在前者是对后者内容的延伸和细化。因为如果没有资本不变原则的限制，资本维持原则即失去了其维持的依据；如果公司可随意增减资本，资本维持原则也就没有了实际意义。

公司的资本三原则是大陆法系国家公司资本制度的核心，其基本出发点都是为了保护债权人的利益和交易的安全以及公司自身的正常发展。尽管随着经济关系和经营方式的变化，公司资本制度也在不断地发展，但是公司的资本三原则仍为许多大陆法系国家公司法所确认，并对英美法系国家的公司资本制度产生着重大的影响。

二、公司资本制度的类型

经过长期的实践，迄今为止，西方国家公司法已经形成了相对独立的三种公司资本制度，即法定资本制、授权资本制和折中资本制。

法定资本制又称确定资本制，是指公司在设立时，必须在章程中对公司的资本总额作出明确的规定，并须由股东全部认足，否则公司即不能成立的公司资本制度。因法定资本制中的公司资本，是公司章程载明且已全部发行的资本，所以在公司成立之后，要增加资本时，必须经股东大会作出决议，变更公司章程中的资本数额，并办理相应的变更登记手续。这种法定资本制为法国、德国公司法首创，并为许多大陆法系国家效仿，成为一种较典型的公司资本制度。

授权资本制是指在公司设立时，资本总额虽亦应记载于章程，但并不要求发起人全部认足，只认定并缴付资本总额中的一部分，公司即可成立；未认定的部分，授权董事会根据需要，随时发行新股募集的公司资本制度。因未认定部分系在章程中记载的资本总额之内，故再行募集时，无须变更章程，亦不必履行增资程序。

比较法定资本制与授权资本制，从不同角度看，两者利弊兼存。首先，从立法意图来考查，前者重在对公司债权人及社会交易安全的保护，更多地体现了社会本位的立法思想；而后者则侧重于对投资人和公司提供种种便利的条件，较多地体现了个人本位的立法原则。其次，从两大法系不同的司法制度来考察，采用法定资本制的大陆法系国家，法官的使命在于适用既定的成文法律，因而公司立法务求缜密，公司资本力求确定。而采用授权资本制的国家，法官的司法判决可以创设法律，因成文法所产生的漏洞，基本上是依靠判例法来予以弥补的，如英美司法判例所确认的“公司人格否认原则”“公司资本充实原则”等。因此，采用授权资本制可能引发的若干弊端，在英美法系国家便被其独特的司法制度逐一消除。

折中资本制又称认可资本制，是介于法定资本制和授权资本制之间的一种新的公司资本制度，是两种制度的有机结合。折中资本制在不同国家的公司法中，其表现形式及具体内容均略有差异，大致有如下做法：①对授权发行的期限加以限定，即在公司设立时，虽不必将全部资本认足，可以授权董事会随时发行，但此种发行权限须在一定期限内行使。②对授权发行的资本加以特别的限定。例如，卢森堡公司法规定，在公司设立时，全部资本必须予以发行。但是，在公司成立后增加资本时，允许存在已经授权而尚未发行的资本。这实际上是在公司设立和成立的两个阶段，分别采取了两种不同的资本制度。这种折中的处理方式，亦可收到避免实行纯粹的法定资本制或授权资本制弊端的功效。

应当特别指出的是，无论是法定资本制、授权资本制，还是折中资本制，投资者对所认购的出资额或股份一般均无须一次缴足，许多国家的公司法都允许分期缴付股款。事实上，已认购尚未缴付的股款，也是对公司债务的一种确定的担保。在当今世界，法定资本制、授权资本制和折中资本制仍是三种并存的公司资本制度。从发展趋势上看，随着各国法律文化的交汇融合，折中资本制更可能是一种富有生命力的资本制度，德国股份法和法国公司法对法定资本制的修正就是一个明证。

三、股东的出资

（一）出资的缴纳

出资是股东最基本的义务，任何公司的股东都必须履行出资义务。有限责任公司的资本总额应由各股东全部认足，且出资以财产为限，不允许以信用和劳务出资。至于出资是否必须一次缴清，各国立法规定不同。对于股份有限公司股东的出资，无论是实行法定资本制，还是实行授权资本制，大都允许分期缴纳。

依据我国公司法的规定，股东可以用货币出资，也可以用实物、知识产权、土地使用权等可以用货币估价并可以依法转让的非货币财产作价出资。股东不得以劳务、信用、自然人姓名、商业信誉、特许经营权、设置担保的财产出资。股东以货币出资的，应当将货币出资足额存入有限责任公司在银行开设的账户；以非货币财产出资的，应当评估作价核实财产，不得高估或者低估作价，并办理权属转移手续。股东可以以其他公司的股权出资，但股权出资应符合下列条件：①出资的股权由出资人合法持有并依法可以转让。②出资的股权无权利瑕疵或权利负担，既不能有违法瑕疵（比如，出资违法），也不能有合法瑕疵（比如，分期缴付时尚未完成全部出资，或者其他股东已经主张优先权，或者股权已质押）。③出资人已经履行关于股权转让的法定手续。④出资的股权已经依法进行了价值评估。股权出资后因市场因素发生贬值，原出资人不承担补足责任，且对新公司仍然享有足额股权。

（二）出资义务的违反

股东未能按规定缴纳所认缴的出资，即违反了法定和约定的股东出资义务，依据我国《公司法》及相关司法解释，应当向已足额缴纳出资的股东承担违约责任，其他股东对此承担连带责任。为确保注册资本的真实可靠，我国公司法还对“虚报注册资金”“虚假出资”“抽逃出资”等行为作出了禁止性规定并明确了法律责任。比如，我国公司法规定，虚报注册资本、提交虚假材料或者采取其他欺诈手段隐瞒重要事实取得公司登记的，由公司登记机关责令改正，对虚报注册资本的公司，处以虚报注册资本金额5%以上15%以下的罚款；对提交虚假材料或者采取其他欺诈手段隐瞒重要事实的公司，处以 5 万元以上 50 万元以下的罚款；情节严重的，撤销公司登记或者吊销营业执照。其次，公司的发起人、股东虚假出资，未交付或者未按期交付作为出资的货币或者非货币财产的，由公司登记机关责令改正，处以虚假出资金额 5%以上 15%以下的罚款。最后，公司的发起人、股东在公司成立后，抽逃其出资的，由公司登记机关责令改正，处以所抽逃出资金额 5%以上 15%以下的罚款。此外，我国《刑法》也对上述行为规定了具体的刑事法律责任。

1. 未履行或未全面履行出资义务

（1）股东不出资或者货币出资不足的，除应当向公司足额缴纳外，还应当向已按期足额缴纳出资的股东承担违约责任。

（2）出资人以不享有处分权的财产出资，此时公司可以形成善意取得。股东以贪污、受贿、侵占、挪用等违法犯罪所得的货币出资后取得股权的，对违法犯罪行为予以追究、处罚时，应当采取拍卖或者变卖的方式处置其股权，即货币所有权转归公司，股权处置后的所得依法返还受害人，相关收益作为非法所得收缴，不足部分由该股东本人补足，与其他股东无关。

（3）应办理产权转移手续却不办理，此时不影响公司成立，但该股东依然要承担违约责任。出资人以房屋、土地使用权或者需要办理权属登记的知识产权等财产出资，已经交付公司使用但未办理权属变更手续，公司、其他股东或者公司债权人主张认定出资人未履行出资义务的，人民法院应当责令当事人在指定的合理期间内办理权属变更手续；在前述期间内办理了权属变更手续的，人民法院应当认定其已经履行了出资义务；出资人自其实际交付财产给公司使用时享有相应股东权利。出资人已经办理权属变更手续但未交付给公司使用，公司或者其他股东有权要求其向公司交付，该出资人在实际交付之前不享有相应的股东权利。

（4）虚假出资(仅限于非货币出资)。有限责任公司成立后，发现作为设立公司出资的非货币财产的实际价额显著低于公司章程所定价额的，应当由交付该出资的股东补足其差额；公司设立时的其他股东承担连带责任，但在此没有违约责任。出资人以非货币财产出资，未依法评估作价，公司、其他股东或者公司债权人请求认定出资人未履行出资义务的，人民法院应当委托具有合法资格的评估机构对该财产评估作价。评估确定的价额显著低于公司章程所定价额的，人民法院应当认定出资人未依法全面履行出资义务。

（5）法律责任。我国公司法规定，股东未履行或者未全面履行出资义务，公司或者其他股东有权请求其向公司依法全面履行出资义务，并要求其承担违约责任。公司债权人也有权请求未履行或者未全面履行出资义务的股东在未出资的本息范围内对公司债务不能清偿的部分承担补充赔偿责任，并有权要求公司的发起人与该股东承担连带责任。甚至，公司解散时资不抵债，股东没有完成出资的，公司债权人有权主张未缴出资的股东以及公司设立时的其他发起人，在未缴出资范围内对公司债务承担连带清偿责任。公司的发起人承担责任后，可以向该股东追偿。

股东在公司增资时未履行或者未全面履行出资义务的，公司或者其他股东有权请求其向公司依法全面履行出资义务，有过错的董事、高级管理人员承担相应的责任。董事、高级管理人员承担责任后，可以向该股东追偿。

有限责任公司的股东未履行或者未全面履行出资义务即转让股权，受让人对此知道或者应当知道的，公司有权请求该股东履行出资义务，受让人对此承担连带责任。公司债权人也有权请求未履行或者未全面履行出资义务的股东在未出资的本息范围内对公司债务不能清偿的部分承担补充赔偿责任，并有权同时请求该受让人对此承担连带责任。

2. 抽逃出资

抽逃出资是指股东在公司成立后将所缴出资暗中撤回，却仍然保留股东身份和原有出资数额的一种欺诈性的违法行为。我国公司法规定，股东有下列行为之一且危害公司利益的，认定为抽逃：①制作虚假财务会计报告虚增利润进行分配。②通过虚构债权债务关系将其出资转出。③利用关联交易将出资转出。④其他未经法定程序将出资抽回的行为。股东通过与公司签订合法借贷合同将出资借出，在没有其他出资违法情形且不损害公司和债权人利益的同时，通过合法减资程序的情况下将出资撤回的行为不属于抽逃。

股东抽逃出资，公司或者其他股东有权要求其向公司返还出资本息，协助抽逃出资的其他股东、董事、高级管理人员或者实际控制人对此承担连带责任。公司债权人也有权请求抽逃出资的股东在抽逃出资的本息范围内对公司债务不能清偿的部分承担补充赔偿责任，协助抽逃出资的其他股东、董事、高级管理人员或者实际控制人对此承担连带责任。

股东未履行或者未全面履行出资义务或者抽逃出资，公司有权根据公司章程或者股东会决议对其利润分配请求权、新股优先认购权、剩余财产分配请求权等股东权利作出相应的合理限制。有限责任公司的股东未履行出资义务或者抽逃全部出资，经公司催告缴纳或者返还，其在合理期间内仍未缴纳或者返还出资，公司有权以股东会决议解除该股东的股东资格。

公司股东未履行或者未全面履行出资义务或者抽逃出资，公司或者其他股东请求其向公司全面履行出资义务或者返还出资，被告股东不得以诉讼时效为由进行抗辩。公司债权人的债权未过诉讼时效期间，其依法请求未履行或者未全面履行出资义务或者抽逃出资的股东承担赔偿责任，该股东不得以出资义务或者返还出资义务超过诉讼时效期间为由进行抗辩。

3. 名义持股

有限责任公司的实际出资人可以与名义出资人订立合同，约定由实际出资人出资并享有投资权益，以名义出资人为登记在股东名册上的股东。实际出资人可以以其实际履行了出资义务为由向名义股东主张权利。名义股东不得以公司股东名册记载、公司登记机关登记为由否认实际出资人的权利。但是，实际出资人未经公司其他股东半数以上同意，不得请求公司变更股东、签发出资证明书、记载于股东名册、记载于公司章程并办理公司登记机关登记。而且，名义股东将登记于其名下的股权转让、质押或者以其他方式处分，第三人可以形成善意取得。名义股东处分股权造成实际出资人损失，实际出资人可以请求名义股东承担赔偿责任。

四、股权制度

（一）股份概述

股份是股份有限公司资本构成的最小单位，即公司的全部资本分为金额均等的股份，全部股份金额的总和即为公司资本的总额。股份有限公司的股份与其他公司类型股东的出资相比较,具有以下特点:①股份是资本构成的最小单位,具有不可分性。资本分为股份,股份则不可再分,是资本构成的基本单位。股份的不可分性并不排除某一股份为数人所共有,当股份为数人所共有时,股权一般应由共有人推定一人行使。共有人对股份利益的分享,不是对股份本身的分割。②股份是对资本的等额划分,具有金额的均等性。股份所代表的资本额一律相等。额面股份表现为股份金额相等;无额面股份则表现为在资本总额中所占比例的相等。③股份是股东权的基础,其有权利上的平等性。股份是股东法律地位的表现形式,股份所包含的权利和义务一律平等。每一股份代表一份股东权,股东权利和义务的大小,取决于其拥有股份数额的多少。除法律有特别规定外(如对特别股股东权利的限制等),公司不得以任何理由剥夺股东的固有权利。④股份表现为有价证券,具有自由转让性。股份表现为股票,是股票的实质内容,而股票则是股份的证券形式。除法律对特定股份的转让有限制性规定外,股份可以自由转让和流通。股份的转让和流通,是通过股票交易形式进行的,合法取得股票者即合法取得股份,从而亦即取得股权。

1. 股份的分类

依据不同的标准,可以把股份有限公司的股份划分为不同的种类。在不同的国家中,股份的分类也不尽一致。概括来说,各国通行的股份分类主要有以下几种。

第一,依据股东享有权益和承担风险的大小,可将股份分为普通股和优先股。

普通股是指对公司权利一律平等,无任何区别待遇的股份。普通股是公司资本构成中最基本的股份,也是公司中风险最大的股份。普通股具有以下三个特点:一是其股息不固定,视公司有无利润及利润多少而定,且须在支付了公司债券利息和优先股股息后方能分得;二是在公司清算时,普通股股东分配公司剩余财产,也是排列于公司债权人和优先股股东之后;三是普通股股东一般都享有表决权,即参与公司重大问题决策的权利。普通股股东在公司获利时是主要的受益者,其股息率上不封顶;在公司亏损时是主要的受害者,不仅股利全无,甚至连本都不保,可见普通股是公司中风险最大的股份。

优先股是特别股的一种,是指对公司享有比普通股优先内容或优先权利的股份。与普通股相对应的特别股包括两种股份:一是优先股,二是后配股。以普通股为基准,凡比普通股具有优先内容或优先权的股份为优先股;凡权利不及普通股权利者为后配股。后配股又称劣后股,是指在公司盈余、公司剩余财产分配给普通股之后才能参加分配的股份。与普通股相比,优先股具有以下三个特点:①可优先获得股息,且股息一般是固定的。它不受公司经营状况好坏的影响,在一定程度上表现出债权的性质,是股权债权化的典型表现。正因如此,优先股又被人形象地称为"旱涝保收股"。②可优先分配公司的财产。当公司破产或解散清算时,优先股的票面值将从公司的剩余财产中优先于普通股受偿。③优先股一般均无表决权,这实质上是它取得盈余分配方面优先权的一种代价,换言之,是以盈余分配方面的优先作为无表决权的补偿。按照优先股所享有的具体优先权内容的不同,可将优先股分为:①累积优先股与非累积优先股。累积优先股是指公司当年盈余不足以分配该股的股息,不足部分由以后年度的利润予以补足的优先股。在未补足所欠累积优先股股息前,公司不得对普通股股息予以分配。非累积优先股是指股利的分配只以当年的公司盈余为限,如未达到优先股应分的股利时，其不足部分，其后年度不再补足。②参与优先股与非参与优先股。参与优先股是指除按固定比率从每年度盈余中优先分配股息外，还参与同普通股一起分配其余利润或剩余财产的优先股。按照参与优先股参与分配对象的不同，还可以将其分为参与分配股息优先股和参与分配资产优先股。前者对公司的利润，除有权获得其应得的固定股息外，还有权与普通股一起分配其股息；后者在公司清理其资产时，于退还各种定额股本后，还有权参与公司剩余财产的分配。非参与优先股是指股东只能按原定比例分配公司盈余，此后即使公司仍有充分盈余，也不能再参加分配的优先股。

依据我国《公司法》的规定，公司可设普通股，并可设置优先股，优先股为法定累积优先股。虽未规定参与优先股，但按优先股多为章程约定产生的惯例，只要不损害国家利益和社会公益，公司设置各种优先股应予允许。

第二，依据股份是否以金额表示，可将股份分为额面股和无额面股。

额面股是在股票票面上标明了一定金额的股份。额面股的每股金额必须一致，但具体数额多少，各国规定不一。一些国家仅规定了股票面额的最低限额，而未作高额限制，有些国家则对股票面值没有最低限额的规定，我国对此迄今无规定，但在实践中以不低于人民币1元为限。额面股份的发行价格可以高于股份金额，即允许溢价发行，但不允许以低于股票面额的价格发行股份。

无额面股又称比例股或部分股，即股票票面不表示一定金额，只表示其占公司资本总额的一定比例的股份。此种股份的价值随公司财产的增减而增减，实际上其占公司资产总额比例的价值也是一个变数。无额面股的好处在于当公司增资时，无须再发行或增加新的股份，只要实际上增加每股所代表的资本额即可。其弊端在于股份所代表的金额，经常处于不确定状态之中，增加了股份转让和交易的难度。目前，允许发行无额面股的国家已为数不多，只有美国、日本、卢森堡等少数国家，且大都对无额面股的发行作出了种种限制性的规定。我国公司法禁止发行无面值股票(无额面股)，只允许发行额面股。

第三，依据是否在股票上记载股东的姓名，可将股份分为记名股和无记名股。

记名股是将股东的姓名或名称记载于股票的股份。记名股份的权利只能由股东本人享有，非股东持有股票，无资格行使股权。记名股的转让必须由股东以背书形式进行，将受让人的姓名或名称记载于公司股票之上，并将受让人的姓名或名称记载于公司股东名册之中，否则转让不产生对抗的效力。

无记名股是股票上不记载股东姓名或名称的股份。无记名股份与股票不可分离，凡持有股票者，即为公司股东，享有股东权。在买卖无记名股票时，将股票交付给受让人，即发生转让的效力。

记名股的优点在于有利于公司对股东状况的掌握，便于公司对股份流通情况的了解，可以有效地防止股票投机行为。而无记名股最显著的优点是便于股份的流通。多数国家的公司法都规定既可以发行记名股份，也可以发行无记名股份，在实践中，多采用无记名股份。有的国家则规定某些特殊股份应为记名股份。我国公司法规定，公司向发起人、国家授权投资的机构、法人发行的股票应为记名股票。对社会公众发行的股票，可以为记名股票，也可以为无记名股票。

第四，依据股份有无表决权，可将股份分为表决权股和无表决权股。

表决权股，即享有表决权的股份。表决权股的股东在任免董事、监事人选等公司重大问题上，有权无条件地行使表决权。表决权股还可以细分为普通表决权股和多数表决权股，前者一股享有一票表决权；后者是指股东有超过其拥有股份数的表决权，即一股享有 2 票以上的表决权，如累积投票制。我国公司法规定，股东大会选举董事、监事，可以依照公司章程的规定或者股东大会的决议，实行累积投票制。累积投票制是指股东大会选举董事或者监事时，每一股份拥有与应选董事或者监事人数相同的表决权，股东拥有的表决权可以集中使用的投票制度。

无表决权股是依法或依据章程被剥夺了表决权的股份。依法被剥夺表决权的股份主要是公司的自有股份；依据章程自愿放弃表决权的股份，主要是享有特别分配利益的优先股。享有优先权的优先股股东，投资的目的是为了获取股利，而不是积极参与公司的管理。因此，这类股东按章程规定不享有表决权。

在我国实行公司制度以来，除采用国际通行的某些股份类别外，还结合中国的国情，按照不同的标准，对股份进行了新的分类，形成了独具特色的股份种类。例如，依投资主体的不同，将股份分为国家股、法人股、个人股和外资股；依是否以人民币认购或交易股份，将股份分为 A 股与 B 股。

2. 股份的发行

股份发行是指股份有限公司为设立公司或筹集资金，依法发售股份的行为。按照股份发行目的的不同，股份发行分为为设立公司而发行股份和为扩大公司资本而发行股份两种。

(1) 股份发行的原则。我国股份有限公司股份的发行实行公平、公正的原则，同种类的每一股份应当具有同等权利。同次发行的同种类股票，每股的发行条件和价格应当相同；任何单位或者个人所认购的股份，每股应当支付相同价额。

(2) 股份发行的一般规则。股份发行无论是设立发行还是新股发行，除应符合法定条件并履行法定程序外，还应当遵守下列规定：①股份发行不得折价。股票发行价格可以按票面金额，也可以超过票面金额，但不得低于票面金额。②股份发行必须同股同价。同次发行的股份，其每股发行的条件和价格应当相同，不得在股份的同次发行中采取不同的发行价格和条件。

(3) 公司发行新股。依照公司章程的规定，由股东大会或者董事会对下列事项作出决议：新股种类及数额；新股发行价格；新股发行的起止日期；向原有股东发行新股的种类及数额。公司经国家证券监督管理机构核准公开发行新股时，必须公告新股招股说明书和财务会计报告，并制作认股书。公司发行新股，可以根据公司经营情况和财务状况，确定其作价方案。公司发行新股募足股款后，必须向公司登记机关办理变更登记并公告。

3. 股票及其特征

股票与股份有着十分密切的联系：股份采取股票形式，而股票本身则只不过是股份的证券表现。股票是指由股份有限公司签发的证明股东按其所持股份享有权利和承担义务的书面凭证。股票具有以下特征。

(1) 股票是一种有价证券。有价证券是设定并证明持券人有取得一定金额的权利的凭证，它反映的是一种财产权利，且该财产权利的行使以提示证券为前提。股票作为有价证券的一种，一方面它代表着一定的财产价值，是一种特定的价值符号；另一方面股票又是一种提示证券。因股票种类不同，其提示效果也不尽一致，其中，无记名股票是一种典型的提示证券，而记名股票则是一种非典型提示证券。

(2) 股票是一种证权证券。股票是证明股东与公司之间股权关系的一种法律凭证，仅具有权利证书的效力，而不具有创设权利的效力。因此，股票是一种证权证券，而非设权证券。

(3) 股票是一种流通证券。股票可以在市场上流通，是一种典型的流通证券。股票的流通方式有两种：一是上市交易，即到证券交易所挂牌交易；二是场外交易，即在证券交易所之外的市场进行交易。

(4) 股票是一种要式证券。股票须按法定方式制作，并须记载法定事项。我国公司法规定，股票采用纸面形式或者国务院证券监督管理机构规定的其他形式。股票应载明下列事项：①公司名称。②公司成立的日期。③股票的种类、票面金额及代表的股份数。④股票的编号。此外，股票须由董事长签名，公司盖章后生效。发起人的股票，应当标明发起人股票字样。

(5) 股票是一种风险证券。严格来讲，凡证券权利的实现都具有一定的风险性。但由于股票投资本身就是一种具有高度风险的投资方式，其风险性在诸种证券中尤为突出。尽管股票投资的风险莫测，但因股票投资又具有高收益的可能，其仍是广大投资者所乐于选择的一种投资方式。也正是因为股票收益应包含风险的补偿收入，其高收益就成为对股票持有人面临的高度风险的一种必要的补偿和鼓励。

(二) 出资的转让

无论何种类型的公司，股东的出资均可转让，但因公司的性质不同，法律对股东转让出资的限制也宽严有别。

1. 有限责任公司股东出资的转让

有限责任公司因其股东人数不多，股东又重视相互之间的联系，在性质上属于资合兼人合性的公司。因此，股东出资的转让也受到一定的限制。我国公司法对有限责任公司的股权转让作了如下规定。

(1) 有限责任公司的股东之间可以相互转让其全部或者部分股权。

(2) 股东向股东以外的人转让股权，应当经其他股东过半数同意。股东应就其股权转让事项以书面或者其他能够确认收悉的合理方式通知其他股东征求同意，其他股东自接到书面通知之日起满 30 日未答复的，视为同意转让。其他股东半数以上不同意转让的，不同意的股东应当购买该转让的股权；不购买的，视为同意转让。经股东同意转让的股权，在同等条件下，其他股东有优先购买权。“同等条件”应考虑转让股权的数量、价格、支付方式以及期限等因素。两个以上股东同时主张行使优先购买权的，协商确定各自的购买比例；协商不成的，按照转让时各自的出资比例行使优先购买权。但是公司章程对股权转让另有规定的，从其规定。有限责任公司的股东向股东以外的人转让股权，未就其股权转让事项征求其他股东意见，或者以欺诈、恶意串通等手段，损害其他股东优先购买权，其他股东主张按照同等条件购买该转让股权的，人民法院应当予以支持，但其他股东自知道或者应当知道行使优先购买权的同等条件之日 30 日内没有主张，或者自股权变更登记之日起超过 1 年的除外。

(3) 人民法院依照法律规定的强制执行程序转让股东的股权时，应当通知公司及全体股东，其他股东在同等条件下有优先购买权。其他股东自人民法院通知之日起满 20 日不行使优先购买权的，视为放弃优先购买权。

(4) 有下列情形之一的，对股东会该项决议投反对票的股东可以请求公司按照合理的价格收购其股权：①公司连续 5 年不向股东分配利润，而公司该 5 年连续盈利，并且符合本法规定的分配利润条件的。②公司合并、分立、转让主要财产的。③公司章程规定的营业期限届满或者章程规定的其他解散事由出现，股东会会议通过决议修改章程使公司存续的。上述情形自股东会会议决议通过之日起 60 日内，股东与公司不能达成股权收购协议的，股东可以自股东会会议决议通过之日起 90 日内向人民法院提起诉讼。

(5) 自然人股东死亡后，其合法继承人可以继承股东资格，但是公司章程另有规定的除外。

2. 股份有限公司股份的转让

在各类公司中，唯有股份有限公司的股东可以自由地转让其股份。由于股份有限公司是典型的资合公司，以公司资本为其信用基础，股东间的人身关系较为松散，因此，股份可以自由转让和流通。我国公司法对股份有限公司股份转让的方式作了如下规定。

(1) 股东转让其股份，应当在依法设立的证券交易场所进行或者按照国务院规定的其他方式进行。

(2) 记名股票，由股东以背书方式或者法律、行政法规规定的其他方式转让；转让后由公司将受让人的姓名或者名称及住所记载于股东名册。股东大会召开前 20 日内或者公司决定分配股利的基准日前 5 日内，不得进行前款规定的股东名册的变更登记。但是，法律对上市公司股东名册变更登记另有规定的，从其规定。

(3) 无记名股票的转让，由股东将该股票交付给受让人后即发生转让的效力。

(4) 发起人持有的本公司股份，自公司成立之日起 1 年内不得转让。公司公开发行股份前已发行的股份，自公司股票在证券交易所上市交易之日起 1 年内不得转让。

(5) 公司董事、监事、高级管理人员应当向公司申报所持有的本公司的股份及其变动情况，在任职期间每年转让的股份不得超过其所持有本公司股份总数的 25%；所持本公司股份自公司股票上市交易之日起 1 年内不得转让。上述人员离职后半年内，不得转让其所持有的本公司股份。公司章程可以对公司董事、监事、高级管理人员转让其所持有的本公司股份作出其他限制性规定。

(6) 公司不得收购本公司股份。但是，有下列情形之一的除外：①减少公司注册资本。②与持有本公司股份的其他公司合并。③将股份用于员工持股计划或者股权激励；④股东因对股东大会作出的公司合并、分立决议持异议，要求公司收购其股份；⑤将股份用于转换上市公司发行的可转换为股票的公司债券；⑥上市公司为维护公司价值及股东权益所必需。公司因上述第①、第②项规定的情形收购本公司股份的，应当经股东大会决议；公司因上述第③、第⑤、第⑥项规定的情形收购本公司股份的，可以依照公司章程的规定或者股东大会的授权，经 2/3 以上董事出席的董事会会议决议。公司依照上述规定收购本公司股份后，属于第①项情形的，应当自收购之日起 10 日内注销；属于第②、第④项情形的，应当在 6 个月内转让或者注销；属于第③、第⑤、第⑥项情形的，公司合计持有的本公司股份数不得超过本公司已发行股份总额的 10%，并应当在 3 年内转让或者注销。

第四节　公司治理

一、公司机构

（一）公司的组织机构

公司的组织机构是由公司本身的组织机能所决定的，是公司组织机能的外在形式。尽管公司不是生命体，不可能存在像自然人一样的大脑、心脏、四肢和五官，但公司法人作为独立的民事主体，法律已经赋予其生命机制，这要求公司必须具有同自然人一样的组织机能，即形成、表达并实现自己的意志，以维系法人生命运动的基本功能。公司的组织机构就是为了适应公司的组织机能而依法设置的实现其民事权利能力和民事行为能力的有机统一的组织系统。因此，各国公司立法在造就了公司法人的同时，也设计了公司的组织机构。公司的组织机构通常包括公司的意思形成机构、业务执行机构和内部监督机构。广义的公司组织机构还包括公司的工会组织和公司内部的一些其他职能部门。

（二）公司的治理机构

公司的治理机构事实上就是所有者（股东）、经营决策者和监督者之间通过公司权力机构（股东会）、经营决策机构（董事会及经理）、监督机构（监事会）而形成各自独立、责任明确、相互制约的关系，并依法律、公司章程等规定予以制度化的统一机制。公司治理结构模式体现了“三权分立、分权制衡”的思想。股东会是公司的表意机构，董事会或董事是公司的执行机构和代表机关，监事会或者监事是公司的监察机构，三者三权分立，相互依存，相互制约。现代公司就像是一个国家的缩影，它仿照政治上的议会、行政（政府）和司法（法院）三权分立的模式来构建公司的组织机构，它将宪政主义的形式加于公司治理之上。各国公司法上所规定的公司组织机构模式虽然在具体上有所差异，但总体来说，无不体现了这一宪政思想。这种关于公司权力的分配和安排的模式反映了一种公司治理的理想化设计。

二、股东会

（一）股东会的概念与特征

股东会是指在各类公司中由全体股东组成的公司权力机构，它包括股份有限公司的股东大会和有限责任公司的股东会。无论是何种类型的公司，股东会都具有以下特征：①股东会须由全体股东组成。我国公司法规定，有限责任公司股东会由全体股东组成，股份有限公司由股东组成股东大会。②股东会是公司的意思形成机构或最高权力机构。公司是由全体股东组成的社团法人，全体股东的共同意志便是公司法人的意志，股东会就是一个专门供股东表达意愿和将单个股东的意愿汇集起来形成股东集体意志的机构或场所。③股东会是公司的法定但非常设机构。在我国，中外合资经营的有限责任公司一般都不设股东会，而以董事会作为公司的最高权力机构。股东会虽为必设机构，但并非常设机构，仅以普通年会和临时会议的形式行使职权，在股东会闭会后，股东只能通过有关参与权的行使，对公司的生产经营活动施加影响。

（二）股东会的职权

我国公司法规定，股东会行使下列职权：①决定公司的经营方针和投资计划。②选举和更换非由职工代表担任的董事、监事，决定有关董事、监事的报酬事项。③审议批准董事会的报告。④审议批准监事会或者监事的报告。⑤审议批准公司的年度财务预算方案、决算方案。⑥审议批准公司的利润分配方案和弥补亏损方案。⑦对公司增加或者减少注册资本作出决议。⑧对发行公司债券作出决议。⑨对公司合并、分立、解散、清算或者变更公司形式作出决议。⑩修改公司章程。⑪公司章程规定的其他职权。但是，对上述事项股东以书面形式一致表示同意的，可以不召开股东会会议，直接作出决定，并由全体股东在决定文件上签名、盖章。

（三）股东会的种类

股东会既是由全体股东组成的公司权力机构，又是定期或临时举行的由全体股东出席的会议。依据会议召开的原因及时间和方式的不同，股东会通常分为普通会议和特别会议两种。

1. 普通会议

普通会议又称股东常会、股东年会或定期股东会议，是指公司按照法律或章程规定定期召集的股东会议。我国公司法规定，股份有限公司的股东年会每年召开 1 次，行使公司法和公司章程规定的职权；有限责任公司的定期股东会议应依章程规定的时间召开。

2. 特别会议

特别会议又称临时股东会或特别股东会，是指必要时在两次年会之间不定期召开的全体股东会议。按照各国公司法的规定和传统做法，召开股东特别会议的法定情形有所不同。我国公司法规定，有限责任公司召开临时股东会的情形是：代表 1/10 以上表决权的股东，1/3以上的董事，监事会或者不设监事会的公司监事提议召开临时会议的，应当召开临时会议。股份有限公司有下列情形之一的，应当在 2 个月内召开临时股东大会：①董事人数不足本法规定人数或者公司章程所定人数的 2/3 时。②公司未弥补的亏损达实收股本总额的 1/3时。③单独或者合计持有公司 10%以上股份的股东请求时。④董事会认为必要时。⑤监事会提议召开时。⑥公司章程规定的其他情形。

（四）股东会的召集和主持

1. 召集人和主持

无论是普通会议，还是特别会议，召集人原则上为董事会。

我国公司法规定，有限责任公司股东会的召集和主持：①首次股东会会议由出资最多的股东召集和主持，依照公司法规定行使职权。②有限责任公司设立董事会的，股东会会议由董事会召集，董事长主持；董事长不能履行职务或者不履行职务的，由副董事长主持；副董事长不能履行职务或者不履行职务的，由半数以上的董事共同推举 1 名董事主持。③有限责任公司不设董事会的，股东会会议由执行董事召集和主持。董事会或者执行董事不能履行或者不履行召集股东会会议职责的，由监事会或者不设监事会的公司的监事召集和主持；监事会或者监事不召集和主持的，代表 1/10 以上表决权的股东可以自行召集和主持。

股份有限公司股东大会的召集和主持：股东大会会议由董事会召集，董事长主持；董事长不能履行职务或者不履行职务的，由副董事长主持；副董事长不能履行职务或者不履行职务的，由半数以上的董事共同推举 1 名董事主持。董事会不能履行或者不履行召集股东大会会议职责的，监事会应当及时召集和主持；监事会不召集和主持的，连续 90 日以上单独或者合计持有公司 10%以上股份的股东可以自行召集和主持。

2. 召集程序

股东会之召集应于会议召开的一定期限之前通知或通告股东。对于通知期限，各国要求并不完全一致，一般对股份有限公司的要求比较严格，对有限责任公司的要求则相对宽松。

我国公司法规定，有限责任公司召开股东会会议，应当于会议召开 15 日前通知全体股东，但是公司章程另有规定或者全体股东另有约定的除外。股东会应当对所议事项的决定作成会议记录，出席会议的股东应当在会议记录上签名。

股份有限公司召开股东大会会议，应当将会议召开的时间、地点和审议的事项于会议召开 20 日前通知各股东；临时股东大会应当于会议召开 15 日前通知各股东；发行无记名股票的，应当于会议召开 30 日前公告会议召开的时间、地点和审议事项。并且股东大会不得对上述通知中未列明的事项作出决议。此外，单独或者合计持有公司 3%以上股份的股东，可以在股东大会召开 10 日前提出临时提案并书面提交董事会；董事会应当在收到提案后 2 日内通知其他股东，并将该临时提案提交股东大会审议。临时提案的内容应当属于股东大会职权范围，并有明确议题和具体决议事项。无记名股票持有人出席股东大会会议的，应当于会议召开 5 日前至股东大会闭会时将股票交存于公司。

（五）股东表决权行使的一般原则和一般表决规则的例外

1. 股东表决权行使的一般原则

由公司的资合性特征所决定，多数国家的公司立法都确立了股东行使表决权的基本原则，即“资本多数表决”原则和“一股一票”原则。我国公司法规定，有限责任公司股东会会议由股东按照出资比例行使表决权，但是公司章程另有规定的除外；股份有限公司股东出席股东大会会议，所持每一股份有一表决权，但是公司持有的本公司股份没有表决权。股东大会作出决议，一般必须经出席会议的股东所持表决权过半数通过。

2. 一般表决规则的例外

我国公司法规定的一般表决规则的例外，主要包括：①累积投票制。累积投票制是指股东大会选举董事或者监事时，每一股份拥有与应选董事或者监事人数相同的表决权，股东拥有的表决权可以集中使用的制度。股东大会选举董事、监事，可以依照公司章程的规定或者股东大会的决议，实行累积投票制。②股东表决权回避制度。股东表决权回避制度是指公司为公司股东或者实际控制人提供担保的，必须经股东会或者股东大会决议，并且上述规定的股东或者受上述规定的实际控制人支配的股东，不得参加上述规定事项的表决的制度。该项表决由出席会议的其他股东所持表决权的过半数通过。

（六）股东会决议

1. 股东会决议的种类

对于股东会的不同决议事项，法律规定了不同的多数标准。根据具体的决定事项和多数标准，股东会的决议分为普通决议和特别决议。

（1）普通决议。普通决议是指决定公司的普通事项时采用的，以简单多数通过的决议。

“简单多数通过”就是指有出席会议的 1/2 以上的表决权通过决议即可生效。对普通决议所适用的事项,各国公司法很少作强行性规定,而将其留给或允许公司章程作出规定。

(2) 特别决议。特别决议是指决定公司的特别事项时采用的,以绝对多数才能通过的决议。在不同的国家里,对不同的表决事项,绝对多数的数量要求不同。有的要求要有出席会议股东 2/3 以上表决权通过;有的要求有出席会议股东的 3/4 以上的表决权通过。我国公司法规定,股份有限公司对公司合并、分立、解散以及修改公司章程作出决议时,必须经出席会议股东的 2/3 以上的表决权通过。有限责任公司需对公司增加或减少资本,公司的合并、分立、解散或变更公司形式,以及修改公司章程等作出决议时,必须经代表 2/3 以上表决权的股东通过。

2. 股东会的议事记录

各国公司法一般都规定,股东会的决议事项应有完备的记录。在记录中,应标明会议的时间、场所、主席的姓名、议事的内容和结果等,并由主席签名盖章。议事记录应与出席或被代理出席的股东名单及出席委托书等一并保存。我国公司法规定,股东会议应作记录,会议的决议事项应形成会议纪要,会议记录与纪要应与出席股东的签名簿及代理出席的委托书一并保存。

3. 股东会决议的无效与撤销

股东会的决议是公司团体的意思表示,一经依法形成,即发生效力。然而,由于各种原因的存在,股东会的决议可能存在瑕疵,或者在内容上有悖于法律或公司章程,或者是在程序上违反法律或者章程的规定。上述瑕疵的存在会导致决议产生相应的法律后果。西方国家公司法视股东会决议违反法律或章程的具体情况的不同而确立了股东会决议无效和可撤销制度。

(1) 股东会决议的无效。股东会决议内容违反法律的,该决议即属无效决议,由于决议内容是否违反法律,由决议本身即可作出判断,无须经其他程序确认,因此,这种无效被称作当然无效。与民法中的绝对无效的民事行为相同,自始无效,绝对无效,且不以特定人提起诉讼为无效要件。股东也可向法院提起确认无效之诉,其提起诉讼的时效不受限制,可随时提出。

(2) 股东会决议的撤销。股东会的召集程序或决议方法违反法律和章程规定时,股东在一定期限内,可以请求法院作出撤销其决议的判决,宣告其决议无效。因决议瑕疵中的程序上的瑕疵较为轻微,且其判定往往因时间的经过而感到困难,经特定的人在特定的期间内提出,方能判定是否无效,所以它仅属于相对无效,或宣告无效,而非当然无效。我国公司法规定,公司股东会或者股东大会、董事会的决议内容违反法律、行政法规的无效。股东会或者股东大会、董事会的会议召集程序、表决方式违反法律、行政法规或者公司章程,或者决议内容违反公司章程的,股东可以自决议作出之日起 60 日内,请求人民法院撤销。

三、董事会和经理

(一) 董事会的概念

董事会是由股东会选举产生的,由全体董事组成的行使经营决策和管理权的业务执行机关。董事会的这一概念,具有以下内涵:①董事会是公司的业务执行机关。尽管股东是公司财产的最终所有人,股东会是权力机构,但股东会的特点和弱点,决定了股东会只能是公司的意思形成机关,股东会作出的各项决议必须由董事会负责主持实施和执行。②董事会是集体执行公司事务的机关。董事会是会议体的机关,其权限通常应以会议的形式行使。董事会就重大公司事务形成决议,表达董事会成员的共同意思,故其为集体执行公司事务的机构。③董事会是公司经营决策和领导机关。董事会不仅仅是股东会之下的业务执行机关,它还有独立的权限和责任。特别是随着董事会权力的不断扩大和股东会职权的日渐削弱,董事会已成为事实上的经营决策和领导机关。事实上,除法律和公司章程另有规定外,公司的一切权力都由董事会行使或由董事会授权行使,公司的一切活动和事务都在董事会的指示下进行。

(二) 董事会的职权

对董事会的职权范围,各国公司法的规定不尽相同。有的国家明确授予董事会各种职权(如美国、德国);有的未对董事会的职权作出明确规定,而将其留待公司章程和细则去规定。较多的是采用排除的方法,赋予董事会行使除必须由股东会行使的必要权力之外的一切日常管理、决策权。无论各国公司立法如何规定,董事会作为公司的业务执行和经营管理机构,都有十分广泛的职权。这种职权概括起来为两个方面,即对内的经营管理权和对外的业务代表权。

我国公司立法对董事会的职权采用列举的方式明确规定,赋予董事会较为广泛的职权。董事会对股东会负责,行使下列职权:①召集股东会会议,并向股东会报告工作。②执行股东会的决议。③决定公司的经营计划和投资方案。④制定公司的年度财务预算方案、决算方案。⑤制定公司的利润分配方案和弥补亏损方案。⑥制定公司增加或者减少注册资本以及发行公司债券的方案。⑦制定公司合并、分立、解散或者变更公司形式的方案。⑧决定公司内部管理机构的设置。⑨决定聘任或者解聘公司经理及其报酬事项,并根据经理的提名决定聘任或者解聘公司副经理、财务负责人及其报酬事项。⑩制定公司的基本管理制度。⑪公司章程规定的其他职权。但是,股东人数较少或者规模较小的有限责任公司,可以设1名执行董事,不设董事会。执行董事可以兼任公司经理。执行董事的职权由公司章程规定。

(三) 董事会的组成

董事会由符合条件的当选董事组成。一般董事会设董事长1名、副董事长若干名。董事长对内为股东会、董事会的主席,对外代表公司。我国公司法规定,有限责任公司若设董事会,其成员为3～13人;股份有限公司设董事会,其成员为5～19人。董事会成员中可以有公司职工代表,董事会中的职工代表由公司职工通过职工代表大会、职工大会或者其他形式民主选举产生。此外,2个以上的国有企业或者2个以上的其他国有投资主体投资设立的有限责任公司,其董事会成员中应当有公司职工代表。董事会中的职工代表由公司职工通过职工代表大会、职工大会或者其他形式民主选举产生。

(四) 董事会会议

董事主要是通过参加董事会会议并以形成决议的方式来行使权力的,因此,关于董事会会议的规定是各国公司立法的主要内容。

1. 董事会会议的种类

与股东会会议的分类相一致,董事会会议亦可分为普通会议和特别会议。

(1) 普通会议。普通会议是公司章程规定的定期召开的董事会。我国公司法规定,股份有限公司董事会每年度至少召开 2 次会议,每次会议应当于会议召开 10 日前通知全体董事和监事。

(2) 特别会议。特别会议也称临时会议,是不定期的于必要时召开的会议。我国公司法规定,股份有限公司代表 1/10 以上表决权的股东、1/3 以上董事或者监事会,可以提议召开董事会临时会议。董事长应当自接到提议后 10 日内,召集和主持董事会会议。董事会召开临时会议,可以另定召集董事会的通知方式和时限。

2. 董事会会议的召集和主持

董事会会议由董事长召集和主持;董事长不能履行职务或者不履行职务的,由副董事长召集和主持;副董事长不能履行职务或者不履行职务的,由半数以上董事共同推举 1 名董事召集和主持。

(五) 董事会的议事方式和表决程序

我国公司法规定,董事会会议应有过半数的董事出席方可举行。董事会作出决议,必须经全体董事的过半数通过。董事会决议的表决,实行一人一票。董事会会议,应由董事本人出席;董事因故不能出席,可以书面委托其他董事代为出席,委托书中应载明授权范围。董事会应当将所议事项的决定做成会议记录,出席会议的董事应当在会议记录上签名。董事会的议事方式和表决程序,除公司法有特别规定的外,由公司章程规定。

(六) 经理

我国公司法规定,有限责任公司可以设经理,由董事会决定聘任或者解聘。经理对董事会负责,行使下列职权:①主持公司的生产经营管理工作,组织实施董事会决议。②组织实施公司年度经营计划和投资方案。③拟订公司内部管理机构设置方案。④拟订公司的基本管理制度。⑤制定公司的具体规章。⑥提请聘任或者解聘公司副经理、财务负责人。⑦决定聘任或者解聘除应由董事会决定聘任或者解聘以外的负责管理人员。⑧董事会授予的其他职权。公司章程对经理职权另有规定的,从其规定。经理列席董事会会议。

四、监事会

(一) 监事会的设立

监事会是对公司的业务活动进行监督和检查的公司机构。监事会与公司其他机构相比,在各国公司法、各类公司中差别最大、变化也最大。在有限责任公司中,监事会一般是公司的任意机关,公司可设监察人 1 至数人,也可不设。在股份有限公司中,对监事会的设立与否,各国的立法规定也不尽一致。有的国家,如德国,实行“双轨制”,即在股东会下设有董事会和监事会 2 个机构,由监事会对董事会的活动进行监督;有的国家,如英国和美国,则实行“单轨制”,即只设董事会而不设监事会,通过在董事会内部设立外部董事来监督内部董事的行为。

我国对监事会的设置采取强制规定,即股份有限公司必须设立监事会,与此同时,上市公司还须设立独立董事,对公司经营活动进行监督。监事会应当包括股东代表和适当比例的公司职工代表,其中职工代表的比例不得低于 1/3,具体比例由公司章程规定。监事会中的职工代表由公司职工通过职工代表大会、职工大会或者其他形式的民主选举产生。监事会设主席 1 人，由全体监事过半数选举产生。监事会主席召集和主持监事会会议；监事会主席不能履行职务或者不履行职务的，由半数以上监事共同推举 1 名监事召集和主持监事会会议。董事、高级管理人员不得兼任监事。监事的任期每届为 3 年。监事任期届满，可以连选连任。监事任期届满未及时改选，或者监事在任期内辞职导致监事会成员低于法定人数的，在改选出的监事就任前，原监事仍应当依照法律、行政法规和公司章程的规定，履行监事职责。

(二) 监事会的职权

我国公司法规定，监事会、不设监事会的公司的监事行使下列职权：①检查公司财务。②对董事、高级管理人员执行公司职务的行为进行监督，对违反法律、行政法规、公司章程或者股东会决议的董事、高级管理人员提出罢免的建议。③当董事、高级管理人员的行为损害公司的利益时，要求董事、高级管理人员予以纠正。④提议召开临时股东会会议，在董事会不履行公司法规定的召集和主持股东会会议职责时召集和主持股东会会议。⑤向股东会会议提出提案。⑥对董事、高级管理人员提起诉讼。⑦公司章程规定的其他职权。监事可以列席董事会会议，并对董事会决议事项进行质询或者建议。监事会、不设监事会的公司的监事发现公司经营情况异常，可以进行调查；必要时，可以聘请会计师事务所等协助其工作，费用由公司承担。

监事会每年度至少召开 1 次会议，监事可以提议召开临时监事会会议。监事会的议事方式和表决程序，除公司法有规定的外，由公司章程规定。监事会决议应当经半数以上监事通过。监事会应当把所议事项的决定做成会议记录，出席会议的监事应当在会议记录上签名。监事会、不设监事会的公司的监事行使职权所必需的费用，由公司承担。

五、公司董事、监事、高级管理人员的资格和义务

(一) 公司董事、监事、高级管理人员的资格

根据我国公司法的规定，有下列情形之一的，不得担任公司的董事、监事、高级管理人员：①无民事行为能力或者限制民事行为能力。②因贪污、贿赂、侵占财产、挪用财产或者破坏社会主义市场经济秩序，被判处刑罚，执行期满未逾 5 年，或者因犯罪被剥夺政治权利，执行期满未逾 5 年。③担任破产清算的公司、企业的董事或者厂长、经理，对该公司、企业的破产负有个人责任的，自该公司、企业破产清算完结之日起未逾 3 年。④担任因违法被吊销营业执照、责令关闭的公司、企业的法定代表人，并负有个人责任的，自该公司、企业被吊销营业执照之日起未逾 3 年。⑤个人所负数额较大的债务到期未清偿。

公司违反上述规定选举、委派董事、监事或者聘任高级管理人员的，该选举、委派或者聘任无效。董事、监事、高级管理人员在任职期间出现上述所列情形的，公司应当解除其职务。董事任期届满前被股东会或者股东大会有效决议解除职务，其主张解除不发生法律效力的，人民法院不予支持。董事职务被解除后，因补偿与公司发生纠纷提起诉讼的，人民法院应当依据法律、行政法规、公司章程的规定或者合同的约定，综合考虑解除的原因、剩余任期、董事薪酬等因素，确定是否补偿以及补偿的合理数额。

所谓高级管理人员，是指公司的经理、副经理、财务负责人、上市公司董事会秘书和公司章程规定的其他人员。

（二）公司董事、监事、高级管理人员的义务

董事、监事、高级管理人员应当遵守法律、行政法规和公司章程，对公司负有忠实义务和勤勉义务。董事、监事、高级管理人员不得利用职权收受贿赂或者其他非法收入，不得侵占公司的财产。董事、高级管理人员不得有下列行为：①挪用公司资金。②将公司资金以其个人名义或者以其他个人名义开立账户存储。③违反公司章程的规定，未经股东会、股东大会或者董事会同意，将公司资金借贷给他人或者以公司财产为他人提供担保。④违反公司章程的规定或者未经股东会、股东大会同意，与本公司订立合同或者进行交易。⑤未经股东会或者股东大会同意，利用职务便利为自己或者他人谋取属于公司的商业机会，自营或者为他人经营与所任职公司同类的业务。⑥接受他人与公司交易的佣金归为己有。⑦擅自披露公司秘密。⑧违反对公司忠实义务的其他行为。董事、高级管理人员违反上述规定所得的收入应当归公司所有。

股东会或者股东大会要求董事、监事、高级管理人员列席会议的，董事、监事、高级管理人员应当列席并接受股东的质询。董事、高级管理人员应当如实向监事会或者不设监事会的有限责任公司的监事提供有关情况和资料，不得妨碍监事会或者监事行使职权。

（三）股东的派生诉讼与诉权

股东派生诉讼又称股东代表诉讼或股东衍生诉讼，是指当公司的合法权益受到不法侵害而公司却怠于起诉时，符合法定条件的股东有权为了公司的利益以自己的名义直接向法院提起的诉讼。从理论上讲，拥有独立法律人格的公司具有独立的意思与独立的财产，在其权益受到侵害时，会采取相应的法律措施保护自己的利益。但是，这只是一种理想状态，事实上公司的独立意思往往会受到控股股东、实际控制人或董事会的控制，因而在公司利益被他们侵害时，这些侵权人就不可能促使公司形成追究其自身法律责任的公司独立意思。因此，各国法律都强化了对控股股东、实际控制人、董事、监事、高级管理人员的监督与制约，并赋予其较为严格的义务与责任。为此，公司法发展出了一种替代救济措施，即股东代表诉讼。通过股东诉讼，股东可以在维护公司权益的同时达到间接维护股东权益的目的。因此，相对股东直接以个人名义行使股东诉权的股东直接诉讼而言，股东代表诉讼又被称为股东间接诉讼。我国公司法也确立了股东代表诉讼制度，并对有限责任公司与股份有限公司统一规定了这一制度。关于股东可以提起的诉讼主要有以下几种。

（1）查阅账簿请求之诉。有限责任公司股东有权查阅、复制公司章程、股东会会议记录、董事会会议决议、监事会会议决议和财务会计报告。公司不得以公司章程、股东之间的协议等形式实质性剥夺股东依照公司法规定享有的查阅或者复制公司文件的权利。股东可以要求查阅公司会计账簿。股东要求查阅公司会计账簿的，应当向公司提出书面请求，说明目的。公司有合理根据认为股东查阅会计账簿有不正当目的，可能损害公司合法利益的，可以拒绝提供查阅，并应当自股东提出书面请求之日起 15 日内书面答复股东并说明理由。有限责任公司有证据证明股东存在下列情形之一的，应当认定股东具有“不正当目的”：①股东自营或者为他人经营与公司主营业务有实质性竞争关系业务的，但公司章程另有规定或者全体股东另有约定的除外。②股东为了向他人通报有关信息查阅公司会计账簿，可能损害公司合法利益的。③股东在向公司提出查阅请求之日前的3年内，曾通过查阅公司会计账簿，向他人通报有关信息损害公司合法利益的。④股东有不正当目的的其他情形。公司拒绝提供查阅的，股东可以请求人民法院要求公司提供查阅。人民法院审理股东请求查阅或者复制公司特定文件资料的案件，对原告诉讼请求予以支持的，应当在判决中明确查阅或者复制公司特定文件材料的时间、地点和特定文件材料的名录。

（2）股东直接诉讼。董事、高级管理人员违反法律、行政法规或者公司章程的规定，损害股东利益的，股东可以直接向人民法院提起诉讼。

（3）股东代表诉讼。董事、监事、高级管理人员执行公司职务时违反法律、行政法规或者公司章程的规定，给公司造成损失的，应当承担赔偿责任。有限责任公司的股东、股份有限公司连续180日以上单独或者合计持有公司1%以上股份的股东，可以书面请求监事会或者不设监事会的有限责任公司的监事向人民法院提起诉讼；监事有此情形的，前述股东可以书面请求董事会或者不设董事会的有限责任公司的执行董事向人民法院提起诉讼。监事会、不设监事会的有限责任公司的监事，或者董事会、执行董事收到上述规定的股东的书面请求后拒绝提起诉讼，或者自收到请求之日起30日内未提起诉讼，或者情况紧急、不立即提起诉讼将会使公司利益受到难以弥补的损害的，上述规定的股东有权为了公司的利益以自己的名义直接向人民法院提起诉讼。其他人侵犯公司合法权益，给公司造成损失的，上述股东也可按照前述规定向人民法院提起诉讼。

（4）确认公司决议无效与撤销决议之诉。①股东会决议的无效。股东会决议内容违反法律或行政法规的，该决议即属无效决议，由于决议内容是否违反法律或行政法规，由决议本身即可作出判断，无须经其他程序确认，因此，这种无效被称为当然无效。与民法中的绝对无效的民事行为相同，自始无效，绝对无效。不以特定人提起诉讼为无效要件。股东也可向法院提起确认无效之诉，其提起的时效不受限制，可随时提出。②股东会决议的撤销。股东会的召集程序或决议方法违反法律和章程规定时，股东在一定期限内，可以请求法院作出撤销其决议的判决，宣告其决议无效。因决议瑕疵中的程序上的瑕疵较为轻微，且其判定往往因时期的经过而感到困难，因此，经特定的人在特定的期间内提出，方能判定是否无效，所以它仅属于相对无效，或宣告无效，而非当然无效。我国公司法规定，公司股东会或者股东大会、董事会的决议内容违反法律、行政法规的无效。股东会或者股东大会、董事会的会议召集程序、表决方式违反法律、行政法规或者公司章程，或者决议内容违反公司章程的，股东可以自决议作出之日起60日内，请求人民法院撤销。股东请求确认股东会或者股东大会、董事会决议不成立、无效或者撤销决议的案件，应当列公司为被告。对决议涉及的其他利害关系人，可以依法列为第三人。股东会或者股东大会、董事会决议被人民法院判决确认无效或者撤销的，公司依据该决议与善意相对人形成的民事法律关系不受影响。

（5）股权确认之诉。当事人向人民法院起诉请求确认其股东资格的，应当以公司为被告，与案件争议股权有利害关系的人作为第三人参加诉讼。

（6）出资争议之诉。当事人之间对是否已履行出资义务发生争议，原告提供对股东履行出资义务产生合理怀疑证据的，被告股东应当就其已履行出资义务承担举证责任。

(7) 司法解散之诉。公司经营管理发生严重困难,继续存续会使股东利益受到重大损失,通过其他途径不能解决的,单独或者合计持有公司全部股东表决权10%以上的股东,可以请求人民法院解散公司。有下列情形之一的,视为公司经营管理发生严重困难:①公司持续2年以上无法召开股东会或者股东大会,公司经营管理发生严重困难的。②股东表决时无法达到法定或者公司章程规定的比例,持续2年以上不能作出有效的股东会或者股东大会决议,公司经营管理发生严重困难的。③公司董事长期冲突,且无法通过股东会或者股东大会解决,公司经营管理发生严重困难的。④经营管理发生其他严重困难,公司继续存续会使股东利益受到重大损失的情形。

(8) 股权回购请求之诉。有下列情形之一的,对股东会该项决议投反对票的股东可以请求公司按照合理的价格收购其股权:①公司连续5年不向股东分配利润,而公司该5年连续盈利,并且符合该法规定的分配利润条件的。②公司合并、分立、转让主要财产的。③公司章程规定的营业期限届满或者章程规定的其他解散事由出现,股东会会议通过决议修改章程使公司存续的。上述情形自股东会会议决议通过之日起60日内,股东与公司不能达成股权收购协议的,股东可以自股东会会议决议通过之日起90日内向人民法院提起诉讼。

第五节 公司财务和会计

一、公司财务会计制度的要求

公司在本质上是一种资本的集合,公司财产是公司经营和交易活动的基础。我国公司法要求,公司应当依照法律、行政法规和国务院财政部门的规定建立本公司的财务会计制度;公司应当在每一会计年度终了时编制财务会计报告,并依法经会计师事务所审计;有限责任公司应当按照公司章程规定的期限将财务会计报告送交各股东。股份有限公司的财务会计报告应当在召开股东大会年会的20日前置备于本公司,供股东查阅;公开发行股票的股份有限公司必须公告其财务会计报告。

二、公积金制度

公积金是指公司为了弥补公司的亏损,扩大公司生产经营或者转增公司资本,依照法律或者公司章程的规定,从公司盈余或资本中提取的积累资金。从形成公积金的来源看,公积金可分为盈余公积金和资本公积金。

(1) 盈余公积金是指从公司盈余中提取的累积资金。根据盈余公积金提取方式的不同,可将盈余公积金分为法定公积金和任意公积金。前者是基于法律的规定而强行提取的公积金。我国公司法规定,公司分配当年税后利润时,应当提取利润10%列入公司法定公积金。公司法定公积金累计额为公司注册资本的50%以上的,可不再提取。公司的法定公积金不足以弥补以前年度亏损的,在依照上述规定提取法定公积金之前,应当先用当年利润弥补亏损;后者是指公司于法定公积金之外,根据公司章程规定或者股东会决议而特别储备的公积金。公司从税后利润中提取法定公积金后,经股东会或者股东大会决议,还可以从税后利润中提取任意公积金。

(2) 资本公积金是指依照法律的规定,将特定的公司资本列入公积金。我国公司法规定,股份有限公司以超过股票票面金额的发行价格发行股份所得的溢价款以及国务院财政部门规定列入资本公积金的其他收入,应当列为公司资本公积金。我国公司法对公积金的使用及其限制作出了规定,公司的公积金可以用于弥补公司的亏损、扩大公司生产经营或者转为增加公司资本,但是资本公积金不得用于弥补公司的亏损。法定公积金转为资本时,所留存的该项公积金不得少于转增前公司注册资本的25%。

三、盈余分配制度

公司是营利性社团法人,其每营业年度所获得的盈余,自然应当分配给其股东。盈余分配的原则是:公司只有在弥补亏损及提取法定公积金之后,才能就盈余分配股利。我国公司法规定,公司弥补亏损和提取公积金后所余税后利润,有限责任公司按照股东实缴的出资比例分取红利,但是全体股东约定不按照出资比例分取红利或者不按照出资比例优先认缴出资的除外;股份有限公司按照股东持有的股份比例分配,但股份有限公司章程规定不按持股比例分配的除外。根据我国现行法律规定,公司应当按如下顺序进行利润分配:①弥补以前年度的亏损,但不得超过税法规定的弥补期限。②缴纳所得税。③公司的法定公积金不足以弥补以前年度亏损的,弥补亏损。④依法提取法定公积金。⑤经股东会或股东大会决议提取任意公积金。⑥按股东出资比例或股东持有股份比例分配或者公司章程规定的其他方式向股东分配利润。股东会、股东大会或者董事会违反上述规定,在公司弥补亏损和提取法定公积金之前向股东分配利润的,股东必须将违反规定分配的利润退还公司。公司持有的本公司股份不得分配利润。分配利润的股东会或者股东大会决议作出后,公司应当在决议载明的时间内完成利润分配。决议没有载明时间的,以公司章程规定的为准。决议、章程中均未规定时间或者时间超过1年的,公司应当自决议作出之日起1年内完成利润分配。决议中载明的利润分配完成时间超过公司章程规定时间的,股东可以依据《公司法》第22条第2款规定请求人民法院撤销决议中关于该时间的规定。

第六节　公司合并、分立、解散和清算

一、公司合并

(一) 公司合并的概念、种类和特征

对于何谓公司的合并,历来有不同的认识和解释。美国公司法对公司的合并解释为,两个以上公司相合而成立为一个新公司称为合;一个以上公司并入其他公司,仅一个公司存续称为并。英国公司法上的合并是指两个或两个以上的公司联合组成一个新公司,或一公司以取得股份的方法掌握两个或两个以上公司的控制权。可见,英国公司法上的合并实际上相当于我国的兼并,包括合并和收购。收购即受让公司获得出让公司并非通过财产的转让,而是通过受让公司购入出让公司的股份并同时保持出让公司的存在。

根据我国公司法的规定，公司合并是指两个或两个以上的公司依照法定程序归并为其中的一个公司或创设另一个新的公司的法律行为。公司合并的法定形式有吸收合并和新设合并两种。吸收合并是指两个或两个以上的公司合并后，其中有一个公司（吸收方）存续，而其余公司（被吸收方）均归消灭的法律行为；新设合并又称创设合并，是指两个或两个以上的公司合并后，参与合并的公司均归于消灭，在此基础上另行成立一个新的公司的法律行为。

公司合并有以下四个特点：①除在吸收合并中吸收公司存续外，其他公司均归于消灭。②合并后消灭的公司的股东自然成为合并后存续公司或新设公司的股东。③因合并而消灭的公司的资产及债权债务，一并转移至合并后存在的公司或新设的公司，无须经过清算程序。④合并是参与合并的公司之间的契约行为，不是股东之间的契约行为。合并是各方在平等自愿的基础上进行的，是一种市场行为。

（二）公司合并与兼并的区别

尽管公司的合并与兼并在经济学意义上并未作出严格的区分，但在公司法上，兼并与合并却是两个不同的概念。兼并是指一个企业通过购买其他企业的产权或股份的方式，从而使其他企业失去法人资格或被控股的法律行为。根据我国《关于企业兼并的暂行办法》的规定，企业兼并有四种方式，即承担债务式、购买式、吸收股份式和控股式。其中前两种方式都是在消灭法人资格的前提下进行的，而吸收股份式和控股式则并不消灭被吸收股份公司和被控股公司的法人资格。由此可见，兼并包括合并和收购，其含义比合并广泛。收购是指受让公司通过购买出让公司一定数额的股权（一般为50%以上），从而实际控制出让公司（出让公司继续存在）的法律行为。

（三）公司合并的法律规范

公司合并涉及合并各方及其股东、债权人、职工、经营管理者的权利、义务和责任，同时，合并意味着市场中公司数目的减少，降低了竞争的程度。因此，各国不仅在公司法中对合并的条件、程序和法律后果加以规定，而且还通过合同法、证券法、劳动法、反不正当竞争法、反垄断法等加以规范。其目的在于维护自由、公正的市场竞争秩序，协调和保护合并过程中各相关主体的合法利益。现代发达的市场经济国家均通过反垄断法对公司的合并加以控制，并建立了相应的政府机构。比如，美国的反托拉斯局和联邦贸易委员会，德国的卡特尔局。公司合并达到一定规模的应向上述机关报告，以便监督。

自20世纪80年代以来，“恶意收购”浪潮迭起，这类合并对劳动者、债权人造成了重大影响。由于传统公司法理论认为公司合并是公司之间的行为，仅与股东和债权人有关，与公司雇员和相关共同体的关系由其他法规加以调整，因而在公司法中仅对股东和债权人设立相应的保护制度，对雇员和相关共同体（甚至如合并公司所在地居民等）缺乏相应的保护。新近的经济学研究成果表明，合并直接损害雇员和相关共同体的利益，甚至合并者从合并中获得的利益就是雇员在合并中所失去的利益。因此，近年来美国有29个州相继修改公司法，要求公司经营管理者不只为股东服务，而且应为劳动者、债权人等更为广泛的“利益相关者”服务，在合并中应考虑雇员和其他利益相关者的利益。美国公司法的这一变化已产生深远而广泛的影响。

(四) 公司合并的程序

(1) 参与合并公司的董事会或执行股东提出一个合并契约草案,载明参与合并公司的名称、住所以及合并的条件等。

(2) 订立合并契约。参加合并的各公司在平等自愿基础上就合并的有关事项达成一致协议。我国公司法虽然未规定合并契约的必要条款,但在实践中,合并契约一般应载明下列事项:合并各方的名称、住所;合并后存续公司或新设公司的名称、住所;合并各方的资产状况及其处理办法;合并各方的债权债务处理办法;存续公司或新设公司因合并而增资所发行的股份总数、种类和数量;合并各方认为有必要协商一致的其他事项。

(3) 通过合并决议。公司的合并与股东利益关系重大,故须经全体股东或股东会绝大多数通过合并决议。根据我国公司法的规定,有限公司的合并须有代表 2/3 以上表决权的股东通过;股份有限公司的合并须有出席会议股东所持表决权的 2/3 以上同意。

(4) 编制资产负债表和财产清单。公司合并时,合并各方应编制资产负债表和财产清单,以明确各方的财产状况,便于公司债权人了解。

(5) 通知和公告债权人。公司合并直接关系到债权人权利的实现,故我国公司法规定,公司应当自作出合并决议之日起 10 日内通知债权人,并于 30 日内在报纸上公告。债权人自接到通知书之日起 30 日内,未接到通知书的自公告之日起 45 日内,可以要求公司清偿债务或者提供相应的担保。公司合并时,合并各方的债权债务,应当由合并后存续的公司或者新设的公司承继。

二、公司分立

(一) 公司分立的概念

公司的分立是指一个公司依法定程序分为 2 个或 2 个以上公司的法律行为。在实践中,公司往往根据专业化分工的需要,将原公司中从事某一类或某一部分业务的机构独立出来,另行成立一个公司法人,使其独立对外承担民事责任,以便独立经营。同合并一样,分立也是公司迅速扩大经营,提高市场竞争力的重要手段。分立将一个公司分为多个独立承担民事责任的公司,具有分散经营风险的效果,因此,分立成为现代企业调整组织结构的一个重要手段。但是,公司的分立与合并不同,它是现代企业随着社会分工的不断细化而出现的,它的出现和普遍适用较合并更晚。由于分立往往体现为公司成立一个新法人,与公司的设立十分相似,甚至可以认为,公司的设立可涵盖公司的分立。因此,许多国家和地区(如日本、德国、美国及我国台湾地区等)的公司法未设立分立制度,将其包容于公司的设立之中。但我国公司法为规范公司的分立行为,对公司分立作出了专门的规定。

(二) 公司分立的形式

公司的分立分为新设分立和派生分立两种。新设分立又称分解分立,是指将一个公司的资产进行分割,然后分别设立两个或两个以上的公司,原公司因此而消灭的行为。派生分立又称分拆分立,是指在不消灭原公司的基础上,将原公司资产分出一部分或若干部分而再成立一个或数个公司的行为。

(三) 公司分立的程序

公司分立与公司、股东、债权人甚至雇员的关系重大,因此,必须依照法定程序进行。公司的分立是一个公司依法所为的单独行为,无须与其他第三方协商,这是分立与合并的显著区别。

1. 股东(大)会决议

公司分立属于与股东利益密切相关的重大事项,因此,分立应由董事会提出分立的议案,交股东会以特别决议确定。根据我国公司法的规定,有限责任公司的分立必须经代表2/3以上表决权的股东通过;股份有限公司的分立必须经出席会议的股东所持表决权的2/3以上通过,通过程序与合并相同。需要报批的,应当报经有关机关批准。股份有限公司的分立须经国务院授权的部门或省级人民政府批准。国有独资公司的分立必须经国家授权的部门或国家授权的机构批准。

2. 通知和公告债权人

对债权人而言,公司的分立将引起公司财产及其债务状况的变化,直接关系其债权的实现。因此,公司应当自作出分立决议之日起 10 日内通知债权人,并于 30 日内在报纸上公告。

3. 编制资产负债表及财产清单

公司分立,其财产作相应的分割,并应当编制资产负债表及财产清单。公司分立前的债务由分立后的公司承担连带责任。但是,公司在分立前与债权人就债务清偿达成的书面协议另有约定的除外。

4. 变更登记

我国公司法规定,公司合并或者分立,登记事项发生变更的,应当依法向公司登记机关办理变更登记;公司解散的,应当依法办理公司注销登记;设立新公司的,应当依法办理公司设立登记。

三、公司解散

公司解散是指公司因法律或公司章程规定的解散事由出现,停止其生产经营活动并经过清算程序,最后消灭其法律主体资格的法律行为。根据我国公司法的规定,公司因下列原因解散:①公司章程规定的营业期限届满或者公司章程规定的其他解散事由出现。②股东会或者股东大会决议解散。③因公司合并或者分立需要解散。④依法被吊销营业执照、责令关闭或者被撤销。⑤公司经营管理发生严重困难,继续存续会使股东利益受到重大损失,通过其他途径不能解决的,持有公司全部股东表决权10%以上的股东,可以请求人民法院解散公司。公司出现上述第①项情形的,可以通过修改公司章程而存续。

四、公司的清算

(一) 公司清算的概念

公司的清算是指公司解散后,处分其财产,终结其法律关系,从而消灭公司法人资格的法律程序。公司因合并或分立以外的其他原因引起的解散,均须经过清算程序。清算的类型主要有两种:自行清算和司法清算。

(二) 清算中公司的机关

公司解散后至办理注销登记期间,公司虽解散,但在清算目的范围内,法人资格继续存在。但是,公司一经解散,公司董事、经理的地位和职权便随之消灭,改由清算人接管公司的财产和事务。在普通清算时,公司的董事一般担任清算人。此外,清算期间公司股东会和监事会仍然存在,可以行使原有的职权,但以清算事务为限。此时,法律和公司章程关于监事的职权、股东会召集程序、少数股东召集股东大会的请求、董事和监事的说明义务、忠实义务、董事与公司的关系、监事的停止请求权、股东账簿查阅权等规定仍然适用。

1. 清算人

清算人又称清算组,是公司解散后处理清算事务的人,一般为自然人,其与解散中公司之间的关系,按照公司法的规定应为公司的负责人,在清算目的的范围内代表公司、处理公司事务,按照公司法的规定行使职权,承担相应的义务和责任。

清算人的产生方式主要有三种:①由法律规定。比如,日本商法规定,无限公司的清算人由执行业务股东担任,股份有限公司和有限公司的清算人由董事担任。但公司章程另有规定或股东另选其他清算人的除外。②由股东选任。在公司自愿解散的情形,除法律强制规定外,清算人一般由股东选任。我国公司法规定,有限责任公司的清算组由股东组成,股份有限公司的清算组由董事或者股东大会确定的人员组成。③由法院或行政机关选派。我国公司法规定,公司在法定解散事由出现之日起 15 日内成立清算组。公司成立清算组的,由清算组负责人代表公司参加诉讼;尚未成立清算组的,由原法定代表人代表公司参加诉讼。逾期不成立清算组进行清算的、虽然成立清算组但故意拖延清算的、违法清算可能严重损害债权人或者股东利益的,债权人可以申请人民法院指定有关人员组成清算组进行清算。债权人未申请的,公司股东可以申请法院指定清算组。人民法院受理公司清算案件,应当及时指定有关人员组成清算组。清算组成员可以从下列人员或者机构中产生:公司股东、董事、监事、高级管理人员;依法设立的律师事务所、会计师事务所、破产清算事务所等社会中介机构;依法设立的律师事务所、会计师事务所、破产清算事务所等社会中介机构中具备相关专业知识并取得执业资格的人员。人民法院组织清算的,清算组应当自成立之日起 6 个月内清算完毕。因特殊情况无法在 6 个月内完成清算的,清算组应当向人民法院申请延长。股东提起解散公司诉讼,同时又申请法院清算的,法院对清算申请不予受理,即解散之诉优先。

2. 清算人的职权

清算人作为清算中公司的机关,在执行清算事务范围内,相当于董事的地位,享有与董事同等的权利和义务。我国公司法规定,清算组在清算期间行使下列职权:①清理公司财产,分别编制资产负债表和财产清单。②通知、公告债权人。③处理与清算有关的公司未了结的业务。④清缴所欠税款以及清算过程中产生的税款。⑤清理债权债务。⑥处理公司清偿债务后的剩余财产。⑦代表公司参与民事诉讼活动。

3. 清算工作程序

(1) 登记债权。清算组应当自成立之日起 10 日内通知债权人,并于 60 日内在报纸上公告。债权人应当自接到通知书之日起 30 日内,未接到通知书的自公告之日起 45 日内,向清算组申报其债权。债权人申报债权,应当说明债权的有关事项,并提供证明材料。清算组应当对债权进行登记。在申报债权期间,清算组不得对债权人进行清偿。

(2) 清理公司财产,制定清算方案。清算组在清理公司财产、编制资产负债表和财产清单后,应当制定清算方案,并报股东会、股东大会或者人民法院确认。清算组在清理公司财产、编制资产负债表和财产清单后,发现公司财产不足清偿债务的,应当依法向人民法院申请宣告破产。公司经人民法院裁定宣告破产后,清算组应当将清算事务移交给人民法院。

(3) 清偿债务。公司财产能够清偿公司债务的,应优先拨付清算费用。在拨付清算费用后,按下列顺序清偿:职工的工资、社会保险费用和法定补偿金,缴纳所欠税款,清偿公司债务。清算期间,公司存续,但不得开展与清算无关的经营活动。公司财产在未按上述规定清偿前,不得分配给股东。

(4) 公告公司终止。公司清算结束后,清算组应当制作清算报告,报股东会或股东大会或者人民法院确认,并报送公司登记机关,申请注销公司登记,公告公司终止。公司被依法宣告破产的,依照有关企业破产的法律实施破产清算。

第十一章　企业破产法律制度

本章要点

本章主要介绍了企业破产法规定的企业破产的程序、破产财产的清算及破产债权的清偿。

典型案例

1999年1月11日，广东国际信托投资公司(以下简称广东国投公司)以严重资不抵债、无法偿付到期巨额债务为由，向广东省高级人民法院申请破产。

法院经审理查明，广东国投公司的总资产为214.71亿元，负债为361.65亿元，总资产负债率为168.23%，资不抵债146.94亿元。广东国投公司管理极度混乱，严重资不抵债，不能清偿境内外巨额到期债务，符合法律规定的破产条件，于1999年1月16日裁定：

(1) 广东国投公司破产还债。

(2) 指定清算组接管广东国投公司。

裁定宣布后，广东国投公司的破产清算工作依法按以下步骤进行。

一、债权的申报、审核和确认

1999年1月16日，法院分别在《人民日报》《人民法院报》刊登受理广东国投公司破产申请公告，要求债权人自公告之日起3个月内申报债权，逾期未申报的，视为自动放弃。对广东国投公司的其他民事执行程序依法中止执行，申请执行人可凭生效的法律文书申报债权，对广东国投公司的其他民事诉讼程序也依法终结或中止。法院最终确认，广东国投公司破产案的债权人共计200家，债权金额总计202.2317亿元。

二、破产财产的审核、确认和处理

广东国投公司破产清算组经清算认定，广东国投公司被宣告破产时的账面总资产为209.3748亿元。当事人对破产清算组有关破产财产的认定提出异议的，依法提请广东省高级人民法院裁定。

对经依法确认属于广东国投公司的财产，广东省高级人民法院区别不同情况进行追收或变现。

三、破产财产分配与终结破产程序

对广东国投公司破产财产追收和变现后，依法优先拨付了破产清算使用(含中介机构专业服务费用、评估费用及其他清算费用)，于2000年10月31日、2002年6月28日和2003

年2月28日分别召开债权人会议，在优先清偿广东国投公司所欠职工工资、劳动保险费用和所欠税款后，分3次按照比例清偿破产债权。经广东省高级人民法院裁定准予，破产财产分配分3次进行，分配破产财产共计25.34亿元，债权清偿率共计为12.52%。

广东国投公司破产案有关司法程序进行完毕后，破产清算组依法申请终结破产程序。广东省高级人民政府经审查，于2003年3月8日依照《中华人民共和国企业破产法》（以下简称《破产法》）第38条和最高人民法院《关于审理企业破产案件若干问题的规定》第97条的规定裁定如下。

（1）终结广东国投公司破产案破产程序。

（2）广东国投公司破产清算组凭本裁定向广东省工商行政管理局办理广东国投公司的注销登记。

（3）保留广东国投公司破产清算组完成追收广东国投公司破产财产、追加分配等善后事宜。

【资料来源】《中华人民共和国最高人民法院公报》2003年第3期（总第83期）。

第一节　企业破产和企业破产法律制度概述

一、破产和破产制度的概念、破产制度的特征

（一）破产和破产制度的概念

破产概念在法律上具有其特定的含义。现代破产法上的无力偿债，与传统破产法上的无力偿债有着明显的区别。按照现代的破产法概念，“破产”首先是一种事实状态。这种事实状态，英文叫作insolvency，意为“无力偿债”。企业在市场经济中，因各种原因不能清偿到期债务，通过重整、和解或清算等法定程序，使债务得以延缓或公平清偿的特殊的债务清理制度，即为法律上的破产制度。

（二）破产制度的特征

破产制度由破产法确定，其特征主要有以下几点。

（1）破产是一种执行程序。一般来说，破产是一种概括的执行程序，即为全体债权人的利益而对债务人的全部财产进行的执行程序。执行程序属于司法程序，所以破产必须在法院的管辖支配之下才能进行，其他机构没有处理破产事项的权力。另外，作为一种执行程序，破产中没有设置为解决当事人间实体民事争议、保护当事人诉讼权利的相应程序。

（2）破产是在特定情况下适用的一种法律程序。债务人不能清偿债务是破产程序发生的原因。除此之外，不能适用破产程序。另外，破产作为概括性的、为全体债权人利益而进行的执行程序，其立法目的与一般执行程序不同，具有对一般债务清偿程序的排他性，即排除为个别债权人利益而进行的执行程序。因此，在破产案件受理后，所有违背对全体债权人公平清偿原则的行为均不得进行。

（3）破产是对债务人全部法律关系的彻底清算，并且可能直接导致债务人民事主体资格消灭的法律后果。破产对债务人全部财产的清算，必然使其丧失继续经营的财产基础，从

而丧失经营资格，并因终止经营导致对其全部法律关系的清算。这种清算由破产管理人在法院主持下进行，而不是由当事人自行进行。

(4) 破产程序强调的是对债权人的公平清偿和对债务人的公平保护，进而实现对社会利益的维护。破产法所要解决的主要问题之一，是多数债权人之间因债务人有限财产不足以清偿全部债务而发生的相互冲突。

二、破产法的概念和适用范围

(一) 破产法的概念

破产法是调整破产关系的法律规范的总称。狭义的破产法仅指对债务人进行破产清算的法律，广义的破产法则还包括以避免债务人破产为主要目的的各种重整与和解制度方面的法律。现代意义上的破产法均是由规定破产清算与避免破产的法律制度共同组成的。

1986 年，中国推出了第一部破产法——《中华人民共和国企业破产法(试行)》，但这部法律只适用于全民所有制企业。1991 年修订后的民事诉讼法，又设专章规定了"企业法人破产还债程序"，适用于国有企业以外的其他所有的法人企业，但是过于简略。同时，在司法实践中，破产欺诈行为十分严重，这不仅侵害债权人利益，损害职工利益，而且破坏了诚实信用原则与经济秩序。

2006 年 8 月 27 日，《破产法》经过 12 年的起草和审议，经第 10 届全国人民代表大会常务委员会第 23 次会议表决获得了通过，并于 2007 年 6 月 1 日起施行。这部法律确立了企业有序退出的法律制度，规范了企业破产程序，对于公平清理债权债务，保护债权人和债务人的合法权益，维护社会主义市场经济秩序具有重要意义。为了配合破产法的实施，最高人民法院陆续出台了几部相关的司法解释，包括《关于〈中华人民共和国企业破产法〉施行时尚未审结的企业破产案件适用法律若干问题的规定》(2007 年 4 月 23 日，法释〔2007〕10 号)、《关于审理企业破产案件指定管理人的规定》(2007 年 4 月 4 日，法释〔2007〕8 号)、《最高人民法院关于审理企业破产案件确定管理人报酬的规定》(2007 年 4 月 4 日，法释〔2007〕9 号)、《关于债权人对人员下落不明或者财产状况不清的债务人申请破产清算的案件如何处理的批复》(2008 年 8 月 4 日，法释〔2008〕10 号)以及《关于审理民事案件适用诉讼时效制度若干问题的规定》(2008 年 8 月 11 日，法释〔2008〕11 号)等。

与《中华人民共和国企业破产法(试行)》相比较，新《破产法》设立了重整制度、管理人制度，进一步完善了破产程序中有关实体权利的规定。同时，《破产法》对金融机构破产、破产企业职工权益的保护等许多方面作了新的规定。具体表现在：对破产法的适用范围作了新的规定；对破产原因作了新规定；新建立一项重要制度——管理人制度；引入一个新程序——重整程序；重视债权人的自治；完善了破产不当行为的规制；强化破产责任；首提跨境破产问题；为保护职工利益增加了多项新规定；对金融机构破产作出新的特殊规定。

(二) 破产法的适用范围

《破产法》第 2 条规定："企业法人不能清偿到期债务，并且资产不足以清偿全部债务或者明显缺乏清偿能力的，依照本法规定清理债务。企业法人有前款规定情形，或者有明显丧失清偿能力可能的，可以依照本法规定进行重整。"这就将破产法的适用范围扩大到所有的企业法人，包括国有企业与法人型私营企业、三资企业，上市公司与非上市公司，有限责任公司与股份有限公司，甚至金融机构，这充分遵循市场主体平等的原则。

第二节 企业破产程序法

一、破产案件的管辖

我国《破产法》第3条规定："破产案件由债务人住所地人民法院管辖。"债务人住所地指债务人的主要办事机构所在地。债务人无办事机构的，由其注册地人民法院管辖。破产案件受理后债务人改变所在地的，不影响管辖权的确定，即遵守管辖恒定原则。

基层人民法院一般管辖县、县级市或者区的工商行政管理机关核准登记企业的破产案件；中级人民法院一般管辖地区、地级市(含本级)以上的工商行政管理机关核准登记企业的破产案件。

二、破产案件的申请和受理

(一) 破产界限

破产界限又称破产原因，是指企业在何种情况下被申请或者申请破产。破产界限直接决定生产经营者在何种条件下使用破产程序解决债权债务问题，同时又防止破产欺诈和滥用破产申请来逃避债务。所以，破产界限是破产申请和破产宣告的实质标准，我国《破产法》规定的破产原因是：企业法人不能清偿到期债务，并且资产不足以清偿全部债务或者明显缺乏清偿能力。

(二) 破产案件的申请

破产申请是指债务人或债权人向人民法院请求对债务人适用破产程序的意思表示，是债务人或债权人的破产请求权的具体行使。破产申请因申请人的不同可分为债权人申请、债务人申请和负有清算责任的人申请三种形式。

1. 债权人申请

债务人不能偿还到期债务，债权人可以申请宣告债务人破产。债权人申请破产，亦称非自愿破产。债权人提出破产申请，应当再向人民法院提交破产申请书。破产申请书应当载明：①申请人、被申请人的基本情况。②申请目的。③申请的事实和理由。④人民法院认为应当载明的其他事项。

债权人申请债务人破产，债务人对债权人的债权提出异议，人民法院认为异议成立的，应当告知债权人先行提起民事诉讼，对破产申请不予受理。

2. 债务人申请

债务人符合破产条件的，可以向人民法院提出破产清算申请。债务人提出破产申请，除提交书面破产申请书外，还应当向人民法院提供以下证据材料：①财产状况说明。②债务清册。③债权清册。④有关财务会计报告。⑤职工安置预案。⑥职工工资的支付和社会保险费用的缴纳情况等。

3. 负有清算责任的人申请

企业法人已解散但未清算或者未清算完毕，资产不足以清偿债务的，依法负有清算责任的人，应当向人民法院申请破产清算。

(三) 破产案件的受理

1. 破产案件受理的期限

债权人提出破产申请的，人民法院应当自收到申请之日起 5 日内通知债务人。债务人对申请有异议的，应当自收到人民法院的通知之日起 7 日内向人民法院提出。人民法院应当自异议期满之日起 10 日内裁定是否受理。债务人以及负有清算责任人提出破产申请的，人民法院应当自收到破产申请之日起 15 日内裁定是否受理。有特殊情况需要延长裁定受理期限的，经上一级人民法院批准，可以延长 15 日。

人民法院受理破产申请的，应当自裁定作出之日起 5 日内送达申请人。债权人提出申请的，人民法院应当自裁定作出之日起 5 日内送达债务人。债务人应当自裁定送达之日起 15 日内，向人民法院提交财产状况说明、债务清册、债权清册、有关财务会计报告以及职工工资的支付和社会保险费用的缴纳情况。

人民法院受理破产申请前，申请人可以请求撤回申请。

人民法院受理破产申请后至破产宣告前，经审查发现债务人不符合破产条件的，可以裁定驳回申请。申请人对裁定不服的，可以自裁定送达之日起 10 日内向上一级人民法院提起上诉。

2. 破产案件受理裁定的法律效力

人民法院受理破产案件后，意味着破产程序的开始，并产生以下法律后果。

(1) 有关责任人的义务。自人民法院受理破产申请的裁定送达债务人之日起至破产程序终结之日，债务人的法定代表人、经人民法院决定的财务管理人员以及其他经营管理人员承担下列义务：妥善保管其占有和管理的财产、印章和账簿、文书等资料；根据人民法院、管理人的要求进行工作，并如实回答询问；出席债权人会议并如实回答债权人的询问；未经人民法院许可，不得离开住所地；不得新任其他企业的董事、监事、高级管理人员。

人民法院受理破产申请后，债务人对个别债权人的债务清偿无效。同时，债务人的债务人或者财产持有人应当向管理人清偿债务或者交付财产。

管理人对破产申请受理前成立而债务人和对方当事人均未履行完毕的合同有权决定解除或者继续履行，并通知对方当事人。管理人自破产申请受理之日起 2 个月内未通知对方当事人，或者自收到对方当事人催告之日起 30 日内未答复的，视为解除合同。管理人决定继续履行合同的，对方当事人应当履行；但是，对方当事人有权要求管理人提供担保。管理人不提供担保的，视为解除合同。

(2) 与破产企业有关的民事诉讼的处理。人民法院受理破产案件后，债权人只能向受理破产案件的法院申报债权，不得向债务人提起新的诉讼。债权人的个别追偿行为受法律限制，债务人对个别债权人进行的清偿无效。应注意以下问题：①人民法院受理企业破产案件后，以债务人为原告的其他民事纠纷案件尚在一审程序的，受诉人民法院应当将案件移送受理破产案件的人民法院；案件已进行到二审程序的，受诉人民法院应当继续审理。②人民法院受理企业破产案件后，为保障对全体债权人的公平受偿，对债务人财产的其他民事执行程序必须中止，对债务人的财产保全程序也应解除，统一纳入破产财产的保全范围内。③以债务人为被告的其他债务纠纷案件，已经审结但未执行完毕的，应当中止执行，由债权人凭生效的法律文书向受理破产案件的人民法院申报债权。④人民法院受理破产申请后，已经开始而尚未终结的有关债务人的民事诉讼或者仲裁应当中止；在管理人接管债务人的财产后，该诉讼或者仲裁继续进行。⑤人民法院受理破产申请后，有关债务人的民事诉讼，只能向受理破产申请的人民法院提起。⑥债务人系从债务人的债务纠纷案件继续审理。

（3）破产企业充当保证人和被保证人的处理。①破产企业为他人作保证：债权人不申报债权的，破产企业的保证义务终止，债权人向主债务人追究民事责任；债权人申报债权的，破产企业承担保证义务。债权人未得清偿部分再向主债务人追究。破产企业承担保证义务后可向被保证人追偿，追偿所得分配给全体债务人。②他人为破产企业作保证：债权人不申报债权的，保证人可以参加破产程序预先追偿；债权人申报债权的，保证人不能作为破产企业的债权人参加破产受偿。破产程序结束后，债权人未得清偿部分由保证人偿还。

（4）对其他人的约束。①债务人开户银行的协助义务。人民法院受理破产案件后，应当及时通知破产企业的开户银行停止办理债务人清偿债务的结算业务；开户银行支付维持债务人正常生产经营所必需的费用，需经人民法院许可。开户银行收到人民法院的通知后，不得利用管理之便扣划债务人的现有存款和汇入款抵还其所欠银行贷款。开户银行非法扣划的，扣划行为无效，应当退回扣划的款项。拒不退回的，人民法院应当裁定其退回并向其开户银行制发协助执行通知书，同时可依照民事诉讼法的规定，对有关人员和直接责任者予以处罚。②债务人企业职工保护企业财产的义务。人民法院受理破产案件后，应向企业全体职工发布公告，要求他们保护好企业财产，不得非法处理企业的账册、文书、资料和印章，不得隐匿、私分、无偿转让、非正常压价出售企业的财产。

破产企业的法定代表人在破产程序终结以前，擅离职守或以其他方式逃避的，或者拒绝向清算组办理交接手续的，或者有民事诉讼法规定的妨害民事诉讼行为的，人民法院可以根据情节轻重，予以罚款、拘留；构成犯罪的，依法追究刑事责任。

三、债权人会议

我国破产程序中的债权人会议，是所有依法申报债权的债权人组成，以保障债权人共同利益为目的，体现债权人的破产程序参与权，讨论决定有关破产事宜的议事机构。债权人会议在破产程序中占有重要地位，它是债权人参与破产程序、维护其债权人会议利益的自治团体。

（一）债权人会议的组成

依法申报债权的债权人为债权人会议的成员，有权参加债权人会议，享有表决权。债权人可以委托代理人出席债权人会议，行使表决权。代理人出席债权人会议，应当向人民法院或者债权人会议主席提交债权人的授权委托书。债权人会议应当有债务人的职工和工会的代表参加，对有关事项发表意见。债权尚未确定的债权人，除人民法院能够为其行使表决权而临时确定债权额的外，不得行使表决权。

债权人会议设主席一人，由人民法院从有表决权的债权人中指定。债权人会议主席主持债权人会议。

（二）债权人会议的职权和召集

《破产法》规定，债权人会议行使以下职权：核查债权；申请人民法院更换管理人，审查管理人的费用和报酬；监督管理人；选任和更换债权人委员会成员；决定继续或者停止债务人的营业；通过重整计划；通过和解协议；通过债务人财产的管理方案；通过破产财产的变价方案；通过破产财产的分配方案；人民法院认为应当由债权人会议决定的其他职权。

债权人会议的决议，由出席会议的有表决权的债权人过半数通过，并且其所代表的债权额占无财产担保债权总额的 1/2 以上。债权人会议的决议，对于全体债权人均有约束力。债权人会议应当把所议事项的决议做成会议记录。

第一次债权人会议由人民法院召集，自债权申报期限届满之日起 15 日内召开。以后的债权人会议，在人民法院认为必要时，或者管理人、债权人委员会、占债权总额 1/4 以上的债权人向债权人会议主席提议时召开。召开债权人会议，管理人应当提前 15 日通知已知的债权人。

（三）债权人委员会

债权人会议可以决定设立债权人委员会。债权人委员会由债权人会议选任的债权人代表和 1 名债务人的职工代表或者工会代表组成。债权人委员会成员不得超过 9 人，其成员应当经人民法院书面决定认可。

债权人委员会行使下列职权：监督债务人财产的管理和处分；监督破产财产分配；提议召开债权人会议；债权人会议委托的其他职权。

债权人委员会执行职务时，有权要求管理人、债务人的有关人员对其职权范围内的事务作出说明或者提供有关文件。管理人、债务人的有关人员违反本法规定拒绝接受监督的，债权人委员会有权就监督事项请求人民法院作出决定；人民法院应当在 5 日内作出决定。

管理人实施下列行为，应当及时报告债权人委员会：涉及土地、房屋等不动产权益的转让；探矿权、采矿权、知识产权等财产权的转让；全部库存或者营业的转让；借款；设定财产担保；债权和有价证券的转让；履行债务人和对方当事人均未履行完毕的合同；放弃权利；担保物的取回；债权人利益有重大影响的其他财产处分行为。

未设立债权人委员会的，管理人实施前款规定的行为应当及时报告人民法院。

四、破产重整与破产和解

（一）破产重整

破产重整是对可能或已经发生破产原因但又有希望再生的债务人，通过各方利害关系人的协商，不对无偿付能力债务人的财产立即进行清算，而是在法院的主持下由债务人与债权人达成协议，制订重整计划，规定在一定的期限内，债务人按一定的方式全部或部分地清偿债务，同时债务人可以继续经营其业务的制度。重整是借助法律强制性地调整他们的利益，对债务人进行生产经营上的整顿和债权债务关系上的清理，以期摆脱财务困境，重获经营能力的特殊法律制度。通过破产重整，避免因企业破产清算而带来的职工下岗等一系列社会问题，重整制度体现了现代破产法实施破产预防的程序目的。

1. 破产重整的申请人

按照《破产法》的规定，可以申请对债务人进行破产重整的包括三类当事人：债权人、债务人以及出资额占债务人注册资本 1/10 以上的出资人。

《破产法》规定，债权人、债务人可以直接向人民法院申请对债务人实施破产重整；如果是债权人申请对债务人实施破产清算，在破产宣告前，债务人或者出资额占债务人注册资本 1/10 以上的出资人可以向人民法院申请重整。

2. 重整期间

按照《破产法》的规定，自人民法院裁定债务人重整之日起至重整程序终止，为重整期间。重整期间又被称为重整保护期，依照《破产法》的规定，其间对各方当事人的行为要进行一定的限制。

(1) 在重整期间，经债务人申请，人民法院批准，债务人可以在管理人的监督下自行管理财产和营业事务。即在重整期间，可以恢复债务人对其财产的管理权。

(2) 在重整期间，对债务人的特定财产享有的担保权暂停行使。但是，担保物有损坏或者价值明显减少的可能，足以危害担保权人权利的，担保权人可以向人民法院请求恢复行使担保权。

(3) 在重整期间，债务人合法占有的他人财产，该财产的权利人请求取回的，应当符合事先约定的条件。

(4) 在重整期间，债务人的出资人不得请求投资收益分配。

(5) 在重整期间，债务人的董事、监事、高级管理人员除经人民法院同意，不得向第三人转让其持有的债务人的股权。

3. 重整计划的制定和批准

按照《破产法》的规定，重整计划草案由管理人或者债务人制作。重整计划草案应当包括以下内容：债务人的经营方案；债权分类；债权调整方案；债权受偿方案；重整计划的执行期限；重整计划执行的监督期限；有利于债务人重整的其他方案。

重整计划草案制作完成后，由债权人会议分组进行表决。按照《破产法》的规定，债权人会议应依照以下债权分类分成四个组：对债务人的特定财产享有担保权的债权；债务人所欠职工的工资和医疗、伤残补助、抚恤费用，所欠的应当划入职工个人账户的基本养老保险、基本医疗保险费用；法律、行政法规规定应当支付给职工的补偿金；债务人所欠税款和普通债权。同时，当重整计划草案涉及出资人权益调整事项的，应当设出资人组，对该事项进行表决。按照《破产法》的规定，出席会议的同一表决组的债权人过半数同意重整计划草案，并且其所代表的债权额占该组债权总额的 2/3 以上的，即为该组通过重整计划草案。各表决组均通过重整计划草案的，重整计划即为通过。

重整计划通过后，经人民法院裁定批准后，即行实施。同时，为了增加重整计划通过的可能性，破产法还赋予了人民法院强制批准权，即重整计划草案虽然未获通过，但符合法定条件的，人民法院也可以强制批准重整计划。

4. 重整失败

按照《破产法》的规定，债务人或者管理人未在法定期间提出重整计划草案、重整期间出现法定事由、重整计划草案未获通过、重整计划未获人民法院批准、债务人不执行或者不能执行重整计划的，为重整失败，人民法院应宣告债务人破产，对其实施破产清算。

(二) 破产和解

破产和解是指在债务人发生破产原因时，为了避免债务人破产，债务人与债权人之间就延期偿还和减免债务问题达成协议，中止破产程序的一种方法。和解是一种特殊的法律行为，不仅需要债权人与债务人意思表示一致，而且要经过人民法院的裁定认可方能成立。和解既能稳定经济秩序，又能给即将破产的企业一个再生的机会。

1. 和解的申请主体

根据《破产法》的规定，当企业法人不能清偿到期债务，并且资产不足以清偿全部债务或者明显缺乏清偿能力时，债务人可以直接向人民法院申请和解；也可以在人民法院受理破产申请后、宣告债务人破产前，向人民法院申请和解。

2. 和解协议的提出和通过

根据《破产法》的规定，债务人申请和解，应当提出和解协议草案。和解协议草案至少应包括以下内容：债权人和债务人的姓名或名称，法定代表人的姓名；债权的数额和性质；要求各债权人减免债务的数额或延期还款的期限；企业进行重整的计划和方案。

人民法院经审查认为和解申请符合规定的，应当裁定和解，予以公告，并召集债权人会议讨论和解协议草案。对债务人的特定财产享有担保权的权利人，自人民法院裁定和解之日起可以行使权利。

债权人会议通过和解协议的决议，由出席会议的有表决权的债权人过半数同意，并且其所代表的债权额占无财产担保债权总额的 2/3 以上。债权人会议通过和解协议的，由人民法院裁定认可，并予以公告。管理人应当向债务人移交财产和营业事务，并向人民法院提交执行职务的报告。经人民法院裁定认可的和解协议，对债务人和全体和解债权人均有约束力。

和解协议草案经债权人会议表决未获得通过，或者已经债权人会议通过的和解协议未获得人民法院认可的，人民法院应当裁定终止和解程序，并宣告债务人破产。因债务人的欺诈或者其他违法行为而成立的和解协议，人民法院应当裁定无效，并宣告债务人破产。

3. 和解协议的法律效力

和解协议的结果对债权人、债务人的权利和义务都会发生影响，它确定了债务人与债权人之间新的履行条件。但是，和解程序不限制担保债权的行使，这一点与重整程序不同。重整程序一旦开始，对所有的债权人，包括有担保物权的债权人产生效力。但在和解程序中的和解债权人，仅指人民法院受理破产案件前对债务人享有无财产担保债权的人。

和解协议达成后，经人民法院裁定认可并发布公告，即发生法律效力。这种法律效力主要表现在以下几个方面。

(1) 破产程序中止。和解协议一旦生效，则应中止破产程序，使债务人免受破产宣告，和解双方当事人均应按照协议的约定行使权利和履行义务。

(2) 和解协议对债权人的效力。生效的和解协议将对全体无财产担保债权人产生约束力,表现为限制其清偿权利的行使。和解协议生效前成立的债权,除有财产担保的债权外,无论债权人是否申报债权、参加和解程序,无论其是否参加债权人会议,是否表决同意和解,均受和解协议约束。

(3) 和解协议对债务人的效力。和解协议使债务人免受破产程序的约束,而转受和解协议的制约。此时,债务人重新取得了对企业财产的支配权,但应当严格执行和解协议的内容,按照和解协议规定的条件清偿债务,并且不得给个别债权人以额外利益。

4. 和解协议的终止

债务人不能执行或者不执行和解协议的,人民法院经和解债权人请求,应当裁定终止和解协议的执行,并宣告债务人破产。根据《破产法》的规定,人民法院裁定终止和解协议执行的,和解债权人在和解协议中作出的债权调整的承诺失去效力。和解债权人因执行和解协议所受的清偿仍然有效,和解债权未受清偿的部分作为破产债权参与破产分配。

五、破产案件的清算

(一) 破产宣告

破产宣告是人民法院依据法定职权或当事人的申请裁定宣布债务人破产以清偿债务的活动。破产宣告使得企业的身份由债务人变为破产人,丧失对企业财产的经营、管理、处分的权利,其财产成为破产财产。

人民法院依法规定宣告债务人破产的,应当自裁定作出之日起 5 日内送达债务人和管理人,自裁定作出之日起 10 日内通知已知债权人,并予以公告。债务人被宣告破产后,债务人称为破产人,债务人财产称为破产财产,人民法院受理破产申请时对债务人享有的债权称为破产债权。

破产宣告前,有下列情形之一的,人民法院应当裁定终结破产程序,并予以公告:第三人为债务人提供足额担保或者为债务人清偿全部到期债务的;债务人已清偿全部到期债务的。

对破产人的特定财产享有担保权的权利人,对该特定财产享有优先受偿的权利。享有优先受偿权利未能完全受偿的,其未受偿的债权作为普通债权;放弃优先受偿权利的,其债权作为普通债权。

(二) 变价

一般情况下,破产财产的分配都将以货币的形式进行,因此拟定破产财产的变价方案以及根据方案变现破产企业的现有财产就成为分配破产财产前的必要工作。

1. 变价方案的制作主体

管理人是破产程序的重要参与人,其职责主要是接管破产企业,管理、处分、分配破产企业的财产。所以,管理人应当及时拟订破产财产变价方案,提交债权人会议讨论。

2. 变价方案的执行

管理人应当按照债权人会议通过的或者人民法院依法裁定的破产财产变价方案,适时变价出售破产财产。

3. 破产财产变价出售的方式

变价出售破产财产应当通过拍卖进行。但是,债权人会议另有决议的除外。

破产企业可以全部或者部分变价出售。企业变价出售时，可以将其中的无形资产和其他财产单独变价出售。按照国家规定不能拍卖或者限制转让的财产，如黄金、白银、外汇、文物、精神药品等，应当按照国家规定的方式处理。

（三）分配

破产企业的债权清偿顺序是将破产企业的破产财产分配给债权人的先后次序，它是破产财产分配的关键问题，关系破产案件各方当事人特别是债权人的利益。我国《破产法》规定，破产财产在优先清偿破产费用和共益债务后，按下列顺序清偿。

（1）破产人所欠职工的工资和医疗、伤残补助、抚恤费用，所欠的应当划入职工个人账户的基本养老保险、基本医疗保险费用，以及法律、行政法规规定应当支付给职工的补偿金（破产企业的董事、监事和高级管理人员的工资按照该企业职工的平均工资计算）。

（2）破产人欠缴的除前项规定以外的社会保险费用和破产人所欠税款。

（3）普通破产债权。破产财产的分配应当以货币分配方式进行。但是，债权人会议另有决议的除外。破产财产不足以清偿同一顺序的清偿要求的，按照比例分配。债权按比例清偿，是指破产财产不足以清偿同一顺序的清偿要求时，按照各债权额在该顺序中占债权总额的比例进行分配的清偿方法。管理人应当及时拟订破产财产分配方案，提交债权人会议讨论。破产财产分配方案应当载明下列事项：参加破产财产分配的债权人名称或者姓名、住所；参加破产财产分配的债权额；可供分配的破产财产数额；破产财产分配的顺序、比例及数额；实施破产财产分配的方法。债权人会议通过破产财产分配方案后，由管理人将该方案提请人民法院裁定认可。破产财产分配方案经人民法院裁定认可后，由管理人执行。管理人按照破产财产分配方案实施多次分配的，应当公告本次分配的财产额和债权额。

债权人未受领的破产财产分配额，管理人应当提存。债权人自最后分配公告之日起满2个月仍不领取的，视为放弃受领分配的权利，管理人或者人民法院应当将提存的分配额分配给其他债权人。

破产财产分配时，对于诉讼或者仲裁未决的债权，管理人应当将其分配额提存。自破产程序终结之日起满2年仍不能受领分配的，人民法院应当将提存的分配额分配给其他债权人。

（四）破产程序的终结

破产终结是指破产财产分配完毕，已无财产可供分配时，管理人请求人民法院依法裁定结束破产程序。人民法院应当自收到管理人终结破产程序的请求之日起15日内作出是否终结破产程序的裁定，并予以公告。

管理人应当自破产程序终结之日起10日内，持人民法院终结破产程序的裁定，向破产人的原登记机关办理注销登记，于办理注销登记完毕的次日终止执行职务。但是，存在诉讼或者仲裁未决情况的除外。

自破产程序终结之日起2年内，有下列情形之一的，债权人可以请求人民法院按照破产财产分配方案进行追加分配：发现有依法应当追回的财产的；发现破产人有应当供分配的其他财产的。

破产人的保证人和其他连带债务人，在破产程序终结后，对债权人依照破产清算程序未受清偿的债权，依法继续承担清偿责任。

第三节　企业破产实体法

一、管理人的确定、职责和监督

破产程序开始以后，为了加强对债务人财产的管理，防止债务人随意处置财产，保护债权人的利益，需要由专门的机构来具体实施对债务人财产的管理、处分、整理、变价、分配等工作。按照《破产法》的规定，这一工作由管理人负责。管理人制度是新《破产法》建立的一项新的重要制度。

(一) 管理人的确定

1. 管理人的资格

按照《破产法》的规定，管理人由有关部门、机构的人员组成的清算组或者依法设立的律师事务所、会计师事务所、破产清算事务所等社会中介机构担任。即以机构担任管理人作为一般原则。

同时，对于有些规模较小、债权债务关系比较简单的企业，也可以考虑由法院通过有关机构指定符合条件的个人担任管理人。因此，《破产法》规定，人民法院根据债务人的实际情况，可以在征询有关社会中介机构的意见后，指定该机构具备相关专业知识并取得执业资格的人员担任管理人。

鉴于管理人工作的重要性，《破产法》还对管理人的消极资格进行了规定，以下四类人不得担任管理人：因故意犯罪受过刑事处罚的人员；曾被吊销相关专业证书的人员；与破产案件有利害关系的人员；具有人民法院认为不宜担任管理人的其他情形的人员。

2. 管理人的任命

按照《破产法》的规定，管理人由受理破产案件的人民法院指定，其报酬由人民法院确定。人民法院裁定受理破产申请，就要同时指定管理人，管理人被指定后，没有正当理由不得辞去职务，其辞去职务应当经人民法院许可。同时，由于管理人要负责债务人财产的管理和分配，其行为将对债权人产生重大影响。因此，《破产法》规定，债权人会议认为管理人不能依法、公正执行职务或者有其他不能胜任职务情形的，可以申请人民法院予以更换。但是，是否更换管理人，仍要由人民法院决定。

同时，《破产法》还规定，由最高人民法院对指定管理人和确定管理人报酬的办法作出具体规定。

(二) 管理人的职责和监督

1. 管理人的职责

按照《破产法》的规定，管理人主要履行下列职责：接管债务人的财产、印章和账簿、文书等资料；调查债务人财务状况、制作财产状况报告；决定债务人的内部管理事务；决定债务人的日常开支和其他必要开支；在第一次债权人会议召开之前，决定继续或者停止债务人的营业；管理和处分债务人的财产；代表债务人参加诉讼、仲裁或者其他法律程序；提议召开债权人会议；人民法院认为管理人应当履行的其他职责。

2. 对管理人的监督

按照《破产法》的规定，管理人应当勤勉尽责，忠实执行职务。管理人在执行职务时，应当向人民法院报告工作，并接受债权人会议和债权人委员会的监督。

二、破产财产和破产债权

（一）破产财产

破产财产即债务人财产，是指破产申请受理时属于债务人的全部财产，以及破产申请受理后至破产程序终结前债务人取得的财产。

债务人在陷入破产界限后，可能要经过一段时间才进入破产程序，在这个时间段内，有可能发生债务人对个别债权人的优先清偿，或者在自己所有的财产上为他人或个别债权人设定担保等情形，其结果是损害其他无财产担保债权人的共同利益，因此，各国破产法均规定管理人对破产程序开始之前一段时间内，对债务人不当处分财产的行为有请求撤销或者认定无效的权利，因此而收回的财产及其替代价值，应当归入破产财产。

为有效地防止破产逃债，保证债权人的公平受偿，新破产法对破产受理前债务人处分财产的行为，分以下几种情况作出规定。

1. 撤销权的行使

（1）管理人对不公平交易的撤销权。人民法院受理破产申请前1年内，涉及债务人财产的下列行为，管理人有权请求人民法院予以撤销，追回的财产属于债务人所有：无偿转让财产的；以明显不合理的价格进行交易的；对没有财产担保的债务提供财产担保的；对未到期的债务提前清偿的；放弃债权的。

（2）对破产申请受理前6个月内的清偿行为，管理人认为没有使债务人财产受益的，可以行使撤销权。

2. 涉及债务人财产行为无效的认定

债务人为逃避债务而隐匿、转移财产，虚构或者承认不真实债务的行为无效。如果债务人有上述行为，管理人或者其他债权人有权请求人民法院认定相关行为无效，追回的财产归入债务人财产。

3. 债务人财产的追回

对债务人内部侵占财产的行为，管理人有权追回。债务人内部的侵占财产行为有两种情况：一种是出资人未完全履行出资义务时，管理人应当要求该出资人缴纳其认缴的出资，并且不受出资期限的限制；另一种是债务人的董事、监事以及高管人员利用职权从企业获得的非正常收入及侵占的企业财产，管理人有权予以追回。

4. 取回权制度

为公平地保护第三方的权利，又尽量扩大债务人财产的范围，《破产法》规定了取回制度。人民法院受理破产申请后，管理人可以通过清偿债务或者提供为债权人接受的担保，取回质物、留置物。人民法院受理破产申请时，出卖人已将买卖标的物向作为买受人的债务人发运，债务人尚未收到且未付清全部价款的，出卖人可以取回在运途中的标的物。但是，管理人可以支付全部价款，请求出卖人交付标的物。

（二）破产债权

破产债权是指在人民法院受理破产申请前成立的对债务人享有的债权，是按破产程序申报并确认的，可以从破产财产中受到清偿的债权，是一种财产上的请求权。

1. 申报期限

人民法院受理破产申请后，应当确定债权人申报债权的期限。债权申报期限自人民法院发布受理破产申请公告之日起计算，最短不得少于30日，最长不得超过3个月。债权人应当在人民法院确定的债权申报期限内向管理人申报债权。

在人民法院确定的债权申报期限内，债权人未申报债权的，可以在破产财产最后分配前补充申报。但是，此前已进行的分配，不再对其补充分配。为审查和确认补充申报债权的费用，由补充申报人承担。

其中，未到期的债权，在破产申请受理时视为到期；附利息的债权自破产申请受理时起停止计息；附条件、附期限的债权和诉讼、仲裁未决的债权，债权人可以申报。

2. 申报要求

（1）劳动债权。债务人所欠职工的工资和医疗、伤残补助、抚恤费用，所欠的应当划入职工个人账户的基本养老保险、基本医疗保险费用，以及法律、行政法规规定应当支付给职工的补偿金，不必申报。上述债权为劳动债权，是企业以劳动合同和法律规定应当向职工支付的费用。劳动债权作为第一顺序清偿，有利于维护和保障破产企业职工合法权益，也是新《破产法》的重要原则。劳动债权由管理人调查后列出清单并予以公示。职工对清单记载有异议的，可以要求管理人更正；管理人不予更正的，职工可以向人民法院提起诉讼。

（2）一般债权人。一般债权人申报债权时，应当书面说明债权的数额和有无财产担保，并提交有关证据。

（3）连带债权人及保证人。连带债权人可以由其中一人代表全体连带债权人申报债权，也可以共同申报债权。债务人的保证人或者其他连带债务人已经代替债务人清偿债务的，以其对债务人的求偿权申报债权；债务人的保证人或者其他连带债务人尚未代替债务人清偿债务的，以其对债务人的将来的求偿权申报债权。但是，债权人已经向管理人申报全部债权的除外。

（4）其他情况。管理人或者债务人依法规定解除合同的，对方当事人以因合同解除所产生的损害赔偿请求权申报债权。

债务人是委托合同的委托人，被裁定适用《破产法》规定的程序，受托人不知该事实，继续处理委托事务的，受托人以由此产生的请求权申报债权。

债务人是票据的出票人，被裁定适用《破产法》规定的程序，该票据的付款人继续付款或者承兑的，付款人以由此产生的请求权申报债权。

三、破产费用和共益债务

（一）破产费用

破产费用是指在破产程序中，为破产债权人的共同利益，为破产程序顺利进行以及对债务人财产或破产财产的管理、变价、分配而必须支付的费用。破产费用是为了保障全体债权人的共同利益和破产程序的顺利进行而必须支付的，所以应在破产财产中优先拨付。人民法院受理破产申请后发生的下列费用，为破产费用：破产案件的诉讼费用；管理、变价和分配债务人财产的费用；管理人执行职务的费用、报酬和聘用工作人员的费用。

（二）共益债务

共益债务是指人民法院受理破产申请后，管理人为全体债权人的共同利益，管理债务人财产所负担或产生的债务以及因债务人财产而产生的有关债务。共益债务主要包括：①因管理人或者债务人请求对方当事人履行双方均未履行完毕的合同所产生的债务。②债务人财产受无因管理所产生的债务。③因债务人不当得利所产生的债务。④为债务人继续营业而应支付的劳动报酬和社会保险费用以及由此产生的其他债务。⑤管理人或者相关人员执行职务致人损害所产生的债务。⑥债务人财产致人损害所产生的债务。

（三）破产费用和共益债务的清偿顺序

破产费用和共益债务由债务人财产随时清偿。破产费用和共益债务具有一个共同的属性，即都为债权人的共同利益而发生的，因此它们优先于其他债权。破产费用和共益债务的清偿不需列入破产财产分配表，管理人可随时在破产财产中预支或拨付。

破产费用优先于共益债务。债务人财产不足以清偿所有破产费用和共益债务的，先行清偿破产费用。这是考虑到，当人民法院裁定受理破产申请后，就进入破产程序，要使破产程序顺利进行，首先要保证破产费用能够得到清偿，否则，破产案件将无法审理下去。事实上，由于这两项费用是采取随时清偿的方式支付的，实践中两者并不一定在同一时间段上，所以支付没有矛盾。只有在两项费用同时发生时，才有先后顺序的清偿程序。

债务人财产不足以清偿所有破产费用或者共益债务的，按照比例清偿。如债务人财产对破产费用进行清偿后，余下的财产不能完全清偿共益债务，在这种情况下，只能就已经发生的几个共益债务项目，按照比例进行清偿。

债务人财产不足以清偿破产费用的，管理人应当提请人民法院终结破产程序。人民法院应当自收到请求之日起 15 日内裁定终结破产程序，并予以公告。

四、违反《破产法》的法律责任

《破产法》的法律责任分为两类：一是对造成企业破产行为的责任；二是破产程序中违法行为的责任。责任的法律形式则为民事责任与刑事责任两种。

（一）造成企业破产损失行为的责任

（1）企业董事、监事或者高级管理人员违反忠实义务、勤勉义务，致使所在企业破产的，依法承担民事责任。上述人员，自破产程序终结之日起 3 年内不得担任任何企业的董事、监事、高级管理人员。

（2）债务人在人民法院受理破产申请前 1 年内，有无偿转让财产的或以明显不合理的价格进行交易的；对没有财产担保的债务提供财产担保的；对未到期的债务提前清偿的；放弃债权等行为之一，损害债权人利益的，债务人的法定代表人和其他直接责任人员依法承担赔偿责任。

（3）债务人在人民法院受理破产申请前 6 个月内，不能清偿到期债务，并且资产不足以清偿全部债务或者明显缺乏清偿能力的，仍对个别债权人进行清偿的，损害债权人利益的，债务人的法定代表人和其他直接责任人员依法承担赔偿责任。

（4）债务人为逃避债务而隐匿、转移财产的或虚构债务或者承认不真实的债务的，损害债权人利益的，债务人的法定代表人和其他直接责任人员依法承担赔偿责任。

（二）破产程序中违法行为的责任

（1）依法处以罚款。债务人的有关人员拒不陈述、回答，或者作虚假陈述、回答的；债务人拒不向人民法院提交或者提交不真实的财产状况说明、债务清册、债权清册、有关财务会计报告以及职工工资的支付情况和社会保险费用的缴纳情况的；债务人拒不向管理人移交财产、印章和账簿、文书等资料的，或者伪造、销毁有关财产证据材料而使财产状况不明的；管理人未依规定勤勉尽责，忠实执行职务的。

（2）依法并处罚款。有义务列席债权人会议的债务人的有关人员，经人民法院传唤，无正当理由拒不列席债权人会议的，人民法院可以拘传，并依法处以罚款；债务人的有关人员违反规定，擅自离开住所地的，人民法院除依法处罚款外，还可以予以训诫、拘留。

（3）依法承担赔偿责任。债务人损害债权人利益的，债务人的法定代表人和其他直接责任人员依法承担赔偿责任；管理人未依规定勤勉尽责，忠实执行职务的，给债权人、债务人或者第三人造成损失的，依法承担赔偿责任。

（4）构成犯罪的，依法追究刑事责任。

第三编

市场主体经营活动法律制度

第十二章　合同法律制度

本章要点

本章主要介绍我国《民法典·合同编》第一分编通则部分的基本制度，具体包括合同法律制度的一般规定、合同的主要分类、合同的订立与合同的效力、合同的内容与形式、合同的履行、合同的保全、合同的变更、合同的转让、合同的解除、合同权利和义务的终止及违约与违约责任。为了更准确地理解和应用以上知识，在教学过程中，需要结合《民法典·合同编》中第二分编“典型合同”的内容进行综合学习。

典型案例

2009 年 11 月 24 日，原告刘超捷（甲方）在被告中国移动通信集团江苏有限公司徐州分公司（以下简称移动徐州分公司，乙方）营业厅申请办理“神州行标准卡”，手机号码为 1590520××××，付费方式为预付费。原告当场预付话费 50 元，并参与移动徐州分公司充 50 元送 50 元的活动。在业务受理单所附《中国移动通信客户入网服务协议》中，双方对各自的权利和义务进行了约定，其中第 4 项特殊情况的承担中的第 1 条为，在下列情况下，乙方有权暂停或限制甲方的移动通信服务，由此给甲方造成的损失，乙方不承担责任：①甲方银行账户被查封、冻结或余额不足等非乙方原因造成的结算时扣划不成功的。②甲方预付费使用完毕而未及时补交款项（包括预付费账户余额不足以扣划下一笔预付费用）的。

2010 年 7 月 5 日，原告在中国移动官方网站网上营业厅通过银联卡网上充值 50 元。2010 年 11 月 7 日，原告在使用该手机号码时发现该手机号码已被停机，原告到被告的营业厅查询，得知被告于 2010 年 10 月 23 日因话费有效期到期而暂停移动通信服务，此时账户余额为 11.70 元。原告认为被告单方终止服务构成合同违约，遂诉至法院。

徐州市泉山区人民法院于 2011 年 6 月 16 日作出（2011）泉商初字第 240 号民事判决，被告中国移动通信集团江苏有限公司徐州分公司于本判决生效之日起 10 日内取消对原告刘超捷的手机号码为 1590520××××的话费有效期的限制，恢复该号码的移动通信服务。一审宣判后，被告提出上诉，二审期间申请撤回上诉，一审判决已发生法律效力。

法院生效裁判认为，电信用户的知情权是电信用户在接受电信服务时的一项基本权利，用户在办理电信业务时，电信业务的经营者必须向其明确说明该电信业务的内容，包括业务功能、费用收取办法及交费时间、障碍申告等。如果用户在不知悉该电信业务的真实情况下进行消费，就会剥夺用户对电信业务的选择权，达不到真正追求的电信消费目的。

《中华人民共和国合同法》第39条规定:“采用格式条款订立合同的,提供格式条款的一方应当遵循公平原则确定当事人之间的权利和义务,并采取合理的方式提请对方注意免除或者限制其责任的条款,按照对方的要求,对该条款予以说明。”电信业务的经营者作为提供电信服务合同格式条款的一方,应当遵循公平原则确定与电信用户的权利和义务内容,权利和义务的内容必须符合维护电信用户与电信业务经营者的合法权益、促进电信业的健康发展的立法目的,并有效告知对方注意免除或者限制其责任的条款并向其释明。业务受理单、入网服务协议是电信服务合同的主要内容,确定了原被告双方的权利和义务内容,入网服务协议第4项约定有权暂停或限制移动通信服务的情形,第5项约定有权解除协议、收回号码、终止提供服务的情形,均没有因有效期到期而中止、解除、终止合同的约定。而话费有效期限制直接影响原告手机号码的正常使用,一旦有效期到期,将导致停机、号码被收回的后果,因此被告对此负有明确如实告知的义务,且在订立电信服务合同之前就应如实告知原告。如果在订立合同之前未告知,即使在缴费阶段告知,亦剥夺了当事人的选择权,有违公平和诚实信用原则。被告主张“通过单联发票、宣传册和短信的方式向原告告知了有效期”,但未能提供有效的证据予以证明。综上,本案被告既未在电信服务合同中约定有效期内容,亦未提供有效证据证实已将有效期限制明确告知原告,被告暂停服务、收回号码的行为构成违约,应当承担继续履行等违约责任,故对原告主张“取消被告对原告的话费有效期的限制,继续履行合同”的诉讼请求依法予以支持。

裁判要点如下所述。

(1) 经营者在格式合同中未明确规定对某项商品或服务的限制条件,且未能证明在订立合同时已将该限制条件明确告知消费者并获得消费者同意的,该限制条件对消费者不产生效力。

(2) 电信服务企业在订立合同时未向消费者告知某项服务设定了有效期限限制,在合同履行中又以该项服务超过有效期限为由限制或停止对消费者服务的,构成违约,应当承担违约责任。

【资料来源】 最高人民法院网,http://www.court.gov.cn/shenpan-xiangqing-27571.html。访问时间:2020年12月20日。

第一节 合同和合同法律制度概述

一、合同概述

我们在日常生活中,都会或多或少地使用到或者接触到合同。合同的种类也是千差万别,最常见的是民事合同,还有劳动合同、行政合同等。在西方民法学说史上,曾经有合同和契约的区别。在中国古代的传统契约中,合同与契约也是存在区别的,合同在更多意义上是一种勘合手段。今天,我们已经不再区分合同与契约的不同了。我国《民法典》第464条规定:“合同是民事主体之间设立、变更、终止民事法律关系的协议。婚姻、收养、监护等有关身份关系的协议,适用有关该身份关系的法律规定;没有规定的,可以根据其性质参照适用本编规定。"该条规定对现行合同进行了定义，为了准确地理解这一定义，我们需要从合同的内涵和合同的分类两个方面入手。

(一) 合同的内涵

1. 合同是平等主体的自然人、法人和其他组织所实施的一种民事法律行为

合同是一种民事法律行为。它以意思表示为核心要素，按照当事人双方意思表示的内容赋予合同法律效果。因此，它不同于事实行为。

意思表示是指向外部表明意欲发生一定私法上法律效果之意思的行为。其构造要素包括三个：效果意思、表示意思和表示行为。效果意思是表意者内心意欲发生法律上效果的意思，为内心的真意。表示行为是指以书面或者口头形式将意思外化的行为。

一般情况下，效果意思与表示行为应该是相互吻合的，但是在特定的情况下，还需要两者进行一致性认识的确认。如在拍卖的场合，竞买人举手通常的理解为竞买，但是也可能仅仅是他向熟人打招呼。这时就需要审明表意人为表示行为时，是否有使存于内心的效果意思与表现于外部的行为相联络的认识，即是否有表示意思。如有联络认识则构成完整的意思表示；反之，则否。从这个角度看，表示意思为主观的效果意思与客观的表示行为间的联络桥梁。

2. 合同是以设立、变更、终止民事权利义务关系为目的和宗旨的

合同不仅导致合同法律关系的产生，而且是合同法律关系变更和终止的原因。所谓的设立是指当事人通过意思表示，使他们之间产生民事权利和义务关系的法律行为；变更是指当事人对已经设立的民事权利和义务关系，通过意思表示使其发生变化，形成新的民事权利和义务关系的行为；终止则是指通过当事人的意思表示，使既有的民事权利和义务关系归于消灭的行为。

3. 合同是当事人协商一致的协议

合同是合意的结果，是当事人互相作出意思表示并达成一致的结果。当事人只有在平等、自愿的基础上进行协商，才能使其意思表示达成一致。

除了以上特征之外，《民法典》第 464 条的规定还排除了不适用合同编规定的其他民事权利和义务协议的种类，如婚姻、收养、监护等有关身份关系的协议。《民法典》的这种制度安排是为适应现代民法的发展而作出的选择，即将财产关系与身份关系进行分别规定。

(二) 合同的分类

为了更好地理解与把握合同，除了从定性的角度对合同进行界定之外，还需要对现实生活中使用的合同进行有效的区分，即对合同进行分类。合同的分类有助于完善合同立法，有助于人民法院或仲裁机构处理纠纷时正确适用法律，也有助于指导当事人订立和履行合同。依据不同的标准，可将合同分为不同的种类。

1. 有名合同与无名合同

根据法律上是否规定了一定的名称，可以将合同分为有名合同和无名合同(又称为典型合同和非典型合同)。我国《民法典·合同编》第二分编所规定的 19 类合同，都属于有名合同，如买卖合同、租赁合同等。无名合同是指法律上未规定名称与规则的合同。根据私法自治的原则，只要不违背法律的禁止性规定和社会公共利益，合同当事人可以自由决定合同的

内容，可以订立合同编分编规定之外的无名合同。区分有名合同和无名合同的意义主要在于两者适用的法律规则不同，有名合同可直接适用《民法典·合同编》中关于这种合同的具体规定，无名合同只能在适用合同编通则规定的一般规则的同时，参照第二分编中或其他法律中最相类似的规定调整。

2. 单务合同和双务合同

根据当事人双方是否存在对待给付义务，合同可以分为双务合同和单务合同。双务合同是指当事人双方互负给付义务，即合同一方当事人所享有的权利即为他方当事人所负担的义务。比如，买卖、承揽、租赁合同等。单务合同是指仅有一方负担给付义务的合同。单务合同中主要由一方当事人承担义务，另一方并不负有相对义务的合同。在法律上区分单务合同和双务合同的意义在于合同义务的负担不同，法律适用规则不同，如双务合同中的履行抗辩权、单务合同履行风险的负担等。

3. 有偿合同和无偿合同

根据当事人是否从合同中获取某种利益，可以将合同分为有偿合同和无偿合同。有偿合同是指一方通过履行合同规定的义务而给对方某种利益，对方要得到该利益必须为此支付相应对价的合同。无偿合同是指一方给付对方某种利益，对方在取得该利益时并不支付任何报酬的合同，如赠与合同。区分有偿合同与无偿合同的主要法律意义在于责任轻重的不同，在无偿合同中，债务人所负的注意义务程度较低；在有偿合同中，则较高。如赠与合同中，赠与的财产有瑕疵，赠与人一般不承担责任。

4. 诺成合同和实践合同

根据合同的成立是否以交付标的物或完成其他给付为标准，可以将合同分为诺成合同和实践合同。诺成合同是指当事人各方的意思表示一致即成立的合同，如买卖合同、银行借款合同等。实践合同又称要物合同，是指除当事人意思表示一致外，还需交付标的物或完成其他给付才能成立的合同，如定金合同等。诺成合同与实践合同的区别在于两者成立要件与当事人义务的确定有所不同。在实践合同中，标的物的交付或其他给付的完成仅仅是合同成立的要件之一，对它们的违背不构成违约责任的承担，而是承担缔约过失责任。

5. 要式合同与不要式合同

根据合同是否应采用法律或当事人要求的形式为标准，可将合同分为要式合同与不要式合同。要式合同是指法律或者当事人要求具备一定形式的合同；反之，则为不要式合同。对于一些重要的交易，法律通常要求当事人必须采取特定的方式订立合同。值得注意的是，法律所规定的形式，在效力上不尽一致。有些是成立条件，有些则为生效条件。

6. 主合同与从合同

根据合同相互间的主从关系为标准，可将合同分为主合同和从合同。主合同是不以他种合同的存在为前提，即不受其制约而能独立存在的合同。从合同是必须以他种合同的存在为前提，自身不能独立存在的合同。从合同要依赖于主合同的存在而存在，因而也称附属合同。如当事人之间订立一项借贷合同，为保证该合同的履行，又订立一项担保合同，其中，借贷合同是主合同，担保合同为从合同。

二、合同法概述

合同法是有关合同的法律规范的总称，是调整平等主体之间交易关系的法律。从这个角度看，我国《民法典·合同编》规定了关于合同的主要规范，在其他法律规范中还存在着大量的合同法律规范。为了准确地认识合同法律制度及其内涵，需要从以下几个方面进行理解。

（一）合同法是债法的组成部分

在民法理论中，合同是债的原因之一，债的属性对合同制度有着诸多影响。其中尤以债的相对性对合同法规范影响最为深刻。其表现如下所述。

1. 主体的相对性

原则上，合同关系只能发生在特定主体之间，只有合同的一方当事人才能够向合同的另一方当事人基于合同约定提出请求或提出诉讼。

2. 权利和义务的相对性

除法律规定或合同另有约定外，只有合同当事人才能享有某个合同所约定的权利并承担所约定的义务。合同当事人以外的任何第三人不能主张合同上的权利。在双务合同中，合同内容的相对性还表现在一方的权利即另一方的义务，另一方承担义务才能使对方享有权利，权利和义务相互对应并依赖。

3. 违约责任的相对性

违约责任只能在特定的当事人之间发生，即合同关系的当事人之间发生，合同关系以外的人不负违约责任，合同当事人也不对合同之外的人承担违约责任。

（二）合同法是坚持以合同自由为主的原则体系

（1）合同自由原则。合同本质上是当事人通过平等的自由协商而确定的，任何一方不得将自己的意志强加给另一方，当事人根据其意志调整相互间的权利和义务关系。合同自由包括缔约自由、选择相对人的自由、决定合同内容的自由、变更或解除合同的自由、选择合同形式的自由等。

（2）诚实信用原则。《民法典·合同编》规定了当事人行使权利和履行义务应当诚实信用。当事人善意地行使权利和履行义务，不得有欺诈等恶意行为，是一个合同缔结与履行的基本要求。在法律、合同未作规定或规定不清的情况下，会依据诚实信用原则来解释法律和合同，来平衡当事人之间的利益关系。

（3）合法原则。《民法典·合同编》规定了当事人订立、履行合同，应当遵守法律、行政法规，尊重社会公德，不得扰乱社会经济秩序，损害社会公共利益。合法原则是民事活动的基本准则。切实贯彻合法原则，能使各项交易活动纳入法律的轨道，保证社会经济生活的正常秩序。

（三）我国合同法是由一系列法律规范构成的体系

2020 年 5 月 28 日，第十三届全国人民代表大会第三次会议通过了《民法典》，自 2021 年 1 月 1 日起正式实施。其中第三编合同编是调整有关合同的订立、履行、保全等法律关系的规范，该编共计 526 条，条文数量在民法典中占比超过 40%，其内容分为通则、典型合同和准合同三个分编。《民法典》第 463 条规定:“本编调整因合同产生的民事关系。”严格地说,虽然合同编是合同法的重要组成部分,但合同关系不仅仅受《民法典·合同编》调整,还要受《民法典》其他编以及许多单行法的调整,并非因合同产生的民事关系都仅受本编调整。合同法还包括其他调整合同关系的规范,如《民法典》其他编所规定的合同、特别法中的合同法规范、行政法规中的合同法规范及司法解释中的合同法规范等。因此,《民法典·合同编》只是合同法的一部分,但亦是最为基础性的合同法规范,在发生合同纠纷后,法官首先应当且主要依据合同编的规定处理。

第二节 合同的订立

合同订立是合同从无到有的一个设立过程,是缔约当事人为意思表示并达成合意的状态。因此,它是动态行为与静态协议的统一体,它在描述了缔约过程中讨价还价活动之外,又以形成最终协议——合同书为阶段性任务。在这个阶段,缔约人除了要受到要约、承诺等基本缔约行为引发的法律拘束力约束,同时还可能对先合同义务承担一定的风险责任——缔约过失责任。

一、订立合同的当事人资格

缔约当事人是合同成立的要件之一,也是成立后合同法律关系的主体,是合同权利的享有者与义务的承担者。因此,对于当事人合同主体的适格性审查是合同法学习与研究的重要内容之一。

(一) 当事人应具有相应的行为能力

在民法基本理论中,有关民事主体的规定中有权利能力和行为能力的规定。其中,权利能力是当事人充当民事主体,享受民事权利和承担民事义务的法律地位或法律资格。在现代民法中一般均规定自然人有权利能力且始于出生,终于死亡(法人和其他组织的权利能力则拟制自然人进行规定)。行为能力是指民事主体据以独立参加民事法律关系,以自己的法律行为取得民事权利或承担民事义务的法律资格。根据自然人的年龄和精神状况不同,可以将自然人区分为完全民事行为能力人、无民事行为能力人和限制民事行为能力人。

在合同订立过程中,原则上要求当事人应当具有完全民事行为能力,但是从有利于当事人、鼓励交易、维护交易安全等方面考虑,《民法典》没有一律规定限制民事行为能力人的缔约行为无效。当事人为有相应行为能力的行为,如缔约,是受到法律保护的。

(二) 当事人资格影响合同订立的几种值得注意的情形

(1) 限制行为能力人不得亲自缔约,应由其法定代理人代为签约,但是有如下例外:①可独立签订接受奖励、赠与、报酬等纯获利益或被免除义务的合同。②限制行为能力人可以签订与其年龄、智力和精神健康状况相适应的合同。③可独立签订日常生活中的格式合同或事实合同,如利用自动售货机、乘坐交通工具、进入游园场所等。④签订处分自由财产的合同,如学费、旅费等由法定代理人预定使用目的的财产的处分。⑤其他征得法定代理人同意的合同。

(2) 除法律有禁止性规定外，法人或其他经营组织超越经营范围订立合同的，人民法院不因此认定合同无效。

(3) 法人分支机构，在得到法人书面授权后，可以以自己的名义签订合同。

(4) 合伙企业、法人的筹备组织等其他组织有资格独立签订合同。

二、订立合同的形式

《民法典》第469条规定："当事人订立合同，可以采用书面形式、口头形式或者其他形式。书面形式是合同书、信件、电报、电传、传真等可以有形地表现所载内容的形式。以电子数据交换、电子邮件等方式能够有形地表现所载内容，并可以随时调取查用的数据电文，视为书面形式。"同时，《民法典》第471条规定："当事人订立合同，可以采取要约、承诺方式或者其他方式。"这就是说，合同的成立通常应经过要约和承诺阶段。

在现实生活中，合同的订立形式除了下面详细讲解的"要约—承诺"模式之外，还存在许多其他模式，如竞争缔约（拍卖与招标）、强制缔约（自来水使用合同）、附合缔约（格式合同），以及交错要约、意思实现、事实过程缔约等。其中，有一些可以用要约—承诺模式的修正形式进行解说，还有一些则需要具体情况具体分析。因此，在学习合同订立形式的过程中要有一个更开阔的视野。

在现有合同订立形式的各种学说中，最广为人知与接受的观点是"要约—承诺"模式。从本质上看，要约与承诺都是意思表示，因此合同的订立是当事人追寻意思表示一致的过程。而合同的成立则是意思表示一致的结果，或者说合意。

(一) 要约

1. 要约的概念

要约又称发盘、出盘或报价等，是订立合同所必须经过的程序。根据我国《民法典》第472条的规定，"要约是希望与他人订立合同的意思表示"。依据这一规定，要约是一方当事人以缔结合同为目的、向对方当事人所作的意思表示。发出要约的当事人称为要约人，受领要约的当事人则称为受要约人，简称为受约人。

要约作为订约的意思表示，能对要约人和受约人产生一种约束力。依据《民法典》第472条的规定："表明经受要约人承诺，要约人即受该意思表示约束。"

2. 要约的构成要件

依据《民法典》第472条，要约要发生法律效力，必须具有如下条件。

(1) 要约是由特定主体作出的意思表示。要约人发出要约旨在与他人订立合同，唤起相对人的承诺，并据此订立合同。因此，要约人应当是特定的主体。例如，对订立买卖合同来说，其既可以是买受人也可以是出卖人，但必须是准备订立买卖合同的当事人。要约是一种意思表示，而不是事实行为，其符合意思表示的构成要件，经受要约人承诺后，可以在当事人之间成立合同关系。

(2) 要约必须具有订立合同的目的。订约的意图一定要由要约人通过其发出的要约充分表达出来，才能在受约人承诺的情况下产生合同。凡不是以订立合同为目的的行为，都不是要约。是否以订立合同为目的,也是要约与要约邀请的主要区别。

(3) 要约必须向相对人作出。要约人向谁发出要约也就是希望与谁订立合同,因此要约必须是要约人向相对人发出的意思表示。相对人一般为特定的人。在一般情况下,要约人在特定的时间和场合下只能与特定的对方当事人订立特定内容的合同,但法律并没有完全禁止要约向不特定的人作出,如悬赏广告。

(4) 要约的内容必须具体、确定。要约必须能使受约人了解合同的主要内容,因此要约的内容要具有使合同成立的主要条款。合同的主要条款,应根据合同的性质和内容来加以判断。

3. 要约与要约邀请

在实践中要注意区分要约与要约邀请的区别。要约邀请是希望他人向自己发出要约的意思表示。要约与要约邀请不同:要约是一个一经承诺就成立合同的意思表示;而要约邀请的目的则是邀请他人向自己发出要约,自己如果承诺才成立的合同。要约与要约邀请之间最根本的区别在于,要约有成立合同的具体确定的内容,而要约邀请则不必具备满足合同成立的内容。

《民法典》第473条规定:"拍卖公告、招标公告、招股说明书、债券募集办法、基金招募说明书、商业广告和宣传、寄送的价目表等为要约邀请。商业广告和宣传的内容符合要约条件的,构成要约。"

4. 要约的生效时间

要约何时生效,直接决定了要约对要约人及受约人拘束力的产生时间。要约的生效时间因要约的形式有所区别。我国《民法典》第137条区分了以对话方式和非对话方式作出的意思表示,分别确定其效力。

(1) 以对话方式作出的要约,相对人知道其内容时生效。《民法典》第137条第1款规定:"以对话方式作出的意思表示,相对人知道其内容时生效。"在以对话方式作出的意思表示中,意思表示的发出和相对人受领意思表示是同步进行的。例如,当事人面对面地订立口头买卖合同,或者通过电话交谈的方式订立合同。

(2) 以非对话方式作出的要约,到达相对人时生效。《民法典》第137条第2款规定:"以非对话方式作出的意思表示,达到相对人时生效。"依据这一规定,关于以非对话方式作出的意思表示,《民法典》采取了到达主义,即到达相对人时生效。

(3) 以非对话方式作出的、采用数据电文形式的要约的生效。在互联网时代,采用数据电文形式作出要约也是合同订立的重要方式。《民法典》第137条第2款规定:"以非对话方式作出的采用数据电文形式的意思表示,相对人指定特定系统接收数据电文的,该数据电文进入该特定系统时生效;未指定特定系统的,相对人知道或者应当知道该数据电文进入其系统时生效。当事人对采用数据电文形式的意思表示的生效时间另有约定的,按照其约定。"由此可见,以数据电文形式作出要约,其生效分为两种情形:一是相对人指定了特定的系统接收数据电文的,该要约自该数据电文进入该特定系统时生效。依据这一规定,在数据电文进入系统以后,尽管没有为收件人所阅读、使用,也认为是收到了电文。二是相对人未指定特定的系统接收数据电文的,则自相对人知道或者应当知道该数据电文进入其系统时生效。

5. 要约的撤回、撤销与失效

要约的撤回是指要约人在要约发出之后，要约生效之前，要约人使要约不发生法律效力的意思表示。由于要约尚未发生法律效力，撤回要约不会对受约人产生任何影响，也不会对交易程序产生不良影响。《民法典》第 475 条中规定了要约人的撤回权："要约可以撤回。要约的撤回适用本法第一百四十一条的规定。"《民法典》第 141 条规定："行为人可以撤回意思表示。撤回意思表示的通知应当在意思表示到达相对人之前或者与意思表示同时到达相对人。"对于口头要约，要约一经发出即到达了受约人，所以不存在撤回的问题。对于电子形式的书面要约，通常是不可能撤回的，因为要约一经发出就进入了收件人的计算机系统，发出与收到几乎同步。所以在电子商务中，要约一般是不能撤回的。

要约的撤销是指要约人在要约生效后，受约人承诺之前，使要约丧失法律效力的意思表示。在受约人发出承诺通知之前，要约人可以撤销要约。同时为维护要约的效力，《民法典》第 476 条规定以下两种情形时，要约不得撤销：①要约人以确定承诺期限或者其他形式明示要约不可撤销。②受要约人有理由认为要约是不可撤销的，并已经为履行合同做了合理准备工作。

同时，关于撤销要约的意思表示生效时间，《民法典》第 477 条也明确规定："撤销要约的意思表示以对话方式作出的，该意思表示的内容应当在受要约人作出承诺之前为受要约人所知道；撤销要约的意思表示以非对话方式作出的，应当在受要约人作出承诺之前到达受要约人。"

要约的失效是指要约丧失法律效力，即要约人与受约人均不再受其约束。《民法典》第 478 条规定了要约失效的情形：①要约被拒绝。受约人拒绝要约时，合同成立成为不可能，要约当然归于消灭。②要约被依法撤销。③承诺期限届满，受要约人未作出承诺。要约有承诺期限的，受要约人在该期限内承诺而成立合同。如果该期限届满，受要约人未作出承诺，则要约自动失去效力。④受要约人对要约的内容作出实质性变更。承诺应当接受要约的全部内容，对要约的实质性变更实际上是一个新要约。

(二) 承诺

1. 承诺的概念

根据《民法典》第 479 条的规定，所谓承诺是指受要约人同意要约的意思表示。承诺能够产生成立合同的法律效力。

2. 承诺应当具备的条件

(1) 承诺须由受要约人或者其代理人作出。

(2) 承诺是受要约人同意要约的意思表示，其内容与要约的内容一致。受要约人对要约的内容作出实质性变更，为新要约。承诺人对要约作出的非实质性变更，除要约人及时表示反对或者要约表明承诺不得对要约的内容作出任何变更的以外，该承诺有效。

(3) 承诺应当以通知或其他方式向要约人作出。

(4) 承诺须在合理期限内作出。

3. 承诺的效力

(1) 承诺的生效。承诺的生效就是承诺对要约人产生法律上的拘束力的时间，承诺一经生效，合同即为成立。承诺通知到达要约人时生效。承诺不需要通知的，根据交易习惯或者要约的要求作出承诺的行为时生效。采用数据电文形式订立合同的,承诺生效的时间同上述要约生效的时间。

(2) 承诺的期限。要约确定的期限成为承诺期限。承诺应当在要约确定的期限内到达要约人。对于承诺期限的起算,法律规定:要约以信件或者电报作出的,承诺期限自信件载明的日期或者电报交发之日开始计算;信件未载明日期的,自投寄该信件的邮戳日期开始计算;要约以电话、传真、电子邮件等快速通讯方式作出的,承诺期限自要约到达受要约人时开始计算。

要约没有确定承诺期限的,承诺应当依照下列规定到达:一是要约以对话方式作出的,应当即时作出承诺。二是要约以非对话方式作出的,承诺应当在合理期限内到达。所谓合理期限,是指依通常情形可期待承诺到达的期间,一般包括要约到达受要约人的期间、受要约人作出承诺的期间、承诺通知到达要约人的期间。

(3) 承诺的撤回。《民法典》第485条规定:"承诺可以撤回。承诺的撤回适用本法第一百四十一条的规定。"承诺的撤回是承诺人阻止承诺发生法律效力的意思表示。根据《民法典》第141条的规定:"行为人可以撤回意思表示。撤回意思表示的通知应当在意思表示到达相对人前或者与意思表示同时到达相对人。"因此,承诺人可以在发出承诺之后,承诺生效之前,通知要约人收回承诺,以消灭承诺。撤回承诺,应当以通知的形式由承诺人向要约人发出。撤回承诺的通知应当在承诺通知到达要约人之前或与承诺通知同时到达要约人,才能发生防止承诺生效的法律效果。

(4) 承诺迟延。承诺迟延包括逾期承诺和传递迟延,前者是指受要约人超过承诺期限发出承诺,或者在承诺期限内发出承诺,按照通常情形不能及时到达要约人的情形;后者则是指承诺发出时并未逾期,且通常情况下会及时到达,但因传递途中的其他原因导致了承诺迟延到达的情形。逾期承诺除要约人及时通知受要约人该承诺有效的以外,为新要约。传递迟延之承诺的效力,除要约人及时通知受要约人因承诺超过期限不接受该承诺的以外,该承诺有效。承诺的迟延与迟到。受要约人超过承诺期限发出承诺的,为迟延承诺,除要约人及时通知受要约人该承诺有效的以外,迟延的承诺应视为新要约。受要约人在承诺期限内发出承诺,按照通常情形能够及时到达要约人,但因其他原因使承诺到达要约人时超过承诺期限的,为迟到承诺,除要约人及时通知受要约人因承诺超过期限不接受该承诺的以外,迟到的承诺为有效承诺。

(5) 承诺的内容。承诺的内容应当与要约的内容一致,但在实践中,受要约人可能对要约的文字乃至内容作出某些修改,此时承诺是否具有法律效力需根据具体情况予以确认。《民法典》规定,受要约人对要约的内容作出实质性变更的,为新要约。有关合同标的、数量、质量、价款或报酬、履行期限、履行地点和方式、违约责任和解决争议方法等内容的变更,是对要约内容的实质性变更。承诺对要约的内容作出非实质性变更的,除要约人及时表示反对或者要约表明承诺不得对要约的内容作出任何变更的以外,该承诺有效,合同的内容以承诺的内容为准。

三、合同的内容

合同的内容是指合同当事人就权利和义务达成的合意,在形式上表现为合同的条款。

《民法典》第 470 条规定,合同的内容由当事人约定,一般包括下列条款:①当事人的姓名或者名称和住所。②标的。③数量。④质量。⑤价款或者报酬。⑥履行期限、地点和方式。⑦违约责任。⑧解决争议的方法。这些条款是民法典提供的提示性条款,对当事人约定合同权利和义务有着重要的参考意义。

根据条款对合同成立所具有的意义,条款可以分为必备条款和一般条款。

(一) 必备条款

必备条款又称主要条款,是合同必须具备的条款。它决定了合同的类型和当事人的主要权利与义务,有着重要的意义。合同必备条款的确立标准主要有以下三种。

(1) 法律的直接规定。如借款合同应有借款币种的要求。

(2) 合同类型或性质决定的。如买卖合同中的价款、租赁合同中的租金。

(3) 当事人约定的。当事人可以根据合同缔结的具体情况,要求订立合同的必备条款。

尽管必备条款一般不具有评价合同效力的意义,但是它可能会影响到合同的成立。

(二) 一般条款

一般条款是必备条款之外的条款,一般包括两种情况:①是法律未直接规定,也不是合同类型和性质要求必须具备的,当事人也无意使其成为主要条款的合同条款,如关于包装物返还的约定。②是当事人并未写入合同,甚至未经协商,但基于当事人的行为,或基于合同的明示条款,或基于法律规定,理应存在的合同条款。例如,被保险船舶应有适航能力、交易惯例与行业惯例之遵守等。

(三) 格式条款

在现代社会,存在着大量的格式合同条款,它们深刻地影响着现代人的合同生活。

1. 格式条款的概念

《民法典》第 496 条第 1 款规定:"格式条款是当事人为了重复使用而预先拟定,并在订立合同时未与对方协商的条款。"据此可知,①格式条款在拟定时并未征求对方当事人的意见。对此,应作扩大解释,即不限于一方当事人自己事先拟定,也包括一方采用第三人拟定的格式条款(如主管部门、行业组织制定的合同示范文本,但示范文本本身并非格式条款)。②格式条款可以重复使用。③格式条款在订立合同时未与对方协商,即格式条款在订入合同时不容对方协商(要么接受,要么拒绝)。

2. 格式条款的订入规则与解释

《民法典》第 496 条第 2 款规定:"采用格式条款订立合同的,提供格式条款的一方应当遵循公平原则确定当事人之间的权利和义务,并采取合理的方式提示对方注意免除或者减轻其责任等与对方有重大利害关系的条款,按照对方的要求,对该条款予以说明。提供格式条款的一方未履行提示或者说明义务,致使对方没有注意或者理解与其有重大利害关系的条款的,对方可以主张该条款不成为合同的内容。"据此,《民法典》规定了提供方在使用格式条款时应遵循"公平原则",并在可能影响对方当事人权利和义务时有"提示注意义务"和"说明义务"。

由于格式条款在性质上需要对方当事人的"附合"行为,因此其订入合同必须经过一定的程序,并不能自动纳入合同。在实践中,格式条款的订入,往往就是《民法典》第 496 条第 2

款所规定的提供条款的一方以明示或者其他合理、适当的方式提示相对人注意其欲以格式条款订立合同的事实。这种提示应该达到什么程度算合理，需要从文件的外形、提起注意的方法、清晰明白的程度、提起注意的时间等方面进行综合判断。

格式条款除了对订入规则有特殊要求之外，在对格式条款的理解发生争议的，也有着特殊的解释规则。《民法典》第 498 条规定："对格式条款的理解发生争议的，应当按照通常理解予以解释。对格式条款有两种以上解释的，应当作出不利于提供格式条款一方的解释。格式条款和非格式条款不一致的，应当采用非格式条款。"

根据该条规定，格式条款的解释包含了三个层次内容：①按通常理解的规则，即解释应以一般人的、惯常的理解为准，而不应仅以条款制作人的理解为依据，对某些特殊术语，也应作出通常的、通俗的、一般意义的解释，亦即依据订约者平均的、通常具有的理解能力予以解释。②按不利解释规则进行，即应作不利于格式条款提供者的解释。③非格式条款效力优先规则，即个别商议条款效力优先于格式条款的解释规则。

3. 格式条款无效的规定

《民法典》第 497 条规定，有下列情形之一的，该格式条款无效：①具有本法第一编第六章第三节和本法第 506 条规定的无效情形。②提供格式条款一方不合理地免除或者减轻其责任、加重对方责任、限制对方主要权利。③提供格式条款一方排除对方主要权利。可见，格式条款无效的情形，较之于一般合同条款更多，对格式条款的生效限制更为严格。具体而言，格式条款的无效包括如下情形。

(1) 具有《民法典·总则编》第六章第三节和《民法典》第 506 条规定的无效情形。一是具有《民法典·总则编》第六章第三节规定的无效情形。《民法典》第 153 条规定："违反法律、行政法规的强制性规定的民事法律行为无效。但是，该强制性规定不导致该民事法律行为无效的除外。"依据这一规定，违反法律、行政法规强制性规定的民事法律行为无效。此外，依据《民法典·总则编》第六章第三节的规定，一方以欺诈、胁迫的手段实施的民事法律行为被撤销的，或者因恶意串通、以虚假的意思表示实施的民事法律行为等，都是无效的，这些规定都可以适用于格式条款的效力认定。二是具有《民法典》第 506 条规定的无效情形。《民法典》第 506 条规定，合同中的下列免责条款无效：①造成对方人身损害的。②因故意或者重大过失造成对方财产损失的。该规定当然可以适用于格式条款的效力认定。

(2) 提供格式条款一方不合理地免除或者减轻其责任、加重对方责任、限制对方主要权利。需要指出的是，依据《民法典》第 497 条的规定，并非在格式条款出现免除或者减轻其责任、加重对方责任、限制对方主要权利的情形后，该格式条款都无效，而是这些条款本身具有不合理性，即不合理地免除或者减轻其责任、加重对方责任、限制对方主要权利。

(3) 提供格式条款一方排除对方主要权利。所谓排除主要权利，是指格式条款中含有排除对方当事人按照通常情形应当享有的主要权利。如果将《民法典》第 497 条第 3 项与第 2 项相比较，可以看出，两者规定的内容具有明显的区别：一是第 3 项不存在"不合理地"的限定，只要是排除对方主要权利，就可以宣告该格式条款无效。二是第 3 项是排除，而并不包括限制。所以，在格式条款不合理地限制对方主要权利时，适用第 2 项；完全排除对方主要权利时，则适用第 3 项。

四、订立合同的方式

合同订立的方式是指当事人合意的表现形式。《民法典》第 469 条第 1 款规定:“当事人订立合同,可以采用书面形式、口头形式或者其他形式。”由此可见,我国《民法典》原则上没有对合同的订立方式作出特殊要求,采取的是不要式原则。合同的订立可以用口头形式、书面形式或者其他可推定的形式。同时,《民法典》第 469 条第 2 款及第 3 款分别对“书面形式”作出了说明:“书面形式是合同书、信件、电报、电传、传真等可以有形地表现所载内容的形式。”“以电子数据交换、电子邮件等方式能够有形地表现所载内容,并可以随时调取查用的数据电文,视为书面形式。”

五、合同成立的时间和地点

(一) 合同成立的时间

合同成立的时间是由承诺生效的时间所决定的。《民法典》采取到达主义,即承诺生效的时间以承诺到达要约人的时间为准。当事人采用合同书形式订立合同的,自当事人均签名、盖章或者按指印时合同成立。在签名、盖章或者按指印之前,当事人一方已经履行主要义务,对方接受时,该合同成立。法律、行政法规规定或者当事人约定合同应当采用书面形式订立,当事人未采用书面形式但是一方已经履行主要义务,对方接受时,该合同成立。

《民法典》第 491 条第 1 款规定:“当事人采用信件、数据电文等形式订立合同要求签订确认书的,签订确认书时合同成立。”这就确认了签订确认书的订约方式。所谓确认书,是指合同正式成立前,一方要求最终确认的表示。确认书通常采用书面的形式,自签订确认书之日起,合同正式宣告成立。从实践来看,在当事人初步达成的合同文本中载明“以我方最后确认为准”,这就是要求签订确认书。

《民法典》第 491 条第 2 款规定:“当事人一方通过互联网等信息网络发布的商品或者服务信息符合要约条件的,对方选择该商品或者服务并提交订单成功时合同成立,但是当事人另有约定的除外。”这条来自《电子商务法》第 49 条第 1 款的规定,合同编增加这一条款的目的主要在于适应电子商务发展的需要,有效应对电子商务合同成立时间的纠纷,同时扩大了适用的范围。

(二) 合同成立的地点

《民法典》第 492 条规定:“承诺生效的地点为合同成立的地点。”可见,承诺生效地就是合同成立地。采用数据电文形式订立合同的,收件人的主营业地为合同成立的地点;没有主营业地的,其住所地为合同成立的地点;当事人另有约定的,按照其约定。当事人采用合同书形式订立合同的,最后签名、盖章或者按指印的地点为合同成立的地点,但是当事人另有约定的除外。

六、缔约过失责任

所谓缔约过失责任,是指在订立合同过程中,一方因违背其依据诚实信用原则所应尽的义务而致另一方信赖利益的损失,依法应承担的民事责任。《民法典》第 500 条和第 501 条中专门规定了缔约过失责任制度。

《民法典》第 500 条规定，当事人在订立合同过程中有下列情形之一，造成对方损失的，应当承担损害赔偿责任：①假借订立合同，恶意进行磋商。②故意隐瞒与订立合同有关的重要事实或者提供虚假情况。③有其他违背诚信原则的行为。该条规定列举了承担缔约过失责任的主要情形。

此外，《民法典》第 501 条还规定了当事人的保密义务："当事人在订立合同过程中知悉的商业秘密或者其他应当保密的信息，无论合同是否成立，不得泄露或者不正当地使用；泄露、不正当地使用该商业秘密或者信息，造成对方损失的，应当承担损害赔偿责任。"保密义务，除了可能是缔约过失责任这一先合同义务之外，它还可能是一种基于诚信原则的合同内义务与后合同义务。因此，应该在缔约过失责任的确定过程中作具体分析。

缔约过失责任的成立一般须具备如下条件：①缔约上的过失须在合同订立过程中。②一方违背诚实信用原则应负民事责任。③造成他人信赖利益的损失。

缔约过失责任与违约责任存在区别：①两种责任产生的时间不同。缔约过失责任发生在合同成立之前；而违约责任产生于合同生效之后。②适用的范围不同。缔约过失责任适用于合同未成立、合同未生效、合同无效等情况；违约责任适用于生效合同。③赔偿范围不同。缔约过失责任赔偿的是信赖利益的损失；而违约责任赔偿的是可期待利益的损失。可期待利益的损失要大于或者等于信赖利益的损失。

第三节　合同的效力

一、合同生效

（一）合同效力概述

合同的效力又称合同的法律效力，是指法律赋予依法成立的合同具有约束当事人各方乃至第三人的强制力。

合同订立完毕之后，合同即告成立，但是要注意的是，合同的订立与成立不同于合同生效。合同的订立是当事人意思自治的体现，合同成立则是当事人的意志结果，体现了双方当事人的合意。合同的生效则是国家通过法律评价合同的表现，是法律认可当事人的意思结果，成立的合同只有符合法律要求才会生效。合同成立与合同生效之间的这种区别，比较集中地体现在两者构成要件上的不同。合同成立的要件包括缔约人、意思表示一致和合同标的。而合同生效要件则是缔约人有相应的行为能力、意思表示真实和不违反法律和社会公共利益。

成立的合同有的直接生效（符合生效要件），有的确定地无效，有的则未生效。合同未生效是指已经成立的合同尚未具备生效要件，至少暂时不能完全或完全不能按照当事人的合意赋予法律拘束力，即至少暂时不能发生履行的效果。当然，合同未生效不是终局的状态，而是中间的、过渡的形式，会继续发展变化，如未生效的合同在某个阶段具备了生效要件，转化为合同生效，即发生了当事人所期望的法律效果，进入履行的阶段。

(二) 合同生效的要件

合同的生效要件是法律评价当事人合意的标准，根据《民法典》第 143 条的规定，合同的生效一般需具备以下条件，缔约人有相应的民事行为能力、意思表示真实和不违反法律、行政法规的强制性规定，不违背公序良俗。

1. 缔约人具有相应的民事行为能力

缔约人有民事行为能力，才能实施意思表示行为。所以，民事法律行为以行为能力适格为其首要条件。对于自然人，应具有完全民事行为能力；限制行为能力人只能实施与其意思能力相适应的法律行为，限制行为能力人在其行为能力范围之内实施的行为，构成意思表示或者法律行为。而在能力范围之外的行为，除经其法定代理人同意或者追认之外，不构成意思表示或者法律行为，但限制行为能力人的纯获利益的行为不受该条件的限制。无行为能力人因不适格，法律否认其有意思能力，所以实施的行为就不能发生民事法律行为的固有效力。

对于法人，原则上要求其所为的民事法律行为不违反法律的禁止性规范，如果法人或其代表人的行为与法人的目的事业不一致，如超越核准登记的经营范围经营，根据《民法典》第 505 条规定："当事人超越经营范围订立的合同的效力，应当依照本法第一编第六章第三节和本编的有关规定确定，不得仅以超越经营范围确认合同无效。"可见，为更好地满足市场经济需要，如果合同仅仅只是涉及超越经营范围的问题，不能因此而认定合同无效。

2. 意思表示真实

意思表示真实是指缔约人的表示行为应真实地反映其内心的效果意思，即指内心的效果意思须与表示行为相一致。

当表示行为与效果意思不一致时，会导致意思表示的不真实，这对合同效力的影响应视具体情况而定。

3. 不违反法律、行政法规的强制性规定，不违背公序良俗

这里的法律包括全国人民代表大会及其常务委员会通过的法律，也包括国务院颁布的行政法规，在此之外的法律规范则不属此处法律之所指。同时，该处违反的法律应该属于法律中的强行性规范，不包括任意性规范。

公序良俗，凡生活中的政治基础、公共秩序、道德准则和风俗习惯，均可列入。违反公序良俗是对一个社会根本秩序的挑战，因此必然也是合同法所不能允许的。

除了以上条件之外，法律对某些合同行为有特别要求的，必须满足该要求，否则合同也不能生效。

二、合同的效力状况

通过前面的叙述，我们知道成立的合同在经过法律的判断之后，有的直接生效，有的则直接被判定为无效，还有的则因生效要件的欠缺而未生效。对于合同生效及其要件，已经在前文有所叙述，下面的内容将集中处理合同无效、合同的可撤销与合同未生效三种情况。

(一) 合同无效

1. 合同无效概述

合同无效是指合同严重欠缺有效要件，不许按当事人合意的内容而是依据法律的直接

规定赋予法律效果。合同的无效与合同的不成立是有区别的，前者是成立的合同欠缺有效要件，后者则是欠缺合同成立的要件。

合同的无效可以分为自始无效和嗣后无效。合同无效一般是合同成立之时就存在着无效的原因，因此合同自始即无法律约束力。但是，也有的合同在成立时本不违反当时的法律规定，符合有效要件的要求，只是因为后来国家颁行了新法或者修正了既有法律规定，才使合同变得违反了强制性规范，因而无效，即嗣后的无效。

2. 合同无效的原因(或类型)

关于合同的无效，《民法典·总则编》第六章第三节分别作了规定。首先，《民法典》第145条规定："无民事行为能力人实施的民事法律行为无效。"据此，无民事行为能力人与他人所签订的合同均无效。其次，《民法典》第146条规定："行为人与相对人以虚假的意思表示实施的民事法律行为无效。"再次，《民法典》第153条规定："违反法律、行政法规的强制性规定的民事法律行为无效。"因此，当事人违反法律、行政法规的强制性规定所订立的合同亦无效。最后，《民法典》第154条规定："行为人与相对人恶意串通，损害他人合法权益的民事法律行为无效。"据此，如果合同双方当事人恶意串通，所订立的合同损害了他人的合法权益，该合同则为无效合同。

除《民法典·总则编》第六章第三节对合同无效的原因作出规定外，《民法典》第506条也规定了下列免责条款无效：①造成对方人身损害的。②因故意或者重大过失造成对方财产损失的。

3. 合同无效的效果

《民法典》第157条规定："民事法律行为无效、被撤销或者确定不发生效力后，行为人因该行为取得的财产，应当予以返还；不能返还或者没有必要返还的，应当折价补偿。有过错的一方应当赔偿对方由此所受到的损失；各方都有过错的，应当各自承担相应的责任。法律另有规定的，依照其规定。"

据以上规定可见，合同在被判定无效之后，对于业已履行的部分，应按下面的原则处理。

(1) 返还财产。在给付了财产的情况下，受领财产的一方应将该财产返还相对人。这是因为，自从合同被确认为无效之时，受领财产的一方继续占有该项财产就丧失了法律依据，因而有义务将财产返还给相对人。如果仅仅是当事人一方取得了财产，那么该当事人负返还义务；如果当事人双方对等地取得了财产，那么双方应当相互返还财产。如果财产已不存在，无法返还的，应折价赔偿。

(2) 赔偿损失。如果合同无效后给对方或者第三人造成了损失，合同的无效还可能导致对相关当事人缔约过失责任的追究，进行损失赔偿。如果损失是一方的过错造成的，则仅过错方赔偿；如果双方都有过错，则由双方承担各自应负的责任。

此外，应注意的是合同的无效不影响解决争议条款的效力。《民法典》第507条规定："合同不生效、无效、被撤销或者终止的，不影响合同中有关解决争议方法的条款的效力。"

(二) 合同的可撤销

1. 合同的可撤销概述

合同的可撤销是指因意思表示不真实，通过撤销权人行使撤销权使已经生效的合同归于消灭。合同的可撤销，是因为合同存在法定的重大瑕疵而须以诉撤销。一般而言，意思表示有缺陷，不符合民事法律行为生效要件的，按理说都是无效的。但民法基于意思自治原则，对于只涉及当事人而不涉及国家或第三人利益的意思有缺陷的民事行为，其有效还是无效的选择权被赋予行为人自己，即赋予当事人撤销权，其若选择有效则放弃行使权利，若选择无效，则可行使撤销权。一旦当事人行使了撤销权，则被撤销部分的行为，就视同无效民事行为，自始不发生效力。

可撤销的合同具有如下特征：

(1) 合同属于意思表示不真实的合同。

(2) 可撤销民事法律行为之撤销，须以诉为之。可撤销民事法律行为只有经过审判或者仲裁程序确定之后，才属无效，在当事人不申请撤销，或者虽然申请，但审判或者仲裁机关尚未作出撤销判决时，则还具有其效力。

(3) 撤销权不行使，合同将继续有效。因此合同不是当然和绝对无效，而是相对无效。

2. 合同可撤销的原因(类型)

根据《民法典》的相关规定，可撤销民事法律行为的类型有以下几种。

(1) 欺诈、胁迫。欺诈是指以使他人陷于错误并因而为意思表示为目的，故意陈述虚伪事实或隐瞒真实情况的行为。其构成中需要有欺诈行为。《民法典》第 148 条规定："一方以欺诈手段，使对方在违背真实意思的情况下实施的民事法律行为，受欺诈方有权请求人民法院或者仲裁机构予以撤销。"《民法典》第 149 条规定："第三人实施欺诈行为，使一方在违背真实意思的情况下实施的民事法律行为，对方知道或者应当知道该欺诈行为的，受欺诈方有权请求人民法院或者仲裁机构予以撤销。"据此，若合同存在欺诈行为，则受欺诈方可行使撤销权从而撤销合同。胁迫是向对方当事人表示施加危害，使其发生恐惧，并基于恐惧而为一定意思表示的行为。其构成要件中需要存在胁迫行为。《民法典》第 150 条规定："一方或者第三人以胁迫手段，使对方在违背真实意思的情况下实施的民事法律行为，受胁迫方有权请求人民法院或者仲裁机构予以撤销。"因此，受胁迫所订立的合同，受胁迫方有权请求人民法院或者仲裁机构予以撤销。

(2) 重大误解。《民法典》第 147 条规定："基于重大误解实施的民事法律行为，行为人有权请求人民法院或者仲裁机构予以撤销。"重大误解是指误解人作出意思表示时，对涉及合同法律效果的重要事项存在着认识上的显著缺陷，其后果是使误解人受到较大损失，以至于根本达不到缔约的目的。基于错误认识的行为，行为人的表意虽然是自愿的，但却是违背本意的，所以该行为属于可撤销行为。重大误解，在主观上是属于过失，如果是基于故意，那就构成欺诈了。

(3) 显失公平。显失公平是指双方当事人的权利和义务明显地不对等，使一方遭受重大不利。显失公平的效果明显违背公平原则。《民法典》第 151 条规定："一方利用对方处于危困状态、缺乏判断能力等情形，致使民事法律行为成立时显失公平的，受损害方有权请求人民法院或者仲裁机构予以撤销。"因此，当事人在订立合同时，如果存在显失公平情形的，受损害方有权请求人民法院或者仲裁机构予以撤销该合同。

3. 撤销权及其行使

当符合法律规定的可撤销原因出现时，法律赋予行为人撤销权。在当事人选择撤销合同的时候，涉及撤销权的行使。撤销权是指撤销权人依单方的意思表示使合同等法律行为溯及既往地消灭的权利。它在性质上属于形成权。撤销权由何人行使，《民法典》第 148 条至第 151 条分别规定了“受欺诈方”“受胁迫方”以及“受损害方”可以行使。因此，撤销权的主体是受害人。此外，撤销权的行使须以诉为之。若当事人不撤销，合同将继续有效。

由于撤销权的行使可以直接影响交易的命运，因此为交易安全起见，对撤销权的行使有着特别的规定。《民法典》第 152 条规定，有下列情形之一的，撤销权消灭：①当事人自知道或者应当知道撤销事由之日起 1 年内、重大误解的当事人自知道或者应当知道撤销事由之日起 90 日内没有行使撤销权。②当事人受胁迫，自胁迫行为终止之日起 1 年内没有行使撤销权。③当事人知道撤销事由后明确表示或者以自己的行为表明放弃撤销权。同时，《民法典》第 152 条规定了撤销权的除斥期间：“当事人自民事法律行为发生之日起五年内没有行使撤销权的，撤销权消灭。”

(三) 合同的效力未定

1. 合同效力未定概述

合同的效力未定又称合同的效力待定，是指合同欠缺有效要件，能否发生当事人预期的法律效力尚未确定，只有经过有权人的追认，才能化欠缺有效要件为符合有效要件，发生当事人预期的法律效力；有权人在一定期间内不予追认，合同归于无效。

效力未定合同的特点，是行为人已完成行为，合同外表已健全，但其效力却有赖于第三人表示是“同意”还是“不同意”，在作出前该行为的效力处于不确定状态。

合同效力未定与合同可撤销不同，可撤销的前提是存在着有效的合同，只是在撤销后溯及开始发生无效后果，其效力“有效”或“无效”有待表意人定夺；而效力未定合同的法律效力处于不确定状态，在确定前既非有效亦非无效，究竟是有效或无效有待第三人定夺。

合同效力未定与合同无效也不同，无效自始无效，不可能起死回生；而效力未定，既可能向有效发展，也可能归于无效。

2. 合同效力未定的类型

(1) 限制行为能力人订立的合同。《民法典》第 145 条第 1 款规定：“限制民事行为能力人实施的纯获利益的民事法律行为或者与其年龄、智力、精神健康状况相适应的民事法律行为有效；实施的其他民事法律行为经法定代理人同意或者追认后有效。”由此可见，限制行为能力人原则上由其法定代理人代其订立合同，若独立订立合同，需要经其法定代理人的追认，在追认之前，合同处于效力未定状态，但实施的纯获利益的或者与其年龄、智力、精神健康状况相适应的民事法律行为包括订立合同行为则有效。

(2) 无权代理人订立的合同。《民法典》第 171 条第 1 款规定：“行为人没有代理权、超越代理权或者代理权终止后，仍然实施代理行为，未经被代理人追认的，对被代理人不发生效力。”由此可见，无代理权人所为之“代理行为”对本人是没有效力的，但若本人事后追认，就成为名正言顺的“代理行为”，对本人发生效力；若本人否认，则该行为对行为人生效。在本人承认与否认前，该行为的效力处于不确定状态。但《民法典》第 503 条规定：“无权代理人以被代理人的名义订立合同，被代理人已经开始履行合同义务或者接受相对人履行的，视为对合同的追认。”该条属于对被代理人默示追认的规定。

在这里要注意表见代理人签订的合同是有效的，而不是效力未定合同，即《民法典》第172条的规定："行为人没有代理权、超越代理权或者代理权终止后，仍然实施代理行为，相对人有理由相信行为人有代理权的，代理行为有效。"

3. 追认权及其行使

(1) 追认权。追认是追认权人实施的使他人效力未定合同生效的补助性行为。追认属于单方民事法律行为，在意思表示完成时生效，因此追认权是一种形成权，其作用在于补足效力未定行为所欠缺的法律要件。

追认权主体因行为的类型不同而不同。在无权代理合同中，追认权属于本人(即被代理人)；在限制行为能力人合同中，追认权属于法定代理人。

追认权的行使方式，应由当事人以意思通知方式，向效力未定合同的相对人实施。

追认权同样也有除斥期间的限制。《民法典》第145条第2款规定："相对人可以催告法定代理人在三十日内予以追认。法定代理人未作表示的，视为拒绝追认。民事法律行为被追认前，善意相对人有撤销的权利。撤销应当以通知的方式作出。"可见，追认权的除斥期间为30日。

(2) 催告权和撤销权。《民法典》第145条第2款和第171条第2款，除了规定了除斥期间之外，还对效力未定合同善意相对人进行了制度救济。根据法律规定，合同相对人有告知事实并催促追认权人在给定的期间内实施追认的权利。同时，合同被追认之前，善意相对人还有撤销的权利。撤销应当以通知的方式作出。

第四节　合同的履行

一、合同履行的概念

合同的履行是指债务人全面、适当地完成其合同义务，债权人的合同债权得到全面实现。合同履行是债务人完成合同的行为，即所谓债务人为给付行为。从合同效力方面看，合同的履行是依法成立的合同所必然发生的法律效果，并且是构成合同效力的主要内容。从合同的目的看，合同履行又是整个合同制度的核心。

二、合同履行的规则

合同履行的规则是当事人在履行合同债务时所应遵循的基本准则。这些规则有民事制度的基本规则，如平等、诚信，还有专属于合同履行的规则，下面将集中讨论专属性规则。

(一) 适当履行规则

适当履行规则又称正确履行规则或全面履行规则，是指当事人按照合同规定的标的及其质量、数量，由适当主体在适当的履行期限，履行地点，以适当的履行方式，全面完成合同义务的履行规则。

《民法典》第509条第1款规定："当事人应当按照约定全面履行自己的义务。"合同生效后，当事人就质量、价款或者报酬、履行地点等内容没有约定或者约定不明确的，可以协议补充;不能达成补充协议的,按照合同相关条款或者交易习惯确定。依照上述规则仍不能确定的,依照下列规则确定。

(1) 质量要求不明确的,按照强制性国家标准履行;没有强制性国家标准的,按照推荐性国家标准履行;没有推荐性国家标准的,按照行业标准履行;没有国家标准、行业标准的,按照通常标准或者符合合同目的的特定标准履行。

(2) 价款或者报酬不明确的,按照订立合同时履行地的市场价格履行;依法应当执行政府定价或者政府指导价的,依照规定履行。

(3) 履行地点不明确,给付货币的,在接受货币一方所在地履行;交付不动产的,在不动产所在地履行;其他标的,在履行义务一方所在地履行。

(4) 履行期限不明确的,债务人可以随时履行,债权人也可以随时请求履行,但是应当给对方必要的准备时间。

(5) 履行方式不明确的,按照有利于实现合同目的的方式履行。

(6) 履行费用的负担不明确的,由履行义务一方负担;因债权人原因增加履行费用,由债权人负担。

合同生效后,当事人不得因姓名、名称的变更或者法定代表人、负责人、承办人的变更而不履行合同义务。

(二) 协助履行规则

协助履行规则是指当事人不仅应当适当履行自己的合同债务,而且应基于诚信原则,在必要限度内,协助对方相对人履行债务的规则。《民法典》第 509 条第 2 款规定:"当事人应当遵循诚信原则,根据合同的性质、目的和交易习惯履行通知、协助、保密等义务。"这体现了当事人的协助履行义务。

(三) 绿色履行规则

《民法典》第 509 条第 3 款对合同履行提出了"当事人在履行合同过程中,应当避免浪费资源、污染环境和破坏生态"的要求。既然《民法典》第 509 条第 3 款将绿色履行规定为合同履行的基本原则,那就意味着,在合同履行过程中,在当事人没有特别约定而且法律没有明确的补充性规定的情况下,在具体权利和义务的安排上,当事人应当遵循绿色履行的要求,避免浪费资源、污染环境和破坏生态。

(四) 情事变更规则

情事变更规则是指合同依法成立后,因不可归责于双方当事人的原因发生了不可预见的情事变更,致使合同的基础丧失或动摇,若继续维持合同原有效力则显失公平,从而允许变更或解除合同的规则。

我国《民法典》第 533 条规定:"合同成立后,合同的基础条件发生了当事人在订立合同时无法预见的、不属于商业风险的重大变化,继续履行合同对于当事人一方明显不公平的,受不利影响的当事人可以与对方重新协商;在合理期限内协商不成的,当事人可以请求人民法院或者仲裁机构变更或者解除合同。人民法院或者仲裁机构应当结合案件的实际情况,根据公平原则变更或者解除合同。"依据本条,情势变更原则是指合同依法成立后,作为合同赖以成立的客观基础或者环境发生了当事人在订立合同时无法预见的、不属于商业风险的重大变化，继续履行合同对于当事人一方明显不公平，而双方又不能协议变更的情况下，当事人请求法院或者仲裁机构变更或者解除合同的制度。

根据以上规定，情事变更的适用条件如下所述。

(1) 须有情事变更的事实。

(2) 情事变更须发生在合同成立以后，履行完毕之前。

(3) 须情事变更的发生不可归责于当事人，因意外事故引起。

(4) 须情事变更是当事人订立合同时无法预见的。

(5) 继续履行显失公平。

(五) 中止履行、提前履行与部分履行

(1) 中止履行。债权人分立、合并或者变更住所没有通知债务人，致使履行债务发生困难的，债务人可以中止履行或者将标的物提存。

(2) 提前履行。债权人可以拒绝债务人提前履行债务，但提前履行不损害债权人利益的除外。债务人提前履行债务给债权人增加的费用，由债务人负担。

(3) 债权人可以拒绝债务人部分履行债务，但部分履行不损害债权人利益的除外。债务人部分履行债务给债权人增加的费用，由债务人负担。

三、双务合同履行的抗辩权

(一) 双务合同履行抗辩权概述

双务合同履行的抗辩权，是双务合同在履行的过程中，在符合了法定条件时，当事人一方对抗相对人的履行请求权，暂时拒绝履行其债务的权利。双务合同履行的抗辩权是针对请求权而发的，可以暂时保护抗辩权人免去自己履行后得不到相对人履行的风险。本节讨论的双务合同履行抗辩权包括同时履行抗辩权、先履行抗辩权和不安抗辩权。

(二) 同时履行抗辩权

1. 同时履行抗辩权概述

在未约定先后履行顺序的双务合同中，当事人应当同时履行，一方在对方未为对待给付之前，有权拒绝其履行要求。此项权利，称为同时履行抗辩权。《民法典》第 525 条规定："当事人互负债务，没有先后履行顺序的，应当同时履行。一方在对方履行之前有权拒绝其履行请求。一方在对方履行债务不符合约定时，有权拒绝其相应的履行请求。"

通常，在买卖、互易、租赁、承揽、保险等合同中，当事人之间存在着对待给付，但往往没有约定给付的顺序，此时就会产生当事人之间基于对等关系或对应关系而产生的请求与抗辩。这种对应关系，使得同时履行抗辩权具有公平性。单务合同(如赠与合同)和不真正的双务合同(如委托合同)不适用同时履行抗辩权。

2. 同时履行抗辩权的成立条件

(1) 在同一双务合同中互负对待给付义务。同时履行抗辩权的主张，必须是基于同一双务合同中当事人互负的对待给付义务。如果双方当事人的债务不是基于同一合同而发生，即使在事实上有密切关系，也不得主张同时履行抗辩权。这里的债务，首先应为主给付义务。但在从给付义务的履行与合同目的的实现具有密切关系时，应认为它与主给付义务之间有牵连关系,可产生同时履行抗辩权。

(2) 双方债务均已届清偿期。同时履行抗辩权制度旨在使双方当事人所负的债务同时履行,因此,只有在双方所负债务同时届期时,才能主张同时履行抗辩权。

(3) 对方未履行债务。一方向相对方请求履行债务时,须自己已为履行或提出履行,否则对方可行使同时履行抗辩权,拒绝履行自己的债务。

(4) 对方的债务应为能履行债务。提出抗辩权的前提条件是对方的对待给付是可以履行的,如果对方的对待给付已不可能,则不发生同时履行抗辩权问题,而应依合同解除制度解决。

3. 同时履行抗辩权的行使

同时履行抗辩权的行使,需要权利人以意思表示通知对方当事人。

(三) 先履行抗辩权

1. 先履行抗辩权的概念

先履行抗辩权是指当事人互负债务,有先后履行顺序的,先履行一方未履行之前,后履行一方有权拒绝其履行请求,先履行一方履行债务不符合约定的,后履行一方有权拒绝其相应的履行请求。

2. 先履行抗辩权的成立要件

根据我国《民法典》第 526 条的规定,构成先履行抗辩权须符合以下几个要件。

(1) 须双方当事人互负债务。

(2) 两个债务须有先后履行顺序,至于该顺序是当事人约定的,还是法律直接规定的,在所不问。

(3) 应当先履行债务一方未履行债务或其履行不符合约定。应当先履行债务一方未履行债务,既包括应当先履行债务一方在履行期限届至或届满前未予履行的状态,又包含应当先履行债务一方于履行期限届满时尚未履行的现象。履行债务不符合约定,在这里是指迟延履行、瑕疵履行等。

3. 先履行抗辩权的效力

先履行抗辩权的成立并行使,产生后履行一方可一时中止履行自己债务的效力,对抗应当先履行债务一方的履行请求,以此保护自己的期限利益、顺序利益;在应当先履行债务一方采取了补救措施、变违约为适当履行的情况下,先履行抗辩权消失,后履行一方须履行其债务。可见,先履行抗辩权属一时的抗辩权。先履行抗辩权的行使不影响后履行一方主张违约责任。

(四) 不安抗辩权

1. 不安抗辩权的概念

不安抗辩权是指先给付义务人在有证据证明后给付义务人的经营状况严重恶化,或者转移财产、抽逃资金以逃避债务,或者有谎称有履行能力的欺诈行为,以及其他丧失或者可能丧失履行债务能力的情况时,有权中止自己的履行;后给付义务人收到中止履行的通知后,在合理的期限内未恢复履行能力或者未提供适当担保的,先给付义务人有权解除合同。

2. 不安抗辩权成立的条件

(1) 双方当事人因同一双务合同而互负债务。

(2) 后给付义务人的履行能力明显降低,有不能为对待给付的现实危险。

所谓后给付义务人的履行能力明显降低,有不能为对待给付的现实危险,包括:①其经营状况严重恶化。②转移财产、抽逃资金,以逃避债务。③谎称有履行能力的欺诈行为。④其他丧失或者可能丧失履行能力的情况。

履行能力明显降低,有不能为对待给付的现实危险,须发生在合同成立以后。如果在订立合同时即已经存在,先给付义务人若明知此情而仍然缔约,法律则无必要对其进行特别保护;若不知情,则可以通过合同无效等制度解决。

3. 不安抗辩权的行使

先给付义务人行使不安抗辩权的,应及时通知后给付义务人,该通知的内容包括中止履行的意思表示和指出后给付义务人提供适当担保的合理期限。行使不安抗辩权的先给付义务人并负有证明后给付义务人的履行能力明显降低、有不能为对待给付的现实危险的义务。先给付义务人负上述举证义务,可防止其滥用不安抗辩权,借口后给付义务人丧失或可能丧失履行能力而随意拒绝履行自己的债务。如果先给付义务人没有确切证据而中止履行,应当承担违约责任。

先给付义务人及时通知后给付义务人,可使后给付义务人尽量减少损害,及时地恢复履行能力或提供适当的担保以消除不安抗辩权,使先给付义务人履行其义务。

4. 不安抗辩权的效力

(1) 先给付义务人中止履行。按我国《民法典》第 527 条的规定,先给付义务人有确切证据证明后给付义务人的履行能力明显降低,有不能为对待给付的现实危险的,有权中止履行。所谓中止履行,就是暂停履行或者延期履行。在后给付义务人提供适当担保时,应当恢复履行。

(2) 先给付义务人解除合同。按我国《民法典》第 528 条的规定,先给付义务人中止履行后,后给付义务人在合理期限内未恢复履行能力且未提供适当担保的,视为以自己的行为表明不履行主要债务,先给付义务人可以解除合同并可以请求对方承担违约责任。解除的方式,由先给付义务人通知后给付义务人,通知到达时发生合同解除效力;但后给付义务人有异议时,可以请求人民法院或与仲裁机构确认合同解除效力。

四、合同的保全措施

债的担保有一般担保和特别担保之分。一般担保是债的效力的自然引申,即债务人须以自己全部财产作为履行债务的担保。为保证债务人能以自己的全部财产清偿其全部债务,法律赋予债权人以代位权和撤销权。债的特别担保是相对于一般担保而言的,它并非以债务人的一般财产作为债权担保,而是以债务人或第三人的特定财产或者特定人的一般财产作为债权担保,以保障特定的债权得以实现。

债的担保及其效果所及导致了合同保全与合同担保之分,本部分将集中讨论合同的保全制度,合同的担保制度将在本书第十三章统一介绍。

(一) 合同保全概述

合同的保全(准确来说是合同债的保全)是指法律为防止因债务人的财产不当减少而给

债权人的债权带来危害，允许债权人代债务人之位向第三人行使债务人的权利，或请求法院撤销债务人与第三人的法律行为的法律制度。

在现代民法上，债的保全表现为两种制度：一是债权人的代位权；二是债权人的撤销权。其中，前者设立的目的是为了保持债务人的责任财产，适用于债务人的财产应增加且能增加，因债务人的懈怠未为增加的情形；后者设立的目的是为了恢复债务人的责任财产，适用于债务人的财产不应减少，因债务人的处分不当减少的情形。

我国《民法典·合同编》第五章对债权人的代位权和债权人的撤销权作了规则性规定。

（二）债权人代位权

1. 债权人代位权概述

代位权是指债务人怠于行使其对相对人享有的债权或者与该债权有关的从权利，影响债权人的到期债权实现时，债权人为保障自己的债权，可以以自己的名义代位行使债务人对相对人的债权的权利。我国《民法典》第 535 条第 1 款规定："因债务人怠于行使其债权或者与该债权有关的从权利，影响债权人的到期债权实现的，债权人可以向人民法院请求以自己的名义代位行使债务人对相对人的权利，但是该权利专属于债务人自身的除外。"

债权人代位权具有以下特征：①代位权是债权人以自己的名义行使债务人对相对人的权利，此点不同于代理权。②债权人代位权的行使，针对的是债务人怠于行使债权的消极行为，此点与债权人撤销权不同。③债权人代位权的目的是保全债权，因此在履行期到来之前，债权人为了保持债务人的财产也可以行使代位权，此点不同于债权人对债务人或第三人的请求权。

2. 债权人代位权的成立要件

(1) 债权人对债务人的债权必须合法。所谓债权人对债务人的债权合法，是指债权人与债务人之间的债权债务关系必须合法，这是代位权行使的首要条件。如果债权人与债务人之间的债权关系不合法，如因赌博而产生的"债"的关系，则债权人代位权就失去了合法的基础，此时，即便具备债权人代位权行使的其他条件，债权人也无法主张债权人代位权。

(2) 债权人对债务人的债权已到期。债权人代位权应该在债权到期后行使，因为代位权针对的是债务人消极损害债权的行为，债权人只有在自己的债权到期以后，才能确定债务人怠于主张权利的行为是否有害于其债权，在此之前，债权人的债权能否实现是难以预料的。只有在债权人的债权到期之后，债务人未按期履行债务时，债权人才能行使债权人代位权。

(3) 债务人怠于行使其债权以及与该债权有关的从权利，影响债权人到期债权的实现。只有债务人怠于行使其债权或者与该债权有关的从权利影响债权人到期债权的实现时，债权人才能行使债权人代位权。这也意味着，在债务人怠于行使权利并不影响债权人债权的实现时，债权人不得行使债权人代位权。

(4) 债务人对相对人所享有的权利不是专属于债务人的权利。如果债务人对相对人所享有的权利是专属于债务人自身的权利，则不得成为债权人代位权行使的对象。关于哪些权利是专属于债务人的权利，《民法典》第 535 条并没有作出明确规定。依据《合同法司法解释(一)》第 12 条的规定，此类权利主要是指基于抚养关系、扶养关系、继承关系产生的给付请求权，以及劳动报酬、退休金、养老金、抚恤金、安置费、人寿保险、人身伤害赔偿请求权等权利。

3. 债权人代位权的行使方式

根据《民法典》第 535 条的规定，债权人应当以自己的名义通过向法院提起诉讼的方式行使代位权，即债权人在行使代位权时，应当以自己的名义作为原告向相对人主张，而不需要以债务人的名义向相对人主张权利。同时，债权人应当通过向法院提起诉讼的方式行使代位权。债权人行使代位权必须向法院提起诉讼，请求法院保全其债权。因此，代位权的行使必须通过诉讼的方式进行，而不能通过仲裁等诉讼外的其他方式来行使代位权。

4. 债务人的相对人的抗辩权

《民法典》第 535 条规定："相对人对债务人的抗辩，可以向债权人主张。"这也意味着，债权人在行使代位权时，相对人不仅可以向债权人主张其自身所享有的抗辩，也可以对债权人主张其对债务人的抗辩。

（三）债权人撤销权

1. 债权人撤销权的概念

债权人撤销权又称废罢诉权，是指债权人对债务人所为的危害债权的行为，可以申请法院予以撤销的权利。它与债权人代位权一样，突破了债的相对性规则得以保全债权，体现了债的对外效力。

2. 债权人撤销权的成立要件

债权人撤销权的成立要件，包括客观要件和主观要件。

（1）客观要件。客观要件是指债务人实施了影响债权人债权实现的行为。对此可以从以下三个方面加以分析：①须有债务人的处分行为。依《民法典》第 538 条的规定，债务人的处分行为包括放弃其债权、放弃债权担保、无偿转让财产等方式无偿处分财产权益，或者恶意延长其到期债权的履行期限的行为，以及第 539 条规定的以明显不合理的低价转让财产、以明显不合理的高价受让他人财产或者为他人的债务提供担保的行为。②债务人的行为必须以财产为标的。③债务人的行为须影响债权人的债权实现。所谓影响债权人的债权实现，是指债务人的行为减少了债务人的责任财产，致使债务人无足够的财产来清偿其对债权人的债务，从而损害了债权人的利益。债务人有害于债权人债权的行为包括两种情况：一为债务人积极地减少财产，二为债务人消极地增加债务。

（2）主观要件。主观要件是指行为人行为时具有的主观恶意，即债务人与第三人为法律行为时，明知行为有害于债权而为之的心理状态。

第一，债务人的恶意，即债务人明知其行为可能引起或增强债务清偿的资力不足的状态与有害于债权人的利益的主观心理状态。债务人只要知道该行为有害于一般债权人的债权即可构成恶意，而无须针对某一具体债权人存在恶意。这是因为债务人的财产除对于特定债权人设有担保物权外，应为一切债务的总担保，债务人明知其财产不足以清偿全部债务而为处分财产或权利，即可推定其具有恶意。

第二，受益人的恶意，是指受益人在取得利益时明知债务人的行为将有害于债权人的心理状态。受益人的恶意，以受益时为标准，受益后始为恶意的，债权人不能行使撤销权。受益人受益时间与债务人行为时间不一致的，即使受益人行为时无恶意，但受益时为恶意，仍可行使撤销权。受益人的恶意，虽一般要求由债权人承担举证责任，但如债权人能够证明依当时的具体情况，债务人有害于债权的事实应为受益人所知的，可以推定受益人为恶意。

3. 债权人撤销权的行使

依《民法典》第 538 条至第 541 条的规定，债权人撤销权的行使必须符合以下几点：①在符合债权人撤销权的行使条件时，债权人可以请求人民法院撤销债务人的行为，这就限定了债权人行使撤销权的方式，即债权人通过诉讼的方式，请求人民法院撤销债务人的行为。②撤销权的行使范围以债权人的债权为限。债权人行使撤销权的必要费用，由债务人负担。根据《合同法司法解释一》第 26 条的规定，债权人行使撤销权的必要费用主要包括债权人行使撤销权所支付的律师代理费、差旅费等必要费用。从《民法典》第 540 条规定来看，债权人行使撤销权的必要费用并不限于律师代理费、差旅费，只要是其支出的合理费用，均有权请求债务人负担。③债权人撤销权的行使也受到一定限制。在行使范围上，以债权人的债权为限；在行使期限上，撤销权应自债权人知道或者应当知道撤销事由之日起 1 年内行使，自债务人的行为发生之日起 5 年内没有行使撤销权的，该撤销权消灭。

4. 债权人撤销权行使的效力

(1) 对债务人和受益人的效力。债务人的行为被依法撤销后，自始失去法律效力。受益人已受领债务人财产的，负有返还的义务，原物不能返还的，应折价予以赔偿。受益人向债务人支付对价的，对债务人享有不当得利返还请求权。

(2) 对行使撤销权的债权人的效力。行使撤销权的债权人有权请求受益人向自己返还所受利益，并有义务将所受利益加入债务人的一般财产，作为全体一般债权人的共同担保（无优先受偿权），债权人行使撤销权所支付的律师代理费、差旅费等必要费用，由债务人承担；第三人有过错的，应当适当分担。

(3) 债务人影响债权人的债权实现的行为被撤销的，自始没有法律约束力。

第五节　合同的变更、转让、解除和终止

一、合同的变更

（一）合同的变更概述

合同的变更有广义、狭义之分。广义的合同变更指合同主体和内容的变更，主体的变更是指合同债权或债务的转让，即由新的债权人或债务人替代原债权人或债务人，而合同内容并无变化；内容的变更则是指合同当事人权利和义务的变化。狭义的合同变更仅指合同内容的变更。从我国《民法典·合同编》第六章的规定看，合同的变更仅指合同内容的变更，合同主体的变更称为合同的转让。

合同变更是合同关系的内容变化（如标的数量的增减，价款的变化，履行时间、地点、方式的变化），而不是合同性质的变化（如买卖变为赠与，合同关系失去了同一性）。

(二) 合同变更的要件

(1) 须已存在有效的合同关系。合同的变更,是改变原合同关系,无原合同关系便无变更的对象,所以,合同变更以原已存在合同关系为前提。

(2) 合同的内容发生变化。合同内容的变化包括:标的物数量的增减;标的物品质的改变;价款或者酬金的增减;履行期限的变更;履行地点的改变;履行方式的改变;结算方式的改变;所附条件的增添或除去;单纯债权变为选择债权;担保的设定或取消;违约金的变更;利息的变化。

(3) 须经当事人协商一致或依法律规定。《民法典》第 543 条规定:"当事人协商一致,可以变更合同。"合同变更通常是当事人合意的结果。法律、行政法规规定变更合同应当办理批准、登记等手续的,应遵守其规定。

(三) 合同变更的效力

合同变更的实质在于使变更后的合同代替原合同。因此,合同变更后,当事人应按变更后的合同内容履行。

合同变更原则上向将来发生效力,未变更的权利和义务继续有效,已经履行的债务不因合同的变更而失去合法性。

合同的变更不影响当事人要求赔偿的权利。原则上,提出变更的一方当事人对对方当事人因合同变更所受损失应负赔偿责任。

二、合同的转让

(一) 合同的转让概述

合同的转让是指合同权利、义务的转让,是在不改变合同关系内容的前提下,合同关系的一方当事人依法将其合同的权利、义务全部或部分地转让给第三人的情况。

根据变更主体的不同,合同的转让分为债权人的变更和债务人的变更。如果第三人同时承受债权债务,则构成债的概括转移。合同转让,有的基于法律的直接规定而发生,如依继承法规定,被继承人死亡,其包括债权在内的遗产即移转于继承人;有的基于法院的裁决而发生;有的基于民事法律行为而发生,如遗嘱人以遗嘱将其债权转让给继承人或受遗赠人,或转让人与受让人订立转让合同而将债权转让。其中,转让债权的,称为债权让与;移转债务的,称为债务承担。

(二) 债权让与

1. 债权让与的概念

债权让与是指不改变债权关系的内容,债权人将其债权移转于第三人享有的法律行为。其中的债权人称为转让人,第三人称为受让人。

2. 债权让与的要件

(1) 须存在有效的债权。

(2) 被让与的债权须具有可让与性。《民法典》第 545 条规定,以下三类债权不得转让:①根据债权性质不得转让。②按照当事人约定不得转让。③依照法律规定不得转让。同时,《民法典》第 545 条规定:"当事人约定非金钱债权不得转让的,不得对抗善意第三人。当事人约定金钱债权不得转让的,不得对抗第三人。”

根据债权性质不得转让的债权包括:①基于个人信任关系而发生的债权,如雇佣、委托、租赁等合同所生债权。②专为特定债权人利益而存在的债权,如向特定人讲授外语的合同债权。③不作为债权,如竞业禁止约定。④属于从权利的债权,如保证债权不得单独让与。但从权利可与主权利分离而单独存在的,可以转让,如已经产生的利息债权可以与本金债权相分离而单独让与。

按照当事人的约定不得转让的债权。当事人在合同中可以特别约定禁止相对方转让债权。依照法律规定不得转让的债权,《民法典》没有明确规定何种债权禁止让与,所以,依照法律规定不得转让的债权是指《民法典》以外的其他法律中关于债权禁止让与的规定。

(3) 让与人与受让人须就债权的转让达成协议,并且不得违反法律的有关规定。当事人关于债权转让的意思表示,应在自愿的基础上达成一致。由于债权让与实质上是让与人与受让人之间订立合同的过程,因此应该符合前述合同成立与合同有效的要件,这里不再赘述。

(4) 债权的让与须通知债务人。《民法典》第546条第1款规定:“债权人转让债权,未通知债务人的,该转让对债务人不发生效力。”关于通知的形式,《民法典》并未限制,因此,口头形式和书面形式都应当允许,但原则上书面合同的债权让与通知应采取书面形式;法律法规有特别规定的,应当遵照其规定。

3. 债权让与的效力

债权让与有效成立以后,即在让与人、受让人和债务人之间产生一定的法律效果。其中债权让与在让与人和受让人之间的效力,被称为债权让与的内部效力;而债权让与对债务人的效力,则被称为债权让与的外部效力。

(1) 债权让与的内部效力。①法律地位的取代。债权让与生效后,在债权全部让与时,该债权即由原债权人(让与人)移转于受让人,让与人丧失债权,受让人成为合同关系的新债权人。但在债权部分让与时,让与人和受让人共同享有债权。②从权利随之移转。债权人让与权利的,受让人取得与债权有关的从权利,但该从权利专属于债权人自身的除外。随同债权移转而一并移转的从权利包括:担保物权、保证债权、定金债权、优先权(如职工工资的优先受偿权等)、形成权(如选择权、催告权等)、利息债权、违约金债权和损害赔偿请求权。③让与人应将债权证明文件全部交付给受让人,并告知受让人行使债权所必要的相关情况。其中有关的债权证明文件包括债务人出具的借据、票据、合同书、来往电报书信等。应告知受让人主张债权的必要情况,一般指债务的履行期、履行地、履行方式、债务人的住所、债权担保的方式以及债务人可能会主张的抗辩等。此外,让与人占有的债权担保物,也应全部移交受让人占有。④让与人对其让与的债权应负瑕疵担保责任。债权让与给一人之后,又就同一债权重复让与给其他人,由此引起债权让与合同的效力和债权的归属问题。对此,一般认为应按照以下规则处理:有偿让与的受让人应当优先于无偿让与的受让人取得权利;全部让与中的受让人优先于部分让与中的受让人取得权利;已通知债务人的债权让与优先于未通知的债权让与。

(2) 债权让与的外部效力。①债权让与对债务人的效力以债权让与通知为准,该通知不得迟于债务履行期。在债务人收到债权让与通知之前,其对让与人(原债权人)所为的民事法律行为有效，即债务人仍以让与人为债权人而为履行的，同样可以免除其债务，受让人不得以债权已经让与为由，要求债务人继续履行，而只能要求让与人返还所受领的债务人的履行。但债务人在收到债权让与的通知后，即应当将受让人作为债权人而履行债务，其对让与人的履行不能构成债的清偿，债务不能免除，仍须向受让人履行，而让与人如果仍然受领债务人的给付，则属非债清偿，债务人可以要求返还。②债务人接到债权转让通知时，债务人对让与人的抗辩，可以向受让人主张。债务人对受让人享有的抗辩权包括：合同不成立以及无效的抗辩权；履行期尚未届至的抗辩权；合同已经消灭的抗辩权；合同原债权人将合同上的权利单独让与第三人，而自己保留合同债务时，债务人基于让与人不履行相应债务而产生的同时履行抗辩权、不安抗辩权等；被让与债权已过诉讼时效的抗辩权等。对于以上抗辩事由，不论是发生在让与前还是让与后，也不论是发生在让与通知前还是让与通知之后，债务人均可主张。③债务人接到债权让与通知时，债务人对让与人享有债权的，债务人仍然可以依法向受让人主张抵销。④表见让与的效力。当债权人将债权让与第三人的事项通知债务人后，即使让与并未发生或者该让与无效，债务人基于对让与通知的信赖而向该第三人所为的履行仍然有效，此即表见让与。

（三）债务承担

1. 债务承担的概念和种类

债务承担是指债的关系不失其同一性，债权人或债务人通过与第三人订立债务承担合同，将债务全部或部分地移转给第三人承担的现象。该第三人称为承担人。

以承担后原债务人是否免责为标准，债务承担可以分为免责的债务承担和并存的债务承担。

（1）免责的债务承担是指债务人经债权人同意，将其债务部分或全部移转给第三人负担。免责的债务承担的效力表现在，原债务人不再对所移转的债务承担责任（免责）；第三人则成为新的债务人，对所承受的债务负责。与主债务有关的从债务，除专属于原债务人自身的以外，也随主债务移转给新债务人承担。同时，原债务人对债权人享有的抗辩权，新债务人亦可以之对抗债权人。

（2）并存的债务承担是指债务人不脱离债的关系，第三人加入债的关系，与债务人共同承担债务。第三人加入后，与债务人之间成立连带关系，对同一债务负连带责任。债权人可以请求债务人履行义务，也可以径直向第三人请求履行义务。

在并存的债务承担中，由于原债务人没有脱离债的关系，对债权人的利益不会发生影响，因而规则上无须债权人的同意，只要债务人或第三人通知债权人即可发生效力。

2. 债务承担的要件

（1）须存在有效的债务。

（2）债务应具有可移转性。

（3）第三人须与债权人或者债务人就债务的移转达成合意。债务承担要求第三人须就债务的移转与债权人或者债务人意思表示一致。该意思表示一致就是一个合同，名为债务承担合同。第三人设立债务承担合同的方式有以下两种。

第一，第三人与债权人订立债务承担合同。

第二，第三人与债务人订立债务承担合同。

(4) 债务承担须经债权人同意。我国《民法典》第 551 条对此规定："债务人将债务的全部或者部分转移给第三人的，应当经债权人同意。债务人或者第三人可以催告债权人在合理期限内予以同意，债权人未作表示的，视为不同意。"即债务人在移转合同义务于第三人时，应当征得债权人的同意。

债权人拒绝债务承担的，可以明示，亦可默示。在债权人同意之前，第三人与债务人的债务承担合同属于效力待定的民事行为，债务人或第三人为了避免债务承担合同的效力久悬不决，可以预定相当期限催告债权人于此期限内对同意与否进行答复，债权人逾期不答复的，即可推定为拒绝同意。

3. 债务承担的效力

(1) 第三人取得债务人的法律地位。

(2) 抗辩权随之移转。我国《民法典》第 553 条规定："债务人转移债务的，新债务人可以主张原债务人对债权人的抗辩；但原债务人对债权人享有债权的，新债务人不得向债权人主张抵销。"这一点无论对于免责的债务承担，还是并存的债务承担都适用。

(3) 从债务一并随之移转。依我国《民法典》第 554 条的规定，债务人转移债务的，新债务人应当承担与主债务有关的从债务。例如，附随于主债务的利息债务，随着主债务的移转而移转于第三人。但从债务专属于原债务人自身的除外。例如，保证债务不当然随主债务移转于第三人，除非保证人同意。

(四) 债的概括移转

1. 债的概括移转的概念

债的概括移转是指债的一方主体将其债权债务一并移转于第三人。

债的概括移转，可为全部债权债务移转，也可为部分债权债务的移转。在后者，可因对方当事人的同意而确定原当事人和承受人的份额；如无明确约定，在原当事人和承受人之间发生连带关系。

债的概括移转，可以是基于当事人之间的合同而产生的，称为意定概括移转；也可以是基于法律的直接规定而产生的，称为法定概括移转。

2. 债的概括移转的种类

(1) 合同承受。合同承受是指合同当事人一方与第三人订立合同，将其合同权利和义务全部或者部分地移转给该第三人，经对方当事人同意后，由该第三人承受其地位，全部或部分地享受合同权利，承担合同义务。合同承受一般是基于当事人与他人之间的合同而发生，也可以基于法律的直接规定而发生。例如，《民法典》第 725 条规定："租赁物在承租人按照租赁合同占有期限内发生所有权变动的，不影响租赁合同的效力。"据此可知，当买卖租赁物时，基于"买卖不破租赁"的规则，买受人除可取得物的所有权外，还承受该租赁物上原已存在的租赁合同关系中出租人的权利义务。此种合同权利和义务的概括移转并非基于当事人的意志。而是基于法律的直接规定，因而属于法定移转。合同承受既转让合同权利，又转让合同义务，因而被移转的合同只能是双务合同。单务合同只能发生特定承受，即债权让与或债务承担，不能产生概括承受。

（2）企业合并与分立。企业合并是指 2 个或 2 个以上的企业合并为一个企业。企业的分立是指一个企业分立为 2 个及其以上的企业。根据主体的承继性规则，企业合并与分立之前的债权和债务应由合并或分立后的企业承担。对此，我国《民法典》第 67 条第 1 款明确规定："法人分立、合并，其权利和义务由合并后的法人享有和承担。"企业合并与分立后，原企业的债权债务的移转，属于法定移转。因而无须征得相对人的同意，依通知或公告而发生效力。通知的方式可以是单独通知，也可以是公告通知。公告通知的，应当保证在一般情形下能为相对人所知悉。通知到达相对人或公告期满时，原债权债务即移转于合并的新企业，该企业成为债的关系的当事人，享有债权并承担债务。

三、合同的解除

合同的解除是指合同有效成立以后，没有履行或者没有完全履行之前，双方当事人通过协议或者一方行使解除权的方式，使得合同关系终止的法律制度。合同的解除分为合意解除与法定解除两种情况。

（一）合意解除

合意解除是指根据当事人事先约定的情况或经当事人协商一致而解除合同。约定解除权是一种单方解除，即双方在订立合同时，约定了合同当事人一方解除合同的条件。一旦该条件成立，解除权人就可以通过行使解除权而终止合同。法律规定或者当事人约定了解除权行使期限的，期限届满当事人不行使的，解除权消灭。法律没有规定或者当事人没有约定解除权行使期限，经对方催告后在合理期限内不行使的，该权利消灭。协商解除是以一个新的合同解除旧的合同。合同订立后，经当事人协商一致，当然可以解除合同。

协议解除与约定解除相似，但两者更有不同：约定解除是以合同来约定当事人一方或双方享有解除权，而协议解除是以一个新合同来解除既有的合同，与解除权无关。协议解除是采取合同的形式，因此它要具备合同的有效要件：当事人有相应的行为能力、意思表示真实、内同不违反强行性规定、不损害社会公共利益、不违背社会公德、要采取适当的形式。

（二）法定解除

法定解除是指根据法律规定而解除合同。根据我国《民法典》第 563 条的规定，在下列情形下，当事人可以单方面解除合同。

（1）因不可抗力不能实现合同目的。行使此项解除权，除了有不可抗力事件的发生以外，还必须要求是因不可抗力而导致合同目的不能实现。双方当事人均可以行使解除权。

（2）在履行期限届满之前，当事人一方明确表示或者以自己的行为表明不履行主要债务。此项解除权的行使必须是不履行"主要"债务才行。

（3）当事人一方延迟履行主要债务，经催告后在合理期限内仍未履行。此项解除权的行使，必须符合两个条件：①延迟履行"主要"债务。②催告后在合理期限内仍未履行。

（4）当事人一方延迟履行债务或者有其他违约行为致使不能实现合同目的。延迟履行债务或者有其他违约行为并不必然导致解除权的产生。因此，此项解除权的行使条件之一必须是"致使不能实现合同目的"。既然考虑的是合同目的不能实现这个结果，因此延迟履行的债务不强调必须是"主要"债务，也不需要催告程序。

(5) 法律规定其他解除情形的。如果法律另有规定的,当事人可以根据该法律规定,单方解除合同。在我国《民法典·合同编》分则中,此类规定很多,如我国《民法典》第 632、第 633、第 634、第 673、第 711、第 715、第 716、第 729、第 730、第 731、第 752、第 772、第 778、第 787、第 829、第 857 和第 933 条等都涉及法律规定的解除问题。现就其中主要的几种情况加以说明。

第一,在承揽合同中,定作人可以在承揽人完成工作前随时解除承揽合同。《民法典》第 787 条规定,定作人在承揽人完成工作前可以随时解除承揽合同,造成承揽人损失的,应当赔偿损失。这是基于承揽合同的特殊性赋予定作人的权利。定作人解除合同时,不需要说明理由,但是如果承揽人并无过错,则应该赔偿承揽人的损失。

第二,在货物合同中,托运人有单方解除权。《民法典》第 829 条规定,在承运人将货物交付收货人之前,托运人可以要求承运人中止运输、返还货物、变更到达地或者将货物交给其他收货人,但是应当赔偿承运人因此所受的损失。

第三,委托合同中委托人与受委托人均可以随时解除委托合同。《民法典》第 933 条规定,委托人或者受托人可以随时解除委托合同,因解除合同造成对方损失的,除不可归责于该当事人的事由外,无偿委托合同的解除方应当赔偿因解除时间不当造成的直接损失,有偿委托合同的解除方应当赔偿对方的直接损失和合同履行后可以获得的利益。这是基于委托合同强调双方当事人的特别信任关系而赋予的一种权利。

《民法典》第 565 条第 1 款规定,当事人一方行使解除权应当通知对方,合同自通知到达对方时解除;通知载明债务人在一定期限内不履行债务则合同自动解除,债务人在该期限内未履行债务的,合同自通知载明的期限届满时解除。对方对解除合同有异议的,任何一方当事人均可以请求人民法院或者仲裁机构确认解除行为的效力。同时,《民法典》565 条第 2 款规定,当事人一方未通知对方,直接以提起诉讼或者申请仲裁的方式依法主张解除合同,人民法院或者仲裁机构确认该主张的,合同自起诉状副本或者仲裁申请书副本送达对方时解除。合同解除后,尚未履行的,终止履行;已经履行的,根据履行情况和合同性质,当事人可以请求恢复原状或者采取其他补救措施,并有权请求赔偿损失。合同因违约解除的,解除权人可以请求违约方承担违约责任,但是当事人另有约定的除外。另外,主合同解除后,担保人对债务人应当承担的民事责任仍应当承担担保责任,但是担保合同另有约定的除外。

四、合同的终止

合同的终止,实质上是指合同的权利和义务关系的终止,是基于合同产生的权利和义务全部归于消灭。消灭原因有三类:①基于当事人的意思,如免除、解除。②基于债的目的不能实现。③基于法律的规定。本部分集中讨论清偿、抵销、提存、免除和混同造成的合同终止。

当然,债消灭后,当事人仍应遵循诚实信用规则,根据交易习惯,履行通知、协助、保密等义务。当事人违反上述后合同义务的,应承担损害赔偿责任。

(一) 清偿

1. 清偿的概念

清偿是指当事人(债务人)实现债权目的的行为。

债务一经清偿，债权即因其达到目的而消灭。应该说清偿是在实现合同目的的前提下使合同终止的情况，因此是合同的正常消灭方式。

2. 代为清偿

代为清偿，即第三人基于为债务人清偿的意思而向债权人清偿的行为。代为清偿的适用条件如下所述。

(1) 依债的性质，可以由第三人代为清偿。

(2) 债权人与债务人之间无不得由第三人代为清偿的约定。

(3) 债权人没有拒绝代为清偿的正当理由，债务人也无提出异议的正当理由。

(4) 代为清偿的第三人必须有为债务人清偿的意思。

代为清偿的效力后果是，由于代为清偿是因第三人以为债务人清偿的意思而为清偿，所以，在债权人与债务人之间，债的关系归于消灭，债务人免除义务。代为清偿的第三人如为债务履行有利害关系的第三人，则依代位清偿制度，在其可得求偿的范围内，债权人所享有的权利移转于第三人；如果为其他第三人，也可依约定而在其求偿权的范围内代位债权人。如果第三人与债务人之间有委托合同，则适用委托合同的规范，第三人有求偿权。如果第三人与债务人之间既无委托合同又无其他履行上的利害关系，第三人可依无因管理或不当得利的规定求偿。于此场合，第三人负有将其清偿事实及时通知债务人的义务。若怠于通知，导致债务人为二重清偿时，第三人应负损害赔偿责任。不过，该赔偿债务不妨与第三人(清偿人)的求偿权相抵销。但第三人以赠与的意思为清偿的，不发生求偿权。

第三人因代为清偿而有代位权。第三人在其求偿权的范围内，得对债务人行使债权人的一切权利。债务人对于债权人有可得抗辩的事由，有可供抵销的债权的，对于代位后的第三人也可主张。

3. 清偿费用

清偿费用是指债的清偿所必需的费用。例如：物品交付的费用、运送物品的费用、金钱邮汇的费用，但不包括合同标的物本身的价值。通常情况下，清偿费用有运送费、包装费、汇兑费、登记费、通知费等。对于清偿费用，若法律无明文规定、当事人又无约定时，由债务人负担。但因债权人变更住所或其他行为而致清偿费用增加时，增加的费用由债权人负担。

(二) 抵销

1. 抵销的概念

抵销是指双方当事人互负债务时，各以其债权充当债务之清偿，而使其债务在对等的额内相互消灭的制度。为抵销的债权，即债务人的债权，称为自动债权；被抵销的债权，即债权人的债权，称为受动债权。

抵销依其产生的根据不同，可分为合意抵销与法定抵销两种。合意抵销是指按照当事人双方的合意所为的抵销。《民法典》第569条规定："当事人互负债务，标的物种类、品质不相同的，经协商一致，也可以抵销。"它尊重当事人的意思自由，可不受法律规定的抵销构成要件的限制。当事人为抵销而订立的合同称为抵销合同，其成立应适用《民法典》关于合同订立的规定。法定抵销由法律规定其构成要件，当要件具备时，依当事人一方的意思表示即可发生抵销的效力。依当事人一方的意思表示即可发生抵销效力的权利，称为抵销权，属于形成权。

2. 法定抵销的要件

根据《民法典》第 568 条的规定，法定抵销必须具备以下成立要件。

(1) 双方当事人互负债务、互享债权。抵销权的产生，在于当事人对对方既负有债务，同时又享有债权。只有债务而无债权或者只有债权而无债务，均不发生抵销的问题。当事人双方存在的两个债权债务，必须合法有效。任何一个债权债务的原因行为(合同)不成立或无效时，其债权不能有效存在，故不能发生抵销。第三人的债权，即使取得该第三人的同意，也不能以之为抵销。因为一方面，此时仅一方当事人能够主张抵销，而对方则无此权利，有失公平；另一方面，第三人的债权对其债权人关系甚大，如允许用作抵销，则可能危害第三人的债权人的利益。可作为例外的是，连带债务人以其他连带债务人对于债权人的债权，就其应分担部分为限，得主张抵销。债权让与时，债务人对原债权人享有债权的，得向债权受让人主张抵销。主债务人对债权人享有债权的保证人得主张抵销。

(2) 双方互负的债务标的物的种类、品质相同。正因为要求标的物的种类、品质相同，故抵销通常在金钱债务以及其他种类物债务适用较多。双方当事人的给付物的种类虽然相同，但品质不同时，规则上不允许抵销。以特定物为给付物时，即使双方的给付物属于同一种类，也不允许抵销。但是，在双方当事人均以同一物为给付物时，仍属同一种类的给付，可以抵销。例如：甲有向乙请求交付某特定物的债权，同时对于丙负有交付该物的债务，嗣后在乙继承丙遗产的场合，就可发生这种抵销。

(3) 自动债权已届清偿期。债权人通常仅在清偿期届至时，才可以现实地请求清偿。若债权未届清偿期也允许抵销，就等于在清偿期前强制债务人清偿，牺牲其期限利益，显属不合理。所以，自动债权已届清偿期才允许抵销。自动债权未定清偿期的，只要债权人给债务人以宽限期，宽限期满即可抵销。在破产程序中，破产债权人对其享有的债权，无论是否已届清偿期，无论是否附有期限或解除条件，均可抵销。

(4) 须依债的性质可以抵销，亦即无禁止抵销的情形。①依债的性质不能抵销，如果允许抵销，将不能达到合同的目的。②按照当事人约定不得抵销。如果当事人之间有不得抵销的特别约定，基于合同自由原则，合同当事人作出此种特别约定自无不许，当事人自然应该受其约束。③法律规定不可抵销的债务不得抵销。故意实施侵权行为的债务人，不得主张抵销侵权损害赔偿之债。违约金债务不得自行以扣款等方式冲抵。

3. 抵销的方法

抵销应由抵销权人以意思表示向受动债权人为之，自受动债权人了解或通知到达受动债权人时发生效力。受动债权人为无行为能力人或限制行为能力人时，自通知到达其法定代理人时发生效力。

抵销的意思表示，不得附有条件或期限，因为若附有条件或期限，即使其效力不确定，也与抵销的本旨相悖。

4. 抵销的效力

抵销使双方债权按照抵销数额消灭。抵销使双方债权溯及于得为抵销时消灭。所谓得为抵销时，是指抵销权发生之时。抵销发生后，双方债权的担保及其他权利，均从得为抵销时消灭；双方债权的利息债权，也从得为抵销时消灭。

（三）提存

1. 提存的概念

提存是指由于债权人的原因而无法向其交付债的标的物时，债务人将该标的物交给提存部门而消灭债务的制度。

2. 提存的事由

《民法典》第 570 条规定，有下列情形之一，难以履行债务的，债务人可以将标的物提存：①债权人无正当理由拒绝受领。②债权人下落不明。③债权人死亡未确定继承人、遗产管理人，或者丧失民事行为能力未确定监护人。④法律规定的其他情形。标的物不适于提存或者提存费用过高的，债务人依法可以拍卖或者变卖标的物，提存所得的价款。

据此，提存的理由主要有债权人无正当理由拒绝受领、债权人下落不明、债权人死亡或者丧失行为能力，又未确定继承人、遗产管理人或者监护人、法律规定的其他情形。

3. 提存的标的

提存的标的为债务人依约定应当交付的标的物。提存公证规则规定，提存标的物与合同标的物不符或者在提存时难以判明两者是否相符的，提存部门应告知提存人，如提存受领人因此拒绝受领提存标的物，则不能产生提存的效力。

提存的标的物，以适于提存者为限。标的物不适于提存或者提存费用过高的，债务人依法可以拍卖或者变卖标的物，提存所得的价款。适于提存的标的物包括：货币；有价证券、票据、提单、权利证书；贵重物品；担保物（金）或其替代物；其他适于提存的标的物。不适于提存的标的物包括：低值、易损、易耗物品；鲜活、易腐物品；需要专门技术养护物品；超大型机械设备、建设设施等。不适于提存的标的物，债务人可以委托中介机构拍卖或变卖，将所得价款提存。

4. 提存的方法

提存人应在交付提存标的物的同时，提交提存书。提存书上应载明提存人姓名（名称）、提存物的名称、种类、数量以及债权人的姓名、住址等基本内容。此外，提存人应提交债务证据，以证明其所提存之物确系所负债务的标的物；提存人还应提交债权人受领迟延或不能确定以致自己无法向债权人清偿的证据。如有法院或仲裁机关的裁决书，也应一并提交。其目的在于证明其债务已符合提存要件，以便提存机关确定是否应予提存。

如果提存人的提存系对于债权人的对待给付而为，提存人应当在提存书中特别注明。

对提存人的提存请求经审查符合提存条件的，提存机关应接受提存标的物并妥善保管。因提存并非向债权人清偿，因此，标的物提存后，债务人应及时通知债权人或债权人的继承人、遗产管理人、监护人、财产代管人。

5. 提存的效力

提存的效力包括提存在债务人与债权人之间、提存人与提存部门之间以及债权人与提存部门之间发生的效力三个方面。

（1）债务人与债权人之间的效力。自提存之日起，债务人的债务归于消灭。提存物在提存期间所产生的孳息归提存受领人所有。提存的不动产或其他物品的收益，除用于维护费用外,剩余部分应当存入提存账户。标的物所有权转移归于债权人,因此,标的物毁损灭失的风险也转移归于债权人负担。但因提存部门过错造成毁损、灭失的,提存部门负有赔偿责任。

(2) 提存人与提存部门之间的效力。提存部门有保管提存标的物的权利和义务。提存部门应当采取适当的方法妥善保管提存标的物,以防毁损、变质或灭失。对不宜保存的,提存受领人到期不领取或超过保管期限的提存物品,提存部门可以拍卖,保存其价款。提存的存款单、有价证券、奖券需要领息、承兑、领奖的,提存部门应当代为承兑或领取,所获得的本金和孳息在不改变用途的前提下,按不损害提存受领人利益的规则处理。无法按原用途使用的,应以货币形式存入提存账户。定期存款到期的,原则上按原来期限将本金和利息一并转存。股息红利除用于支付有关的费用外,和剩余部分应当存入提存专用账户。提存人可以凭人民法院生效的判决、裁定或提存之债已经清偿的公证证明取回提存物。提存受领人以书面形式向公证处表示抛弃提存受领权的,提存人得取回提存物。提存人取回提存物的,视为未提存,因此产生的费用由提存人承担。提存人未支付提存费用前,提存部门有权留置价值相当的提存标的物。

(3) 债权人与提存部门之间的效力。债权人可以随时领取提存物,但债权人对债务人负有到期债务的,在债权人未履行债务或者提供担保之前,提存部门根据债务人的要求应当拒绝其领取提存物。债权人领取提存物的权利,自提存之日起 5 年内不行使而消灭,提存物扣除提存费用后归国家所有。但是,债权人未履行对债务人的到期债务,或者债权人向提存部门书面表示放弃领取提存物权利的,债务人负担提存费用后有权取回提存物。

除当事人另有约定外,提存费用由提存受领人承担。提存费用包括提存公证费、公告费、邮电费、保管费、评估鉴定费、代管费、拍卖变卖费、保险费以及为保管、处理、运输提存标的物所支出的其他费用。提存受领人未支付提存费用前,提存部门有权留置价值相当的提存标的物。

提存部门未按法定或者当事人约定条件给付提存标的给当事人造成损失的,提存部门负有连带赔偿责任。

符合法定或当事人约定的给付条件,提存部门拒绝给付的,由其主管机关责令限期给付,给当事人造成损失的,提存部门负有赔偿责任。

(四) 免除

1. 免除的概念

免除是指债权人抛弃债权,从而全部或部分消灭债的关系的单方行为。

免除仅依债权人表示免除债务的意思而发生效力,其原因如何,在所不问。所以,免除为无因行为。免除为债权人处分债权的行为,因而需要债权人对该债权有处分权。无行为能力人或限制行为能力人不得为免除行为。

2. 免除的方法

免除应由债权人向债务人以意思表示为之。向第三人为免除的意思表示的,不发生免除的法律效力。

免除的意思表示构成民事法律行为。因此,民法关于民事法律行为的规定适用于免除。

免除可以由债权人的代理人为之,也可以附条件或期限。

免除为单独行为,自向债务人或其代理人表示后,即产生债务消灭的效果。因而,一旦债权人作出免除的意思表示,即不得撤回。

3. 免除的效力

免除发生债务绝对消灭的效力。《民法典》第575条规定:“债权人免除债务人部分或者全部债务的,债权债务部分或者全部终止,但是债务人在合理期限内拒绝的除外。”因免除使债权消灭,故债权的从权利,如利息债权、担保权等,也同时归于消灭。仅免除部分债务的,债的关系仅部分终止。

免除为处分行为,仅就各个债务成立免除。因合同所生的全部债务,如两个对立的债务,只有一一将它们免除时,才发生全部免除的效力,即合同关系消灭的结果。

免除不得损害第三人的合法权益。例如,已就债权设定质权的债权人不得免除债务人的债务,而以之对抗质权人。

保证债务的免除不影响被担保债务的存在,被担保债务的免除则使保证债务消灭。

(五) 混同

1. 混同的概念

混同是指债权和债务同归一人,致使债的关系消灭的事实。

2. 混同的成立

债权债务的混同由债权或债务的承受而产生,债权债务的概括承受是发生混同的主要原因。例如,企业合并,合并前的两个企业之间有债权债务时,企业合并后,债权债务因同归一个企业而消灭。

3. 混同的效力

合同关系及其他债之关系,因混同而绝对地消灭。债权的消灭,也使从权利如利息债权、违约金债权、担保权等归于消灭。

债权系他人权利的标的时,从保护第三人的合法权益出发,债权不消灭。例如,债权为他人质权的标的,为了保护质权人的利益,不使债权因混同而消灭。

第六节 违约责任

一、违约责任概述

违约责任也称违反合同的民事责任,是指合同当事人一方不履行合同义务或履行合同义务不符合合同约定而应承担的民事责任。违约责任有以下特征。

(一) 违约责任是一种民事责任

在法律责任中有民事责任、行政责任、刑事责任等区分,民事责任是民事主体在民事活动中,因实施了民事违法行为或基于法律的特别规定,所应承担的不利的法律后果。在民事责任分类中,通常还区分违约责任和侵权责任。违约责任作为一种民事责任,在目的、构成要件、责任形式等方面均有别于侵权法律责任。

(二) 违约责任是违约的当事人一方对另一方承担的责任

债的相对性决定了违约责任的相对性,即违约责任是合同相对人之间的民事责任,合同当事人以外的第三人对当事人之间的合同不承担违约责任。《民法典》第593条规定:"当事人一方因第三人的原因造成违约的,应当依法向对方承担违约责任。当事人一方和第三人之间的纠纷,依照法律规定或者按照约定处理。"

(三) 违约责任是当事人不履行或不完全履行合同的责任

违约责任是以当事人不履行或不完全履行合同为条件的。能够产生违约责任的违约行为有两种:一是一方不履行合同义务,即未按合同约定履行;二是履行合同义务不符合约定的条件,即履行存在瑕疵。

(四) 违约责任是一种补偿性责任

违约责任主要是一种补偿性责任,一般不具有惩罚性。所以责任的承担方式以损害赔偿为主。与其说违约责任是对违约方当事人的制裁,不如说违约责任主要是对受损害方的救济。违约损害赔偿以填补受损害方的损失为目的,而不是为了制裁违约方。我国《民法典》并未为违约行为规定惩罚性赔偿。

《民法典》规定的违约责任采用严格责任。因此,只要合同当事人有违约行为存在,无论导致违约的原因是什么,除了法定或者约定的免责事由以外,均不得主张免责。

二、违约形态

根据合同当事人违反义务的性质、特点不同,《民法典》将违约行为区分为预期违约和届期违约两种类型,每种类型又可以分为两类。

(一) 预期违约

预期违约是指在履行期限到来之前一方无正当理由而明确表示其在履行期到来后将不履行合同,或者其行为表明其在履行期到来以后将不可能履行合同。《民法典》第578条规定了预期违约,并将预期违约分为明示的预期违约和默示的预期违约两种。明示与默示的区别在于违约的合同当事人是否通过意思表示明确表达自己不再履行合同的意愿。

(二) 届期违约

在履行期限到来以后,当事人不履行或不完全履行合同义务的,将构成届期违约。届期违约可以分为不履行和不适当履行两类,即当事人一方不履行合同义务或者履行合同义务不符合约定两类。

三、承担违约责任的形式

违约责任的形式,是承担违约责任的具体方式。对此,《民法典》第577条规定:"当事人一方不履行合同义务或者履行合同义务不符合约定的,应当承担继续履行、采取补救措施或者赔偿损失等违约责任。"据此可知,违约责任主要有三种基本形式:继续履行、采取补救措施和赔偿损失。此外,根据《民法典》第179条规定,违约责任还有其他承担形式,如违约金、定金。

(一) 继续履行

继续履行又称强制实际履行,是指违约方根据对方当事人的请求继续履行合同规定的义务的违约责任形式。其特征为:①继续履行是一种违约责任形式,不同于合同义务的正常履行。从性质看,继续履行以违约为前提,体现了法的强制性。②继续履行以对方当事人(守约方)请求为条件,法院不得径行判决。

继续履行的适用会因债务性质的不同而有所变化:对于金钱债务,可以无条件适用继续履行的责任方式。因为金钱债务只存在迟延履行,不存在履行不能。对于非金钱债务,有条件适用地继续履行。对下列情形不应强制继续履行:①法律上或者事实上不能履行(履行不能)。②债务的标的不适用强制履行或者强制履行费用过高。③债权人在合理期限内未请求履行(如季节性物品的供应)。

(二) 采取补救措施

采取补救措施是指矫正合同的不适当履行(质量不合格)、使履行缺陷得以消除的具体措施。这种责任形式与继续履行(解决不履行问题)和赔偿损失具有互补性,因此在有些学者看来不是一种独立的责任形式,可以归入强制履行或者赔偿损失的部分。

目前,关于采取补救措施,主要规定在如下法律中:①《民法典》第 582 条规定,修理、重作、更换、退货、减少价款或者报酬等。②《消费者权益保护法》第 44 条规定,修理、重作、更换、退货、补足商品数量、退还货款和服务费用、赔偿损失。③《产品质量法》第 40 条规定,修理、更换、退货。

在采取补救措施责任的适用中,应注意如下三点:①对于不适当履行的违约责任,当事人有约定者应依其约定;没有约定或约定不明的,应首先按照《民法典》第 510 条规定确定违约责任;没有约定或约定不明又不能按照《民法典》第 510 条规定确定违约责任的,才适用这些补救措施。②应以标的物的性质和损失大小为依据,确定与之相适应的补救方式。③受害方对补救措施享有选择权,但其选定的方式应当合理。

(三) 赔偿损失

赔偿损失也称违约损害赔偿,是指违约方以支付金钱的方式弥补受害方因违约行为所减少的财产或者所丧失的利益的责任形式。《民法典》第 583 条规定,当事人一方不履行合同义务或者履行合同义务不符合约定的,在履行义务或者采取补救措施后,对方还有其他损失的,应当赔偿损失。

1. 赔偿损失的特点

(1) 赔偿损失是违约责任中适用性最强的形式。赔偿损失具有根本救济功能,其他责任形式最终都可以转化为损害赔偿。

(2) 赔偿损失以支付金钱的方式为主。金钱的一般等价物性质,使任何损失都可以直接或者间接地转化为金钱,因此,使赔偿损失获得了根本救济的功能。

(3) 赔偿损失是由违约方赔偿守约方因违约所遭受的损失。因此赔偿损失具有补偿性,而缺乏惩罚性。

(4) 赔偿损失责任具有一定的任意性。赔偿的范围和数额、计算方法,可由当事人约定。

2. 赔偿损失的方式

赔偿损失方式有法定损害赔偿和约定损害赔偿两种。

(1) 法定损害赔偿是指由法律规定的，由违约方对守约方因其违约行为而对守约方遭受的损失承担赔偿责任的赔偿损失方式。法定损害赔偿应遵循以下规则。

第一，完全赔偿规则。违约方对于守约方因违约所遭受的全部损失应承担赔偿责任。包括：直接损失与间接损失；积极损失与消极损失（可得利益损失）。《民法典》第 584 条规定，损失"包括合同履行后可以获得的利益"，可见其赔偿范围包括现有财产损失和可得利益损失。前者主要表现为标的物灭失、为准备履行合同而支出的费用、停工损失、为减少违约损失而支出的费用、诉讼费用等；后者是指在合同适当履行后可以实现和取得的财产利益。

第二，合理预见规则。违约损害赔偿的范围以违约方在订立合同时预见到或者应当预见到的损失为限。合理预见规则的理论基础是意思自治规则和公平规则。在适用中应注意以下三点：①合理预见规则是限制包括现实财产损失和可得利益损失的损失赔偿总额的规则，不仅用以限制可得利益损失的赔偿；②合理预见规则不适用于约定损害赔偿；③是否预见到或者应当预见到可能的损失，应当根据订立合同时的事实或者情况加以判断。

第三，减轻损失规则。一方违约后，另一方应当及时采取合理措施防止损失的扩大，否则，不得就扩大的损失要求赔偿。

(2) 约定损害赔偿是指当事人在订立合同时，预先约定一方违约时应当向对方支付一定数额的赔偿金或约定损害赔偿额计算方法的赔偿损失方式。它具有预定性（缔约时确定）、从属性（以主合同的有效成立为前提）和附条件性（以损失的发生为条件）。

(四) 违约金

违约金是指当事人一方违反合同时应当向对方支付的一定数量的金钱或财物。违约金的主要分类包括：①法定违约金和约定违约金。②惩罚性违约金和补偿性（赔偿性）违约金。关于违约金的性质，一般认为，我国《民法典》所确立的违约金制度是不具有惩罚性的违约金制度，而属于赔偿性违约金制度。即使约定的违约金数额高于实际损失，也不能改变这种基本属性。关于当事人是否可以约定单纯的惩罚性违约金，《民法典》未作明确规定。一般认为，此种约定并非无效，但其性质仍属违约的损害赔偿。

违约金具有以下法律特征：①在合同中预先约定的（合同条款之一）。②一方违约时向对方支付的一定数额的金钱（定额损害赔偿金）。③对承担赔偿责任的一种约定（不同于一般合同义务）。

违约金是对损害赔偿额的预先约定，既可能高于实际损失，也可能低于实际损失，畸高和畸低均会导致不公平结果。为此，我国《民法典》第 585 条第 2 款规定："约定的违约金低于造成的损失的，人民法院或者仲裁机构可以根据当事人的请求予以增加；约定的违约金过分高于造成的损失的，人民法院或者仲裁机构可以根据当事人的请求予以适当减少。"

(五) 定金责任

定金在性质上属金钱担保，是指合同当事人为了确保合同的履行，根据双方约定，由一方按合同标的额的一定比例预先给付对方的金钱或其他替代物。我国《民法典》第 587 条规定："债务人履行债务的，定金应当抵作价款或者收回。给付定金的一方不履行债务或者履行债务不符合约定，致使不能实现合同目的的，无权请求返还定金；收受定金的一方不履行约定的债务或者履行债务不符合约定，致使不能实现合同目的的，应当双倍返还定金。"

关于定金合同的成立时间及定金数额的限制,《民法典》第 586 条第 1 款规定:“定金合同自实际交付定金时成立。”该规定反映出定金合同为实践合同。该条第 2 款第 1 句规定:“定金的数额由当事人约定;但是,不得超过主合同标的额的百分之二十,超过部分不产生定金的效力。”该规定是限制定金数额的规定。同时,该条第 2 款第 2 句规定:“实际交付的定金数额多于或者少于约定数额的,视为变更约定的定金数额。”可见,在交付定金之前,双方即使作出支付定金的口头约定,也不受该约定的拘束,当事人实际交付的定金数额仍可多于或者少于约定的数额。此外,因现实生活中往往存在着定金与违约金并存的情况,我国《民法典》第 588 条规定:“当事人既约定违约金,又约定定金的,一方违约时,对方可以选择适用违约金或者定金条款。定金不足以弥补一方违约造成的损失,对方可以请求赔偿超过定金数额的损失。”

四、承担违约责任的免除

承担违约责任的免除也称免责事由或免责条件,是指当事人对其违约行为免于承担违约责任的事由。《民法典·合同编》上的免责事由可分为两大类,即法定的免责事由和约定的免责事由。法定免责事由是指由法律直接规定、不需要当事人约定即可援用的免责事由,主要指不可抗力;约定免责事由是指当事人约定的免责条款。

(一) 法定免责事由

1. 不可抗力

《民法典》第 180 条规定:“因不可抗力不能履行民事义务的,不承担民事责任。法律另有规定的,依照其规定。不可抗力是指不能预见、不能避免并不能克服的客观情况。”因不可抗力不能履行合同的,根据不可抗力的影响,违约方可部分或全部免除责任。不可抗力的构成要件包括:①不能预见,即当事人无法事先知道事件是否发生、何时何地发生、发生的情况如何。②不能避免,即无论当事人采取什么措施,或即使尽了最大努力,也不能防止或避免事件的发生。③不能克服,即以当事人自身的能力和条件无法战胜这种客观力量。④客观情况,即外在于当事人的行为的客观现象(包括第三人的行为)。

不可抗力通常指以下几种情形:①自然灾害,如台风、洪水、冰雹。②政府行为,如征收、征用。③社会异常事件,如罢工、骚乱。

在不可抗力的适用上应注意以下几点:①合同中是否约定不可抗力条款,不影响直接援用法律规定。②不可抗力条款是法定免责条款,约定不可抗力条款如小于法定范围,当事人仍可援用法律规定主张免责;如大于法定范围,超出部分应视为另外成立了免责条款,依其约定。③不可抗力作为免责条款具有强制性。当事人不得约定将不可抗力排除在免责事由之外。④不可抗力的免责效力有以下例外:一是金钱债务的迟延责任不得因不可抗力而免除,二是迟延履行期间发生的不可抗力不具有免责效力。

2. 货物本身的自然性质或者合理损耗和托运人、收货人的过错

《民法典》第 832 条规定:“承运人对运输过程中货物的毁损、灭失承担赔偿责任。但是,承运人证明货物的毁损、灭失是因不可抗力、货物本身的自然性质或者合理损耗以及托运人、收货人的过错造成的,不承担赔偿责任。”根据该规定,除了不可抗力这一法定免责事由

之外，还包含有“货物本身的自然性质或者合理损耗”和“托运人、收货人的过错”两种免责事由。

（二）免责条款

免责条款是指当事人在合同中约定免除将来可能发生的违约责任的条款，其所规定的免责事由即约定免责事由。对免责条款，《民法典·合同编》未作一般性规定（仅对格式合同中的免责条款作了规定）。值得注意的是，免责条款不能排除当事人的基本义务，也不能排除故意或重大过失的责任。

第十三章　担保法律制度

本章要点

本章主要阐述了担保的概念、担保的适用范围、类型和性质，并全面叙述了我国《民法典》所确定的保证、抵押、质押、留置和定金等担保制度。在保证担保中重点阐述了保证人的资格、保证合同、保证方式、保证责任等制度。在抵押担保中，重点阐述了抵押权的法律特征、抵押财产、抵押合同和抵押登记以及抵押权的实现等制度。在质押担保中，重点阐述了动产质押和权利质押及其特别规定。在留置担保中，介绍了其概念及其留置权的成立和实现。在定金担保中，介绍了定金的性质、适用及其定金合同的成立与生效等知识。

典型案例

中兴公司与天马服装厂签订了一份服装买卖合同，合同标的额80万元。双方在合同中约定，中兴公司预付定金10万元，如任何一方不履行合同应支付违约金15万元。合同签订后，中兴公司积极筹措资金并向天马公司支付了10万元定金。后天马服装厂由于提供加工辅料的A公司违约，导致不能履行合同。中兴公司以自己所有的一辆宝马车（价值55万元）做抵押向B公司借款35万元。双方还约定，如中兴公司到期不能还款，则这辆宝马车就归B公司所有。中兴公司认为，办理抵押登记太麻烦，经B公司同意，双方签订借款及抵押合同后未向有关机关办理抵押登记。其后，中兴公司又以这辆宝马车作质押，向C公司借款20万元，双方签订了借款及质押合同。在质押期间，C公司董事长李某开着质押的宝马车与他人相撞，汽车受损被送到D修理厂修理，共花费修理费3万元。汽车修好后，李某拿着3万元去提车。修理厂收钱以后要求李某把C公司以前的欠款2万元还请，李某不愿归还，于是修理厂就以行使留置权为名拒绝向李某交车。

本案例是一个经典案例，它涵盖了我国担保制度的主要内容，包括定金、抵押、质押、留置四种担保方式，具有一定的代表性。本案中，中兴公司和天马服装厂签订的服装买卖合同约定的定金条款是否有效？是否适用定金罚则？中兴公司与B公司签订的抵押合同是否有效？中兴公司和C公司签订的借款及质押合同是否有效？质押期间，宝马车受损，中兴公司是否有权要求将该汽车提存？汽车修理厂是否有权行使留置权？

【资料来源】王萍、赵霞等，经济法案例精选精析，中国社会科学出版社，2008。

第一节 担保和担保法律制度概述

一、担保概述

(一) 担保的概念和特征

1. 担保的概念

担保是指法律规定的或当事人约定的保证合同履行,保障债权人利益实现的法律措施。从债权的角度看,担保是保证债权人债权实现的民事法律行为;从债务的角度看,担保是保证债务人债务履行的民事法律行为。对担保概念的理解应注意以下两点。

(1) 担保的目的是以第三人的信用或者特定的财产保障特定债权人债权的实现。在担保法律关系中,债权人的债权是主权利,债权人享有的担保权利是债权的从权利。

(2) 担保是平等民事主体之间的民事行为。担保活动应当遵循平等、自愿、公平和诚实信用的原则。

2. 担保的特征

担保具有从属性、补充性和保障性三个特征。从属性是指担保从属于所担保的债务依存的主合同的特征。补充性指的是担保一经成立,就在主债基础上补充了某种权利和义务关系的特征。保障性指的是担保用于保障债务的履行和债权的实现的特征。

(二) 担保的分类

1. 法定担保和约定担保

法定担保是指依照法律规定而直接成立并发生法律效力的担保方式。留置是由法律所作的直接规定,不能由当事人约定。

约定担保是担保的主要形态,是指依照当事人的意思表示而成立生效的担保方式。保证、抵押、质押、定金等担保方式就属于这一类。

2. 物的担保和人的担保

物的担保是指自然人或法人以其自身的财产为自己或他人的债务提供的担保。当债务人不履行到期债务时,债权人可处分担保财产以优先受偿。抵押、质押、留置属于物的担保。

人的担保是指债务人以外的第三人以自己的信用为他人债务提供的担保。保证就是一种典型的人的担保。人的担保设定简单,适用范围广泛,但是债权人的担保权利的实现往往受到担保人信用变化的影响。

《民法典》第 392 条规定,被担保的债权既有物的担保又有人的担保的,债务人不履行到期债务或者发生当事人约定的实现担保物权的情形,债权人应当按照约定实现债权;没有约定或者约定不明确,债务人自己提供物的担保的,债权人应当先就该物的担保实现债权;第三人提供物的担保的,债权人可以就物的担保实现债权,也可以要求保证人承担保证责任。提供担保的第三人承担担保责任后,有权向债务人追偿。

3. 一般担保与特别担保

一般担保是指债务人用全部财产担保全部债务的履行,是债的法律效力的自然结果。

债的关系一经成立,债务人的财产就成为担保债权实现和债务履行的责任财产。如果债务人不履行债务,债权人可以请求强制执行债务人的责任财产。

特别担保是指法律为保证特定债权人的债权的实现而依法设定的担保,分为人的担保和物的担保。

4. 典型担保与非典型担保

典型担保是由法律明文规定的担保方式,担保法中规定了保证、抵押、质押、留置和定金五种担保方式。

非典型担保是指法律没有明文规定的具有担保功能的担保方式,如押金。

(三) 担保的适用范围

担保作为保障债权人债权实现的民事法律行为,原则上任何民事活动中产生了债权债务关系,债权人为了保障自己债权的实现,都可以要求债务人提供适当形式的担保。由于担保本身是一种合同行为,必须由各方当事人意思表示一致才能成立。因此,一方面债权人不能强迫债务人提供担保,另一方面也决定了担保只能适用于约定之债的领域。也就是说,在我国,担保只适用于合同法律关系领域,社会活动中其他法律关系不适用担保。如因侵权行为所产生的债、因身份关系产生的权利和义务、因国家管理关系而产生的权利和义务等,都不适用担保。

二、担保法律制度概述

(一) 担保法律制度的发展

1986 年颁布的《中华人民共和国民法通则》首次纳入了担保法律制度,并在第 89 条(债的担保)规定了保证、抵押、定金、留置四种担保形式。1993 年《中华人民共和国经济合同法》的颁布将定金和保证纳入合同法领域。1994 年《关于审理经济合同纠纷案件中涉及保证的若干问题的规定》成为特定历史时期处理保证纠纷的重要裁判依据。1995 年《中华人民共和国担保法》(以下简称《担保法》)的颁布标志着我国第一部关于担保的基础性法律的诞生,明确了保证、抵押、质押、留置和定金五种担保方式。2007 年《物权法》更是在物权法领域全面规定了抵押、质押、留置三种担保物权形式。2020 年《民法典》的颁布取代了原《担保法》《物权法》等法律规范中担保法律制度,分别在合同编、物权编中规定了五种典型担保形式及其他具有担保功能的担保形式。

(二) 担保法律制度的基本原则

担保法律制度的原则是制定、解释、执行担保法律规范的出发点和依据,是当事人从事担保活动应当遵循的基本规则。担保法律制度作为《民法典》的重要组成部分,其基本原则固然适用于担保领域,结合担保行为的特殊性,其基本原则概括如下所述。

1. 平等原则

担保法律制度的平等原则是指在担保活动中当事人的法律地位一律平等的原则。具体表现为:①民事主体的权利能力平等,即民事主体享有担保权利和负担担保义务的资格。②当事人在具体担保法律关系中的地位平等,即任何一方都不享有超越对方的特权、都不得将自己的意志强加给对方。③当事人平等地协商在担保活动中的权利和义务。

2. 自愿原则

担保法律制度的自愿原则是指在担保活动中当事人完全按照自己的意愿依法自主地决定担保的有关事项的原则。具体表现为:①当事人有决定是否设立担保的自由。②当事人有选择担保相对人的自由。③当事人有决定担保内容的自由。④当事人有选择担保方式的自由。

3. 公平原则

担保法律制度的公平原则是指担保活动中的当事人应以社会公认的公平正义观念指导自己的行为,有关机关也应当以公平正义观点协调当事人之间的利益关系的原则。具体表现为:①担保的设立要遵循公平原则。②担保的行为要遵循公平原则。③担保活动中的责任承担要遵循公平原则。

4. 诚实信用原则

担保法律制度的诚实信用原则是指当事人在担保活动中应诚实、守信用,善意、正当地行使权利和履行义务的原则。具体表现为:①担保的设立应当遵循诚实信用原则。②担保权的行使应当遵循诚实信用原则。

第二节　保　　证

一、保证和保证人

(一) 保证的概念

保证是指债务人以外的第三人为债务人履行债务而向债权人所作的一种担保。在保证法律关系中,债权人是主合同的债权人,债务人是主合同的债务人,提供担保的第三人是保证人。理解该概念应注意以下几点。

(1) 保证是一种合同。它是由保证人和债权人之间约定而形成的债权债务关系,是一种双方民事行为的协议。

(2) 保证属于人保。作为一种担保形式,不是以第三人的人身作为担保标的物的,而是以第三人的信用及全部财产作为担保标的物。

(3) 保证人必须是主合同当事人之外的第三人,债务人不得为自己的债务作保证。

(4) 保证人必须有代为清偿债务的能力。保证虽然是以人的信用为基础的人保,但是保证人的保证之所以能够担保债权,关键在于保证人有清偿债务的能力。

(二) 保证人的资格和抗辩

1. 保证人的资格

保证人的资格是保证人的条件,是指民事主体成为保证人所应当具备的能力。对于保证人的资格,《民法典》采用反向列举的方式规定了不得为保证人的主体,即“机关法人不得为保证人,但是经国务院批准为使用外国政府或者国际经济组织贷款进行转贷的除外。以公益为目的的非营利法人、非法人组织不得为保证人”。除此之外,保证人可以是自然人、法人或其他经济组织。

2. 保证人的抗辩

根据《民法典》第 701 条的规定，保证人可以主张债务人对债权人的抗辩。债务人放弃抗辩的，保证人仍有权向债权人主张抗辩。抗辩权是《合同法》中所规定的债务人享有的一种权利，包括同时履行抗辩权、先履行抗辩权和不安抗辩权。由于保证人承担了对债务人的保证责任，所以保证人享有债务人的抗辩权。因此保证人有权参加债权人对债务人的诉讼，在债务人对债权人提起诉讼，债权人反诉时，保证人可以作为第三人参加诉讼。

(三) 共同保证

共同保证是指 2 个或 2 个以上保证人为同一债务作保证的行为。有时候由于保证债务数额较大，债权人往往要求债务人提供 2 个或 2 个以上保证人，这时同一债务就有了几个保证人。共同保证涉及的主要问题是保证人之间的权利和义务关系，即同一债务有 2 个以上保证人的，保证人应当按照保证合同约定的保证份额，承担保证责任；没有约定保证份额的，债权人可以请求任何一个保证人在其保证范围内承担保证责任。

二、保证合同和保证方式

(一) 保证合同

根据《民法典》第 681 条的规定，保证合同是为保障债权的实现，保证人和债权人约定，当债务人不履行到期债务或者发生当事人约定的情形时，保证人履行债务或者承担责任的合同。

1. 保证合同的特征

(1) 保证合同是从合同。

(2) 保证合同是诺成性合同。

(3) 保证合同是单务合同，保证人在保证合同中只负有保证给付义务而不享有任何相对应的给付权利，主债权人只享有权利而对保证人不负任何相对应的给付对价义务。

(4) 保证合同是无偿合同，债权人享有保证请求权，而不必向保证人偿付代价。

(5) 保证合同是要式合同。由于保证关系复杂，要为债权担保，因此法律要求保证合同一般应以书面形式成立。可以在主合同之外独立订立保证合同，可以在主合同中订立保证条款，可以是保证人单方面出具担保书或保函，也可以是保证人与债权人之间具有担保性质的信函、传真等文字材料。

2. 保证合同的内容

一项完整的保证合同一般包含以下内容：被保证的主债权种类、数额，债务人履行债务的期限，保证的方式、范围和期间等。保证合同不完全具备以上规定内容的，可以补正。

(二) 保证方式

《民法典》规定的保证方式有一般保证和连带责任保证两种方式。

1. 一般保证

当事人在保证合同中约定，在债务人不能履行债务时，由保证人承担保证责任的，为一般保证。一般保证中债务人和保证人对债务人履行债务有先后顺序之分，当债务期满时，债权人首先应当先请求债务人承担履行债务的责任，债务人确实不能履行，债权人才能请求保证人承担履行债务的责任。一般保证人享有先诉抗辩权，即保证人在主合同纠纷未经审判或仲裁，并就债务人财产依法强制执行仍不能履行债务前，对债权人可以拒绝承担保证责任，但是有下列情形之一的除外：①债务人下落不明，且无财产可供执行。②人民法院已经受理债务人破产案件。③债权人有证据证明债务人的财产不足以履行全部债务或者丧失履行债务能力。④保证人书面表示放弃本款规定的权利。

2. 连带责任保证

当事人在保证合同中约定保证人与债务人对债务承担连带责任的，为连带责任保证。连带责任保证的债务人不履行到期债务或者发生当事人约定的情形时，债权人可以请求债务人履行债务，也可以请求保证人在其保证范围内承担保证责任。

三、保证责任

（一）保证责任的范围

保证担保的责任范围包括主债权及利息、违约金、损害赔偿金和实现债权的费用。保证合同对责任范围另有约定的，按照约定执行。当事人对保证担保的范围没有约定或者约定不明确的，保证人应当对全部债务承担责任。在保证期间内，如果主债务减少，保证债务会随主债务的减少而减少，但当主债务增加时，非经保证人同意，保证责任的范围不能随之扩大。

（二）主合同变更与保证责任

1. 债权转让与保证责任

保证期间，债权人依法转让全部或部分债权给第三人的，保证债权同时转让，未通知保证人的，该转让对保证人不发生效力。但是保证人与债权人事先约定禁止债权转让的，债权人未经保证人书面同意转让债权的，保证人不再承担保证责任。

2. 债务转让与保证责任

保证期间，债权人许可债务人转让债务的，应当取得保证人的书面同意，保证人对未经其同意转让的债务不再承担保证责任，但是债权人和保证人另有约定的除外。

3. 主债的变更与保证责任

保证期间，债权人与债务人对主合同的数量、价款、币种等内容作了变更，应当取得保证人的书面同意，未经保证人书面同意的，如果减轻了债务人的债务的，保证人仍应当对变更后的合同承担保证责任。如果加重了债务人的债务的，保证人对加重的部分不承担保证责任。

债权人与债务人对主合同的履行期限作了变更，未经保证人书面同意的，保证期间为原合同约定或法律规定的期间。

（三）保证责任的免除

（1）一般保证的债权人未在保证期间对债务人提起诉讼或者申请仲裁的，保证人不再承担保证责任。

（2）连带责任保证的债权人未在保证期间请求保证人承担保证责任的，保证人不再承担保证责任。

四、保证期间

保证期间是指保证人能够允许债权人主张权利的最长期间。债权人只能在保证期间内，向保证人行使请求权，请求保证人履行保证债务，保证人也只有在此期间内有义务履行保证债务。在此期间内债权人未向保证人请求的，过了该期间，保证人的保证债务消灭。

(一) 保证期间的类型

保证期间有约定的期间和法定的期间。通常，保证期间由当事人约定，没有约定或者约定不明的，依法律规定。

债权人与保证人可以约定保证期间，但是约定的保证期间早于主债务履行期限或者与主债务履行期限同时届满的，视为没有约定；没有约定或者约定不明确的，保证期间为主债务履行期限届满之日起 6 个月。债权人与债务人对主债务履行期限没有约定或者约定不明确的，保证期间自债权人请求债务人履行债务的宽限期届满之日起计算。

无论是约定还是法律规定的期间，法律后果是一样的，保证期间届满，保证人不再承担保证责任。

(二) 保证期间的性质

保证期间是债权人主张保证请求权的期间，债权人在该期间内不行使请求权，保证人则免除了保证债务。一般保证中，债权人应先向主债务人请求；连带保证中，债权人向保证人或主债务人之一请求。

保证期间是非诉讼时效期间。保证期间不因任何事由发生中断、中止、延长的法律后果。在与债权人约定的保证期间或者法律规定的保证期间内，保证人承担保证责任。保证期间届满，债权人不得再请求保证人履行保证债务。

第三节　抵　　押

一、抵押、抵押权的概念和特征

(一) 抵押的概念

抵押是指债务人或第三人以其不移转占有的财产作为债务履行担保的行为。在抵押法律关系中，提供财产的债务人或第三人为抵押人；债权人为抵押权人；提供担保的财产为抵押财产；债务人不履行到期债务或者发生当事人约定的实现抵押权的情形，债权人有权就抵押财产优先受偿。

(二) 抵押权的概念和特征

1. 抵押权的概念

抵押权是在不转移标的物占有的情况下在抵押物上设定的权利。抵押权因是在不移转占有的条件下设定物权，抵押权人无需占有抵押物，却可以享有抵押物的价值；抵押人虽然将标的物提供了担保，却可以继续使用标的物。所以抵押权这种担保方式既可以免去担保权人因占有标的物所带来的负担，又可以充分发挥标的物的使用价值和担保价值。在各种担保形式中，抵押权最能实现担保物权的社会功能，所以被称为“担保之王”。

2. 抵押权的特征

抵押权是典型的担保物权，具有从属性、顺序性、追及性等特征。抵押权与其所担保的债权形成主从关系，抵押权是从权利，受抵押权担保的债权为主权利。在抵押权与所担保的债权的关系上，抵押权具有从属性。抵押权从属于主债权的存在而存在，有主债权的存在，才会有抵押权的存在。抵押权与主债权同命运，在主债权全部消灭时，抵押权也随之消灭。抵押权的顺序性是指在同一财产上设定数个抵押权时，各抵押权之间优先受偿的先后顺序。根据《民法典》第 414 条的规定，同一财产向两个以上债权人抵押的，拍卖、变卖抵押财产所得的价款依照下列规定清偿：①抵押权已经登记的，按照登记的时间先后确定清偿顺序。②抵押权已经登记的先于未登记的受偿。③抵押权未登记的，按照债权比例清偿。抵押权的追及性，是指抵押物因转让或其他原因发生所有权主体变更时，抵押权人都可以追及该物，向实际的占有人主张权利。抵押人擅自将抵押财产转让给他人时，抵押权人不受影响，抵押权人可追及抵押物并行使抵押权。抵押财产受到他人不法侵害时，抵押权人可基于抵押权而请求排除妨碍。

二、抵押财产

抵押财产是抵押人用以设定抵押权的标的，须为非消耗物，不因抵押人继续占有、使用该物而灭失或毁损，也须是依法未被禁止抵押的财产。

（一）法律许可的抵押财产

根据《民法典》第 395 条的规定，可以用于抵押的财产有：①建筑物和其他土地附着物。②建设用地使用权。③海域使用权。④生产设备、原材料、半成品、产品。⑤正在建造的建筑物、船舶、航空器。⑥交通运输工具。⑦法律、行政法规未禁止抵押的其他财产。

此外，企业、个体工商户、农业生产经营者可以将现有的以及将有的生产设备、原材料、半成品、产品抵押，债务人不履行到期债务或者发生当事人约定的实现抵押权的情形，债权人有权就抵押财产确定时的动产优先受偿。

以建筑物抵押的，该建筑物占用范围内的建设用地使用权一并抵押。以建设用地使用权抵押的，该土地上的建筑物一并抵押。抵押人未依照前款规定一并抵押的，未抵押的财产视为一并抵押。乡镇、村企业的建设用地使用权不得单独抵押。以乡镇、村企业的厂房等建筑物抵押的，其占用范围内的建设用地使用权一并抵押。

（二）法律禁止的抵押财产

根据《民法典》第 399 条的规定，不得用于抵押的财产有：①土地所有权。②宅基地、自留地、自留山等集体所有土地的使用权，但是法律规定可以抵押的除外。③学校、幼儿园、医疗机构等为公益目的成立的非营利法人的教育设施、医疗卫生设施和其他公益设施。④所有权、使用权不明或者有争议的财产。⑤依法被查封、扣押、监管的财产。⑥法律、行政法规规定不得抵押的其他财产。

三、抵押合同和抵押登记

（一）抵押合同

1. 抵押合同的形式与内容

抵押人与抵押权人应当以书面形式订立抵押合同。抵押合同一般包括下列条款：被担保债权的种类和数额；债务人履行债务的期限；抵押财产的名称、数量等情况；担保的范围。抵押合同不完全具备以上规定内容的，可以补正，不影响抵押合同的效力。但抵押合同对被担保的主债权种类、抵押财产没有约定或约定不明的，根据主合同和抵押合同不能补正或无法推定的，抵押不成立。

2. 抵押合同担保的范围

抵押合同担保的范围，包括主债权及利息、违约金、损害赔偿金和实现抵押权的费用，抵押合同另有约定的，从其约定。抵押人所担保的债权不得超出其抵押物的价值。财产抵押后，该财产的价值大于所担保债权的余额部分，可以再次抵押，但不得超出其余额部分。

（1）主债权。主债权又称原债权，是抵押权设定时约定予以担保的原本债权。该原本债权应在抵押权设定时予以登记。

（2）利息。利息是指由原本债权所产生的孳息。利息原则上应依法定利率计算，当事人约定的利率较高时，从其约定，但约定利率应不超过最高的法定利率，超过部分不受法律保护。一般情况下，法定利息或约定利息、期内利息或延迟利息，都是抵押担保的范围。

（3）违约金与损害赔偿金。违约金是债务人不履行债务时依法律规定或合同约定应当向债权人一方支付的一定数额的款项。损害赔偿金是债务人不履行债务或为加害给付时应向受损害的债权人支付的赔偿款项。一般情况下，除法定的违约金和损害赔偿金不以登记为要件外，约定的违约金应当登记，否则不得对抗当事人。

（4）实现抵押权的费用。这是指抵押权人因实现抵押权而支出的费用，如申请强制执行的费用、评估费用、拍卖费用等。由于此项费用是因为债务人不履行债务而产生的，所以应在抵押权所担保的范围内，且无需当事人事先约定，也无需登记。

3. 流押合同的禁止

订立抵押合同时，当事人在抵押合同中约定，债务履行期届满抵押权人未受清偿时，抵押物的所有权归债权人所有的内容无效，此为流押合同。流押合同自罗马法以来为多数国家立法所禁止，因为这对抵押人来说是极其不公平的。该内容的无效不影响抵押合同其他部分内容的效力。

（二）抵押登记

抵押登记又称抵押权登记，是指经当事人申请，主管机关依法在登记簿就抵押物上的抵押权状态予以登录记载的行为，这是抵押权设立的公示要求。确切来说，抵押登记属于权利登记，而不属于财产登记。

以法律规定的需要办理抵押物登记的财产作抵押时，当事人应当向有关部门办理抵押物登记。以《民法典》第 395 条第 1 款第 1 项至第 3 项规定的财产或者第 5 项规定的正在建造的建筑物抵押的，应当办理抵押登记。抵押权自登记时设立。以动产抵押的，抵押权自抵押合同生效时设立;未经登记,不得对抗善意第三人。以动产抵押的,不得对抗正常经营活动中已经支付合理价款并取得抵押财产的买受人。

四、抵押权的效力

(一) 抵押权的一般效力

(1) 订立抵押合同前抵押财产已出租并转移占有的,原租赁关系不受该抵押权的影响。抵押权设立后抵押财产出租的,该租赁关系不得对抗已登记的抵押权。

(2) 抵押期间,抵押人可以转让抵押财产。当事人另有约定的,按照其约定。抵押财产转让的,抵押权不受影响。抵押人转让抵押财产的,应当及时通知抵押权人。抵押权人能够证明抵押财产转让可能损害抵押权的,可以请求抵押人将转让所得的价款向抵押权人提前清偿债务或者提存。转让的价款超过债权数额的部分归抵押人所有,不足部分由债务人清偿。

(3) 抵押权不得与债权分离而单独转让或者作为其他债权的担保。债权转让的,担保该债权的抵押权一并转让,但法律另有规定或者当事人另有约定的除外。

(4) 抵押人的行为足以使抵押财产价值减少的,抵押权人有权要求抵押人停止其行为。抵押财产价值减少的,抵押权人有权要求恢复抵押财产的价值,或者提供与减少的价值相应的担保。抵押人不恢复抵押财产的价值也不提供担保的,抵押权人有权要求债务人提前清偿债务。

(二) 抵押物的孳息效力

(1) 抵押物的孳息包括天然孳息和法定孳息。抵押合同生效后,债务人债务履行期届满前,抵押人占有抵押物,保留抵押物的收益权,有权就抵押物收取孳息。

(2) 债务人不履行到期债务或者发生当事人约定的实现抵押权的情形,致使抵押财产被人民法院依法扣押的,自扣押之日起抵押权人有权收取该抵押财产的天然孳息或者法定孳息,但抵押权人未通知应当清偿法定孳息的义务人的除外。

(3) 作为一般规则,所收取的孳息,应当先冲抵收取孳息的费用,次冲抵主债权的利息,最后才是清偿主债权。

五、抵押权的实现

(一) 抵押权实现的条件

抵押权的实现是指债务人届期不履行债务或发生当事人约定的实现抵押权的其他情形时,抵押权人处分抵押物并以其变价价值优先受偿其债权的行为。

依据我国法律规定,抵押权的实现必须具备以下四个条件。

(1) 抵押权必须有效存在。抵押权设定如果无效或者已被撤销,则不能实现。

(2) 必须是债务人履行期限届满。债务人履行债务的期限是否届满是决定债务人是否履行债务的时间标准。

(3) 债权人未受清偿。债务履行期限届满债权人未受清偿,表明债务人未按期履行义务,无论债务是迟延履行,还是拒绝履行,债权人都可以行使抵押权,使债权得到清偿。

(4) 债务未受清偿不是由于债权人造成的。只有在因债务人方面的原因未能清偿债务而使债权人未受清偿时，抵押权人才可以行使抵押权。如果债权人未受清偿是由于其自己的原因造成的，则抵押权人不能行使抵押权。

（二）抵押权实现的方式

1. 以抵押财产折价

抵押权人与抵押人协商以转移抵押财产的所有权或使用权归抵押权人的方式抵偿债务。这种方式程序简单、省时省钱，但因这种方法公开性不足，可能损害抵押人或其他债权人的利益，所以立法上作了限制性的规定：①以抵押财产折价的协议必须是在债务清偿期届满后订立，在清偿期届满之前订立的是为流质条款，法律上不承认其效力。②协议以抵押物折价的，作价应当公平，不能损害其他债权人的利益。否则其他权利人有权主张撤销该协议，以各方都认可的价格折价或者由评估机构评估后作价。

2. 拍卖抵押财产

拍卖分任意拍卖和强制拍卖，任意拍卖是由当事人自愿委托拍卖人拍卖，强制拍卖是抵押权人为实现其债权申请人民法院拍卖。有关拍卖的程序和效果等，具体应适用《中华人民共和国拍卖法》的有关规定。拍卖因可以使抵押财产的变价公开、公平，既最大地保障了债权的实现，又保护了抵押人的利益，各国立法都把拍卖作为实现抵押权的重要方式。

3. 变卖抵押财产或以其他方式处分抵押财产

变卖是指以公开拍卖之外的方式将抵押财产卖给第三人，并以变价所得价金优先偿还债权人的债权。对于变卖法律上的限制与抵押财产的折价相似。

除折价、拍卖、变卖方式以外，理论上和实践上还承认抵押权人与抵押人协商以其他方式实现抵押权。如金融部门与抵押人协商出租抵押房产，以房租抵还贷款或由银行使用抵押房产，以房租抵还贷款。

六、最高额抵押权

为担保债务的履行，债务人或者第三人对一定期间内将要连续发生的债权提供担保财产的，债务人不履行到期债务或者发生当事人约定的实现抵押权的情形，抵押权人有权在最高债权额限度内就该担保财产优先受偿。最高额抵押权设立前已经存在的债权，经当事人同意，可以转入最高额抵押担保的债权范围。最高额抵押担保的债权确定前，部分债权转让的，最高额抵押权不得转让，但当事人另有约定的除外。最高额抵押担保的债权确定前，抵押权人与抵押人可以通过协议变更债权确定的期间、债权范围以及最高债权额，但变更的内容不得对其他抵押权人产生不利影响。

第四节　质　　押

一、质押的概念和特征

（一）质押的概念

质押又称质权，是指为了担保债务的履行，债务人或第三人将其动产或权利交与债权人占有，当债务人不履行债务时，债权人可依法就其占有的财产优先受偿的权利。质押包括动产质押和权利质押两类。

在质押法律关系中，提供财产或权利的人，是出质人；享有质权的债权人是质权人；提供的财产或权利，称为质物；债权人享有的在债务人不履行债务的情况下变卖质物，从所得价款中优先受偿的权利，称为质权。

（二）质押的特征

质押作为一种担保方式，与抵押相比具有以下两个特点。

1．质押的标的物必须是特定的、可处分的动产或权利

抵押的标的物主要是不动产，也可以是动产；质押的标的物不包括不动产，质押标的可以是债务人的动产或权利，是特定物而非种类物，否则无法转移。可处分是指该质物依法可以转让、拍卖，否则债权难以实现。

2．质押的标的物必须转移给债权人占有

抵押的设定主要采用登记方法，不要求转移抵押物的占有权，抵押物仍由抵押人自己占有、使用、收益；质押必须转移质物的占有权。动产质押时，出质人交付动产给质权人，由质权人占有。以权利质押的情况较为复杂，在多数情况下，质权人应当占有有关的权利证书，但是以知识产权中的财产权质押的，必须采用登记的方式。

二、动产质押

动产质押是指债务人或者第三人将其动产移交债权人占有，将该动产作为债权的担保，债务人到期不履行债务时，债权人有权依法以该动产折价或者以拍卖、变卖该动产的价款优先受偿。质押最初是动产质押，以后逐渐扩展到权利质押。

（一）动产质押的设立与担保范围

1．动产质押的设立

设立质权，当事人应当采取书面形式订立质权合同，合同内容一般包括下列条款：被担保债权的种类和数额；债务人履行债务的期限；质押财产的名称、数量、质量等情况；担保的范围；质押财产交付的时间、方式。和抵押合同一样，质权人在债务履行期届满前，不得与出质人约定债务人不履行到期债务时质押财产归债权人所有。质权自出质人交付质押财产时设立。

2．动产质押的担保范围

动产质押担保的范围，原则上应当由当事人自由约定。如果没有约定或约定不明时，适用法定质押担保的范围，即主债权及利息、违约金、损害赔偿金、质物保管费用和实现质权的费用。主债权是指动产质押所担保的主债务合同中债权人对债务人的债权，这里不包括利息以及其他因主债权产生的孳息债权。利息指实行质权时主债权的已届清偿期的一切利息，利息可以按照法律规定确定，也可以由当事人约定，但不能违反法律的规定约定过高的利息，否则法律不予保护。违约金是指债务人未履行合同约定的义务，按照法律规定或者合同约定，应当给付债权人的金额。损害赔偿金是指债务人未履行合同，给债权人造成损害的，债务人应当赔偿的金额。质物保管费用是指质权人占有质物，在保管质物期间所支出

的费用。例如，对质物进行必要维护所需费用，对质物（如动物）进行饲养所支出的费用。实现质权的费用是指实现质权时所需的一切费用。例如，质物估价的费用、质物拍卖费用等。

当事人约定质押担保范围的，可以小于法定担保范围，也可以不限于法定担保范围，只要当事人的约定不违反平等、自愿、公平、诚实信用的原则，就是有效的，受法律保护的。

（二）质权人和出质人的权利与义务

1. 质权人的权利与义务

（1）动产质权人享有占有质物和收取孳息的权利。质权人有权在债权受清偿前占有质物，质物所产生的孳息，质权人有权收取。

（2）质权人享有质权保全权和代位权。因不能归责于质权人的事由可能使质物财产毁损或价值明显减少，足以危害质权人权利的，质权人有权要求出质人提供相应的担保。因质物毁损、灭失而使出质人获得赔偿请求权时，质权人有权要求实现质权。如因质权人的原因质物毁损、灭失，质权人要向出质人赔偿。如因意外风险毁损灭失而又没有形成赔偿请求权的，质权消灭。

（3）质权人承担保管返还质物的义务。质权人负有妥善保管质物的义务，因保管不善致使质物毁损灭失的，质权人应当承担民事责任。当债务人按照约定履行清偿义务后，质权人负有返还质物的义务。

（4）质权人不得擅自使用和处分质物。质权人擅自使用和处分质物的，应对出质人承担损害赔偿责任。经出质人同意，质权人可以转质；转质未经出质人同意的，按无权处分的规定处理。

2. 出质人的权利与义务

（1）出质人享有质物的所有权。质权设定后，出质人仍然拥有质物的所有权，质权人不得擅自处分质物，质权人不能妥善保管质物可能致使质物毁损灭失的，出质人可以要求质权人提存或提前要求清偿债权返还质物。但出质人的所有权受到质权的一定限制。

（2）出质人享有损害赔偿请求权。因质权人保管不善致使质物毁损灭失的，出质人有权要求质权人承担民事责任。

（3）出质人承担转移质物占有的义务。出质人在保留质物所有权的前提下，必须将质物移交给质权人占有，并且在债务未清偿之前，不得向质权人提出返还质物的要求。

（三）动产质押的消灭

动产质押消灭的原因主要有：质押担保的债权消灭；质权与质物所有权混同；质物灭失；质权的抛弃与质物返还；质权存续期间届满等等。

三、权利质押

（一）权利质押的概念

权利质押是质押的一种特殊形式，是指为担保债权清偿，在债务人或第三人享有的权利上设定的质押。权利质押是质押的典型形式，《民法典》中专门规定了权利质押。

(二) 权利质押的标的

权利质押的标的是权利，但不是说任何权利都可以作为权利质押标的。根据《民法典》第 440 条的规定，可以质押的权利具体有如下几项：

(1) 汇票、支票、本票、债券、存款单、仓单、提单。以汇票、支票、本票、债券、存款单、仓单、提单出质的，质权自权利凭证交付质权人时设立；没有权利凭证的，质权自有关部门办理出质登记时设立。汇票、支票、本票、债券、存款单、仓单、提单的兑现日期或者提货日期先于主债权到期的，质权人可以兑现或者提货，并与出质人协议将兑现的价款或者提取的货物提前清偿债务或者提存。

(2) 可以转让的基金份额、股权。以基金份额、股权出质的，质权自办理出质登记时设立。基金份额、股权出质后，不得转让，但是出质人与质权人协商同意的除外。出质人转让基金份额、股权所得的价款，应当向质权人提前清偿债务或者提存。

(3) 可以转让的注册商标专用权、专利权、著作权等知识产权中的财产权。以注册商标专用权、专利权、著作权等知识产权中的财产权出质的，质权自有关主管部门办理出质登记时设立。知识产权中的财产权出质后，出质人不得转让或者许可他人使用，但经出质人与质权人协商同意的除外。出质人转让或者许可他人使用出质的知识产权中的财产权所得的价款，应当向质权人提前清偿债务或者提存。

(4) 应收账款。以应收账款出质的，质权自信贷征信机构办理出质登记时设立。应收账款出质后，不得转让，但经出质人与质权人协商同意的除外。出质人转让应收账款所得的价款，应当向质权人提前清偿债务或者提存。

(5) 法律、行政法规规定可以出质的其他财产权利。

第五节　留　　置

一、留置和留置权概述

(一) 留置的概念和特征

留置是指债权人已经合法占有债务人的动产，在债务人不履行到期债务时，债权人有权扣留该动产，经过一定的宽限期债权仍得不到实现的，债权人依法从该动产变价中优先受偿的一种债权担保方式。其特征为如下几项。

(1) 留置是一种法定的担保物权。留置与抵押、质押相比，具有更强的法定性。留置在符合一定的条件时，依据法律的规定产生，而不是依当事人之间的协议设定。留置的内容、适用范围和法律效力也都是由法律规定的。

(2) 留置以债权人占有动产为前提。留置的标的物原则上仅限于动产，债权人合法占有债务人的财产是债权人留置权实现的前提。

(二) 留置权的概念和留置担保的范围

1. 留置权的概念

留置权是指债权人对已合法占有的债务人的动产，在债务未能如期获得清偿前，留置该动产作为担保和实现债权的权利。留置权是基于法律规定发生的一种法定担保物权，而非依当事人的约定而成立，这一点与其他的担保物权不同。

在留置法律关系中，债权人所享有的权利就是留置权，债权人因对留置权的享有而成为留置权人。留置财产为可分物的，留置财产的价值应当相当于债务的金额。留置权人负有妥善保管留置财产的义务；因保管不善致使留置财产毁损、灭失的，应当承担赔偿责任。留置权人有权收取留置财产的孳息。

2. 留置担保的范围

留置担保的范围包括主债权及利息、违约金、损害赔偿金、留置物保管费用和实现留置权的费用。

二、留置权的成立与实现

(一) 留置权的成立

根据《民法典》的规定，留置权的成立必须符合法定的条件才能成立，主要有以下要件。

1. 债权人合法占有债务人的动产

债权人合法占有债务人的动产是留置权成立的重要要件。此种占有可以是直接占有，也可以是间接占有，但单纯的持有不足以使持有人享有留置权。债权人所占有的财产必须是债务人本人的财产或者债务人善意占有的非本人财产。同时，债权人与债务人之间不得进行占有改定。

2. 债务履行期届满

债权人合法占有债务人的动产后并不必然成立留置权，只有当债务履行期限届满而债务人不履行债务时，债权人才可以留置债务人的财产。

3. 债权的发生与该动产属同一法律关系

债权人留置的动产，应当与债权属于同一法律关系，但是企业之间留置的除外。“同一法律关系”是指动产的占有和债权的发生之间有关联，动产的占有与发生均基于同一法律关系。同一法律关系不以合同关系为限，合同关系以外的其他法律关系，诸如因不当得利、无因管理、侵权行为而发生的债权关系，若与动产的占有之间存在关联，亦属于存在同一法律关系。

(二) 留置权的实现

留置权人与债务人应当约定留置财产后的债务履行期间；没有约定或者约定不明确的，留置权人应当给债务人 60 日以上履行债务的期间，但鲜活易腐等不易保管的动产除外。债务人逾期未履行的，留置权人可以与债务人协议以留置财产折价，也可以就拍卖、变卖留置财产所得的价款优先受偿。留置财产折价或者变卖的，应当参照市场价格。债务人可以请求留置权人在债务履行期届满后行使留置权；留置权人不行使的，债务人可以请求人民法院拍卖、变卖留置财产。留置财产折价或者拍卖、变卖后，其价款超过债权数额的部分归债务人所有，不足部分由债务人清偿。留置权人对留置财产丧失占有或者留置权人接受债务人另行提供担保的，留置权消灭。

同一动产上已设立抵押权或者质权，该动产又被留置的，留置权人优先受偿。

第六节 定 金

一、定金概述

(一) 定金的概念与特征

定金是指合同当事人为了确保合同的履行,依据法律规定或当事人的约定,由当事人一方在订立合同时或订立后履行前,预先给付对方当事人一定数额金钱保障合同债权实现的一种担保方式。定金作为一种金钱担保的方式,在我们的生活中得到了广泛的应用,其特征主要有以下几点。

(1) 担保特征。定金交付后,它起到担保债权人利益的作用,监督当事人履行合同,因为在当事人不履行债务时会发生丧失定金或加倍返还定金的后果。

(2) 预先给付特征。定金只能在合同履行前交付,如果合同已经开始履行,此时交付的金钱就不能是定金。

(3) 证明特征。定金一般是在合同订立时交付,这一事实可以证明当事人之间合同的成立,定金是合同成立的证据。

(二) 定金的适用

当事人可以约定一方向对方给付定金作为债权的担保。债务人履行债务后,定金应当抵作价款或者收回。给付定金的一方不履行约定的债务的,无权要求返还定金;收受定金的一方不履行约定的债务的,应当双倍返还定金。定金的数额由当事人约定,但不得超过主合同标的额的 20%;超过的部分,人民法院不予支持。

定金罚则和违约金不得同时适用,只能择其一而适用。

因不可抗力、意外事件致使主合同不能履行的,不适用定金罚则。因合同关系以外第三人的过错,致使主合同不能履行的,适用定金罚则。受定金处罚的一方当事人,可以依法向第三人追偿。

二、定金合同

定金合同自实际交付定金时成立。定金合同是实践性合同,如果只有双方当事人的意思表示一致,而没有一方向另一方交付定金的行为,定金合同不能成立。

定金的数额由当事人约定;但是,不得超过主合同标的额的 20%,超过部分不产生定金的效力。实际交付的定金数额多于或者少于约定数额的,视为变更约定的定金数额。

第十四章　支付结算法律制度

本章要点

本章主要介绍支付结算法律制度中支付结算的概念和特征、支付结算的基本原则、办理支付结算的基本要求、填写票据和结算凭证的基本要求；票据法律制度中票据的概念和特征、票据法的概念及其法律体系、票据法律关系、票据行为、票据权利、票据抗辩以及票据的伪造和变造；票据结算方式中汇票、本票和支票的基本理论；非票据结算方式中信用卡、汇兑、托收承付、委托收款的基本理论。

典型案例

上海某信息科技公司（以下简称信息公司），与某商业保理公司（以下简称保理公司）签订《短期资金拆借协议》，向保理公司出借资金 2 亿元，借期为 1 周。到期后，双方签订《还款协议》，约定保理公司以 4 张 5 000 万元商业承兑汇票向信息公司还款。该汇票出票人、付款人均为上海某矿业公司（以下简称矿业公司）。该票据的流转过程是，由矿业公司开具给上海某贸易公司（以下简称贸易公司），之后又由贸易公司背书转让给保理公司，保理公司又背书转让给信息公司，用于归还 2 亿元欠款。

但是，持票的信息公司请求矿业公司付款时却遭到拒绝。矿业公司理由是，其系受到贸易公司欺诈而出票，贸易公司通过犯罪行为取得该汇票，相关事件已经刑事立案，票据涉嫌犯罪故无法承兑。而贸易公司、保理公司为了避免无法承兑的风险，才临时与信息公司相互串通，虚构所谓的《短期资金拆借协议》，是一种“循环倒账”的虚假交易行为，企图以此骗取汇票付款。两者之间不存在真实的基础交易关系，因此信息公司不能取得票据权利。信息公司则认为其与保理公司之间长期进行大量拆借业务，两者资金往来均为真实合法交易，不存在所谓的“循环倒账”。所谓“票据涉嫌犯罪已立案”等更没有事实依据，只是矿业公司企图逃避票据付款责任的借口。

双方就该纠纷诉至法院。法院审理后认为本案争议焦点在于《短期资金拆借协议》是否为虚构交易，即票据的基础交易关系是否成立有效的问题。由于矿业公司无法举证证明票据与犯罪行为有关，也无法证明保理公司与信息公司之间的《短期资金拆借协议》是虚构交易行为，故信息公司享有票据追偿权。另外，保理公司作为持票人信息公司的直接前手，对信息公司取得票据未作非善意之抗辩。根据票据的无因性原则，矿业公司作为出票人、付款人对多次流转后的持票人的基础关系提出抗辩没有法律依据。故法院作出终审判决，信息公司依法享有票据权利，矿业公司应予付款。

【资料来源】中国裁判文书网，××上海浦东贸易有限责任公司与上海××信息科技有限公司、上海××贸易有限公司等票据追索权纠纷案，(2018)沪民终425号。访问时间：2020年12月20日。

第一节　支付结算法律制度概述

一、支付结算的概念和特征

支付结算有广义和狭义之分。广义上的支付结算是指由于商品交易、劳务供应、资金调拨及其他行为而在交易双方之间发生的货币收付行为。狭义上的支付结算是指以银行为中介的结算，即商品交易、劳务供应、资金调拨及其他交易行为的当事人通过银行结算系统发生的货币收付行为。我国《支付结算办法》第3条规定，“支付结算是指单位、个人在社会经济活动中使用票据、信用卡和汇兑、托收承付、委托收款等结算方式进行货币给付及其资金清算的行为”。由此可见，一般所讲的支付结算，都是指狭义上的支付结算。

就支付结算的法律本质而言，支付结算行为实为交易当事人之间清结金钱债权债务关系的行为。与一般民事法律关系的金钱给付不同，支付结算具有以下特征。

(1) 支付结算必须借助银行作为信用中介，分别形成付款人与银行、银行与收款人以及付款人与收款人之间的多重法律关系。

(2) 除通过电子数据交换方式外，通常结算大多属于非即时清结，内含商业信用或银行信用的授予。

(3) 支付结算必须借助特定的结算工具和方式才能完成货币支付转移，因此支付结算过程具有程序性和要式性特征。

二、支付结算的基本原则

支付结算原则是单位、个人和银行办理支付结算事项时必须遵守的基本行为准则。我国《支付结算办法》第16条规定了以下支付结算的基本原则。

(1) 恪守信用，履约付款原则。这一原则是民法“诚实信用原则”在支付结算中的具体表现。此原则要求支付结算当事人在确定权利和义务时，应根据当事人的约定和承诺，严格守信，如期履行付款义务。

(2) 谁的钱进谁的账，由谁支配原则。银行作为资金支付结算的中介机构，在支付结算过程中处于受托人的地位，其在办理结算时必须遵循委托人的意愿，按照委托人的委托，保证所收款项支付给委托人确定的收款人；对客户的资金，除国家法律另有规定(如依法查封、冻结)外，必须由客户自主支配。

(3) 银行不垫款原则。这一原则要求银行在办理支付结算中只能充当支付中介，负责客户之间的资金转移，而不能在支付结算中为客户垫付资金。

上述三项原则各有侧重，同时又有紧密的内在联系，是一个整体。只有坚持这些原则，银行结算才能正常、有序、规范地进行。

三、办理支付结算的基本要求

根据《支付结算办法》的规定，办理支付结算应符合以下基本要求。

(1) 在银行开立存款账户的单位和个人办理支付结算，账户内须有足够的资金保证支付。没有开立存款账户的个人向银行交付款项后，也可以通过银行办理支付结算。

(2) 票据和结算凭证是办理支付结算的工具。单位、个人和银行办理支付结算，必须使用按中国人民银行统一规定印制的票据凭证和统一规定的结算凭证。未使用按中国人民银行统一规定印制的票据，票据无效；未使用中国人民银行统一规定格式的结算凭证，银行不予受理。

(3) 单位、个人和银行签发票据、填写结算凭证，应按照《正确填写票据和结算凭证的基本规定》记载，单位和银行的名称应当记载全称或者规范化简称。

(4) 票据和结算凭证上的签章，为签名、盖章或者签名加盖章。单位、银行在票据上的签章和单位在结算凭证上的签章，为该单位、银行的盖章加其法定代表人或其授权的代理人的签名或盖章。个人在票据和结算凭证上的签章，应为该个人本名的签名或盖章。

(5) 票据和结算凭证的金额、出票或签发日期、收款人名称不得更改，更改的票据无效；更改的结算凭证，银行不予受理。对票据和结算凭证上的其他记载事项，原记载人可以更改，更改时应当由原记载人在更改处签章证明。

(6) 票据和结算凭证金额以中文大写和阿拉伯数码同时记载，两者必须一致，两者不一致的票据无效；两者不一致的结算凭证，银行不予受理。少数民族地区和外国驻华使领馆根据实际需要，金额大写可以使用少数民族文字或者外国文字记载。

(7) 票据和结算凭证上的签章和其他记载事项应当真实，不得伪造、变造。票据上有伪造、变造的签章的，不影响票据上其他当事人真实签章的效力。

(8) 办理支付结算需要交验的个人有效身份证件是指居民身份证、军官证、警官证、文职干部证、士兵证、户口簿、护照、港澳台同胞回乡证等符合法律、行政法规以及国家有关规定的身份证件。

四、填写票据和结算凭证的基本要求

银行、单位和个人填写的各种票据和结算凭证是办理支付结算和现金收付的重要依据，直接关系支付结算的准确、及时和安全。票据和结算凭证是银行、单位和个人凭以记载账务的会计凭证，是记载经济业务和明确经济责任的一种书面证明。因此，填写票据和结算凭证，必须做到标准化、规范化，须要素齐全、数字正确、字迹清晰、不错漏、不潦草，防止涂改。

(1) 中文大写金额数字应用正楷或行书填写，如壹、贰、叁、肆、伍、陆、柒、捌、玖、拾、佰、仟、万、亿、元、角、分、零、整(正)等字样。不得用一、二(两)、三、四、五、六、七、八、九、十、廿、毛、另(或 0)填写，不得自造简化字。如果金额数字书写中使用繁体字，如貳、陸、億、萬、圓的，也应受理。

(2) 中文大写金额数字到“元”为止的，在“元”之后，应写“整”(或“正”)字，在“角”之后可以不写“整”(或“正”)字。大写金额数字有“分”的,“分”后面不写“整”(或“正”)字。

(3) 中文大写金额数字前应标明“人民币”字样,大写金额数字应紧接“人民币”字样填写,不得留有空白。大写金额数字前未印“人民币”字样的,应加填“人民币”三字。在票据和结算凭证大写金额栏内不得预印固定的“仟、佰、拾、万、仟、佰、拾、元、角、分”字样。

(4) 阿拉伯小写金额数字中有“0”时,中文大写应按照汉语语言规律、金额数字构成和防止涂改的要求进行书写。

(5) 阿拉伯小写金额数字前面,均应填写人民币符号(或草写)。阿拉伯小写金额数字要认真填写,不得连写分辨不清。

(6) 票据的出票日期必须使用中文大写。为防止变造票据的出票日期,在填写月、日时,月为壹、贰和壹拾的,日为壹至玖和壹拾、贰拾和叁拾的,应在其前加“零”;日为拾壹至拾玖的,应在其前加“壹”。例如,1 月 15 日,应写成零壹月壹拾伍日。又如,10 月 20 日,应写成零壹拾月零贰拾日。

(7) 票据出票日期使用小写填写的,银行不予受理。大写日期未按要求规范填写的,银行可予受理,但由此造成损失的,由出票人自行承担。

第二节 票据法律制度

一、票据与票据法律制度概述

(一) 票据的概念

票据有广义和狭义之分。广义的票据是指各种商业活动中与权利结合在一起的有价证券和凭证,如提单、仓单、保单、运货单、股票、国库券、债券、汇票、本票、支票等。狭义的票据是指出票人依票据法签发的,约定由自己或委托他人在见票时或在指定日期无条件支付确定的金额给收款人或持票人的一种有价证券。狭义的票据仅指货币证券,即汇票、本票和支票。《中华人民共和国票据法》(以下简称《票据法》)规定:“本法所称票据,是指汇票、本票和支票。”本章所涉及内容均指狭义的票据。

(二) 票据的特征

1. 要式性

票据是要式证券。要式性是指票据必须具备法定形式才能发生效力。《票据法》对票据上应记载的事项有明确的规定,出票人必须依法签发相关票据,如果欠缺必须记载事项,票据即归无效。

2. 文义性

票据是文义证券。文义性是指票据上的一切权利与义务,必须严格依照票据上记载的文义而定,不得以票据以外的任何事由变更其效力。

3. 设权性

票据是设权证券。票据权利的发生必须首先作成票据。票据的签发,不是为了证明已经存在的权利,而是为了创设一种权利。

4. 金钱性

票据是金钱证券。票据是以支付一定金额货币为目的的有价证券。凡以金钱以外的物品为给付标的的，都不是《票据法》上所称的票据。

5. 流通性

票据是流通证券。票据可以流通转让，票据可以背书转让，而不必通知债务人。

6. 无因性

票据是无因证券。持票人只要向票据债务人提示票据就可行使票据权利，而不问票据取得的原因是否无效或有瑕疵。

7. 返还性

票据是返还证券。票据债权人受领了票据金额后，必须将票据交还债务人，使票据关系消灭。

(三) 票据法的概念及其法律体系

票据法是调整票据关系的法律规范的总称。票据法有广义和狭义之分。广义的票据法包括各种法律中有关票据规定的总称。狭义的票据法仅指《票据法》及其实施细则。本章所涉及的内容仅指狭义的票据法。

我国现行的票据法律体系主要包括1996年1月1日施行的《中华人民共和国票据法》(2004年8月修正)、1997年10月1日实施的由中国人民银行组织制定的《中华人民共和国票据管理实施办法》、2000年11月21日实施的由最高人民法院制定的《关于审理票据纠纷案件若干问题的规定》以及相关法规和司法解释等。

二、票据法律关系

(一) 票据法律关系的概念和构成

票据法律关系是指票据当事人之间在票据的签发和转让等过程中发生的票据权利和票据义务关系。

票据法律关系由主体、客体和内容三大要素构成。

1. 票据法律关系的主体

票据法律关系的主体是指在票据法律关系中享有票据权利和承担票据义务的人。票据法律关系的主体一般包括出票人、收款人、付款人、持票人、承兑人、背书人、被背书人、保证人等。

2. 票据法律关系的内容

票据法律关系的内容是指票据法律关系的主体依法享有的票据权利和承担的票据义务，它是票据法律关系的核心。票据权利是指票据权利人所享有的为实现票据债权而为一定行为或要求他人为一定行为的可能性，包括付款请求权和追索权。票据义务又称票据责任，是指票据义务人为满足票据权利人的请求而依法为一定行为或不为一定行为的必要性，如付款人的付款义务、保证人的担保义务等。

3. 票据法律关系的客体

票据法律关系的客体是指票据法律关系中的票据权利、票据义务共同指向的对象。票据法律关系是因支付或清偿一定的金钱而发生的法律关系，因而其客体只能是一定数额的金钱，而不是某种物品。

（二）票据关系与《票据法》上的非票据关系

票据法律关系可分为票据关系和票据法上的非票据关系。票据关系是指当事人之间基于票据行为而发生的债权债务关系。我国《票据法》规定的票据关系主要包括：①票据发行关系。②票据背书转让关系。③票据承兑关系。④票据保证关系。《票据法》上的非票据关系是指《票据法》规定的，不是基于票据行为直接发生的票据当事人之间与票据有关的法律关系。《票据法》上的非票据关系主要包括：①票据返还的非票据关系，即票据上的正当权利人对于恶意取得票据的人行使票据返还请求权而发生的关系。②利益返还的非票据关系，即因时效届满或手续欠缺而丧失票据上权利的持票人对于出票人或承兑人行使利益偿还请求权而发生的关系。

（三）票据关系与票据的基础关系

票据基础关系又称民法上的非票据关系，这类关系不是票据法律关系的一种，而是作为产生票据法律关系的前提和基础，所以称票据基础关系。虽然票据关系与票据的基础关系具有密切关系——票据关系的发生是以票据基础关系为原因和前提，但是票据关系与票据的基础关系不同。票据关系一经形成，就与基础关系相分离，票据基础关系是否存在、是否有效，对票据关系都不起影响作用。该票据只要符合法定的形成要件，票据关系就是有效的，该票据关系的债务人就必须依票据上的记载事项对票据债权人承担票据责任，而不得以该票据没有真实的交易和债权债务关系为由进行抗辩。除非依《票据法》的规定，持票人是不履行约定义务的与自己有直接债权债务关系的人，票据债务人才可进行抗辩。另外，票据关系因一定原因失效，也不影响基础关系的效力。

三、票据行为

（一）票据行为的概念

票据行为有广义和狭义之分。广义上的票据行为是指以发生、变更或消灭票据的权利和义务关系为目的的法律行为。这种法律行为主要包括出票、背书、付款、承兑、参加承兑、涂改、画线、保付等。狭义上的票据行为是指票据当事人以负担票据债务为目的的法律行为。这种法律行为包括出票、背书、保证、承兑、参加承兑和保付六种行为。其中，出票行为是其他票据行为的前提，被称为基本票据行为。其他行为则属于附属票据行为。

（二）票据行为成立的有效条件

票据行为作为一种法律行为，必须具备法定实质要件和形式要件才能成立和有效。

1. 行为人必须具备票据能力

具备票据能力具体是指行为人必须具备票据权利能力和票据行为能力。票据权利能力是指行为人可以享有票据上的权利和承担票据上义务的资格。票据行为能力是指行为人可以通过自己的行为取得票据上的权利和承担票据上的义务的能力。

完全民事行为能力人、法人及其分支机构具有票据能力，可以依法从事各种票据行为。而无行为能力人或限制民事行为能力人所进行的票据行为无效。我国《票据法》规定，“无行为能力人或者限制民事行为能力人在票据上签章的，其签章无效”。也就是说，在票据行为中，在票据上签章的自然人必须是具有完全民事行为能力的人，否则该签章不具有任何效力。另外，法律法规禁止自然人从事某项票据行为，其即不具有从事该项票据行为的能力。

2. 行为人的意思表示真实

行为人的意思表示真实要求行为人的内心意思和外在表示必须一致，即意思表示真实且无缺陷。我国《票据法》规定，以欺诈、偷盗或胁迫手段取得票据的，或者明知有前列情形，出于恶意取得票据的，不得享有票据权利。

3. 票据行为的内容必须符合法律、法规的规定

票据行为是一种合法行为，因此其内容必须合法。但是，这里所指的合法主要是指票据行为本身必须合法，即票据行为的进行程序、记载的内容等合法。至于票据的基础关系涉及的行为是否合法，则与此无关。

4. 票据行为必须符合法定形式

票据行为是一种要式行为，因此票据行为必须符合法定的形式。

第一，关于签章。在票据上，签章是票据行为生效的一个重要条件。我国《票据法》规定的签章为签名、盖章或签名加盖章三种方式。

票据上的签章是票据行为表现形式中绝对应记载的事项，如无该项内容，票据行为即为无效。票据上的签章因票据行为的性质不同，签章人也不同。另外，我国《票据法》规定，法人和其他使用票据的单位在票据上的签章，为该法人或者该单位的盖章加其法定代表人或者授权的代理人的签章。

关于票据的签名，应当为该当事人的本名。该本名是指符合法律、行政法规以及国家有关规定的身份证件上的姓名。

出票人在票据上的签章不符合规定的，票据无效；承兑人、保证人在票据上的签章不符合规定的，或者无民事行为能力人、限制民事行为能力人在票据上签章的，其签章无效，但不影响其他符合规定签章的效力；背书人在票据上的签章不符合规定的，其签章无效，但不影响其前手符合规定签章的效力。

第二，关于票据记载事项。票据记载事项一般分为绝对记载事项、相对记载事项、非法定记载事项及禁止记载事项等。绝对记载事项是指《票据法》明文规定必须记载，如无记载票据即为无效的事项。由于票据种类不同，记载事项不尽相同，但各类票据共同必须绝对记载的内容包括：票据种类、无条件支付的委托或承诺、票据的金额、票据收款人、票据付款人、出票日期、出票人签章。《票据法》规定，票据金额以中文大写和数码同时记载，两者必须一致。两者不一致的，票据无效。《票据法》还规定，票据金额、日期、收款人名称不得更改，更改的票据无效。在此类情形下，付款人或者代理人对此类票据付款的，应当承担责任。

相对记载事项是指某些应该记载而未记载，适用法律的有关规定而不使票据失效的事项。相对记载事项主要包括付款日期、付款地和出票地。

非法定记载事项是指票据法规定由当事人任意记载的事项，但是该记载事项不具有票据上的效力，只在当事人之间具有民法上的效力。比如，签发票据的原因或用途、该票据项下的交易合同号码、该票据项下的有关单证的名称及号码、开户银行名称及账号等。

禁止记载事项是指依票据法规定不得在票据上记载的事项。根据《票据法》的规定，在票据上记载了禁止记载事项会产生两种不同的法律后果：①票据上记载了票据法禁止记载的事项导致票据行为无效。比如，票据是无条件支付的证券，但出票人在出票时作了有条件支付的记载，则使得该出票行为无效。②票据上记载了票据法禁止记载的事项导致该项记载无效。例如，《票据法》第 33 条规定："背书不得附有条件。背书时附有条件的，所附条件不具有汇票上的效力。"

四、票据权利

（一）票据权利的概念和种类

票据权利是指持票人向票据债务人请求支付票据金额的权利。票据权利是以获得一定金钱为目的的债权。票据权利的种类包括付款请求权和追索权两类。票据权利体现为两次请求权，第一次请求权是付款请求权，是持票人享有的向付款人请求支付票据上所载款项的权利。付款请求权是票据上的主要权利。第二次请求权为追索权。当付款请求权得不到满足时，向付款人以外的票据债务人要求清偿票据金额及有关费用的权利，即行使追索权。根据《票据法》的规定，持票人只能在首先向付款人行使付款请求权而得不到付款时，才可以行使追索权。相关的司法解释规定，持票人不先行使付款请求权而先行使追索权遭拒绝提起诉讼的，人民法院不予受理。

（二）票据权利的取得

1. 票据权利的取得方式

票据权利的取得方式也称票据权利的发生。行为人合法取得票据，即取得了票据权利。当事人取得票据的几种情形：从出票人处取得；从持有票据的人处受让票据；依税收、继承、赠与、企业合并等方式获得票据。

2. 行为人依法取得票据权利应注意的几个问题

（1）票据的取得，必须给付对价。凡是无对价或无相当对价取得票据的，如果属于善意取得的，仍享有票据权利，但票据持有人必须承受其前手的权利瑕疵。如果前手的权利因违法或有瑕疵而受影响或丧失，该持票人的权利也因此而受影响或丧失。

（2）因税收、继承、赠与可以依法无偿取得票据的，不受给付对价的限制。但是，所享有的票据权利不得优于其前手的权利。

（3）因欺诈、偷盗、胁迫、恶意或重大过失而取得票据的，不得享有票据权利。所谓重大过失，是指行为人因疏忽或过于自信不仅没有遵守法律对他较高注意的要求，甚至连人们一般应当注意并能够注意的要求都未达到，以致造成某种损害后果。《票据法》规定，如果持票人因重大过失而没有注意到票据转让人对票据没有处分权，尽管该票据是有效票据，也视为不得享有票据权利。

（三）票据权利的消灭

票据权利的消灭是指因一定的法律事实而使票据权利不复存在。票据权利可因履行、免除、抵销等事由的发生而消灭。这里主要说明票据权利因时效而消灭的情形。根据我国《票据法》的规定，票据权利因在一定期限内不行使而消灭的情形有四种。

（1）持票人对出票人和承兑人的权利，自票据到期日起 2 年内不行使；见票即付的汇票、本票的权利，自出票日起 2 年内不行使。

（2）持票人对支票出票人的权利，自出票日起 6 个月内不行使。

（3）持票人对前手的追索权，在被拒绝承兑或者被拒绝付款之日起 6 个月不行使。

（4）持票人对前手的再追索权，自清偿日或者提起诉讼之日起 3 个月内不行使。

票据的出票日、到期日由票据当事人依法确定。

持票人因超过票据权利时效或者因票据记载事项欠缺而丧失票据权利的，仍享有民事权利，可以请求出票人或者承兑人返还其与未支付的票据金额相当的利益。

根据相关司法解释规定，第一种和第二种所指的权利，包括付款请求权和追索权；第三种和第四种所指的追索权，不包括对票据出票人的追索权。

（四）票据权利的行使与保全

票据权利的行使是指票据权利人向票据债务人提示票据，请求实现票据权利的行为，如请求承兑、提示付款、行使追索权等。票据的保全是指票据权利人为防止其票据权利的丧失，依票据法规定所为的行为。如为防止付款请求权与追索权因时效而丧失，采取中断时效的行为；为防止追索权的丧失，采取做成拒绝证明的行为等。

票据权利人为防止票据权利的丧失，在票据纠纷案件审理中，对下列情形之一的票据可向法院申请采取保全措施：①不履行约定义务，与票据债务人有直接债权债务关系的票据当事人所持有的票据。②持票人恶意取得的票据。③应付对价而未付对价的持票人持有的票据。④记载有“不得转让”字样而用于贴现的票据。⑤记载有“不得转让”字样而用于质押的票据。⑥法律规定的其他情形的票据。

《票据法》规定，持票人对票据债务人行使票据权利，或者保全票据权利，应当在票据当事人的营业场所和营业时间内进行，票据当事人无营业场所的，应当在其住所进行。

（五）票据权利的补救

票据权利与票据紧密相关，如果票据丧失，则票据权利的实现会受影响。《票据法》规定，票据丧失后的补救措施有三种，即挂失止付、公示催告和普通诉讼。

1. 挂失止付

挂失止付是指失票人将丧失票据的情况通知付款人并由接受通知的付款人暂停支付的一种方法。挂失止付的票据应当是不属于未记载付款人的票据或者无法确定付款人及其代理付款人的票据。

收到挂失止付通知的付款人，应当暂停支付，否则应承担民事赔偿责任。

挂失止付并不是票据丧失后权利补救的必经程序，它只是失票人失票后可采取的暂时的预防票据被冒领或骗取的措施。所以失票人在失票后可先采取挂失止付，再紧接着向法院申请公示催告或提起诉讼，也可直接向人民法院申请公示催告或提起诉讼。

2. 公示催告

公示催告是指票据丧失后，由失票人向人民法院提出申请，请求人民法院以公告方法通知不确定的利害关系人限期申报权利，逾期未申报者，则权利失效，而由人民法院通过除权判决宣告所丧失的票据无效的一种制度或程序。

我国《票据法》规定，失票人应当在通知挂失止付后3日内，也可以在票据丧失后，依法向票据支付地即票据履行地的基层人民法院申请公示催告。公示催告的期间不得少于60日，涉外票据可根据情况适当延长，但最长不得超过90日。法院受理公示催告申请后3日内发出公告，自公告之日起计算。

3. 普通诉讼

普通诉讼是指丧失票据的失票人向人民法院提起民事诉讼，要求法院判定付款人向其支付票据金额的活动。

五、票据抗辩

（一）票据抗辩的概念和种类

票据抗辩是指票据的债务人依照《票据法》的规定，对票据债权人拒绝履行义务的行为。票据抗辩是票据债务人的一种权利，是债务人保护自己的一种手段。

票据抗辩有以下两种。

1. 对人的抗辩

对人的抗辩是指票据债务人对抗特定债务人的抗辩。这一抗辩与票据的基础关系有关。我国《票据法》规定，票据债务人可以对不履行约定义务的与自己有直接债权债务关系的持票人进行抗辩。例如，甲向乙购货而以票据支付方式，当乙向甲主张票据权利时，甲可以乙未按约交货为由向乙主张抗辩。

2. 对物的抗辩

对物的抗辩是指基于票据本身的内容而发生的事由所进行的抗辩。这一抗辩可以对任何持票人提出，主要表现为以下几种：

（1）票据行为不成立而为的抗辩。例如，欠缺票据绝对应记载事项致票据无效，如背书不连续、票据行为人无行为能力等。

（2）依票据记载不能提出请求的抗辩，如票据未到期、付款地不符等。

（3）票据权利已消灭的抗辩，如票据债权因依法付款、抵销、提存、时效届满而消灭等。

（4）票据保全手续欠缺而为的抗辩，如应作成拒绝证书而未作等。

（5）票据上存在伪造、变造情形而为的抗辩。

（二）票据抗辩事由

票据抗辩事由是指票据法规定的票据债务人可以对持票人进行抗辩的事实和理由。票据抗辩事由主要有以下几种。

（1）票据上记载的事项欠缺或者有害而使票据无效。

（2）请求付款的地点与票据上记载的付款地不符。

（3）票据是因除权判决而失效的票据。

（4）票据上记载的到期日未到请求付款日。

（5）票据为票据权利已经消灭的票据。

（6）票据债务人为票据行为时欠缺票据能力。

（7）票据被伪造。

(8) 承兑被撤销的票据。

(9) 变造前签名的票据债务人对变造后文义负责的票据。

(10) 其他抗辩事由。

(三) 票据抗辩的限制

票据抗辩的限制是指票据流转给直接当事人以外的其他人后,直接当事人之间的抗辩原则上被切断,即人的抗辩的切断。

我国《票据法》中对票据抗辩的限制主要表现为以下几种。

(1) 票据债务人不得以自己与出票人之间的抗辩事由对抗持票人。如果债务人与出票人之间存在合同纠纷、资金不足问题等抗辩事由,该票据债务人不得以此对抗善意持票人。

(2) 票据债务人不得以自己与持票人前手之间的抗辩事由对抗持票人。例如,票据债务人与持票人前手存在抵销关系的抗辩事由,票据债务人不能以此而拒绝向持票人付款。但是如果持票人明知票据债务人与出票人之间存在抗辩事由以及票据债务人与持票人前手之间存在抗辩事由,说明持票人恶意取得票据,那么票据债务人可以主张抗辩,拒绝付款。

(3) 善意、已付对价的正当持票人可以向票据上的一切债务人请求付款,不受前手权利瑕疵和前手相互间抗辩的影响。所以票据债务人不能以持票人前手存在权利瑕疵而对抗善意的、已付对价的正当持票人。

六、票据的伪造和变造

我国《票据法》规定,票据上的记载事项应当真实,不得伪造、变造。票据伪造和变造直接影响票据权利。伪造、变造票据上的签章和其他事项的,应当承担法律责任。

(一) 票据的伪造

票据的伪造是指假冒他人名义或虚构他人的名义而进行的票据行为。票据上的伪造包括票据本身的伪造和票据上签章的伪造。

票据本身的伪造是指假冒他人或虚构他人的名义进行的出票行为。票据本身的伪造行为在法律上不具有任何票据行为的效力,因此持票人即使善意取得,对被伪造人也不能行使票据权利。对伪造人而言,票据上没有以自己名义所作的签章,因此也不应承担票据责任。但是,如果伪造人的行为给他人造成损害的,必须承担民事责任;构成犯罪的,还应承担刑事责任。

票据上签章的伪造是指假冒他人或虚构他人的名义进行出票行为以外的其他票据行为。票据上有伪造签章的,不影响票据上的其他真实签章的效力,也即是在票据上真实签章的人仍应对被伪造的票据的债权人承担票据责任,票据债权人按规定提示承兑、提示付款或行使追索权时,在票据上真正签章的人不能以该票据系伪造为由进行抗辩。

(二) 票据的变造

票据的变造是指无权更改票据内容的人,对票据上签章以外的记载事项加以变更的行为。

构成票据变造行为应符合以下条件:①变造的票据是合法成立有效的票据,票据变造的前提是该票据在变造前及变造后属于形式上有效的票据。②变造的内容是票据上所记载的除签章以外的事项，如变更票据上的到期日、付款日、付款地、金额等。对票据签章的变更属于票据伪造而不是票据变造。③变造人无权变更票据的内容。票据权利人对票据依法进行的变更及行为人在空白票据上经授权进行补记的，不属于票据的变造。

票据的变造应依照签章是在变造之前或之后承担责任。票据上其他记载事项被变造的，在变造之前签章的人，对原记载事项负责；在变造之后签章的人，对变造之后的记载事项负责；如果无法辨别是在票据变造之前或之后签章的，视同在变造之前签章。票据的变造是一种违法行为，因此变造人的变造行为给他人造成经济损失的，应对此承担赔偿；构成犯罪的，应承担刑事责任。

第三节 票据结算方式

一、汇票

（一）汇票的概念和特征

汇票是出票人签发的、委托付款人在见票时或者在指定日期无条件支付确定的金额给收款人或者持票人的票据。

汇票具有以下法律特征：①汇票有三个基本当事人，即出票人、付款人和收款人。②汇票是由出票人委托他人支付的票据，是委付证券。③汇票是在指定到期日付款的票据，指定到期日付款包括见票即付、定日付款、出票后定期付款、见票后定期付款四种形式。④除见票即付的汇票外，其他汇票都要经过承兑，承兑是汇票独有的法律行为。

（二）汇票的种类

我国《票据法》规定，汇票分为银行汇票和商业汇票两种。

1. 银行汇票

银行汇票是指由汇款人将款项交存当地银行，由银行签发给汇款人持往异地办理转账结算或支取现金的票据。

银行汇票的基本当事人是出票人和收款人，出票银行既是出票人，又是付款人。银行汇票的提示付款期限自出票日起 1 个月。

2. 商业汇票

商业汇票是指付款人或收款人（或承兑申请人）签发，由承兑人承兑，并于到期日向收款人或被背书人支付款项的票据。商业汇票的出票人为银行以外的企业和其他组织，其付款人可以是企业、其他组织。

商业汇票按承兑人的不同，分为商业承兑汇票和银行承兑汇票。商业汇票的付款期限，最长不得超过 6 个月；商业汇票的提示付款期限，自汇票到期日起 10 日。

（三）汇票的票据行为

1. 出票

出票是指出票人签发票据并将其交付给收款人的票据行为。

汇票的出票包括签发票据和交付票据两个行为。出票人依照《票据法》的规定作成票据，即在原始票据上记载法定事项并签章，并将作成的票据交付给他人占有。

汇票的出票人在进行出票行为时，必须与付款人具有真实的委托付款关系，并且具有支付汇票金额的可靠资金来源；汇票的出票人不得签发无对价的汇票用以骗取银行或者其他票据当事人的资金。由于票据是一种无因证券，因此，即使出票人签发没有对价的汇票，出票人等债务人仍应按照汇票上记载的事项承担票据责任。

汇票是一种要式证券，出票行为是一种要式行为。汇票的作成必须符合法定的格式。

(1) 汇票的绝对应记载事项：①标明“汇票”的字样。②确定的金额。③无条件支付的委托。④付款人名称。⑤收款人名称。⑥出票日期。⑦出票人签章。上述汇票的七项绝对应记载事项，若欠缺记载或记载有重大瑕疵，则票据无效。

(2) 汇票的相对应记载事项：①付款日期。未记载付款日期的，推定为见票即付。②付款地。未记载付款地的，以付款人的营业场所、住所或经常居住地为付款地。③出票地。未记载出票地的，以出票人的营业场所、住所或经常居住地为出票地。相对应记载事项未在汇票上记载的，并不影响汇票本身的效力，汇票仍然有效。

(3) 汇票的非法定记载事项。汇票上可以记载票据法规定事项以外的其他出票事项，但是该记载事项不具有汇票上的效力。比如，签发票据的原因或用途、该票据项下交易的合同号码、开户银行名称及账号等。

出票人依法完成出票行为后，即产生票据上的效力。票据关系人依完成的票据所载文义而享有票据权利并承担票据义务。

(1) 对出票人的效力。出票人委托他人付款，一旦该行为成立，就必须保证付款能得以实现。如果付款人不予付款，出票人就应该承担票据责任。

(2) 对票据付款人的效力。出票行为是单方行为，付款人并不因此而有付款义务。付款人可以依自己独立的意思决定是否为票据进行承兑或付款。只有当付款人承兑时，付款人才负有付款的义务，成为汇票的主债务人。

(3) 对票据收款人的效力。出票行为的完成使收款人依法享有票据上的权利，即付款请求权和追索权。

2. 背书

票据权利与票据不可分，票据的转让也就是票据权利的转让。

根据我国《票据法》的规定，汇票转让只能采用背书的方式。背书是指持票人以转让票据权利为目的，按照法定的事项和方式，在票据背面或者粘单上记载有关事项并签章的票据行为。背书必须作成记名背书。

背书应记载事项有：①背书人的签章。②被背书人的名称。③背书的日期。其中，前两项属于绝对应记载事项；背书日期属于相对应记载事项，如此项未记载，则视为在汇票到期日前背书。但我国相关的司法解释规定，背书人未记载被背书人名称即将票据交付他人的，持票人在票据被背书人栏内记载自己的名称与背书人记载具有同等法律效力。

禁止背书是指出票人或背书人在票据上记载“不得转让”等类似文句，以禁止票据权利的转让。

(1) 出票人的禁止背书。出票人在汇票上记载“不得转让”或“禁止转让”字样的，汇票不得转让。如果收款人或持票人将出票人作禁止背书的汇票转让的，该转让不发生票据法上的效力，出票人和承兑人对受让人不承担票据责任。

根据相关的司法解释，对于记载“不得转让”字样的票据，其后手以此票据进行贴现、质押的，通过贴现、质押取得票据的持票人主张票据权利的，人民法院不予支持。

(2) 背书人的禁止背书。背书人的禁止背书是背书行为的一项任意记载事项，如果背书人不愿意对其后手以后的当事人承担票据责任，即可在背书时记载禁止背书。背书人在汇票上记载“不得转让”字样，其后手再背书转让的，原背书人对其直接被背书人以后通过背书方式取得汇票的一切当事人，不负担保责任。

我国《票据法》规定，背书时不得附条件。背书时附有条件的，所附条件不具有汇票上的效力，但不影响背书行为本身的效力。背书不能部分背书。所谓部分背书是指背书人在背书时，将汇票金额的一部分转让或者将汇票金额分别转让给两人以上的背书。部分背书无效。

背书连续是指在票据转让中，转让汇票的背书人与受让汇票的被背书人在汇票上的签章依次前后衔接。

我国《票据法》规定，以背书转让的汇票，背书应当连续。如果背书不连续的，付款人可以拒绝向持票人付款，否则付款人得自行承担责任。

背书连续主要是指背书在形式上连续。如果背书在实质上不连续，如有伪造签章等，付款人仍应对持票人付款。但是，如果付款人明知持票人不是真正票据权利人，则不得向持票人付款，否则应自行承担责任。对于非经背书转让，而以其他合法方法取得汇票，如因税收、继承、赠与等方式取得票据的，只要取得票据的人依法举证，表明其合法取得票据的方式，证明其汇票权利，就能享有票据权利。

非转让背书主要有委托收款背书和质押背书。

(1) 委托收款背书。委托收款背书是指持票人以行使票据上的权利为目的，而授予被背书人以代理权的背书。在此种情形下，背书人仍然是票据权利人，被背书人是代理人，而未取得票据权利。被背书人可代理行使付款请求权、追索权等，但不能行使票据转让、质押等处分的行为。委托收款背书人依法作成背书并交付才能生效。背书人可以记载“委托收款”字样，但如果记载“因收款”“托收”“代理”等字样的，也应该视为有效。

(2) 质押背书。质押背书是指持票人以票据权利设定质权为目的而在票据上作成的背书。在此种情况下，背书人仍然是票据权利人，被背书人并不因此而取得票据权利。在背书人不履行其债务的情况下，被背书人也即质权人，可以行使质权，从票据金额中按担保债权的数额优先得到偿还。

质押时应当以背书记载“质押”字样，但如表明质押意思的，如“为担保”“为设质”等，也应视为其有效。根据相关的司法解释规定，以汇票设定质押，出质人在汇票上只记载了“质押”字样而未在票据上签章的；或出质人未在汇票、粘单上记载“质押”字样而另签质押合同条款的，不构成票据质押背书。

法定禁止背书是指根据票据法而禁止背书转让的情形。法定禁止背书转让的汇票有：①汇票被拒绝承兑的汇票。②被拒绝付款的汇票。③超过付款提示期限的汇票。此类汇票不得背书转让，背书转让的，背书人应当承担汇票责任。

3. 承兑

承兑是指汇票付款人承诺在汇票到期日支付汇票金额的票据行为。承兑是汇票特有的制度。

汇票承兑的程序如下所述。

第一，提示承兑。提示承兑是指持票人向付款人出示汇票，并要求付款人承兑付款的行为。提示承兑是承兑的前提和条件，是行使和保全票据权利的手段。

定日付款或者出票后定期付款的汇票，持票人应当在汇票到期日前向付款人提示承兑。见票后定期付款的汇票，持票人应当自出票日起 1 个月内向付款人提示承兑。汇票未按照规定日期提示承兑的，持票人丧失对其前手的追索权。见票即付的汇票无须提示承兑，如我国的银行汇票属于见票即付的汇票，该汇票无须提示承兑。

第二，承兑成立。我国《票据法》规定，付款人对向其提示承兑的汇票，应当自收到提示承兑的汇票之日起 3 日内承兑或者拒绝承兑。如果付款人在 3 日内不作承兑与否表示的，应视作为拒绝承兑，持票人可请求其作成拒绝承兑证明，向其前手行使追索权。

付款人收到持票人提示承兑的汇票时，应当向持票人签发收到汇票的回单。回单上应当说明汇票提示承兑日期并签章。这一手续办理完，即意味着接受承兑。

付款人承兑汇票的，应当在汇票正面记载“承兑”字样和承兑日期并签章；见票后定期付款的汇票，应当在承兑时记载付款日期。其中，承兑文句和承兑人签章是绝对应记载事项，缺一不可，否则承兑行为无效。而承兑日期属于相对应记载事项，如欠缺不影响承兑行为效力，推定为以付款人收到提示承兑汇票之日起的第 3 日为承兑日期。

付款人将已承兑的汇票退回持票人才产生承兑的效力。

付款人承兑汇票，不得附有条件；承兑附有条件的，视为拒绝承兑。另外，部分承兑、变更票据记载事项的承兑都被看作拒绝承兑。持票人可要求作成“拒绝证明”，向其前手行使追索权。

付款人承兑汇票后，应当承担到期付款的责任。到期付款的责任是一种绝对责任，主要表现在：①承兑人于汇票到期日必须向持票人无条件地支付汇票上的金额。②承兑人必须对汇票上的一切权利人承担责任。③承兑人不得以其与出票人之间的资金关系来对抗持票人，拒绝支付汇票金额。④承兑人的票据责任不因持票人未在法定期限提示付款而解除。

4. 保证

票据保证是指票据债务人以外的第三人，以担保特定债务人履行票据债务为目的，而在票据上所为的一种附属票据行为。它是适用于汇票、本票的附属票据行为。

保证的当事人为保证人与被保证人。

保证人是指票据债务人以外的，为票据债务的履行提供担保而参与票据关系中的第三人。

被保证人是指票据关系中已有的债务人，包括出票人、背书人、承兑人，这些票据债务人一旦由他人为其提供保证，其在保证关系中被称为被保证人。

保证记载的事项：①表明“保证”的字样。②保证人名称和住所。③被保证人名称。

④保证日期。⑤保证人签章。其中,保证文句和保证人签章属于绝对应记载事项,而其余三项属于相对应记载事项。

保证记载方法。如果是为出票人、承兑人保证的,应记载于汇票的正面;如果是为背书人保证,则应记载于汇票的背面或者粘单上。

保证不得附条件。保证附有条件的,所附条件无效,但保证本身仍具有效力,保证人应向持票人承担保证责任。

保证的效力是使保证人依法承担保证责任。保证行为成立后,除被保证人的债务因汇票记载事项欠缺无效之外,保证人应对合法取得汇票的持票人所享有的汇票权利承担保证责任。被保证的汇票,保证人应与被保证人对持票人承担连带责任。保证人 2 人以上的,保证人之间承担连带责任。保证人清偿票据债务后,可以行使持票人对保证人及其前手的追索权。

5. 付款

付款是指付款人依据票据文义支付票据金额,以消灭票据关系的行为。

付款的程序如下所述。

(1) 付款提示。它是指持票人在法定的日期内向付款人出示票据,行使付款请求权以保全票据权利的行为。对这个法定日期,我国《票据法》规定,见票即付的汇票,自出票日起 1 个月内向付款人提示付款;定日付款、出票后定期付款或者见票后定期付款的汇票,在到期日起 10 日内向承兑人提示付款。如果持票人未在上述法定期限内去提示付款的,则丧失对其前手的追索权;但是在作出说明后,承兑人或付款人仍应对持票人承担付款责任。

(2) 票款支付。持票人依法提示付款的,付款人必须在当日足额付款。持票人获得付款的,应当在汇票上签收,并将汇票交给付款人。"签收"表明持票人已获得付款。

付款人依法足额付款后,全体汇票债务人的责任解除。

(四) 汇票的追索权

1. 汇票的追索权概念

汇票的追索权是指持票人在汇票到期不获付款或期前不获承兑或有其他法定原因发生时,向其前手请求偿还票据金额及其损失的权利。

2. 汇票的追索权发生的条件

(1) 追索权发生的实质条件。追索权发生的实质条件包括:①汇票到期被拒绝付款。②汇票到期日前承兑人拒绝承兑。③在汇票到期日前承兑人或付款人死亡、逃匿的。④在汇票到期日前承兑人或付款人被依法宣告破产或因违法而被责令终止业务活动等。发生上述情形之一的,持票人可以行使追索权。

(2) 追索权发生的形式条件。持票人行使追索权必须履行一定的保全手续而不致使追索权丧失。该等保全手续包括:①在法定提示期限提示承兑或提示付款。②在不获承兑或不获付款时,在法定期限内作成拒绝证明。该等拒绝证明主要有拒绝证书、退票理由书、死亡证明、有关司法文书、有关行政部门的处罚决定等。

3. 行使追索权的程序

(1) 发出追索通知。持票人应当自收到被拒绝承兑或者被拒绝付款的有关证明 3 日内，将被拒绝事由书面通知其前手；其前手应当自收到通知之日起3日内书面通知其再前手。持票人也可以同时向各汇票债务人发出书面通知。所谓前手包括出票人、背书人、保证人等。未在规定期限内发出追索通知的，持票人仍可行使追索权，因延期通知给其前手或者出票人造成损失的，由其承担该损失的赔偿责任，但是所赔偿的金额以汇票金额为限。

(2) 确定追索对象及责任承担。在追索关系中的追索权人包括最后的持票人和因清偿而取得票据的人，即向自己的后手已作清偿的持票人。在追索关系中的被追索人包括出票人、背书人、承兑人和保证人，他们对持票人负有连带清偿责任。持票人可以不按照汇票债务人的先后顺序，对其中任何一人、数人或者全体行使追索权。

(3) 请求清偿金额。请求偿还的金额即追索金额包括：①被拒绝付款的汇票金额。②汇票金额自到期日或提示付款日起至清偿日止的利息。③取得有关拒绝证明和发出通知书的费用。

被追索人清偿债务后，与持票人享有同一权利，可以行使再追索权，请求偿还金额包括已清偿的全部金额、前项金额自清偿日起至再清偿日止的利息和发出通知的费用。

4. 追索权限制

持票人为出票人的，对前手无追索权；持票人为背书人的，对其后手无追索权。

二、本票

(一) 本票的概念及特征

1. 本票的概念

本票是指出票人签发的，承诺自己在见票时无条件支付确定的金额给收款人或者持票人的票据。

2. 本票的特征

(1) 本票是由出票人约定自己付款的一种自付证券。其基本当事人有出票人和收款人，在出票人之外不存在独立的付款人。

(2) 本票无须承兑。本票是由出票人自己承担付款责任，没有委托他人付款。本票不用承兑就能保证付款。

(3) 本票是见票即付的票据。我国《票据法》规定的本票只有短期本票一种，没有远期本票。

根据我国《票据法》的规定，本票仅限于银行本票，且为记名式本票和即期本票。银行本票是银行签发的，承诺自己在见票时无条件支付确定的金额给收款人或者持票人的票据。银行本票分为定额银行本票和不定额银行本票。定额银行本票面额为1 000元、5 000元、1万元和5万元。

(二) 本票的记载事项

1. 本票绝对应记载事项

本票绝对应记载的事项有：①表明“本票”的字样。②无条件支付的承诺。③确定的金额。④收款人名称。⑤出票日期。⑥出票人签章。本票上未记载前述规定事项之一的，本票无效。

2. 本票相对应记载事项

本票相对应记载事项有:①付款地。本票上未记载付款地的,以出票人的营业场所为付款地。②出票地。本票上未记载出票地的,以出票人的营业场所为出票地。

(三) 本票的票据行为

本票的票据行为包括出票、背书、保证、付款以及追索权的行使等。其基本法律规定同汇票。

我国《票据法》规定,本票的出票人必须具有支付本票金额的可靠资金来源,并保证支付。银行本票限于见票即付,本票的付款期限自出票日起最长不得超过2个月。本票持票人未按照规定提示见票的,丧失对出票人以外的前手的追索权。

三、支票

(一) 支票的概念、特征和种类

1. 支票的概念

支票是出票人委托银行或者其他金融机构见票时无条件支付一定金额给收款人或持票人的票据。

2. 支票的特征

(1) 支票的付款人仅限于银行或其他金融机构,其他主体不能成为支票的付款人。

(2) 支票是见票即付的票据,且只有即期支票一种。

(3) 出票人签发支票不能超过付款时在付款人处实有的存款金额,如有超过即为空头支票。我国法律不允许签发空头支票。

(4) 支票无须承兑。

3. 支票的种类

根据我国《票据法》的规定,按照支付票款方式,将支票分为普通支票、现金支票和转账支票。普通支票既可以用来支取现金,亦可用来转账。现金支票只能用于支付现金。转账支票只能用于转账,不得支取现金。

(二) 支票的记载事项

1. 支票的绝对应记载事项

支票绝对应记载事项有:①表明"支票"的字样。②无条件支付的委托。③确定的金额。④付款人名称。⑤出票日期。⑥出票人签章。

我国《票据法》规定,支票的金额、收款人名称可以由出票人授权补记。未补记前,不得背书转让和提示付款。

2. 支票的相对应记载事项

支票相对应记载事项有:①付款地。未记载付款地的,以付款人营业场所为付款地。②出票地。未记载出票地的,以出票人的营业场所、住所或者经常居住地为出票地。

(三) 支票的票据行为

支票的票据行为包括出票、背书、付款以及追索权的行使。

1. 出票

(1) 支票的出票人所签发的支票金额不得超过其付款时在付款人处实有的存款金额。出票人签发的支票金额超过其付款时在付款人处实有的存款金额的，为空头支票。我国《票据法》禁止签发空头支票。

(2) 支票的出票人不得签发与其预留本名的签名式样或者印鉴不符的支票；使用支付密码的，出票人不得签发支付密码错误的支票。

出票人签发空头支票或印章与预留印鉴不符的支票，银行按票面的金额对其处以5%但不低于1 000元的罚款；持票人有权要求出票人赔偿支票金额2%的赔偿金。

2. 付款

出票人必须按照签发的支票金额承担保证向该持票人付款的责任，出票人在付款人处的存款足以支付支票金额时，付款人应当在当日足额付款。

支票限于见票即付，不得另行记载付款日期。另行记载付款日期的，该记载无效。

持票人应当自出票日起10日内提示付款；超过提示付款期限的，付款人可以不予付款；付款人不予付款的，出票人仍应当对持票人承担票据责任。

付款人依法支付支票金额的，对出票人不再承担受委托付款的责任，对持票人不再承担付款的责任。但是，付款人以恶意或有重大过失付款的除外。

(四) 空白支票

空白支票又叫空白授权支票，是指出票人签发的有意不填写某种事项，通常是金额和出票日、收款人名称，授权给他人将其补充完整的支票。

空白支票具有以下特征：①空白支票有出票人的签章。②出票人有意不填写某种事项。③出票人授权给他人将其补充完整。④空白支票未补记完整前，不得使用，补记完整后才有效。

第四节　非票据结算方式

非票据结算方式是指单位、个人在社会经济活动中使用非票据的方式进行货币给付及其资金清算的行为。根据《支付结算办法》的规定，非票据结算方式主要包括信用卡和汇兑、托收承付、委托收款等结算方式。

一、信用卡

(一) 信用卡的概念及分类

信用卡是指商业银行向个人和单位发行的，凭以向特约单位购物、消费和向银行存取现金，且具有消费信用的特制载体卡片。信用卡是通过发卡银行给予持卡人一定的信用额度，持卡人可在信用额度内先消费后还款，或者先按发卡银行的要求交存一定金额的备用金，当备用金不足支付时可在发卡银行规定的信用额度内透支的银行卡。

信用卡按使用对象分为单位卡和个人卡；按信誉等级分为金卡和普通卡。金卡是商业银行向信誉等级较高的持卡人发行的银行卡；普通卡是商业银行向信誉等级次之的持卡人发行的银行卡。一般而言，金卡的持卡人在善意透支时透支的额度大于普通卡持卡人的透支额度。

（二）信用卡的发行

商业银行、非银行金融机构开办信用卡业务须报经中国人民银行总行批准；其所属分支机构开办信用卡业务，须报经辖区内中国人民银行分、支行备案。

商业银行（包括外资银行、合资银行）、非银行金融机构未经中国人民银行批准不得发行信用卡。非金融机构、境外金融机构的驻华代表机构不得发行信用卡和代理收单结算业务。

申请发行信用卡的银行、非银行金融机构，必须具备下列条件：①符合中国人民银行颁布的商业银行资产负债比例监控指标。②相应的管理机构。③合格的管理人员和技术人员。④健全的管理制度和安全制度。⑤必要的电信设备和营业场所。⑥中国人民银行规定的其他条件。

（三）信用卡的申领

（1）单位卡的申领。凡在中国境内金融机构开立基本存款账户的单位可申领单位卡。单位卡可申领若干张，持卡人资格由申领单位法定代表人或其委托的代理人书面指定和注销。

（2）个人卡的申领。凡具有完全民事行为能力的公民可申领个人卡。个人卡的主卡持卡人可为其配偶及年满18周岁的亲属申领附属卡，申领的附属卡最多不得超过2张，也有权要求注销其附属卡。

单位或个人申领信用卡，应按规定填制申请表，连同有关资料一并送交发卡银行。符合条件并按银行要求交存一定金额的备用金后，银行为申领人开立信用卡存款账户，并发给信用卡。

（四）信用卡账户的管理

（1）单位卡账户的资金一律从其基本存款账户转账存入，不得交存现金，不得将销货收入的款项存入其账户。单位卡一律不得支取现金；个人卡账户的资金以其持有的现金存入或以其工资性款项及属于个人的劳务报酬收入转账存入。严禁将单位的款项存入个人卡账户。

（2）发卡银行可根据申请人的资信程度，要求其提供担保。担保的方式有保证、抵押或质押。

（3）信用卡备用金存款利息，按照中国人民银行规定的活期存款利率及计息办法计算。

（4）发卡银行应建立授权审批制度；信用卡结算超过规定限额的必须取得发卡银行的授权。

（5）持卡人不需要继续使用信用卡的，应持信用卡主动到发卡银行办理销户。销户时，单位卡账户余额转入其基本存款账户，不得提取现金；个人卡账户可以转账结清，也可以提取现金。

（6）持卡人还清透支本息后，属于下列情况之一的，可以办理销户：①信用卡有效期满45天后，持卡人不更换新卡的。②信用卡挂失满45天后，没有附属卡又不更换新卡的。

③信用卡被列入止付名单，发卡银行已收回其信用卡 45 天的。④持卡人死亡，发卡银行已收回其信用卡 45 天的。⑤持卡人要求销户或担保人撤销担保，并已交回全部信用卡 45 天的。⑥信用卡账户 2 年(含)以上未发生交易的。⑦持卡人违反其他规定，发卡银行认为应该取消资格的。发卡银行办理销户，应当收回信用卡。有效信用卡无法收回的，应当将其止付。

(7) 持卡人丧失信用卡的，应立即持本人身份证件或其他有效证明，并按规定提供有关情况，向发卡银行或代办银行申请挂失。发卡银行或代办银行审核后办理挂失手续。

(五) 信用卡当事人的权利、义务及职责

1. 发卡银行的权利与义务

信用卡发卡银行依法享有以下权利：①有权审查申请人的资信状况、索取申请人的个人资料，并有权决定是否向申请人发卡及确定信用卡持卡人的透支额度。②对持卡人透支有追偿权。③对持卡人不在规定期限内归还透支款项的，有权申请法律保护并依法追究持卡人或有关当事人的法律责任。④对不遵守其章程规定的持卡人，有权取消其持卡人资格，并可授权有关单位收回其银行卡。⑤对储值卡和 IC 卡内的电子钱包可不予挂失。

信用卡发卡银行依法承担以下义务：①应当向信用卡申请人提供有关银行卡的使用说明资料，包括章程、使用说明及收费标准。②应当设立针对信用卡服务的公平、有效的投诉制度，并公开投诉程序和投诉电话；对持卡人关于账务情况的查询和改正要求应当在 30 天内给予答复。③应当向持卡人提供对账服务，除特定情形外应按月向持卡人提供账户结单。④向持卡人提供的信用卡对账单应当列出以下内容：交易金额、账户余额；交易金额记入有关账户或自有关账户扣除的日期；交易日期与类别；交易记录号码；作为支付对象的商户名称或代号(异地交易除外)；查询或报告不符账务的地址或电话号码。⑤应当向持卡人提供银行卡挂失服务，应当设立 24 小时挂失服务电话，提供电话和书面两种挂失方式，书面挂失为正式挂失方式；并在章程或有关协议中明确发卡银行与持卡人之间的挂失责任。⑥发卡银行应当在有关卡的章程或使用说明中向持卡人说明密码的重要性及丢失的责任。⑦发卡银行对持卡人的资信资料负有保密的责任。

此外，发卡银行应当本着权利与义务对等的原则制定信用卡申请表及信用卡领用合约。商业银行发展受理信用卡的商户，应当与商户签订受理合约，该受理合约不得包括排他性条款。

2. 持卡人的权利与义务

信用卡持卡人依法享有以下权利：①享有发卡银行对其银行卡所承诺的各项服务的权利，有权监督服务质量并对不符服务质量进行投诉。②有权知悉其选用的信用卡的功能、使用方法、收费项目、收费标准、适用利率及有关的计算公式。③有权在规定时间内向发卡银行索取对账单，并有权要求对不符账务内容进行查询或改正。④有权索取信用卡领用合约，并应妥善保管。

信用卡持卡人依法承担以下义务：①申请人应当向发卡银行提供真实的申请资料并按照发卡银行规定向其提供符合条件的担保。②持卡人应当遵守发卡银行的章程及领用合约的有关条款。③持卡人或保证人通信地址、职业等发生变化，应当及时书面通知发卡银行。

④持卡人不得以和商户发生纠纷为由拒绝支付所欠银行款项。⑤持卡人使用信用卡不得发生恶意透支。恶意透支是指持卡人超过规定限额或规定期限,并且经发卡银行催收无效的透支行为。⑥信用卡仅限于合法持卡人本人使用,持卡人不得出租或转借信用卡。

3. 特约单位的职责

特约单位依法履行以下职责。

(1) 持卡人凭卡购物、消费时,需将信用卡和身份证件一并交特约单位。智能卡(下称IC卡)、照片卡可免验身份证件。特约单位不得拒绝受理持卡人合法持有的、签约银行发行的有效信用卡,不得因持卡人使用信用卡而向其收取附加费用。

(2) 特约单位受理信用卡时,应审查下列事项:①确为本单位可受理的信用卡。②信用卡在有效期内,未列入止付名单。③签名条上没有样卡或专用卡等非正常签名的字样。④信用卡无打孔、剪角、毁坏或涂改的痕迹。⑤持卡人身份证件或卡片上的照片与持卡人相符,但使用IC卡、照片卡或持卡人凭密码在销售点终端上消费、购物,可免验身份证件(下同)。⑥卡片正面的拼音姓名与卡片背面的签名和身份证件上的姓名一致。

(3) 特约单位受理信用卡审查无误的,在签购单上压卡,填写实际结算金额、用途、持卡人身份证件号码、特约单位名称和编号。如超过支付限额的,应向发卡银行索权并填写授权号码,交持卡人签名确认,同时核对其签名与卡片背面签名是否一致。无误后,对同意按经办人填写的金额和用途付款的,由持卡人在签购单上签名确认,并将信用卡、身份证件和第一联签购单交还给持卡人。审查发现问题的,应及时与签约银行联系,征求处理意见。对止付的信用卡,应收回并交还发卡银行。

(4) 特约单位不得通过压卡、签单和退货等方式支付持卡人现金。

(5) 特约单位在每日营业终了,应将当日受理的信用卡签购单汇总,计算手续费和净计金额,并填写汇(总)计单和进账单,连同签购单一并送交收单银行办理进账。收单银行接到特约单位送交的各种单据,经审查无误后,为特约单位办理进账。

(6) 持卡人要求退货的,特约单位应使用退货单办理压(刷)卡,并将退货单金额从当日签购单累计金额中抵减,退货单随签购单一并送交收单银行。

二、汇兑

(一) 汇兑的概念和种类

汇兑是汇款人委托银行将其款项支付给收款人的结算方式。单位和个人的各种款项的结算,均可使用汇兑结算方式。汇兑分为信汇和电汇两种,由汇款人选择使用。

(二) 汇兑的规则

1. 汇兑凭证的签发与受理规则

签发汇兑凭证必须记载下列事项:①表明“信汇”或“电汇”的字样。②无条件支付的委托。③确定的金额。④收款人名称。⑤汇款人名称。⑥汇入地点、汇入行名称。⑦汇出地点、汇出行名称。⑧委托日期。⑨汇款人签章。汇兑凭证上欠缺前述记载事项之一的,银行不予受理。

汇兑凭证上记载收款人为个人的,收款人需要到汇入银行领取汇款,汇款人应在汇兑凭证上注明“留行待取”字样；留行待取的汇款，要指定单位的收款人领取汇款的，应注明收款人的单位名称；信汇凭收款人签章支取的，应在信汇凭证上预留其签章；汇款人确定不得转汇的，应在汇兑凭证备注栏注明“不得转汇”字样；汇款人和收款人均为个人，需要在汇入银行支取现金的，应在信汇、电汇凭证上填写“现金”字样和汇款金额。

汇出银行受理汇兑凭证，经审查无误后，应及时向汇入银行办理汇款，并向汇款人签发汇款回单。

2. 汇入款项的支取规则

(1) 对开立存款账户的收款人，汇入银行应将汇给收款人的款项直接转入其账户，并向其发出收账通知。

(2) 未在银行开立存款账户的收款人，凭信汇、电汇的取款通知或“留行待取”的，向汇入银行支取款项时，须交验本人的身份证件，并在“收款人签盖章”处签章；信汇凭签章支取的，收款人的签章必须与预留信汇凭证上的签章相符。银行审查无误后，以收款人的姓名开立应解汇款及临时存款账户，该账户只付不收，付完清户，不计付利息。

(3) 支取现金的信汇、电汇凭证上必须有按规定填明的“现金”字样；未填明“现金”字样，需支取现金的，由汇入银行按国家现金管理规定审查支付。

(4) 收款人需要委托他人向汇入银行支取款项的，应在取款通知上签章，注明本人身份证件名称、号码、发证机关和“代理”字样以及代理人姓名；代理人代理取款时，也应在取款通知上签章，注明其身份证件名称等，并同时交验代理人和被代理人的身份证件。

(5) 转账支付的，应由原收款人向银行填制支款凭证，并由本人交验其身份证件办理支付款项；该账户的款项只能转入单位或个体工商户的存款账户，严禁转入储蓄和信用卡账户。

(6) 转汇的，应由原收款人向银行填制信汇、电汇凭证并由本人交验其身份证件；转汇的收款人必须是原收款人。

3. 其他规定

汇款人对汇出银行尚未汇出的款项可以申请撤销，对汇出银行已经汇出的款项可以申请退汇。但转汇银行不得受理汇款人或汇出银行对汇款的撤销或退汇。

汇入银行对于收款人拒绝接受的汇款，应即办理退汇；对于向收款人发出取款通知，经过 2 个月无法交付的汇款，应主动办理退汇。

三、托收承付

(一) 托收承付的概念

托收承付是根据购销合同由收款人发货后委托银行向异地付款人收取款项，由付款人向银行承认付款的结算方式。

(二) 使用托收承付结算的条件

(1) 使用托收承付结算方式的收款单位和付款单位，必须是国有企业、供销合作社以及经营管理较好并经开户银行审查同意的城乡集体所有制工业企业。

(2) 办理托收承付结算的款项，必须是商品交易，以及因商品交易而产生的劳务供应的款项。代销、寄销、赊销商品的款项,不得办理托收承付结算。

(3) 收付双方使用托收承付结算必须签有购销合同,并在合同上订明使用托收承付结算方式。

(4) 收付双方办理托收承付结算,必须重合同、守信用。收款人对同一付款人发货托收累计3次收不回货款的,收款人开户银行应暂停收款人向该付款人办理托收;付款人累计3次提出无理拒付的,付款人开户银行应暂停其向外办理托收。

(5) 收款人办理托收,必须具有商品确已发运的证件(包括铁路、航运、公路等运输部门签发运单、运单副本和邮局包裹回执)。没有发运证件的,特殊情况可凭其他有关证件办理托收。

(三) 托收承付凭证的签发

签发托收承付凭证必须记载下列事项:①表明"托收承付"的字样。②确定的金额。③付款人名称及账号。④收款人名称及账号。⑤付款人开户银行名称。⑥收款人开户银行名称。⑦托收附寄单证张数或册数。⑧合同名称、号码。⑨委托日期。⑩收款人签章。托收承付凭证上欠缺前列事项之一的,银行不予受理。

托收承付结算金额起点每笔1万元,新华书店系统每笔起点为1 000元。

(四) 托收承付的方法与程序

托收承付结算款项的划回方法,分邮寄和电报两种,由收款人选用。其程序包括托收和承付两个阶段。

1. 托收

收款人按照签订的购销合同发货后,委托银行办理托收。

收款人应将托收凭证并附发运证件或其他符合托收承付结算的有关证明和交易单证送交银行。收款人如需取回发运证件,银行应在托收凭证上加盖已验发运证件戳记。对于军品托收,有驻厂军代表检验产品或有指定专人负责财务监督的,收款人还应当填制盖有驻厂军代表或指定人员印章(要在银行预留印模)的结算通知单,将交易单证和发运证件装入密封袋,并在密封袋上填明托收号码;同时,在托收凭证上填明结算通知单和密封袋的号码。然后,将托收凭证和结算通知单送交银行办理托收。没有驻厂军代表使用代号明件办理托收的,不填结算通知单,但应在交易单证上填写保密代号,按照正常托收办法处理。

收款人开户银行接到托收凭证及其附件后,应当按照托收的范围、条件和托收凭证记载的要求认真进行审查;必要时,还应查验收付款人签订的购销合同。凡不符合要求或违反购销合同发货的,不能办理。审查时间最长不得超过次日。

2. 承付

付款人开户银行收到托收凭证及其附件后,应当及时通知付款人。通知的方法,可以根据具体情况与付款人签订协议,采取付款人来行自取、派人送达、对距离较远的付款人邮寄等。付款人应在承付期内审查核对,安排资金。承付货款分为验单付款和验货付款两种,由收付双方商量选用,并在合同中明确规定。

(1) 验单付款。验单付款的承付期为3天,从付款人开户银行发出承付通知的次日算起(承付期内遇法定休假日顺延)。付款人在承付期内,未向银行表示拒绝付款,银行即视作承付，并在承付期满的次日（法定休假日顺延）上午银行开始营业时，将款项主动从付款人的账户内付出，按照收款人指定的划款方式，划给收款人。

（2）验货付款。验货付款的承付期为10天，从运输部门向付款人发出提货通知的次日算起。对收付双方在合同中明确规定，并在托收凭证上注明验货付款期限的，银行从其规定。付款人收到提货通知后，应即向银行交验提货通知。付款人在银行发出承付通知的次日起10天内，未收到提货通知的，应在第10天将货物尚未到达的情况通知银行。在第10天付款人没有通知银行的，银行即视作已经验货，于10天期满的次日上午银行开始营业时，将款项划给收款人；在第10天付款人通知银行货物未到，而以后收到提货通知没有及时送交银行的，银行仍按10天期满的次日作为划款日期，并按超过的天数，计扣逾期付款赔偿金。采用验货付款的，收款人必须在托收凭证上加盖明显的验货付款字样戳记。托收凭证未注明验货付款，经付款人提出合同证明是验货付款的，银行可按验货付款处理。

（3）不论验单付款还是验货付款，付款人都可以在承付期内提前向银行表示承付，并通知银行提前付款，银行应立即办理划款；因商品的价格、数量或金额变动，付款人应多承付款项的，须在承付期内向银行提出书面通知，银行据以随同当次托收款项划给收款人。付款人不得在承付货款中，扣抵其他款项或以前托收的货款。

（五）对托收承付中特殊情形的处理

1. 逾期付款

付款人在承付期满日银行营业终了时，如无足够资金支付，其不足部分，即为逾期未付款项，按逾期付款处理。

（1）付款人开户银行对付款人逾期支付的款项，应当根据逾期付款金额和逾期天数，按每天5‱计算逾期付款赔偿金。逾期付款天数从承付期满日算起。承付期满日银行营业终了时，付款人如无足够资金支付，其不足部分，应当算作逾期1天，计算1天的赔偿金。在承付期满的次日（遇法定休假日，逾期付款赔偿金的天数计算相应顺延，但在以后遇法定休假日应当计算逾期天数）银行营业终了时，仍无足够资金支付，其不足部分，应当算作逾期2天，计算2天的赔偿金。其余类推。银行审查拒绝付款期间，不能算作付款人逾期付款，但对无理的拒绝付款，而增加银行审查时间的，应从承付期满日起计算逾期付款赔偿金。

（2）赔偿金实行定期扣付，每月计算一次，于次月3日内单独划给收款人。在月内有部分付款的，其赔偿金随同部分支付的款项划给收款人，对尚未支付的款项，月终再计算赔偿金，于次月3日内划给收款人；次月又有部分付款时，从当月1日起计算赔偿金，随同部分支付的款项划给收款人，对尚未支付的款项，从当月1日起至月终再计算赔偿金，于第3月3日内划给收款人。第3月仍有部分付款的，按照上述方法计扣赔偿金。赔偿金的扣付列为企业销货收入扣款顺序的首位。付款人账户余额不足全额支付时，应排列在工资之前，并对该账户采取只收不付的控制办法，待一次足额扣付赔偿金后，才准予办理其他款项的支付。因此而产生的经济后果，由付款人自行负责。

（3）付款人开户银行对付款人逾期未能付款的情况，应当及时通知收款人开户银行，由其转知收款人。

（4）付款人开户银行要随时掌握付款人账户逾期未付的资金情况。当账户有款时，必须将逾期未付款项和应付的赔偿金及时扣划给收款人，不得拖延扣划。在各单位的流动资金账户内扣付货款，要严格按照国务院关于国有企业销货收入扣款顺序的规定（即从企业销货收入中预留工资后，按照应缴纳税款、到期贷款、应偿付货款、应上缴利润的顺序）扣款；同类性质的款项按照应付时间的先后顺序扣款。

（5）付款人开户银行对不执行合同规定、3 次拖欠货款的付款人，应当通知收款人开户银行转知收款人，停止对该付款人办理托收。收款人不听劝告，继续对该付款人办理托收，付款人开户银行对发出通知的次日起 1 个月之后收到的托收凭证，可以拒绝受理，注明理由，原件退回。

（6）付款人开户银行对逾期未付的托收凭证，负责进行扣款的期限为 3 个月（从承付期满日算起）。在此期限内，银行必须按照扣款顺序陆续扣款。期满时，付款人仍无足够资金支付该笔尚未付清的欠款，银行应于次日通知付款人将有关交易单证（单证已作账务处理或已部分支付的，可以填制应付款项证明单）在 2 日内退回银行。银行将有关结算凭证连同交易单证或应付款项证明单退回收款人开户银行转交收款人，并将应付的赔偿金划给收款人。对付款人逾期不退回单证的，开户银行应当自发出通知的第 3 天起，按照该笔尚未付清欠款的金额，每天处以 5‰但不低于 50 元的罚款，并暂停付款人向外办理结算业务，直到退回单证时止。

2. 拒绝付款

对下列情况，付款人在承付期内，可向银行提出全部或部分拒绝付款。

（1）没有签订购销合同或购销合同未订明托收承付结算方式的款项。

（2）未经双方事先达成协议，收款人提前交货或因逾期交货付款人不再需要该项货物的款项。

（3）未按合同规定的到货地址发货的款项。

（4）代销、寄销、赊销商品的款项。

（5）验单付款，发现所列货物的品种、规格、数量、价格与合同规定不符，或货物已到，经查验货物与合同规定或发货清单不符的款项。

（6）验货付款，经查验货物与合同规定或与发货清单不符的款项。

（7）货款已经支付或计算有错误的款项。

不属于上述情况的，付款人不得向银行提出拒绝付款。

付款人对以上情况提出拒绝付款时，必须填写拒绝付款理由书并签章，注明拒绝付款理由，涉及合同的应引证合同上的有关条款。属于商品质量问题，需要提出商品检验部门的检验证明；属于商品数量问题，需要提出数量问题的证明及其有关数量的记录；属于外贸部门进口商品，应当提出国家商品检验或运输等部门出具的证明。

四、委托收款

（一）委托收款的概念及适用范围

委托收款是收款人委托银行向付款人收取款项的结算方式。单位和个人凭已承兑商业汇票、债券、存单等付款人债务证明办理款项的结算，均可以使用委托收款结算方式。委托收款在同城、异地均可以使用，其款项的划回方式分邮寄和电报两种，由收款人选用。

（二）委托收款凭证的签发

签发委托收款凭证必须记载下列事项：①表明“委托收款”的字样。②确定的金额。③付款人名称。④收款人名称。⑤委托收款凭据名称及附寄单证张数。⑥委托日期。⑦收款人签章。欠缺记载前列事项之一的，银行不予受理。

委托收款以银行以外的单位为付款人的，委托收款凭证必须记载付款人开户银行名称；以银行以外的单位或在银行开立存款账户的个人为收款人的，必须记载收款人开户银行名称；以未在银行开立存款账户的个人为收款人的，必须记载被委托银行名称。欠缺记载的，银行不予受理。

（三）委托收款的程序

1. 委托

收款人办理委托收款应向银行提交委托收款凭证和有关的债务证明。

2. 付款

银行接到寄来的委托收款凭证及债务证明，审查无误办理付款。

（1）以银行为付款人的，银行应在当日将款项主动支付给收款人。

（2）以单位为付款人的，银行应及时通知付款人，按照有关办法规定，需要将有关债务证明交给付款人的应交给付款人，并签收。付款人应于接到通知的当日书面通知银行付款。按照有关办法规定，付款人未在接到通知日的次日起 3 日内通知银行付款的，视同付款人同意付款，银行应于付款人接到通知日的次日起第 4 日上午开始营业时，将款项划给收款人。

付款人提前收到由其付款的债务证明，应通知银行于债务证明的到期日付款。付款人未于接到通知日的次日起 3 日内通知银行付款，付款人接到通知日的次日起第 4 日在债务证明到期日之前的，银行应于债务证明到期日将款项划给收款人。

银行在办理划款时，付款人存款账户不足支付的，应通过被委托银行向收款人发出未付款项通知书。按照有关办法规定，债务证明留存付款人开户银行的，应将其债务证明连同未付款项通知书邮寄被委托银行转交收款人。

（四）委托收款中特殊情形的处理

1. 拒绝付款

付款人审查有关债务证明后，对收款人委托收取的款项需要拒绝付款的，可以办理拒绝付款。①以银行为付款人的，应自收到委托收款及债务证明的次日起 3 日内出具拒绝证明连同有关债务证明、凭证寄给被委托银行，转交收款人。②以单位为付款人的，应在付款人接到通知日的次日起 3 日内出具拒绝证明，持有债务证明的，应将其送交开户银行。银行将拒绝证明、债务证明和有关凭证一并寄送给被委托银行，转交收款人。

2. 委托收取公用事业费

在同城范围内，收款人收取公用事业费或根据国务院的规定，可以使用同城特约委托收款。收取公用事业费，必须具有收付双方事先签订的经济合同，由付款人向开户银行授权，并经开户银行同意，报经中国人民银行当地分支行批准。

第十五章　证券法律制度

本章要点

本章主要介绍证券的概念、特征、种类，证券市场的概念、主体和经营对象，证券法的概念、基本原则，证券的发行，证券的交易，上市公司的收购，信息披露，投资者保护，法律责任等证券法基本知识。

典型案例

2018年9月14日，上海金融法院立案受理了周文棣诉上海大智慧股份有限公司(以下简称大智慧公司)、立信会计师事务所(以下简称立信所)等证券虚假陈述责任纠纷一案，2020年2月21日，通过互联网在线审理方式进行了公开开庭审理，于2020年3月31日判决。

原告提出的事实和理由为:2016年7月，中国证券监督管理委员会(以下简称中国证监会)发布行政处罚决定书公告，认定大智慧公司2013年年报存在虚假陈述。立信所是该年报的审计机构，出具了标准无保留意见的审计报告，也被中国证监会予以行政处罚。原告基于合理信赖购买并持有大智慧股票，因而遭受损失，故两被告应当对原告承担连带赔偿责任。其诉讼请求为:①判令被告大智慧公司赔偿其全部经济损失人民币50 000元。②判令立信所对大智慧公司上述赔偿金额承担连带赔偿责任。③判令两被告承担本案全部诉讼费用。经审理，法院确认了如下事实:

大智慧公司系上市公司，其公开发行的A股股票代码为601519。2014年2月28日，大智慧公司发布了2013年年度报告。

2015年1月20日，上海证监局作出沪证监决〔2015〕4号行政监管措施决定书，该决定书认定，大智慧公司在信息披露等方面存在一系列问题，决定对大智慧公司采取责令改正措施，要求其予以整改。

2015年1月23日，大智慧公司发布整改报告。整改报告中称，大智慧公司于2015年1月21日收到上海证监局下发的《关于对上海大智慧股份有限公司采取责令改正措施的决定》(沪证监决〔2015〕4号)，针对该关注函中所涉及的具体问题，形成本整改报告。该公告载明了上海证监局指出的上述四方面问题，并逐一进行情况说明，注明整改措施和整改时间，其中，整改时间为“已完成”。之后2个交易日，大智慧股票连续涨停。

2015年5月1日，大智慧公司发布关于收到中国证监会调查通知书的公告。公告中称，因公司信息披露涉嫌违反证券法律规定，根据《中华人民共和国证券法》（以下简称《证券法》）的有关规定，中国证监会决定对公司进行立案调查，提醒广大投资者注意投资风险。之后两个交易日，大智慧股票连续跌停。

2015 年 11 月 7 日，大智慧公司发布关于收到中国证监会《行政处罚及市场禁入事先告知书》的公告。公告中称，2015 年 11 月 5 日，公司收到中国证监会下发的《行政处罚及市场禁入事先告知书》（编号：处罚字〔2015〕147 号）。主要内容包括：大智慧公司涉嫌违反证券法律、法规已由中国证监会调查完毕，涉嫌违法的事实如下：①2013 年涉嫌提前确认有承诺政策的收入 87 446 901.48 元。②2013 年以“打新”等为名营销，涉嫌虚增销售收入 2 872 486.68元。③涉嫌利用与广告公司的框架协议虚增 2013 年收入 93.34 万元。④延后确认 2013 年年终奖减少应计成本费用 24 954 316.65 元。⑤涉嫌虚构业务合同虚增 2013 年收入 1 567.74 万元。⑥子公司涉嫌提前合并天津民泰，影响合并报表利润总额 8 250 098.88 元，影响商誉 4 331 301.91 元。中国证监会拟决定对公司责令改正，给予警告，处以 60 万元罚款，并处罚直接负责人员。大智慧公司目前经营情况正常，敬请投资者注意投资风险。之后 2 个交易日，大智慧股票分别涨停和上涨 4.47%。

2016 年 7 月 20 日，中国证监会作出〔2016〕88 号行政处罚决定书。该决定书确认大智慧公司存在一系列违法事实。中国证监会认定，大智慧公司的行为违反了《证券法》第 63 条关于“发行人、上市公司依法披露的信息，必须真实、准确、完整，不得有虚假记载、误导性陈述或者重大遗漏”的规定，构成《证券法》第 193 条第 1 款所述“发行人、上市公司或者其他信息披露义务人未按照规定披露信息，或者所披露的信息有虚假记载、误导性陈述或者重大遗漏”的违法行为。中国证监会依据《证券法》第 193 条第 1 款的规定，决定责令大智慧公司改正，给予警告，并处以 60 万元罚款，同时对直接负责人员也作出相应处罚。

同日，中国证监会作出〔2016〕89 号行政处罚决定书。该决定书确认立信所作为大智慧公司 2013 年财务报表审计机构，出具了标准无保留意见的审计报告，在审计过程中存在一系列违法事实。中国证监会认定，立信所的行为违反了《证券法》第 173 条的规定，依据《证券法》第 223 条的规定，决定责令立信所改正违法行为，没收业务收入 70 万元，并处以 210 万元罚款，同时对直接负责人员也作出相应处罚。立信所不服，提起行政复议。同年 11 月 7 日，中国证监会以〔2016〕114 号行政复议决定书决定，维持〔2016〕89 号行政处罚决定书。

2016 年 7 月 27 日，大智慧公司发布关于收到中国证监会行政处罚决定书的公告，披露了中国证监会〔2016〕88 号行政处罚决定书的内容。

法院认为，大智慧公司存在虚假记载的证券市场虚假陈述行为，其虚假陈述的实施日为 2014 年 2 月 28 日，即发布 2013 年年度报告的日期。2015 年 11 月 7 日，大智慧公司关于收到中国证监会《行政处罚及市场禁入事先告知书》的公告已完整披露了涉案虚假陈述的事实以及中国证监会拟作出的行政处罚决定，披露内容与中国证监会〔2016〕88 号行政处罚决定书内容具有高度对应性，充分揭示了投资风险，足以警示投资者重新评估股票价值。因此，应当以该公告日作为涉案虚假陈述揭露日。

经查明，2015 年 6 月至 8 月期间，沪深股市发生大幅波动，上证综指出现大幅下跌，包括大智慧股票在内的绝大部分公司股票在此期间均大幅下跌，故该期间内大智慧股票股价大幅下跌实质系因市场风险导致，与大智慧公司的虚假陈述行为缺乏关联，该部分损失不应属于大智慧公司的赔偿范围；另外，2016 年 1 月 4 日和 1 月 7 日，上证综合指数和软件服务板块指数均发生异常于同一时期其他交易日的大幅下跌，该两日大智慧股票股价亦发生异常于同一时期其他交易日的大幅下跌现象，而且该两日 A 股市场交易时间比其他交易日有所减少，故该两日大智慧股票股价大幅下跌实质系因上证综合指数和软件服务板块指数大跌所引起，投资者相应的损失系由市场风险导致，与大智慧公司的虚假陈述行为缺乏关联，该部分损失亦不应属于大智慧公司的赔偿范围。至于上述两项市场风险所致投资者权益减少部分在投资者投资差额损失中所占的比例，法院酌情认定为该两项因素各占 15%。本案中，因原告周文棣因持有大智慧股票至 2016 年 1 月 12 日之后，故法院认定证券市场系统风险在投资者损失中所占的比例为 30%。

据此，法院对原告投资差额损失计算如下：原告普通账户及信用账户均有大智慧股票交易记录，应当合并计算。原告在 2014 年 2 月 28 日前不持有大智慧股票，2014 年 2 月 28 日至 2015 年 11 月 6 日期间，原告在普通账户和信用账户中合计买入大智慧股票 105 700 股，买入总成本为 3 273 534 元，单笔最高买入价为 34.95 元/股。在此期间卖出大智慧股票 103 700股，卖出总价为 2 799 024 元，净买入总成本为 474 510 元。实际持股成本为 237.26 元/股，超过其单笔最高买入价，故本院酌定以其单笔最高买入价 34.95 元/股为其买入均价。截至 2015 年 11 月 6 日，原告尚持有大智慧股票 2 000 股，并一直持有至 2016 年 1 月 12 日之后，故其投资差额损失应当按照 70%计算后予以支持。据此计算原告的投资差额损失为：(34.95−13.37)×2 000×70%=30 212(元)。鉴于 2008 年 9 月 18 日公布的《财政部、国家税务总局关于调整证券(股票)交易印花税征收方式的通知》规定，自 2008 年 9 月 19 日起，印花税调整为单边征收，即仅在投资者卖出股票时予以征收，投资者受虚假陈述影响而买入大智慧股票时并未受有印花税损失，故法院对原告诉请的印花税损失不予支持。关于佣金损失，经征询原告意见后统一按 3‰予以计算，故据此计算原告佣金损失应为 30 212×0.0003=9.06(元)。

根据《最高人民法院关于审理证券市场因虚假陈述引发的民事赔偿案件的若干解释》第 30 条规定，投资者除有权主张投资差额损失、印花税损失及佣金损失外，还有权主张上述资金的利息。上述资金利息计算自买入至卖出证券日或者基准日，按银行同期活期存款利率计算。本案中，原告投资差额损失及佣金损失合计为 30 212+9.06=30 221.06(元)，该资金利息按《最高人民法院关于审理证券市场因虚假陈述引发的民事赔偿案件的若干解释》第 30 条进行计算为 86.09 元。

综上，上海金融法院依照《证券法》第 173 条、《最高人民法院关于审理证券市场因虚假陈述引发的民事赔偿案件的若干规定》第 18、第 20、第 27、第 29 至第 33 条的规定，判决如下。

(1) 被告上海大智慧股份有限公司应于本判决生效之日起 10 日内赔偿原告周文棣投资差额损失 30 212 元，佣金损失 9.06 元；利息损失 86.09 元。

(2) 被告立信会计师事务所(特殊普通合伙)对被告上海大智慧股份有限公司上述赔偿

义务承担连带清偿责任。

（3）驳回原告周文棣的其余诉讼请求。

【资料来源】中国裁判文书网，周文棣诉上海大智慧股份有限公司立信会计师事务所证券虚假陈述案，(2018)沪74民初454号。访问时间：2020年12月20日。

第一节　证券和证券法律制度概述

一、证券概述

（一）证券的概念

证券是指发行人依照法律、行政法规的规定，经有关机关批准发行的，证明特定经济权利的凭证。证券有广义和狭义之分。广义的证券主要包括财物证券（如货运单、提单等）、货币证券（如支票、汇票、本票等）和资本证券（如股票、公司债券、基金凭证等）。狭义的证券仅指资本证券。我国证券法中规定的证券属于狭义上的证券，主要表现为股票、公司债券、存托凭证和国务院依法认定的其他证券。

（二）证券的特征

证券具有三个方面的法律特征。

1. 要式性

证券须采用书面形式或具有同等功效的形式。证券必须依法设置。证券必须依法签发，依法定格式书写或制作，证券上记载的内容应当合法。

2. 财产性

证券所载明的内容是对特定财产关系的确认，直接关系到证券持有人的物质利益。证券持有人持有证券意味着其对该证券所代表的财产享有控制权。

3. 流通性

证券的流通性主要表现为证券可以依法转让，甚至可以通过公开的市场进行交易。

（三）证券的种类

1. 股票

股票是股份有限公司签发的证明股东所持股份的凭证。股份有限公司借助发行股票来募集资金，而投资者可以通过购买股票达到投资收益的目的。股票依据不同的划分标准有不同的种类：依据股票票面上是否记载股东名称，可将股票分为记名股票和不记名股票；依据投资主体不同，可将股票分为国家股、法人股、社会公众股；依据股票所代表的股东权利不同，可将股票分为优先股和普通股；依据认购股票投资者身份和上市地点不同，可将股票分为境内上市内资股（A股）、境内上市外资股（B股）、境外上市外资股（包括H股、N股、S股）等。

2. 债券

债券是债券发行人依照法定程序发行的，约定在一定期限内还本付息的有价证券。根据发行人的不同，债券可以分为政府债券、金融债券、企业债券和国际债券。政府债券是指政府或政府授权的代理机构基于财政或其他目的而发行的债券。我国的政府债券主要包括国库券、国家重点建设债券、财政债券、保值公债和特种国债等。金融债券是指银行和非银行金融机构为筹集资金补偿流动资金的不足而发行的债券。企业债券是指企业为了筹集资金而发行的债券，主要包括公司债券和非公司债券。国际债券是指一国政府、金融机构、工商企业或国际组织为筹措和融通资金，在国外金融市场上发行的，以外国货币表明面值的债券。

3. 证券投资基金

证券投资基金是一种利益共享、风险共担的集合证券投资方式，即通过发行基金单位，集中投资者的资金，由基金托管人托管，由基金经理人管理和运用资金，从事股票、债券等金融工具投资的方式。证券投资基金的种类繁多，可按不同的方式进行分类。根据基金受益单位能否随时认购或赎回及转让方式的不同，可分为开放型基金和封闭型基金；根据投资基金组织形式的不同，可分为公司型基金与契约型基金；根据投资基金投资对象的不同，可分为货币基金、债券基金、股票基金等。

4. 存托凭证

存托凭证(depository receipts，简称 DR)又称存券收据或存股证，是指在一国证券市场流通的代表外国公司有价证券的可转让凭证，属公司融资业务范畴的金融衍生工具。存托凭证一般代表公司股票，但有时也代表债券。以股票为例，存托凭证是这样产生的：某国的一家公司为使其股票在外国流通，就将一定数额的股票，委托某一中间机构(通常为一银行，称为保管银行或受托银行)保管，由保管银行通知外国的存托银行在当地发行代表该股份的存托凭证，之后存托凭证便开始在外国证券交易所或柜台市场交易。从投资人的角度来说，存托凭证是由存托银行所发行的几种可转让股票凭证，证明一定数额的某外国公司股票已寄存在该银行在外国的保管机构，而凭证的持有人实际上是寄存股票的所有人，其所有的权力与原股票持有人相同。按其发行或交易地点之不同，存托凭证被冠以不同的名称，如美国存托凭证(American depository receipt，简称 ADR)、欧洲存托凭证(European depository receipt，简称 EDR)、全球存托凭证(global depository receipts，简称 GDR)、中国存托凭证(Chinese depository receipt，简称 CDR)等。我国证券法允许搭建红筹架构的境内实体企业，通过境外搭建的红筹架构主体在不拆除红筹架构的基础上在境内证券市场发行存托凭证，即 CDR。

5. 资产支持证券

资产支持证券是由受托机构发行的、代表特定目的的信托的信托受益权份额。受托机构以信托财产为限向投资机构承担支付资产支持证券收益的义务。其支付基本来源于支持证券的资产池产生的现金流。项下的资产通常是金融资产，如贷款或信用应收款，根据它们的条款规定，支付是有规律的。资产支持证券支付本金的时间常依赖于涉及资产本金回收的时间，这种本金回收的时间和相应的资产支持证券相关本金支付时间的固有的不可预见性，是资产支持证券区别于其他债券的一个主要特征，是固定收益证券当中的主要一种。可以用作资产支持证券抵押品的资产分为两类：现存的资产或应收款，将来发生的资产或应收款。前者称为“现有资产的证券化”，后者称为“将来现金流的证券化”。

6. 资产管理产品

资产管理产品包括但不限于人民币或外币形式的银行非保本理财产品，资金信托，证券公司、证券公司子公司、基金管理公司、基金管理子公司、期货公司、期货公司子公司、保险资产管理机构、金融资产投资公司发行的资产管理产品等。

二、证券市场

（一）证券市场的概念

证券市场是指证券发行与交易的场所。证券市场分为发行市场和流通市场。发行市场又称一级市场，是发行新证券的市场，证券发行人通过证券发行市场将已获准公开发行的证券第一次销售给投资者，以获取资金。证券流通市场又称二级市场，是对已发行的证券进行买卖，转让交易的场所。投资者在一级市场取得的证券可以在二级市场进行不间断的交易。

（二）证券市场的主体

证券市场的主体包括证券发行人、证券投资者、证券公司、证券服务机构、证券交易场所、证券登记结算机构、证券自律性组织和证券监管机构等。

（1）证券发行人是指在证券市场上发行证券的单位，主要有企业、金融机构和政府部门。

（2）证券投资者是指证券市场上证券的购买者，也是资金的供给者。投资者一般有个人投资者和机构投资者，个人投资者可以自己直接参与证券的买卖，也可以通过证券经纪人买卖证券。机构投资者是指有资格进行证券投资的法人、非法人组织。

（3）证券公司是可以经营证券经纪、证券投资咨询、与证券交易和证券投资活动有关的财务顾问、证券承销与保荐、证券融资融券、证券做市交易、证券自营等部分或者全部证券业务的企业。设立证券公司需经国务院证券监督管理机构核准，取得经营证券业务许可证。

（4）证券服务机构包括会计师事务所、律师事务所以及从事证券投资咨询、资产评估、资信评级、财务顾问、信息技术系统服务的机构。从事证券投资咨询服务业务，应当经国务院证券监督管理机构核准；未经核准，不得为证券的交易及相关活动提供服务。从事其他证券服务业务，应当报国务院证券监督管理机构和国务院有关主管部门备案。

（5）证券交易场所是指进行证券交易的场所，有场内交易和场外交易市场两种。证券交易所、国务院批准的其他全国性证券交易场所为证券集中交易提供场所和设施，组织和监督证券交易，实行自律管理，依法登记，取得法人资格。

（6）证券登记结算机构为证券交易提供集中登记、存管与结算服务，不以营利为目的，依法登记，取得法人资格。设立证券登记结算机构必须经国务院证券监督管理机构批准。

（7）证券自律性组织包括证券交易所、证券业协会等。证券公司应当作为会员加入证券业协会。证券业协会负责制定和实施证券行业自律规则，监督、检查会员及其从业人员行为，制定证券行业业务规范，组织从业人员的业务培训，维护会员及投资者合法权益，对会员之间、会员与客户之间发生的证券业务纠纷进行调解等。

（8）证券监管机构是代表政府对证券市场进行监督管理的机构。我国证券监管机构是中国证券监督管理委员会及其派出机构。

(三) 证券市场的经营对象

证券市场的经营对象是有关金融工具。金融工具主要包括股票、公司债券、存托凭证和国务院依法认定的其他证券。

三、证券法概述

(一) 证券法的概念和调整对象

证券法是调整证券市场的参与者与证券管理监督者在证券的募集、发行、交易、管理监督过程中所发生的社会经济法律关系的法律规范的总称。证券法有广义和狭义之分。广义的证券法是指一切有关证券发行、交易及其监督管理关系的法律规范的总称。广义的证券法除《中华人民共和国证券法》外,还包括其他法律中有关证券管理的内容、国务院有关证券管理的行政法规、有关证券管理的部门规章、有关证券管理的地方性法规和规章。狭义上的证券法是指《证券法》。该法于1998年12月29日由第九届全国人民代表大会常务委员会第六次会议通过,1999年7月1日起施行。其后经历了2004年、2013年、2014年三次修正和2005年、2019年两次修订。

《证券法》是资本市场的根本大法。2019年的修订是《证券法》颁布实施以来的第二次全面大修,历时4年多、历经全国人大常委会四次审议,2020年3月1日新《证券法》正式实施。新《证券法》从过去的12章变为14章,增设了信息披露和投资者保护两个专章,新《证券法》共计226条,与2014版《证券法》对比,修改166条、删除24条、新增24条,为脱胎换骨的变化,几乎是再造了一部新法。新《证券法》的变化主要体现在以下方面:修改完善证券发行制度,大幅提高违法成本,设立专章规定投资者保护制度,进一步强化信息披露要求,完善证券交易制度,取消多项行政许可,进一步规范中介机构职责履行,建立健全多层次资本市场体系,强化监管执法和风险防控,扩大《证券法》适用范围等。此次大修,标志着我国资本市场在市场化、法治化的道路上又迈出至关重要的一步,也为中国资本市场全面深化改革奠定了坚实的法律基础。

证券法调整的对象是证券市场的参与者和监督者在证券的募集、发行、交易、服务和监督管理过程中所发生的各种经济关系,包括证券募集发行关系、证券交易关系、证券服务关系、证券监督管理关系等证券法律关系。

(二) 证券法的基本原则

证券法的基本原则是指证券发行、交易及其管理活动必须遵循的最基本的准则。我国《证券法》的基本原则主要有以下几项。

1. 保护投资者合法权益原则

我国《证券法》第1条规定:"为了规范证券发行和交易行为,保护投资者的合法权益,维护社会经济秩序和社会公共利益,促进社会主义市场经济的发展,制定本法。"这一规定将保护投资者合法权益原则放在首要位置,体现了对投资者合法权益保护的重要性。因此,证券市场的稳健发展必须依靠投资者的支持,投资者的信心和热情是证券市场发展的重要保证。

2. 公开、公平、公正原则

我国《证券法》第 3 条规定:“证券的发行、交易活动,必须实行公开、公平、公正的原则。”公开原则也称信息公开原则,是指证券发行人应当及时、真实、准确、完整地向社会公开能够影响投资者决定的一切信息资料的原则。公开原则是证券发行和交易制度的核心。公平原则是指在证券发行和交易活动中,投资人、发行人、证券商和其他证券专业服务机构等市场主体平等地享有权利和承担义务,公平竞争,合法权益受到公平保护的原则。公正原则是指在证券市场中,立法者应制定公正的规则,司法者和管理者按照这一规则公正地执行法律,对一切被监管者给予公正待遇的原则。

3. 自愿、有偿、诚实信用原则

我国《证券法》第 4 条规定:“证券发行、交易活动的当事人具有平等的法律地位,应当遵守自愿、有偿、诚实信用的原则。”第 5 条规定:“证券的发行、交易活动,必须遵守法律、行政法规;禁止欺诈、内幕交易和操纵证券市场的行为。”从正反两方面明确了自愿、有偿、诚实信用原则。自愿原则是指证券发行与交易活动的当事人有权按照自己的意愿进行或参与证券发行、交易活动,除法律另有规定外,任何人不得强制或干涉的原则。有偿原则即等价有偿原则,是指在证券发行、交易活动中,除法律另有规定或当事人另有约定外,当事人之间应按照价值规律的要求进行等价交换的原则。诚实信用原则是指当事人在证券发行与交易活动中,应当诚实履行义务,不得有任何证券欺诈行为,不得损害国家、集体或他人利益,不得滥用权力的原则。证券管理机构和证券争议处理机关在履行职责时,如果没有法律依据或法律规定不明,应当依据诚实信用原则解释法律和处理问题。

4. 国家统一监管原则

我国《证券法》第 7 条规定:“国务院证券监督管理机构依法对全国证券市场实行集中统一监督管理。国务院证券监督管理机构根据需要可以设立派出机构,按照授权履行监督管理职责。”第 8 条规定:“国家审计机关依法对证券交易场所、证券公司、证券登记结算机构、证券监督管理机构进行审计监督。”这两条规定体现了国家统一监管原则。国务院证券监督管理机构即中国证券监督管理委员会。

5. 境外统一适用原则

考虑到证券领域跨境监管的现实需要,我国《证券法》第 2 条第 4 款规定:“在中华人民共和国境外的证券发行和交易活动,扰乱中华人民共和国境内市场秩序,损害境内投资者合法权益的,依照本法有关规定处理并追究法律责任。”该规定体现了境外统一适用原则,此为国际惯例。

第二节 证券的发行

从全球范围来看,证券发行制度主要有三种模式:审批制、核准制和注册制。审批制是采取实质审查的形式,证券发行须经过正式批准才能够发行,主要包括发行资格和发行额度的审批。核准制是指证券主管机构对发行人申报材料的完整性、真实性和准确性进行形式审查，同时对于拟发行证券的公司的财务状况和投资价值是否符合法律或证券监管机构的规定进行实质性审核。而注册制只对证券发行人申报信息和材料作形式审查，主要关注申报材料是否完整、真实、准确，并不对该证券的投资价值进行判断，发行人只要充分及时地披露了相关信息，即可发行股票。

从20世纪90年代开始，我国资本市场就建立了全国统一的证券发行制度，并在1993年开始实行审批制，在2001年推行核准制。2019年《证券法》修订最大的亮点在于证券的发行由核准制转变为全面推行注册制。全面推行注册制是中国资本市场发行制度的第三次改革。

一、证券发行概述

（一）证券发行的概念和形式

证券发行是指符合条件的证券发行人，为筹集资金按照一定程序向社会公众或特定的人发售证券的活动。

根据《证券法》规定，证券发行有公开发行和非公开发行两种形式。

（1）公开发行是指证券发行人向不特定的多数投资者公开发行证券的方式。公开发行证券，必须符合法律、行政法规规定的条件，并依法报经国务院证券监督管理机构或者国务院授权的部门注册。未经依法注册，任何单位和个人不得公开发行证券。证券发行注册制的具体范围、实施步骤，由国务院规定。有下列情形之一的，为公开发行：①向不特定对象发行证券。②向特定对象发行证券累计超过200人，但依法实施员工持股计划的员工人数不计算在内。③法律、行政法规规定的其他发行行为。

（2）非公开发行是指证券发行人发行证券仅向特定的少数投资者发行证券的方式。非公开发行证券的对象主要有专业投资机构、与公司有密切关联的公司和金融机构、公司内部人员和与公司有业务联系的人员等。非公开发行证券不得采用广告、公开劝诱和变相公开方式。

（二）证券发行的程序

改核准制为注册制，是《证券法》修订的重大变化。同时，考虑到注册制改革是一个渐进的过程，新《证券法》也授权国务院对证券发行注册制的具体范围、实施步骤进行规定，为有关板块和证券品种分步实施注册制留出了必要的法律空间。

1. 申请

发行人公开发行证券，应依法申请。所报送的申请文件的格式、报送方式，由依法负责注册的机构或者部门规定。发行人申请首次公开发行股票的，在提交申请文件后，应当按照国务院证券监督管理机构的规定预先披露有关申请文件。

2. 注册

注册国务院证券监督管理机构或者国务院授权的部门依照法定条件负责证券发行申请的注册。证券公开发行注册的具体办法由国务院规定。按照国务院的规定，证券交易所等可以审核公开发行证券申请，判断发行人是否符合发行条件、信息披露要求，督促发行人完善信息披露内容。参与证券发行申请注册的人员，不得与发行申请人有利害关系，不得直接或者间接接受发行申请人的馈赠，不得持有所注册的发行申请的证券，不得私下与发行申请人进行接触。

国务院证券监督管理机构或者国务院授权的部门应当自受理证券发行申请文件之日起3个月内，依照法定条件和法定程序作出予以注册或者不予注册的决定，发行人根据要求补充、修改发行申请文件的时间不计算在内。不予注册的，应当说明理由。

3. 信息公开

证券发行申请经注册后，发行人应当依照法律、行政法规的规定，在证券公开发行前公告公开发行募集文件，并将该文件置备于指定场所供公众查阅。发行证券的信息依法公开前，任何知情人不得公开或者泄露该信息。发行人不得在公告公开发行募集文件前发行证券。

（三）证券发行的保荐制度

发行人申请公开发行股票、可转换为股票的公司债券，依法采取承销方式的，或者公开发行法律、行政法规规定实行保荐制度的其他证券的，应当聘请证券公司担任保荐人。保荐人应当遵守业务规则和行业规范，诚实守信，勤勉尽责，对发行人的申请文件和信息披露资料进行审慎核查，督导发行人规范运作。保荐人的管理办法由国务院证券监督管理机构规定。

（四）证券发行的法律后果

国务院证券监督管理机构或者国务院授权的部门对已作出的证券发行注册的决定，发现不符合法定条件或者法定程序，尚未发行证券的，应当予以撤销，停止发行。已经发行尚未上市的，撤销发行注册决定，发行人应当按照发行价并加算银行同期存款利息返还证券持有人；发行人的控股股东、实际控制人以及保荐人，应当与发行人承担连带责任，但是能够证明自己没有过错的除外。股票的发行人在招股说明书等证券发行文件中隐瞒重要事实或者编造重大虚假内容，已经发行并上市的，国务院证券监督管理机构可以责令发行人回购证券，或者责令负有责任的控股股东、实际控制人买回证券。股票依法发行后，发行人经营与收益的变化，由发行人自行负责；由此变化引致的投资风险，由投资者自行负责。

二、股票的发行

根据股票发行的目的不同，股票发行可以分为设立发行和新股发行两种形式。

（一）设立发行

设立发行是指股份有限公司在公司设立的过程中，为了募集资金而公开发行股票的行为。

设立股份有限公司公开发行股票，应当符合公司法规定的条件和经国务院批准的国务院证券监督管理机构规定的其他条件，向国务院证券监督管理机构报送募股申请和下列文件：①公司章程。②发起人协议。③发起人姓名或者名称，发起人认购的股份数、出资种类及验资证明。④招股说明书。⑤代收股款银行的名称及地址。⑥承销机构名称及有关的协议。依照《证券法》规定聘请保荐人的，还应当报送保荐人出具的发行保荐书。法律、行政法规规定设立公司必须报经批准的，还应当提交相应的批准文件。

（二）新股发行

新股发行是指已经成立的股份有限公司因生产经营需要，追加资本而发行股票的行为。公司首次公开发行新股，应当符合下列条件：①具备健全且运行良好的组织机构。②具有持续经营能力。③最近3年财务会计报告被出具无保留意见审计报告。④发行人及其控股股东、实际控制人最近3年不存在贪污、贿赂、侵占财产、挪用财产或者破坏社会主义市场经济秩序的刑事犯罪。⑤经国务院批准的国务院证券监督管理机构规定的其他条件。上市公司发行新股，应当符合经国务院批准的国务院证券监督管理机构规定的条件，具体管理办法由国务院证券监督管理机构规定。公开发行存托凭证的，应当符合首次公开发行新股的条件以及国务院证券监督管理机构规定的其他条件。

公司公开发行新股，应当报送募股申请和下列文件：①公司营业执照。②公司章程。③股东大会决议。④招股说明书或者其他公开发行募集文件。⑤财务会计报告。⑥代收股款银行的名称及地址。依照《证券法》规定聘请保荐人的，还应当报送保荐人出具的发行保荐书。依照《证券法》规定实行承销的，还应当报送承销机构名称及有关的协议。

公司对公开发行股票所募集资金，必须按照招股说明书或者其他公开发行募集文件所列资金用途使用；改变资金用途，必须经股东大会作出决议。擅自改变用途，未作纠正的，或者未经股东大会认可的，不得公开发行新股。

三、公司债券的发行

公司债券的发行是指公司向社会公众筹集资金而向出资者出具债务凭证的行为。公司债券的持有者有权在约定的期限内要求发行者还本付息。

（一）公开发行公司债券的条件

公开发行公司债券应符合下列条件：①具备健全且运行良好的组织机构。②最近3年平均可分配利润足以支付公司债券1年的利息。③国务院规定的其他条件。

（二）对公开发行公司债券的限制

（1）公开发行公司债券筹集的资金，必须按照公司债券募集办法所列资金用途使用；改变资金用途，必须经债券持有人会议作出决议。公开发行公司债券筹集的资金，不得用于弥补亏损和非生产性支出。

（2）有下列情形之一的，不得再次公开发行公司债券：①对已公开发行的公司债券或者其他债务有违约或者延迟支付本息的事实，仍处于继续状态。②违反《证券法》规定，改变公开发行公司债券所募资金的用途。

上市公司发行可转换为股票的公司债券，除应当符合上述规定的条件外，还应当符合《证券法》关于公开发行股票的条件，但是，按照公司债券募集办法，上市公司通过收购本公司股份的方式进行公司债券转换的除外。

（三）公开发行公司债券的申报材料

申请公开发行公司债券，应当向国务院授权的部门或者国务院证券监督管理机构报送下列文件：①公司营业执照。②公司章程。③公司债券募集办法。④国务院授权的部门或者国务院证券监督管理机构规定的其他文件。

第三节　证券的交易

一、证券交易概述

(一) 证券交易的概念

证券交易是指持有人依照一定的证券交易规则将证券转让给其他投资者的法律行为，主要表现为证券的买卖与转让行为。

(二) 证券交易的规则

1. 证券合法性

证券交易当事人依法买卖的证券，必须是依法发行并交付的证券。非依法发行的证券，不得买卖。

2. 交易场所

公开发行的证券，应当在依法设立的证券交易所上市交易或者在国务院批准的其他全国性证券交易场所交易。非公开发行的证券，可以在证券交易所、国务院批准的其他全国性证券交易场所、按照国务院规定设立的区域性股权市场转让。

3. 交易方式

证券在证券交易所上市交易，应当采用公开的集中交易方式或者国务院证券监督管理机构批准的其他方式。

4. 证券的形式

证券交易当事人买卖的证券可以采用纸面形式或者国务院证券监督管理机构规定的其他形式。

5. 程序化交易

通过计算机程序自动生成或者下达交易指令进行程序化交易的，应当符合国务院证券监督管理机构的规定，并向证券交易所报告，不得影响证券交易所系统安全或者正常交易秩序。

6. 特定人员交易的限制性规定

依法发行的证券，《公司法》和其他法律对其转让期限有限制性规定的，在限定的期限内不得转让。上市公司持有5%以上股份的股东、实际控制人、董事、监事、高级管理人员，以及其他持有发行人首次公开发行前发行的股份或者上市公司向特定对象发行的股份的股东，转让其持有的本公司股份的，不得违反法律、行政法规和国务院证券监督管理机构关于持有期限、卖出时间、卖出数量、卖出方式、信息披露等规定，并应当遵守证券交易所的业务规则。

证券交易场所、证券公司和证券登记结算机构的从业人员，证券监督管理机构的工作人员以及法律、行政法规规定禁止参与股票交易的其他人员，在任期或者法定限期内，不得直接或者以化名、借他人名义持有、买卖股票或者其他具有股权性质的证券，也不得收受他人赠送的股票或者其他具有股权性质的证券。任何人在成为上述所列人员时，其原已持有的股票或者其他具有股权性质的证券，必须依法转让。实施股权激励计划或者员工持股计划的证券公司的从业人员，可以按照国务院证券监督管理机构的规定持有、卖出本公司股票或者其他具有股权性质的证券。

证券交易场所、证券公司、证券登记结算机构、证券服务机构及其工作人员应当依法为投资者的信息保密，不得非法买卖、提供或者公开投资者的信息。证券交易场所、证券公司、证券登记结算机构、证券服务机构及其工作人员不得泄露所知悉的商业秘密。

为证券发行出具审计报告或者法律意见书等文件的证券服务机构和人员，在该证券承销期内和期满后 6 个月内，不得买卖该证券。除上述规定外，为发行人及其控股股东、实际控制人，或者收购人、重大资产交易方出具审计报告或者法律意见书等文件的证券服务机构和人员，自接受委托之日起至上述文件公开后 5 日内，不得买卖该证券。实际开展上述有关工作之日早于接受委托之日的，自实际开展上述有关工作之日起至上述文件公开后 5 日内，不得买卖该证券。

上市公司、股票在国务院批准的其他全国性证券交易场所交易的公司持有 5%以上股份的股东、董事、监事、高级管理人员，将其持有的该公司的股票或者其他具有股权性质的证券在买入后 6 个月内卖出，或者在卖出后 6 个月内又买入，由此所得收益归该公司所有，公司董事会应当收回其所得收益。但是，证券公司因购入包销售后剩余股票而持有 5%以上股份，以及有国务院证券监督管理机构规定的其他情形的除外。公司董事会不按照上述的规定执行的，负有责任的董事依法承担连带责任。公司董事会不按照上述规定执行的，股东有权要求董事会在 30 日内执行；公司董事会未在上述期限内执行的，股东有权为了公司的利益以自己的名义直接向人民法院提起诉讼。上述所称董事、监事、高级管理人员、自然人股东持有的股票或者其他具有股权性质的证券，包括其配偶、父母、子女持有的及利用他人账户持有的股票或者其他具有股权性质的证券。

二、证券上市

(1) 申请证券上市交易，应当向证券交易所提出申请，由证券交易所依法审核同意，并由双方签订上市协议。证券交易所根据国务院授权的部门的决定安排政府债券上市交易。

(2) 申请证券上市交易，应当符合证券交易所上市规则规定的上市条件。证券交易所上市规则规定的上市条件，应当对发行人的经营年限、财务状况、最低公开发行比例和公司治理、诚信记录等提出要求。

(3) 上市交易的证券，有证券交易所规定的终止上市情形的，由证券交易所按照业务规则终止其上市交易。证券交易所决定终止证券上市交易的，应当及时公告，并报国务院证券监督管理机构备案。

(4) 对证券交易所作出的不予上市交易、终止上市交易决定不服的，可以向证券交易所设立的复核机构申请复核。

三、禁止的交易行为

(一) 内幕交易行为

1. 内幕交易的概念

内幕交易是指证券交易内幕信息的知情人员利用内幕信息进行证券交易的行为。内幕知情人员利用自己掌握的内幕信息买卖证券，或建议他人买卖证券，内幕知情人员自己并未买卖证券，却把自己掌握的内幕信息泄露给他人，接受内幕信息的人依此作出买卖证券的决断，这种行为也属于内幕交易。我国《证券法》禁止证券交易内幕信息的知情人和非法获取内幕信息的人利用内幕信息从事证券交易活动。

2. 内幕人员

根据我国《证券法》的规定，证券交易内幕信息的知情人包括：①发行人及其董事、监事、高级管理人员。②持有公司5%以上股份的股东及其董事、监事、高级管理人员，公司的实际控制人及其董事、监事、高级管理人员。③发行人控股或者实际控制的公司及其董事、监事、高级管理人员。④由于所任公司职务或者因与公司业务往来可以获取公司有关内幕信息的人员。⑤上市公司收购人或者重大资产交易方及其控股股东、实际控制人、董事、监事和高级管理人员。⑥因职务、工作可以获取内幕信息的证券交易场所、证券公司、证券登记结算机构、证券服务机构的有关人员。⑦因职责、工作可以获取内幕信息的证券监督管理机构工作人员。⑧因法定职责对证券的发行、交易或者对上市公司及其收购、重大资产交易进行管理可以获取内幕信息的有关主管部门、监管机构的工作人员。⑨国务院证券监督管理机构规定的可以获取内幕信息的其他人员。

3. 内幕信息

证券交易活动中，涉及发行人的经营、财务或者对该发行人证券的市场价格有重大影响的尚未公开的信息，为内幕信息。

对股票而言，下列可能对上市公司、股票在国务院批准的其他全国性证券交易场所交易的公司的股票交易价格产生较大影响的重大事件属内幕信息：①公司的经营方针和经营范围的重大变化。②公司的重大投资行为，公司在1年内购买、出售重大资产超过公司资产总额30%，或者公司营业用主要资产的抵押、质押、出售或者报废一次超过该资产的30%。③公司订立重要合同、提供重大担保或者从事关联交易，可能对公司的资产、负债、权益和经营成果产生重要影响。④公司发生重大债务和未能清偿到期重大债务的违约情况。⑤公司发生重大亏损或者重大损失。⑥公司生产经营的外部条件发生的重大变化。⑦公司的董事、1/3以上监事或者经理发生变动，董事长或者经理无法履行职责。⑧持有公司5%以上股份的股东或者实际控制人持有股份或者控制公司的情况发生较大变化，公司的实际控制人及其控制的其他企业从事与公司相同或者相似业务的情况发生较大变化。⑨公司分配股利、增资的计划，公司股权结构的重要变化，公司减资、合并、分立、解散及申请破产的决定，或者依法进入破产程序、被责令关闭。⑩涉及公司的重大诉讼、仲裁，股东大会、董事会决议被依法撤销或者宣告无效。⑪公司涉嫌犯罪被依法立案调查，公司的控股股东、实际控制人、董事、监事、高级管理人员涉嫌犯罪被依法采取强制措施。⑫国务院证券监督管理机构规定的其他事项。

对债券而言，下列可能对上市交易公司债券的交易价格产生较大影响的重大事件属内幕信息：①公司股权结构或者生产经营状况发生重大变化。②公司债券信用评级发生变化。③公司重大资产抵押、质押、出售、转让、报废。④公司发生未能清偿到期债务的情况。⑤公司新增借款或者对外提供担保超过上年年末净资产的20%。⑥公司放弃债权或者财产超过上年年末净资产的10%。⑦公司发生超过上年年末净资产10%的重大损失。⑧公司分配股利,作出减资、合并、分立、解散及申请破产的决定,或者依法进入破产程序、被责令关闭。⑨涉及公司的重大诉讼、仲裁。⑩公司涉嫌犯罪被依法立案调查,公司的控股股东、实际控制人、董事、监事、高级管理人员涉嫌犯罪被依法采取强制措施。⑪国务院证券监督管理机构规定的其他事项。

4. 禁止进行内幕交易的行为

证券交易内幕信息的知情人和非法获取内幕信息的人,在内幕信息公开前,不得买卖该公司的证券,或者泄露该信息,或者建议他人买卖该证券。

持有或者通过协议、其他安排与他人共同持有公司5%以上股份的自然人、法人、其他组织收购上市公司的股份,《证券法》另有规定的,适用其规定。内幕交易行为给投资者造成损失的,应当依法承担赔偿责任。

禁止证券交易场所、证券公司、证券登记结算机构、证券服务机构和其他金融机构的从业人员、有关监管部门或者行业协会的工作人员,利用因职务便利获取的内幕信息以外的其他未公开的信息,违反规定,从事与该信息相关的证券交易活动,或者明示、暗示他人从事相关交易活动。利用未公开信息进行交易给投资者造成损失的,应当依法承担赔偿责任。

(二) 操纵市场

1. 操纵市场的概念

操纵市场是指单位或个人以获取利益或减少损失为目的,利用其资金、信息等优势或滥用职权影响证券市场价格,制造证券市场假象,诱导或致使投资者在不了解事实真相的情况下作出买卖证券的决定,扰乱证券市场秩序的行为。

2. 禁止操纵市场的行为

我国《证券法》禁止任何人以下列手段操纵证券市场,影响或者意图影响证券交易价格或者证券交易量:①单独或者通过合谋,集中资金优势、持股优势或者利用信息优势联合或者连续买卖。②与他人串通,以事先约定的时间、价格和方式相互进行证券交易。③在自己实际控制的账户之间进行证券交易。④不以成交为目的,频繁或者大量申报并撤销申报。⑤利用虚假或者不确定的重大信息,诱导投资者进行证券交易。⑥对证券、发行人公开作出评价、预测或者投资建议,并进行反向证券交易。⑦利用在其他相关市场的活动操纵证券市场。⑧操纵证券市场的其他手段。操纵证券市场行为给投资者造成损失的,应当依法承担赔偿责任。

(三) 制造虚假信息

1. 制造虚假信息的概念

制造虚假信息是指编造并传播虚假信息和作虚假陈述或信息误导等行为。

2. 禁止制造虚假信息的行为

(1) 禁止任何单位和个人编造、传播虚假信息或者误导性信息,扰乱证券市场。

(2) 禁止证券交易所、证券公司、证券登记结算机构、证券服务机构及其从业人员,证券业协会、证券监督管理机构及其工作人员,在证券交易活动中作出虚假陈述或者信息误导。

(3) 各种传播媒介传播证券市场信息必须真实、客观,禁止误导。传播媒介及其从事证券市场信息报道的工作人员不得从事与其工作职责发生利益冲突的证券买卖。

编造、传播虚假信息或者误导性信息，扰乱证券市场，给投资者造成损失的，应当依法承担赔偿责任。

(四) 欺诈客户

1. 欺诈客户的概念

欺诈客户是指证券公司及其从业人员在证券交易中违背客户的真实意愿，侵害客户利益的行为。

2. 禁止欺诈客户的行为

禁止证券公司及其从业人员从事下列损害客户利益的欺诈行为：①违背客户的委托为其买卖证券。②不在规定时间内向客户提供交易的书面确认文件。③未经客户的委托，擅自为客户买卖证券，或者假借客户的名义买卖证券。④为牟取佣金收入，诱使客户进行不必要的证券买卖。⑤其他违背客户真实意思表示，损害客户利益的行为。

违反上述规定给客户造成损失的，应当依法承担赔偿责任。

(五) 其他禁止交易的行为

任何单位和个人不得违反规定，出借自己的证券账户或者借用他人的证券账户从事证券交易。

依法拓宽资金入市渠道，禁止资金违规流入股市。禁止投资者违规利用财政资金、银行信贷资金买卖证券。国有独资企业、国有独资公司、国有资本控股公司买卖上市交易的股票，必须遵守国家有关规定。

证券交易所、证券公司、证券登记结算机构、证券服务机构及其从业人员对证券交易中发现的禁止的交易行为，应当及时向证券监督管理机构报告。

第四节　上市公司的收购

一、上市公司收购的概念

上市公司收购，是指收购人通过在证券交易所的股份转让活动持有一个上市公司的股份达到一定比例，通过证券交易所股份转让活动以外的其他合法途径控制一个上市公司的股份达到一定程度，导致其获得或可能获得对该公司的实际控制权的行为。

二、上市公司收购的方式

投资者可以采取要约收购、协议收购及其他合法方式收购上市公司。下面主要介绍要约收购和协议收购。

(一) 要约收购

1. 要约收购的前提条件

通过证券交易所的证券交易，投资者持有或者通过协议、其他安排与他人共同持有一个上市公司已发行的有表决权股份达到30%时，继续进行收购的，应当依法向该上市公司所有股东发出收购上市公司全部或者部分股份的要约。收购上市公司部分股份的收购要约应当约定，被收购公司股东承诺出售的股份数额超过预定收购的股份数额的，收购人按比例进行收购。

2. 要约收购报告书

发出收购要约，收购人必须公告上市公司收购报告书，并载明下列事项：①收购人的名称、住所。②收购人关于收购的决定。③被收购的上市公司名称。④收购目的。⑤收购股份的详细名称和预定收购的股份数额。⑥收购期限、收购价格。⑦收购所需资金额及资金保证。⑧报送上市公司收购报告书时持有被收购公司股份数占该公司已发行的股份总数的比例。收购要约提出的各项收购条件，适用于被收购公司的所有股东。上市公司发行不同种类股份的，收购人可以针对不同种类股份提出不同的收购条件。

3. 收购要约有效期

收购要约约定的收购期限不得少于 30 日，并不得超过 60 日。在收购要约确定的承诺期限内，收购人不得撤销其收购要约。收购人需要变更收购要约的，应当及时公告，载明具体变更事项，且不得存在下列情形：①降低收购价格。②减少预定收购股份数额。③缩短收购期限。④国务院证券监督管理机构规定的其他情形。采取要约收购方式的，收购人在收购期限内，不得卖出被收购公司的股票，也不得采取要约规定以外的形式和超出要约的条件买入被收购公司的股票。

（二）协议收购

采取协议收购方式的，收购人可以依照法律、行政法规的规定同被收购公司的股东以协议方式进行股份转让。以协议方式收购上市公司时，达成协议后，收购人必须在 3 日内将该收购协议向国务院证券监督管理机构及证券交易所作出书面报告，并予公告。在公告前不得履行收购协议。采取协议收购方式的，协议双方可以临时委托证券登记结算机构保管协议转让的股票，并将资金存放于指定的银行。

采取协议收购方式的，收购人收购或者通过协议、其他安排与他人共同收购一个上市公司已发行的有表决权股份达到 30%时，继续进行收购的，应当向该上市公司所有股东发出收购上市公司全部或者部分股份的要约。但是，经国务院证券监督管理机构免除发出要约的除外。

三、持股大户报告制度

为了保护投资者的利益，防止持股大户操纵股票交易价格的现象出现，我国《证券法》第 63 条规定了持股大户报告制度。

（1）通过证券交易所的证券交易，投资者持有或者通过协议、其他安排与他人共同持有一个上市公司已发行的股份达到 5%时，应当在该事实发生之日起 3 日内，向国务院证券监督管理机构、证券交易所作出书面报告，通知该上市公司，并予公告；在上述期限内，不得再行买卖该上市公司的股票，但国务院证券监督管理机构规定的情形除外。

（2）投资者持有或者通过协议、其他安排与他人共同持有一个上市公司已发行的股份达到 5%后，其所持该上市公司已发行的股份比例每增加或者减少 5%，应当依照上述规定进行报告和公告。在该事实发生之日起至公告后 3 日内,不得再行买卖该上市公司的股票,但国务院证券监督管理机构规定的情形除外。

(3) 投资者持有或者通过协议、其他安排与他人共同持有一个上市公司已发行的有表决权股份达到 5%后,其所持该上市公司已发行的有表决权股份比例每增加或者减少百分之一,应当在该事实发生的次日通知该上市公司,并予公告。

依照上述规定所作的公告应当包括下列内容:①持股人的名称、住所。②持有的股票的名称、数额。③持股达到法定比例或者持股增减变化达到法定比例的日期、增持股份的资金来源。④在上市公司中拥有表决权的股份变动的时间及方式。

四、被收购公司股票终止上市

收购要约期限届满,被收购公司股份数达到公司已发行的股权分布不符合上市条件的,该上市公司的股票应当由证券交易所依法终止上市交易。其余仍持有被收购公司股票的股东,有权向收购人以收购要约的同等条件出售其股票,收购人应当收购。收购行为完成后,被收购公司不再具备股份有限公司条件的,应当依法变更企业形式。

在上市公司收购中,收购人持有的被收购的上市公司的股票,在收购行为完成后的 18 个月内不得转让。

收购行为完成后,收购人与被收购公司合并,并将该公司解散的,被解散公司的原有股票由收购人依法更换。收购行为完成后,收购人应当在 15 日内将收购情况报告国务院证券监督管理机构和证券交易所,并予公告。

第五节 信息披露

2019 年版《证券法》以全面推行注册制为核心,大多数制度变动均围绕着注册制展开。作为证券市场的基石,信息披露是注册制的灵魂。"信息"是指与证券交易密切相关并对证券市场和投资人有重大影响的情况。《证券法》本质就是一部信息披露法,证券发行交易、上市、投资者保护以及各组织机构等章节都和信息披露有关。2019 年版《证券法》在旧《证券法》"持续信息公开"一节的基础上,设立"信息披露"专章,对信息披露进行集中的规范,体现了注册制下立法者对于信息披露制度的特殊考量。

一、信息披露的原则

《证券法》第 78 条规定:"发行人及法律、行政法规和国务院证券监督管理机构规定的其他信息披露义务人,应当及时依法履行信息披露义务。信息披露义务人披露的信息,应当真实、准确、完整,简明清晰,通俗易懂,不得有虚假记载、误导性陈述或者重大遗漏。证券同时在境内境外公开发行、交易的,其信息披露义务人在境外披露的信息,应当在境内同时披露。"

《证券法》第 83 条规定:"信息披露义务人披露的信息应当同时向所有投资者披露,不得提前向任何单位和个人泄露。但是,法律、行政法规另有规定的除外。任何单位和个人不得非法要求信息披露义务人提供依法需要披露但尚未披露的信息。任何单位和个人提前获知的前述信息，在依法披露前应当保密。”

《证券法》第84条规定：“除依法需要披露的信息之外，信息披露义务人可以自愿披露与投资者作出价值判断和投资决策有关的信息，但不得与依法披露的信息相冲突，不得误导投资者。”

这些法条明确了信息披露的正面要求，及时、真实、准确、完整、简明清晰、通俗易懂、境内外同时披露、同时向所有投资者披露，鼓励并规范了自愿披露。同时，这些法条对信息披露的禁止性行为进行了负面规范，信息披露不得有虚假记载、误导性陈述或者重大遗漏，不得提前向任何单位和个人泄露信息。

二、信息披露的义务人

2019年版《证券法》扩大了信息披露义务人的范围，除了发行人、上市公司、中介机构，还包括公司的控股股东或实际控制人以及收购人。

信息披露对于发行人的董事、监事和高级管理人员既是义务也是权利。《证券法》第82条规定：“发行人的董事、高级管理人员应当对证券发行文件和定期报告签署书面确认意见。发行人的监事会应当对董事会编制的证券发行文件和定期报告进行审核并提出书面审核意见。监事应当签署书面确认意见。发行人的董事、监事和高级管理人员应当保证发行人及时、公平地披露信息，所披露的信息真实、准确、完整。董事、监事和高级管理人员无法保证证券发行文件和定期报告内容的真实性、准确性、完整性或者有异议的，应当在书面确认意见中发表意见并陈述理由，发行人应当披露。发行人不予披露的，董事、监事和高级管理人员可以直接申请披露。”

三、信息披露的类型

按照公开的时段和内容，证券信息披露包括以下类型。

1. 定期报告

上市公司、公司债券上市交易的公司、股票在国务院批准的其他全国性证券交易场所交易的公司，应当按照国务院证券监督管理机构和证券交易场所规定的内容和格式编制定期报告，并按照以下规定报送和公告。

(1) 在每一会计年度结束之日起4个月内，报送并公告年度报告，其中的年度财务会计报告应当经符合《证券法》规定的会计师事务所审计。

(2) 在每一会计年度的上半年结束之日起2个月内，报送并公告中期报告。

2. 临时报告

发生可能对上市公司及股票在国务院批准的其他全国性证券交易场所交易的公司的股票、上市交易的公司债券交易价格产生较大影响的重大事件，投资者尚未得知时，公司应当立即将有关该重大事件的情况向国务院证券监督管理机构和证券交易场所报送临时报告，并予公告，说明事件的起因、目前的状态和可能产生的法律后果。重大事件的范围在本章第三节关于“内幕信息”的部分已经介绍。

四、信息披露的责任与监督

信息披露义务人未按照规定披露信息，或者公告的证券发行文件、定期报告、临时报告及其他信息披露资料存在虚假记载、误导性陈述或者重大遗漏，致使投资者在证券交易中遭受损失的，信息披露义务人应当承担赔偿责任；发行人的控股股东、实际控制人、董事、监事、高级管理人员和其他直接责任人员以及保荐人、承销的证券公司及其直接责任人员，应当与发行人承担连带赔偿责任，但是能够证明自己没有过错的除外。

依法披露的信息，应当在证券交易场所的网站和符合国务院证券监督管理机构规定条件的媒体发布，同时将其置备于公司住所、证券交易场所，供社会公众查阅。

国务院证券监督管理机构对信息披露义务人的信息披露行为进行监督管理。证券交易场所应当对其组织交易的证券的信息披露义务人的信息披露行为进行监督，督促其依法及时、准确地披露信息。

第六节　投资者保护

强化投资者保护是2019年版《证券法》的重中之重，从证券发行制改革、信息披露制度完善到全面提高违法成本，都体现了投资者保护的理念。注册制是对投资者自主选择权的保护，信息披露是对投资者知情权的保护，提高违法成本是对损害投资者利益的违法行为的威慑。最能集中体现2019年版《证券法》强化投资者保护的是其第六章“投资者保护”。该章的规定体现在以下三个方面。

一、投资者与相关主体之间的制度安排

第一，在与证券公司的关系上，确认了投资者适当性制度、强制调解制度和证券公司的举证责任。

投资者适当性制度体现在《证券法》第88条：“证券公司向投资者销售证券、提供服务时，应当按照规定充分了解投资者的基本情况、财产状况、金融资产状况、投资知识和经验、专业能力等相关信息；如实说明证券、服务的重要内容，充分揭示投资风险；销售、提供与投资者上述状况相匹配的证券、服务。”证券公司违反上述规定导致投资者损失的，应当承担相应的赔偿责任。

根据财产状况、金融资产状况、投资知识和经验、专业能力等因素，投资者可以分为普通投资者和专业投资者。证券法对普通投资者提供了“倾斜保护”。

《证券法》第94条规定：“普通投资者与证券公司发生证券业务纠纷，普通投资者提出调解请求的，证券公司不得拒绝。”

《证券法》第89条规定：“普通投资者与证券公司发生纠纷的，证券公司应当证明其行为符合法律、行政法规以及国务院证券监督管理机构的规定，不存在误导、欺诈等情形。证券公司不能证明的，应当承担相应的赔偿责任。”

第二，在与上市公司的关系上，明确了表决权征集制度和现金股利制度。

《证券法》第 90 条规定，上市公司董事会、独立董事、持有百分之一以上有表决权股份的股东或者投资者保护机构，可以作为征集人，自行或者委托证券公司、证券服务机构，公开请求上市公司股东委托其代为出席股东大会，并代为行使提案权、表决权等股东权利。依照上述规定征集股东权利的，征集人应当披露征集文件，上市公司应当予以配合。禁止以有偿或者变相有偿的方式公开征集股东权利。公开征集股东权利违反法律、行政法规或者国务院证券监督管理机构有关规定，导致上市公司或者其股东遭受损失的，应当依法承担赔偿责任。第 199 条规定，违法征集股东权利的，责令改正，给予警告，可以处 50 万元以下的罚款。

《证券法》第 91 条规定："上市公司应当在章程中明确分配现金股利的具体安排和决策程序，依法保障股东的资产收益权。上市公司当年税后利润，在弥补亏损及提取法定公积金后有盈余的，应当按照公司章程的规定分配现金股利。"

第三，在与债券发行人的关系上，明确了债券持有人会议制度和受托管理人制度。

《证券法》第 92 条规定："公开发行公司债券的，应当设立债券持有人会议，并应当在募集说明书中说明债券持有人会议的召集程序、会议规则和其他重要事项。公开发行公司债券的，发行人应当为债券持有人聘请债券受托管理人，并订立债券受托管理协议。受托管理人应当由本次发行的承销机构或者其他经国务院证券监督管理机构认可的机构担任，债券持有人会议可以决议变更债券受托管理人。债券受托管理人应当勤勉尽责，公正履行受托管理职责，不得损害债券持有人利益。债券发行人未能按期兑付债券本息的，债券受托管理人可以接受全部或者部分债券持有人的委托，以自己名义代表债券持有人提起、参加民事诉讼或者清算程序。"

二、投资者保护机构

依照法律、行政法规或者国务院证券监督管理机构的规定，可以设立投资者保护机构。投资者保护机构的作用体现在作为征集人代理实施投资人投票权利、先行赔付、调解投资者与发行人及证券公司等发生的纠纷、支持起诉、代位诉讼、代表人诉讼等方面。

《证券法》第 93 条规定："发行人因欺诈发行、虚假陈述或者其他重大违法行为给投资者造成损失的，发行人的控股股东、实际控制人、相关的证券公司可以委托投资者保护机构，就赔偿事宜与受到损失的投资者达成协议，予以先行赔付。先行赔付后，可以依法向发行人以及其他连带责任人追偿。"

《证券法》第 94 条规定："投资者与发行人、证券公司等发生纠纷的，双方可以向投资者保护机构申请调解……投资者保护机构对损害投资者利益的行为，可以依法支持投资者向人民法院提起诉讼。发行人的董事、监事、高级管理人员执行公司职务时违反法律、行政法规或者公司章程的规定给公司造成损失，发行人的控股股东、实际控制人等侵犯公司合法权益给公司造成损失，投资者保护机构持有该公司股份的，可以为公司的利益以自己的名义向人民法院提起诉讼，持股比例和持股期限不受《中华人民共和国公司法》规定的限制。"

《证券法》第 95 条规定："投资者保护机构受五十名以上投资者委托，可以作为代表人参加诉讼，并为经证券登记结算机构确认的权利人依照规定向人民法院登记，但投资者明确表示不愿意参加该诉讼的除外。”这被称为中国式集体诉讼制度，引入了美国“明示退出、默示加入”的集团诉讼理念。

三、代表人诉讼制度

投资者通过诉讼维护权益的具体方式有单独诉讼、共同诉讼、代表人诉讼、集体诉讼、示范判决等多种。《证券法》第 95 条中对代表人诉讼进行了规范：“投资者提起虚假陈述等证券民事赔偿诉讼时，诉讼标的是同一种类，且当事人一方人数众多的，可以依法推选代表人进行诉讼。对按照上述规定提起的诉讼，可能存在有相同诉讼请求的其他众多投资者的，人民法院可以发出公告，说明该诉讼请求的案件情况，通知投资者在一定期间向人民法院登记。人民法院作出的判决、裁定，对参加登记的投资者发生效力。”

需要说明的是，保护投资者的合法权益是整部《证券法》的立法目的，贯穿于《证券法》的始终，并非专章所能涵盖。保护投资者不单是《证券法》的任务，也是《证券法》难以独立完成的任务。最高人民法院的司法解释、国务院相关的行政法规、证监会的部门规章与《证券法》共同组成投资者保护的规则依据。

第七节 法律责任

无责任，不法律。证券市场的规范最终需要落地于法律责任的承担。证券法律责任包括民事责任、行政责任和刑事责任。法律责任在《证券法》的许多条款中都有涉及，但集中体现在《证券法》的最后一章“法律责任”，该章共 44 条，是全部 14 章中条文数量最多的。针对实践中反映比较强烈的证券违法行为处罚力度偏低等各方面的问题，2019 年版《证券法》显著提高了违法成本，加大了处罚力度。

《证券法》确立了诚信档案制度和证券市场的禁入制度，第 215 条规定：“国务院证券监督管理机构依法将有关市场主体遵守本法的情况纳入证券市场诚信档案。”第 221 条规定，违反法律、行政法规或者国务院证券监督管理机构的有关规定，情节严重的，国务院证券监督管理机构可以对有关责任人员采取证券市场禁入的措施。即在一定期限内直至终身不得从事证券业务、证券服务业务，不得担任证券发行人的董事、监事、高级管理人员，或者一定期限内不得在证券交易所、国务院批准的其他全国性证券交易场所交易证券。“法律责任”专章规范的责任主要为行政责任，规定了双罚制，责任主体既有单位也有个人。第 220 条明确了民事赔偿责任相较于行政罚款、罚金优先的原则，第 219 条强调：“违反本法规定，构成犯罪的，依法追究刑事责任。”

“法律责任”专章的规范可归纳为以下两方面。

一、特定主体的法律责任

（一）发行人的法律责任

《证券法》第 180 条规定：“违反本法第 9 条的规定，擅自公开或者变相公开发行证券的，责令停止发行，退还所募资金并加算银行同期存款利息，处以非法所募资金金额百分之五以上百分之五十以下的罚款；对擅自公开或者变相公开发行证券设立的公司，由依法履行监督管理职责的机构或者部门会同县级以上地方人民政府予以取缔。对直接负责的主管人员和其他直接责任人员给予警告，并处以五十万元以上五百万元以下的罚款。”

《证券法》第 181 条规定：“发行人在其公告的证券发行文件中隐瞒重要事实或者编造重大虚假内容，尚未发行证券的，处以二百万元以上二千万元以下的罚款；已经发行证券的，处以非法所募资金金额百分之十以上一倍以下的罚款。对直接负责的主管人员和其他直接责任人员，处以一百万元以上一千万元以下的罚款。发行人的控股股东、实际控制人组织、指使从事前款违法行为的，没收违法所得，并处以违法所得百分之十以上一倍以下的罚款；没有违法所得或者违法所得不足二千万元的，处以二百万元以上二千万元以下的罚款。对直接负责的主管人员和其他直接责任人员，处以一百万元以上一千万元以下的罚款。”

《证券法》第 185 条规定：“发行人违反本法第 14 条、第 15 条的规定擅自改变公开发行证券所募集资金的用途的，责令改正，处以五十万元以上五百万元以下的罚款；对直接负责的主管人员和其他直接责任人员给予警告，并处以十万元以上一百万元以下的罚款。发行人的控股股东、实际控制人从事或者组织、指使从事前款违法行为的，给予警告，并处以五十万元以上五百万元以下的罚款；对直接负责的主管人员和其他直接责任人员，处以十万元以上一百万元以下的罚款。”

（二）保荐人的法律责任

《证券法》第 182 条规定：“保荐人出具有虚假记载、误导性陈述或者重大遗漏的保荐书，或者不履行其他法定职责的，责令改正，给予警告，没收业务收入，并处以业务收入一倍以上十倍以下的罚款；没有业务收入或者业务收入不足一百万元的，处以一百万元以上一千万元以下的罚款；情节严重的，并处暂停或者撤销保荐业务许可。对直接负责的主管人员和其他直接责任人员给予警告，并处以五十万元以上五百万元以下的罚款。”

（三）收购人的法律责任

《证券法》第 196 条规定：“收购人未按照本法规定履行上市公司收购的公告、发出收购要约义务的，责令改正，给予警告，并处以五十万元以上五百万元以下的罚款。对直接负责的主管人员和其他直接责任人员给予警告，并处以二十万元以上二百万元以下的罚款。收购人及其控股股东、实际控制人利用上市公司收购，给被收购公司及其股东造成损失的，应当依法承担赔偿责任。”

（四）信息披露义务人的法律责任

《证券法》第 197 条规定：“信息披露义务人未按照本法规定报送有关报告或者履行信息披露义务的，责令改正，给予警告，并处以五十万元以上五百万元以下的罚款；对直接负责的主管人员和其他直接责任人员给予警告，并处以二十万元以上二百万元以下的罚款。发行人的控股股东、实际控制人组织、指使从事上述违法行为，或者隐瞒相关事项导致发生上述情形的，处以五十万元以上五百万元以下的罚款；对直接负责的主管人员和其他直接责任人员，处以二十万元以上二百万元以下的罚款。信息披露义务人报送的报告或者披露的信息有虚假记载、误导性陈述或者重大遗漏的，责令改正，给予警告，并处以一百万元以上一千万元以下的罚款；对直接负责的主管人员和其他直接责任人员给予警告，并处以五十万元以上五百万元以下的罚款。发行人的控股股东、实际控制人组织、指使从事上述违法行为，或者隐瞒相关事项导致发生上述情形的，处以一百万元以上一千万元以下的罚款；对直接负责的主管人员和其他直接责任人员，处以五十万元以上五百万元以下的罚款。”

（五）证券公司的法律责任

《证券法》第 183 条规定：“证券公司承销或者销售擅自公开发行或者变相公开发行的证券的，责令停止承销或者销售，没收违法所得，并处以违法所得一倍以上十倍以下的罚款；没有违法所得或者违法所得不足一百万元的，处以一百万元以上一千万元以下的罚款；情节严重的，并处暂停或者撤销相关业务许可。给投资者造成损失的，应当与发行人承担连带赔偿责任。对直接负责的主管人员和其他直接责任人员给予警告，并处以五十万元以上五百万元以下的罚款。”

《证券法》第 184 条规定：“证券公司承销证券违反本法第 29 条规定的，责令改正，给予警告，没收违法所得，可以并处五十万元以上五百万元以下的罚款；情节严重的，暂停或者撤销相关业务许可。对直接负责的主管人员和其他直接责任人员给予警告，可以并处二十万元以上二百万元以下的罚款；情节严重的，并处以五十万元以上五百万元以下的罚款。”

《证券法》第 194 条规定：“证券公司及其从业人员违反本法第 57 条的规定，有损害客户利益的行为的，给予警告，没收违法所得，并处以违法所得一倍以上十倍以下的罚款；没有违法所得或者违法所得不足十万元的，处以十万元以上一百万元以下的罚款；情节严重的，暂停或者撤销相关业务许可。”

《证券法》第 198 条规定：“证券公司违反本法第 88 条的规定未履行或者未按照规定履行投资者适当性管理义务的，责令改正，给予警告，并处以十万元以上一百万元以下的罚款。对直接负责的主管人员和其他直接责任人员给予警告，并处以二十万元以下的罚款。”

《证券法》第 201 条规定：“证券公司违反本法第 107 条第一款的规定，未对投资者开立账户提供的身份信息进行核对的，责令改正，给予警告，并处以五万元以上五十万元以下的罚款。对直接负责的主管人员和其他直接责任人员给予警告，并处以十万元以下的罚款。证券公司违反本法第 107 条第 2 款的规定，将投资者的账户提供给他人使用的，责令改正，给予警告，并处以十万元以上一百万元以下的罚款。对直接负责的主管人员和其他直接责任人员给予警告，并处以二十万元以下的罚款。”

《证券法》第 202 条规定：“违反本法第 118 条、第 120 条第一款、第四款的规定，擅自设立证券公司、非法经营证券业务或者未经批准以证券公司名义开展证券业务活动的，责令改正，没收违法所得，并处以违法所得一倍以上十倍以下的罚款；没有违法所得或者违法所得不足一百万元的，处以一百万元以上一千万元以下的罚款。对直接负责的主管人员和其他直接责任人员给予警告，并处以二十万元以上二百万元以下的罚款。对擅自设立的证券公司，由国务院证券监督管理机构予以取缔。证券公司违反本法第 120 条第五款规定提供证券融资融券服务的，没收违法所得，并处以融资融券等值以下的罚款；情节严重的，禁止其在一定期限内从事证券融资融券业务。对直接负责的主管人员和其他直接责任人员给予警告，并处以二十万元以上二百万元以下的罚款。”

《证券法》第203条规定："提交虚假证明文件或者采取其他欺诈手段骗取证券公司设立许可、业务许可或者重大事项变更核准的，撤销相关许可，并处以一百万元以上一千万元以下的罚款。对直接负责的主管人员和其他直接责任人员给予警告，并处以二十万元以上二百万元以下的罚款。"

《证券法》第204条规定："证券公司违反本法第120条的规定，未经核准变更证券业务范围，变更主要股东或者公司的实际控制人，合并、分立、停业、解散、破产的，责令改正，给予警告，没收违法所得，并处以违法所得一倍以上十倍以下的罚款；没有违法所得或者违法所得不足五十万元的，处以五十万元以上五百万元以下的罚款；情节严重的，并处撤销相关业务许可。对直接负责的主管人员和其他直接责任人员给予警告，并处以二十万元以上二百万元以下的罚款。"

《证券法》第205条规定："证券公司违反本法第123条第二款的规定，为其股东或者股东的关联人提供融资或者担保的，责令改正，给予警告，并处以五十万元以上五百万元以下的罚款。对直接负责的主管人员和其他直接责任人员给予警告，并处以十万元以上一百万元以下的罚款。股东有过错的，在按照要求改正前，国务院证券监督管理机构可以限制其股东权利；拒不改正的，可以责令其转让所持证券公司股权。"

《证券法》第206条规定："证券公司违反本法第128条的规定，未采取有效隔离措施防范利益冲突，或者未分开办理相关业务、混合操作的，责令改正，给予警告，没收违法所得，并处以违法所得一倍以上十倍以下的罚款；没有违法所得或者违法所得不足五十万元的，处以五十万元以上五百万元以下的罚款；情节严重的，并处撤销相关业务许可。对直接负责的主管人员和其他直接责任人员给予警告，并处以二十万元以上二百万元以下的罚款。"

《证券法》第207条规定："证券公司违反本法第129条的规定从事证券自营业务的，责令改正，给予警告，没收违法所得，并处以违法所得一倍以上十倍以下的罚款；没有违法所得或者违法所得不足五十万元的，处以五十万元以上五百万元以下的罚款；情节严重的，并处撤销相关业务许可或者责令关闭。对直接负责的主管人员和其他直接责任人员给予警告，并处以二十万元以上二百万元以下的罚款。"

《证券法》第208条规定："违反本法第131条的规定，将客户的资金和证券归入自有财产，或者挪用客户的资金和证券的，责令改正，给予警告，没收违法所得，并处以违法所得一倍以上十倍以下的罚款；没有违法所得或者违法所得不足一百万元的，处以一百万元以上一千万元以下的罚款；情节严重的，并处撤销相关业务许可或者责令关闭。对直接负责的主管人员和其他直接责任人员给予警告，并处以五十万元以上五百万元以下的罚款。"

《证券法》第209条规定："证券公司违反本法第134条第一款的规定接受客户的全权委托买卖证券的，或者违反本法第135条的规定对客户的收益或者赔偿客户的损失作出承诺的，责令改正，给予警告，没收违法所得，并处以违法所得一倍以上十倍以下的罚款；没有违法所得或者违法所得不足五十万元的，处以五十万元以上五百万元以下的罚款；情节严重的，并处撤销相关业务许可。对直接负责的主管人员和其他直接责任人员给予警告，并处以二十万元以上二百万元以下的罚款。证券公司违反本法第134条第二款的规定，允许他人以证券公司的名义直接参与证券的集中交易的，责令改正，可以并处五十万元以下的罚款。"

《证券法》第 210 条规定:"证券公司的从业人员违反本法第 136 条的规定,私下接受客户委托买卖证券的,责令改正,给予警告,没收违法所得,并处以违法所得一倍以上十倍以下的罚款;没有违法所得的,处以五十万元以下的罚款。"

《证券法》第 211 条规定:"证券公司及其主要股东、实际控制人违反本法第 138 条的规定,未报送、提供信息和资料,或者报送、提供的信息和资料有虚假记载、误导性陈述或者重大遗漏的,责令改正,给予警告,并处以一百万元以下的罚款;情节严重的,并处撤销相关业务许可。对直接负责的主管人员和其他直接责任人员,给予警告,并处以五十万元以下的罚款。"

(六) 证券服务机构的法律责任

《证券法》第 213 条规定:"证券投资咨询机构违反本法第 160 条第二款的规定擅自从事证券服务业务,或者从事证券服务业务有本法第一百六十一条规定行为的,责令改正,没收违法所得,并处以违法所得一倍以上十倍以下的罚款;没有违法所得或者违法所得不足五十万元的,处以五十万元以上五百万元以下的罚款。对直接负责的主管人员和其他直接责任人员,给予警告,并处以二十万元以上二百万元以下的罚款。会计师事务所、律师事务所以及从事资产评估、资信评级、财务顾问、信息技术系统服务的机构违反本法第 160 条第二款的规定,从事证券服务业务未报备案的,责令改正,可以处二十万元以下的罚款。证券服务机构违反本法第 163 条的规定,未勤勉尽责,所制作、出具的文件有虚假记载、误导性陈述或者重大遗漏的,责令改正,没收业务收入,并处以业务收入一倍以上十倍以下的罚款,没有业务收入或者业务收入不足五十万元的,处以五十万元以上五百万元以下的罚款;情节严重的,并处暂停或者禁止从事证券服务业务。对直接负责的主管人员和其他直接责任人员给予警告,并处以二十万元以上二百万元以下的罚款。"

(七) 证券监督管理机构的法律责任

《证券法》第 216 条规定,国务院证券监督管理机构或者国务院授权的部门有下列情形之一的,对直接负责的主管人员和其他直接责任人员,依法给予处分。

(1) 对不符合本法规定的发行证券、设立证券公司等申请予以核准、注册、批准的。

(2) 违反本法规定采取现场检查、调查取证、查询、冻结或者查封等措施的。

(3) 违反本法规定对有关机构和人员采取监督管理措施的。

(4) 违反本法规定对有关机构和人员实施行政处罚的。

(5) 其他不依法履行职责的行为。

《证券法》第 217 条规定:"国务院证券监督管理机构或者国务院授权的部门的工作人员,不履行本法规定的职责,滥用职权、玩忽职守,利用职务便利牟取不正当利益,或者泄露所知悉的有关单位和个人的商业秘密的,依法追究法律责任。"

二、证券交易违法的法律责任

《证券法》第 186 条规定:"违反本法第 36 条的规定,在限制转让期内转让证券,或者转让股票不符合法律、行政法规和国务院证券监督管理机构规定的,责令改正,给予警告,没收违法所得,并处以买卖证券等值以下的罚款。"

《证券法》第 187 条规定:“法律、行政法规规定禁止参与股票交易的人员,违反本法第 40 条的规定,直接或者以化名、借他人名义持有、买卖股票或者其他具有股权性质的证券的,责令依法处理非法持有的股票、其他具有股权性质的证券,没收违法所得,并处以买卖证券等值以下的罚款;属于国家工作人员的,还应当依法给予处分。”

《证券法》第 188 条规定:“证券服务机构及其从业人员,违反本法第 42 条的规定买卖证券的,责令依法处理非法持有的证券,没收违法所得,并处以买卖证券等值以下的罚款。”

《证券法》第 189 条规定:“上市公司、股票在国务院批准的其他全国性证券交易场所交易的公司的董事、监事、高级管理人员、持有该公司百分之五以上股份的股东,违反本法第 44 条的规定,买卖该公司股票或者其他具有股权性质的证券的,给予警告,并处以十万元以上一百万元以下的罚款。”

《证券法》第 190 条规定:“违反本法第 45 条的规定,采取程序化交易影响证券交易所系统安全或者正常交易秩序的,责令改正,并处以五十万元以上五百万元以下的罚款。对直接负责的主管人员和其他直接责任人员给予警告,并处以十万元以上一百万元以下的罚款。”

《证券法》第 191 条规定:“证券交易内幕信息的知情人或者非法获取内幕信息的人违反本法第 53 条的规定从事内幕交易的,责令依法处理非法持有的证券,没收违法所得,并处以违法所得一倍以上十倍以下的罚款;没有违法所得或者违法所得不足五十万元的,处以五十万元以上五百万元以下的罚款。单位从事内幕交易的,还应当对直接负责的主管人员和其他直接责任人员给予警告,并处以二十万元以上二百万元以下的罚款。国务院证券监督管理机构工作人员从事内幕交易的,从重处罚。违反本法第 54 条的规定,利用未公开信息进行交易的,依照前款的规定处罚。”

《证券法》第 192 条规定:“违反本法第 55 条的规定,操纵证券市场的,责令依法处理其非法持有的证券,没收违法所得,并处以违法所得一倍以上十倍以下的罚款;没有违法所得或者违法所得不足一百万元的,处以一百万元以上一千万元以下的罚款。单位操纵证券市场的,还应当对直接负责的主管人员和其他直接责任人员给予警告,并处以五十万元以上五百万元以下的罚款。”

《证券法》第 193 条规定:“违反本法第 56 条第一款、第三款的规定,编造、传播虚假信息或者误导性信息,扰乱证券市场的,没收违法所得,并处以违法所得一倍以上十倍以下的罚款;没有违法所得或者违法所得不足二十万元的,处以二十万元以上二百万元以下的罚款。违反本法第 56 条第二款的规定,在证券交易活动中作出虚假陈述或者信息误导的,责令改正,处以二十万元以上二百万元以下的罚款;属于国家工作人员的,还应当依法给予处分。传播媒介及其从事证券市场信息报道的工作人员违反本法第 56 条第三款的规定,从事与其工作职责发生利益冲突的证券买卖的,没收违法所得,并处以买卖证券等值以下的罚款。”

《证券法》第 195 条规定:“违反本法第 58 条的规定,出借自己的证券账户或者借用他人的证券账户从事证券交易的,责令改正,给予警告,可以处五十万元以下的罚款。”

第十六章　对外贸易法律制度

本章要点

本章主要介绍我国对外贸易的相关法律制度，包括我国对外贸易的管理机关与调整对象，对外贸易法的基本原则，以及我国有关外贸活动的具体管理制度。

典型案例

案例一：原告一（陈小禹，甲方）与第三被告（罗刚）签订一份合作协议书约定，甲、乙双方于2011年11月29日决定合作经营“进口冷冻食品”生意一事，并同意与广东省惠东蓝粤实业开发总公司（第二被告）及广东省惠东粤海建设开发公司（第一被告）签订其进口冷冻食品许可证之经营权的相关条款；为配合有关上述“进口冷冻食品”生意的经营运作，甲方将委托陈燕先生（原告二）作为甲方代名人；甲、乙双方同意分别与上述两家公司签订3年期限进口冷冻食品许可证的经营权，乙方同意与陈燕（甲方代名人）共同签署上述两间公司的合同书……2011年12月16日，第二被告（甲方）与第三被告、原告二（乙方）签订一份合同书约定，甲方同意将其公司在广东省增城市内进口冷冻食品由乙方负责依法经营。乙方在甲方许可的使用期限内自由使用甲方的冷冻食品进口许可证……之后，原告陈小禹分别向三被告支付人民币保证金等款项。

上述合同签订后并没有实际经营。原告请求三被告退还原告所支付的保证金等款项及利息等。

一审法院认为：根据《对外贸易法》《中华人民共和国货物进出口管理条例》《货物进口许可证管理办法》的规定，不得伪造、变造、买卖进出口许可证；结合本案，第一被告、第二被告提供的两份《对外贸易经营者备案登记表》中背面条款显示，不得伪造、涂改、出租、出卖企业的经营证书。综上所述，可以确定原、被告签订的基于使用进口冷冻食品许可证经营权的合作协议书属无效合同，且上述协议书签订后，各方并未依据约定进行实际经营。此外，根据《中华人民共和国合同法》第58条，合同无效或者被撤销后，因该合同取得的财产，应当予以返还。二审法院予以认可。

【资料来源】中国裁判文书网，广东省惠东粤海建设开发公司、广东省惠东蓝粤实业开发总公司合伙协议纠纷，(2016)粤13民终2613-2号。访问时间：2020年12月20日。

案例二：国伟公司委托盛祥公司代办招收部分人员出国务工，承诺办不成出国事宜，负责退还工人资料及所交的费用。盛祥公司在办理赴哈萨克斯坦劳务过程中，收取刘树东13 000元，收款事由为赴公司随哈国费用。盛祥公司将收到的出国费用交付国伟公司。

2017年4月5日，刘树东（乙方）与国伟公司（甲方）签订外派劳务合同一份，约定合同期限1年可续签，工作地点为哈萨克斯坦……乙方签证和交通费等出国手续由甲方办理，在合同期未满或乙方应承担的工作职责未履行完毕前，如果乙方单方面提出提前解除协议，乙方自愿赔偿甲方所蒙受的损失且离境返程费用自己承担。合同签订后，国伟公司为刘树东办理了商务签证。刘树东于2017年5月18日到达哈萨克斯坦首都阿斯塔纳。因工作安置、工作地点等问题发生争议，在当地大使馆协调下，国伟公司退回刘树东5 000元费用，刘树东等人回国。

刘树东向法院起诉请求令被告返还收取的费用13 000元，并承担损失6 923元……

法院认为，《对外贸易法》第10条规定，从事对外工程承包或者对外劳务合作的单位，应当具备相应的资质或者资格。根据上述规定，外派劳务系国家特许经营项目，经营外派劳务的公司须取得相应经营资质及相应许可证书。国伟公司既非经国家经贸部批准具有对外承包工程和劳务合作经营权的公司，也未取得外派劳务人员许可证，不具有从事外派劳务资格。国伟公司在未取得相应许可的情况下，与刘树东签订外派劳务合同，并办理商务签证，派遣刘树东赴哈萨克斯坦从事劳务工作，违反了法律、行政法规的强制性规定，扰乱了国家正常对外劳务派遣管理秩序，该劳务合同属无效合同。《中华人民共和国合同法》第58条规定，合同无效或者被撤销后，因该合同取得的财产，应当予以返还；不能返还或者没有必要返还的，应当折价补偿。有过错的一方应当赔偿对方因此所受到的损失，双方都有过错的，应当各自承担相应的责任。国伟公司收取刘树东保证金13 000元，扣除已经返还刘树东的5 000元外，余款8 000元国伟公司应当返还给刘树东。刘树东对国伟公司经营资格疏于考察，与国伟公司签订劳务合同，在明知持有商务签证的情况下，没有按照正常程序办理合法的出国劳务手续，仍然随团赴哈萨克斯坦打工，其自身也存在一定过错，差旅费、误工费等损失由其自行负担。

【资料来源】中国裁判文书网，山东国伟建筑工程有限公司、刘树东劳务合同纠纷，(2018)鲁09民终1352号。访问时间：2020年12月20日。

第一节　对外贸易法律制度概述

改革开放以来，中国对外贸易发展迅速。货物进出口增长显著，技术进出口已趋活跃，国际服务贸易得到较快发展，外贸总量已经居世界前列。特别是在2001年年底我国加入了世界贸易组织（简称WTO）以后，对外贸易一直呈现快速增长的趋势。为了更好地发展对外贸易，维护对外贸易秩序，促进社会主义市场经济的健康有序发展，中国自20世纪90年代就建立了以对外贸易法为基本法律的对外贸易法律体系。加入WTO后，2004年4月6日，第10届全国人大常委会第8次会议修订了《对外贸易法》，自2004年7月1日起施行；国务院在2004年3月31日修改《中华人民共和国反补贴条例》、2004年3月31日修改《中华人民共和国反倾销条例》、2004 年 3 月修改《中华人民共和国保障措施条例》，建立了以《对外贸易法》为主干的外贸法制体系。2016 年 11 月 7 日，第十二届全国人民代表大会常务委员会第二十四次会议对《对外贸易法》作出修改，将第 10 条第 2 款修改为："从事对外劳务合作的单位，应当具备相应的资质。具体办法由国务院规定。"

一、对外贸易和对外贸易法

(一) 对外贸易的概念和种类

1. 对外贸易的概念

对外贸易是指从一国或地区的角度看，一国或地区同其他国家或者地区之间所进行的跨越国界的商品交换活动，是具有涉外性质的贸易活动。

我国的对外贸易是指以我国的对外贸易经营者等主体为一方，同世界上其他国家和地区进行商品货物、技术和服务交接的一种活动。

2. 对外贸易的种类

按照不同的标准，对外贸易可以分为以下不同的种类。

(1) 货物贸易、技术贸易和服务贸易。这是根据贸易对象的不同所作的分类。货物贸易，即货物进出口，就是以有形商品即货物为对象的对外贸易活动。技术贸易，即技术进出口，就是以专利技术、专有技术的转让或许可使用为主要内容的对外贸易活动。服务贸易，即国际服务贸易，就是以服务的提供与消费为内容的对外贸易活动。我国《对外贸易法》所称的对外贸易，是指货物进出口、技术进出口和国际服务贸易。

(2) 进口贸易、出口贸易和过境贸易。这是根据贸易对象移动方向的不同所作的分类。进口贸易是将外国的货物、技术和服务输入本国市场的对外贸易活动。出口贸易是将本国的货物、技术和服务输出到外国市场的对外贸易活动。过境贸易是某一外国的货物经过本国然后运往另一国的对外贸易活动。

(3) 边境贸易和区域性贸易。这是根据对外贸易发生的地理、政治区域的不同所作的分类。边境贸易是两国边境地区两侧 15 公里内的边境城镇之间的贸易和边民互市贸易。区域性贸易是区域性经济一体化组织成员国之间的贸易活动。

另外，根据清偿工具的不同，对外贸易可以分为自由结汇贸易和易货贸易；根据是否有第三人参加，对外贸易可以分为直接贸易、间接贸易和转口贸易等。

(二) 对外贸易法的概念、适用范围和调整对象

1. 对外贸易法的概念

对外贸易法是指调整国家在对外贸易活动中的管理、监督和促进对外贸易过程中发生的各种社会关系的法律规范的总称。狭义的对外贸易法，仅指《对外贸易法》。而广义的对外贸易法是指以《对外贸易法》为主干，包括与对外贸易有关的法律、法规以及相关的行政规章。广义的对外贸易法，除了包括《对外贸易法》，还包括《中华人民共和国货物进出口管理条例》《中华人民共和国技术进出口管理条例》《中华人民共和国认证认可条例》《中华人民共和国进出口商品检验法》《中华人民共和国进出境动植物检疫法》《中华人民共和国海关法》《中华人民共和国反倾销条例》《中华人民共和国反补贴条例》《中华人民共和国保障措施条

例》《中华人民共和国外汇管理条例》等。

2. 对外贸易法的适用范围和调整对象

法律的适用范围是指法律调整的法律关系的范围，一般是指某一个法律部门所调整的社会关系和所规范的行为。根据《对外贸易法》第 2 条的规定，该法的适用范围在于对货物进出口、技术进出口和国际服务贸易以及与对外贸易有关的知识产权保护。

对外贸易法所调整的对象是指它调整的社会关系，主要表现为，对外贸易的贸易管理机关与对外贸易当事人之间的经济行政管理关系以及监督关系。对外贸易法调整的各种社会关系包括国家对对外贸易主体（经营者）的管理关系，国家对货物进出口和技术进出口的管理关系，国家对国际服务贸易的管理关系，国家维护对外贸易秩序和对外贸易促进的管理关系以及对外贸易管理机关之间的协调、配合、相互促进的关系。

二、我国对外贸易法的基本原则

世界贸易组织的基本原则为，互惠原则、最惠国待遇原则、市场准入原则、透明度原则以及公平贸易原则。我国对外贸易法秉承世界贸易组织的基本精神，根据我国经济、文化的发展现状在《对外贸易法》中规定了四大原则。

（一）实行统一对外贸易制度的原则

国家实行统一的对外贸易制度。这一原则是我国《对外贸易法》的首要原则，是其他原则的基础，其主要内容包括：①对外贸易法律规范内容的统一，即有关对外贸易的法律、行政法规、部门规章以及地方性法规、地方规章必须相互衔接、相互统一。②各项外贸管理制度与促进措施的统一，即全国的对外贸易要在国家依据宪法制定的对外贸易基本法的基础上，实行统一的法制，包括对外贸易经营者资格的管理、货物进出口与技术进出口的管理等一系列制度都必须在全国统一实施；设立对外贸易发展基金和风险基金、出口信贷和出口退税等一系列促进措施都必须在全国统一执行。

（二）维护公平、自由的对外贸易秩序的原则

《对外贸易法》规定，国家依法维护公平、自由的对外贸易秩序。公平的、自由的对外贸易秩序原则与国家实行统一的对外贸易制度原则密切相关，也是统一原则的具体体现。它要求：①国家机关的管理行为必须依法进行，以杜绝行政行为的任意性。②对外贸易经营者能够公平地取得经营资格和经营条件。③国家必须保障对外贸易经营者自由地行使法律赋予的权利。

（三）平等互利原则

《对外贸易法》规定，我国根据平等互利的原则，促进和发展同其他国家和地区的贸易关系，缔结或者参加关税同盟协定、自由贸易区协定等区域经济贸易协定，参加区域经济组织。所谓平等，是指法律上地位平等，不允许以强凌弱；所谓互利，是指经济上互相得益，不允许单方攫取利益。

平等互利的原则要求贸易交往中体现双方平等的地位。国家不论大小、强弱、贫富，一律平等；双方必须互相尊重主权，独立自主地协商；双方的权利和义务要符合对等原则，不允许任何不公平、不合理的条件，不得索取任何特权。

（四）遵守国际条约、互惠对等原则

《对外贸易法》规定，我国在对外贸易方面根据所缔结、参加的国际条约、协定，给予其他缔约方、参加方最惠国待遇和国民待遇等；或者根据互惠、对等原则，给予对方最惠国待遇、国民待遇等。

“条约必须遵守”是一个千百年来的古老守则，我国一贯信守诺言，严格遵守所签订、参加或承认的国际条约。在国际贸易中，互惠是指两国相互给予对方以贸易上的优惠待遇，对等是指贸易双方相互之间给予同等的待遇。其中，互惠原则是国家之间发展经济关系的基础，是国际交往中最重要的原则之一。建立互惠、对等贸易关系的最基本的政策手段是相互给予最惠国待遇和国民待遇。最惠国待遇是指给惠国承担条约义务，将它已经给予或将来给予第三国的自然人或法人的优惠同样给予缔约他方（受惠国）的自然人或法人。最惠国待遇原则本质上意味着平等地对待所有其他成员，在不同成员之间实施非歧视待遇。在国家贸易中，最惠国待遇的实质是保证市场竞争机会均等。国民待遇又称平等待遇，是指一个国家在民事权利方面给予在其国境内的外国公民、企业和商船与其国内国民、企业、商船一样享有的同等待遇。

《对外贸易法》第 7 条规定：“任何国家或者地区在贸易方面对中华人民共和国采取歧视性禁止、限制或者其他类似措施的，中华人民共和国可以根据实际情况对该国家或者地区采取相应的措施。”即对等地就对方给予自己的不平等或者歧视待遇，采取相应的报复措施。

三、我国对外贸易的管理机关

对外贸易管理机关即对外贸易管理者。《对外贸易法》第 3 条规定：“国务院对外贸易主管部门依照本法主管全国对外贸易工作。”对此，我国对对外贸易工作实行分级管理。

目前，商务部在全国人民代表大会、国务院的领导下，统一管理全国的对外贸易活动，负责全国对外贸易工作，负责全国对外贸易的宏观控制、法制建设，拟定对外贸易发展战略和政策，代表我国政府对外谈判、签约及负责组织监督实施。其主要职权包括：①研究、制定有关发展对外贸易的方针和规划，起草、制定有关对外贸易管理的法律、法规和政策。②依法对申请从事货物、技术进出口的经营者的对外贸易经营资格进行备案登记。③依法与国务院其他有关部门按规定的职责分工对国际服务贸易进行管理。④会同国务院其他有关部门，依法制定、调整和公布限制或者禁止进出口的货物、技术目录，经国务院批准自行或会同国务院其他有关部门，依法临时决定限制或者禁止上述目录以外的特定货物、技术的进出口。⑤依法对限制进出口的货物、技术实行配额和许可证管理，并在职责范围内分配配额，签发许可证。⑥依法对倾销、补贴等进行调查，并采取相应的救济措施。⑦对违法行为进行行政处罚。⑧其他职权。

另外，根据我国现行体制和有关法律规定，各省、市、自治区对外经济贸易主管部门是本级政府的对外经济贸易主管机关，在商务部与所在地区的政府领导之下，负责该区域内的对外贸易具体管理事务。

而除了专门的对外贸易管理部门之外，其他中央及地方相关部门，即法律法规授权部门也有对外贸易管理权，如海关总署、国家外汇管理局、国家商检局、国家工商局等。

第二节　我国对外贸易活动的具体规定

一、货物与技术进出口管理制度

货物与技术进出口管理制度主要是指政府主管对外贸易的部门通过行政手段来管理和协调进出口贸易的措施和制度。《对外贸易法》的出台，以国家大法的形式确立了进出口商品的管理体制。该法第 14 条规定："国家准许货物与技术的自由进出口。但是，法律、行政法规另有规定的除外。"这表明，我国对于货物、技术进出口实行一定限度管理下的自由进出口制度，即除法律、行政法规规定对货物、技术进出口采取限制或者禁止措施以外，货物、技术进出口可以自由进行。

(一) 货物、技术的自由进出口

根据我国参加 WTO 的承诺及国务院对外贸易主管部门基于监测进出口情况的需要，对部分自由进出口的货物实行进出口自动许可并公布其目录。

凡是实行自动许可的进出口货物，收货人、发货人在办理海关报关手续前提出自动许可申请的，国务院对外贸易主管部门或者其委托的机构应当予以许可；未办理自动许可手续的，海关不予放行。

进出口属于自由进出口的技术，应当向国务院对外贸易主管部门或者其委托的机构办理合同备案登记。根据《中华人民共和国技术进出口管理条例》的规定，该部门或机构应当自收到申请人申请文件之日起 3 个工作日内，对技术进口合同或技术出口合同进行登记，颁发技术进口合同登记证或技术出口合同登记证。申请人凭技术进口合同登记证或技术出口合同登记证，办理外汇、银行、税务、海关等相关手续。

(二) 货物、技术进出口的限制和禁止

在货物、技术进出口对我国国家安全和社会公共利益造成损害时，《对外贸易法》对此作出限制和禁止的规定。所谓限制，就是国家对部分货物、技术的进出口规定一定的数量限额，或者对对外贸易经营者的进出口经营范围以及进出口国别或地区进行限定。所谓禁止，是指国家规定部分货物、技术不得以任何方式进口或者出口。我国《对外贸易法》第 16、第 17 条明确了限制和禁止进出口的货物和技术的范围。

(1) 为维护国家安全、社会公共利益或者公共道德，需要限制或者禁止进口或者出口的。

(2) 为保护人的健康或者安全，保护动物、植物的生命或者健康，保护环境，需要限制或者禁止进口或者出口的。

(3) 为实施与黄金或者白银进出口有关的措施，需要限制或者禁止进口或者出口的。

(4) 国内供应短缺或者为有效保护可能用竭的自然资源，需要限制或者禁止出口的。

(5) 输往国家或者地区的市场容量有限，需要限制出口的。

(6) 出口经营秩序出现严重混乱，需要限制出口的。

(7) 为建立或者加快建立国内特定产业，需要限制进口的。

(8) 对任何形式的农业、牧业、渔业产品有必要限制进口的。

(9) 为保障国家国际金融地位和国际收支平衡,需要限制进口的。

(10) 依照法律、行政法规规定,其他需要限制或者禁止进口或者出口的。

(11) 根据我国缔结或者参加的国际条约、协定的规定,其他需要限制或者禁止进口或者出口的。

另外,我国政府对与裂变、聚变物质或者衍生此类物质的物质有关的货物、技术进出口,以及与武器、弹药或者其他军用物资有关的进出口,可以采取任何必要的措施,维护国家安全。在战时或者为维护国际和平与安全,国家在货物、技术进出口方面可以采取任何必要的措施。

国家对限制或者禁止进出口的货物、技术实行目录管理。我国《对外贸易法》规定,国务院对外贸易主管部门会同国务院其他有关部门,依照该法第 16 条和第 17 条的规定,制定、调整并公布限制或者禁止进出口的货物、技术目录。国务院对外贸易主管部门或者由其会同国务院其他有关部门,经国务院批准,可以在该法第 16 条和第 17 条规定的范围内,临时决定限制或者禁止上述目录以外的特定货物、技术的进口或者出口。

(三) 配额和许可证管理

配额、许可证管理制度是一国对外贸易管制的重要手段,也是国际贸易中的数量限制和行政限制措施,为世界各国普遍采用。我国《对外贸易法》也规定,国家对限制进口或者出口的货物,实行配额、许可证等方式管理;对限制进口或者出口的技术,实行许可证管理。实行配额、许可证管理的货物、技术,应当按照国务院规定,经国务院对外贸易主管部门或者经其会同国务院其他有关部门许可,方可进口或者出口。另外,国家对部分进口货物可以实行关税配额管理。

1. 配额管理

配额管理是对部分限制进口或出口的货物实行数量限额的制度。配额包括进口配额和出口配额。进口配额是指进口国在一定时期内对从其他国家、地区购买的某些产品的价值或数量实施的限额,主要包括绝对配额和关税配额两种形式(绝对配额是指进口国在一定时期内对某些货物的进口数量或金额规定最高额度,达到这个额度后便不准进口,它可以分为全球配额和国别配额。关税配额是指进口国在一定时期内对货物的绝对数量不加限制,对在规定关税配额内的进口货物适用较低的关税税率,对超过特定数量限额的进口货物适用较高的关税税率,它可以分为全球关税配额和国别关税配额)。出口配额是指出口国在一定时期内对出口货物的价值或数量实施的限额。在我国,出口配额可以分为计划配额、主动配额和被动配额。

实行配额管理的货物,应当按照国务院规定,经国务院对外贸易主管部门或者经其会同国务院其他有关部门(以下统称配额管理部门)许可,方可进口或者出口。属于关税配额内进口的货物,按照配额内税率缴纳关税;属于关税配额外进口的货物,按照配额外税率缴纳关税。

对实行配额管理的限制进出口的货物,配额管理部门应当在每年规定的时间公布下一年度进口配额总量;实行关税配额管理的进口货物目录,由配额管理部门制定、调整并公布,并在每年规定的时间公布下一年度关税配额总量。配额申请人应当在每年规定的时间向配额管理部门提出下一年度进出口配额的申请。进出口货物配额、关税配额，由配额管理部门在各自的职责范围内，按照效益、公正、公开和公平竞争的原则进行分配。

2. 许可证管理

许可证管理是部分限制进出口货物以及限制进出口的技术必须申领许可证方可进出口的制度。许可证包括货物许可证和技术许可证，两种许可证均可分为进口许可证和出口许可证。

《对外贸易法》规定，实行许可证管理的货物、技术，应当按照国务院规定，经国务院对外贸易主管部门或者经其会同国务院其他有关部门(以下统称许可证管理部门)许可，方可进口或者出口。实行许可证管理的货物或技术，进出口经营者应当向许可证管理部门提出申请。许可证管理部门应当自收到申请之日起在法定期限内决定是否许可。

二、服务贸易管理制度

国际服务贸易亦称服务贸易，是指一国服务提供者向另一国消费者提供服务并获得外汇收入，以及一国消费者接受另一国服务提供者提供的各项服务并支付报酬的贸易活动。国际服务贸易的内容十分广泛，包括国际运输、国际旅游、国际金融服务、国际保险、国际建筑和工程承包、国际劳务输出、国际电讯服务、教育、卫生、文化、艺术的国际交流服务，以及广告设计、律师、会计等专业服务等。

第二次世界大战后，特别是20世纪80年代以来，国际服务贸易异军突起。20世纪90年代以来，全球服务贸易的平均增长率每年都超过了货物贸易，其贸易额已占全球贸易额的20%以上。服务贸易的蓬勃发展，要求排除服务贸易市场准入的障碍，提高服务贸易的自由化程度。在英国的倡议下，发起乌拉圭回合多边贸易谈判的部长级会议达成协议，同意进行服务贸易多边谈判。1993年12月15日，乌拉圭回合多边贸易谈判结束，最终达成了《服务贸易总协定》。我国参加了谈判，并签署了该协定。1994年4月15日，《乌拉圭回合多边贸易谈判结果最后文件》在摩洛哥马拉喀什签署，从此服务贸易被正式纳入多边贸易体制的管辖范围，《服务贸易总协定》也成为《建立世界贸易组织协定》的重要组成部分。该协定的达成和实施，对于推动全球服务贸易和全球经济的发展，具有重要的意义。

1. 我国服务贸易的管理机构

《对外贸易法》规定，国务院对外贸易主管部门和国务院其他有关部门，依照《对外贸易法》和其他有关法律、行政法规的规定，对国际服务贸易进行管理。

2. 服务贸易的市场准入和国民待遇

《对外贸易法》第24条规定，中华人民共和国在国际服务贸易方面根据所缔结或者参加的国际条约、协定中所作的承诺，给予其他缔约方、参加方市场准入和国民待遇。

2001年12月11日，我国正式加入世界贸易组织。按照《服务贸易总协定》的规定，我国在《中华人民共和国加入议定书》的附件以及《中国加入工作组报告书》中，对服务贸易的市场准入和国民待遇作了具体承诺。对于这些法律承诺，我国必须严格遵守。

3. 国际服务贸易限制或者禁止

为维护我国的国家利益、公共利益以及服务业的发展，依据《服务贸易总协定》的规定，对外贸易法对于限制和禁止国际服务贸易的条件作出了规定。

《对外贸易法》第 26 条规定，国家基于下列原因，可以限制或者禁止有关的国际服务贸易。

（1）为维护国家安全、社会公共利益或者公共道德需要的。

（2）为保护人的健康或者安全，保护动物、植物的生命或者健康，保护环境需要的。

（3）为建立或者加快建立国内特定服务产业需要的。

（4）为保障国家外汇收支平衡需要的。

（5）依照法律、行政法规的规定的。

（6）根据我国缔结或者参加的国际条约、协定规定的。

《对外贸易法》第 27 条还规定，国家对与军事有关的国际服务贸易，以及与裂变、聚变物质或者衍生此类物质的物质有关的国际服务贸易，可以采取任何必要的措施，维护国家安全。在战时或者为维护国际和平与安全，国家在国际服务贸易方面可以采取任何必要的措施。

国务院对外贸易主管部门会同国务院其他有关部门，依照《对外贸易法》第 26、第 27 条和其他有关法律、行政法规的规定，制定、调整并公布国际服务贸易市场准入目录。

第四编

市场规制和调控法律制度

第十七章　广告和竞争法律制度

本章要点

本章重点介绍广告准则、广告活动，不正当竞争行为的种类、对不正当竞争行为的监督检查，反垄断法的规制对象和我国反垄断法的基本内容。

典型案例

2010年10月29日，奇虎(简称360)发布“扣扣保镖”安全软件。“3Q大战”QQ用户安全保卫战开始。从10月30日至1月2日，360安全卫士大力推广此外挂软件。11月3日，360将外挂软件“扣扣保镖”打包进360安全卫士。腾讯向其用户发布消息称，将在装有360软件的电脑上停止运行QQ软件。腾讯宣称与360势不两立，用户如不卸载360，将不能继续使用QQ。

2010年11月4日，在政府的干预下，360宣布召回“扣扣保镖”。360发布公告称，360和QQ软件实现完全兼容。“3Q大战”因工业和信息化部(以下简称工信部)的一纸令两家企业向用户道歉的通告而偃旗息鼓。但是，互联网企业之间的竞争每时每刻都在继续。

在“3Q大战”中，涉嫌侵权多达5项，包括通信权、隐私权、著作权、名誉权、选择权，涉及的法律包括宪法、民法、反不正当竞争法、消费者权益保护法、反垄断法等多部法律。

此事件作为我国互联网行业发展中的重大事件，其间不仅仅当事企业涉身其中，数以亿计的用户也被卷入，不但引发媒体的关注，而且最终导致政府介入干预，成为整个社会关注的公案。

2010年12月8日、22日，北京通信法制研究会、工信部电信研究院合办的“互联网立法暨3Q之争法律透析研讨会”在北京举行，两次会议的主讲人分别是“3Q大战”的两位当事方——360、腾讯公司的法律顾问，两家公司就“3Q大战”的前因后果作了说明。

从研讨会上讨论的话题来看，相关的法律问题集中在以下几个方面：腾讯是否侵犯了用户的隐私权？什么是不正当竞争？谁在滥用市场支配地位？对于互联网监管，政府部门应如何当好裁判？

【资料来源】王雅平，“停战以后”——由中国互联网产业“3Q大战”所引发的法律思考，中国电信业，2011年1月。

第一节 广告法律制度

一、广告法律制度概述

广告是为了某种特定的需要，通过一定形式的媒介，公开而广泛地向公众传递信息的宣传手段。广告有广义和狭义之分，广义广告包括非商业广告和商业广告。非商业广告是指不以营利为目的的广告，为达到推广目的的效应广告，如政府行政部门、社会事业单位乃至个人的各种公告、启事、声明等。狭义广告仅指商业广告，即以营利为目的的广告，通常是商品生产者、经营者为推销产品、提供劳务，提高商业信誉，从而占领市场的重要形式，主要目的是扩大经济效益。

广告法是国家在调整广告活动过程中所发生的各种社会关系的法律规范的总称，它调整广告主、广告经营者和广告发布者在我国境内从事广告活动所发生的社会关系，主要是广告监督管理机关、广告审查机关与广告行为的主体之间发生的各种管理关系。

随着西方工业革命的蓬勃发展，商品经济日益繁盛，广告逐渐成为最重要的营销手段和宣传媒介，被越来越多的工商业者和普通大众所熟悉和接受。报纸业的逐渐成熟以及近代电信、交通业的快速发展，电影广告、路牌广告、霓虹灯广告等新的广告形式接连出现。随之产生的是专门从事广告业务的广告经营机构和以广告媒介为职业的广告专业人员。广告作为一种有效的商务信息传播活动，在提高企业与商品的知名度，向消费者传递企业与商品信息等方面发挥着积极的作用。但在广告行业存在诸多问题，如有的广告夸大其词、言过其实，有的广告恶意贬低竞争对手，有的广告甚至捏造事实，无中生有等等。这不仅直接损害了消费者的利益，而且扰乱了社会经济秩序，因此各国都重视广告立法。英国是世界上最早颁布具有近代意义的广告法的国家。早在1713年，英国议会就通过了对报纸广告课征印花税的法案，进行广告管理与广告规制活动。此后，英国于1889年和1907年，分别颁布了成文的《不当广告法》和《广告管理法》。它们是目前已知的世界上最早的比较完整的成文广告法。之后，一系列广告管理法规相继出台，使英国成为世界上广告监管法规体系最完备的国家之一。

我国近代广告立法是随着鸦片战争以后报刊广告的产生而出现的。1914年，上海公布了中国近代最早的广告法《筹办巴拿马赛会出品协会事务所广告法》。北洋政府和国民政府时期通过的《出版法》均有广告管理的规定。中华人民共和国成立后，广告业在中心城市有一定的发展，各大城市根据国家有关部门的指示，制定了广告管理法规和规章。“文革”期间，广告法制建设处于停滞状态。“文革”结束以后，特别是改革开放以来，我国的广告立法取得了重大进展，形成了以《中华人民共和国广告法》(1994年10月27日第8届全国人大第10次会议通过、2015年4月24日第12届全国人大常务委员会第14次会议修订、2018年10月26日第13届全国人大会常务委员会第6次会议修正，以下简称《广告法》)、《广告管理条例》(1987年12月1日国务院制颁布)为核心，国务院有关部门制定的规章、地方性法规和规章以及其他涉及广告管理规范的法律共同构成的较为完善的广告法律制度。《广告管理条例》目前依然有效，即以《广告管理条例》为核心的广告法制体系作为现行广告法制体系的组成部分，总体上是有效的。同时，《广告法》规范的是商业广告，因此社会类、公共类等非商业广告的监督管理，仍然适用《广告管理条例》。

二、广告准则

广告准则是法律对广告内容、形式等作出的必须遵守的原则和限制。它是广告活动主体设计、制作和发布广告时所应遵循的一般性准则，同时也是广告审查机关对广告依法进行审查的依据和标准。我国《广告法》除应当符合公序良俗以及社会的经济发展要求之外，还确立了以下准则。

（一）广告的一般准则

（1）内容真实明白原则。真实明白原则要求广告的内容实事求是、内容明白清楚。《广告法》第 4 条规定："广告不得含有虚假或者引人误解的内容，不得欺骗、误导消费者。广告主应当对广告内容的真实性负责。"根据《广告法》第 8 条的规定，广告中对商品的性能、功能、产地、用途、质量、成分、价格、生产者、有效期限、允诺等或者对服务的内容、提供者、形式、质量、价格、允诺等有表示的，应当准确、清楚、明白；广告中表明推销的商品或者服务附带赠送的，应当明示所附带赠送商品或者服务的品种、规格、数量、期限和方式；法律、行政法规规定广告中应当明示的内容，应当显著、清晰地表示。

（2）合法和诚实信用原则。合法和诚实信用原则要求广告主必须具有合法资格、广告的内容必须符合法律、法规和规章的要求，遵循诚实信用的原则。《广告法》第 5 条规定："广告主、广告经营者、广告发布者从事广告活动，应当遵守法律、法规，诚实信用，公平竞争。"《广告法》第 7 条规定："广告行业组织依照法律、法规和章程的规定，制定行业规范，加强行业自律，促进行业发展，引导会员依法从事广告活动，推动广告行业诚信建设。"

（3）健康发展原则。《广告法》第 3 条规定，广告应当真实、合法，以健康的表现形式表达广告内容，符合社会主义精神文明建设和弘扬中华民族优秀传统文化的要求。根据《广告法》第 9 条的规定，广告不得有下列情形：使用或者变相使用中华人民共和国的国旗、国歌、国徽，军旗、军歌、军徽；使用或者变相使用国家机关、国家机关工作人员的名义或者形象；使用"国家级""最高级""最佳"等用语；损害国家的尊严或者利益，泄露国家秘密；妨碍社会安定，损害社会公共利益；危害人身、财产安全，泄露个人隐私；妨碍社会公共秩序或者违背社会良好风尚；含有淫秽、色情、赌博、迷信、恐怖、暴力的内容；含有民族、种族、宗教、性别歧视的内容；妨碍环境、自然资源或者文化遗产保护；法律、行政法规规定禁止的其他情形。

（4）正当竞争原则。《广告法》第 13 条规定："广告不得贬低其他生产经营者的商品或者服务。"为了维护社会经济秩序，保护公平竞争，法律禁止利用广告贬低其他经营者或服务者。一般而言，在有科学的依据和证明，并且是相同的产品或可类比产品，在有可比较之处又具有可比性的情况下，在广告中进行比较是允许的。但这种比较必须在一定限度之内，只是陈述一种客观存在，不含有借以贬低他人，以抬高自己的表现和倾向。

（5）易于识别原则。《广告法》第 14 条规定："广告应当具有可识别性，能够使消费者辨明其为广告。大众传播媒介不得以新闻报道形式变相发布广告。通过大众传播媒介发布的广告应当显著标明‘广告’，与其他非广告信息相区别，不得使消费者产生误解。广播电台、电视台发布广告，应当遵守国务院有关部门关于时长、方式的规定，并应当对广告时长作出明显提示。”

(二) 特殊商品广告的禁止准则

1. 医疗、药品、医疗器械广告

《广告法》规定，医疗、药品、医疗器械广告必须遵循下列原则。

(1) 不得有下列内容：表示功效、安全性的断言或者保证；说明治愈率或者有效率；与其他药品、医疗器械的功效和安全性或者其他医疗机构比较；利用广告代言人作推荐、证明；法律、行政法规规定禁止的其他内容。

(2) 药品广告的内容不得与国务院药品监督管理部门批准的说明书不一致，并应当显著标明禁忌、不良反应。处方药广告应当显著标明“本广告仅供医学药学专业人士阅读”，非处方药广告应当显著标明“请按药品说明书或者在药师指导下购买和使用”。推荐给个人自用的医疗器械的广告，应当显著标明“请仔细阅读产品说明书或者在医务人员的指导下购买和使用”。医疗器械产品注册证明文件中有禁忌内容、注意事项的，广告中应当显著标明“禁忌内容或者注意事项详见说明书”。

(3) 麻醉药品、精神药品、医疗用毒性药品、放射性药品等特殊药品，药品类易制毒化学品，以及戒毒治疗的药品、医疗器械和治疗方法，不得作广告。上述药品以外的处方药，只能在国务院卫生行政部门和国务院药品监督管理部门共同指定的医学、药学专业刊物上做广告。

(4) 广播电台、电视台、报刊音像出版单位、互联网信息服务提供者不得以介绍健康、养生知识等形式变相发布医疗、药品、医疗器械广告。

2. 保健食品、婴儿食品广告

(1) 保健食品广告不得含有下列内容：表示功效、安全性的断言或者保证；涉及疾病预防、治疗功能；声称或者暗示广告商品为保障健康所必需；与药品、其他保健食品进行比较；利用广告代言人作推荐、证明；法律、行政法规规定禁止的其他内容。

(2) 保健食品广告应当显著标明“本品不能代替药物”。

(3) 禁止在大众传播媒介或者公共场所发布声称全部或者部分替代母乳的婴儿乳制品、饮料和其他食品广告。

(4) 广播电台、电视台、报刊音像出版单位、互联网信息服务提供者不得以介绍健康、养生知识等形式变相发布保健食品广告。

3. 农药、兽药、饲料和饲料添加剂广告

《广告法》规定，农药广告的批准文号应当列为广告内容同时发布。未经国家批准登记的农药不得发布广告。农药、兽药、饲料和饲料添加剂广告不得含有下列内容：表示功效、安全性的断言或者保证；利用科研单位、学术机构、技术推广机构、行业协会或者专业人士、用户的名义或者形象作推荐、证明；说明有效率；违反安全使用规程的文字、语言或者画面；法律、行政法规规定禁止的其他内容。2015 年 12 月 24 日，国家工商行政管理总局令第 81 号发布并于 2016 年 2 月 1 日起施行的《农药广告审查发布标准》，对农药广告的发布标准作了全面细致的规定。

4. 烟草广告

《广告法》规定，禁止在大众传播媒介或者公共场所、公共交通工具、户外发布烟草广告。禁止向未成年人发送任何形式的烟草广告。禁止利用其他商品或者服务的广告、公益广告，宣传烟草制品名称、商标、包装、装潢以及类似内容。烟草制品生产者或者销售者发布的迁址、更名、招聘等启事中，不得含有烟草制品名称、商标、包装、装潢以及类似内容。

5. 酒类广告

《广告法》规定，酒类广告不得含有下列内容：诱导、怂恿饮酒或者宣传无节制饮酒；出现饮酒的动作；表现驾驶车、船、飞机等活动；明示或者暗示饮酒有消除紧张和焦虑、增加体力等功效。

6. 教育、培训广告

《广告法》规定，教育、培训广告不得含有下列内容：对升学、通过考试、获得学位学历或者合格证书，或者对教育、培训的效果作出明示或者暗示的保证性承诺；明示或者暗示有相关考试机构或者其工作人员、考试命题人员参与教育、培训；利用科研单位、学术机构、教育机构、行业协会、专业人士、受益者的名义或者形象作推荐、证明。

7. 招商等有投资回报预期的商品或者服务广告

《广告法》规定，招商等有投资回报预期的商品或者服务广告，应当对可能存在的风险以及风险责任承担有合理提示或者警示，并不得含有下列内容：对未来效果、收益或者与其相关的情况作出保证性承诺，明示或者暗示保本、无风险或者保收益等，国家另有规定的除外；利用学术机构、行业协会、专业人士、受益者的名义或者形象作推荐、证明。

8. 房地产广告

《广告法》规定，房地产广告，房源信息应当真实，面积应当表明为建筑面积或者套内建筑面积，并不得含有下列内容：升值或者投资回报的承诺；以项目到达某一具体参照物的所需时间表示项目位置；违反国家有关价格管理的规定；对规划或者建设中的交通、商业、文化教育设施以及其他市政条件作误导宣传。

9. 农作物种子、林木种子、草种子、种畜禽、水产苗种和种养殖广告

《广告法》规定，农作物种子、林木种子、草种子、种畜禽、水产苗种和种养殖广告关于品种名称、生产性能、生长量或者产量、品质、抗性、特殊使用价值、经济价值、适宜种植或者养殖的范围和条件等方面的表述应当真实、清楚、明白，并不得含有下列内容：作科学上无法验证的断言；表示功效的断言或者保证；对经济效益进行分析、预测或者作保证性承诺；利用科研单位、学术机构、技术推广机构、行业协会或者专业人士、用户的名义或者形象作推荐、证明。

三、广告行为规范

根据《广告法》的规定，从事广告行为必须遵循下列规定。

(一) 广告活动的一般规定

(1) 广告主、广告经营者、广告发布者之间在广告活动中应当依法订立书面合同，明确

各方的权利和义务。

(2) 广告主、广告经营者、广告发布者不得在广告活动中进行任何形式的不正当竞争。

(3) 法律、行政法规规定禁止生产、销售的产品或者提供的服务,以及禁止发布广告的商品或者服务,任何单位或者个人不得设计、制作、代理、发布广告。

(二) 广告发布的规定

广播电台、电视台、报刊出版单位从事广告发布业务的,应当设有专门从事广告业务的机构,配备必要的人员,具有与发布广告相适应的场所、设备,并向县级以上地方市场监督管理部门办理广告发布登记。广告发布者向广告主、广告经营者提供的覆盖率、收视率、点击率、发行量等资料应当真实。

(三) 广告经营的规定

广告主委托设计、制作、发布广告,应当委托具有合法经营资格的广告经营者、广告发布者。

广告经营者、广告发布者应当按照国家有关规定,建立、健全广告业务的承接登记、审核、档案管理制度。

广告经营者、广告发布者依据法律、行政法规查验有关证明文件,核对广告内容。对内容不符或者证明文件不全的广告,广告经营者不得提供设计、制作、代理服务,广告发布者不得发布。

广告经营者、广告发布者应当公布其收费标准和收费办法。

(四) 广告代言人的规定

广告代言人在广告中对商品、服务作推荐、证明,应当依据事实,符合《广告法》和有关法律、行政法规规定,并不得为其未使用过的商品或者未接受过的服务作推荐、证明。不得利用不满 10 周岁的未成年人作为广告代言人。对在虚假广告中作推荐、证明受到行政处罚未满 3 年的自然人、法人或者其他组织,不得利用其作为广告代言人。

(五) 针对未成年人广告的规定

《广告法》规定,不得在中小学校、幼儿园内开展广告活动,不得利用中小学生和幼儿的教材、教辅材料、练习册、文具、教具、校服、校车等发布或者变相发布广告,但公益广告除外。

在针对未成年人的大众传播媒介上不得发布医疗、药品、保健食品、医疗器械、化妆品、酒类、美容广告,以及不利于未成年人身心健康的网络游戏广告。针对不满 14 周岁的未成年人的商品或者服务的广告不得含有下列内容:劝诱其要求家长购买广告商品或者服务;可能引发其模仿不安全行为。

(六) 设置户外广告的规定

有下列情形之一的,不得设置户外广告:利用交通安全设施、交通标志的;影响市政公共设施、交通安全设施、交通标志、消防设施、消防安全标志使用的;妨碍生产或者人民生活,损害市容市貌的;在国家机关、文物保护单位、风景名胜区等的建筑控制地带,或者县级以上地方人民政府禁止设置户外广告的区域设置的。

(七) 电子数据广告的规定

任何单位或者个人未经当事人同意或者请求,不得向其住宅、交通工具等发送广告,也不得以电子信息方式向其发送广告。以电子信息方式发送广告的，应当明示发送者的真实身份和联系方式，并向接收者提供拒绝继续接收的方式。

利用互联网发布、发送广告，不得影响用户正常使用网络。在互联网页面以弹出等形式发布的广告，应当显著标明关闭标志，确保一键关闭。

公共场所的管理者或者电信业务经营者、互联网信息服务提供者对其明知或者应知的利用其场所或者信息传输、发布平台发送、发布违法广告的，应当予以制止。

四、广告审查

广告审查是指为保证广告内容是否合法、真实，在广告发布前，由广告经营者、广告发布者、广告审查机关依法进行的审查、核实活动。广义的广告审查有如下两种：一是广告经营者和广告发布者在接受广告主委托时进行的审查，包括查验有关证明文件、核实广告内容；二是行政主管部门对法律、行政法规规定的特殊商品的广告内容进行审查。《广告法》第46条规定："发布医疗、药品、医疗器械、农药、兽药和保健食品广告，以及法律、行政法规规定应当进行审查的其他广告，应当在发布前由有关部门(以下称广告审查机关)对广告内容进行审查；未经审查，不得发布。"狭义的广告审查指后者。

广告主申请广告审查，应当依照法律、行政法规向广告审查机关提交有关证明文件。广告审查机关应当依照法律、行政法规作出审查决定，并应当将审查批准文件抄送同级市场监督管理部门。广告审查机关应当及时向社会公布批准的广告。

市场监督管理部门履行广告监督管理职责，可以行使下列职权：对涉嫌从事违法广告活动的场所实施现场检查；询问涉嫌违法当事人或者其法定代表人、主要负责人和其他有关人员，对有关单位或者个人进行调查；要求涉嫌违法当事人限期提供有关证明文件；查阅、复制与涉嫌违法广告有关的合同、票据、账簿、广告作品和其他有关资料；查封、扣押与涉嫌违法广告直接相关的广告物品、经营工具、设备等财物；责令暂停发布可能造成严重后果的涉嫌违法广告；法律、行政法规规定的其他职权。市场监督管理部门应当建立健全广告监测制度，完善监测措施，及时发现和依法查处违法广告行为。

五、违反广告法的法律责任

违反《广告法》规定，发布虚假广告，欺骗、误导消费者，使购买商品或者接受服务的消费者的合法权益受到损害的，由广告主依法承担民事责任。广告经营者、广告发布者不能提供广告主的真实名称、地址和有效联系方式的，消费者可以要求广告经营者、广告发布者先行赔偿。关系消费者生命健康的商品或者服务的虚假广告，造成消费者损害的，其广告经营者、广告发布者、广告代言人应当与广告主承担连带责任。其他商品或者服务的虚假广告，造成消费者损害的，其广告经营者、广告发布者、广告代言人，明知或者应知广告虚假仍设计、制作、代理、发布或者作推荐、证明的，应当与广告主承担连带责任。

对违反《广告法》的广告主、广告经营者、广告发布者和广告代言人，由市场监督管理部门依照《广告法》分别或合并处以：责令停止发布广告、责令、在相应范围内消除影响、罚款吊销营业执照、没收广告费用等，并(或)由广告审查机关撤销广告审查批准文件、1年内不受理其广告审查申请。由有关部门暂停广告发布业务、吊销营业执照、吊销广告发布登记证件。构成犯罪的，依法追究刑事责任。

因发布虚假广告，或者有其他《广告法》规定的违法行为，被吊销营业执照的公司、企业的法定代表人，对违法行为负有个人责任的，自该公司、企业被吊销营业执照之日起3年内不得担任公司、企业的董事、监事、高级管理人员。

违反《广告法》的规定，拒绝、阻挠市场监督管理部门监督检查，或者有其他构成违反治安管理行为的，依法给予治安管理处罚；构成犯罪的，依法追究刑事责任。

广告审查机关对违法的广告内容作出审查批准决定的，对直接负责的主管人员和其他直接责任人员，由其所在单位、上级机关、行政监察部门依法给予行政处分。广告监督管理机关和广告审查机关的工作人员玩忽职守、滥用职权、徇私舞弊的，给予行政处分。构成犯罪的，依法追究刑事责任。

第二节　反不正当竞争法律制度

一、反不正当竞争法概述

不正当竞争的概念是19世纪在西方国家首先出现的，散见于商标法、工业产权法、广告法等法律中。各国对不正当竞争概念的表述有三种方式：①定义式，即在法律中明确规定不正当竞争的定义。②列举式，即在法律中列举各种不正当竞争行为。③定义与列举相结合，即规定不正当竞争的定义，同时又作列举。我国在1993年9月颁布了《反不正当竞争法》(2017年11月第12届全国人大常务委员会第30次会议修订、2019年4月第13届全国人大常务委员会第10次会议修正)，该法对不正当竞争概念的表述采取定义与列举相结合的模式。《反不正当竞争法》第2条第2款规定："本法所称的不正当竞争行为，是指经营者在生产经营活动中，违反本法规定，扰乱市场竞争秩序，损害其他经营者或者消费者的合法权益的行为。"并且，《反不正当竞争法》第二章专章列举了7类不正当竞争行为。采用这种立法方式的好处：一是列举了常见的不正当竞争行为，便于司法实践操作；二是用概括的定义揭示了所有不正当竞争行为的本质，为正确理解和适用法律提供了原则依据，防止实施不正当竞争行为的经营者逃避处罚。

《反不正当竞争法》颁布以后，我国又颁布了一系列有关反不正当竞争的配套法规，构成了我国反不正当竞争的法律体系，使我国反不正当竞争基本有法可依。

我国《反不正当竞争法》第2条规定了《反不正当竞争法》的原则，包括：①自愿竞争、平等竞争原则。该原则要求所有经营者参与市场交易竞争，必须以自愿为前提，任何一方或他人都不得违背当事人的意志强行交易。在交易竞争过程中，双方当事人的法律地位平等，不允许以大欺小、以强欺弱、以上欺下。②公平竞争、诚实信用原则。公平竞争原则要求经营者在市场交易竞争中，所处的法律地位平等，不允许任何一方享有特权，也不允许任何组织和个人有特殊地位。经营者的竞争机会应是平等的，采用的竞争手段是公开、正当和合法的。诚信原则要求经营者在市场交易中意思表示真实，在交易中守合同、讲信用，严格按照条件进行交易，履行各项承诺。③遵守法律和商业道德的原则。商业道德是在长期的市场交易过程中逐渐形成的善良风俗、职业道德、交易习惯等。遵守商业道德，是维持正常交易秩序和环境的基础。

二、不正当竞争行为的种类

我国《反不正当竞争法》第二章专章规定了 7 种不正当竞争行为。

（一）商业混同行为和虚假表示行为

商业混同行为是指经营者不正当地从事市场交易，使自己的商品或服务与他人的商品或服务相混淆，造成或足以造成购买者误认误购的不正当竞争行为。虚假表示行为是指经营者在商品或其包装的标识上，对商品质量标示、产地或其他反映商品质量状况的各种因素作不真实的标注，欺骗购买者的不正当竞争行为。经营者不得实施下列混淆行为，引人误认为是他人商品或者与他人存在特定联系。

（1）擅自使用与他人有一定影响的商品名称、包装、装潢等相同或者近似的标识。

（2）擅自使用他人有一定影响的企业名称（包括简称、字号等）、社会组织名称（包括简称等）、姓名（包括笔名、艺名、译名等）。

（3）擅自使用他人有一定影响的域名主体部分、网站名称、网页等。

（4）其他足以引人误认为是他人商品或者与他人存在特定联系的混淆行为。

（二）商业贿赂行为

经营者不得采用财物或者其他手段贿赂交易相对方的工作人员、受交易相对方委托办理相关事务的单位或者个人、利用职权或者影响力影响交易的单位或者个人，以谋取交易机会或者竞争优势。经营者在交易活动中，可以以明示方式向交易相对方支付折扣，或者向中间人支付佣金。经营者向交易相对方支付折扣、向中间人支付佣金的，应当如实入账。接受折扣、佣金的经营者也应当如实入账。

（三）虚假宣传行为

经营者不得对其商品的性能、功能、质量、销售状况、用户评价、曾获荣誉等作虚假或者引人误解的商业宣传，欺骗、误导消费者。经营者不得通过组织虚假交易等方式，帮助其他经营者进行虚假或者引人误解的商业宣传。

（四）侵犯商业秘密行为

商业秘密是不为公众所知悉、能为权利人带来经济利益、具有实用性并经权利人采取保密措施的技术信息和经营信息。一种信息构成商业秘密，必须符合四个特征：新颖性、价值性、实用性和保密性。

经营者不得实施下列侵犯商业秘密的行为。

（1）以盗窃、贿赂、欺诈、胁迫、电子侵入或者其他不正当手段获取权利人的商业秘密。

（2）披露、使用或者允许他人使用以前项手段获取的权利人的商业秘密。

（3）违反保密义务或者违反权利人有关保守商业秘密的要求，披露、使用或者允许他人使用其所掌握的商业秘密。

（4）教唆、引诱、帮助他人违反保密义务或者违反权利人有关保守商业秘密的要求，获取、披露、使用或者允许他人使用权利人的商业秘密。

经营者以外的其他自然人、法人和非法人组织实施上述所列违法行为的，视为侵犯商业秘密。

第三人明知或者应知商业秘密权利人的员工、前员工或者其他单位、个人实施以盗窃、贿赂、欺诈、胁迫、电子侵入或者其他不正当手段获取权利人的商业秘密，仍获取、披露、使用或者允许他人使用该商业秘密的，视为侵犯商业秘密。

（五）不正当有奖销售行为

有奖销售是经营者的一种促销活动，是经营者以提供物品、金钱或者其他条件作为奖励，刺激消费者购买商品或服务的行为。

经营者进行有奖销售不得存在下列情形。

（1）所设奖的种类、兑奖条件、奖金金额或者奖品等有奖销售信息不明确，影响兑奖。

（2）采用谎称有奖或者故意让内定人员中奖的欺骗方式进行有奖销售。

（3）抽奖式的有奖销售，最高奖的金额超过5万元。

（六）诋毁竞争对手商业信誉、商品声誉的行为

商业信誉是社会对经营者商业道德、商品品质、价格、服务等方面的积极评估。商品声誉是社会对特定商品品质、性能的赞誉。两者是经营者的重要无形资产，能给经营者带来巨大的经济效益和市场竞争的优势地位。

经营者不得编造、传播虚假信息或者误导性信息，损害竞争对手的商业信誉、商品声誉。

经营者利用网络从事生产经营活动，应当遵守《反不正当竞争法》的各项规定。

（七）网络不正当竞争行为

经营者不得利用技术手段，通过影响用户选择或者其他方式，实施下列妨碍、破坏其他经营者合法提供的网络产品或者服务正常运行的行为。

（1）未经其他经营者同意，在其合法提供的网络产品或者服务中，插入链接、强制进行目标跳转。

（2）误导、欺骗、强迫用户修改、关闭、卸载其他经营者合法提供的网络产品或者服务。

（3）恶意对其他经营者合法提供的网络产品或者服务实施不兼容。

（4）其他妨碍、破坏其他经营者合法提供的网络产品或者服务正常运行的行为。

三、对涉嫌不正当竞争行为的调查

我国《反不正当竞争法》第三章对涉嫌不正当竞争行为的调查作了具体规定。

（一）监督检查部门

我国《反不正当竞争法》规定："县级以上人民政府履行工商行政管理职责的部门对不正当竞争行为进行查处；法律、行政法规规定由其他部门查处的，依照其规定。"可见，我国对不正当竞争行为进行监督检查的部门主要是县级以上市场监督管理部门，法律、行政法规规定的其他部门是指与市场监督管理有关的其他行政职能部门，如国家版权局、卫生行政管理部门等。国家鼓励、支持和保护一切组织和个人对不正当竞争行为进行社会监督。

（二）监督检查部门的职权

监督检查部门调查涉嫌不正当竞争行为，可以采取下列措施。

(1) 进入涉嫌不正当竞争行为的经营场所进行检查。

(2) 询问被调查的经营者、利害关系人及其他有关单位、个人，要求其说明有关情况或者提供与被调查行为有关的其他资料。

(3) 查询、复制与涉嫌不正当竞争行为有关的协议、账簿、单据、文件、记录、业务函电和其他资料。

(4) 查封、扣押与涉嫌不正当竞争行为有关的财物。

(5) 查询涉嫌不正当竞争行为的经营者的银行账户。

四、违反《反不正当竞争法》的法律责任

不正当竞争行为损害其他经营者和消费者的合法权益，扰乱社会经济秩序，违反《反不正当竞争法》的违法者应当承担相应的法律责任，其法律责任的形式包括民事责任、行政责任和刑事责任。《反不正当竞争法》第四章对此作了专章规定。

第三节　反垄断法律制度

一、反垄断法概述

垄断是市场经济发展的必然产物，市场竞争和生产集中发展到一定程度必然产生垄断。19世纪中叶以后，自由资本主义逐渐向垄断资本主义过渡，各种垄断组织大量出现，限制、取消竞争行为使市场失去活力，破坏了市场秩序，危及中小企业的生存和发展，还侵害了消费者的权益。这一切引发了整个社会的反垄断思潮，反垄断思潮最后导致了1890年美国《谢尔曼反托拉斯法》的颁布，这是第一部现代意义的反垄断法。

由于各国的社会经济发展状况不同，社会制度的差异，反垄断法在各国的界定和具体内容不完全相同。如美国以反托拉斯为主要内容，称为“反托拉斯法”；德国以控制企业联合组织之间的协议为主，称为“卡特尔法”；日本则以反对私人垄断和限制竞争作为反垄断法的内容，称为“禁止私人垄断及确保公平交易的法律”。除发达国家外，进入20世纪60年代以来许多发展中国家也纷纷制定了反垄断法，如印度、巴西、墨西哥等。

随着世界经济一体化的趋势，反垄断立法也走向国际化。1984年联合国贸发会议制定的《消除或控制限制性商业惯例的法律范本》、1993年国际反垄断法典工作小组起草的第一部国际反垄断草案、联合国跨国公司委员会的《联合国跨国公司行为守则》、世界贸易组织关于市场开放的有关规定等，都涉及反垄断的内容。此外，一些区域性的多边国际条约也涉及禁止垄断的问题，特别是欧盟的相关条约。

2007年8月30日，中华人民共和国第十届全国人大常委会第29次会议通过了《反垄断法》，并于2008年8月1日起施行。国家工商总局于2009年5月26日公布了《工商行政管理机关查处垄断协议、滥用市场支配地位案件程序规定》和《工商行政管理机关制止滥用行政权力排除、限制竞争行为程序规定》(两规定均自2009年7月1日起施行)，2010年12月31日公布了《工商行政管理机关禁止垄断协议行为的规定》和《工商行政管理机关制止滥用

行政权力排除、限制竞争行为的规定》(两规定均自 2011 年 2 月 1 日起施行)。《反垄断法》与上述 4 个规章构成我国反垄断法的框架体系。

二、我国反垄断法的立法宗旨和适用范围

我国《反垄断法》第 1 条开宗明义指出:“为了预防和制止垄断行为,保护市场公平竞争,提高经济运行效率,维护消费者利益和社会公共利益,促进社会主义市场经济健康发展,制定此法。”这是对我国《反垄断法》立法宗旨的高度概括,充分体现了多元价值的取向,是法律的经济价值与社会价值的高度统一。

我国《反垄断法》第 2 条规定:“中华人民共和国境内经济活动中的垄断行为,适用本法;中华人民共和国境外的垄断行为,对境内市场竞争产生排除、限制影响的,适用本法。”此条规定了《反垄断法》适用的空间效力,即该法的适用范围。境外垄断行为适用我国的《反垄断法》需要具备一定的条件,即该行为对境内市场竞争产生排除、限制影响。《反垄断法》的域外适用,充分体现出我国的主权原则,也为国家间妥善处理因垄断行为引起的国际争端提供了一种有力手段。

三、我国反垄断法禁止的垄断行为

反垄断法的核心内容是对垄断行为的规制。我国反垄断法在借鉴欧美等国家和地区的立法经验基础上,规定了三种垄断行为,即垄断协议、滥用市场支配地位以及具有或者可能具有排除、限制竞争效果的经营者集中。上述三种垄断行为是反垄断法律制度的基本内容。除三种垄断行为外,我国的反垄断法还专门对滥用行政权力、排除限制竞争的行为作出了规定。《反垄断法》总则第 8 条规定,行政机关和法律、法规授权的具有管理公共事务职能的组织不得滥用行政权力,排除、限制竞争。这条规定充分反映了我国国情,是我国《反垄断法》的一个突出特点。

(一) 垄断协议行为

这是指 2 个或 2 个以上的经营者以排除或限制竞争为目的,通过协议、决定或者其他的协同行为而实施的限制竞争行为。根据对市场竞争影响的方式和程度,垄断协议一般分为横向垄断协议和纵向垄断协议两种类型。横向垄断协议是竞争者之间的协议,这种类型的垄断协议会严重扭曲市场竞争机制,是竞争执法机关监管的重点,特别是对“核心卡特尔”行为,即价格卡特尔、数量卡特尔、分割市场卡特尔、串通投标行为等,一经发现即适用“本身违法原则”查处。纵向垄断协议也称为垂直垄断协议,即不同生产、销售阶段的经营者之间达成的限制竞争协议,这种协议一般是买卖双方间的协议。我国反垄断法重点禁止了固定转售价格协议和限定最低转售价格的协议。对纵向垄断协议一般按照“本身合理原则”处理,竞争执法机关要在调查分析协议对竞争和消费者利益影响的基础上,对此类协议行为作出认定。

(二) 滥用市场支配地位

这是指在相关市场具有支配地位的经营者为维持和增强其市场地位,滥用其市场支配地位,通过对相关商品价格、数量或者其他交易条件施加影响,限制、排除竞争的行为。我国

《反垄断法》第 17 条对滥用市场支配地位的行为进行了列举,包括垄断高价、低价倾销、独家交易、拒绝交易、搭售和附加不合理条件以及差别待遇等具体行为。必须指出的是,反垄断法并不反对企业通过合法竞争获得市场支配地位,但反对已经具有市场支配地位的经营者滥用市场支配地位,损害市场竞争和消费者利益的行为。

(三) 排除、限制竞争的经营者集中

我国《反垄断法》规定了经营者集中的三种情形,分别是:经营者合并;经营者通过取得股权或者资产的方式取得对其他经营者的控制权;经营者通过合同等方式取得对其他经营者的控制权或者能够对其他经营者施加决定性影响。一般情况下,企业之间进行合并有利于实现规模经济,提高生产效率和竞争力,促进企业自身发展。但是经营者集中的行为一旦缺乏制约,企业无限制购买或兼并其他企业,会直接导致市场竞争者的减少,形成垄断性的市场结构。因此,《反垄断法》规定对经营者集中进行审查,对达到国务院规定的申报标准的经营者集中,要事先向国务院反垄断执法机构申报,未申报的不得实施集中。这条规定申明了我国对经营者集中申报实行的是强制事先申报制度。

四、反垄断机构

(一) 国务院反垄断委员会

国务院反垄断委员会是国务院设立的,负责组织、协调、指导反垄断工作的机构。我国《反垄断法》第 9 条明确规定了国务院反垄断委员会的具体职责,主要包括研究拟订有关竞争政策;组织调查、评估市场总体竞争状况,发布评估报告;制定、发布反垄断指南;协调反垄断行政执法工作;国务院规定的其他职责。

(二) 反垄断执法机构

2018 年 2 月,党的十九届三中全会审议通过了《中共中央关于深化党和国家机构改革的决定》和《深化党和国家机构改革方案》。2018 年 3 月,第十三届全国人民代表大会第一次会议批准了根据前两者所形成的《国务院机构改革方案》。该方案将国家工商行政管理总局的职责、国家质量监督检验检疫总局的职责、国家食品药品监督管理总局的职责、国家发展和改革委员会的价格监督检查与反垄断执法职责、商务部的经营者集中反垄断执法以及国务院反垄断委员会办公室等职责整合,组建国家市场监督管理总局,作为国务院直属机构。因此,国务院反垄断执法工作就由原来的国家工商行政管理总局、国家发展和改革委员会、商务部三个部门负责改为国家市场监督管理总局负责。国家市场监督管理总局负责反垄断统一执法,具体包括统筹推进竞争政策实施,指导实施公平竞争审查制度;依法对经营者集中行为进行反垄断审查,负责垄断协议、滥用市场支配地位和滥用行政权力排除、限制竞争等反垄断执法工作;指导企业在国外的反垄断应诉工作;承担国务院反垄断委员会日常工作。

五、反垄断法的重要概念和制度

(一) 本身违法原则和合理原则

本身违法原则和合理原则是反垄断法律制度体系的两个重要概念,由美国法院在司法实践中首先创立的,其主要内容是,对不同的垄断协议采用不同的违法性判断原则。

本身违法原则是指只要经营者实施了法律禁止的特定的垄断协议，无须考虑实施垄断协议可能存在的其他因素，而直接认定该垄断协议具有违法性的原则。适用本身违法原则的垄断协议，往往是对市场竞争产生严重负面影响，而对社会和经济发展一般不会产生任何积极价值的垄断协议。适用本身违法原则能够简化调查办案程序，提高办案效率，节约行政和司法资源和执法成本。

合理原则是指判定经营者实施的垄断协议行为是否违法，要在具体分析经营者行为的目的、行为方式以及行为后果等方面的基础上作出判定的原则。一些垄断协议虽然具有限制竞争的效果，但是不超出合理的限度就不会实质上减少竞争，就不需要进行禁止。只有经营者存在谋求市场垄断的目的，并且通过法律禁止的行为方式实现了该目的，对市场竞争产生了排除、限制影响的情况下，该行为才被认定为违法。适用合理原则使得反垄断执法比较灵活，能够更好地适用于复杂的经济生活，通过对经营者达成垄断协议的多种因素进行综合性分析判定，其结果更为准确和公正。

（二）豁免制度

豁免制度仅适用于协议，因此又称协议的豁免或者适用除外，是指经营者之间达成的协议虽然具有排除、限制竞争的后果，符合反垄断法禁止的行为，但是由于其整体上有利于技术进步、经济发展和社会公共利益，符合法定的免责条款而从反垄断法的适用中予以排除。我国《反垄断法》也规定了豁免制度，该法第 15 条规定，经营者能够证明所达成的协议属于下列情形之一的，适用豁免：为改进技术、研究开发新产品的；为提高产品质量、降低成本、增进效率，统一产品规格、标准或者实行专业化分工的；为提高中小经营者经营效率，增强中小经营者竞争力的；为实现节约能源、保护环境、救灾救助等社会公共利益的；因经济不景气，为缓解销售量严重下降或者生产明显过剩的；为保障对外贸易和对外经济合作中的正当利益的；法律和国务院规定的其他情形。

（三）垄断协议宽大制度

垄断协议往往是秘密进行的，一般很难被发现。垄断协议宽大制度旨在鼓励垄断协议参与者主动报告有关情况，使执法机关能够及时发现案件线索和证据，有效查处垄断协议行为。目前，宽大制度已经成为国外反垄断执法机构查获垄断协议案件的重要制度。

我国《反垄断法》第 46 条对宽大制度也作了规定，经营者主动向反垄断执法机构报告达成垄断协议的有关情况并提供重要证据的，反垄断执法机构可以酌情减轻或者免除对该经营者的处罚。为增强可操作性，《工商行政管理机关查处垄断协议、滥用市场支配地位案件程序规定》对重要证据的含义作了说明，重要证据应当是能够启动调查或者对认定垄断协议行为起到关键性作用的证据。同时规定了对垄断协议的组织者不适用宽大制度。有关规定便于执法机关掌握减轻或者免除处罚的标准。

六、违反反垄断法的法律责任

我国《反垄断法》第 7 章规定的法律责任可分为三类：一是经营者实施了垄断行为的法律责任；二是经营者妨碍反垄断执法的法律责任；三是反垄断执法人员执法过程中违法行为的法律责任。后两类责任的设置是为了维护正常的行政执法秩序。这里，我们重点讨论第一种责任即违反反垄断法的主要法律责任中的行政责任。此外，我国《反垄断法》作为保护经营者和消费者的重要法律制度，也有民事责任的规定。

1. 行政责任

《反垄断法》中的行政责任包括责令停止违法行为，没收违法所得，依据情节处以行政罚款。此外，《反垄断法》第48条还规定了对违法的经营者集中可采取拆分企业的措施。

(1) 制止违法行为。在经营者实施了垄断行为的情况下，反垄断执法机关作为市场秩序的维护者，有权制止违法行为。

(2) 没收违法所得。这是反垄断执法机构剥夺经营者在实施违法行为中所获的不法收入并上缴国库的处罚方式。

(3) 拆分企业。拆分企业是对违法的经营者集中采取的重要救济措施。我国《反垄断法》第48条规定，经营者违反该法规定实施集中的，由反垄断执法机构责令停止实施集中、限期处分股份或者资产、限期转让营业以及采取其他必要措施恢复到集中前的状态。

(4) 行政罚款。这是反垄断执法机构制止垄断行为通常采取的手段，也是最重要的手段。根据我国《反垄断法》，对实施垄断协议和滥用市场支配地位的行为，反垄断执法机构可处以上一年度销售额1%以上和10%以下的罚款。

2. 民事责任

违反反垄断法的行为不仅排除、限制竞争，损害资源的合理配置，而且也会损害经营者和消费者的合法权益。因此，反垄断法一般都有民事责任的规定。根据我国《反垄断法》第50条，经营者实施垄断行为，给他人造成损失的，依法承担民事责任。与其他法律制度相似，反垄断法的民事责任也主要是两种形式，即排除侵害和损害赔偿。

3. 行政复议和司法救济

根据我国《反垄断法》第53条，当事人对反垄断执法机构就经营者集中作出的决定不服的，可先依法申请行政复议；对行政复议决定不服的，可依法提起行政诉讼。对反垄断执法机构所作的其他决定不服的，可依法申请行政复议或者提起行政诉讼。

第十八章　产品质量和消费者权益保护法律制度

本章要点

本章主要介绍产品质量法和消费者权益保护法的相关法律制度，包括产品质量的监督与管理，企业质量体系认证制度和产品质量认证制度，国家监督抽查制度，缺陷产品召回制度，生产者、销售者的产品质量责任和义务，消费者的权利和经营者的义务，以及消费者与经营者之间因商品质量造成消费者人身、财产损失而引发的争议解决途径和法律责任。

典型案例

在经历了“三聚氰胺”“瘦肉精”“染色馒头”后，因“零部件”而引发的各类汽车安全事件又不断出现在人们的面前。

2011 年中央电视台 3·15 晚会从另一个侧面揭开了汽车产业链条上的质量黑幕，“锦湖轮胎使用大量返炼胶”一石激起千层浪。3 月 21 日，锦湖轮胎（中国）董事长李汉燮通过中央电视台《消费主张》栏目正式向消费者道歉，并表示会在最短时间内确定该公司的不合格产品范围并进行召回。

事实上，锦湖轮胎的问题并非中央电视台的“突然发现”。在中国质量协会唯一指定信息发布网站“车人网”过去几年的投诉报告中，锦湖轮胎一直榜上有名。尤其在 2009 年以来持续增长的轮胎投诉中，“锦湖”也是主要“带动力量”，投诉问题集中在早期磨损、鼓包、爆裂、龟裂等。在 2010 年解决不力的投诉问题中，轮胎问题同样位列其中。

锦湖轮胎在国内的长春、天津和南京三地拥有四大工厂，年产能超过 2 000 万条，其中包括超过 1 000 万条的子午线轮胎。为包括上海通用、一汽大众、北京现代、东风悦达起亚、神龙汽车、一汽轿车、奇瑞、比亚迪、长城汽车、哈飞汽车、华晨汽车等 12 家汽车企业的 35 款车型提供配套轮胎，在中国国内配套市场占有率位居第一。4 月 1 日，受北京现代汽车有限公司、长城汽车有限公司、东风悦达起亚汽车有限公司和锦湖轮胎（天津）有限公司委托，锦湖轮胎（中国）公司按照《缺陷汽车产品召回管理规定》要求，向国家质检总局递交了召回报告，决定自 2011 年 4 月 15 日起，召回 2008 年生产的批次编号为 C02208 和 C04008、2009 年生产的批次编号为 C00509 和 C00909、2010 年生产的批次编号为 C02410 和 C02910，以及 2011 年生产的批次编号为 C00111 的锦湖轮胎产品，涉及数量共计 302 673 条。

锦湖轮胎(中国)公司向质检总局报告称，本次召回范围内的轮胎产品在生产过程中没有严格执行企业内部标准，过量使用返退胶，可能导致轮胎质量性能下降。为消除对消费者可能造成的危害，锦湖轮胎(中国)公司将对召回范围内的轮胎进行免费更换。此外，锦湖轮胎(中国)公司还承诺将对2008年3月以来在中国生产的轿车用轮胎产品提供为期半年的免费检测服务，凡符合厂家免费更换条件的一律予以免费更换。此次锦湖轮胎的召回在国内汽车行业尚属首次。

【资料来源】国家质量监督检验检疫总局网站，http://zfdcs.aqsiq.gov.cn/qxcpzh/zhxw/201104/t20110413_181882.htm。访问时间：2011年12月27日。

第一节　产品质量法律制度

一、产品质量法概述

(一) 产品与产品质量

产品本是经济学的概念，是指与自然物相对立的一切劳动生产物。但法律上所说的产品，是有其具体规定的。《中华人民共和国产品质量法》(以下简称《产品质量法》)第2条规定："本法所称产品是指经过加工、制作，用于销售的产品。建设工程不适用本法规定；但是，建设工程使用的建筑材料、建筑构配件和设备，属于前款规定的产品范围的，适用本法规定。"该法第73条还指出"军工产品质量监督管理办法，由国务院、中央军事委员会另行制定。因核设施、核产品造成损害的赔偿责任，法律、行政法规另有规定的，依照其规定。"这表明初级农产品、不动产、军工产品，不属于我国《产品质量法》的调整范围。

产品质量是由各种要素构成的，根据国际标准化组织颁布的有关标准，产品质量应当包括适用性、安全性、可靠性、可维修性和环境等七项指标。《产品质量法》第6条规定："国家鼓励推行科学的质量管理方法，采用先进的科学技术，鼓励企业产品质量达到并且超过行业标准、国家标准和国际标准。"同时第13条还规定："可能危及人体健康和人身、财产安全的工业产品，必须符合保障人体健康和人身、财产安全的国家标准、行业标准；未制定国家标准、行业标准的，必须符合保障人体健康和人身、财产安全的要求。"由此可见，我国产品质量是指符合国家法律、法规规定的对产品的适用、安全和其他特性的要求。而产品质量责任是指因产品不符合上述要求，给用户、消费者造成损失而应承担的责任。

(二) 产品质量法的概念和性质

产品质量法是调整产品的生产、流通和监督管理过程中，因产品质量而发生的经济关系的法律规范的总称。产品质量法主要包括关于产品质量监督管理、产品质量责任、产品质量损害赔偿和处理产品质量争议等方面的法律规定。1993年颁布的《中华人民共和国产品质量法》(2000年7月第9届全国人大常务委员会第16次会议第一次修正、2009年8月第11届全国人大常务委员会第10次会议第二次修正、2018年12月第13届全国人大常务委员会第7次会议第三次修正)是我国产品质量法的主要表现形式。该法与相关的其他产品质量法律法规、规章及其他规范性文件一起构成了我国产品质量的综合法律制度，主要包括标准化法、食品卫生法、药品管理法、认证认可条例、产品标识标注规定、产品质量国家监督抽查管理办法、缺陷企业产品召回管理规定等规范性文件。

西方发达国家的产品质量法以产品责任立法为主，属于民法范畴。而我国的产品质量法融产品质量管理法和产品责任法为一体，具有治理综合化、管理系统化、功能社会化等特征，体现了现代经济立法趋势，具有公法和私法融合的特点，属于经济法体系，是经济法之市场规制法的基本组成部分，是经济法综合运用各种调整手段规范政府和市场主体的行为，是国家介入经济生活以维护社会整体利益之理念的反映。

（三）产品质量法的立法体例和归责原则

1. 立法体例

对产品质量的法律调整，一般涉及事前调整和事后调整两个方面。前者是指通过立法，事先对产品质量进行监督管理，避免和减少出现产品质量损害；后者是指通过立法对已经造成的产品质量损害追究法律责任。由于不同国家就此内容进行立法的体例安排不同，从而形成了两种不同的产品质量法体系。一是分别立法体例，即对产品质量损害和产品质量监督管理分别立法；二是统一立法体例，即将产品质量损害和产品质量监督管理统一纳入一部法律进行调整，对违法者综合采用民事责任、行政责任和刑事责任进行制裁。我国从产品质量进行统一、全面、系统调整的思路出发，采用了统一立法体例。

2. 归责原则

产品责任的最初形态是合同责任，而担保责任是确定产品制造商和其他提供者承担合同责任的重要法律依据。生产者、销售者应当保证产品的质量，这种保证分为明示担保和默示担保两类。明示担保是指明确表示采用的产品质量标准以及通过产品说明、实物样品、广告等方式表明的质量状况，生产者、销售者作出的承诺属于此类。默示担保是指产品具有为预定或正常使用目的的安全性能。

然而，产品责任法本身的法律性质决定了产品责任不能停留在合同责任阶段。实践证明，担保责任的理论往往不利于受到缺陷产品损害的受害人获得赔偿。各国法院也意识到解决产品责任诉讼，侵权责任是更为有力的法律手段。产品责任主要成为侵权责任之后，明显有利于广大消费者和使用者，它不仅扩大了产品责任诉讼中当事人的范围，而且有助于原告的诉讼。因此侵权责任理论与产品责任法的宗旨是一致的。确立侵权责任的诉由，标志着产品责任法发展的一个重要阶段。

产品责任发展的新里程碑是严格责任的确立。严格责任的主要特点之一，是不要求产品责任诉讼中原告对被告的具体疏忽行为（过失）提出证明。它的含义是，不问主观上有无故意过失，只看其结果，只要有损害的结果，没过失也要负赔偿责任。严格的产品责任是对一般侵权责任的"过失原则"的重大发展。

目前，多数国家的产品责任还处于合同担保责任和一般侵权责任的发展阶段，受合同法与侵权法的调整。而中国产品质量责任的确立，则颇具特色，即中国产品质量责任包括合同担保责任、一般侵权责任和严格责任。比如，追究产品瑕疵担保责任，不以是否造成损害为前提，也不论是否存在过错；追究产品缺陷造成损害的法律后果，实行严格责任原则，适用于生产者，不论有无过错。

二、产品质量的监督与管理

（一）产品质量监督管理机构

产品质量监督管理是指由产品质量法确认的产品质量监督管理机构、制度、办法和措施的总称。它是促进和保障生产经营者从根本上提高产品质量的基本手段，也是国家从宏观上对产品的质量进行监督管理的重要措施。我国的《产品质量法》确立了统一管理、分工负责的产品质量监督管理体制。其机构如下所述。

(1) 国务院市场监督管理部门主管全国产品质量监督工作。国务院有关部门在各自的职责范围内负责产品质量监督工作。

(2) 县级以上地方市场监督管理部门主管本行政区域内的产品质量监督工作。县级以上地方人民政府有关部门在各自的职责范围内负责产品质量监督工作。

(3) 法律对产品质量的监督部门另有规定的，依照有关法律的规定执行。

（二）产品质量监督管理制度

1. 产品质量内部管理和检验制度

《产品质量法》第 3 条规定："生产者、销售者应当建立健全内部产品质量管理制度，严格实施岗位质量规范、质量责任以及相应的考核办法。"企业的产品质量检验是基础性的自我检验，其检验标准有三种：①法定标准，即企业在进行产品质量检验时所必须采用的强制标准。《产品质量法》规定，可能危及人体健康和人身、财产安全的工业产品，必须符合保障人体健康和人身、财产安全的国家标准、行业标准；未制定国家标准、行业标准的，必须符合保障人体健康和人身、财产安全的要求。②约定标准，即由合同双方当事人依法商定的产品检验标准。③企业标准，即企业自己制定的标准。《产品质量法》第 12 条规定："产品质量应当检验合格，不得以不合格产品冒充合格产品。"鉴于此，企业产品必须依法定标准和程序检验合格后，才能出厂和销售。

企业的质量检验，还应当接受产品质量监督管理机构的指导和检查，以确保检验的质量。

2. 产品标准化制度

标准化法是规范标准制定、标准实施和标准监督管理的法律规范的总称。中国标准化法的立法目的是，通过标准化法的制定和实施，促进技术进步，改进产品质量，提高社会经济效益，维护国家和人民的利益，使标准化工作适应社会主义市场经济和发展对外关系的需要。对于强制性标准，企业必须执行，不符合强制性标准的产品，禁止生产、销售和进口；对于推荐性标准，国家鼓励企业自愿采用。

企业对有国家标准或者行业标准的产品，可以向国务院标准化行政主管部门或者国务院标准化行政管理部门授权的部门申请产品质量认证。认证合格的，由认证部门授予认证证书，准许在其产品或包装上使用规定的认证标志。

3. 企业质量体系认证制度

企业质量体系认证制度亦称企业质量保障体系，是指通过认证机构的独立评审，对于符合规定条件的企业，颁发认证证书，从而证明该企业的质量体系达到相应标准的制度。

认证的依据是国际通用的“质量管理和质量保证”系列标准，即国际标准化组织(ISO)系列国际标准以及先行国际质量 CCC 标准。该标准吸收了各国质量管理、质量保证的精华，统一了质量术语概念，反映并发展了发达国家质量管理的实践经验。目前，世界上已有 60 多个国家和地区等同或等效地采用了该系列标准。

企业质量体系认证的执行机构是经国务院产品质量监督部门认可的或者由它授权的部门认可的企业质量体系认证的技术机构。企业根据自愿原则可以向国务院产品质量监督部门认可的或者国务院产品质量监督部门授权的部门认可的认证机构申请企业质量体系认证。经认证合格的，由认证机构颁发企业质量体系认证证书。

4. 产品质量认证制度

产品质量认证是指依据产品标准和相应技术要求，经认证机构确认并通过颁发认证证书和认证标志来证明某一产品符合相应标准和相应技术要求的活动。

产品质量认证分为安全认证和合格认证。安全认证是对属于执行国家强制性标准的产品进行的认证，目的在于保证人身和财产的安全。合格认证是对产品质量是否符合特定的国家标准或者行业标准的产品进行的认证，目的在于证明某产品符合特定的标准。

国家参照国际先进的产品标准和技术要求，推行产品质量认证制度。产品质量认证机构是由国务院标准化行政主管部门或者其授权的部门设立的行业认证委员会，其负责认证工作的具体实施。企业经认证合格，由认证机构颁发产品质量认证证书，准许企业在产品或者其包装上使用产品质量认证标志。获准认证的产品，除接受国家法律和行政法规规定的检查外，免于其他检查，并享有实行优质优价、优先推荐评为国有产品等国家规定的优惠。

5. 产品质量监督检查制度

产品质量监督检查是指依法设定的质量监督部门，依照法定权限和法定程序，对企业产品的质量进行监督性检验的制度。

1）抽查制度

《产品质量法》规定，国家对产品质量实行以抽查为主要方式的监督检查制度，对可能危及人体健康和人身、财产安全的产品，影响国计民生的重要工业产品以及消费者、有关组织反映有质量问题的产品进行抽查。抽查的样品应当在市场上或者企业成品仓库内的待销产品中随机抽取。

监督抽查工作由市场监督管理部门规划和组织。县级以上地方市场监督管理部门在本行政区域内也可以组织监督抽查。法律对产品质量的监督检查另有规定的，依照有关法律的规定执行。

国家监督抽查的产品，地方不得另行重复抽查；上级监督抽查的产品，下级不得另行重复抽查。

2）检验制度

根据监督抽查的需要，可以对产品进行检验。检验抽取样品的数量不得超过检验的合理需要，并不得向被检查人收取检验费用。监督抽查所需检验费用按照国务院规定列支。

产品质量检验机构必须具备相应的检测条件和能力，经省级以上人民政府市场监督管理部门或者其授权的部门考核合格后，方可承担产品质量检验工作。法律、行政法规对产品质量检验机构另有规定的，依照有关法律、行政法规的规定执行。

从事产品质量检验、认证的社会中介机构必须依法设立，不得与行政机关和其他国家机关存在隶属关系或者其他利益关系。产品质量检验机构、认证机构必须依法按照有关标准，客观、公正地出具检验结果或者认证证明。

产品质量认证机构应当依照国家规定对准许使用认证标志的产品进行认证后的跟踪检查；对不符合认证标准而使用认证标志的，要求其改正；情节严重的，取消其使用认证标志的资格。

3）监督制度

消费者有权就产品质量问题，向产品的生产者、销售者查询；向市场监督管理部门及有关部门申诉，接受申诉的部门应当负责处理。

保护消费者权益的社会组织可以就消费者反映的产品质量问题建议有关部门负责处理，支持消费者对因产品质量造成的损害向人民法院起诉。

国务院和省、自治区、直辖市人民政府的市场监督管理部门应当定期发布其监督抽查的产品的质量状况公告。

市场监督管理部门或者其他国家机关以及产品质量检验机构不得向社会推荐生产者的产品；不得以对产品进行监制、监销等方式参与产品经营活动。

三、缺陷产品召回制度

缺陷产品召回是指对于流通中存在缺陷的产品，在可能导致损害发生的情况下，产品生产经营者采取发布公告、通知等措施督促消费者交回缺陷产品，经营者采取有效措施消除缺陷，防止损害发生的一种事先救济措施。缺陷产品召回制度，是产品治理监督管理体系中的一项重要制度。

我国缺陷产品召回制度较欧美国家实行得较晚。1993 年的《中华人民共和国消费者权益保护法》第 18 条第 2 款规定："经营者发现其提供的商品或者服务存在严重缺陷，即使正确使用商品或者接受服务仍然可能对人身、财产安全造成危害的，应当立即向有关行政部门报告和告知消费者，并采取防止危害发生的措施。"（2013 年《消费者权益保护法》修正后，此规定被修改为第 19 条，法条内容修改为"经营者发现其提供的商品或者服务存在缺陷，有危及人身、财产安全危险的，应当立即向有关行政部门报告和告知消费者，并采取停止销售、警示、召回、无害化处理、销毁、停止生产或者服务等措施。采取召回措施的，经营者应当承担消费者因商品被召回支出的必要费用。"）该规定被认为是建立我国缺陷产品召回制度的基本依据。2004 年 3 月 12 日，国家质量监督检验检疫总局、国家发展和改革委员会、商务部、海关总署联合发布《缺陷汽车产品召回管理规定》（该规定已于 2016 年 1 月 1 日被废止）。该规定标志着全国范围内以缺陷汽车产品为试点首次实施召回制度。此后，一系列的缺陷产品召回规定陆续出台，例如，2007 年 8 月 27 日，国家质量监督检验检疫总局公布《儿童玩具召回管理规定》（该规定已于 2020 年 1 月 1 日被废止）；2007 年 8 月 27 日，国家质量监督检验检疫总局公布《食品召回管理规定》（该规定已于 2020 年 7 月 13 日被废止）；2007 年 12 月 10 日，国家食品药品监督管理局公布《药品召回管理办法》（自公布之日起施行）；2011 年

5 月 20 日，卫生部公布《医疗器械召回管理办法(试行)》(该办法已于 2017 年 5 月 1 日被废止)；2012 年 10 月 22 日，国务院公布《缺陷汽车产品召回管理条例》(以下简称《召回条例》，自 2013 年 1 月 1 日起施行，于 2019 年 3 月 2 日修订)；2017 年 1 月 25 日，国家食品药品监督管理总局公布《医疗器械召回管理办法》(自 2017 年 5 月 1 日起施行)；2019 年 11 月 21 日，国家市场监督管理总局公布《消费品召回管理暂行规定》，自 2020 年 1 月 1 日起施行。

(一) 缺陷汽车产品召回的范围

依据《召回条例》，在中国境内生产、销售的汽车和汽车挂车(以下统称汽车产品)的召回及其监督管理，适用该条例。

根据《召回条例》，“缺陷”是指由于设计、制造、标识等原因导致的在同一批次、型号或者类别的汽车产品中普遍存在的不符合保障人身、财产安全的国家标准、行业标准的情形或者其他危及人身、财产安全的不合理的危险。“召回”是指汽车产品生产者对其已售出的汽车产品采取措施消除缺陷的活动。

(二) 缺陷汽车产品召回的程序

《召回条例》将缺陷汽车召回分为“生产者主动召回”和“主管部门责令召回”两种程序。《召回条例》第 8 条第 1 款规定：“对缺陷汽车产品，生产者应当依照本条例全部召回；生产者未实施召回的，国务院产品质量监督部门应当依照本条例责令其召回。”

1. 主动召回程序

根据《召回条例》，生产者应当建立并保存汽车产品设计、制造、标识、检验等方面的信息记录以及汽车产品初次销售的车主信息记录，保存期不得少于 10 年。同时，生产者应当将下列信息报国务院产品质量监督部门备案：生产者基本信息；汽车产品技术参数和汽车产品初次销售的车主信息；因汽车产品存在危及人身、财产安全的故障而发生修理、更换、退货的信息；汽车产品在中国境外实施召回的信息；国务院产品质量监督部门要求备案的其他信息。生产者获知汽车产品可能存在缺陷的，应当立即组织调查分析，并如实向国务院产品质量监督部门报告调查分析结果。生产者确认汽车产品存在缺陷的，应当立即停止生产、销售、进口缺陷汽车产品，并实施召回。

销售、租赁、维修汽车产品的经营者(以下统称经营者)应当按照国务院产品质量监督部门的规定建立并保存汽车产品相关信息记录，保存期不得少于 5 年。经营者获知汽车产品存在缺陷的，应当立即停止销售、租赁、使用缺陷汽车产品，并协助生产者实施召回。经营者应当向国务院产品质量监督部门报告和向生产者通报所获知的汽车产品可能存在缺陷的相关信息。

2. 责令召回程序

根据《召回条例》，国务院产品质量监督部门获知汽车产品可能存在缺陷的，应当立即通知生产者开展调查分析；生产者未按照通知开展调查分析的，国务院产品质量监督部门应当开展缺陷调查。国务院产品质量监督部门认为汽车产品可能存在会造成严重后果的缺陷的，可以直接开展缺陷调查。

国务院产品质量监督部门调查认为汽车产品存在缺陷的，应当通知生产者实施召回。生产者认为其汽车产品不存在缺陷的，可以自收到通知之日起 15 个工作日内向国务院产品质量监督部门提出异议，并提供证明材料。国务院产品质量监督部门应当组织与生产者无利害关系的专家对证明材料进行论证，必要时对汽车产品进行技术检测或者鉴定。生产者既不按照通知实施召回又不在规定期限内提出异议的，或者经国务院产品质量监督部门依照前述规定组织论证、技术检测、鉴定确认汽车产品存在缺陷的，国务院产品质量监督部门应当责令生产者实施召回；生产者应当立即停止生产、销售、进口缺陷汽车产品，并实施召回。

（三）缺陷汽车产品召回的法律责任制度

按照《召回条例》，生产者、经营者违反产品召回相关义务，应承担相应的法律责任。

生产者违反《召回条例》规定，有下列情形之一的，由产品质量监督部门责令改正；拒不改正的，处5万元以上20万元以下的罚款：①未按照规定保存有关汽车产品、车主的信息记录。②未按照规定备案有关信息、召回计划。③未按照规定提交有关召回报告。

生产者、经营者违反《召回条例》规定，有下列情形之一的，由产品质量监督部门责令改正；拒不改正的，处50万元以上100万元以下的罚款；有违法所得的，并处没收违法所得；情节严重的，由许可机关吊销有关许可：①生产者、经营者不配合产品质量监督部门缺陷调查。②生产者未按照已备案的召回计划实施召回。③生产者未将召回计划通报销售者。

生产者违反《召回条例》规定，有下列情形之一的，由产品质量监督部门责令改正，处缺陷汽车产品货值金额1%以上10%以下的罚款；有违法所得的，并处没收违法所得；情节严重的，由许可机关吊销有关许可：①未停止生产、销售或者进口缺陷汽车产品。②隐瞒缺陷情况。③经责令召回拒不召回。

违反《召回条例》规定，从事缺陷汽车产品召回监督管理工作的人员有下列行为之一的，依法给予处分：①将生产者、经营者提供的资料、产品和专用设备用于缺陷调查所需的技术检测和鉴定以外的用途。②泄露当事人商业秘密或者个人信息。③其他玩忽职守、徇私舞弊、滥用职权行为。

违反《召回条例》规定，构成犯罪的，依法追究刑事责任。

四、生产者、销售者的产品质量责任

（一）生产者的产品质量责任

1. 产品内在质量符合法定要求

（1）不存在危及人身、财产安全的不合理的危险，有保障人体健康和人身、财产安全的国家标准、行业标准的，应当符合该标准；要求生产者不得生产“缺陷”产品。缺陷产品是具有“不合理危险”或不符合保障安全的国家标准、行业标准的产品。

（2）具备产品应当具备的使用性能，但是，对产品存在使用性能的瑕疵作出说明的除外；要求生产者应当尽合同义务、担保义务。保证产品使用性能，是最一般、最基本义务的要求。我国产品质量法只规定了对“瑕疵”产品作出说明可除外，但却未规定“说明即可除外”的具体情况。

（3）符合在产品或者其包装上注明采用的产品标准，符合以产品说明、实物样品等方式表明的质量状况。

以上3项是法律对生产者产品质量的要求，属法定要求，不可或缺。

2. 产品包装标识符合法定要求

(1) 有产品质量检验合格证明。

(2) 有中文标明的产品名称、生产厂厂名和厂址。

(3) 根据产品的特点和使用要求，需要标明产品规格、等级、所含主要成分的名称和含量的，用中文相应予以标明；需要事先让消费者知晓的，应当在外包装上标明，或者预先向消费者提供有关资料。

(4) 限期使用的产品，应当在显著位置清晰地标明生产日期和安全使用期或者失效日期。

(5) 使用不当，容易造成产品本身损坏或者可能危及人身、财产安全的产品，应当有警示标志或者中文警示说明。

以上是对所有产品的包装标识的要求，违者可能构成瑕疵产品，也可能是缺陷产品。

但并非是对所有产品的包装均需同时符合以上五项要求。裸装的食品和其他根据产品的特点难以附加标识的裸装产品，可以不附加产品标识。

3. 特殊产品包装的要求

特殊产品是指易碎、易燃、易爆、有毒、有腐蚀性、有放射性等危险物品以及储运中不能倒置和其他有特殊要求的产品，其包装质量必须符合相应要求，依照国家有关规定作出警示标志或者中文警示说明，标明储运注意事项。

4. 不得违反法律的禁止性规定

(1) 生产者不得生产国家明令淘汰的产品。

(2) 生产者不得伪造产地，不得伪造或者冒用他人的厂名、厂址。

(3) 生产者不得伪造或者冒用认证标志等质量标志。

(4) 生产者生产产品，不得掺杂、掺假，不得以假充真、以次充好，不得以不合格产品冒充合格产品。

生产者违反上述禁止性规定，不仅要对用户、消费者承担违约责任、产品责任，而且还要向国家承担行政责任。

(二) 销售者的产品质量责任

1. 执行进货检查验收制度

销售者应当建立并执行进货检查验收制度，验明产品合格证明和其他标识。这是销售者对国家的义务和对用户、消费者的潜在义务。产品质量问题和经济纠纷，除故意违法、违约之外，还有许多是由于疏忽和不负责任造成的。

2. 销售者应当采取措施，保持销售产品的质量

生产者生产的产品通过销售者到达用户、消费者，这中间常有一段时间间隔。在此期间，可能因销售者未采取应有的保质措施而招致产品发生瑕疵或缺陷，故法律规定了销售者的此项义务。

3. 销售者销售的产品的标识应当符合法定要求

销售者在产品包装标识上的义务应当与生产者相同。与此同时，还应当严格把好产品

标识关，应向生产者索要合法、齐全的标识和说明，不能接受不合格甚至假冒的产品标识。而且销售者对用户、消费者负有直接告知产品警示标志和说明的义务。

4. 不得违反法律的禁止性规定

(1) 销售者不得销售国家明令淘汰并停止销售的产品和失效、变质的产品。

(2) 销售者不得伪造产地，不得伪造或者冒用他人的厂名、厂址。

(3) 销售者不得伪造或者冒用认证标志等质量标志。

(4) 销售者销售产品，不得掺杂、掺假，不得以假充真、以次充好，不得以不合格产品冒充合格产品。

(三) 法律责任

违反产品质量义务的法律责任即产品质量责任，是指生产者、储运者、销售者以及对产品质量负有直接责任的人违反产品质量义务应承担的法律后果。其主要有以下三种：①民事责任。违反产品质量义务的民事责任包括违约责任和侵权责任两种。②行政责任。行政责任包括对生产者、销售者的行政处罚和对个人责任者给予的行政处分。③刑事责任。由于产品质量的原因造成人身伤亡、财产损害触犯刑律的，对责任人应追究刑事责任。

我国《产品质量法》所规定的判定产品质量责任主要包括三个方面：①违反默示担保，即违反国家法律、法规规定的产品质量要求。②违反明示担保，即违反明示采用的产品质量标准以及以合同、产品说明、实物样品等方式表明的质量状况。③产品质量缺陷。产品质量有符合上述三个方面情形之一的，生产者、销售者应当依法承担责任。其中对于违反默示担保和明示担保的，不论是否造成损害后果，生产者、销售者均要承担责任。对于产品质量缺陷只有造成了损害后果，才承担赔偿责任。

1. 民事责任

(1) 产品瑕疵责任。瑕疵仅指一般性的质量问题，如产品的外观、使用性能等方面。产品质量法对产品瑕疵担保责任作出了明确、具体的规定。售出的产品有下列情形之一的，销售者应当负责修理、更换、退货；给购买产品的消费者造成损失的，销售者应当赔偿损失：不具备产品应当具备的使用性能而事先未作说明的；不符合在产品或者其包装上注明采用的产品标准的；不符合以产品说明、实物样品等方式表明的质量状况的。

(2) 缺陷责任。缺陷是针对较大的质量问题而言的，我国《产品质量法》第 46 条规定："本法所称缺陷，是指产品存在危及人身、他人财产安全的不合理的危险；产品有保障人体健康和人身、财产安全的国家标准、行业标准的，是指不符合该标准。"产品的设计、原材料采用、制造装配、指示等都可能发生缺陷。狭义的产品责任是指产品缺陷而导致的损害赔偿，其性质为侵权责任。目前，我国实行严格责任原则。产品缺陷构成侵权责任须具备以下条件：①产品存在缺陷。②产品缺陷在销售时已经存在。③已有损害事实存在。④产品缺陷于损害事实之间有因果关系。

生产者质量侵权责任实行无过错责任原则，即只要产品存在缺陷并造成他人人身、财产损害，不论主观上是否有过错，均应承担责任。但是生产者能够证明有下列情形之一的，不承担赔偿责任：①未将产品投入流通的。②产品投入流通时，引起损害的缺陷尚不存在的。③将产品投入流通时的科学技术水平尚不能发现缺陷的存在的。这是实行无过错责任原则下的生产者的法定免责条件。

销售者质量侵权责任实行过错责任原则和过错推定责任原则。即由于销售者的过失使产品存在缺陷，造成他人人身财产损害的，销售者应当承担责任。在销售者不能指明缺陷产品的生产者也不能指明缺陷产品的供货者时，即推定其有过失而应承担责任。

因产品缺陷造成他人人身、财产损害的，生产者和销售者应当承担连带责任。《产品质量法》规定，因产品存在缺陷造成人身、他人财产损害的，受害人可以向产品的生产者要求赔偿，也可以向产品的销售者要求赔偿。属于产品的生产者的责任，产品的销售者赔偿的，产品的销售者有权向产品的生产者追偿。属于产品的销售者的责任，产品的生产者赔偿的，产品的生产者有权向产品的销售者追偿。

因产品存在缺陷造成受害人人身伤害的，侵害人应当赔偿医疗费、治疗期间的护理费、因误工减少的收入等费用；造成残疾的，还应当支付残疾者生活自助具费、生活补助费、残疾赔偿金以及由其扶养的人所必需的生活费等费用；造成受害人死亡的，并应当支付丧葬费、死亡赔偿金以及由死者生前扶养的人所必需的生活费等费用。因产品存在缺陷造成受害人财产损失的，侵害人应当恢复原状或者折价赔偿。受害人因此遭受其他重大损失的，侵害人应当赔偿损失。

2. 行政责任

产品质量行政责任是指生产者、销售者因违反产品质量监督管理法律、法规而应承担的法律后果。生产者、销售者所承担行政责任的方式有：责令停止生产、销售，责令改正，没收违法生产、销售的产品，罚款，没收违法所得，吊销营业执照，取消其检验资格、认证资格等。

3. 刑事责任

刑事责任是指生产者、销售者违反法律规定的产品质量义务并触犯刑律构成犯罪，由司法机关按照刑事法律的规定强制其承担的法律后果。应受刑事处罚的违法与犯罪行为如下所述。

(1) 生产、销售不符合保障人体健康和人身、财产安全的国家标准、行业标准的产品，构成犯罪的，依法追究刑事责任。

(2) 在产品中掺杂、掺假，以假充真，以次充好，或者以不合格产品冒充合格产品，构成犯罪的，依法追究刑事责任。

(3) 销售失效、变质的产品，构成犯罪的，依法追究刑事责任。

(4) 产品质量检验机构、认证机构伪造检验结果或者出具虚假证明，构成犯罪的，依法追究刑事责任。

(5) 知道或者应当知道属于产品质量法规定禁止生产、销售的产品而为其提供运输、保管、仓储等便利条件的，或者为以假充真的产品提供制假生产技术，构成犯罪的，依法追究刑事责任。

(6) 各级人民政府工作人员和其他国家机关工作人员有下列情形之一，构成犯罪的，依法追究刑事责任：包庇、放纵产品生产、销售中违反产品质量法规定行为的；向从事违反产品质量法规定的生产、销售活动的当事人通风报信，帮助其逃避查处的；阻挠、干预市场监督管理部门依法对产品生产、销售中违反产品质量法规定的行为进行查处，造成严重后果的。

(7) 以暴力、威胁方法阻碍市场监督管理部门的工作人员依法执行职务的，依法追究刑事责任。

第二节　消费者权益保护法律制度

一、消费者权益保护法概述

(一) 消费者的概念

消费者权益保护法是保护消费者的合法权益，因此必须先明确"消费者"的概念。消费者是为了满足生活消费需要而购买、使用商品或接受商品服务的，由国家专门法律确认其主体地位和保护其消费权益的个体社会成员。这可以从以下几方面来理解。

(1) 消费者是个人，即自然人，包括内国人、外国人和无国籍人。

(2) 消费者是获取生活资料，满足自身生活消费需要的个人。

(3) 消费者是通过商品交换形式获取生活消费资料和接受生活消费服务的个人。

(4) 消费者是从经营者手中获取生活消费商品或接受服务的个人。经营者是指从事加工、制造和销售商品的单位或个人。消费者与经营者是一对相对应、相对立的概念。

(5) 消费者是由国家专门法律确认其主体地位、保护其特定消费权利的个人。"消费者"不仅是一个经济概念，更是一个法律概念。

(二) 消费者保护运动和消费者权益保护法的产生

消费者保护运动最早发源于美国。保护的内容和水平与经济发展水平密切相关。19世纪末20世纪初，资本主义自由竞争走向垄断，经济生活中的托拉斯、价格协定、联合抵制严重损害了消费者的利益。这一时期美国政府所采取的反对垄断、鼓励竞争的法律措施在对限制竞争的行为加以限制的同时，在客观上保护了消费者的利益。直至20世纪60年代以前，消费者保护主要侧重于消费品的安全、卫生、标识及产品质量责任等方面。20世纪60年代之后，随着美国经济的迅速发展以及信贷消费等新的消费形式的普及，信贷消费过程中的消费者保护问题已成为美国消费者保护立法和司法的主要内容，这已经超过了我国目前所处的阶段。

与此同时，其他国家也相继发动和发展了消费者保护运动，且逐步向高级阶段发展。消费者保护组织也在日益增多，其作用日益增强。

自改革开放以来，我国消费者问题大量发生，消费者保护运动兴起且发展迅速。其特点是，从一开始即在政府的自觉引导和全力支持下进行。1984年4月，全国性消费者组织——"中国消费者协会"诞生。至1992年，全国已建立县级以上的消费者协会244个、基层组织20 000多个。在颁布消费者权益保护法之前，我国也已有不少有关法律、法规对人们应有的人身、财产安全等方面的权利予以规范和保护。比如，《宪法》《产品质量法》《反不正当竞争法》等。此外，还有许多地方性法规。例如，第一个地方性法规是1987年福建省人民代表大会常务委员会通过的《福建省保护消费者权益条例》。1993年10月31日，第八届全国人民代表大会常务委员会第四次会议通过了我国第一部有关消费者权益保护的基本法——《中华人民共和国消费者权益保护法》(以下简称《消费者权益保护法》,该法分别于 2009 年和 2013 年进行了两次修正),自 1994 年 1 月 1 日起施行。《消费者权益保护法》分总则、消费者的权利、经营者的义务、国家对消费者合法权益的保护、消费者组织、争议的解决、法律责任、附则,共 8 章 63 条。

(三) 消费者权益保护法的概念和调整范围

广义的消费者权益保护法是指所有有关保护消费者权益的法律、法规,实际上是指保护消费者权益的法律体系,包括消费者权益保护法的基本法、安全保障法、标准和计量监督法、标识监督法、价格监督法、消费合同法、竞争监督法等。狭义的消费者权益保护法即指作为上述法律体系中的消费者权益保护法的基本法——《消费者权益保护法》。

《消费者权益保护法》第 2 条确定了其调整范围:"消费者为生活消费需要购买、使用商品或者接受服务,其权益受本法保护;本法未作规定的,受其他有关法律、法规保护。"由此可见其调整范围如下所述。

(1) 主体是消费者。因未明确指出消费者为个人,所以,可理解为,消费者主要指个人,但也包括购买生活消费品,以满足本单位个人成员消费需要的组织。各国消费者权益保护法无不将个人作为其权利主体,这取决于人们对消费者个人在交易中的弱者地位的普遍认同和深切关注。经营者(生产者、销售者)和有关国家机关也是主体。

(2) 客体为生活消费资料,而非生产资料(也不包括生产消费资料在内)。但《消费者权益保护法》第 62 条所列的"农民购买、使用直接用于农业生产的生产资料"仍属消费者权益保护法的客体范围。

(3) 关系为消费者购买、使用商品或者接受商品性服务的过程中所发生的关系。既包括购买商品,也包括使用商品;既包括本人使用,也包括他人使用。因此,消费者权益保护法所保护的不只是与经营者发生合同关系的消费者,也包括没有合同关系的有关的消费者以及受到经营者的商品侵害的其他人。

(四) 消费者权益保护法的立法宗旨和原则

我国《消费者权益保护法》第 1 条即开宗明义地指出其立法宗旨:"为保护消费者的合法权益,维护社会经济秩序,促进社会主义市场经济健康发展,制定本法。"

消费者权益保护法的原则是有关消费者权益保护法的立法、执法和法理研究的指导思想,也是消费者权益保护法立法宗旨的集中化、具体化的体现。

1. 特别保护原则

消费者与经营者在法律地位上是平等的,但由于消费者都是分散的孤立的个人,其经济实力无法与经营者的经济实力相匹敌,并且在获取信息上的不均衡,消费者在事实上常常是弱者,所以必须通过消费者权益保护法予以消费者特别的保护。这包括:①在消费者权益保护法中,只规定消费者的权利,对经营者则只规定义务。权利与义务分离,以突出对权利主体(消费者)的保护。②采用严格责任制原则、无过错责任原则,追究经营者的责任。③举证责任倒置。④一切组织和个人均可就消费者问题进行监督。

2. 公平、信用原则

我国《消费者权益保护法》第 4 条规定:"经营者与消费者进行交易,应当遵循自愿、平等、公平、诚实信用的原则。”这一原则主要是经营者在与消费者进行交易时应当遵守的基本规则。

3. 国家支持原则

我国《消费者权益保护法》第5条规定:“国家保护消费者合法权益不受侵害。国家采取措施,保障消费者依法行使权利,维护消费者合法权益。国家倡导文明、健康、节约资源和保护环境的消费方式反对消费。”

4. 社会监督原则

我国《消费者权益保护法》第6条规定:“保护消费者合法权益是全社会的共同责任。国家鼓励、支持一切组织和个人对损害消费者合法权益的行为进行社会监督。大众传播媒介应当做好维护消费者合法权益的审传,对损害消费者合法权益的行为进行舆论监督。”

二、消费者的权利和经营者的义务

(一) 消费者权利的含义

消费者的权利是指消费者为了满足生活消费需要,依法为或不为一定行为,以及要求经营者和其他有关主体为或不为一定行为的法律许可。消费者权利的基本性质是生存权、发展权和其他基本人权,是包含财产权、人身权等多种民事经济权利在内的综合权利。

消费者权利概念与消费者运动相伴而生。1962年,美国总统肯尼迪在其国情咨文中第一次提出消费者权利的概念,其中包括4项权利:①有权获得安全保障。②有权正确了解商品。③有权自由选择商品。④有权提出消费意见。1969年,美国总统尼克松又加上一项“求偿权”,成为5项权利。1985年4月,联合国大会通过的《保护消费者准则》提出的保护消费者权益的一般原则,实际上是提出了消费者的6项权利:①健康、生命安全。②经济利益。③充分的信息和选择。④消费教育。⑤损害赔偿。⑥组织团体和表达意见。1993年我国《消费者权益保护法》提出了消费者的9项权利。

(二) 我国《消费者权益保护法》中消费者的权利

1. 保障安全权

《消费者权益保护法》第7条规定了保障安全权,具体包括:①人身安全权,包括健康不受损害和生命安全有保障;②财产安全权,即商品要符合国家标准、行业标准和企业标准,并且商品满足消费者有权期待的安全性。

2. 知悉真情权

《消费者权益保护法》第8条规定,消费者享有知悉其购买、使用的商品或者接受的服务的真实情况的权利。知悉真情权是消费者与经营者交易时首先要行使的权利,也是经营者首先应履行的义务。经营者提供真实情况是对消费者的一种保证,这项权利直接影响着商品售出后,消费者的其他权利的行使。

3. 自主选择权

《消费者权益保护法》第9条规定,消费者享有自主选择商品或者服务的权利。消费者有权自主选择提供商品或者服务的经营者,自主选择商品品种或者服务方式,自主决定购买或者不购买任何一种商品、接受或者不接受任何一项服务。消费者在自主选择商品或者服务时，有权进行比较、鉴别和挑选。消费者的自主权是消费者权利的核心，自主选择权便是消费者自主权的直接、具体的体现。

4. 公平交易权

《消费者权益保护法》第10条规定，消费者享有公平交易的权利。消费者在购买商品或者接受服务时，有权获得质量保障、价格合理、计量正确等公平交易条件，有权拒绝经营者的强制交易行为。

5. 获得赔偿权

《消费者权益保护法》第11条规定，消费者因购买、使用商品或者接受服务受到人身、财产损害的，享有依法获得赔偿的权利。此项权利是与保障安全权紧密相联的。

赔偿的种类和范围包括财产损失赔偿和人身损害赔偿。人身损害赔偿又包括健康、生命损害赔偿和精神赔偿。

6. 依法结社权

《消费者权益保护法》第12条规定，消费者享有依法成立维护自身合法权益的社会组织的权利。

7. 知识获取权

《消费者权益保护法》第13条规定，消费者享有获得有关消费和消费者权益保护方面的知识的权利。前者包括：①关于消费商品和服务的基本知识。②关于消费市场和经营者的知识。后者包括：①有关消费者权益保护的主要法律、法规。②消费者应有的权利和经营者应有的义务。③有关保护消费者的国家机关和消费者组织。④了解保护消费者的各种途径和程序。

8. 维护尊严权

《消费者权益保护法》第14条规定，消费者在购买、使用商品和接受服务时，享有人格尊严、民族风俗习惯得到尊重的权利，享有个人信息依法得到保护的权利。

9. 监督批评权

《消费者权益保护法》第15条规定，消费者享有对商品和服务以及保护消费者权益工作进行监督的权利。消费者有权检举、控告侵害消费者权益的行为和国家机关及其工作人员在保护消费者权益工作中的违法失职行为，有权对保护消费者权益工作提出批评、建议。

（三）经营者与经营者义务的概念

消费者权益保护法对经营者概念未作解释。《反不正当竞争法》第2条第3款规定："本法所称的经营者，是指从事商品生产、经营或者提供服务（以下所称商品包括服务）的自然人、法人和非法人组织。"

经营者的义务是指经营者依法必须为一定行为或不为一定行为，以满足和实现消费者的生活消费需要的责任。经营者的义务主要是经营者与消费者之间的一种平等主体间的义务，即主要是一种民事义务和民事责任，但也包含着经营者对国家、对社会承担的义务。

（四）我国消费者权益保护法中经营者的义务

1. 依法定或依约定履行义务

《消费者权益保护法》第16条规定，经营者向消费者提供商品或者服务，应当依照本法和其他有关法律、法规的规定履行义务。经营者和消费者有约定的，应当按照约定履行义务，但双方的约定不得违背法律、法规的规定。经营者向消费者提供商品或者服务，应当恪守社会公德，诚信经营，保障消费者的合法权益；不得设定不公平、不合理的交易条件，不得强制交易。

2. 听取意见和接受监督的义务

《消费者权益保护法》第17条规定，经营者应当听取消费者对其提供的商品或服务的意见，接受消费者的监督。

3. 保障人身和财产安全的义务

《消费者权益保护法》第18条规定，经营者应当保证其提供的商品或者服务符合保障人身、财产安全的要求。对可能危及人身、财产安全的商品和服务，应当向消费者作出真实的说明和明确的警示，并说明和标明正确使用商品或者接受服务的方法以及防止危害发生的方法。宾馆、商场、餐馆、银行、机场、车站、港口、影剧院等经营场所的经营者，应当对消费者尽到安全保障义务。

《消费者权益保护法》第19条规定，经营者发现其提供的商品或者服务存在缺陷，有危及人身、财产安全危险的，应当立即向有关行政部门报告和告知消费者，并采取停止销售、警示、召回、无害化处理、销毁、停止生产或者服务等措施。采取召回措施的，经营者应当承担消费者因商品被召回支出的必要费用。

4. 不作虚假宣传的义务

《消费者权益保护法》第20条规定，经营者向消费者提供有关商品或者服务的质量、性能、用途、有效期限等信息，应当真实、全面，不得作虚假或者引人误解的宣传。经营者对消费者就其提供的商品或者服务的质量和使用方法等问题提出的询问，应当作出真实、明确的答复。经营者提供商品或者服务应当明码标价。

5. 标明经营者真实名称和标记的义务

《消费者权益保护法》第21条规定，经营者应当标明其真实名称和标记。租赁他人柜台或者场地的经营者，应当标明其真实名称和标记。

《消费者权益保护法》第28条规定，采用网络、电视、电话、邮购等方式提供商品或者服务的经营者，以及提供证券、保险、银行等金融服务的经营者，应当向消费者提供经营地址、联系方式、商品或者服务的数量和质量、价款或者费用、履行期限和方式、安全注意事项和风险警示、售后服务、民事责任等信息。

6. 出具凭据和单据的义务

《消费者权益保护法》第22条规定，经营者提供商品或者服务，应当按照国家有关规定或者商业惯例向消费者出具发票等购货凭证或者服务单据；消费者索要发票等购货凭证或者服务单据的，经营者必须出具。

7. 提供符合要求的商品和服务的义务

《消费者权益保护法》第23条规定，经营者应当保证在正常使用商品或者接受服务的情况下其提供的商品或者服务应当具有的质量、性能、用途和有效期限；但消费者在购买该商品或者接受该服务前已经知道其存在瑕疵，且存在该瑕疵不违反法律强制性规定的除外。

经营者以广告、产品说明、实物样品或者其他方式表明商品或者服务的质量状况的，应当保证其提供的商品或者服务的实际质量与表明的质量状况相符。经营者提供的机动车、计算机、电视机、电冰箱、空调器、洗衣机等耐用商品或者装饰装修等服务，消费者自接受商品或者服务之日起 6 个月内发现瑕疵，发生争议的，由经营者承担有关瑕疵的举证责任。

8. 承担“三包”和其他责任的义务

《消费者权益保护法》第 24 条规定，经营者提供的商品或者服务不符合质量要求的，消费者可以依照国家规定、当事人约定退货，或者要求经营者履行更换、修理等义务。没有国家规定和当事人约定的，消费者可以自收到商品之日起 7 日内退货；7 日后符合法定解除合同条件的，消费者可以及时退货，不符合法定解除合同条件的，可以要求经营者履行更换、修理等义务。依照上述规定进行退货、更换、修理的，经营者应当承担运输等必要费用。

《消费者权益保护法》第 25 条规定，经营者采用网络、电视、电话、邮购等方式销售商品，消费者有权自收到商品之日起 7 日内退货，且无需说明理由，但下列商品除外：消费者定作的；鲜活易腐的；在线下载或者消费者拆封的音像制品、计算机软件等数字化商品；交付的报纸、期刊。除前述所列商品外，其他根据商品性质并经消费者在购买时确认不宜退货的商品，不适用无理由退货。消费者退货的商品应当完好。经营者应当自收到退回商品之日起 7 日内返还消费者支付的商品价款。退回商品的运费由消费者承担；经营者和消费者另有约定的，按照约定。

9. 不得从事不公平、不合理交易的义务

《消费者权益保护法》第 26 条规定，经营者在经营活动中使用格式条款的，应当以显著方式提请消费者注意商品或者服务的数量和质量、价款或者费用、履行期限和方式、安全注意事项和风险警示、售后服务、民事责任等与消费者有重大利害关系的内容，并按照消费者的要求予以说明。经营者不得以格式条款、通知、声明、店堂告示等方式，作出排除或者限制消费者权利、减轻或者免除经营者责任、加重消费者责任等对消费者不公平、不合理的规定，不得利用格式条款并借助技术手段强制交易。格式条款、通知、声明、店堂告示等含有前述所列内容的，其内容无效。

10. 不得侵犯消费者人身权等义务

《消费者权益保护法》第 27 条规定，经营者不得对消费者进行污辱、诽谤，不得搜查消费者的身体及其携带的物品，不得侵犯消费者的人身自由。该条与第 14 条规定的消费者的人格尊严权相对应。

《消费者权益保护法》第 29 条规定，经营者收集、使用消费者个人信息，应当遵循合法、正当、必要的原则，明示收集、使用信息的目的、方式和范围，并经消费者同意。经营者收集、使用消费者个人信息，应当公开其收集、使用规则，不得违反法律、法规的规定和双方的约定收集、使用信息。经营者及其工作人员对收集的消费者个人信息必须严格保密，不得泄露、出售或者非法向他人提供。经营者应当采取技术措施和其他必要措施，确保信息安全，防止消费者个人信息泄露、丢失。在发生或者可能发生信息泄露、丢失的情况时，应当立即采取补救措施。经营者未经消费者同意或者请求，或者消费者明确表示拒绝的，不得向其发送商业性信息。

三、争议解决和法律责任

（一）争议解决的途径

消费者权益保护法上所说的争议是指消费者与经营者之间因商品质量造成消费者人身、财产损失而引发的纠纷。《消费者权益保护法》第39条规定了解决争议的五种途径。

第一，与经营者协商和解。

协商和解是消费者与经营者在平等自愿基础上，就有关争议进行协商，最终达成解决争议的方案。消费者可直接与经营者协商解决，也可委托消费者协会或其他人为代理人，与经营者协商和解。这是发生争议的初期最常采用的方式，具有方便、简捷、节约、及时等优点。

第二，请求消费者协会或者依法成立的其他调解组织调解。

调解是指由消费者协会或者依法成立的其他调解组织作为第三方，依公平、合理原则，就消费者与经营者之间的有关争议进行协调，双方达成协议，以解决争议的方式。消费者协会和其他消费者组织是依法成立的对商品和服务进行社会监督的保护消费者合法权益的社会组织。消费者协会履行下列公益性职责：向消费者提供消费信息和咨询服务，提高消费者维护自身合法权益的能力，引导文明、健康、节约资源和保护环境的消费方式；参与制定有关消费者权益的法律、法规、规章和强制性标准；参与有关行政部门对商品和服务的监督、检查；就有关消费者合法权益的问题，向有关部门反映、查询，提出建议；受理消费者的投诉，并对投诉事项进行调查、调解；投诉事项涉及商品和服务质量问题的，可以委托具备资格的鉴定人鉴定，鉴定人应当告知鉴定意见；就损害消费者合法权益的行为，支持受损害的消费者提起诉讼或者依照《消费者权益保护法》提起诉讼；对损害消费者合法权益的行为，通过大众传播媒介予以揭露、批评。对侵害众多消费者合法权益的行为，中国消费者协会以及在省、自治区、直辖市设立的消费者协会，可以向人民法院提起公益诉讼。

第三，向有关行政部门投诉。

消费者权益受到侵害时，可以根据具体情况向有关行政部门投诉，求得行政救济。消费者向有关行政部门投诉的，该部门应当自收到投诉之日起7个工作日内，予以处理并告知消费者。

第四，根据与经营者达成的仲裁协议提请仲裁机构仲裁。

第五，向人民法院提起诉讼。

（二）损害赔偿责任的承担

根据《消费者权益保护法》第40条至第47条的规定，承担损害赔偿责任的主体都是直接向消费者提供商品和服务的经营者，或虽未直接提供但却为其他经营者提供必要营销条件的关系人。以下的经营者可能构成争议的赔偿责任方（赔偿责任主体）：①生产者。②销售者。③服务者。④原企业分立、合并后，承受原企业权利和义务的企业。⑤营业执照的持有人、租借人。⑥展销会的举办者、柜台出租者、网络交易平台提供者。⑦广告经营者、发布者。⑧社会团体或其他组织、个人。

1. 消费者可向任一方提出赔偿请求的

（1）消费者或其他受害人因商品缺陷造成人身、财产损害的，可以向销售者要求赔偿，也可以向生产者要求赔偿。属于生产者责任的，销售者赔偿后，有权向生产者追偿。属于销售者责任的，生产者赔偿后，有权向销售者追偿(《消费者权益保护法》第40条第2款)。

(2) 使用他人营业执照的违法经营者，在提供商品或服务时，损害了消费者合法权益的，消费者可向其要求赔偿，也可向营业执照的持有人要求赔偿(《消费者权益保护法》第42条)。

2. 消费者须先向特定一方提出赔偿请求的

第一，消费者在购买、使用商品时，其合法权益受到损害的，可向销售者要求赔偿。销售者赔偿后，属于生产者责任或者属于向销售者提供商品的其他销售者责任的，销售者有权向生产者或其他销售者追偿。

在上述情况下，消费者只能向销售者要求赔偿。赔偿后的责任承担或分担问题，由销售者与生产者、其他销售者处理，与消费者无关。

第二，消费者因购买、使用商品或者接受服务，其合法权益受到损害时，原企业分立、合并的，可以向变更后承受其权利和义务的企业要求赔偿。

第三，消费者在展销会、租赁柜台购买商品或者接受服务，其合法权益受到损害的，可以向销售者或服务者要求赔偿。展销会结束后或者柜台租赁期满后，也可以向展销会的举办者、柜台的出租者要求赔偿。展销会的举办者、柜台出租者赔偿后，有权向销售者或者服务者追偿。

消费者通过网络交易平台购买商品或者接受服务，其合法权益受到损害的，可以向销售者或者服务者要求赔偿。网络交易平台提供者不能提供销售者或者服务者的真实名称、地址和有效联系方式的，消费者也可以向网络交易平台提供者要求赔偿；网络交易平台提供者作出更有利于消费者的承诺的，应当履行承诺。网络交易平台提供者赔偿后，有权向销售者或者服务者追偿。网络交易平台提供者明知或者应知销售者或者服务者利用其平台侵害消费者合法权益，未采取必要措施的，依法与该销售者或者服务者承担连带责任。

第四，消费者因经营者利用虚假广告或者其他虚假宣传方式提供商品或者服务，其合法权益受到损害的，可以向经营者要求赔偿。广告经营者、发布者发布虚假广告的，消费者可以请求行政主管部门予以惩处。广告经营者、发布者不能提供经营者的真实名称、地址和有效联系方式的，应当承担赔偿责任。

广告经营者、发布者设计、制作、发布关系消费者生命健康商品或者服务的虚假广告，造成消费者损害的，应当与提供该商品或者服务的经营者承担连带责任。

社会团体或者其他组织、个人在关系消费者生命健康商品或者服务的虚假广告或者其他虚假宣传中向消费者推荐商品或者服务，造成消费者损害的，应当与提供该商品或者服务的经营者承担连带责任。

(三) 法律责任

1. 民事责任

(1) 人身伤害的民事责任。根据《消费者权益保护法》第49条的规定，经营者提供商品或者服务，造成消费者或者其他受害人人身伤害的，应当赔偿医疗费、护理费、交通费等为治疗和康复支出的合理费用，以及因误工减少的收入。造成残疾的，还应当赔偿残疾生活辅助具费和残疾赔偿金。造成死亡的，还应当赔偿丧葬费和死亡赔偿金。

（2）侵犯人格尊严、人身自由的民事责任。根据《消费者权益保护法》第 50 和第 51 条的规定，经营者侵害消费者的人格尊严、侵犯消费者人身自由或者侵害消费者个人信息依法得到保护的权利的，应当停止侵害、恢复名誉、消除影响、赔礼道歉，并赔偿损失。经营者有侮辱诽谤、搜查身体、侵犯人身自由等侵害消费者或者其他受害人人身权益的行为，造成严重精神损害的，受害人可以要求精神损害赔偿。

（3）造成财产损坏的民事责任。根据《消费者权益保护法》第 52 条的规定，经营者提供商品或者服务，造成消费者财产损害的，应当依照法律规定或者当事人约定承担修理、重作、更换、退货、补足商品数量、退还货款和服务费用或者赔偿损失等民事责任。

（4）违反约定的民事责任。根据《消费者权益保护法》第 24 条的规定，经营者提供的商品或者服务不符合质量要求的，消费者可以依照国家规定、当事人约定退货，或者要求经营者履行更换、修理等义务。没有国家规定和当事人约定的，消费者可以自收到商品之日起 7 日内退货；7 日后符合法定解除合同条件的，消费者可以及时退货，不符合法定解除合同条件的，可以要求经营者履行更换、修理等义务。依照前述规定进行退货、更换、修理的，经营者应当承担运输等必要费用。根据《消费者权益保护法》第 53 条的规定，经营者以预收款方式提供商品或者服务的，应当按照约定提供。未按照约定提供的，应当按照消费者的要求履行约定或者退回预付款；并应当承担预付款的利息、消费者必须支付的合理费用。

（5）行政查处后的退货责任。根据《消费者权益保护法》第 54 条的规定，依法经有关行政部门认定为不合格的商品，消费者要求退货的，经营者应当负责退货。

（6）欺诈行为的民事责任。根据《消费者权益保护法》第 55 条的规定，经营者提供商品或者服务有欺诈行为的，应当按照消费者的要求增加赔偿其受到的损失，增加赔偿的金额为消费者购买商品的价款或者接受服务的费用的 3 倍；增加赔偿的金额不足 500 元的，为 500 元。法律另有规定的，依照其规定。经营者明知商品或者服务存在缺陷，仍然向消费者提供，造成消费者或者其他受害人死亡或者健康严重损害的，受害人有权要求经营者依照《消费者权益保护法》第 49 条和第 51 条等法律规定赔偿损失，并有权要求所受损失 2 倍以下的惩罚性赔偿。

2. 行政责任

《消费者权益保护法》第 56 条规定了经营者应承担的行政责任，责任形式主要有：责令改正；警告；没收违法所得；处以违法所得 1 倍以上 10 倍以下的罚款，没有违法所得的，处以 50 万元以下的罚款；情节严重的，责令停业整顿、吊销营业执照。

《消费者权益保护法》第 59 条规定，经营者对行政处罚决定不服的，可以依法申请行政复议或者提起行政诉讼。对行政机关的处罚，经营者不服的，可以申请复议，或向人民法院提起诉讼。

《消费者权益保护法》第 60 条规定，拒绝、阻碍有关行政部门工作人员依法执行职务，未使用暴力、威胁方法的，由公安机关依照《中华人民共和国治安管理处罚法》的规定处罚。

《消费者权益保护法》第 61 条规定，国家机关工作人员玩忽职守或者包庇经营者侵害消费者合法权益的行为的，由其所在单位或者上级机关给予行政处分。

3. 刑事责任

《消费者权益保护法》第 57 条规定，经营者违反本法规定提供商品或者服务，侵害消费者合法权益，构成犯罪的，依法追究刑事责任。

《消费者权益保护法》第 60 条规定，以暴力、威胁等方法阻碍有关行政部门工作人员依法执行职务的，依法追究刑事责任。

《消费者权益保护法》第 61 条规定，国家机关工作人员玩忽职守或者包庇经营者侵害消费者合法权益的行为的，情节严重，构成犯罪的，依法追究刑事责任。

第十九章　税收法律制度

本章要点

本章主要介绍税收和税法概述，我国现行的主要税种和税收征收管理法律制度等内容。

典型案例

2007年11月9日，丁海峰出资设立某公司，该公司类型为有限责任公司(自然人独资)，丁海峰为某公司的唯一股东。2009年7月，某公司向某证券提供中介服务，取得收入1 100 000元，使用北京某技术服务有限公司从税务机关领购的发票开具给某证券。2009年11月，某公司向航某证券提供中介服务，取得收入1 000 000元，使用北京某技术服务有限公司从税务机关领购的发票开具给航某证券。2010年6月，某公司向某信托提供中介服务，取得收入250 000元，使用北京某信息咨询有限公司从税务机关领购的发票开具给某信托。2011年4月至6月，某公司向某信托提供中介服务，取得收入5 546 400.52元，使用北京某安信咨询有限公司从税务机关领购的发票开具给某信托。

2015年3月25日，原北京市国家税务局稽查局决定对某公司2009年1月1日至2011年12月31日期间涉税情况进行检查。2015年4月10日，丁海峰确认取得上述营业收入未记账、未申报缴纳税款，但认为有关收入非"中介服务取得收入"，系取得税务事项代理服务收入以及顾问咨询服务收入。2015年11月27日，原北京市国家税务局稽查局作出京国税稽处〔2015〕JW3号《税务处理决定书》并送达某公司，认为2009年至2011年期间，某公司共计7 896 400.52元的营业收入未按规定申报缴纳企业所得税，故认定追缴某公司1 863 638.98元税款及相应的滞纳金。丁海峰不服处理决定，于2015年12月2日向原北京市国家税务局申请行政复议。2019年11月15日，北京税务局作出京税复决字〔2019〕25号《行政复议决定书》，认为某公司已于2012年5月16日经公司登记机关注销登记，其企业法人资格消灭，不能再作为行政处理的被处理对象，故撤销原北京市国家税务局稽查局对某公司作出的京国税稽处〔2015〕JW3号《税务处理决定书》。

2019年12月9日，北京税务稽查局向丁海峰送达京税稽通〔2019〕1011号《税务事项通知书》，告知拟向其个人作出处理决定，并告知其享有陈述申辩以及提供相关证据材料的权利，丁海峰提交了书面陈述申辩意见，但未提供相关证据材料。

2019年12月16日，北京税务稽查局作出被诉处理决定并向丁海峰送达。丁海峰不服，于2019年12月19日向北京税务局申请行政复议，北京税务局于2019年12月20日收到丁海峰的行政复议申请。2019 年 12 月 26 日，北京税务局作出受理行政复议申请通知书及行政复议答复通知书，并分别向丁海峰及北京税务稽查局送达，同时要求北京税务稽查局在 10 日内提交书面答复及作出被诉处理决定的证据、依据及相关材料。北京税务稽查局于 2019 年 12 月 31 日收到北京税务局的行政复议答复通知，于 2020 年 1 月 8 日提交行政复议答复书及相关证据、法律依据等材料。2020 年 2 月 14 日，北京税务局作出行政复议延期审理通知书，并向丁海峰及北京税务稽查局送达。北京税务局于 2020 年 3 月 4 日作出被诉复议决定，并向丁海峰及北京税务稽查局送达。

上诉人丁海峰（一审原告）因诉国家税务总局北京市税务局稽查局（以下简称北京税务稽查局，一审被告）所作税务处理决定及国家税务总局北京市税务局（以下简称北京税务局，一审被告）所作行政复议决定一案，不服北京市西城区人民法院（以下简称一审法院）所作〔2020〕京 0102 行初 137 号行政判决，向北京市第二中级人民法院提出上诉。

综合考虑一审情况及相关法律规定，本案争议焦点归纳为：①北京税务稽查局认定某公司应当补缴税款的事实是否成立。②企业注销后纳税主体的认定。北京市第二中级人民法院根据《中华人民共和国税收征收管理法》第 14 条及《中华人民共和国税收征收管理法实施细则》第 9 条关于涉税案件查处机关及其职责的规定，北京税务稽查局具有依法查处涉税案件并作出相应处理的法定职责。依照《中华人民共和国行政复议法》关于行政复议机关及其职责的规定，北京税务局具有受理丁海峰所提行政复议申请，并根据具体情况作出行政复议决定的法定职责。

根据《中华人民共和国税收征收管理法》第 63 条第 1 款的规定，纳税人伪造、变造、隐匿、擅自销毁账簿、记账凭证，或者在账簿上多列支出或者不列、少列收入，或者经税务机关通知申报而拒不申报或者进行虚假的纳税申报，不缴或者少缴应纳税款的，是偷税。本案中，根据在案证据证明的事实，某公司自 2009 年至 2011 年间通过提供服务取得收入 7 896 400.52元，并使用其他公司领购的发票开具给接受服务方，未按规定申报缴纳企业所得税，违反了《中华人民共和国税收征收管理法》《企业所得税法》中关于纳税人缴纳税款的规定，应当依法补缴税款，并按照《中华人民共和国税收征收管理法》《中华人民共和国税收征收管理法实施细则》的规定加收滞纳金。

根据《企业所得税法》第 5 条和第 8 条关于企业应纳税所得额及相关扣除项的规定，税务机关在计算应纳税所得额时会对企业实际发生的与取得收入有关的成本、费用等支出予以扣除。本案中，税务机关作出要求提交书面陈述申辩意见及相关证据材料的通知后，丁海峰未提交证据材料，故税务机关根据对某公司自 2009 年 1 月 1 日至 2011 年 12 月 31 日的纳税检查结果，依据应纳税所得额、相关扣除项及适用税率等计算并认定自 2009 年至 2011 年的追缴税款，并无不当。

根据《公司法》第 20 条的规定，公司股东应当遵守法律、行政法规和公司章程，依法行使股东权利，不得滥用股东权利损害公司或者其他股东的利益；不得滥用公司法人独立地位和股东有限责任损害公司债权人的利益。《中华人民共和国税收征收管理法实施细则》第 50 条规定，纳税人有解散、撤销、破产情形的，在清算前应当向其主管税务机关报告；未结清税款的，由其主管税务机关参加清算。《最高人民法院关于适用〈中华人民共和国公司法〉若干问题的规定(二)》(2014 年修正)第 19 条规定,有限责任公司的股东、股份有限公司的董事和控股股东,以及公司的实际控制人在公司解散后,恶意处置公司财产给债权人造成损失,或者未经依法清算,以虚假的清算报告骗取公司登记机关办理法人注销登记,债权人主张其对公司债务承担相应赔偿责任的,人民法院应依法予以支持。本案中,在案《企业注销登记申请表》等证据能够证明由丁海峰签字确认的"主办单位(主管部门)或清算组织证明清理债权债务情况及同意注销的意见"中载明"公司债权债务已清理完毕,各项税款及职工工资已结清"。后某公司于 2012 年 5 月 16 日被准予注销。在案的发票、证明等证据能够证明某公司在注销前未依法清缴所欠税款。丁海峰作为某公司唯一的股东,应当按照上述规定对某公司欠缴税款及滞纳金承担相应的法律责任。北京税务稽查局将丁海峰作为追缴税款的责任主体,并根据对某公司的查处及解缴情况,与对丁海峰所作追缴处理决定进行相应的退抵,亦无不当。

根据《中华人民共和国行政复议法》第 17、第 23、第 31 条第 1 款等关于行政复议的受理、审查、程序、时限等相关规定,北京税务局在收到丁海峰所提行政复议申请后,履行了受理、调查、延期、送达等程序,经审查作出被诉复议决定,符合上述法律规定。

综上,一审法院判决驳回丁海峰的诉讼请求正确,本院予以维持。丁海峰的上诉请求无事实及法律依据,本院不予支持。依照《中华人民共和国行政诉讼法》第 89 条第 1 款第 1 项的规定,判决如下:驳回上诉,维持一审判决。

【资料来源】中国裁判文书网,丁海峰与国家税务总局北京市税务局等二审行政判决书,(2020)京 02 行终 1464 号。访问时间:2021 年 1 月 4 日。

第一节 税收和税收法律制度概述

一、税收概述

(一) 税收的概念

税收是国家为了实现其公共职能,凭借政治权力,按照法律规定的标准,强制地、无偿地参与国民收入分配和再分配以取得财政收入的一种特定分配方式。

(二) 税收的特征

税收与其他财政收入形式相比,具有以下三个特征。

1. 强制性

税收是国家以社会管理者身份,凭借政治权力,以法律、法规的强制形式对征税的规定,纳税人必须依法纳税,否则就要受到法律制裁。

2. 无偿性

税收是国家凭借政治权力将社会集团和社会成员的一部分收入收归国家后,税款即成为国家财政收入,国家无需直接向原纳税人付出任何代价。

3. 固定性

税收是国家在征税前,以法律形式预先规定了纳税人、征税范围、征收比例和征收期限等，使国家能固定地、连续地取得财政收入。

税收的三个形式特征是相互联系相辅相成的统一整体，是税收区别于其他财政收入形式的重要标志。

（三）税收的分类

1. 按征税对象分类，可将税收划分为流转税类、所得税类、财产税类、资源税类和行为税类五种类型

（1）流转税类，即以商品生产、商品流通和劳动服务的流转额为征收对象的一类税收。流转额包括商品流转额和非商品流转额。我国现行的流转税类包括增值税、消费税、和关税。

（2）所得税类也称收益税类，即以纳税人的各种收益额为征税对象的一类税收。我国所得税类包括企业所得税和个人所得税。

（3）财产税类，即以纳税人拥有的财产数量或财产价值为征税对象的一类税收。我国财产税类包括房产税、车船税等。

（4）资源税类，即以自然资源和某些社会资源为征税对象的一类税收。我国现行的资源税、城镇土地使用税即属此类。

（5）行为税类，即国家为了实现某种特定目的，以纳税人的某些特定行为为征税对象的一类税收。我国现行印花税、车辆购置税、城市维护建设税、契税等都属于行为税类。

2. 按征收管理的分工体系分类，可将税收分为工商税类、关税类

（1）工商税类，即以工业品、商业零售、交通运输、服务性业务的流转额为征税对象的各种税收的总称。该类税收由税务机关负责征收管理。工商税类主要包括增值税、消费税、企业所得税、个人所得税、资源税、房产税、车船税、印花税、车辆购置税、城市维护建设税、契税、土地增值税等税种。

（2）关税类，即对进出境的货物、物品征收的税收总称。该类税收由海关负责征收管理。关税类主要包括进出口关税、海关代征的进口环节增值税和消费税、船舶吨税。

3. 按税收征收权限和收入支配权限分类，可将税收分为中央税、地方税和中央地方共享税

（1）中央税，即税收收入划归中央并由中央政府征收管理的税收，如关税、消费税、海关代征的进口环节增值税和消费税、中央企业的所得税等。

（2）地方税，即税收收入划归地方并由地方负责征收管理的税收，如房产税、城镇土地使用税、契税、土地增值税等。

（3）中央地方共享税，即税收收入由中央和地方按比例或法定方式分享的税收，如增值税、资源税、证券交易印花税等。

4. 按计税标准不同进行的分类，可将税收分为从价税、从量税和复合税

（1）从价税，即以征税对象的价值或价格为计税依据征收的一种税，如增值税、契税等都采取从价计征形式。

（2）从量税，即以征税对象的数量、重量、体积等作为计税依据的一种税，如资源税、耕地占用税、城镇土地使用税等均采取从量计征形式。

(3) 复合税，即对征税对象采取从价和从量相结合的复合计税方法征收的一种税，如对卷烟、白酒征收的消费税采取从价和从量相结合的复合计税方法。

二、税法概述

(一) 税法的概念

税法是国家制定的用以调整国家与纳税人之间在征纳税方面的权利和义务关系的法律规范的总称。税法的目的是保障国家利益和纳税人的合法权益，维护正常的税收秩序，保证国家的财政收入。

税法与税收密不可分，税法是税收的法律表现形式，税收则是税法所确定的具体内容。税收作为一种经济活动，属于经济基础范畴；而税法则是一种法律制度，属于上层建筑范畴。税收活动必须严格依照税法的规定进行，税法是税收的法律依据和法律保障。税收以税法为其依据和保障，而税法又必须以保障税收活动的有序进行为其存在的理由和依据。

(二) 税法的构成要素

税法分税收实体法和税收征收程序法，税法构成要素也可以分为税收实体法的构成要素和税收程序法的构成要素。实体法的构成要素一般包括税法主体、征税客体、税目、税率、计税依据、减免税，程序法的构成要素一般包括纳税期限、纳税地点、纳税环节、法律责任等。其中，税法主体、征税客体、税率是构成税法的三个基本要素。

1. 税法主体

税法主体是在税收法律关系中享有权利和承担义务的当事人，包括征税主体和纳税主体。从理论上说，征税主体是国家。在我国，由各级税务机关和海关具体负责税收征管，代表国家行使征税权，是形式上的征税主体。纳税主体简称纳税人，是指按照税法规定的直接负有纳税义务的单位和个人。纳税人可以是自然人，也可以是法人或者其他社会组织。任何一个税种首先要解决的就是国家对谁征税的问题。

2. 征税客体

征税客体也称征税对象，是指税收法律关系中主体双方权利和义务所共同指向的对象，即对什么东西征税。它是区分不同税种的主要标志。征税对象按其性质不同，通常可划分为流转额、所得额、财产、资源和行为五大类。

3. 税目

税目是指税法中具体规定应当征税的项目，是征税对象的具体化，反映了征税的广度。设置税目的目的是要明确具体的征税范围，凡列入税目的，即为应税项目，未列入税目的，则不属于应税项目。

4. 税率

税率是指应纳税额与计税金额之间的比率，是计算税额的尺度。税率的规定解决了征多少税的问题。税率也是影响并决定政府税收和纳税人税负的最重要因素，是国家税收政策的具体体现，是税法的核心要素。我国现行的税率主要有以下几种。

(1) 比例税率，即对同一征税对象，不论其数额大小，均按同一个比例征税的税率。我国的增值税、车辆购置税、企业所得税等采用的是比例税率。

(2) 定额税率又称固定税率,即按征税对象的一定计量单位,直接规定一个固定的税额。比如,我国现行消费税中部分税目、资源税、城镇土地使用税、车船税等采用了定额税率。

(3) 累进税率,即根据征税对象数额的大小,规定不同等级的税率。即征税对象数额越大,税率越高。累进税率对调节纳税人收入的作用较明显,一般适用于所得额的征税。累进税率又分为全额累进税率、超额累进税率、超率累进税率。

我国现行税法中采用了超额累进税率和超率累进税率两种形式,即个人所得税采用了超额累进税率,土地增值税采用了超率累进税率。

5. 计税依据

计税依据是税收制度中规定计算应纳税额的依据,即根据什么来计算纳税人应缴纳的税额,在理论上也称为税基。计税依据可分为从价计征、从量计征和复合计征三种类型。

6. 纳税环节

纳税环节是税法规定的征税对象在从生产到消费的流转过程中应当缴纳税款的环节。纳税环节一般有单环节征税和多环节征税两种类型。一般来说,流转税既可以实行"单环节征税",也可以实行"多环节征税",其他各种税类通常实行"单环节征税"。

7. 纳税期限

纳税期限是指纳税人发生纳税义务后,按照税法规定缴纳税款的期限。为了保证国家税收收入及时入库,各种税根据具体情况和特点,规定了不同的纳税期限,纳税人必须在规定的纳税期限内缴纳税款。纳税期限可以分为两种:一是按期纳税,二是按次纳税。

8. 纳税地点

纳税地点是指纳税人依据税法规定向征税机关申报纳税的具体地点。通常,在税法上规定的纳税地点是机构所在地、经济活动发生地、财产所在地、报关地等。如增值税法规定,进口货物,应当向报关地海关申报纳税。

9. 减免税

减税免税是指国家对某些纳税人和征税对象给予鼓励和照顾的一种特殊规定。减税是指对应征税款减少征收一部分税;免税是对按规定应征收的税款免于征收。减税免税主要包括税基式减免、税率式减免和税额式减免等内容。

(1) 税基式减免是指直接通过缩小计税依据的方式实现的减税、免税,具体包括起征点、免征额、项目扣除和跨期结转等。

(2) 税率式减免是指通过直接降低税率的方式实现的减税、免税,包括低税率、零税率等。

(3) 税额式减免是指通过直接减少应纳税额的方式实现的减税、免税,包括全部免征、减半征收、核定减免率、税额抵免等。

10. 法律责任

法律责任是指税法列举的对纳税人违反税法的行为采取的处罚措施。纳税人违反税法的行为包括作为和不作为。因违反税法而承担的法律责任包括行政责任和刑事责任。

第二节　我国现行的主要税种

我国现行税种包括增值税、消费税、关税、城市维护建设税、企业所得税、个人所得税、房产税、车船税、耕地占用税、城镇土地使用税、车辆购置税、土地增值税、印花税、契税、资源税、环境保护税、烟叶税和船舶吨税共18个税种。限于篇幅，本节主要介绍增值税、消费税、企业所得税、个人所得税4个税种。

一、增值税

增值税是对在我国境内销售货物或者提供加工、修理修配劳务，销售服务、无形资产、不动产以及进口货物的单位和个人，就其销售货物、劳务、服务、无形资产、不动产（以下统称应税销售行为）取得的增值额和货物进口金额为计税依据征收的一种流转税。

根据确定法定增值额时扣除项目中对外购固定资产已纳税额的处理方法不同，可将增值税分为生产型增值税、收入型增值税和消费型增值税三种类型。我国从2009年1月1日起全面实行消费型增值税。

1993年12月13日，国务院发布并于2008年11月5日修订《中华人民共和国增值税暂行条例》（以下简称《增值税暂行条例》），之后，财政部、国家税务总局发布了《中华人民共和国增值税暂行条例实施细则》（以下简称《增值税暂行条例实施细则》），以及国务院以及财政部、国家税务总局发布的有关增值税的规定、办法，2011年国务院决定在上海试点营业税改征增值税，2017年11月19日国务院作出了“关于废止《中华人民共和国营业税暂行条例》和修改《中华人民共和国增值税暂行条例》”的决定，我国现行增值税的基本规范是国务院2017年11月19日公布的《中华人民共和国增值税暂行条例》和2016年3月财政部、国家税务总局发布的“营改增”通知的以及2008年12月发布的《中华人民共和国增值税暂行条例实施细则》规定，这些都构成了我国增值税法律制度。

(一) 增值税的纳税人

根据《增值税暂行条例》和“营改增”的规定，增值税的纳税人为在中国境内发生应税销售行为以及进口货物的单位和个人。为了严格增值税征收管理和对某些经营规模小的纳税人简化计税办法，《增值税暂行条例》将纳税人按其经营规模及会计核算健全与否划分为一般纳税人和小规模纳税人。

1. 一般纳税人

一般纳税人是指年应税销售额超过《增值税暂行条例实施细则》规定的小规模纳税人标准的企业和企业性单位。一般纳税人须按照国家税务总局颁布的《增值税一般纳税人申请认定办法》向税务机关办理认定手续，以取得法定资格。

2. 小规模纳税人

小规模纳税人是指经营规模较小、年销售额在规定标准以下，并且会计核算不健全、不能按规定报送有关税务资料的增值税纳税人。这里会计核算不健全是指不能正确核算增值税的销项税额、进项税额和应纳税额。根据《增值税暂行条例》及其实施细则的规定，有下列情形之一的，可认定为小规模纳税人。

(1) 从事货物生产或提供应税劳务的纳税人，以及以从事货物生产或提供应税劳务为主，并兼营货物批发或零售的纳税人，年应税销售额在50万元(含50万元)以下的。

(2) 从事货物批发或零售的纳税人，年应税销售额在80万元(含80万元)以下的。

(3) 年应税销售额超过小规模纳税人标准的个人按小规模纳税人纳税。

(4) 非企业性单位可选择按小规模纳税人纳税。

(5) 销售服务、无形资产、不动产的年销售额在500万元(含500万元)以下的。

(二) 增值税的征税范围

1. 一般规定

增值税的一般征税范围为在我国境内发生应税销售行为以及进口货物。因此，增值税的一般征税范围包括以下几项。

1) 销售货物

销售货物即指有偿转让货物的所有权。所称有偿，包括从购买方取得货币、货物或其他经济利益。所称货物，是指有形动产，包括电力、热力、气体在内。

2) 提供加工、修理修配劳务

提供加工、修理修配劳务是指有偿提供加工、修理修配劳务。但单位或个体经营者聘用的员工为本单位或雇主提供加工、修理修配劳务不包括在内。

3) 销售服务

应税服务是指交通运输服务(包括陆路运输服务、水路运输服务、航空运输服务、管道运输服务)；邮政服务(包括邮政普通服务、邮政特殊服务和其他邮政服务)；电信服务(包括基础电信服务、增值电信服务)；建筑服务、金融服务、现代服务(包括研发和技术服务；信息技术服务；文化创意服务；物流辅助服务；有形动产租赁服务；鉴证咨询服务；广播影视服务)、生活服务。

4) 销售无形资产

销售无形资产是指转让无形资产所有权或者使用权的业务活动。无形资产是指不具实物形态，但能带来经济利益的资产，包括技术、商标、著作权、商誉、自然资源使用权和其他权益性无形资产。

技术包括专利技术和非专利技术。

自然资源使用权包括土地使用权、海域使用权、探矿权、采矿权、取水权和其他自然资源使用权。

其他权益性无形资产包括基础设施资产经营权、公共事业特许权、配额、经营权(包括特许经营权、连锁经营权、其他经营权)、经销权、分销权、代理权、会员权、席位权、网络游戏虚拟道具、域名、名称权、肖像权、冠名权、转会费等。

5) 销售不动产

销售不动产是指转让不动产所有权的业务活动。不动产是指不能移动或者移动后会引起性质、形状改变的财产，包括建筑物、构筑物等。

建筑物包括住宅、商业营业用房、办公楼等可供居住、工作或者进行其他活动的建造物。

构筑物包括道路、桥梁、隧道、水坝等建造物。

转让建筑物有限产权或者永久使用权的，转让在建的建筑物或者构筑物所有权的，以及在转让建筑物或者构筑物时一并转让其所占土地的使用权的，按照销售不动产缴纳增值税。

6）进口货物

进口货物是指申报进入中国关境的货物，为平衡进口货物与国内货物的税收负担，既保护国内产品生产，又防止因歧视进口引起国际争端和贸易报复，根据增值税的消费地征税原则对进口货物与国内货物同样征税。

2. 特殊规定

1）视同销售货物行为

单位或个体工商户的下列行为，视同销售货物：①将货物交付其他单位或者个人代销。②销售代销货物。③设有两个以上机构并实行统一核算的纳税人，将货物从一个机构移送其他机构用于销售，但相关机构设在同一县（市）的除外。④将自产或委托加工的货物用于非应税项目。⑤将自产、委托加工或购买的货物作为投资，提供给其他单位或个体经营者。⑥将自产、委托加工或购买的货物分配给股东或投资者。⑦将自产、委托加工的货物用于集体福利或个人消费。⑧将自产、委托加工或购买的货物无偿赠送他人。⑨向其他单位或者个人无偿销售应税服务、无偿转让无形资产或者不动产，但用于公益事业或者以社会公众为对象的除外。

上述行为确定为视同销售货物行为，均要征收增值税，主要目的有三个：一是保证增值税税款抵扣制度的实施，不致因发生上述行为而造成税款抵扣环节的中断；二是避免因发生上述行为而造成应税销售行为之间税收负担不平衡的矛盾，防止利用上述行为逃避纳税；三是体现增值税计算的配比原则。

2）混合销售行为

一项销售行为如果既涉及货物又涉及服务，为混合销售。从事货物的生产、批发或者零售的单位和个体工商户的混合销售行为，按照销售货物缴纳增值税；其他单位和个体工商户的混合销售行为，按照销售服务缴纳增值税。

上述从事货物的生产、批发或者零售的单位和个体工商户，包括以从事货物的生产、批发或者零售为主，并兼营销售服务的单位和个体工商户在内。

3）兼营行为

试点纳税人销售货物、加工修理修配劳务、服务、无形资产或者不动产适用不同税率或者征收率的，应当分别核算适用不同税率或者征收率的销售额，未分别核算销售额的，按照以下方法适用税率或者征收率。

（1）兼有不同税率的销售货物、加工修理修配劳务、服务、无形资产或者不动产，从高适用税率。

（2）兼有不同征收率的销售货物、加工修理修配劳务、服务、无形资产或者不动产，从高适用征收率。

（3）兼有不同税率和征收率的销售货物、加工修理修配劳务、服务、无形资产或者不动产，从高适用税率。

（三）增值税税率

我国现行增值税税率遵循中性和简便原则予以设计，其主要内容包括以下几点。

1. 基本税率

纳税人销售或者进口货物，（除低税率适用范围和销售个别旧货适用征收率外），提供加工、修理修配劳务，提供有形动产租赁服务，税率为13%。

2. 低税率

（1）纳税人销售或者进口下列货物，税率为9%：①粮食等农产品、食用植物油、食用盐。②自来水、暖气、冷气、热水、煤气、石油液化气、天然气、二甲醚、沼气、居民用煤炭制品。③图书、报纸、杂志、音像制品、电子出版物。④饲料、化肥、农药、农机、农膜。⑤国务院规定的其他货物。

（2）提供交通运输、邮政、基础电信、建筑、不动产租赁服务，销售不动产，转让土地使用权，税率为9%。

（3）销售服务、无形资产，除其他条款另有规定外，税率为6%。

3. 零税率

（1）纳税人出口货物，税率为零；但是，国务院另有规定的除外。

（2）境内单位和个人发生的跨境应税行为，税率为零。具体范围由财政部和国家税务总局另行规定。

4. 征收率

考虑到小规模纳税人经营规模小且会计核算不健全，难以按上述税率和使用增值税专用发票抵扣进项税额，因此小规模纳税人销售货物或应税劳务，销售应税服务、无形资产，实行按销售额与征收率计算应纳税额的简易计税办法。按照《增值税暂行条例》的规定，自2019年4月1日起，小规模纳税人适用征收率为3%，财政部和国家税务总局另有规定适用征收税率为5%的除外。

（四）一般纳税人增值税应纳税额的计算

一般纳税人发生应税销售行为，其应纳税额的计算，首先应确定当期销项税额，其次确定当期进项税额，最后计算当期应纳增值税税额。

1. 销项税额

销项税额是指纳税人发生应税销售行为时，按照销售额和税法规定的税率计算并向购买方收取的增值税额。其计算公式为：销项税额＝销售额×适用税率。销售额是纳税人发生应税销售行为时向购买方所收取的全部价款和价外费用，但是不包括收取的销项税额。

在实践中，一般纳税人发生应税销售行为往往采用销售额和销项税额合并收取，这时，应将不含税的销售额与销项税额分离开来，销售额换算公式为：销售额＝含税销售额÷（1＋税率）。对纳税人发生应税销售行为的价格明显偏低且无正当理由的，或纳税人发生应税销售行为而无销售额的，按税法规定，由主管税务机关按下列顺序确定销售额：①按纳税人最近时期发生同类应税销售行为的平均价格确定。②按其他纳税人最近时期发生同类应税销售行为的平均价格确定。③按组成计税价格确定。组成计税价格公式为：组成计税价格＝

成本×(1+成本利润率)。如该货物属于应征消费税的货物，其组成计税价格还应加上消费税税额。其计算公式为：组成计税价格=成本×(1+成本利润率)+消费税额或组成计税价格=成本×(1+成本利润率)÷(1-消费税税率)。

2. 进项税额

进项税额是指纳税人购进货物、加工修理修配劳务、服务、无形资产或者不动产所支付或负担的增值税额。它与销项税额相对应，在开具增值税专票的情况下，销售方收取的销项税额就是购买方支付的进项税额。因为进项税额可以抵扣销项税额，直接影响纳税人应纳增值税额的多少，所以，税法对准予从销项税额中抵扣的进项税额作出了严格的规定。

1) 准予从销项税额中抵扣进项税额的项目

《增值税暂行条例》及其实施细则对准予从销项税额中抵扣的进项税额项目作了如下规定：①从销售方取得的增值税专用发票(含税控机动车销售统一发票，下同)上注明的增值税额。②从海关取得的海关进口增值税专用缴款书上注明的增值税额。③购进农产品，除取得增值税专用发票或者海关进口增值税专用缴款书外，按照农产品收购发票或者销售发票上注明的农产品买价或者10%的扣除率计算进项税额，其进项税额计算公式为：进项税额=买价×扣除率。准予抵扣的项目和扣除率的调整，由国务院决定。④从境外单位或者个人购进服务、无形资产或者不动产，自税务机关或者扣缴义务人取得的解缴税款的完税凭证上注明的增值税额。

2) 不得从销项税额中抵扣进项税额的项目

根据《增值税暂行条例》及其实施细则和“营改增”的规定，下列项目的进项税额不得从销项税额中抵扣：①用于简易计税方法计税项目、免征增值税项目、集体福利或者个人消费的购进货物、劳务、服务、无形资产和不动产。②非正常损失的购进货物及相关的加工修理修配劳务和交通运输服务。非正常损失是指因管理不善造成货物被盗、丢失、霉烂变质的损失，以及因违反法律法规造成货物或者不动产被依法没收、销毁、拆除的情形。③非正常损失的在产品、产成品所耗用的购进货物(不包括固定资产)、加工修理修配劳务和交通运输服务。④非正常损失的不动产，以及该不动产所耗用的购进货物、设计服务和建筑服务。⑤非正常损失的不动产在建工程所耗用的购进货物、设计服务和建筑服务。纳税人新建、改建、扩建、修缮、装饰不动产，均属于不动产在建工程。⑥购进的旅客运输服务、贷款服务、餐饮服务、居民日常服务和娱乐服务。

另外，纳税人购进货物、劳务、服务、无形资产、不动产，取得的增值税扣税凭证不符合法律、行政法规或者国务院税务主管部门有关规定的，其进项税额不得以销项税额抵扣。

3) 进项税额抵扣时限

纳税人取得防伪税控系统开具的增值税专用发票进项税额抵扣的时间限定：应自该专用发票开具之日起360日内到税务机关认证，并在认证通过的当月核算当期进项税额申报抵扣，否则不予抵扣进项税额。

3. 应纳税额的计算

增值税应纳税额为当期销项税额抵扣当期进项税额的余额。其计算公式为：应纳税额=当期销项税额-当期进项税额。上述公式中，如果当期销项税额小于进项税额时，其不足抵扣的部分可以结转下期继续抵扣。

（五）小规模纳税人增值税应纳税额的计算

小规模纳税人发生应税销售行为，按照销售额和规定的征收率，实行简易办法计算应纳税额。其计算公式为：应纳税额＝销售额×征收率。小规模纳税人采取销售额和增值税销项税额合并定价方法的，要分离出不含税销售额，其计算公式为：销售额＝含税销售额÷(1＋征收率)。

（六）进口货物增值税应纳税额的计算

对进口的应税货物按照组成计税价格和规定的增值税税率计算应纳税额，不得抵扣任何税额。组成计税价格和应纳税额计算公式分别为：组成计税价格＝关税完税价格＋关税＋消费税，应纳税额＝组成计税价格×税率。这里应注意两点：一是关税完税价格是指海关核定的关税计税价格；二是进口货物增值税的组成计税价格中包括已纳关税额，如果进口货物属于消费税应税消费品，其组成计税价格中还应包括已纳消费税额。

（七）增值税的减免

1. 免税项目

增值税的免税项目主要有：①农业生产者销售的自产农业产品。②避孕药品和用具。③古旧图书。④直接用于科学研究、科学试验和教学的进口仪器、设备。⑤外国政府、国际组织无偿援助的进口物资和设备。⑥由残疾人组织直接进口供残疾人专用的物品。⑦销售的自己使用过的物品。

另外，“营改增”也规定了一些免税项目。

纳税人兼营免税项目的，应单独核算免税项目的销售额。未单独核算销售额或不能准确提供免税项目销售额的，不得免税。

2. 起征点

根据《增值税暂行条例》及其实施细则的规定，个人纳税人销售额未达到国务院财政、税务主管部门规定的增值税起征点的，免征增值税。起征点的规定为：①按期纳税的，为月销售额5 000～20 000元。②按次纳税的，为每次(日)销售额300～500元。国家税务总局直属分局应在规定的幅度内，根据实际情况确定本地区适用的起征点，并报国家税务总局备案。

（八）增值税的征收管理

1. 纳税义务发生的时间

纳税人发生应税销售行为，其纳税义务发生时间为收讫销售款或者取得索取销售款凭据的当天。先开具发票的，为开具发票的当天。按销售结算方式的不同，具体规定如下所述。

(1) 采取直接收款方式销售货物，不论货物是否发出，均为收到销售款或取得索取销售款的凭据，并将提货单交给买方的当天。

(2) 采取托收承付和委托银行收款方式销售货物，为发出货物并办妥托收手续的当天。

(3) 采取赊销和分期收款方式销售货物，为书面合同约定的收款日期的当天，无书面合同约定的或者书面合同没有约定收款日期的，为货物发出的当天。

(4) 采取预收货款方式销售货物,为货物发出的当天,但生产销售生产工期超过 12 个月的大型机械设备、船舶、飞机等货物、为收到预收款或者书面合同约定的收款日期的当天。

(5) 委托其他纳税人代销货物,为收到代销单位销售的代销清单或者收到全部或者部分货物的当天。未收到代销清单及货物的,为发出代销货物满 180 天的当天。

(6) 销售劳务,为提供劳务同时收讫销售额或取得索取销售额凭据的当天。

(7) 纳税人发生按规定视同销售货物的行为(将委托他人代销、销售代销货物除外),为货物移送的当天。

(8) 纳税人提供建筑服务、租赁服务采取预收款方式的,其纳税义务发生时间为收到预收款的当天。

(9) 纳税人从事金融商品转让的,为金融商品所有权转移的当天。

(10) 纳税人发生视同销售服务、无形资产或者不动产情形的,其纳税义务发生时间为服务、无形资产转让完成的当天或者不动产权属变更的当天。

进口货物的纳税义务发生时间进口货物纳税义务发生时间为报关进口的当天。

2. 纳税期限

增值税纳税期限分别为 1 日、3 日、5 日、10 日、15 日、1 个月或者 1 个季度。纳税人具体纳税期限由主管税务机关根据纳税人应纳税额的大小分别核定。不能按照固定期限纳税的,可以按次纳税。以 1 个季度为纳税期限的规定仅适用于小规模纳税人、银行、财务公司、信托投资公司、信用社,以及财政部和国家税务总局规定的其他纳税人。

纳税人以 1 个月或者 1 个季度为 1 个纳税期的,自期满之日起 15 日内申报纳税;以 1 日、3 日、5 日、10 日或者 15 日为 1 个纳税期的,自期满之日起 5 日内预缴税款,于次月 1 日起 15 日内申报纳税并结清上月应纳税款。纳税人进口货物,应当自海关填发海关进口增值税专用缴款书之日起 15 日内缴纳税款。

3. 纳税地点

(1) 固定业户应当向其机构所在地主管税务机关申报纳税。总机构和分支机构不在同一县(市)的,应当分别向各自所在地主管税务机关申报纳税;经国务院财政、税务主管部门或其授权的财政、税务机关批准,可以由总机构汇总向总机构所在地主管税务机关申报纳税。固定业户到外县(市)销售货物或者应税劳务,应当向其机构所在地主管税务机关报告外出经营事项,并向其机构所在地主管税务机关申报纳税;未报告的,应当向销售地或者劳务发生地的主管税务机关申报纳税;未向销售地或者劳务发生地的主管税务机关申报纳税的,由其机构所在地主管税务机关补征税款。

(2) 非固定业户销售货物或者应税劳务,应当向销售地或者劳务发生地的主管税务机关申报纳税;未向销售地或者劳务发生地的主管税务机关申报纳税的,由其机构所在地或者居住地的主管税务机关补征税款。

(3) 进口货物,应当向报关地海关申报纳税。

二、消费税

消费税是指对我国境内从事生产、委托加工以及进口应税消费品的单位和个人,就其消费品的销售额或销售数量征收的一种流转税。

1993年12月13日国务院颁布的、于2008年11月5日经国务院修订通过并自2009年1月1日起施行的《中华人民共和国消费税暂行条例》(以下简称《消费税暂行条例》),之后财政部、国家税务总局发布的《中华人民共和国消费税暂行条例实施细则》,以及财政部、国家税务总局发布的有关消费税方面的其他规章、制度,这些都构成了我国现行消费税基本法律制度。

(一) 消费税的纳税人

消费税的纳税人是指在中华人民共和国境内生产、委托加工和进口《消费税暂行条例》规定的应税消费品的单位和个人。

(二) 消费税的征税范围

我国的消费税是选择部分消费品作为征税对象的。根据《消费税暂行条例》的规定,2014年12月调整后,我国现行消费税共设置了15个税目,即烟、酒、高档化妆品、贵重首饰及珠宝玉石、鞭炮和焰火、成品油、摩托车、小汽车、高尔夫球及球具、高档手表、游艇、木制一次性筷子、实木地板、电池、涂料。消费税的征税范围,可以根据国家经济发展变化和消费结构的变化情况作适当调整。

(三) 消费税的税率

消费税的税率有比例税率和定额税率两种,根据不同的税目或子目确定相应的税率或单位税额。其中黄酒、啤酒、成品油实行从量定额征收,适用定额税率。白酒、卷烟实行从量定额和从价定率相结合的复合征收,适用定额税率和比例税率。其余应税消费品均实行从价定率征收,适用比例税率。

(四) 消费税应纳税额的计算

消费税应纳税额的计算有从价定率征收、从量定额征收、从量定额和从价定率相结合复合征收三种方法。

1. 实行从价定率征税应税消费品应纳税额的计算

实行从价定率征税的应税消费品,其计税依据是含消费税而不含增值税的销售额。

消费税在生产、委托加工或进口某一环节一次征收,因此,应纳税额的计算具体分为生产销售、委托加工、进口三种情况。

1) 生产销售或者自产自用应税消费品应纳税额的计算

纳税人在生产销售环节应缴纳的消费税,包括直接对外销售应缴纳的消费税和自产自用应缴纳的消费税两种。

纳税人直接对外销售应缴纳的消费税,其应纳税额的计算公式为:应纳税额=销售额×税率。根据税法规定,纳税人自产自用的应税消费品,用于连续生产应税消费品的,即作为生产最终应税消费品的直接材料,并构成最终应税消费品实体的,不缴纳消费税(例如,卷烟厂生产出烟丝,再用生产出的烟丝连续生产卷烟)。但纳税人自产自用的应税消费品,用于其他方面的,即用于生产非应税消费品和在建工程、管理部门、非生产机构、提供劳务以及用于馈赠、赞助、集资、广告、样品、职工福利、奖励等方面的应税消费品,应缴纳消费税。其计税依据为纳税人生产的同类消费品的销售价格,没有同类消费品销售价格的,以组成计税价格为计税依据。其计算公式为:组成计税价格=(成本+利润)÷(1-消费税税率)或组成计税价格=成本×(1+成本利润率)÷(1-消费税税率)自产自用应税消费品。其应纳税额的计算方法为:应纳税额=同类消费品的销售价格或者组成计税价格×税率。

2)委托加工应税消费品销售额的确定及应纳税额的计算

委托加工的应税消费品是指由委托方提供原料和主要材料,受托方只收取加工费和代垫部分辅助材料加工的应税消费品。对于由受托方提供原材料生产的应税消费品,或者受托方先将原材料卖给委托方,然后再接受加工的应税消费品,以及由受托方以委托方名义购进原材料生产的应税消费品,不论纳税人在财务上是否作销售处理,都不得作为委托加工应税消费品,而应当按照销售自制应税消费品缴纳消费税。

委托加工的应税消费品如果受托方有同类消费品销售价格的,按照受托方同类消费品的销售价格计算纳税;没有同类消费品销售价格的,按照组成计税价格计算。其计算公式为:组成计税价格=(材料成本+加工费)÷(1-消费税税率),委托加工的应税消费品,其应纳税额的计算方法为:应纳税额=受托方同类消费品的销售价格或者组成计税价格×税率。委托加工的应税消费品,由受托方向委托方交货时代收代缴税款。

3)进口应税消费品应纳税额的计算

进口的应税消费品,实行从价定率征税办法计算应纳税额的,按照组成计税价格纳税。其计算公式为:组成计税价格=(关税完税价格+关税)÷(1-消费税税率)。进口应税消费品应纳税额的计算公式为:应纳税额=组成计税价格×税率。

2. 实行从量定额征税的应税消费品应纳税额的计算

实行从量定额征税的应税消费品,其计税依据是应税消费品的数量。分别规定如下几项。

(1) 纳税人生产销售应税消费品的,为应税消费品的销售数量。

(2) 纳税人自产自用应税消费品的,为应税消费品的移送使用数量。

(3) 纳税人委托加工应税消费品的,为纳税人(委托方)收回的应税消费品数量。

(4) 纳税人进口应税消费品的,为海关核定的应税消费品进口征税数量。

实行从量定额征税的应税消费品应纳税额的计算公式为:应纳税额=销售数量移送使用数量、委托方收回数量、海关核定的进口征税数量×单位税额。

3. 实行复合计税方法征税的应税消费品应纳税额的计算

根据规定,白酒和卷烟实行从量定额和从价定率相结合计算应纳税额的复合计税办法。

(1) 纳税人生产销售实行复合计税方法征税的应税消费品,其计税依据是销售额和销售数量,应纳税额的计算公式为:应纳税额=销售额×比例税率+销售数量×单位税额。

(2) 纳税人自产自用实行复合计税方法征税的应税消费品,其计税依据是纳税人生产的同类消费品的销售价格和自产自用数量,应纳税额的计算公式为:应纳税额=同类消费品的销售额×比例税率+自产自用数量×单位税额。没有同类消费品销售价格的,按照组成计税价格计算。其计算公式为:组成计税价格=(成本+利润+自产自用数量×单位税额)÷(1-比例税率)。其应纳税额的计算公式为:应纳税额=组成计税价格×比例税率+自产自用数量×单位税额。

(3) 纳税人委托加工实行复合计税方法征税的应税消费品,其计税依据是受托方同类消费品的销售价格和委托加工数量,应纳税额的计算公式为:应纳税额=受托方同类消费品的销售额×比例税率+委托加工数量×单位税额。受托方没有同类消费品销售价格的,按照组成计税价格计算,其计算公式为:组成计税价格=(材料成本+加工费+委托加工数量×单位税额)÷(1-比例税率)。其应纳税额的计算公式为:应纳税额=组成计税价格×比例税率+委托加工数量×单位税额。

(4) 纳税人进口实行复合计税方法征税的应税消费品,其计税依据是进口应税消费品的组成计税价格和进口数量,其计算公式为:组成计税价格=(关税完税价格+关税+进口数量×单位税额)÷(1-比例税率)。其应纳税额的计算公式为:应纳税额=组成计税价格×比例税率+进口数量×单位税额。

(五) 消费税的征收管理

1. 纳税义务发生时间

(1) 纳税人生产的应税消费品,于销售时纳税,但金银首饰、钻石在零售环节征收。根据销货方式和结算方式不同,其纳税义务发生时间分别规定为:①纳税人采取赊销和分期收款结算方式的,为书面合同约定的收款日期的当天,书面合同没有约定收款日期或者无书面合同的,为发出应税消费品的当天。②纳税人采取预收货款结算方式的,其纳税义务的发生时间为发出应税消费品的当天。③纳税人采取托收承付和委托银行收款方式销售的应税消费品,其纳税义务的发生时间为发出应税消费品并办妥托收手续的当天。④纳税人采取其他结算方式的,其纳税义务的发生时间为收讫销售款或者取得索取销售款凭据的当天。

(2) 纳税人自产自用的应税消费品,其纳税义务的发生时间为移送使用的当天。

(3) 纳税人委托加工的应税消费品,其纳税义务的发生时间为纳税人提货的当天。

(4) 纳税人进口的应税消费品,其纳税义务的发生时间为报关进口的当天。

2. 纳税期限

消费税纳税期限与增值税纳税期限的规定一致。

3. 纳税地点

(1) 纳税人销售的应税消费品,以及自产自用的应税消费品,除国务院财政、税务主管部门另有规定的外,应当向纳税人机构所在地或居住地的主管税务机关申报纳税。

(2) 委托加工的应税消费品,受托方为个人的,由委托方向机构所在地或者居住地的主管税务机关申报纳税;除受托方为个人外,由受托方向机构所在地或者居住地的主管税务机关解缴消费税税款。

(3) 进口的应税消费品,应当向报关地海关申报纳税。

三、企业所得税

企业所得税是指对在中国境内实行独立核算的企业或者组织取得的生产经营所得和其他所得所征收的一种所得税。

2007 年 3 月 16 日第 10 届全国人大第 5 次会议通过的、自 2008 年 1 月 1 日起施行的《企业所得税法》及 2007 年 11 月 28 日国务院第 197 次常务会议通过的、自 2008 年 1 月 1

日起施行的《中华人民共和国企业所得税法实施条例》是现行企业所得税征纳的重要规范。

(一) 企业所得税的纳税义务人

企业所得税的纳税义务人是指在中华人民共和国境内企业和其他取得收入的组织(以下统称企业)。具体包括依照中国法律、行政法规在中国境内成立的企业、事业单位、社会团体以及其他取得收入的组织。但个人独资企业、合伙企业除外。

企业所得税的纳税人分为居民企业和非居民企业。居民企业是指依法在中国境内成立,或者依照外国(地区)法律成立但实际管理机构在中国境内的企业。非居民企业是指依照外国(地区)法律成立且实际管理机构不在中国境内,但在中国境内设立机构、场所的,或者在中国境内未设立机构、场所,但有来源于中国境内所得的企业。

(二) 企业所得税的征税范围

企业所得税的征税范围包括企业取得的生产经营所得和其他所得。所得包括:①销售货物所得。②提供劳务所得。③转让财产所得。④股息、红利等权益性投资收益所得。⑤利息所得。⑥租金所得。⑦特许权使用费所得。⑧接受捐赠所得。⑨其他所得。

对居民企业,应当就其来源于中国境内、境外的所得缴纳企业所得税。

对非居民企业在中国境内设立机构、场所的,应当就其所设机构、场所取得的来源于中国境内的所得,以及发生在中国境外但与其所设机构、场所有实际联系的所得缴纳企业所得税。对非居民企业在中国境内未设立机构、场所的,或者虽设立机构、场所但取得的所得与其所设机构、场所没有实际联系的,应当就其来源于中国境内的所得缴纳企业所得税。上述所称实际联系,是指非居民企业在中国境内设立的机构、场所拥有据以取得所得的股权、债权,以及拥有、管理、控制据以取得所得的财产等。

(三) 企业所得税税率

1. 基本税率

根据《企业所得税法》的规定,对居民企业来源于中国境内、境外的所得和非居民企业在中国境内设立机构、场所取得的来源于中国境内的所得,以及发生在中国境外但与其所设机构、场所有实际联系的所得,适用25%的比例税率。

2. 优惠税率

(1) 对符合条件的小型微利企业,减按20%的税率征收企业所得税。上述所称符合条件的小型微利企业,是指从事国家非限制和禁止行业,并符合下列条件的企业:①工业企业,年度应纳税所得额不超过30万元,从业人数不超过100人,资产总额不超过3 000万元。②其他企业,年度应纳税所得额不超过30万元,从业人数不超过80人,资产总额不超过1 000万元。

(2) 对国家需要重点扶持的高新技术企业,减按15%的税率征收企业所得税。

(3) 对非居民企业在中国境内未设立机构、场所的,或者虽设立机构、场所但取得的与其所设机构、场所没有实际联系的所得,适用税率为10%。

(四) 企业所得税应纳税所得额

企业所得税以企业的应纳税所得额为计税依据。应纳税所得额是指企业每一纳税年度的收入总额，减除不征税收入、免税收入、各项扣除以及允许弥补的以前年度亏损后的余额。其计算公式为：应纳税所得额＝收入总额－不征税收入－免税收入－各项扣除－以前年度亏损。企业应纳税所得额的计算，以权责发生制为原则，属于当期的收入和费用，不论款项是否收付，均作为当期的收入和费用；不属于当期的收入和费用，即使款项已经在当期收付，均不作为当期的收入和费用，但《企业所得税实施条例》和国务院财政、税务主管部门另有规定的除外。

1. 收入总额

收入总额是指企业以货币形式和非货币形式从各种来源取得的收入。

企业取得收入的货币形式，包括现金、存款、应收账款、应收票据、准备持有至到期的债券投资以及债务的豁免等。

企业取得收入的非货币形式，包括固定资产、生物资产、无形资产、股权投资、存货、不准备持有至到期的债券投资、劳务以及有关权益等。企业以非货币形式取得的收入，应当按照其公允价值确定收入额。公允价值是指按照市场价格确定的价值。

收入具体包括：①销售货物收入。②提供劳务收入。③转让财产收入。④股息、红利等权益性投资收益。⑤利息收入。⑥租金收入。⑦特许权使用费收入。⑧接受捐赠收入。⑨其他收入。

2. 不征税收入

收入总额中的下列收入为不征税收入：①财政拨款。②依法收取并纳入财政管理的行政事业性收费、政府性基金。③国务院规定的其他不征税收入。

3. 免税收入

企业的下列收入为免税收入。

(1) 国债利息收入。

(2) 符合条件的居民企业之间的股息、红利等权益性投资收益。符合条件的居民企业之间的股息、红利等权益性投资收益是指居民企业直接投资于其他居民企业取得的投资收益。

(3) 在中国境内设立机构、场所的非居民企业从居民企业取得与该机构、场所有实际联系的股息、红利等权益性投资收益。上述第(2)和第(3)项所称股息、红利等权益性投资收益，不包括连续持有居民企业公开发行并上市流通的股票不足12个月取得的投资收益。

(4) 符合条件的非营利组织的收入。

4. 准予扣除的项目

1) 一般扣除项目

在计算应纳税所得额时准予从收入额中扣除的一般项目，是指企业实际发生的与取得收入有关的、合理的支出，包括成本、费用、税金、损失和其他支出。

成本是指企业在生产、经营活动中发生的销售成本、销货成本、业务支出以及其他耗费。

费用是指企业每一个纳税年度在生产、经营活动中发生的销售费用、管理费用和财务费用，已经计入成本的有关费用除外。

税金是指企业发生的除企业所得税和允许抵扣的增值税以外的各项税金及其附加。即按规定缴纳的消费税、资源税、关税、城市维护建设税、土地增值税、房产税、车船税、土地使用税、印花税、教育费附加等税金及附加，这些税金允许税前扣除。

损失是指企业在生产、经营活动中发生的固定资产和存货的盘亏、毁损、报废损失，转让财产损失，呆账损失，坏账损失，自然灾害等不可抗力因素造成的损失以及其他损失。企业发生的损失，减除责任人赔偿和保险赔款后的余额，依照国务院财政、税务主管部门的规定扣除。企业已经作为损失处理的资产，在以后纳税年度又全部收回或者部分收回时，应当计入当期收入。

其他支出是指除成本、费用、税金、损失外，企业在生产经营活动中发生的与生产经营活动有关的、合理的支出。

2）特殊扣除项目

除一般扣除外，下列项目则按规定的标准扣除。

（1）工资、薪金。企业发生的合理的工资、薪金支出，准予据实扣除。

（2）社会保险费和住房公积金。企业依照国务院有关主管部门或者省级人民政府规定的范围和标准为职工缴纳的基本养老保险费、基本医疗保险费、失业保险费、工伤保险费、生育保险费等基本社会保险费和住房公积金，准予扣除。

（3）借款费用和利息支出。企业在生产、经营活动中发生的合理的不需要资本化的借款费用，准予扣除。企业为购置、建造固定资产、无形资产和经过 12 个月以上的建造才能达到预定可销售状态的存货发生借款的，在有关资产购置、建造期间发生的合理的借款费用，应当作为资本性支出计入有关资产的成本，并依照企业所得税实施条例的规定扣除。企业在生产经营活动中发生的下列利息支出，准予扣除：其一，非金融企业向金融企业借款的利息支出、金融企业的各项存款利息支出和同业拆借利息支出、企业经批准发行债券的利息支出；其二，非金融企业向非金融企业借款的利息支出，不超过按照金融企业同期同类贷款利率计算的数额的部分。

（4）职工福利费、工会经费、职工教育经费。企业发生的职工福利费支出，不超过工资、薪金总额 14%的部分，准予扣除。企业拨缴的工会经费，不超过工资、薪金总额 2%的部分，准予扣除。除国务院财政、税务主管部门另有规定外，自 2018 年 1 月 1 日起，企业发生的职工教育经费支出，不超过工资薪金总额 8%的部分，准予扣除；超过部分，准予在以后纳税年度结转扣除。

（5）业务招待费。企业发生的与生产经营活动有关的业务招待费支出，按照发生额的 60%扣除，但最高不得超过当年销售（营业）收入的 5‰。

（6）广告费和业务宣传费。企业发生的符合条件的广告费和业务宣传费支出，除国务院财政、税务主管部门另有规定外，不超过当年销售（营业）收入 15%的部分，准予扣除；超过部分，准予在以后纳税年度结转扣除。

（7）公益性捐赠支出。企业发生的公益性捐赠支出，在年度利润总额 12%以内的部分，准予在计算应纳税所得额时扣除。

（8）汇兑损失。企业在货币交易中，以及纳税年度终了时将人民币以外的货币性资产、负债按照期末即期人民币汇率中间价折算为人民币时产生的汇兑损失，除已经计入有关资产成本以及与向所有者进行利润分配相关的部分外，准予扣除。

(9) 用于环境保护、生态恢复等方面的专项资金。企业依照法律、行政法规有关规定提取的用于环境保护、生态恢复等方面的专项资金,准予扣除。

(10) 财产保险费。企业参加财产保险,按照规定缴纳的保险费,准予扣除。

(11) 依照法律、法规规定的准予扣除的其他项目。

5. 不得扣除的项目

在计算应纳税所得额时,下列支出不得扣除。

(1) 向投资者支付的股息、红利等权益性投资收益款项。

(2) 企业所得税税款。

(3) 税收滞纳金。

(4) 罚金、罚款和被没收财物的损失。

(5) 超过规定标准的捐赠支出。

(6) 赞助支出,是指企业发生的与生产经营活动无关的各种非广告性质支出。

(7) 未经核定的准备金支出,是指不符合国务院财政、税务主管部门规定的各项资产减值准备、风险准备等准备金支出。

(8) 企业之间支付的管理费、企业内营业机构之间支付的租金和特许权使用费,以及非银行企业内营业机构之间支付的利息。

(9) 与取得收入无关的其他支出。

6. 亏损弥补

企业所得税法规定,企业纳税年度发生的亏损,准予向以后年度结转,用以后年度的所得弥补,但结转年限最长不得超过5年。

7. 资产的税务处理

企业所得税法规定了纳税人资产的税务处理,其目的是要通过对资产的分类,区别资本性支出与收益性支出,确定准予扣除的项目和不准扣除的项目,正确计算应税所得额。对于资本性支出以及无形资产开发、受让等费用,不允许作为成本、费用从收入总额中一次性扣除,只能采取分次计提折旧或者分次摊销的方式予以扣除。即纳税人经营活动中使用的固定资产折旧费用、无形资产和长期待摊费用的摊销费用可以扣除。

(五) 企业所得税应纳税额的计算

根据上述公式计算出应纳税所得额后,企业的应纳税所得额乘以适用税率,减除依照企业所得税法关于税收优惠的规定减免和抵免的税额后的余额,为应纳税额。企业所得税应纳税额的计算公式为:应纳税额=应纳税所得额×适用税率－减免税额－抵免税额。公式中的减免税额和抵免税额,是指依照企业所得税法和国务院的税收优惠规定减征、免征和抵免的应纳税额。

1. 减免税额(税收优惠)

根据《企业所得税法》及实施条例的规定,企业所得税优惠政策方式包括免税、减税、加计扣除、加速折旧、减计收入、税额抵免等。

(1) 免征、减征优惠。企业的下列所得或情形,可以免征、减征企业所得税:①从事农、林、牧、渔业项目的所得。②企业从事国家重点扶持的公共基础设施项目的投资经营的所得，自项目取得第一笔生产、经营收入所属纳税年度起，第1年至第3年免征企业所得税，第4年至第6年减半征收企业所得税。③企业从事符合条件的环境保护、节能节水项目的所得，自项目取得第一笔生产、经营收入所属纳税年度起，第1年至第3年免征企业所得税，第4年至第6年减半征收企业所得税。④符合条件的技术转让所得。符合条件的技术转让所得免征、减征企业所得税，是指一个纳税年度内，居民企业技术转让所得不超过500万元的部分，免征企业所得税；超过500万元的部分，减半征收企业所得税。

(2) 加计扣除优惠。企业的下列支出，可以在计算应纳税所得额时加计扣除：①企业为开发新技术、新产品、新工艺发生的研究开发费用，未形成无形资产计入当期损益的，在按照规定据实扣除的基础上，按照研究开发费用的50%加计扣除；形成无形资产的，按照无形资产成本的150%摊销。②企业安置残疾人员的，在按照支付给残疾职工工资据实扣除的基础上，按照支付给残疾职工工资的100%加计扣除。

(3) 抵扣应纳税所得额优惠。创业投资企业采取股权投资方式投资于未上市的中小高新技术企业2年以上的，可以按照其投资额的70%在股权持有满2年的当年抵扣该创业投资企业的应纳税所得额；当年不足抵扣的，可以在以后纳税年度结转抵扣。

(4) 加速折旧优惠。企业的固定资产由于技术进步等原因，确需加速折旧的，可以缩短折旧年限或者采取加速折旧的方法。

(5) 减计收入优惠。企业综合利用资源作为主要原材料，生产国家非限制和禁止并符合国家和行业相关标准的产品取得的收入，减按90%计入收入总额。

(6) 税额抵免优惠。企业购置并实际使用规定的环境保护、节能节水、安全生产等专用设备的，该专用设备的投资额的10%可以从企业当年的应纳税额中抵免；当年不足抵免的，可以在以后5个纳税年度结转抵免。

2. 抵免税额

居民企业来源于中国境外的应税所得和非居民企业在中国境内设立机构、场所，取得发生在中国境外但与该机构、场所有实际联系的应税所得已在境外缴纳的所得税税额，可以从其当期应纳税额中抵免，抵免限额为该项所得依照企业所得税法规定计算的应纳税额；超过抵免限额的部分，可以在以后5个年度内，用每年度抵免限额抵免当年应抵税额后的余额进行抵补。

(六) 企业所得税征收管理

1. 纳税期限

企业所得税按纳税年度计算。纳税年度自公历1月1日起至12月31日止。企业在一个纳税年度中间开业，或者终止经营活动，使该纳税年度的实际经营期不足12个月的，应当以其实际经营期为一个纳税年度。企业依法清算时，应当以清算期间作为一个纳税年度。

2. 纳税申报

企业所得税分月或者分季预缴。分月或者分季预缴企业所得税时，应当按照月度或者季度的实际利润额预缴；按照月度或者季度的实际利润额预缴有困难的，可以按照上一纳税年度应纳税所得额的月度或者季度平均额预缴，或者按照经税务机关认可的其他方法预缴。预缴方法一经确定,该纳税年度内不得随意变更。企业应当自月份或者季度终了之日起15日内,向税务机关报送预缴企业所得税纳税申报表,预缴税款。企业应当自年度终了之日起5个月内,向税务机关报送年度企业所得税纳税申报表,并汇算清缴,结清应缴应退税款。

企业在纳税年度内无论盈利或者亏损,都应当依照《企业所得税法》规定的期限,向税务机关报送预缴企业所得税纳税申报表、年度企业所得税纳税申报表、财务会计报告和税务机关规定应当报送的其他有关资料。

企业在年度中间终止经营活动的,应当自实际经营终止之日起60日内,向税务机关办理当期企业所得税汇算清缴。

3. 纳税地点

除税收法律、行政法规另有规定外,居民企业以企业登记注册地为纳税地点,但登记注册地在境外的,以实际管理机构所在地为纳税地点。企业登记注册地是指企业依照国家有关规定登记注册的住所地。居民企业在中国境内设立不具有法人资格的营业机构的,应当汇总计算并缴纳企业所得税。企业汇总计算并缴纳企业所得税时,应当统一核算应纳税所得额,具体办法由国务院财政、税务主管部门另行制定。

非居民企业在中国境内设立机构、场所的,其所设机构、场所取得的来源于中国境内的所得,以及发生在中国境外但与其所设机构、场所有实际联系的所得,以机构、场所所在地为纳税地点。非居民企业在中国境内设立两个或者两个以上机构、场所的,经各机构、场所所在地税务机关的共同上级税务机关审核批准,可以选择由其主要机构、场所汇总缴纳企业所得税。非居民企业在中国境内未设立机构、场所的,或者虽设立机构、场所但取得的与其所设机构、场所没有实际联系的所得,以扣缴义务人所在地为纳税地点。

四、个人所得税

个人所得税是对个人(自然人)取得的各项应税所得征收的一种所得税。个人所得税是世界各国普遍开征的一个税种,它不仅是政府利用税收对个人收入进行调节的一种手段,而且是政府取得财政收入的重要来源。

现行个人所得税的基本规范,是1980年9月10日第5届全国人民代表大会通过的、之后第8届全国人大常委会于1993年10月31日修正的《中华人民共和国个人所得税法》(以下简称《个人所得税法》),多年来通过了7次修改。目前适用的是2018年8月31日,由第十三届全国人民代表大会常务委员会第五次会议修改通过并公布的《个人所得税法》,自2019年1月1日起施行。

(一) 个人所得税的纳税义务人

个人所得税的纳税人是指在中国境内有住所,或者无住所而在境内居住满183天的个人,以及在中国境内无住所又不居住或者无住所而在境内居住不满183天的个人,包括中国公民,个体工商户,外籍个人,我国香港、澳门、台湾同胞等。

上述纳税人依据住所和居住时间两个标准,区分为居民纳税人和非居民纳税人。

居民纳税人是指在中国境内有住所或者无住所而在境内居住满183天的个人。所谓在中国境内有住所的个人，是指因户籍、家庭、经济利益关系而在中国境内习惯性居住的个人。所谓在境内居住满 183 天，是指在一个纳税年度内在中国境内居住满 183 天。在计算天数时，临时离境的，不扣减天数。所谓的临时离境，是指在一个纳税年度中一次不超过 30 天或者多次累计不超过 90 天的离境。

非居民纳税人是指在中国境内无住所又不居住，或者无住所而在中国境内居住不满 183 天的个人。

另外，自 2000 年 1 月 1 日起，个人独资企业和合伙企业的投资者也为个人所得税的纳税人。

（二）个人所得税的征税范围

对于居民纳税人，应就来源于中国境内和境外的全部所得征税；对于非居民纳税人，则只就来源于中国境内所得部分征税，境外所得部分不属于我国《个人所得税法》规定的征税范围。

上述所得包括：①工资、薪金所得。工资、薪金所得是指个人因任职或者受雇而取得的工资、薪金、奖金、年终加薪、劳动分红、津贴、补贴以及与任职或者受雇有关的其他所得。但不包括独生子女补贴、托儿补助费、差旅费津贴、误餐补助等。②劳务报酬所得。劳务报酬所得，是指个人从事劳务取得的所得，包括从事设计、装潢、安装、制图、化验、测试、医疗、法律、会计、咨询、讲学、翻译、审稿、书画、雕刻、影视、录音、录像、演出、表演、广告、展览、技术服务、介绍服务、经纪服务、代办服务以及其他劳务取得的所得。③稿酬所得。稿酬所得，是指个人因其作品以图书、报刊等形式出版、发表而取得的所得。④特许权使用费所得。特许权使用费所得，是指个人提供专利权、商标权、著作权、非专利技术以及其他特许权的使用权取得的所得；提供著作权的使用权取得的所得，不包括稿酬所得。⑤经营所得，是指：个体工商户从事生产、经营活动取得的所得，个人独资企业投资人、合伙企业的个人合伙人来源于境内注册的个人独资企业、合伙企业生产、经营的所得；个人依法从事办学、医疗、咨询以及其他有偿服务活动取得的所得；个人对企业、事业单位承包经营、承租经营以及转包、转租取得的所得；个人从事其他生产、经营活动取得的所得。⑥利息、股息、红利所得。利息、股息、红利所得，是指个人拥有债权、股权等而取得的利息、股息、红利所得。⑦财产租赁所得。财产租赁所得，是指个人出租不动产、机器设备、车船以及其他财产取得的所得。⑧财产转让所得。财产转让所得，是指个人转让有价证券、股权、合伙企业中的财产份额、不动产、机器设备、车船以及其他财产取得的所得。⑨偶然所得。偶然所得，是指个人得奖、中奖、中彩以及其他偶然性质的所得。个人取得的所得，难以界定应纳税所得项目的，由国务院税务主管部门确定。居民个人取得前款①～④所得（以下称综合所得），按纳税年度合并计算个人所得税；非居民个人取得前款①～④所得，按月或者按次分项计算个人所得税。纳税人取得前款⑤～⑨所得，依照《个人所得税法》规定分别计算个人所得税。

（三）个人所得税的税率

个人所得税税率实行超额累进税率与比例税率。

（1）工资、薪金所得，劳务报酬所得，稿酬所得，特许权使用费所得，这 4 项综合所得适用 3%～45%的 7 级超额累进税率，如表 19-1 所示。

表 19-1　个人所得税税率表一

（综合所得适用）

级数	全年应纳税所得额	税率
1	不超过 36 000 元的	3%
2	超过 36 000 元至 144 000 元的部分	10%
3	超过 144 000 元至 300 000 元的部分	20%
4	超过 300 000 元至 420 000 元的部分	25%
5	超过 420 000 元至 660 000 元的部分	30%
6	超过 660 000 元至 960 000 元的部分	35%
7	超过 960 000 元的部分	45%

注 1：本表所称全年应纳税所得额是指依照《个人所得税法》第 6 条的规定，居民个人取得综合所得以每一纳税年度收入额减除费用 6 万元以及专项扣除、专项附加扣除和依法确定的其他扣除后的余额。

注 2：非居民个人取得工资、薪金所得，劳务报酬所得，稿酬所得和特许权使用费所得，依照本表按月换算后计算应纳税额。

（2）经营所得，适用 5%～35%的 5 级超额累进税率，如表 19-2 所示。

表 19-2　个人所得税税率表二

（经营所得适用）

级数	全年应纳税所得额	税率
1	不超过 30 000 元的	5%
2	超过 30 000 元至 90 000 元的部分	10%
3	超过 90 000 元至 300 000 元的部分	20%
4	超过 300 000 元至 500 000 元的部分	30%
5	超过 500 000 元的部分	35%

注：本表所称全年应纳税所得额是指依照《个人所得税法》第 6 条的规定，以每一纳税年度的收入总额减除成本、费用以及损失后的余额。

（3）利息、股息、红利所得，财产租赁所得，财产转让所得，偶然所得，适用比例税率，税率为 20%。

（四）个人所得税应纳税所得额的计算

第一，居民个人的综合所得，以每一纳税年度的收入额减除费用 6 万元以及专项扣除、专项附加扣除和依法确定的其他扣除后的余额，为应纳税所得额。专项扣除，包括居民个人按照国家规定的范围和标准缴纳的基本养老保险、基本医疗保险、失业保险等社会保险费和住房公积金等；专项附加扣除，包括子女教育、继续教育、大病医疗、住房贷款利息或者住房租金、赡养老人等支出，具体范围、标准和实施步骤由国务院确定，并报全国人民代表大会常务委员会备案。依法确定的其他扣除，包括个人缴付符合国家规定的企业年金、职业年金，个人购买符合国家规定的商业健康保险、税收递延型商业养老保险的支出，以及国务院规定可以扣除的其他项目。

专项扣除、专项附加扣除和依法确定的其他扣除，以居民个人一个纳税年度的应纳税所得额为限额；一个纳税年度扣除不完的，不结转以后年度扣除。

第二，非居民个人的工资、薪金所得，以每月收入额减除费用 5 000 元后的余额为应纳税所得额；劳务报酬所得、稿酬所得、特许权使用费所得，以每次收入额为应纳税所得额。劳务报酬所得、稿酬所得、特许权使用费所得，属于一次性收入的，以取得该项收入为一次；属于同一项目连续性收入的，以 1 个月内取得的收入为一次。劳务报酬所得、稿酬所得、特许权使用费所得以收入减除 20%的费用后的余额为收入额。稿酬所得的收入额减按 70%计算。

第三，经营所得，以每一纳税年度的收入总额减除成本、费用以及损失后的余额，为应纳税所得额。成本、费用，是指生产、经营活动中发生的各项直接支出和分配计入成本的间接费用以及销售费用、管理费用、财务费用；所称损失，是指生产、经营活动中发生的固定资产和存货的盘亏、毁损、报废损失，转让财产损失，坏账损失，自然灾害等不可抗力因素造成的损失以及其他损失。

取得经营所得的个人，没有综合所得的，计算其每一纳税年度的应纳税所得额时，应当减除费用 6 万元、专项扣除、专项附加扣除以及依法确定的其他扣除。专项附加扣除在办理汇算清缴时减除。

从事生产、经营活动，未提供完整、准确的纳税资料，不能正确计算应纳税所得额的，由主管税务机关核定应纳税所得额或者应纳税额。

第四，财产租赁所得，每次收入不超过 4 000 元的，减除费用 800 元；4 000 元以上的，减除 20%的费用，其余额为应纳税所得额。财产租赁所得，以 1 个月内取得的收入为一次。

第五，财产转让所得财产转让所得，以转让财产的收入额减除财产原值和合理费用后的余额，为应纳税所得额。财产原值，按照下列方法确定：有价证券，为买入价以及买入时按照规定交纳的有关费用；建筑物，为建造费或者购进价格以及其他有关费用；土地使用权，为取得土地使用权所支付的金额、开发土地的费用以及其他有关费用；机器设备、车船，为购进价格、运输费、安装费以及其他有关费用。其他财产，参照前款规定的方法确定财产原值。纳税人未提供完整、准确的财产原值凭证，不能按照本条第 1 款规定的方法确定财产原值的，由主管税务机关核定财产原值。合理费用是指卖出财产时按照规定支付的有关税费。

第六，利息、股息、红利所得和偶然所得，以每次收入额为应纳税所得额。利息、股息、红利所得，以支付利息、股息、红利时取得的收入为一次。偶然所得以每次取得该项收入为一次。

个人将其所得对教育、扶贫、济困等公益慈善事业进行捐赠，捐赠额未超过纳税人申报的应纳税所得额 30%的部分，可以从其应纳税所得额中扣除；国务院规定对公益慈善事业捐赠实行全额税前扣除的，从其规定。

（五）个人所得税的减免税

1. 免税规定

根据《个人所得税法》的规定，下列各项所得，免征个人所得税：

（1）省级人民政府、国务院部委和中国人民解放军军以上单位，以及外国组织、国际组织颁发的科学、教育、技术、文化、卫生、体育、环境保护等方面的奖金。

（2）国债和国家发行的金融债券利息。

（3）按照国家统一规定发给的补贴、津贴。

（4）福利费、抚恤金、救济金。

（5）保险赔款。

（6）军人的转业费、复员费。

（7）按照国家统一规定发给干部、职工的安家费、退职费、退休工资、离休工资、离休生活补助费。

（8）依照我国有关法律规定应予免税的各国驻华使馆、领事馆的外交代表、领事官员和其他人员的所得。

（9）中国政府参加的国际公约、签订的协议中规定免税的所得。

（10）国务院规定的其他免税所得。

第十项免税规定，由国务院报全国人民代表大会常务委员会备案。

2. 减税规定

《个人所得税法》规定有下列情况之一的，可以减征个人所得税，具体幅度和期限，由省、自治区、直辖市人民政府规定，并报同级人民代表大会常务委员会备案。

（1）残疾、孤老人员和烈属的所得。

（2）因自然灾害造成重大损失的。

国务院可以规定其他减税情形，报全国人民代表大会常务委员会备案。

（六）个人所得税的征收管理

1. 计征办法

个人所得税，以所得人为纳税义务人，以支付所得的单位或者个人为扣缴义务人。纳税人有中国公民身份号码的，以中国公民身份号码为纳税人识别号；纳税人没有中国公民身份号码的，由税务机关赋予其纳税人识别号。扣缴义务人扣缴税款时，纳税人应当向扣缴义务人提供纳税人识别号。

个人所得税实行代扣代缴和纳税义务人自行申报两种计征办法。

（1）有下列情形之一的，纳税人应当依法办理纳税申报：取得综合所得需要办理汇算清缴；取得应税所得没有扣缴义务人；取得应税所得，扣缴义务人未扣缴税款；取得境外所得；因移居境外注销中国户籍；非居民个人在中国境内从两处以上取得工资、薪金所得；国务院规定的其他情形。

（2）代扣代缴。代扣代缴是指按照税法规定负有扣缴税款义务的单位或个人，在向个人支付应纳税所得时，应计算应纳税额并从其所得中扣出并缴入国库，同时向税务机关报送扣缴个人所得税报告表。这种方式有利于控制税源，防止漏税和逃税，也能有效地提高征管效率。

根据规定，凡支付个人应纳税所得的单位或者个人为个人所得税的扣缴义务人。扣缴义务人应当按照国家规定办理全员全额扣缴申报，并向纳税人提供其个人所得和已扣缴税款等信息。全员全额扣缴申报，是指扣缴义务人在代扣税款的次月 15 日内，向主管税务机关报送其支付所得的所有个人的有关信息、支付所得数额、扣除事项和数额、扣缴税款的具体数额和总额以及其他相关涉税信息资料。

2. 纳税期限

居民个人取得综合所得，按年计算个人所得税；有扣缴义务人的，由扣缴义务人按月或者按次预扣预缴税款；需要办理汇算清缴的，应当在取得所得的次年 3 月 1 日至 6 月 30 日内办理汇算清缴。预扣预缴办法由国务院税务主管部门制定。

居民个人向扣缴义务人提供专项附加扣除信息的，扣缴义务人按月预扣预缴税款时应当按照规定予以扣除，不得拒绝。

非居民个人取得工资、薪金所得，劳务报酬所得，稿酬所得和特许权使用费所得，有扣缴义务人的，由扣缴义务人按月或者按次代扣代缴税款，不办理汇算清缴。

纳税人取得经营所得，按年计算个人所得税，由纳税人在月度或者季度终了后 15 日内向税务机关报送纳税申报表，并预缴税款；在取得所得的次年 3 月 31 日前办理汇算清缴。

纳税人取得利息、股息、红利所得，财产租赁所得，财产转让所得和偶然所得，按月或者按次计算个人所得税，有扣缴义务人的，由扣缴义务人按月或者按次代扣代缴税款。

纳税人取得应税所得没有扣缴义务人的，应当在取得所得的次月 15 日内向税务机关报送纳税申报表，并缴纳税款。

纳税人取得应税所得，扣缴义务人未扣缴税款的，纳税人应当在取得所得的次年 6 月 30 日前，缴纳税款；税务机关通知限期缴纳的，纳税人应当按照期限缴纳税款。

居民个人从中国境外取得所得的，应当在取得所得的次年 3 月 1 日至 6 月 30 日内申报纳税。

非居民个人在中国境内从两处以上取得工资、薪金所得的，应当在取得所得的次月 15 日内申报纳税。

纳税人因移居境外注销中国户籍的，应当在注销中国户籍前办理税款清算。

扣缴义务人每月或者每次预扣、代扣的税款，应当在次月 15 日内缴入国库，并向税务机关报送扣缴个人所得税申报表。

纳税人办理汇算清缴退税或者扣缴义务人为纳税人办理汇算清缴退税的，税务机关审核后，按照国库管理的有关规定办理退税。

第三节　税收征收管理法律制度

税收征收管理是国家征税机关根据税收法律、法规对征税活动所实施的组织、指挥、控制和监督，是对纳税人履行纳税义务采用的一种管理、征收和检查行为。税收征收管理法是指调整税收征收管理关系的法律规范的总称。调整税收征收管理关系的主要法律依据是税收征管法及其实施细则。《中华人民共和国税收征收管理法》（以下简称《税收征管法》）于 1992 年 9 月 4 日第 7 届人大第 27 次会议通过，自 1993 年 1 月 1 日起施行。此后，全国人民代表大会常务委员会分别于 1995 年 2 月 28 日和 2001 年 4 月 28 日对《税收征管法》进行了修订。2012 年和 2015 年全国人民代表大会常务委员会对《税收征管法》又进行了两次修订。2016 年 2 月国务院对该法实施细则进行了第三次修正并于公布之日起施行。

《税收征收管理法》的立法目的，是为了加强税收征收管理，规范税收征收和缴纳行为，保障国家税收收入，保护纳税人的合法权益，促进经济和社会发展。

税收征收管理法律制度的主要内容包括税务管理、税款征收、税务检查和法律责任。

一、税务管理

税务管理是税务机关在实施税收征管过程中，对日常税收活动进行基础性管理的行为。税务管理是税收征管的基础环节。税务管理的内容包括税务登记管理，账簿、凭证管理和纳税申报管理。

(一) 税务登记管理

税务登记是税务机关对纳税人的开业、变更、终止实行法定登记的一项制度。税务登记包括开业税务登记、变更税务登记、停业复业登记、注销税务登记和外出经营报验税务登记。

1. 开业税务登记

企业，企业在外地设立的分支机构和从事生产、经营的场所，个体工商户和从事生产、经营的事业单位自领取营业执照之日起 30 日内，向生产、经营地或者纳税义务发生地的税务机关申报办理税务登记。

上述规定以外的其他纳税人，除国家机关、个人和无固定生产、经营场所的流动性农村小商贩外，均应当自纳税义务发生之日起 30 日内，向纳税义务发生地税务机关申报办理税务登记，税务机关核发税务登记证及副本。

2. 变更税务登记

从事生产、经营的纳税人税务登记内容发生变化的，应当自工商行政管理机关或者其他机关办理变更登记之日起 30 日内，持有关证件向原税务登记机关申报办理变更税务登记。纳税人税务登记内容发生变化，不需要到工商行政管理机关或者其他机关办理变更登记的，应当自发生变化之日起 30 日内，持有关证件向原税务登记机关申报办理变更税务登记。

3. 停业、复业登记

实行定期定额征收方式的纳税人需要停业的，应当在停业前向税务机关申报办理停业登记。纳税人的停业期限不得超过 1 年。

纳税人应当于恢复生产经营之前，向税务机关申报办理复业登记，如实填写"停、复业报告书"，领回或启用税务登记证件、发票领购簿及其停业前领购的发票。

4. 注销登记

纳税人发生解散、破产、撤销以及其他情形，依法终止纳税义务的，应当在向工商行政管理机关或者其他机关办理注销登记前，持有关证件和资料向原税务登记机关申报办理注销税务登记；按规定不需要在工商行政管理机关或者其他机关办理注册登记的，应当自有关机关批准或者宣告终止之日起 15 日内，持有关证件和资料向原税务登记机关申报办理注销税务登记。

纳税人被工商行政管理机关吊销营业执照或者被其他机关予以撤销登记的，应当自营业执照被吊销或者被撤销登记之日起15日内，向原税务登记机关申报办理注销税务登记。

纳税人因住所、经营地点变动，涉及改变税务登记机关的，应当在向工商行政管理机关或者其他机关申请办理变更、注销登记前，或者住所、经营地点变动前，持有关证件和资料，向原税务登记机关申报办理注销税务登记，并自注销税务登记之日起30日内向迁达地税务机关申报办理税务登记。

5. 外出经营报验登记

纳税人到外县(市)临时从事生产经营活动的，应当在外出生产经营以前，持税务登记证向主管税务机关申请开具“外出经营活动税收管理证明”(以下简称“外管证”)。

税务机关按照一地一证的原则，核发“外管证”，“外管证”的有效期限一般为30日，最长不得超过180天。从事生产、经营的纳税人外出经营，在同一地累计超过180天的，应当在营业地办理税务登记手续。

(二) 账簿、凭证管理

1. 账簿设置的管理

从事生产、经营的纳税人应当自领取营业执照或者发生纳税义务之日起15日内，按照国家有关规定设置账簿，根据合法、有效凭证记账，进行核算。

扣缴义务人应当自税收法律、行政法规规定的扣缴义务发生之日起10日内，按照所代扣、代收的税种，分别设置代扣代缴、代收代缴税款账簿。

2. 财务、会计制度的管理

从事生产、经营的纳税人应当自领取税务登记证件之日起15日内，将其财务、会计制度或者财务、会计处理办法报送主管税务机关备案。纳税人使用计算机记账的，应当在使用前将会计电算化系统的会计核算软件、使用说明书及有关资料报送主管税务机关备案。

3. 发票管理

发票是指在购销商品、提供或者接受服务以及从事其他经营活动中，开具、收取的收付款凭证。发票是财务收支的法定凭证，是会计核算的原始凭据，是税务稽查的重要依据。发票管理的具体内容在1993年12月发布的《中华人民共和国发票管理办法》及《中华人民共和国发票管理办法实施细则》中作了规定。

(1) 发票的种类、联次、内容。发票的种类、联次、内容及使用范围由国家税务总局规定。全国统一发票监制章是税务机关管理发票的法定标志，其形状、规格、内容、印色由国家税务总局规定。

(2) 发票的印制。发票由省级税务机关指定的企业印制，增值税专用发票由国家税务总局指定的企业统一印制。禁止私印、伪造、变造发票。发票应当套印全国统一发票监制章。全国统一发票监制章的式样和发票版面印刷的要求，由国家税务总局规定。发票监制章由省、自治区、直辖市税务机关制作。禁止伪造发票监制章。发票实行不定期换版制度。

(3) 发票的领购。依法办理税务登记的单位和个人，在领取税务登记证件后，向主管税务机关申请领购发票。需要临时使用发票的单位和个人，可以直接向税务机关申请办理。临时到本省、自治区、直辖市行政区域以外从事经营活动的单位或者个人，应当凭所在地税务机关的证明,向经营地税务机关申请领购经营地的发票。申请领购发票的单位和个人应当提出购票申请,提供经办人身份证明、税务登记证件或者其他有关证明,以及财务印章或者发票专用章的印模,经主管税务机关审核后,发给发票领购簿。领购发票的单位和个人应当凭发票领购簿核准的种类、数量以及购票方式,向主管税务机关领购发票。税务机关对外省、自治区、直辖市来本辖区从事临时经营活动的单位和个人申请领购发票的,可以要求其提供保证人或者根据所领购发票的票面限额及数量缴纳不超过 1 万元的保证金,并限期缴销发票。按期缴销发票的,解除保证人的担保义务或者退还保证金;未按期缴销发票的,由保证人或者以保证金承担法律责任。

(4) 发票的开具和保管。开具发票应当按照规定的时限、顺序、逐栏、全部联次一次性如实开具,并加盖单位财务印章或者发票专用章。使用电子计算机开具发票,须经主管税务机关批准,并使用税务机关统一监制的机外发票,开具后的存根联应当按照顺序号装订成册。任何单位和个人不得转借、转让、代开发票;未经税务机关批准,不得拆本使用发票;不得自行扩大专业发票使用范围。禁止倒买倒卖发票、发票监制章和发票防伪专用品。发票限于领购单位和个人在本省、自治区、直辖市内开具。已开具的发票存根联和发票登记簿,应当保存 5 年。保存期满,报经税务机关查验后销毁。使用发票的单位和个人应当妥善保管发票,不得丢失。发票丢失,应于丢失当日书面报告主管税务机关,并在报刊和电视等传播媒介上公告声明作废。

(5) 发票的检查。税务机关在发票管理中有权进行下列检查:检查印制、领购、开具、取得和保管发票的情况;调出发票查验;查阅、复制与发票有关的凭证、资料;向当事各方询问与发票有关的问题和情况;在查处发票案件时,对与案件有关的情况和资料,可以记录、录音、录像、照相和复制。印制、使用发票的单位和个人,必须接受税务机关依法检查,如实反映情况,提供有关资料,不得拒绝、隐瞒。税务人员进行检查时,应当出示税务检查证。

4. 账簿、凭证的保管

从事生产、经营的纳税人、扣缴义务人必须按照国务院财政、税务主管部门规定的保管期限保管账簿、记账凭证、完税凭证及其他有关资料。除法律、行政法规另有规定的外,账簿、记账凭证、报表、完税凭证、发票、出口凭证以及其他有关涉税资料应当保存 10 年。账簿、记账凭证、完税凭证及其他有关资料不得伪造、变造或者擅自损毁。

(三) 纳税申报管理

1. 纳税申报的概念

纳税申报是指纳税人、扣缴义务人按照法律、行政法规的规定,在申报期限内就纳税事项向税务机关提出书面申报的法律行为。纳税申报是税务管理的一项重要制度,是纳税人履行纳税义务的法定手续。

2. 纳税申报的对象及应报送的证件、资料

纳税申报的对象包括纳税人和扣缴义务人,纳税人必须依照法律、行政法规规定或者税务机关依照法律、行政法规的规定确定的申报期限、申报内容如实办理纳税申报。纳税人在纳税期限内没有应纳税款的,也应当按照规定办理纳税申报。纳税人享受减税、免税待遇的,在减税、免税期间应当按照规定办理纳税申报。纳税人办理纳税申报时,应当如实填写

纳税申报表，并根据不同的情况相应报送有关证件、资料。

3. 纳税申报的方式

纳税人、扣缴义务人可以直接到税务机关办理纳税申报或者报送代扣代缴、代收代缴税款报告表，也可以按照规定采取邮寄、数据电文或者其他方式办理上述申报、报送事项。纳税人采取邮寄方式办理纳税申报的，应当使用统一的纳税申报专用信封，并以邮政部门收据作为申报凭据。邮寄申报以寄出的邮戳日期为实际申报日期。纳税人采取电子方式办理纳税申报的，应当按照税务机关规定的期限和要求保存有关资料，并定期书面报送主管税务机关。

二、税款征收

税款征收是指税务机关依照税收法律、行政法规规定，将纳税人依法应纳的税款以及扣缴义务人代扣代缴、代收代缴的税款通过不同的方式组织征收入库的活动。税款征收是税收征收管理的中心环节。

（一）税款征收的方式

税款征收的方式主要有以下几种。

（1）查账征收。查账征收是指税务机关按照纳税人提供的账表所反映的经营情况，依照适用税率计算缴纳税款的方式。查账征收适用于账簿、凭证、财务会计制度比较健全，能够如实反映生产经营成果，正确计算应纳税款的纳税人。

（2）查定征收。查定征收是指税务机关根据纳税人的从业人员、生产设备、耗用原材料等情况，在正常生产经营条件下，对其生产的应税产品查实核定产量、销售额并据以征收税款的方式。查定征收适用于生产规模小、会计核算不健全、产品零星、税源分散的纳税人。

（3）查验征收。查验征收是指税务机关对纳税人应税商品，通过查验数量，按市场一般销售价格计算其销售收入并据以征税的方式。查验征收适用于零星、分散的高税率工业产品的税款征收。

（4）定期定额征收。定期定额征收是指税务机关依据法律、行政法规核定纳税人在一定时期的应纳税收入，并以此确定其应纳税额的征收方式。此种方式适用于生产经营规模小，又确无记账能力，经主管税务机关批准可以不设置账簿或暂缓建账的小型纳税人。

（5）其他方式，如代扣代缴、代收代缴、委托代征等方式。

（二）税款征收的措施

为保证税款及时足额征收入库，税务机关在实施税收征收管理中可采取以下税款征收措施。

1. 加收滞纳金

纳税人、扣缴义务人未按照规定期限缴纳或解缴税款的，税务机关除责令限期缴纳外，从滞纳税款之日起，按日加收滞纳税款5‱的滞纳金。加收滞纳金的起止时间，为法律、行政法规规定或者税务机关依照法律、行政法规的规定确定的税款缴纳期限届满次日起至纳税人、扣缴义务人实际缴纳或者解缴税款之日止。

2. 核定应纳税额

纳税人有下列情形之一的，税务机关有权核定其应纳税额：①依照法律、行政法规的规定可以不设置账簿的。②依照法律、行政法规的规定应当设置账簿但未设置的。③擅自销毁账簿或者拒不提供纳税资料的。④虽设置账簿，但账目混乱或者成本资料、收入凭证、费用凭证残缺不全，难以查账的。⑤发生纳税义务，未按照规定的期限办理纳税申报，经税务机关责令限期申报，逾期仍不申报的。⑥纳税人申报的计税依据明显偏低，又无正当理由的。税务机关核定应纳税额的具体程序和方法由国务院税务主管部门规定。

3. 税收保全措施

根据《税收征管法》的规定，税务机关有根据认为从事生产、经营的纳税人有逃避纳税义务行为的，可以在规定的纳税期限之前，责令限期缴纳应纳税款；在限期内发现纳税人有明显的转移、隐匿其应纳税的商品、货物以及其他财产或者应纳税收入的迹象的，税务机关可以责成纳税人提供担保。如果纳税人不能提供纳税担保，经县以上税务局（分局）局长批准，税务机关可以采取下列税收保全措施：①书面通知纳税人开户银行或者其他金融机构冻结纳税人的金额相当于应纳税款的存款。②扣押、查封纳税人的价值相当于应纳税款的商品、货物或者其他财产。

纳税人在税务机关采取税收保全措施后，按照税务机关规定的期限缴纳税款的，税务机关应当自收到税款或者银行转回的完税凭证之日起 1 日内解除税收保全，否则使纳税人的合法权益遭受损失的，税务机关应当负赔偿责任。限期期满仍未缴纳的，经县以上税务局（分局）局长批准，税务机关可以书面通知纳税人开户银行或者其他金融机构从其冻结的存款中扣缴税款，或者依法拍卖或者变卖所扣押、查封的商品、货物或者其他财产，以拍卖或者变卖所得抵缴税款。但个人及其所扶养家属维持生活必需的住房和用品，不在税收保全措施的范围之内。

4. 税收强制措施

根据我国《税收征管法》的规定，从事生产、经营的纳税人、扣缴义务人未按照规定的期限缴纳或者解缴税款、纳税担保人未按照规定的期限缴纳所担保的税款，由税务机关责令限期缴纳，逾期仍未缴纳的，经县以上税务局（分局）局长批准，税务机关可以采取下列强制执行措施：①书面通知其开户银行或者其他金融机构从其存款中扣缴税款。②扣押、查封、依法拍卖或者变卖其价值相当于应纳税款的商品、货物或者其他财产，以拍卖或者变卖所得抵缴税款。

税务机关采取强制执行措施时，对相应纳税人、扣缴义务人、纳税担保人未缴纳的滞纳金同时强制执行。同样，对个人及其所扶养家属维持生活必需的住房和用品，也不在强制执行措施的范围之内。

5. 出境清税

欠缴税款的纳税人或者他的法定代表人需要出境的，应当在出境前向税务机关结清应纳税款、滞纳金或者提供担保。未结清税款、滞纳金，又不提供担保的，税务机关可以通知出境管理机关阻止其出境。

6. 税款退还、补缴和追征

（1）税款退还。纳税人超过应纳税额缴纳的税款，税务机关发现后应当立即退还；纳税人自结算缴纳税款之日起 3 年内发现的，可以向税务机关要求退还多缴的税款并加算银行同期存款利息，税务机关应当自接到纳税人退还申请之日起30日内查实并办理退还手续。

(2) 税款补缴和追征。因税务机关的责任(指税务机关适用税收法律、行政法规不当或者执法行为违法)，致使纳税人、扣缴义务人未缴或者少缴税款的，税务机关在3年内可以要求纳税人、扣缴义务人补缴税款，但是不得加收滞纳金。因纳税人、扣缴义务人计算错误等失误(指非主观故意的计算公式运用错误以及明显的笔误)，未缴或者少缴税款的，税务机关在3年内可以追征税款、滞纳金。但纳税人或者扣缴义务人因计算错误等失误，未缴或者少缴、未扣或者少扣、未收或者少收税款，累计数额在10万元以上的，追征期可以延长到5年。对偷税、抗税、骗税的，税务机关追征其未缴或者少缴的税款、滞纳金或者所骗取的税款，不受上述规定期限的限制。

三、税务检查

根据《税收征管法》的规定，税务机关有权进行下列税务检查。

(1) 检查纳税人的账簿、记账凭证、报表和有关资料，检查扣缴义务人代扣代缴、代收代缴税款账簿、记账凭证和有关资料。

(2) 到纳税人的生产、经营场所和货物存放地检查纳税人应纳税的商品、货物或者其他财产，检查扣缴义务人与代扣代缴、代收代缴税款有关的情况。

(3) 责成纳税人、扣缴义务人提供与纳税或者代扣代缴、代收代缴税款有关文件、证明材料和有关资料。

(4) 询问纳税人、扣缴义务人与纳税或者代扣代缴、代收代缴税款有关的问题和情况。

(5) 到车站、码头、机场、邮政企业及其分支机构检查纳税人托运、邮寄应纳税商品、货物或者其他财产的有关单据、凭证和有关资料。

(6) 经县以上税务局(分局)局长批准，凭全国统一格式的检查存款账户许可证明，查询从事生产、经营的纳税人、扣缴义务人在银行或者其他金融机构的存款账户。

税务机关在调查税务违法案件时，对与案件有关的情况和资料，可以记录、录音、录像、照相和复制。税务机关派出的人员进行税务检查时，应当出示税务检查证和税务检查通知书，并有责任为被检查人保守秘密。

纳税人、扣缴义务人必须接受税务机关依法进行的税务检查，如实反映情况，提供有关资料，不得拒绝、隐瞒。税务机关依法向有关单位和个人调查纳税人、扣缴义务人和其他当事人与纳税或者代扣代缴、代收代缴税款有关的情况时，有关单位和个人有义务向税务机关如实提供有关资料及证明材料。

四、违反税法行为的法律责任

(一) 纳税人违反税法行为的法律责任

1. 纳税人违反税务管理行为的法律责任

纳税人有下列行为之一的，由税务机关责令限期改正，可以处2 000元以下的罚款；情节严重的，处2 000元以上10 000元以下的罚款。

(1) 未按照规定的期限申报办理税务登记、变更或者注销登记的。

(2) 未按照规定设置、保管账簿或者保管记账凭证和有关资料的。

(3) 未按照规定将财务、会计制度或者财务、会计处理办法和会计核算软件报送税务机关备案的。

(4) 未按照规定将其全部银行账号向税务机关报告的。

(5) 未按照规定安装、使用税控装置,或者损毁、擅自改动税控装置的。

(6) 未按照规定的期限办理纳税申报和报送纳税资料的。

纳税人不办理税务登记的,由税务机关责令限期改正;逾期不改正的,经税务机关提请,由工商行政管理机关吊销其营业执照。

2. 纳税人偷税、逃税、骗税、抗税、欠税行为的法律责任

(1) 偷税的法律责任。偷税是指纳税人伪造、变造、隐匿、擅自销毁账簿、记账凭证,或者在账簿上多列支出或者不列、少列收入,或者经税务机关通知申报而拒不申报或者进行虚假的纳税申报,不缴或者少缴应纳税款的行为。对纳税人偷税以及对扣缴义务人采取上述手段,不缴或者少缴已扣、已收税款的,由税务机关追缴其不缴或者少缴的税款、滞纳金,并处不缴或者少缴的税款50%以上5倍以下的罚款;构成犯罪的,依法追究刑事责任。

(2) 逃避追缴欠税的法律责任。纳税人欠缴应纳税款,采取转移或者隐匿财产的手段,妨碍税务机关追缴欠缴的税款的,由税务机关追缴欠缴的税款、滞纳金,并处欠缴税款50%以上5倍以下的罚款;构成犯罪的,依法追究刑事责任。

(3) 骗税的法律责任。纳税人以假报出口或者其他欺骗手段,骗取国家出口退税款的,由税务机关追缴其骗取的退税款,并处骗取税款1倍以上5倍以下的罚款;构成犯罪的,依法追究刑事责任。

(4) 抗税的法律责任。抗税是指纳税人以暴力、威胁方法拒不缴纳税款的行为。对抗税行为,除由税务机关追缴其拒缴的税款、滞纳金外,依法追究刑事责任。情节轻微,未构成犯罪的,由税务机关追缴其拒缴的税款、滞纳金,并处拒缴税款1倍以上5倍以下的罚款。

(5) 欠税的法律责任。纳税人、扣缴义务人在规定期限内不缴或者少缴应纳或者应解缴的税款,经税务机关责令限期缴纳,逾期仍未缴纳的,税务机关除依法采取强制执行措施追缴其不缴或者少缴的税款外,可以处不缴或者少缴的税款50%以上5倍以下的罚款。

3. 纳税人不配合税务机关依法检查的法律责任

纳税人逃避、拒绝或者以其他方式阻挠税务机关检查的,由税务机关责令改正,可以处1万元以下的罚款;情节严重的,处1万元以上5万元以下的罚款。

4. 纳税人有税收违法行为,拒不接受税务机关处理的法律责任

从事生产、经营的纳税人有税收违法行为,拒不接受税务机关处理的,税务机关可以收缴其发票或者停止向其发售发票。

(二) 扣缴义务人违反税法行为的法律责任

1. 扣缴义务人违法账簿、凭证管理的法律责任

扣缴义务人未按照规定设置、保管代扣代缴、代收代缴税款账簿或者保管代扣代缴、代收代缴税款记账凭证及有关资料的,由税务机关责令限期改正,可以处2 000元以下的罚款;情节严重的,处2 000元以上5 000元以下的罚款。

2. 扣缴义务人未按照规定进行纳税申报的法律责任

扣缴义务人未按照规定的期限向税务机关报送代扣代缴、代收代缴税款报告表和有关资料的，由税务机关责令限期改正，可以处 2 000 元以下的罚款；情节严重的，可以处 2 000 元以上 10 000 元以下的罚款。

3. 扣缴义务人不履行扣缴义务的法律责任

扣缴义务人应扣未扣、应收而不收税款的，由税务机关向纳税人追缴税款，对扣缴义务人处应扣未扣、应收未收税款 50%以上 3 倍以下的罚款。

4. 扣缴义务人不配合税务机关依法检查的法律责任

扣缴义务人逃避、拒绝或者以其他方式阻挠税务机关检查的，由税务机关责令改正，可以处 1 万元以下的罚款；情节严重的，处 1 万元以上 5 万元以下的罚款。

5. 扣缴义务人有税收违法行为，拒不接受税务机关处理的法律责任

扣缴义务人有税收违法行为，拒不接受税务机关处理的，税务机关可以收缴其发票或者停止向其发售发票。

(三) 税务机关及其税务人员违反税法行为的法律责任

税务机关违反法律、行政法规规定提前征收、延缓征收或者摊派税款的，或者擅自作出税收的开征、停征，或者减税、免税、退税、补税等违法行为的，以及税务人员有受贿、徇私舞弊、玩忽职守、滥用职权等违法行为的，依法给予行政处分，直至追究刑事责任。

(四) 其他主体违反税法行为的法律责任

1. 非法印制发票的法律责任

违反规定，非法印制发票的，由税务机关销毁非法印制的发票，没收违法所得和作案工具，并处 1 万元以上 5 万元以下的罚款；构成犯罪的，依法追究刑事责任。

2. 银行或者其他金融机构拒绝配合税务机关依法执行职务的法律责任

纳税人、扣缴义务人的开户银行或者其他金融机构拒绝接受税务机关依法检查纳税人、扣缴义务人存款账户，或者拒绝执行税务机关作出的冻结存款或者扣缴税款的决定，或者在接到税务机关的书面通知后帮助纳税人、扣缴义务人转移存款，造成税款流失的，由税务机关处 10 万元以上 50 万元以下的罚款，对直接负责的主管人员和其他直接责任人员处 1 000 元以上 1 万元以下的罚款。

第二十章　会计和审计法律制度

本章要点

本章主要介绍会计核算、会计监督、审计机关、审计程序以及相应的法律责任等内容。

典型案例

再审申请人赵晨(一审原告、二审上诉人)因诉被申请人广西壮族自治区财政厅(以下简称自治区财政厅,一审被告、二审被上诉人)行政处罚、广西壮族自治区人民政府(以下简称自治区政府)行政复议一案,不服南宁铁路运输中级法院(2019)桂71行终151号行政判决,向本院申请再审。本院依法组成合议庭对本案进行了审查,现已审查终结。

赵晨申请再审称:①一、二审判决遗漏当事人李仲良,以致事实不清,证据不足,应发回重审。2002—2009年第一工业学校军训费、军训服装费、电脑款等收支没有纳入学校账簿,系校领导李仲良决定的,赵晨作为下属只能服从安排,事实上都是校领导一人决定和管理,不存在结余资金是由赵晨管理的事实,赵晨不负直接责任。赵晨已提醒领导入账、规范账簿,并寻找合适机会举报,不应负任何责任。②赵晨将涉及"小金库"的所有票据上交相关人员,票据和出入账核对无误,《2002—2009年收支表》历年收支结余明细流水与合生会计师事务所审计的现金凭证记录账目相吻合,李仲良隐匿4张支付单据导致账目不吻合。赵晨从未贪污1分钱,不应受到处罚。被诉处罚决定未查明事实,诬陷赵晨贪污240.59元,况且自治区财政厅对贪污也无处罚职权。③赵晨举报有功,应奖励10万元,而不应处罚。处罚举报人,违背举报制度的初衷,与国家立法、政策不符。④自治区财政厅未能查明保险公司黄燕材签章与第三人共同套取保险费、校长利用权力与军训服装老板吃回扣等问题,赵晨在保险、服装费等方面绝无可能存在吃回扣、贪污等行为。校长隐匿了相关支付票据,还对赵晨打击报复,恶意调岗,多次故意对赵晨进行人身损害,造成严重后果。综上,请求依法再审,撤销一、二审判决,改判撤销被诉处罚决定及复议决定,给予赵晨10万元奖励金,判决被申请人及第三人赔偿赵晨精神损害10万元、人身损害10万元。

自治区财政厅答辩称:①自治区财政厅已另行对李仲良作出处罚,一、二审不存在遗漏当事人的情形。赵晨在担任第一工业学校出纳人员期间,存在"违反财务管理的规定,私存私放财政资金或者其他公款的行为",并非其申请再审所称"把举报人赵晨诬陷为被举报人"的情况。②被诉处罚决定不存在赵晨申请再审所称"诬陷赵晨贪污240.59元"的情况。被诉处罚决定并非针对赵晨是否存在贪污行为所作的处罚,其是否存在贪污行为,不在被诉处罚决定审查范围，自治区财政厅也无此职权进行调查处理，被诉处罚决定也未对此作出任何认定。即使赵晨不存在贪污行为，自治区财政厅也可以依职权对赵晨违反财务管理规定的行为进行处罚。赵晨申请再审所称其“未贪污一分钱，凭什么处罚”的理由，没有事实和法律依据。③当事人配合行政机关查处违法行为有立功表现，属于行政处罚当中“应当依法从轻或者减轻行政处罚”的情形，被诉处罚决定已予以考量，所处处罚是幅度范围内最轻处罚。举报行为，不属于免予行政处罚的法定情形。且举报行为应否获得奖励、应获多少奖励，不在被诉处罚决定及本案审查范围内。赵晨第二项再审请求超出原审诉讼请求范围，依法应予驳回。④被诉处罚决定没有认定赵晨“得到回扣”，赵晨所称“保险公司黄燕材签章与第三人共同套取保险费”的问题，与被诉处罚决定无关。⑤赵晨申请再审所称的案外第三人李仲良的其他行为、赵晨被调岗、发生人身损害等情况，与本案无关，不是本案免除其行政处罚的法定事由。被诉处罚决定合法，不构成对赵晨合法权益的侵害，故其第三项再审请求缺乏事实和法律依据，应予驳回。⑥自治区财政厅作出被诉处罚决定，认定事实清楚，证据确凿，适用依据正确，程序合法，内容适当。赵晨所称其不负直接责任的理由不成立。赵晨是“小金库”的直接负责人，自治区财政厅对其处罚依法有据。赵晨担任学校出纳人员期间以现金方式管理收支，未纳入依法设置的会计账簿统一登记核算，形成账外资金，所有收支财务均由赵晨经手，相关票据也一直是赵晨保管，直至 2016 年 11 月才移交收支票据给学校财务负责人，但移交时未依法办理移交手续，也未进行账务核对，“小金库”资金结余未上交，截至自治区财政厅检查之日，“小金库”库存现金 240.6 元，与应有结余相差 107 189.40 元，该差额部分赵晨未能提供合法支出发票，资金去向无法核实。赵晨作为一名财务人员，应当清楚知道这种私存私放单位资金的行为不符合相关财务规定，违反了《中华人民共和国会计法》（以下简称《会计法》）第 16、第 17、第 28、第 30、第 41 条的规定，依照《财政违法行为处罚处分条例》第 17 条对其处罚2 000元，依法有据。综上，赵晨的再审申请理由不成立，请求驳回其再审申请。

本院经审查认为，根据《会计法》第 16、第 17 条及规定，各单位发生的各项经济业务事项应当在依法设置的会计账簿上统一登记、核算，不得违反《中华人民共和国会计法》和国家统一的会计制度的规定私设会计账簿登记、核算；各单位应当定期将会计账簿记录与实物、款项及有关资料相互核对，保证会计账簿记录与实物及款项的实有数额相符、会计账簿记录与会计凭证的有关内容相符、会计账簿之间相对应的记录相符、会计账簿记录与会计报表的有关内容相符。《财政违法行为处罚处分条例》第 17 条规定，单位和个人违反财务管理的规定，私存私放财政资金或者其他公款的，责令改正，调整有关会计账目，追回私存私放的资金，没收违法所得。对单位处 3 000 元以上 5 万元以下的罚款；对直接负责的主管人员和其他直接责任人员处 2 000 元以上 2 万元以下的罚款。属于国家公务员的，还应当给予记大过处分；情节严重的，给予降级或者撤职处分。本案中，赵晨作为第一工业学校出纳人员，应当遵守前述法律法规关于财务管理的规定。但赵晨担任学校出纳人员期间，所经手的学校 2002 年至 2009 年军训费、军训服装费、电脑款等全部收支财务，均以现金方式单独管理，而未纳入依法设置的会计账簿统一登记核算，形成账外资金，相关票据及结余资金也一直由赵晨保管，之后虽然移交了收支票据但未依法办理移交手续，库存现金也与应有结余存在差额，未能提供合法支出发票，资金去向也无法核实，赵晨的行为已违反了前述法律法规规定。

据此，自治区财政厅作出的被诉处罚决定对赵晨予以处罚2 000元，认定事实清楚，证据充分，程序合法，适用法律法规正确，处罚适当，自治区政府复议维持，复议程序及结果均正确。一、二审判决驳回赵晨的诉讼请求并无不当，本院予以维持。赵晨主张"私设小金库"系受学校领导指示及安排、均由学校领导直接管理，赵晨不应负责任。该理由不应支持，虽然不排除学校领导的指示及安排，但赵晨作为直接管理"小金库"的出纳人员，依法应受到处罚，并不能免除违反财务管理规定、私存私放资金的直接责任。赵晨还提出其是举报人，应给予奖励而不应处罚的再审申请理由。但是，根据《中华人民共和国行政处罚法》第27条规定，配合行政机关查处违法行为有立功表现的，应当从轻或者减轻行政处罚，但不属于免予行政处罚的情形。自治区财政厅对赵晨处以2 000元罚款的行政处罚，已是法定行政处罚幅度内最轻处罚，已充分考量了赵晨的立功表现依法从轻或者减轻处罚。赵晨主张举报奖励10万元，超出原审诉讼请求，且属另一法律关系，以此为由申请再审，缺乏事实和法律依据，本院不予支持。

至于赵晨申请再审所称的贪污、吃回扣等行为，不是行政处罚依据，被诉处罚决定也无此认定，不属于本案审查范围；赵晨所主张的学校领导应受处罚，学校领导对其进行打击报复、调岗、人身损害等申请再审理由，亦不属于本案审查范围，以此为由申请再审，本院不予支持。赵晨申请再审主张自治区财政厅、自治区政府向其承担人身及精神损害赔偿共计20万元，超出原审诉讼请求，且缺乏事实和法律依据，本院不予支持。

综上，赵晨的再审申请不符合《中华人民共和国行政诉讼法》第91条规定的情形。依照《最高人民法院关于适用〈中华人民共和国行政诉讼法〉的解释》第116条第二款的规定，裁定如下：驳回赵晨的再审申请。

【资料来源】中国裁判文书网，赵晨广西壮族自治区财政厅财政行政管理财政再审审查与审判监督行政裁定书，广西壮族自治区高级人民法院行政裁定书，(2020)桂行申125号。访问时间：2021年1月4日。

第一节　会计法律制度

一、会计法律制度概述

(一) 会计法的概念及调整对象

会计是经济管理的一个重要组成部分，是管理和监督经济的重要工具。它是以货币计量作为统一尺度，根据会计凭证，按照法定的程序全面地、系统地、连续地记录和反映经济活动及财务收支情况。会计法是国家凭借会计手段对社会经济活动进行经常性的监督和管理的法律规范的总称。会计监管是国家进行市场监管的重要手段，加强会计立法、制定和完善会计监管立法对市场监管乃至整个市场经济具有重要作用。

1985年1月21日，第6届全国人民代表大会常务委员会第9次会议通过了《会计法》，1986年7月3日国务院颁布了《中华人民共和国注册会计师条例》，1992年11月16日国务院批准发布了《企业会计准则》和《企业财务通则》，1993年10月31日第8届全国人民代表大会常务委员会第4次会议通过了《中华人民共和国注册会计师法》，1993年12月29日第

8 届全国人民代表大会常务委员会第 5 次会议通过了《关于修改〈中华人民共和国会计法〉的决定》,《会计法》经过两次修正,一次修订。一次修订是 1999 年 10 月 31 日第九届全国人民代表大会常务委员会第十二次会议修订。

两次修正分别是 1993 年 12 月 29 日第八届全国人民代表大会常务委员会第五次会议《关于修改〈中华人民共和国会计法〉的决定》第一次修正;根据 2017 年 11 月 4 日第十二届全国人民代表大会常务委员会第三十次会议《关于修改〈中华人民共和国会计法〉等十一部法律的决定》第二次修正。从而初步建立起以会计法为核心,包括会计核算、会计监督、会计档案管理、注册会计师等管理制度在内的会计监管法体系,为我国的会计监管法制化奠定了基础。

《会计法》调整国家机关、社会团体、公司、企业、事业单位和其他组织(以下统称单位)在办理会计事务中产生的经济管理关系。这种关系包括上述单位内部的会计事务管理关系、上述单位之间在办理会计事务中产生的经济关系、上述单位与国家会计管理机关和有关行政管理机关之间在会计事务管理中产主的行政管理关系等。

(二) 会计法的基本原则

1. 各单位必须依法办理会计事务

根据《会计法》的规定,任何单位在进行独立核算、独立记载经济业务、独立办理会计事务时,都必须依照《会计法》的规定进行。

2. 各单位必须依法设置会计账簿,并保证其真实、完整

根据《会计法》的规定,国家机关、社会团体、公司、企业、事业单位和其他组织都必须依法设置会计账簿,并保证其真实、完整。会计账簿是指具备一定格式,用以记载各项经济业务的账册。会计账簿是重要的会计信息,它既是编制会计报表的主要依据,同时也是审计工作的重要依据,因此,各单位必须依法设置会计账簿。

3. 单位负责人对本单位的会计工作和会计资料的真实性、完整性负责

《会计法》所指的单位负责人是指单位法定代表人或者法律、行政法规规定代表单位行使职权的主要负责人。根据《会计法》的规定,单位负责人既要对本单位的会计工作担负责任,同时还要对本单位保存和提供的会计资料的真实性、完整性担负责任。对本单位的会计工作负责,是指对本单位的会计工作负领导责任,即要领导本单位的会计机构,会计人员和其他有关人员认真执行会计法,按照国家规定组织好本单位的会计工作,支持本单位的会计机构和会计人员依法独立开展会计工作,并保障会计人员的职权不受侵犯。对本单位的会计资料的真实性和完整性负责,即要保证本单位的会计资料不存在弄虚作假、隐瞒等情况。

4. 会计机构、会计人员依法进行会计核算,实行会计监督

会计机构和会计人员应依照《会计法》的规定进行会计核算,实行会计监督。任何单位或者个人不得以任何方式授意、指使、强令会计机构、会计人员,伪造、变造会计凭证、会计账簿和其他会计资料,提供虚假财务会计报告。任何单位或者个人不得对依法履行职责、抵制违反会计法规定行为的会计人员实行打击报复。

5. 对认真执行会计法,忠于职守,坚持原则,作出显著成绩的会计人员,给予精神的或物质的奖励

由于会计人员所负的双重责任,使会计人员时刻处在处理各种利益关系的特殊位置,常

常处于矛盾的交点处，既要按单位领导的意见办，又要严格执行国家财会法规；既要站在本单位的角度开展工作，又要站在国家的角度来处理经济业务事项。这就需要他们具有高度的原则性。为了充分调动会计人员依法做好本职工作的积极性，提高会计人员的地位，《会计法》突出了对认真执行本法、忠于职守、坚持原则，作出显著成绩的会计人员，给予精神的或物质的奖励的基本精神。具体奖励办法和标准，由各地区、部门、单位根据实际情况灵活掌握。

(三) 会计管理体制

1. 统一领导和分级管理

《会计法》规定，国务院财政部门主管全国的会计工作；县级以上地方各级人民政府财政部门管理本行政区域内的会计工作。因此，会计工作的主管机关为各级财政部门，在全国为财政部，在地方为县级以上地方各级人民政府财政部门。

2. 会计制度制定权限

根据《会计法》的规定，国家统一的会计制度由国务院财政部根据会计法制定并公布，对有些对会计核算和会计监督有特殊要求的行业，允许国务院有关部门依照本法和国家统一的会计制度制定具体办法或者补充规定，但必须报经国务院财政部门审核批准。军队实施国家统一的会计制度的具体办法，由中国人民解放军总后勤部制定，但须报国务院财政部门备案。所谓国家统一的会计制度是指由国务院财政部门根据会计法制定的关于会计核算、会计监督、会计机构和会计人员以及会计工作管理的准则、制度、办法等。

二、会计核算

会计核算是会计监管的基本内容之一，它是指通过会计形式根据财政、财务制度，对资金和物资的收支进行审核和计算的全部活动。经济组织在经济活动过程中对很多事项都需要办理会计手续，进行会计核算。各单位必须根据实际发生的经济业务事项进行会计核算，任何单位不得以虚假的经济业务事项或者资料进行会计核算。

(一) 会计核算的内容

根据《会计法》的规定，对于下列事项应当进行会计核算：①款项和有价证券的收付。②财物的收发、增减和使用。③债权债务的发生和结算。④资本、基金的增减和经费的收支。⑤收入、费用、成本的计算。⑥财务成果的计算处理。⑦其他需要办理会计手续、进行会计核算的事项。

(二) 会计核算的程序、方法和要求

1. 会计年度与记账本位币的规定

会计核算的核算期以公历划分为会计年度，会计年度自公历 1 月 1 日起到 12 月 31 日。核算以人民币为记账本位币。会计凭证、会计账簿、会计报表和其他会计资料必须符合国家统一的会计制度的规定，不得伪造、变造会计凭证、会计账簿，报送虚假的会计报表。使用电子计算机进行会计核算的，其软件及其生成的会计凭证、会计账簿、财务会计报告和其他会计资料，也必须符合国家统一的会计制度的规定。

2. 会计凭证的填制或取得

办理会计核算的事项，必须填制或取得原始凭证，并及时送交会计机构。会计机构对原始凭证进行审核，并根据经过审核的原始凭证编制记账凭证。会计机构、会计人员必须按照国家统一的会计制度的规定对原始凭证进行审核，对不真实、不合法的原始凭证有权不予接受，并向单位负责人报告；对记载不准确、不完整的原始凭证予以退回，并要求按照国家统一的会计制度的规定更正、补充。原始凭证记载的各项内容均不得涂改；原始凭证有错误的，应当由出具单位重开或者更正，更正处应当加盖出具单位印章。原始凭证金额有错误的，应当由出具单位重开，不得在原始凭证上更正。

3. 会计账簿的规定

各单位按照国家统一的会计制度的规定，设置会计科目和会计账簿。会计机构根据经过审核的原始凭证和记账凭证，按照国家统一的会计制度和记账规则、规定记账。会计账簿包括总账、明细账、日记账和其他辅助性账簿。会计账簿应当按照连续编号的页码顺序登记。会计账簿记录发生错误或者隔页、缺号、跳行的，应当按照国家统一的会计制度规定的方法更正，并由会计人员和会计机构负责人（会计主管人员）在更正处盖章。使用电子计算机进行会计核算的，其会计账簿的登记、更正，应当符合国家统一的会计制度的规定。

各单位应当建立财产清查制度，保证账簿记录与实物、款项相符。各单位应当定期将会计账簿记录与实物、款项及有关资料相互核对，保证会计账簿记录与实物及款项的实有数额相符、会计账簿记录与会计凭证的有关内容相符、会计账簿之间相对应的记录相符、会计账簿记录与会计报表的有关内容相符。

4. 财务会计报告的规定

各单位按照国家统一的会计制度的规定，根据账簿记录编制会计报表，报送财政部门和有关部门。财务会计报告应当根据经过审核的会计账簿记录和有关资料编制，并符合本法和国家统一的会计制度关于财务会计报告的编制要求、提供对象和提供期限的规定；其他法律、行政法规另有规定的，从其规定。财务会计报告由会计报表、会计报表附注和财务情况说明书组成。向不同的会计资料使用者提供的财务会计报告，其编制依据应当一致。有关法律、行政法规规定会计报表、会计报表附注和财务情况说明书须经注册会计师审计的，注册会计师及其所在的会计师事务所出具的审计报告应当随同财务会计报告一并提供。财务会计报告应当由单位负责人和主管会计工作的负责人、会计机构负责人（会计主管人员）签名并盖章；设置总会计师的单位，还须由总会计师签名并盖章。单位负责人应当保证财务会计报告真实、完整。

5. 会计记录的文字和会计档案的规定

会计法规定，会计记录的文字应当使用中文。在民族自治地方，会计记录可以同时使用当地通用的一种民族文字。在中华人民共和国境内的外商投资企业、外国企业和其他外国组织的会计记录可以同时使用一种外国文字。会计凭证、会计账簿、会计报表和其他会计资料，要按照国家的有关规定建立会计档案。会计档案的保管期和销毁办法，由国务院财政部门会同有关部门制定。

6. 公司、企业会计核算的特别规定

公司、企业必须根据实际发生的经济业务事项，按照国家统一的会计制度的规定确认、计量和记录资产、负债、所有者权益、收入、费用、成本和利润。

公司、企业进行会计核算不得有下列行为：①随意改变资产、负债、所有者权益的确认标准或者计量方法，虚列、多列、不列或者少列资产、负债、所有者权益。②虚列或者隐瞒收入，推迟或者提前确认收入。③随意改变费用、成本的确认标准或者计量方法，虚列、多列、不列或者少列费用、成本。④随意调整利润的计算、分配方法，编造虚假利润或者隐瞒利润。⑤违反国家统一的会计制度规定的其他行为。

三、会计监督

会计监督是指会计机构与会计人员对各单位执行财经政策、法律、法规、制度、财务计划等进行审查监督，以维护财经纪律、提高经济效益的一种活动。会计监督与会计核算是密不可分的，是在会计核算的基础上进行的监督活动，它可以有效地防止和消除会计核算中的差错和遗漏，同时可以防止各种违反制度的收支，严肃财经纪律。

会计监督根据监督主体的不同，可以分为内部监督和外部监督。内部监督是指各单位的会计机构、会计人员对本单位实行的会计监督。内部监督的内容包括审查原始凭证、对财产物资的监督、监督执行国家的财政财务制度等方面。外部监督相比具有明显的强制性。

（一）单位内部的会计监督

1. 各单位的内部会计监督制度

（1）各单位内部会计监督制度的主要内容。根据会计法以及《会计基础工作规范》的规定，各单位应当依据有关法律、法规和《会计基础工作规范》的规定，加强会计基础工作，严格执行会计法规制度，保证会计工作依法有序地进行。各单位内部会计监督制度主要包括以下内容。

第一，内部会计管理体系。其主要内容包括单位领导人、总会计师对会计工作的领导职责；会计部门及其会计机构负责人、会计主管人员的职责、权限；会计部门与其他职能部门的关系；会计核算的组织形式等。

第二，会计人员岗位责任制度。其主要内容包括会计人员的工作岗位设置；各会计工作岗位的职责和标准；各会计工作岗位的人员和具体分工；会计工作岗位轮换办法；对各会计工作岗位的考核办法。

第三，账务处理程序制度。其主要内容包括会计科目及其明细科目的设置和使用；会计凭证的格式、审核要求和传递程序；会计核算方法；会计账簿的设置；编制会计报表的种类和要求；单位会计指标体系。

第四，内部牵制制度。其主要内容包括内部牵制制度的原则；组织分工；出纳岗位的职责和限制条件；有关岗位的职责和权限。

第五，稽核制度。其主要内容包括稽核工作的组织形式和具体分工；稽核工作的职责、权限；审核会计凭证和复核会计账簿、会计报表的方法。

第六，原始记录管理制度。其主要内容包括原始记录的内容和填制方法；原始记录的格式；原始记录的审核；原始记录填制人的责任；原始记录签署、传递、汇集要求。

第七，定额管理制度。其主要内容包括定额管理的范围；制定和修订定额的依据、程序和方法；定额的执行；定额考核和奖惩办法等。

第八，计量验收制度。其主要内容包括计量检测手段和方法；计量验收管理的要求；计量验收人员的责任和奖惩办法。

第九，财产清查制度。其主要内容包括财产清查的范围；财产清查的组织；财产清查的期限和方法；对财产清查中发现问题的处理办法；对财产管理人员的奖惩办法。

第十，财务收支审批制度。其主要内容包括财务收支审批人员和审批权限；财务收支审批程序；财务收支审批人员的责任。

第十一，实行成本核算的单位应当建立成本核算制度。其主要内容包括成本核算的对象、方法和程序，成本分析等。

第十二，各单位应当建立财务会计分析制度。其主要内容包括财务会计分析的主要内容；财务会计分析的基本要求和组织程序；财务会计分析的具体方法；财务会计分析报告的编写要求等。

（2）各单位内部会计监督制度的要求。各单位建立健全本单位内部会计监督制度应当符合以下四项要求：①记账人员与经济业务事项和会计事项的审批人员、经办人员、财物保管人员的职责权限应当明确，并且相互分离、相互制约。②重大对外投资、资产处置、资金调度和其他重要经济业务事项的决策和执行的相互监督、相互制约程序应当明确。③财产清查的范围、期限和组织程序应当明确。④对会计资料定期进行内部审计的办法和程序应当明确。

2. 单位负责人的义务和会计机构、会计人员的职权

（1）单位负责人的义务。单位负责人在会计监督方面的义务主要有两条：一是应当保证会计机构、会计人员依法履行职责；二是不得授意、指使、强令会计机构、会计人员违法办理会计事项。

（2）会计机构、会计人员的职权。会计机构、会计人员在会计监督方面的职权主要是，发现会计账簿记录与实物、款项及有关资料不相符的，按照国家统一的会计制度的规定有权自行处理的，应当及时处理；无权处理的，应当立即向单位负责人报告，请求查明原因，作出处理。具体的监督职权包括以下内容。

第一，对原始凭证进行审核和监督。对不真实、不合法的原始凭证，不予受理。对弄虚作假、严重违法的原始凭证，在不予受理的同时，应当予以扣留，并及时向单位领导人报告，请求查明原因，追究当事人的责任。对记载不准确、不完整的原始凭证，予以退回，要求经办人员更正、补充。

第二，对伪造、变造、故意毁灭会计账簿或者账外设账行为，应当制止和纠正；制止和纠正无效的，应当向上级主管单位报告，请求作出处理。

第三，对实物、款项进行监督，督促建立并严格执行财产清查制度。发现账簿记录与实物、款项不符时，应当按照国家有关规定进行处理。超出会计机构、会计人员职权范围的，应当立即向本单位领导报告，请求查明原因，作出处理。

第四，对指使、强令编造、篡改财务报告的行为，应当制止和纠正；制止和纠正无效的，应当向上级主管单位报告，请求处理。

第五，对财务收支进行监督。对审批手续不全的财务收支，应当退回，要求补充、更正；

对违反规定不纳入单位统一会计核算的财务收支，应当制止和纠正；违反国家统一的财政、财务、会计制度规定的财务收支，不予办理；对认为是违反国家统一的财政、财务、会计制度规定的财务收支，应当制止和纠正；制止和纠正无效的，应当向单位领导人提出书面意见请求处理。单位领导人应当在接到书面意见起10日内作出书面决定，并对决定承担责任；对违反国家统一的财政、财务、会计制度规定的财务收支，不予制止和纠正，又不向单位领导人提出书面意见的，也应当承担责任；对严重违反国家利益和社会公众利益的财务收支，应当向主管单位或者财政、审计、税务机关报告。

第六，对违反单位内部会计管理制度的经济活动，应当制止和纠正；制止和纠正无效的，向单位领导人报告，请求处理。

第七，对单位制定的预算、财务计划、经济计划、业务计划的执行情况进行监督。

第八，各单位必须依照法律和国家有关规定接受财政、审计、税务等机关的监督，如实提供会计凭证、会计账簿、会计报表和其他会计资料以及有关情况，不得拒绝、隐匿和谎报。

第九，按照法律规定应当委托注册会计师进行审计的单位，应当委托注册会计师进行审计，并配合注册会计师的工作，如实提供会计凭证、会计账簿、会计报表和其他会计资料以及有关情况，不得拒绝、隐匿和谎报，不得示意注册会计师出具不当的审计报告。

(二) 财政等有关部门对单位会计工作的监督

1. 财政部门对各单位会计工作的监督

根据《会计法》和《财政部门实施会计监督办法》等的规定，财政部门对各单位的会计工作实施监督主要包括如下几个方面。

(1) 监督各单位是否依法设置会计账簿。根据会计法和有关会计法规、规章的规定，各单位应当按照国家统一会计制度的规定和会计业务的需要设置会计账簿。

(2) 监督各单位的会计凭证、会计账簿、财务会计报告和其他会计资料是否真实、完整。根据会计法和有关会计法规、规章的规定，各单位必须保证其会计凭证、会计账簿、财务会计报告和其他会计资料真实、完整。

(3) 监督各单位的会计核算是否符合会计法和国家统一的会计制度的规定。财政部门依法对各单位会计核算实施监督检查的内容主要包括采用会计年度、使用记账本位币和会计记录文字是否符合法律、行政法规和国家统一的会计制度的规定；填制或者取得原始凭证、编制证账凭证、登记会计账簿是否符合法律、行政法规和国家统一会计制度的规定；财务会计报告的编制程序、报送对象和报送期限是否符合法律、行政法规和国家统一会计制度的规定；会计处理方法的采用和变更是否符合法律、行政法规和国家统一会计制度的规定；使用的会计软件及其生成的会计核算资料是否符合法律、行政法规和国家统一会计制度的规定；是否按照法律、行政法规和国家统一会计制度的规定建立并实施内部会计监督制度；会计核算是否有其他违法会计行为。

(4) 监督各单位是否依法管理会计档案。会计档案是指会计凭证、会计账簿和会计报表等会计核算资料，它是记录和反映经济业务的重要史料和证据。财政部门依法对各单位会计档案的建立、保管和销毁是否符合法律、行政法规和国家统一会计制度的规定实施监督检查。

(5) 监督从事会计工作的人员是否具备从业资格。根据会计法的规定，只有取得会计从业资格证书的人员才能从事会计工作。财政部门依法对各单位任用会计人员实施监督检查的内容包括：从事会计工作的人员是否持有会计人员从业资格证书；会计机构负责人（会计主管人员）是否具备法律、行政法规和国家统一会计制度规定的任职资格。

2. 其他部门对各单位会计工作的监督

根据《会计法》的规定，除财政部门外，审计、税务、人民银行、证券监管、保险监管等部门也应当依照有关法律、行政法规规定的职责，对有关单位的会计资料实施监督检查。

(1) 审计部门对各单位会计工作的监督。根据我国《宪法》和《中华人民共和国审计法》（以下简称《审计法》）的规定，国务院和县级以上人民政府设立审计机关。审计机关在会计监督工作中的权限包括：①有权要求被审计单位按照规定报送预算或者财务收支计划、预算执行情况、决算、财务报告，社会审计机构出具的审计报告，以及其他与财政收支或者财务收支有关的资料，被审计单位不得拒绝、拖延、谎报。②在进行审计时，有权检查被审计单位的会计凭证、会计账簿、会计报表以及其他与财政收支或者财务收支有关的资料和资产，被审计单位不得拒绝。③进行审计时，有权就审计事项的有关问题向有关单位和个人进行调查，并取得有关证明材料。有关单位和个人应当支持、协助审计机关工作，如实向审计机关反映情况，提供有关证明材料。④对被审计单位正在进行的违反国家规定的财政收支、财务收支行为，有权予以制止；制止无效的，经县级以上审计机关负责人批准，通知财政部门和有关主管部门暂停拨付与违反国家规定的财政收支、财务收支行为直接有关的款项，已经拨付的，暂停使用。采取该项措施不得影响被审计单位合法的业务活动和生产经营活动。⑤审计机关认为被审计单位所执行的上级主管部门有关财政收支、财务收支的规定与法律、行政法规相抵触的，应当建议有关主管部门纠正；有关主管部门不予纠正的，审计机关应当提请有权处理的机关依法处理。⑥审计机关可以向政府有关部门通报或者向社会公布审计结果。审计机关通报或者公布审计结果，应当依法保守国家秘密和被审计单位的商业秘密，遵守国务院的有关规定。

(2) 税务部门对各单位会计工作的监督。国务院税务主管部门主管全国税收征收管理工作。税务部门对各单位会计工作的监督的职责和权限是：①对依规定可以不设置账簿的、依规定应当设置但未设置账簿的，以及虽设置账簿，但账目混乱或者成本资料、收入凭证、费用凭证残缺不全，难以查账的有权核定其应纳税额。②对不按照独立企业之间的业务往来收取或者支付价款、费用，而减少其应纳税的收入或者所得额的，税务机关有权进行合理调整。③账簿、凭证管理。从事生产、经营的纳税人、扣缴义务人按照国务院财政、税务主管部门的规定设置账簿，根据合法、有效凭证记账，进行核算。个体工商户确实不能设置账簿的，经税务机关核准，可以不设置账簿。④从事生产、经营的纳税人的财务、会计制度或者财务、会计处理办法，应当报送税务机关备案。从事生产、经营的纳税人的财务、会计制度或者财务、会计处理办法与国务院或者国务院财政、税务主管部门有关税收的规定抵触的，依照国务院或者国务院财政、税务主管部门有关税收的规定计算纳税。⑤专用发票管理。增值税专用发票由国务院税务主管部门指定的企业印制；其他发票，按照国务院税务主管部门的规定，分别由省、自治区、直辖市国家税务局、地方税务局指定企业印制。从事生产、经营的纳税人、扣缴义务人必须按照国务院财政、税务主管部门规定的保管期限保管账簿、记账凭证、完税凭证及其他有关资料。⑥税务机关有权进行下列检查：检查纳税人的账簿、记账凭证、报表和有关资料，检查扣缴义务人代扣代缴、代收代缴税款账簿、记账凭证和有关资料；到纳税人的生产、经营场所和货物存放地检查纳税人应纳税的商品、货物或者其他财产，检查扣缴义务人与代扣代缴、代收代缴税款有关的经营情况；责成纳税人、扣缴义务人提供与纳税或者代扣代缴、代收代缴税款有关的文件、证明材料和有关资料，包括会计资料；询问纳税人、扣缴义务人与纳税或者代扣代缴、代收代缴税款有关的问题和情况；到车站、码头、机场、邮政企业及其分支机构检查纳税人托运、邮寄应纳税商品、货物或者其他财产的有关单据、凭证和有关资料；经县以上税务局(分局)局长批准，凭全国统一格式的检查存款账户许可证明，查核从事生产、经营的纳税人、扣缴义务人在银行或者其他金融机构的存款账户；查核从事生产、经营的纳税人的储蓄存款，须经银行县、市支行或者市分行的区办事处核对，指定所属储蓄所提供资料。税务机关派出的人员进行税务检查时，应当出示税务检查证件，并有责任为被检查人保守秘密。

(3) 中国人民银行对各单位会计工作的监督。《中华人民共和国中国人民银行法》规定了中国人民银行履行的职责，其中有按照规定审批、监督管理金融机构，按照规定监督管理金融市场，经理国库，维护支付、清算系统的正常运行，负责金融业的统计、调查、分析和预测。该法还规定了中国人民银行依法对金融机构及其业务实施监督管理，维护金融业的合法、稳健运行，有权对金融机构的存款、贷款、结算、呆账等情况随时进行稽核、检查监督，有权要求金融机构按照规定报送资产负债表、损益表以及其他财务会计报表和资料等。中国人民银行在金融监督管理中，大量的监督管理业务都涉及对单位会计工作的监督。

(4) 证券监管部门对各单位会计工作的监督。根据我国《证券法》的规定，国务院证券监督管理机构对证券市场实施监督管理，履行下列职责：依法制定有关证券市场监督管理的规章、规则，并依法行使审批或者核准权；依法对证券的发行、交易、登记、托管、结算进行监督管理；依法对证券发行人、上市公司、证券交易所、证券公司、证券登记结算机构、证券投资基金管理机构、证券投资咨询机构、资信评估机构以及从事证券业务的律师事务所、会计师事务所、资产评估机构的证券业务活动，进行监督管理；依法监督检查证券发行和交易的信息公开情况；依法对违反证券市场监督管理法律、行政法规的行为进行查处；法律、行政法规规定的其他职责。国务院证券监督管理机构依法履行职责，有权采取下列措施：进入违法行为发生场所调查取证；询问当事人和与被调查事件有关的单位和个人，要求其对与被调查事件有关的事项作出说明；查阅、复制当事人和与被调查事件有关的单位和个人的证券交易记录、登记过户记录、财务会计资料及其他相关文件和资料；对可能被转移或者隐匿的文件和资料，可以予以封存；查询当事人和与被调查事件有关的单位和个人的资金账户、证券账户，对有证据证明有转移或者隐匿违法资金、证券迹象的，可以申请司法机关予以冻结。国务院证券监督管理机构工作人员依法履行职责，进行监督检查或者调查时，应当出示有关证件，并对知悉的有关单位和个人的商业秘密负有保密的义务。

(5) 保险监管部门对各单位会计工作的监督。保险监督管理部门有权检查保险公司的业务状况、财务状况及资金运用状况，有权要求保险公司在规定的期限内提供有关的书面报告和资料。

(6) 监察机关对各单位会计工作的监督。行政监察法规定监察机关的职责之一是有权要求被监察的部门和人员提供与监察事项有关的文件、资料、财务账目及其他有关的材料，进行查阅或者予以复制；有权要求被监察的部门和人员就监察事项涉及的问题作出解释和说明。上述监督检查部门对有关单位的会计资料依法实施监督检查后，应当出具检查结论。有关监督检查部门已经作出的检查结论能够满足其他监督检查部门履行本部门职责需要的，其他监督检查部门应当加以利用，避免重复查账。

依法对有关单位的会计资料实施监督检查的部门及其工作人员，对在监督检查中知悉的国家秘密和商业秘密负有保密义务。

各单位必须依照有关法律、行政法规的规定，接受有关监督检查部门依法实施的监督检查，如实提供会计凭证、会计账簿、财务会计报告和其他会计资料以及有关情况，不得拒绝、隐匿、谎报。

四、违反会计法的法律责任

(一) 不依法进行会计管理、核算和监督的法律责任

违反我国《会计法》的规定，有下列行为之一的，由县级以上人民政府财政部门责令限期改正，可以对单位并处 3 000 元以上 5 万元以下的罚款；对其直接负责的主管人员和其他直接责任人员，可以处 2 000 元以上 2 万元以下的罚款；属于国家工作人员的，还应当由其所在单位或者有关单位依法给予行政处分。

(1) 不依法设置会计账簿的。这有两种情况：一是依法应当设置会计账簿而不设置会计账簿的；二是虽然设置了会计账簿，但未按规定的要求设置会计账簿的。

(2) 私设会计账簿的。这是指不按国家规定的要求私设会计账簿的行为，多为在依法设置的会计账簿之外，另设会计账簿进行核算的行为。

(3) 未按照规定填制、取得原始凭证或者填制、取得的原始凭证不符合规定的。原始凭证是反映各单位经济业务最基本的证据，填制、取得原始凭证或者填制、取得的原始凭证都必须符合国家规定，如原始凭证的内容必须具备凭证的名称；填制凭证的日期；填制凭证单位名称或者填制人姓名；经办人员的签名或者盖章；接受凭证单位名称；经济业务内容；数量、单价和金额。从外单位取得的原始凭证，必须盖有填制单位的公章；从个人取得的原始凭证，必须有填制人员的签名或者盖章。自制原始凭证必须有经办单位领导人或者其指定的人员签名或者盖章。对外开出的原始凭证，必须加盖本单位公章。凡填有大写和小写金额的原始凭证，大写与小写金额必须相符。购买实物的原始凭证，必须有验收证明。支付款项的原始凭证，必须有收款单位和收款人的收款证明。原始凭证不得涂改、挖补。发现原始凭证有错误的，应当由开出单位重开或者更正，更正处应当加盖开出单位的公章。

(4) 以未经审核的会计凭证为依据登记会计账簿或者登记会计账簿不符合规定的。各单位必须对原始凭证进行审核，确认其符合规定的，才能作为依据登记会计账簿。对不真实、不合法的原始凭证，不予受理。对弄虚作假、严重违法的原始凭证，在不予受理的同时，应当予以扣留，并及时向单位领导人报告，请求查明原因，追究当事人的责任。对记载不准

确、不完整的原始凭证，予以退回，要求经办人员更正、补充。登记会计账簿也必须按照规定进行。

(5) 随意变更会计处理方法的。会计处理方法是指在进行会计核算时所采用的具体核算方法。如会计确认方法、会计计量方法、会计记录方法和会计报告方法等。各单位采用的会计处理方法，前后各期应当一致，不得随意变更，确有必要变更的，应当按照国家统一的会计制度的规定变更，并将变更的原因、情况及影响在财务会计报告中说明。

(6) 向不同的会计资料使用者提供的财务会计报告编制依据不一致的。财务会计报告是全面地反映单位在一定时期内经济活动情况及其成果的报告文件，应当根据经过审核的会计账簿记录和有关资料编制，并符合本法和国家统一的会计制度关于财务会计报告的编制要求、提供对象相提供期限的规定；其他法律、行政法规另有规定的，从其规定。财务会计报告由会计报表、会计报表附注和财务情况说明书组成。向不同的会计资料使用者提供的财务会计报告，其编制依据应当一致。

(7) 未按照规定使用会计记录文字或者记账本位币的。会计记录的文字应当使用中文。在民族自治地方，会计记录可以同时使用当地通用的一种民族文字。在中华人民共和国境内的外商投资企业、外国企业和其他外国组织的会计记录可以同时使用一种外国文字。

(8) 未按照规定保管会计资料，致使会计资料毁损、灭失的。各单位对会计凭证、会计账簿、财务会计报告和其他会计资料，应当建立档案，妥善保管。会计档案的保管期限和销毁办法，应按国务院财政部门会同有关部门制定的规定执行。当年会计档案，在会计年度终了后，可暂由本单位财务会计部门保管 1 年。期满之后，原则上应由财务会计部门编造清册移交本单位的档案部门保管。财务会计部门和经办人必须按期将应当归档的会计档案，全部移交档案部门，不得自行封包保存。档案部门必须按期点收，不得推诿拒绝。各单位保存的会计档案应积极为本单位提供利用，向外单位提供利用时，档案原件原则上不得借出，如有特殊需要，须报经上级主管单位批准，但不得拆散原卷册。并应限期归还。撤销、合并单位和建设单位完工后的会计档案，应随同单位的全部档案一并移交给指定的单位，并按规定办理交接手续。各种会计档案的保管期限，根据其特点，分为永久、定期两类。定期保管期限分为 3 年、5 年、10 年、15 年和 25 年 5 种。会计档案保管期满，需要销毁时，由本单位档案部门提出销毁意见，会同财务会计部门共同鉴定，严格审查，编造会计档案销毁清册。对于其中未了结的债权债务的原始凭证，应单独抽出，另行立卷，由档案部门保管到结清债权债务时为止。建设单位在建设期间的会计档案，不得销毁。各单位按规定销毁会计档案时，应由档案部门和财务会计部门共同派员监销。各级主管部门销毁会计档案时，还应有同级财政部门、审计部门派员参加监销。

(9) 未按照规定建立并实施单位内部会计监督制度或者拒绝依法实施的监督或者不如实提供有关会计资料及有关情况的。各单位必须按照规定建立并实施单位内部会计监督制度，必须依照有关法律、行政法规的规定，接受有关监督检查部门依法实施的监督检查，如实提供会计凭证、会计账簿、财务会计报告和其他会计资料以及有关情况，不得拒绝、隐匿、谎报。

(10) 任用会计人员不符合会计法规定的。从事会计工作的人员，必须取得会计从业资格证书。担任单位会计机构负责人(会计主管人员)的，除取得会计从业资格证书外，还应当具备会计师以上专业技术职务资格或者从事会计工作3年以上经历。

根据会计法的规定，有上述行为之一，构成犯罪的，依法追究刑事责任。会计人员有上述所列行为之一，情节严重的，5年内不得从事会计工作。有关法律对上述所列行为的处罚另有规定的，依照有关法律的规定办理。

(二) 伪造、变造、编制虚假会计资料的法律责任

各单位都必须保证会计资料的真实、完整，伪造、变造会计凭证、会计账簿和其他会计资料，提供虚假财务会计报告的行为，都是违法行为，会计机构和会计人员不能伪造、变造会计凭证、会计账簿和其他会计资料，提供虚假财务会计报告。根据《会计法》第43条的规定，伪造、变造会计凭证、会计账簿，编制虚假财务会计报告，构成犯罪的，依法追究刑事责任。根据我国《刑法》的规定，伪造、变造会计凭证、会计账簿，编制虚假财务会计报告，如果是向股东和社会公众提供虚假的或者隐瞒重要事实的财务会计报告，严重损害股东或者其他人利益的，对其直接负责的主管人员和其他直接责任人员，处3年以下有期徒刑或者拘役，并处或者单处2万元以上20万元以下罚金。伪造、变造会计凭证、会计账簿，编制虚假财务会计报告尚不构成犯罪的，由县级以上人民政府财政部门予以通报，可以对单位并处5 000元以上10万元以下的罚款；对其直接负责的主管人员和其他直接责任人员，可以处3 000元以上5万元以下的罚款；属于国家工作人员的，还应当由其所在单位或者有关单位依法给予撤职直至开除的行政处分；对其中的会计人员，并由县级以上人民政府财政部门吊销会计从业资格证书。

(三) 隐匿或者故意销毁依法应当保存的会计资料的法律责任

隐匿或者故意销毁依法应当保存的会计凭证、会计账簿、财务会计报告，构成犯罪的，依法追究刑事责任。《刑法》第162条规定："隐匿或者故意销毁依法应当保存的会计凭证、会计账簿、财务会计报告，情节严重的，处5年以下有期徒刑或者拘役，并处或者单处2万元以上20万元以下罚金。单位犯此罪的，对单位判处罚金，并对其直接负责的主管人员和其他直接责任人员，处5年以下有期徒刑或者拘役，并处或者单处2万元以上20万元以下罚金。"尚不构成犯罪的，由县级以上人民政府财政部门予以通报，可以对单位并处5 000元以上10万元以下的罚款；对其直接负责的主管人员和其他直接责任人员，可以处3 000元以上5万元以下的罚款；属于国家工作人员的，还应当由其所在单位或者有关单位依法给予撤职直至开除的行政处分；对其中的会计人员，并由县级以上人民政府财政部门吊销会计从业资格证书。

(四) 授意、指使、强令会计机构、会计人员及其他人员伪造、变造、编制、隐匿、故意销毁会计资料的法律责任

《会计法》第5条规定，任何单位或者个人都不得以任何方式授意、指使、强令会计机构、会计人员伪造、变造会计凭证、会计账簿和其他会计资料，提供虚假财务会计报告。授意、指使、强令会计机构、会计人员及其他人员伪造、变造会计凭证、会计账簿，编制虚假财务会计报告或者隐匿、故意销毁依法应当保存的会计凭证、会计账簿、财务会计报告，构成犯罪的，依法追究刑事责任；尚不构成犯罪的，可以处5 000元以上5万元以下的罚款；属于国家工作人员的，还应当由其所在单位或者有关单位依法给予降级、撤职、开除的行政处分。

（五）单位负责人对会计人员进行打击报复的法律责任

会计人员应当依法履行职责，坚决抵制违反会计法的行为，任何单位或者个人都不得对会计人员进行打击报复，这是我国《会计法》对会计人员依法行使职权进行保护的一项重要条款。根据这一条款，任何单位或者个人如果对会计人员由于严格依法办事实行打击报复，都属违法行为。单位负责人对依法履行职责、抵制违反会计法规定行为的会计人员以降级、撤职、调离工作岗位、解聘或者开除等方式实行打击报复，构成犯罪的，依法追究刑事责任。我国《刑法》第255条规定："公司、企业、事业单位、机关、团体的领导人，对依法履行职责、抵制违反会计法、统计法行为的会计、统计人员实行打击报复，情节恶劣的，处3年以下有期徒刑或者拘役。"尚不构成犯罪的，由其所在单位或者有关单位依法给予行政处分。对受打击报复的会计人员，应当恢复其名誉和原有职务、级别。

（六）其他违反会计法的法律责任

其他违反会计法的法律责任主要指两种情况。

（1）财政部门及有关行政部门的工作人员在实施监督管理中滥用职权、玩忽职守，徇私舞弊或者泄露国家秘密、商业秘密，构成犯罪的，依法追究刑事责任。我国《刑法》第397条规定："国家机关工作人员滥用职权或者玩忽职守，致使公共财产、国家和人民利益遭受重大损失的，处三年以下有期徒刑或者拘役；情节特别严重的，处三年以上七年以下有期徒刑。""国家机关工作人员徇私舞弊，犯前款罪的，处五年以下有期徒刑或者拘役；情节特别严重的，处五年以上十年以下有期徒刑。本法另有规定的，依照规定。"我国《刑法》第398条规定："国家机关工作人员违反保守国家秘密法的规定，故意或者过失泄露国家秘密，情节严重的，处三年以下有期徒刑或者拘役；情节特别严重的，处三年以上七年以下有期徒刑。非国家机关工作人员犯前款罪的，依照前款的规定酌情处罚。"尚不构成犯罪的，依法给予行政处分。

（2）违反《会计法》第30条的规定，将检举人姓名和检举材料转给被检举单位和被检举人个人的，由所在单位或者有关单位依法给予行政处分。我国《会计法》第30条规定："任何单位和个人对违反本法和国家统一的会计制度规定的行为，有权检举。收到检举的部门有权处理的，应当依法按照职责分工及时处理；无权处理的，应当及时移送有权处理的部门处理。收到检举的部门、负责处理的部门应当为检举人保密，不得将检举人姓名和检举材料转给被检举单位和被检举人个人。"违反《会计法》的规定，同时违反其他法律规定的，由有关部门在各自职权范围内依法进行处罚。

第二节　审计法律制度

一、审计法律制度概述

审计是审计机关和审计人员依照法律规定，对政府机关的财政收支、国有金融机构和企事业组织以及其他依照审计法规定应当接受审计的组织、单位的财政收支、财务收支进行真实、合法、有效的审计监督，并将有关结果向有关机关报告的一系列活动的总称。审计法所称审计，是指审计机关依法独立检查被审计单位的会计凭证、会计账簿、财务会计报告以及其他与财政收支、财务收支有关的资料和资产，监督财政收支、财务收支真实、合法和效益的行为。国家利用审计手段对经济活动进行监管是现代经济的基本活动之一。审计监管法是指调整审计监管关系的法律规范的总称。目前我国调整审计监管关系的法律渊源主要是 1994 年 8 月 31 日第 8 届全国人大常委会第 9 次会议通过的《中华人民共和国审计法》，2006 年 2 月 28 日第十届全国人民代表大会常务委员会第二十次会议对其进行了修正。以及 1997 年 10 月 21 日国务院颁布的《中华人民共和国审计法实施条例》（以下简称《审计法实施条例》），2010 年 2 月 2 日国务院第 100 次常务会议对其做了修订。

审计监督遵循依法审计、独立审计的原则。同时按《审计法》的规定，地方各级审计机关对本级人民政府和上一级审计机关负责并报告工作，审计业务以上级审计机关领导为主，所以，审计监督是一种双重领导的监督。

二、审计机关

审计机关是行使国家审计监督职能的独立机关，我国的审计机关分为国务院审计署和地方各级审计机关。国务院审计署是国家最高审计机关，在国务院总理领导下组织领导全国的审计工作。地方各级审计机关在地方人民政府的行政首长的领导下负责本行政区域内的审计工作。根据法律规定，审计机关负有下列职责：对国家财政收支进行审计监督；对中央银行的财务收支和国有金融机构的资产、负债、损益进行审计监督；对国家事业组织和使用财政资金的其他事业组织的财务收支进行审计监督；对国有企业的资产、负债、损益进行审计监督，对国家资本占控股地位或者主导地位的企业进行审计监督；对政府投资和以政府投资为主的建设项目预算的执行情况和决算进行审计监督；对政府部门管理的和其他单位受政府委托管理的社会保障基金、社会捐赠资金以及其他有关基金、资金的财务收支进行审计监督；对国际组织和外国政府援助贷款项目的财务收支进行审计监督；对其他法律、法规规定的事项进行审计监督；对特定事项进行专项审计调查等。

审计机关的具体权限包括：有权要求被审计单位报送有关资料；有权检查被审计单位有关的资料和资产；有权就被审计事项进行调查；有权对被审计单位采取规定的措施；有权建议被审计单位的有关主管部门纠正其与法律、行政法规相抵触的有关规定；有权向政府有关部门通报或者向社会公布审计结果。

三、审计程序

审计机关进行审计必须遵守一定的审计程序，程序对于审计结果具有举足轻重的作用。根据法律，审计工作应按照下列程序进行。

（1）编制审计项目计划，确定审计重点，组成审计组，指定审计负责人，拟订具体的审计方案；并向被审计单位送达审计通知书。

（2）审计组进行审计，并取得证明材料。

（3）审计组在对审计事项进行审计后，提出审计报告。

(4) 审计机关审定审计报告,对审计事项作出评价,出具审计意见书,同时依法作出审计决定或者提出处理、处罚意见。

(5) 审计机关应当自收到审计报告之日起 30 日内,将审计意见书和审计决定送达被审计单位和有关单位。

四、违反审计法的法律责任

(1) 被审计单位拒绝、拖延提供与审计事项有关的资料,或者提供的资料不真实、不完整,或者拒绝、阻碍检查的,由审计机关责令改正,可以通报批评,给予警告;拒不改正的,对被审计单位可以处 5 万元以下的罚款,对直接负责的主管人员和其他直接责任人员,可以处 2 万元以下的罚款,审计机关认为应当给予处分的,向有关主管机关、单位提出给予处分的建议;构成犯罪的,依法追究刑事责任。

(2) 对本级各部门(含直属单位)和下级人民政府违反预算的行为或者其他违反国家规定的财政收支行为,审计机关在法定职权范围内,依照法律、行政法规的规定,区别情况采取以下处理措施:①责令限期缴纳应当上缴的款项。②责令限期退还被侵占的国有资产。③责令限期退还违法所得。④责令按照国家统一的会计制度的有关规定进行处理。⑤其他处理措施。我国《审计法实施条例》第 3 条的规定,财政收支是指依照《中华人民共和国预算法》和国家其他有关规定,纳入预算管理的收入和支出,以及下列财政资金中未纳入预算管理的收入和支出:①行政事业性收费。②国有资源、国有资产收入。③应当上缴的国有资本经营收益。④政府举借债务筹措的资金。⑤其他未纳入预算管理的财政资金。

(3) 对被审计单位违反国家规定的财务收支行为,审计机关在法定职权范围内,区别情况采取以下处理措施:①责令限期缴纳应当上缴的款项。②责令限期退还被侵占的国有资产。③责令限期退还违法所得。④责令按照国家统一的会计制度的有关规定进行处理。⑤其他处理措施。同时可以通报批评,给予警告;有违法所得的,没收违法所得,并处违法所得 1 倍以上 5 倍以下的罚款;没有违法所得的,可以处 5 万元以下的罚款;对直接负责的主管人员和其他直接责任人员,可以处 2 万元以下的罚款,审计机关认为应当给予处分的,向有关主管机关、单位提出给予处分的建议;构成犯罪的,依法追究刑事责任。法律、行政法规对被审计单位违反国家规定的财务收支行为处理、处罚另有规定的,从其规定。《审计法实施条例》第 4 条规定,财务收支是指国有的金融机构、企业事业组织以及依法应当接受审计机关审计监督的其他单位,按照国家财务会计制度的规定,实行会计核算的各项收入和支出。

(4) 被审计单位应当将审计决定执行情况书面报告审计机关。审计机关应当检查审计决定的执行情况。被审计单位不执行审计决定的,审计机关应当责令限期执行;逾期仍不执行的,审计机关可以申请人民法院强制执行,建议有关主管机关、单位对直接负责的主管人员和其他直接责任人员给予处分。

(5) 审计人员滥用职权、徇私舞弊、玩忽职守,或者泄露所知悉的国家秘密、商业秘密的,依法给予处分;构成犯罪的,依法追究刑事责任。审计人员违法违纪取得的财物,依法予以追缴、没收或者责令退赔。

第五编

经济纠纷处理法律制度

第二十一章　仲裁法律制度

本章要点

本章主要介绍解决经济纠纷方式之一的仲裁及相关法律制度，介绍了仲裁的概念、基本制度、仲裁范围、仲裁协议、仲裁机构以及仲裁程序等内容。

典型案例

余×兵系浙江省淳安县人，现住浙江省杭州市下城区。因与上海长江联合金属交易中心有限公司（以下简称长江联合交易中心）产生争议而以期货交易纠纷为由向浙江省杭州市中级人民法院提起诉讼。余×兵在起诉状中主张长江联合交易中心从事非法期货交易，但其并未提交证据证明其与长江联合交易中心之间有关于期货交易内容的书面约定。而长江联合交易中心的营业执照显示其并无期货经营业务资质，亦不属于期货交易所。杭州中院遂认定该案案由应为合同纠纷，而非期货交易纠纷，故不适用最高人民法院有关审理期货纠纷案件法定级别管辖的相关司法解释规定。杭州中院审查认为，余×兵系通过长江联合交易中心的网上交易平台进行开户、交易。长江联合交易中心提交经公证的网上行情交易系统的交易流程显示，在长江联合交易中心网上交易平台进行开户时及每次交易时，系统均默认弹出“风险警示书”窗口。该“风险警示书”第七条载明：“对于您与交易中心、会员单位（包括分支机构、工作人员）等其他相关主体之间一方或多方发生合同纠纷和其他财产权益纠纷的，您不可撤销地同意将该等争议提交上海仲裁委员会，依据该仲裁机构届时有效的仲裁规则在上海浦东新区进行仲裁。仲裁裁决是终局的，对各方均有约束力。”该警示书尾部载明：“若您对上述内容不理解或不接受的，请您务必停止交易操作！您继续操作并进行交易的，视为您已经完全理解并接受上述内容，并愿意受其约束。”“风险警示书”由长江联合交易中心提供，余×兵在交易系统进行交易操作，表明其对系统弹出的“风险警示书”窗口点击了“同意”按钮，余×兵通过点击同意的方式就争议解决方式与长江联合交易中心达成一致意见，同意并接受“风险警示书”中仲裁条款的约束。因此，本案争议应依照上述约定以仲裁方式解决。杭州中院遂依照《中华人民共和国仲裁法》（以下简称《仲裁法》）第 5 条、《民事诉讼法》第 124 条第 2 项、第 154 条第 1 款第 3 项和《最高人民法院关于适用〈中华人民共和国民事诉讼法〉的解释》第 208 条第 3 款的规定，裁定驳回余×兵的起诉。

余×兵不服一审裁定，向浙江省高级人民法院提起上诉，请求撤销一审裁定，并依法裁定案件由杭州中院管辖。浙江高院经审查认为，余×兵通过对“风险警示书”点击同意的方式就争议解决方式与长江联合交易中心达成一致意见，理应受“风险警示书”中仲裁条款的约束,余×兵与长江联合交易中心的争议应依照约定以仲裁方式解决。浙江高院遂依法裁定驳回余×兵上诉,维持原裁定。

【资料来源】中国裁判文书网,余×兵、中国工商银行股份有限公司杭州景华支行合同纠纷案,(2019)浙民辖终304号民事裁定书。访问时间:2020年12月20日。

第一节　仲裁法律制度概述

经济法律关系主体之间产生纠纷后,可以通过和解、调解、仲裁以及民事诉讼等途径来解决。其中,仲裁和民事诉讼是最重要的两种方式。

一、仲裁的概念与特点

1. 仲裁的概念

仲裁是指发生争议的双方当事人,根据其在争议发生前或发生后所达成的协议,自愿将该争议提交中立的第三者进行裁判而解决争议的一种制度和方式。仲裁是一种非诉讼解决争议的方式,其广泛运用于民商事争议的解决过程中。随着我国市场经济的快速发展,仲裁已成为解决经济纠纷的重要方式。

为规范仲裁法律关系主体的行为和调整仲裁法律关系,我国于1994年8月31日第八届全国人民代表大会第九次会议通过了《仲裁法》,并于1995年9月1日起施行。该法经过2009年和2017年两次修正。

2. 仲裁的特点

(1) 自愿性。仲裁是一种高度体现当事人意思自治的纠纷解决方式,当事人的自愿性是仲裁最突出的特点,即对当事人之间的纠纷是否提交仲裁、由哪个仲裁机构仲裁、仲裁庭如何组成以及仲裁适用何种程序规则等,都是由双方当事人协商确定的。

(2) 独立性。根据我国《仲裁法》的规定,仲裁机构独立于行政机关,仲裁机构之间也相互独立,没有隶属关系。在仲裁过程中,仲裁庭依法独立审理案件,不受任何机关、社会团体和个人的干涉。

(3) 保密性。为保护当事人的商业秘密和贸易活动不会因仲裁活动而泄露,我国《仲裁法》规定,仲裁不公开进行。当事人协议公开的,可以公开进行,但涉及国家秘密的除外。

(4) 灵活性。由于仲裁充分体现当事人的意思自治,仲裁中的许多具体程序可以由当事人协商确定与选择。因此,在程序上不像诉讼程序那样繁琐、刻板,而是更加灵活,很多环节可被简化,更具有弹性。

(5) 快捷性。仲裁实行一裁终局制度,仲裁机构对当事人提请仲裁的案件一经作出裁决,即具有终局的法律效力。这就使当事人之间的纠纷能得以迅速解决。

二、仲裁法的基本原则和基本制度

1. 仲裁法的基本原则

(1) 尊重当事人意愿原则。尊重当事人意愿原则也称当事人意思自治原则,是指当事人之间订立仲裁协议将其争议提交仲裁解决以及提起仲裁程序并在仲裁程序中实施各种行为，都必须出自当事人的真实意思表示，而不受有关机关、社会团体和个人的干涉。尊重当事人意愿原则具体表现在三个方面：①当事人是否将他们之间发生的纠纷提交仲裁，由他们自愿协商决定。②当事人将他们之间的纠纷提交哪一个仲裁委员会仲裁，亦由他们自愿协商决定。③对争议案件的仲裁应采取何种形式的仲裁庭以及由哪些仲裁员组成仲裁庭，应由当事人直接或间接确定。

(2) 独立公正仲裁原则。独立公正仲裁原则是指仲裁活动依法独立公正进行，不受其他机关、社会团体和个人的干涉。该原则主要包含以下几层含义：①仲裁依法独立进行。②仲裁机构具有独立性。③仲裁组织体系内的中国仲裁协会、仲裁委员会和仲裁庭三者之间相对独立。

(3) 根据事实、符合法律规定、公平合理地解决纠纷原则。我国《仲裁法》第 7 条规定："仲裁应当根据事实，符合法律规定，公平合理地解决纠纷。"这一规定所确立的原则实际上是我国长期坚持的以事实为根据、以法律为准绳的法律原则在仲裁制度中的运用与发展。这要求仲裁应当依法进行，既要遵循仲裁所适用的程序法，也要遵循解决民商事纠纷所适用的实体法。

2. 仲裁法的基本制度

(1) 协议仲裁制度。当事人要采用仲裁方式解决纠纷，应当双方自愿，达成仲裁协议。如果没有仲裁协议，一方申请仲裁的，仲裁委员会不予受理。为此，双方当事人欲选择仲裁方式解决纠纷，必须达成书面仲裁协议。否则，即使双方自愿口头达成协议，也不能适用仲裁程序。

(2) 或裁或审制度。仲裁与诉讼是两种不同的争议解决方式。当事人发生争议只能在两者中选择一种作为争议解决的方式。当事人选择仲裁方式解决纠纷的，就不能再选择诉讼方式，即有效的仲裁协议可排除法院的管辖权。只有在没有仲裁协议或者仲裁协议无效，或者当事人放弃仲裁协议的情况下，法院才可以行使管辖权。

(3) 一裁终局制度。仲裁实行一裁终局制度，即一项纠纷一旦由仲裁机构作出裁决，该纠纷即获解决，不得再对该纠纷重新审理和更改其裁决。当事人就同一纠纷再次申请仲裁或者向人民法院起诉的，仲裁机构或人民法院不予受理。当事人应当自动履行裁决，一方当事人不履行的，另一方当事人可以向法院申请执行。

三、仲裁范围

作为解决民商事争议的重要方式，仲裁的适用是有一定的范围的。只有平等主体的自然人、法人和其他组织之间发生的合同纠纷和其他财产权益纠纷，才可以仲裁。我国《仲裁法》特别规定了以下纠纷不得仲裁：①婚姻、收养、监护、扶养、继承纠纷。②依法应当由行政机关处理的行政争议。

四、仲裁协议

(一) 仲裁协议的概念与特征

1. 仲裁协议的概念

仲裁协议是双方当事人自愿将他们之间已经发生的或将来可能发生的争议提交仲裁机

构裁决的一种协议。仲裁协议既是任何一方当事人将争议提交仲裁的前提条件,也是仲裁机构受理争议案件的依据。我国《仲裁法》第16条规定,仲裁协议包括合同中订立的仲裁条款和以其他书面方式在纠纷发生前或者纠纷发生后达成的请求仲裁的协议。

2. 仲裁协议的特征

(1) 仲裁协议是双方当事人共同授予仲裁委员会仲裁权的合意,是双方将争议提交仲裁的共同意愿的体现。没有形成合意,只有单方仲裁的意思表示不能启动仲裁程序。

(2) 在仲裁协议中,双方当事人既可以将他们之间已经发生的争议提交仲裁,也可以事先约定将他们之间可能发生的争议提交仲裁解决。

(3) 双方当事人在仲裁协议中可以任意选择他们共同认可的仲裁委员会,而不论该仲裁委员会是否与他们双方及其所发生的争议有任何联系。

(4) 仲裁协议必须是书面形式。所谓书面形式,包括合同中订立的仲裁条款,以合同书、信件和数据电文(包括电报、电传、传真、电子数据交换和电子邮件)等形式达成的请求仲裁的协议。

(二) 仲裁协议的内容

一份完整、有效的仲裁协议必须具备法定的内容,否则仲裁协议将被认定为无效。根据我国《仲裁法》第16条的规定,仲裁协议应当包括以下内容。

(1) 请求仲裁的意思表示。请求仲裁的意思表示是仲裁协议的首要内容,必须明确、肯定,并满足三个条件:①以仲裁方式解决纠纷必须是双方当事人共同的意思表示,而不是一方当事人的意思表示。②必须是双方当事人在协商一致的基础上的真实意思表示。③必须是双方当事人自己的意思表示,而不是任何其他人的意思表示。

(2) 仲裁事项。仲裁事项即当事人提交仲裁的具体争议的事项,争议事项必须具有可仲裁性。在仲裁实践中,当事人只有把订立于仲裁协议中的争议事项提交仲裁,仲裁机构才能受理。同时仲裁事项也是仲裁审理和裁决纠纷的范围。若超出这一范围进行仲裁,所作出的仲裁裁决,经一方当事人申请,人民法院可以不予执行或撤销。

(3) 选定的仲裁委员会。仲裁委员会是受理仲裁案件的机构,是由当事人自主选定的。对于仲裁委员会的选定,原则上应当是明确、具体,否则可根据下列情形进行确定:①仲裁协议约定两个以上仲裁机构的,当事人可以协议选择其中的一个仲裁机构申请仲裁;当事人不能就仲裁机构选择达成一致的,仲裁协议无效。②选定的仲裁委员会不存在的,人民法院可以受理。③仲裁协议约定的仲裁机构名称不准确,但能够确定具体的仲裁机构的,应当认定选定了仲裁机构。④仲裁协议约定由某地的仲裁机构仲裁且该地仅有一个仲裁机构的,该仲裁机构视为约定的仲裁机构。该地有两个以上仲裁机构的,当事人可以协议选择其中的一个仲裁机构申请仲裁;当事人不能就仲裁机构选择达成一致的,仲裁协议无效。

仲裁协议对仲裁事项或者仲裁委员会没有约定或者约定不明确的,当事人可以补充协议;达不成补充协议的,仲裁协议无效。

(三) 仲裁协议的效力

仲裁协议依法成立后,便独立存在,合同的变更、解除、终止或者无效,不影响仲裁协议的效力。有效的仲裁协议对双方当事人、法院和仲裁机构都会产生一定的约束力。有效仲裁协议的效力主要表现在以下几方面：

(1) 对双方当事人的效力。仲裁协议是双方当事人为解决争议所达成的一种合意，因此，仲裁协议一经有效成立，就对双方当事人产生法律效力。这种效力主要是约束双方当事人对纠纷解决方式的选择权，即当事人在争议发生时只能按仲裁协议的约定将争议提交约定的仲裁机构解决，不得向法院起诉；如果一方当事人就仲裁协议规定范围内的事项向法院起诉，另一方当事人则有权依据仲裁协议要求法院停止司法程序，法院应当驳回当事人的起诉。

(2) 对仲裁机构的效力。有效的仲裁协议是仲裁机构受理仲裁案件的前提和基础，是仲裁庭审理和裁决仲裁案件的依据。没有仲裁协议就没有仲裁机构对仲裁案件的仲裁管辖权。同时，仲裁机构只能对当事人在仲裁协议中约定的事项进行仲裁，而对仲裁协议约定范围以外的其他争议事项无权仲裁。

(3) 对法院的效力。有效的仲裁协议可以排斥法院对于仲裁协议约定的争议案件的管辖权。双方当事人达成仲裁协议，即选择仲裁方式来解决纠纷，则法院便不再享有对该案的管辖权。当事人达成仲裁协议，一方向人民法院起诉的，人民法院不予受理，但仲裁协议无效的除外。任何一方当事人不得随意撤销已成立的仲裁协议，不得就有关仲裁协议中约定事项的争议向法院起诉，法院也不得受理有仲裁协议的争议事项。另外，仲裁裁决作出后，若当事人一方不主动履行，另一方则可向法院申请强制执行，仲裁协议是法院强制执行工作的依据。

根据我国《仲裁法》第 17 条和第 18 条的规定以及最高人民法院相关司法解释，有下列情形之一的，仲裁协议无效：①以口头形式订立的仲裁协议无效。②约定的仲裁事项超出法律规定的仲裁范围，仲裁协议无效。③无民事行为能力人或者限制民事行为能力人订立的仲裁协议无效。④仲裁协议对仲裁事项或者仲裁委员会没有约定或者约定不明确的，当事人可以补充协议；达不成补充协议的，仲裁协议无效。⑤当事人约定争议可以向仲裁机构申请仲裁也可以向人民法院起诉的，仲裁协议无效；但一方向仲裁机构申请仲裁，另一方未在仲裁庭首次开庭前提出异议的除外。⑥一方采取胁迫手段，迫使对方订立的仲裁协议无效。仲裁协议经人民法院或仲裁委员会确认无效后，当事人不再受仲裁协议的约束，可以向人民法院起诉；如果属于仲裁事项范围，则双方仍可以达成仲裁协议申请仲裁。

第二节　仲 裁 机 构

一、仲裁委员会的设立

我国《仲裁法》规定的仲裁是机构仲裁，需要设立常设性的仲裁机构，《仲裁法》规定的仲裁机构是仲裁委员会。根据《仲裁法》第 10 条的规定，仲裁委员会可以在直辖市和省、自治区人民政府所在地的市设立，也可以根据需要在其他设区的市设立，不按行政区划层层设立。仲裁委员会由可以设立仲裁委员会的市的人民政府组织有关部门和商会统一组建并经省、自治区、直辖市的司法行政部门登记。

依法可以设立仲裁委员会的市只能组建一个统一的仲裁委员会，不得按照不同专业设立专业仲裁委员会或专业仲裁庭。

依法设立的仲裁委员会独立于行政机关，与行政机关没有隶属关系。仲裁委员会之间也没有隶属关系，仲裁委员会按自己的仲裁规则仲裁纠纷，不受任何人干涉。

二、仲裁委员会应具备的条件

根据我国《仲裁法》第 11 条的规定，仲裁委员会应当具备以下条件。

1. 有自己的名称、住所和章程

仲裁委员会的名称是区别不同仲裁委员会的标志，其名称应当规范，即须在仲裁委员会前冠以仲裁委员会所在市的地名。仲裁委员会的住所是仲裁委员会作为常设仲裁机构的固定地点，是其主要办事机构所在地。仲裁委员会的章程是规定仲裁委员会组成、结构，规范其行为的准则。仲裁委员会的章程应该按照《仲裁法》的规定具体制定。

2. 有必要的财产

仲裁委员会应当具有开展业务活动所必需的财产，包括必备的设施、装备和独立的经费。

3. 有仲裁委员会的组成人员

仲裁委员会由主任 1 人、副主任 2～4 人和委员 7～11 人组成。仲裁委员会的主任、副主任和委员由法律、经济贸易专家和有实际工作经验的人员担任。仲裁委员会的组成人员中，法律、经济贸易专家不得少于 2/3。

4. 有聘任的仲裁员

仲裁委员会应当从公道正派的人员中聘任仲裁员，并按照不同的专业设仲裁员名册。仲裁员应当符合下列条件之一：①通过国家统一法律职业资格考试取得法律职业资格，从事仲裁工作满 8 年的。②从事律师工作满 8 年的。③曾任法官满 8 年的。④从事法律研究、教学工作并具有高级职称的。⑤具有法律知识、从事经济贸易等专业工作并具有高级职称或者具有同等专业水平的。

三、仲裁协会

中国仲裁协会是社会团体法人，是仲裁委员会的自律性组织，指导、协调仲裁委员会的工作。中国仲裁协会实行会员制，各仲裁委员会是中国仲裁协会的法定会员。中国仲裁协会以团体会员为主，也可以接纳个人会员。仲裁协会应由全国会员大会制定自己的章程。根据章程对仲裁委员会及其组成人员、仲裁员的违纪行为进行监督。

第三节　仲 裁 程 序

一、申请与受理

申请仲裁是启动仲裁程序的第一步，是民商事争议双方当事人根据达成的仲裁协议的约定，提请所选定的仲裁机构进行仲裁审理和裁决的行为。同时，当事人、法定代理人可以委托律师和其他代理人进行仲裁活动。委托律师和其他代理人进行仲裁活动的，应当向仲裁委员会提交授权委托书。

仲裁受理则是指仲裁机构接到申请人的仲裁申请书，就其形式要件审查后，决定行使仲裁管辖权的程序。

根据我国《仲裁法》的规定，当事人申请仲裁应当符合下列条件：①存在有效的仲裁协议。②有具体的仲裁请求和事实、理由。③属于仲裁委员会的受理范围。

当事人申请仲裁，应当向仲裁委员会递交仲裁协议、仲裁申请书及副本。仲裁申请书应当载明下列事项：①当事人的姓名、性别、年龄、职业、工作单位和住所，法人或者其他组织的名称、住所和法定代表人或者主要负责人的姓名、职务。②仲裁请求和所根据的事实、理由。③证据和证据来源、证人姓名和住所。

仲裁委员会收到仲裁申请书之日起 5 日内，决定受理与否，并通知当事人。如认为不符合受理条件的，应书面通知当事人，并说明理由。仲裁委员会受理仲裁申请后，应在仲裁规则规定的期限内，将仲裁规则和仲裁员名册送达申请人，并将仲裁申请书副本及其附件和仲裁规则、仲裁员名册送达被申请人。被申请人收到仲裁申请书副本后，应当在仲裁规则规定的期限内向仲裁委员会提交答辩书。仲裁委员会收到答辩书后，应当在仲裁规则规定的期限内将答辩书副本送达申请人。被申请人未提交答辩书的，不影响仲裁程序的进行。

二、仲裁庭的组成

仲裁庭是由双方当事人在仲裁协议中选定或仲裁委员会主任指定的仲裁员组成的，对当事人申请仲裁的案件依仲裁程序进行审理并作出裁决的组织形式。根据我国《仲裁法》的规定，仲裁庭可以由 3 名仲裁员组成或者由 1 名仲裁员独任组成。由 3 名仲裁员组成的，应设首席仲裁员。当事人约定由 3 名仲裁员组成合议仲裁庭的，应当各自选定或者各自委托仲裁委员会主任指定 1 名仲裁员，第 3 名仲裁员由当事人共同选定或者共同委托仲裁委员会主任指定；第 3 名仲裁员是法定的首席仲裁员。由 1 名仲裁员独任组成仲裁庭的，独任仲裁员的产生方式与首席仲裁员相同。在仲裁规则规定的期限内当事人没有约定仲裁庭的组成方式或者选定仲裁员的，由仲裁委员会主任指定。

根据我国《仲裁法》的规定，仲裁员具有可能影响案件公正裁决的下列情形之一的，必须回避，退出该案的仲裁工作并更换新的仲裁员进行仲裁：本案当事人或者当事人、代理人的近亲属；与本案有利害关系的；与本案当事人、代理人有其他关系，可能影响公正仲裁的；私自会见当事人、代理人，或者接受当事人、代理人请客送礼的。

仲裁员的回避，既可由仲裁员自行提出回避请求，也可由当事人提出回避申请。当事人申请回避，应当说明理由，并在首次开庭前提出。回避事由在首次开庭后知道的，可在最后一次开庭终结之前提出。仲裁员是否回避，由仲裁委员会主任决定，仲裁委员会主任担任仲裁员的，由仲裁委员会集体决定。

仲裁员因回避或者其他原因不能履行职责的，应当依法重新选定或者指定仲裁员。因回避而重新选定或者指定仲裁员后，当事人可以请求已进行的仲裁程序重新进行，是否准许，由仲裁庭决定；仲裁庭也可以自行决定已进行的仲裁程序是否重新进行。

三、仲裁审理

仲裁审理是指仲裁庭依法成立后，按照法律规定的程序和方式，对当事人交付仲裁的争议事项作出裁决的活动。仲裁审理的主要任务是审查、核实证据，查明案件事实，分清是非责任，正确适用法律，确认当事人之间的权利和义务关系，解决当事人之间的纠纷。

1. 审理方式

按照我国《仲裁法》第 39 条的规定，仲裁审理的方式可以分为开庭审理和书面审理两种。一般而言，仲裁应当开庭审理，不公开进行，除非双方当事人要求公开的。当事人协议公开的，可以公开进行，但涉及国家秘密除外。当事人协议不开庭的，仲裁庭可以根据仲裁申请书、答辩书以及其他材料作出裁决。

2. 开庭通知

仲裁委员会应当在仲裁规则规定的期限内将开庭日期通知双方当事人。当事人有正当理由的，可以在仲裁规则规定的期限内请求延期开庭。是否延期，由仲裁庭决定。申请人经书面通知，无正当理由不到庭或者未经仲裁庭许可中途退庭的，可以视为撤回仲裁申请。被申请人经书面通知，无正当理由不到庭或者未经仲裁庭许可中途退庭的，可以缺席裁决。

3. 举证、质证

当事人应当对自己的主张提供证据。仲裁庭应对双方当事人提供的证据进行分析审查，并组织双方当事人对证据相互质证；仲裁庭认为必要时，也可以自行调查、搜集证据，或就案件中的专门问题聘请专家咨询或指定鉴定人鉴定。

在证据可能灭失或者以后难以取得的情况下，当事人可以申请证据保全。当事人申请证据保全的，仲裁委员会应当将当事人的申请提交证据所在地的基层人民法院。

4. 庭审辩论

当事人在仲裁过程中有权进行辩论。辩论终结时，首席仲裁员或者独任仲裁员应当征询当事人的最后意见。

5. 财产保全和行为保全

无论财产保全还是行为保全，都可以划分为仲裁前保全和仲裁中保全。前者是指在仲裁前因情况紧急，利害关系人来不及申请仲裁，为避免其合法权益遭受难以弥补的损失，而向被申请人住所地或其财产所在地的基层人民法院申请采取保全措施；后者是指在仲裁程序开始后到作出仲裁裁决前，一方当事人因另一方当事人的行为或者其他原因，可能使裁决不能执行或者难以执行的，可以通过仲裁委员会向被申请人住所地或其财产所在地的基层人民法院申请采取保全措施。

四、仲裁中的和解、调解

1. 仲裁和解

当事人申请仲裁后，可以自行和解。达成和解协议的，可以请求仲裁庭根据和解协议作出裁决书，也可以撤回仲裁申请。当事人达成和解协议，撤回仲裁申请后反悔的，可以根据仲裁协议申请仲裁。

2. 仲裁调解

仲裁庭在作出裁决前，可以先行调解。当事人自愿调解的，仲裁庭应当调解。调解达成协议的，仲裁庭应当制作调解书或者根据协议的结果制作裁决书。调解书与裁决书具有同等法律效力。调解书应当写明仲裁请求和当事人协议的结果。调解书由仲裁员签名，加盖仲裁委员会印章，送达双方当事人。调解书经双方当事人签收后，即发生法律效力。调解不成的或调解书签收前当事人反悔的，仲裁庭应当及时作出裁决。

五、仲裁裁决

仲裁裁决是仲裁庭依法对当事人依据仲裁协议提交仲裁的案件在审理过程中或审理后，在认定证据、查明事实的基础上，依照所应适用的法律，对当事人提出的争议事项进行审理后作出的终局性判定。由于仲裁实行"一裁终局"制度，因此，仲裁庭作出裁决后，整个仲裁程序即告结束，仲裁庭即告解散。

1. 仲裁裁决作出的方式

在1名仲裁员独任组成仲裁庭进行仲裁的情况下，由于裁决是该仲裁员独任作出，故裁决结果以该仲裁员意见为准。

在3名仲裁员组成仲裁庭进行仲裁的情况下，作出裁决的方式有三种情况：①一致意见作出。②无法达成一致意见的，仲裁裁决应当按照多数仲裁员的意见作出，少数仲裁员的不同意见可以记入笔录。③仲裁庭不能形成多数意见时，应当按照首席仲裁员的意见作出裁决。

2. 仲裁裁决书

仲裁裁决书应当写明仲裁请求、争议事实、裁决理由、裁决结果、仲裁费用的负担和裁决日期。当事人协议不愿写明争议事实和裁决理由的，可以不写。裁决书由仲裁员签名，加盖仲裁委员会印章。对裁决持不同意见的仲裁员，可以签名，也可以不签名。裁决书自作出之日起发生法律效力。

3. 仲裁裁决的撤销

撤销仲裁裁决是指对符合法定撤销情形的仲裁裁决，经当事人提出申请，人民法院组成合议庭审查核实，裁定撤销仲裁裁决的行为。按照我国《仲裁法》的规定，申请撤销仲裁裁决必须符合下列条件。

(1) 提出撤销仲裁裁决申请的主体必须是仲裁当事人。有权依据《仲裁法》提出撤销仲裁裁决申请的主体限于当事人，包括仲裁申请人和仲裁被申请人。

(2) 必须向有管辖权的人民法院提出撤销仲裁裁决的申请。当事人申请撤销仲裁裁决，可以向仲裁委员会所在地的中级人民法院提出，向其他人民法院提出的，人民法院不予受理。

(3) 必须在法定的期限内提出撤销仲裁裁决的申请。我国《仲裁法》规定，当事人申请撤销仲裁裁决的，应当自收到裁决书之日起6个月内提出。

(4) 必须有证据证明仲裁裁决有法律规定应予撤销的情形。根据我国《仲裁法》第58条的规定，仲裁当事人提出申请撤销仲裁裁决时必须有证据证明该仲裁裁决具有法定的应予撤销的情形。没有证据,人民法院不予受理;当事人所提供的证据能否证明,则需要人民法院审查认定。同时,当事人申请撤销仲裁裁决,可以向仲裁委员会所在地的中级人民法院提出申请。

当事人申请撤销国内仲裁裁决的法定情形主要有以下几种。

(1) 没有仲裁协议的。主要是当事人没有达成仲裁协议,仲裁协议被认定无效或者被撤销的视为没有仲裁协议。

(2) 裁决的事项不属于仲裁协议的范围或者仲裁委员会无权仲裁的。主要包括仲裁庭裁决的事项超出了仲裁协议的范围以及仲裁的事项不具有可仲裁性两种情形。

(3) 仲裁庭的组成或者仲裁的程序违反法定程序的。违反法定程序是指违反《仲裁法》规定的仲裁程序和当事人选择的仲裁规则可能影响案件正确裁决的情形。仲裁庭的组成违反法定程序主要指仲裁庭的组成违反了仲裁当事人意思自治原则,即违反当事人约定的形式,则该仲裁庭所作出的仲裁裁决应予以撤销。仲裁程序违反法定程序主要表现为:仲裁员有应当回避的情形而没有回避;没有将仲裁庭的组成情况、仲裁庭开庭时间、地点等事项书面通知当事人;当事人在开庭时未能陈述、辩论的;证据未经出示和质证即采纳等。

(4) 裁决所根据的证据是伪造的。

(5) 对方当事人隐瞒了足以影响公正裁决的证据的。所谓足以影响公正裁决的证据是指直接关系到仲裁裁决最后结论的证据。

(6) 仲裁员在仲裁该案时有索贿受贿,徇私舞弊,枉法裁决行为的。

除了上述情形以外,人民法院认定仲裁裁决违背社会公共利益的,也应当裁定撤销。

人民法院在受理当事人提出的撤销仲裁裁决的申请后,应当在受理撤销裁决申请之日起 2 个月内作出撤销仲裁裁决、通知仲裁庭重新仲裁或者驳回撤销仲裁裁决申请的裁定。

4. 仲裁裁决的执行与不予执行

仲裁裁决的执行是指人民法院经当事人申请,采取强制措施将仲裁裁决书中的内容付诸实现的行为和程序。我国《仲裁法》规定,仲裁裁决书自作出之日起发生法律效力,当事人应当履行仲裁裁决。一方当事人不履行仲裁裁决的,另一方当事人可以依法向被申请人住所地或财产所在地的中级人民法院申请执行。

人民法院接到当事人的执行申请后,应当及时按照仲裁裁决书予以执行。但是,如果被申请人提出证据证明裁决有《民事诉讼法》第 237 条第 2 款规定的情形之一的,经人民法院组成合议庭审查核实,裁定不予执行。仲裁裁决被人民法院裁定不予执行的,当事人可以根据双方达成的书面仲裁协议重新申请仲裁,也可以向人民法院起诉。

一方当事人申请执行裁决,另一方当事人申请撤销裁决的,人民法院应当裁定中止执行。人民法院裁定撤销裁决的,应当裁定终结执行。撤销裁决的申请被裁定驳回的,人民法院应当裁定恢复执行。

第二十二章　民事诉讼法律制度

本章要点

本章主要介绍解决经济纠纷方式之一的民事诉讼及相关法律制度，介绍了民事诉讼法的基本原则、基本制度、民事诉讼参加人、财产保全和先予执行、民事案件的管辖和民事诉讼程序等内容。

典型案例

北京航天长峰科技工业集团有限公司广东分公司（以下简称长峰广东分公司）与广州亿诺信息科技有限公司（以下简称亿诺公司）签订《技术服务合同》，长峰广东分公司委托亿诺公司开发东莞市 PDT 系统综合管理平台，并且长峰广东分公司在合同签订后、软件调试完成及项目整体验收合格等节点要支付相应的费用。在履行合同过程中两公司发生争议，亿诺公司向广州知识产权法院提起诉讼。而长峰广东分公司对本案管辖权提出异议，认为本案不是计算机软件开发合同纠纷，而是涉及劳务外包合同的普通民事合同纠纷。根据《技术服务合同》约定，亿诺公司与长峰广东分公司在合同履行过程中发生的任何争议由长峰广东分公司所在地有管辖权的法院管辖。长峰广东分公司所在地位于广东省广州市越秀区，故本案应由广东省广州市越秀区人民法院审理。广州知识产权法院作出一审裁定后，长峰广东分公司提起上诉，请求撤销一审裁定，将案件移送至广州市越秀区人民法院审理。

二审法院认为，涉案合同涉及软件开发验收等内容，双方当事人之间系计算机软件开发合同关系。根据《民事诉讼法》第 34 条的规定，合同或者其他财产权益纠纷的当事人可以书面协议选择被告住所地、原告住所地等与争议有实际联系的地点的人民法院管辖，但不得违反民事诉讼法对级别管辖和专属管辖的规定。因此，尽管双方当事人在合同中约定了管辖法院，但该约定违反了专属管辖的规定。长峰广东分公司所在地位于广东省广州市越秀区，根据《最高人民法院关于北京、上海、广州知识产权法院案件管辖的规定》第 1 条的规定，广州知识产权法院管辖所在市辖区内的计算机软件民事第一审案件。所以，原审法院对本案有管辖权。二审法院遂裁定驳回上诉，维持原裁定。

【资料来源】中国裁判文书网，北京航天长峰科技工业集团有限公司广东分公司、广州亿诺信息科技有限公司计算机软件开发合同纠纷案，〔2020〕最高法知民辖终 434 号民事裁定书。访问时间：2020 年 12 月 20 日。

第一节　民事诉讼法律制度概述

解决经济纠纷的方式除了仲裁外，还包括民事诉讼。根据我国民事诉讼法的规定，经济法律关系主体之间的经济纠纷，可以适用民事诉讼程序来解决。

一、民事诉讼和民事诉讼法的概念

民事诉讼是指人民法院在当事人和其他诉讼参与人的参加下，依法审理和解决民事纠纷案件和其他案件的各种诉讼活动，以及由此所产生的各种诉讼法律关系的总和。民事诉讼是以司法方式解决平等主体之间的经济纠纷的最重要的一种方式，是由法院代表国家行使审判权处理冲突、解决纠纷的重要手段。与仲裁程序的灵活性、快捷性特点以及当事人可以协议选择仲裁规则不同，民事诉讼活动适用国家立法机关制定的诉讼程序，比较复杂和严格，诉讼程序当事人也无选择权。此外民事诉讼具有强制性，违反者将承担妨害民事诉讼的法律责任。

民事诉讼法是指规定司法机关和当事人及其他诉讼参与人在案件处理中所进行的各种诉讼活动，并调整由这些诉讼活动所产生的各种诉讼关系的法律规范的总称。民事诉讼法有狭义和广义之分。狭义的民事诉讼法专指民事诉讼法典，我国现行的民事诉讼法典是1991 年 4 月 9 日第七届全国人民代表大会第四次会议通过，并于当日公布施行的《民事诉讼法》，该法经过 2007 年、2012 年和 2017 年三次修正。广义的民事诉讼法不仅包括民事诉讼法典，还包括宪法、其他法律法规中有关民事诉讼的规范，以及最高人民法院在适用民事诉讼法过程中作出的司法解释。

二、民事诉讼法的基本原则

民事诉讼法的基本原则是指在民事诉讼的整个过程或者重要阶段起指导作用的准则。我国民事诉讼法的基本原则主要有以下几项。

1. 以事实为根据、以法律为准绳原则

这一原则要求人民法院在审理民事案件过程中必须依法认定案件事实，在查明案件事实的基础上正确适用法律，以公正解决民事纠纷。

2. 诉讼权利平等原则

根据《民事诉讼法》的规定，民事诉讼当事人有平等的诉讼权利。人民法院审理民事案件，应当平等地保障和便利当事人行使诉讼权利，对当事人在适用法律上一律平等。该规定表明，当事人在民事诉讼中具有平等的诉讼地位，平等地享有诉讼权利，平等地承担诉讼义务。为此，人民法院在民事诉讼中，应为当事人提供必要的便利条件，保障当事人行使其诉讼权利。同时，人民法院在审理民事案件时，对于当事人，不因民族、种族、性别、职业、社会出身、受教育的程度、宗教信仰、财产状况、居住期限等不同而在适用法律上区别对待，不允许任何一方当事人享有特权。

3. 民事案件的审判权由人民法院行使和人民法院独立进行审判原则

根据《民事诉讼法》的规定,民事案件的审判权由人民法院行使。人民法院依照法律规定对民事案件独立进行审判,不受行政机关、社会团体和个人的干涉。该规定表明民事案件的审判权只能由人民法院统一行使,其他任何组织或个人都无权行使。同时,人民法院作为国家审判机关,依法对民事案件独立进行审判,行政机关、社会团体和个人都不能干涉人民法院独立行使审判权。

4. 人民检察院对民事诉讼活动实行法律监督原则

法律监督权是宪法赋予人民检察院行使的权力。根据《民事诉讼法》的规定,人民检察院有权对人民法院行使的民事审判权和执行权实行法律监督。法律监督原则有利于维护法制的统一,有利于保障人民法院正确行使审判权和执行权,并有利于维护当事人的合法权益。

5. 使用本民族语言文字进行诉讼原则

根据《民事诉讼法》的规定,各民族公民都有用本民族语言、文字进行民事诉讼的权利。在少数民族聚居或者多民族共同居住的地区,人民法院应当用当地民族通用的语言、文字进行审理和发布法律文书。人民法院应当对不通晓当地民族通用的语言、文字的诉讼参与人提供翻译。该原则是保障民族权利平等的一项重要法律原则。

6. 辩论原则

根据《民事诉讼法》的规定,辩论原则是指人民法院审理民事案件时,当事人有权进行辩论。辩论是指在人民法院的主持下,民事诉讼当事人就争议的案件事实和法律适用问题,陈述各自的主张和依据,互相进行反驳和答辩,以维护自己的合法权益。辩论原则贯穿民事诉讼的全过程。双方当事人在辩论时,其辩论形式可以是口头形式也可以是书面形式,其辩论的内容可以是案件的事实和适用法律问题,也可以是程序方面的问题。

7. 人民法院调解自愿和合法的原则

根据《民事诉讼法》的规定,自愿、合法调解原则是指人民法院审理民事案件,应当根据自愿和合法的原则进行调解;调解不成的,应当及时判决。调解是解决民事纠纷的一种重要形式。人民法院在民事案件审理程序的各个阶段,应当在当事人自愿的基础上,通过说服教育和劝导的方式,促使当事人达成协议,以解决民事争议。

8. 处分原则

根据《民事诉讼法》的规定,处分原则是指当事人有权在法律规定的范围内处分自己的民事权利和诉讼权利。当事人在民事诉讼过程中,可以处分其享有的民事权利和诉讼权利。但是,当事人处分权的行使不得违反法律规定,不得损害国家利益、社会公共利益和他人合法权益,否则人民法院有权进行干预。

9. 支持起诉原则

根据《民事诉讼法》的规定,支持起诉原则是指机关、社会团体、企业事业单位对损害国家、集体或者个人民事权益的行为,可以支持受损害的单位或者个人向人民法院起诉。由于某些特殊原因,民事权益受到侵害的民事主体不能通过自己的力量维护自身合法民事权益,有关机关、社会团体、企业事业单位可以从物质上、道义上和法律上等多方面支持其行使诉讼权利，以维护自己的民事权益。

10. 同等原则和对等原则

根据《民事诉讼法》的规定，同等原则是指外国人、无国籍人、外国企业和组织在人民法院起诉、应诉，同我国公民、法人和其他组织有同等的诉讼权利和义务。同等原则适用于涉外民事诉讼中，是国际法中的“国民待遇”原则在民事诉讼中的体现。

对等原则是指外国法院对我国公民、法人和其他组织的民事诉讼权利加以限制的，我国人民法院对该国公民、企业和组织的民事诉讼权利，实行对等原则。对等原则是涉外民事诉讼中维护国家主权的需要，也是保护我国公民、法人和其他组织合法权益的需要。

11. 诚实信用原则

根据《民事诉讼法》的规定，民事诉讼应当遵循诚实信用原则。在民事诉讼中，当事人和其他诉讼参与人实施民事诉讼行为时应诚实和善意；法院和检察院也应当本着诚实和善意，依法行使审判权和检察监督权，不得滥用。

三、民事审判的基本制度

民事审判的基本制度是指人民法院在民事审判活动必须遵循的基本操作过程。我国民事审判的基本制度包括以下几项。

(一) 合议制度

合议制度是指由 3 名以上审判人员组成合议庭，对民事案件进行审理的制度。按合议制组成的审判组织称为合议庭。

根据《民事诉讼法》的规定，民事合议庭的组成有以下几种。

(1) 人民法院审理第一审民事案件，由审判员、陪审员共同组成合议庭或者由审判员组成合议庭。合议庭的成员人数，必须是单数。陪审员在执行陪审职务时，除不能担任审判长外，与审判员有同等的权利和义务。

(2) 人民法院审理第二审民事案件，由审判员组成合议庭。合议庭的成员人数，必须是单数。

(3) 发回重审的案件，原审人民法院应当按照第一审程序另行组成合议庭。

(4) 审理再审案件，原来是第一审的，按照第一审程序另行组成合议庭；原来是第二审的或者是上级人民法院提审的，按照第二审程序另行组成合议庭。

合议庭的审判长由院长或者庭长指定审判员一人担任；院长或者庭长参加审判的，由院长或者庭长担任。合议庭评议案件，实行少数服从多数的原则。评议应当制作笔录，由合议庭成员签名。评议中的不同意见，必须如实记入笔录。

(二) 回避制度

回避制度是指为保证案件的公正审判，与案件有一定利害关系的审判人员及其他有关人员，遇有法律规定的回避情形时，不得参与案件的审理活动或诉讼活动的审判制度。

1. 回避适用的对象

根据《民事诉讼法》的规定，适用回避的人员包括审判人员（包括审判员和人民陪审员）、书记员、翻译人员、鉴定人、勘验人、执行员等。

2. 适用回避的情形

《民事诉讼法》第 44 条规定，审判人员有下列情形之一的，应当自行回避，当事人有权用口头或者书面方式申请他们回避：①是本案当事人或者当事人、诉讼代理人近亲属的。②与本案有利害关系的。③与本案当事人、诉讼代理人有其他关系，可能影响对案件公正审理的。审判人员接受当事人、诉讼代理人请客送礼，或者违反规定会见当事人、诉讼代理人的，当事人有权要求他们回避。

3. 回避的程序

当事人提出回避申请，应当说明理由，在案件开始审理时提出；回避事由在案件开始审理后知道的，也可以在法庭辩论终结前提出。被申请回避的人员在人民法院作出是否回避的决定前，应当暂停参与本案的工作，但案件需要采取紧急措施的除外。法院院长担任审判长时的回避，由审判委员会决定；审判人员的回避，由法院院长决定；其他人员的回避，由审判长决定。

人民法院对当事人提出的回避申请，应当在申请提出的 3 日内，以口头或者书面形式作出决定。申请人对决定不服的，可以在接到决定时申请复议一次。复议期间，被申请回避的人员，不停止参与本案的工作。人民法院对复议申请，应当在 3 日内作出复议决定，并通知复议申请人。

(三) 公开审判制度

公开审判制度是指人民法院审理案件的过程和裁判结果应向社会公开的制度。所谓向社会公开是指允许群众旁听案件的审判过程，允许新闻媒体采访、报道。

根据《民事诉讼法》的规定，公开审判也有例外。涉及国家秘密、个人隐私或者法律另有规定的案件一律不公开审理；离婚案件、涉及商业秘密的案件，当事人申请不公开审理的，也可以不公开审理。

(四) 两审终审制度

两审终审制度是指一个民事案件经过两级人民法院审判后即告终结的制度。根据《民事诉讼法》的规定，一个民事案件经第一审地方人民法院审判后，当事人不服的，有权在法律规定的期限内向上一级人民法院提起上诉。第二审人民法院作出的判决、裁定为终审裁判，当事人不得再行上诉。《民事诉讼法》还规定适用小额诉讼程序、特别程序、督促程序、公示催告程序审理的案件，实行一审终审。

四、民事诉讼参加人

民事诉讼参加人，是指在民事诉讼程序中，参加民事诉讼活动的人。根据《民事诉讼法》的规定，民事诉讼参加人主要有当事人和诉讼代理人。

(一) 当事人

当事人是指因民事权利和义务发生纠纷，以自己的名义进行诉讼，要求法院行使民事裁判权的自然人、法人和其他组织。法人作为民事诉讼当事人的，由其法定代表人进行诉讼。其他组织作为民事诉讼当事人的，由其主要负责人进行诉讼。

民事诉讼当事人有狭义和广义之分：狭义上的当事人仅指原告和被告；广义上的当事人

不仅包括原告和被告,还包括共同诉讼人、诉讼代表人和第三人。

1. 原告和被告

原告是指为维护自己或自己所管理的他人的民事权益,而以自己的名义向法院起诉,从而引起民事诉讼程序发生的人。被告是指被原告诉称侵犯原告民事权益或与原告发生民事争议,而由法院通知应诉的人。原告和被告的称谓适用于第一审程序;在第二审程序中则称为上诉人和被上诉人;在再审程序中,适用第一审程序再审的,称为原审原告和原审被告,适用第二审程序再审的,仍称为上诉人和被上诉人。

2. 共同诉讼人

共同诉讼是指当事人一方或双方为二人以上的诉讼。根据《民事诉讼法》的规定,共同诉讼可以分为两种类型:①必要共同诉讼,是指当事人一方或双方为 2 人以上,其诉讼标的是共同的,人民法院必须合并审理并在裁判中对诉讼标的合一确定的诉讼。必要共同诉讼中,其中一人的诉讼行为经其他共同诉讼人承认,对其他共同诉讼人发生效力。②普通共同诉讼,是指当事人一方或双方为 2 人以上,其诉讼标的是同一种类、人民法院认为可以合并审理并且当事人也同意合并审理的诉讼。普通共同诉讼中,每个共同诉讼人的诉讼地位是独立的,均各自进行诉讼,其中一人的诉讼行为对其他共同诉讼人不发生效力。

3. 诉讼代表人

诉讼代表人是指由人数众多的一方当事人推选出来,代表其利益实施诉讼行为的人。诉讼代表人必须是本案的当事人,并且具有诉讼行为能力。

诉讼代表人具有双重身份:既是诉讼当事人,又是代表人。由代表人进行的诉讼称为代表人诉讼。根据《民事诉讼法》的规定,代表人诉讼有两种情形:①人数确定的代表人诉讼,是指由起诉时人数已经确定的共同诉讼人推选出诉讼代表人,代表全体共同诉讼人参加诉讼的代表人诉讼。在人数确定的代表人诉讼中,既可以由全体当事人推选共同的代表人,也可以由部分当事人推选自己的代表人;推选不出代表人的当事人,在必要的共同诉讼中可以自己参加诉讼,在普通的共同诉讼中可以另行起诉。②人数不确定的代表人诉讼,是指起诉时人数不确定的共同诉讼人通过推选等方式产生代表人,由代表人以全体共同诉讼人的名义参加诉讼的代表人诉讼。在人数不确定的代表人诉讼中,代表人的产生方式有三种:一是由向法院登记的权利人选出诉讼代表人;二是在推选不出诉讼代表人时,由人民法院提出人选与当事人协商;三是在协商不成的情况下,也可以由人民法院在起诉的当事人中指定代表人。

无论是人数确定的代表人诉讼,还是人数不确定的代表人诉讼,诉讼代表人的权限是相同的。每位代表人可以委托 1~2 人作为诉讼代理人;代表人的诉讼行为对其所代表的当事人发生效力,但代表人在处分被代表的当事人的实体权利时,如变更、放弃诉讼请求或者承认对方当事人的诉讼请求、进行和解等,则必须经被代表的当事人同意。

4. 第三人

民事诉讼中的第三人是指对原告和被告之间争议的诉讼标的有独立的请求权,或者虽无独立的请求权,但与案件的处理结果有法律上的利害关系,而参加到他人正在进行的诉讼的人。根据《民事诉讼法》的规定,民事诉讼中的第三人可以分为两种情形:①有独立请求权的第三人，是指对当事人争议的诉讼标的有独立请求权而参加诉讼的人。有独立请求权第三人在诉讼中的地位相当于原告，以提起诉讼的方式参加诉讼。②无独立请求权的第三人，是指对当事人双方的诉讼标的没有独立的请求权，但与案件的处理结果有法律上的利害关系而参加诉讼的人。无独立请求权第三人参加诉讼的途径有两条：一是根据自己的请求，二是由人民法院通知。在一审诉讼中，无独立请求权第三人无权对案件的管辖权提出异议，无权放弃、变更诉讼请求或者申请撤诉。如果人民法院判决无独立请求权第三人承担民事责任，那么该第三人享有当事人的诉讼权利和义务，此时无独立请求权第三人有权提起上诉。

5. 民事诉讼当事人的诉讼权利与诉讼义务

当事人享有的诉讼权利主要有：有权委托代理人，提出回避申请，收集、提供证据，进行辩论，请求调解，提起上诉，申请执行；查阅本案有关材料，并可以复制本案有关材料和法律文书；双方当事人可以自行和解；原告可以放弃或者变更诉讼请求；被告可以承认或者反驳诉讼请求，有权提起反诉等。

当事人的诉讼义务主要有：遵循诚实信用原则，不得滥用诉讼权利；遵守诉讼秩序；履行发生法律效力的判决书、裁定书和调解书。

(二) 诉讼代理人

民事诉讼代理人是指依据法律规定或者当事人的委托，在民事诉讼中为当事人的利益而进行诉讼活动的人。根据《民事诉讼法》的规定，民事诉讼代理人可以分为法定诉讼代理人和委托诉讼代理人两种。

(1) 法定诉讼代理人是指根据法律规定，代理无诉讼行为能力的当事人进行民事诉讼活动的人。在民事诉讼中，无民事行为能力人、限制民事行为能力人的监护人是他的法定代理人。事先没有确定监护人的，可以由有监护资格的人协商确定；协商不成的，由人民法院在他们之中指定诉讼中的法定代理人。在诉讼中，无民事行为能力人、限制民事行为能力人的监护人是他的法定代理人。事先没有确定监护人的，可以由有监护资格的人协商确定；协商不成的，由人民法院在他们之中指定诉讼中的法定代理人。

(2) 委托诉讼代理人是指接受当事人或者法定代理人的委托，在授权范围内以被代理人的名义进行诉讼活动的人。在民事诉讼中，当事人、法定代理人可以委托 1～2 人作为诉讼代理人。律师、基层法律服务工作者，当事人的近亲属或者工作人员，当事人所在社区、单位以及有关社会团体推荐的公民，都可以被委托为诉讼代理人。但无民事行为能力人、限制民事行为能力人以及其他依法不能作为诉讼代理人的，当事人不得委托其作为诉讼代理人。

五、保全和先予执行

(一) 保全

民事诉讼中的保全，从广义上说，包括财产保全、行为保全和证据保全；从狭义上说，包括财产保全和行为保全。本书是从狭义上来介绍保全制度的。所谓保全，是指人民法院对于可能因当事人一方的行为或者其他原因，使判决难以执行或者造成对方当事人其他损害的案件，根据对方当事人的申请或者在必要时依职权作出裁定，对其财产进行保全、责令其作出一定行为或者禁止其作出一定行为的制度。根据保全对象的不同，保全可分为财产保全和行为保全；根据采取保全措施的时间，保全可分为诉前保全和诉讼保全。

1. 财产保全和行为保全

（1）财产保全是指人民法院对被申请人的财产采取的查封、扣押、冻结等强制措施。

（2）行为保全是指人民法院根据一方当事人的申请，责令另一方当事人为或不为一定的行为。

2. 诉前保全和诉讼保全

（1）诉前保全是指在诉讼发生前，人民法院根据利害关系人的申请，对有关财产采取保护措施或者对有关行为予以限制的一项保全制度。诉前保全主要适用于因情况紧急，不立即申请保全将会使利害关系人的合法权益受到难以弥补的损害的情形。利害关系人申请诉前保全的，可以向被保全财产所在地、被申请人住所地或者对案件有管辖权的人民法院提出申请。同时，申请人应当提供相当于请求保全数额的担保；情况特殊的，人民法院可以酌情处理。申请诉前行为保全的，担保的数额由人民法院根据案件的具体情况决定。申请人不提供担保的，人民法院裁定驳回申请。人民法院接受申请后，必须在 48 小时内作出裁定；裁定采取保全措施的，应当立即开始执行。申请人在人民法院采取保全措施后 30 日内不依法提起诉讼或者申请仲裁的，人民法院应当解除保全。

（2）诉讼保全是指在民事诉讼过程中，人民法院根据当事人的申请或者在必要时依职权决定对有关财产采取保护措施或者对有关行为予以限制的一项保全制度。在诉讼中，人民法院依申请或者依职权采取保全措施的，应当根据案件的具体情况，决定当事人是否应当提供担保以及担保的数额。如果人民法院决定采取诉讼保全措施并责令申请人提供担保，申请人不提供担保的，裁定驳回申请。人民法院接受申请后，对情况紧急的，必须在 48 小时内作出裁定；裁定采取保全措施的，应当立即开始执行。

（二）先予执行

先予执行，是指人民法院在诉讼过程中，根据一方当事人的申请，为解决其在生活或生产经营上的急需，裁定另一方当事人预先履行将来生效判决中所确定的义务的一种法律制度。

1. 先予执行的适用范围

根据《民事诉讼法》的规定，人民法院对下列案件，根据当事人的申请，可以裁定先予执行：①追索赡养费、扶养费、抚育费、抚恤金、医疗费用的。②追索劳动报酬的。③因情况紧急需要先予执行的。情况紧急的情形主要包括需要立即停止侵害、排除妨碍的；需要立即制止某项行为的；追索恢复生产、经营急需的保险理赔费的；需要立即返还社会保险金、社会救助资金的；不立即返还款项，将严重影响权利人生活和生产经营的。

2. 先予执行的适用条件

人民法院裁定先予执行的，应当符合下列条件：①当事人之间权利和义务关系明确，不先予执行将严重影响申请人的生活或者生产经营的。②被申请人有履行能力。对于当事人申请先予执行的，人民法院可以责令申请人提供担保，申请人不提供担保的，驳回申请。申请人败诉的，应当赔偿被申请人因先予执行遭受的财产损失。

第二节 民事案件的主管和管辖

一、民事案件的主管

民事案件的主管是指人民法院依法审判民事案件的权限范围。民事案件的主管是确定人民法院与其他国家机关、社会团体之间在解决民事纠纷上的权限分工。根据《民事诉讼法》的规定，人民法院受理自然人之间、法人之间、其他组织之间以及他们相互之间因财产关系和人身关系发生纠纷所提起的民事诉讼。即因民事法律关系发生的争议为民事案件的主管范围。

二、民事案件的管辖

民事案件的管辖是指各级人民法院之间和同级人民法院之间受理第一审民事案件的分工和权限。它是在人民法院系统内部具体确定特定的民事案件由哪个法院行使民事审判权的一项制度。

人民法院对民事案件的管辖遵循管辖恒定原则，即法院对某个民事案件是否享有管辖权，以起诉时为准，起诉时对案件享有管辖权的法院，不因据以确定管辖的因素在诉讼过程中发生变化而受影响。管辖恒定包括级别管辖恒定和地域管辖恒定。级别管辖恒定主要是指级别管辖按照起诉时的标的额确定后，不因诉讼过程中标的额的增加或减少而变动。但当事人故意规避有关级别管辖等规定的除外。地域管辖恒定则是指地域管辖按起诉时的标准确定后，不因诉讼过程中据以确定管辖的因素的变动而受影响。具体说来，当事人住所地、经常居住地的变更以及案件起诉后行政区域（法院辖区）的变更均不能引起管辖权的变化。

（一）级别管辖

级别管辖是指上下级人民法院之间受理第一审民事案件的分工和权限。我国《民事诉讼法》是根据案件的性质、繁简程度和案件影响的大小来确定级别管辖。

（1）基层人民法院管辖第一审民事案件，但《民事诉讼法》另有规定的除外。

（2）中级人民法院管辖下列三类第一审民事案件：①重大涉外案件。②在本辖区有重大影响的案件。③最高人民法院确定由中级人民法院管辖的案件。目前这类案件主要有：海事、海商案件；知识产权纠纷案件；重大的涉及我国港澳台民事案件；诉讼标的金额较大或者诉讼主体属省、自治区、直辖市以上的经济纠纷案件；虚假陈述证券民事赔偿案件；公司强制清算案件；反垄断民事纠纷案件。

（3）高级人民法院管辖在本辖区有重大影响的第一审民事案件。

（4）最高人民法院管辖下列两类第一审民事案件：①在全国有重大影响的案件。②认为应当由其审理的案件。

（二）地域管辖

地域管辖是指同级人民法院之间按照各自的辖区和民事案件的隶属关系在受理第一审

民事案件上的分工和权限。我国《民事诉讼法》规定的地域管辖主要有以下几种情形。

1. 一般地域管辖

一般地域管辖是指以当事人所在地与法院的隶属关系来确定管辖法院。一般地域管辖适用"原告就被告"原则，即以被告所在地来确定案件的管辖法院。根据《民事诉讼法》的规定，对自然人提起的民事诉讼，由被告住所地人民法院管辖；被告住所地与经常居住地不一致的，由经常居住地人民法院管辖。对法人或者其他组织提起的民事诉讼，由被告住所地人民法院管辖。同一诉讼的几个被告住所地、经常居住地在两个以上人民法院辖区的，各该人民法院都有管辖权。

但是，下列民事诉讼，则由原告住所地人民法院管辖；原告住所地与经常居住地不一致的，由原告经常居住地人民法院管辖：①对不在我国领域内居住的人提起的有关身份关系的诉讼。②对下落不明或者宣告失踪的人提起的有关身份关系的诉讼。③对被采取强制性教育措施的人提起的诉讼。④对被监禁的人提起的诉讼。这是一般地域管辖的例外情形。

2. 特殊地域管辖

特殊地域管辖是指以被告住所地、诉讼标的所在地、法律事实所在地为标准来确定管辖法院。《民事诉讼法》规定了下列 10 种特殊地域管辖的情形。

(1) 因一般合同纠纷提起的诉讼，由被告住所地或者合同履行地人民法院管辖。合同约定履行地点的，以约定的履行地点为合同履行地。合同对履行地点没有约定或者约定不明确，争议标的为给付货币的，接收货币一方所在地为合同履行地；交付不动产的，不动产所在地为合同履行地；其他标的，履行义务一方所在地为合同履行地。即时结清的合同，交易行为地为合同履行地。合同没有实际履行，当事人双方住所地都不在合同约定的履行地的，由被告住所地人民法院管辖。财产租赁合同、融资租赁合同以租赁物使用地为合同履行地，合同对履行地有约定的，从其约定。以信息网络方式订立的买卖合同，通过信息网络交付标的的，以买受人住所地为合同履行地；通过其他方式交付标的的，收货地为合同履行地。合同对履行地有约定的，从其约定。

(2) 因保险合同纠纷提起的诉讼，由被告住所地或者保险标的物所在地人民法院管辖。如果保险标的物是运输工具或者运输中的货物，可以由运输工具登记注册地、运输目的地、保险事故发生地人民法院管辖。因人身保险合同纠纷提起的诉讼，可以由被保险人住所地人民法院管辖。

(3) 因票据纠纷提起的诉讼，由票据支付地或者被告住所地人民法院管辖。票据支付地是指票据上载明的付款地，票据上未载明付款地的，汇票付款人或者代理付款人的营业场所、住所或者经常居住地，本票出票人的营业场所，支票付款人或者代理付款人的营业场所所在地为票据付款地。代理付款人即付款人的委托代理人，是指根据付款人的委托代为支付票据金额的银行、信用合作社等金融机构。

(4) 因公司设立、确认股东资格、股东名册记载、请求变更公司登记、股东知情权、公司决议、公司合并、公司分立、公司减资、公司增资、分配利润、解散等纠纷提起的诉讼，由公司住所地人民法院管辖。

(5) 因铁路、公路、水上、航空运输和联合运输合同纠纷提起的诉讼，由运输始发地、目的地或者被告住所地人民法院管辖。

(6) 因侵权行为提起的诉讼,由侵权行为地或者被告住所地人民法院管辖。侵权行为地包括侵权行为实施地和侵权结果发生地。因产品、服务质量不合格造成他人财产、人身损害提起的诉讼,产品制造地、产品销售地、服务提供地、侵权行为地和被告住所地人民法院都有管辖权。

(7) 因铁路、公路、水上和航空事故请求损害赔偿提起的诉讼,由事故发生地或者车辆、船舶最先到达地、航空器最先降落地或者被告住所地人民法院管辖。

(8) 因船舶碰撞或者其他海事损害事故请求损害赔偿提起的诉讼,由碰撞发生地、碰撞船舶最先到达地、加害船舶被扣留地或者被告住所地人民法院管辖。

(9) 因海难救助费用提起的诉讼,由救助地或者被救助船舶最先到达地人民法院管辖。

(10) 因共同海损提起的诉讼,由船舶最先到达地、共同海损理算地或者航程终止地的人民法院管辖。

3. 专属管辖

专属管辖是指法律规定某些特殊类型的民事案件只能由特定的人民法院管辖,其他法院无权管辖,当事人也不能协议变更管辖法院。根据《民事诉讼法》的规定,属于人民法院专属管辖的情形有三种:①因不动产纠纷提起的诉讼,由不动产所在地人民法院管辖。不动产纠纷主要指因不动产的权利确认、分割、相邻关系等引起的物权纠纷。不动产已登记的,以不动产登记簿记载的所在地为不动产所在地;不动产未登记的,以不动产实际所在地为不动产所在地。②因港口作业中发生纠纷提起的诉讼,由港口所在地人民法院管辖。③因继承遗产纠纷提起的诉讼,由被继承人死亡时住所地或者主要遗产所在地人民法院管辖。

4. 协议管辖

协议管辖是指合同的双方当事人在纠纷发生前或者发生后,以书面协议的方式约定案件的管辖法院。根据《民事诉讼法》的规定,协议管辖的案件只能是合同或者其他财产权益纠纷,婚姻、收养、监护等人身关系的民事纠纷不得协议管辖;协议管辖只适用于第一审案件,不适用于第二审、再审和重审的案件;协议管辖必须采用书面形式,包括书面合同中的协议管辖条款或者诉讼前以书面形式达成的选择管辖的协议,口头协议无效;书面协议所约定的管辖法院必须是在被告住所地、合同履行地、合同签订地、原告住所地、标的物所在地等与争议有实际联系的地点的人民法院范围内;协议管辖不得违反《民事诉讼法》对级别管辖和专属管辖的规定。

协议管辖还需要注意以下几点:依据管辖协议,起诉时能够确定管辖法院的,从其约定;不能确定的,依照《民事诉讼法》的相关规定确定管辖。管辖协议约定两个以上与争议有实际联系的地点的人民法院管辖,原告可以向其中一个人民法院起诉。经营者使用格式条款与消费者订立管辖协议,未采取合理方式提请消费者注意,消费者主张管辖协议无效的,人民法院应予支持。管辖协议约定由一方当事人住所地人民法院管辖,协议签订后当事人住所地变更的,由签订管辖协议时的住所地人民法院管辖,但当事人另有约定的除外。合同转让的,合同的管辖协议对合同受让人有效,但转让时受让人不知道有管辖协议,或者转让协议另有约定且原合同相对人同意的除外。

5. 共同管辖与选择管辖

共同管辖与选择管辖是一个问题的两个方面，是指对于一个民事案件，法律规定有数个法院有管辖权。共同管辖是基于法院角度，即两个以上的法院都有管辖权；选择管辖是基于当事人的角度，即原告可以选择其中一个法院提起诉讼。在此情况下，如何确定管辖法院，取决于原告的选择。如果原告向两个以上有管辖权的人民法院起诉，则由最先立案的人民法院管辖。先立案的人民法院不得将案件移送给另一个有管辖权的人民法院。人民法院在立案前发现其他有管辖权的人民法院已先立案的，不得重复立案；立案后发现其他有管辖权的人民法院已先立案的，裁定将案件移送给先立案的人民法院。

6. 应诉管辖

应诉管辖是指人民法院受理案件后，被告没有提出管辖异议，并应诉答辩的，视为受诉人民法院对案件有管辖权。实际上受诉法院原本对案件没有管辖权，但由于被告没有提出异议，为节省司法资源，减少当事人诉累，受诉法院才依法享有管辖权。不过，应诉管辖的适用不能违反级别管辖和专属管辖。

(三) 裁定管辖

裁定管辖是指人民法院以裁定的方式确定案件的管辖。根据《民事诉讼法》的规定，裁定管辖主要有移送管辖、指定管辖和管辖权转移。

1. 移送管辖

移送管辖是指人民法院在受理案件后，发现其对该案并无管辖权，依法裁定将案件移送给有管辖权的人民法院审理。移送管辖是对案件的移送，而不是案件管辖权的移送。如果受移送的人民法院认为受移送的案件依照规定不属于本院管辖的，应当报请上级人民法院指定管辖，不得再自行移送。

2. 指定管辖

指定管辖是指上级人民法院依法以裁定的方式指定其辖区内的下级人民法院对某一民事案件行使管辖权。根据《民事诉讼法》的规定，指定管辖的适用情形有三种：一是受移送的人民法院认为其对受移送的案件没有管辖权，应当报请上级人民法院指定管辖。二是有管辖权的人民法院由于特殊原因，不能行使管辖权，报上级人民法院指定管辖。三是人民法院之间因管辖权发生争议，由争议双方协商解决；协商解决不了的，应当逐级报请它们的共同上级人民法院指定管辖。发生管辖权争议的两个人民法院因协商不成报请它们的共同上级人民法院指定管辖时，双方为同属一个地、市辖区的基层人民法院的，由该地、市的中级人民法院及时指定管辖；同属一个省、自治区、直辖市的两个人民法院的，由该省、自治区、直辖市的高级人民法院及时指定管辖；双方为跨省、自治区、直辖市的人民法院，高级人民法院协商不成的，由最高人民法院及时指定管辖。报请上级人民法院指定管辖时，应当逐级进行。对报请上级人民法院指定管辖的案件，下级人民法院应当中止审理。指定管辖裁定作出前，下级人民法院对案件作出判决、裁定的，上级人民法院应当在裁定指定管辖的同时，一并撤销下级人民法院的判决、裁定。

3. 管辖权转移

管辖权转移是指经上级人民法院的决定或同意，将某一案件的管辖权从原来有管辖权的法院转移至无管辖权的法院，使无管辖权的法院因此而取得管辖权。根据《民事诉讼法》的规定，管辖权转移有两种情形：一是向上转移，即上级人民法院有权决定将下级人民法院管辖的第一审民事案件由其审理；下级人民法院对其所管辖的第一审民事案件，认为需要由上级人民法院审理的，也可以报请上级人民法院审理。二是向下转移，即上级人民法院认为确有必要，可以将其管辖的第一审民事案件交下级人民法院审理，不过应当报请其上级人民法院批准。

(四) 管辖权异议

管辖权异议是指人民法院受理案件后，当事人依法提出该人民法院对本案无管辖权的主张。根据《民事诉讼法》的规定，人民法院受理案件后，当事人对管辖权有异议的，应当在提交答辩状期间提出。人民法院对当事人提出的异议，应当审查。异议成立的，裁定将案件移送有管辖权的人民法院；异议不成立的，裁定驳回。

第三节　民事诉讼程序

一、第一审普通程序

第一审普通程序是指人民法院审理第一审民事案件通常所适用的程序。第一审普通程序是相对于简易程序而言的。第一审普通程序具有三个显著的特征：一是程序的基础性。第一审普通程序是人民法院审理民事案件的基础程序，是第二审程序、审判监督程序等其他程序启动的基础。二是程序的完整性。《民事诉讼法》中对第一审普通程序的各个阶段规定得最系统、最完整。三是程序适用的广泛。这一程序不仅适用于各级人民法院审理的第一审普通程序，而且在人民法院适用简易程序、第二审程序和审判监督程序等其他程序审理案件时，《民事诉讼法》没有特别规定的，应当比照适用第一审普通程序的有关规定。

(一) 起诉与受理

1. 起诉

起诉是指民事主体认为自己享有的或者依法由自己管理、支配的民事权益受到侵害，或者与他人发生争议，以自己的名义要求人民法院通过审判予以司法保护的诉讼行为。民事诉讼奉行“不告不理”的原则，即没有人起诉，则人民法院不会主动启动民事诉讼程序。因此，起诉是民事诉讼程序开始的前提条件。根据《民事诉讼法》的规定，起诉必须符合下列条件：①原告是与本案有直接利害关系的自然人、法人和其他组织。②有明确的被告。③有具体的诉讼请求和事实、理由。④属于人民法院受理民事诉讼的范围和受诉人民法院管辖。

起诉的方式有两种：一是书面方式，即向人民法院递交起诉状，并按照被告人数提出副本。二是口头方式，即书写起诉状确有困难的，可以口头起诉，由人民法院记入笔录，并告知对方当事人。书面起诉方式是原则，口头起诉方式是例外。

2. 受理

受理是指人民法院对原告的起诉进行审查后，认为符合法定条件的，决定立案审理的诉讼行为。根据《民事诉讼法》的规定，人民法院应当保障当事人依照法律规定享有的起诉权利。原告起诉后，人民法院经审查认为符合起诉条件的，应当在 7 日内立案，并通知当事人；认为不符合起诉条件的，应当在 7 日内作出裁定书，不予受理；原告对裁定不服的，可以提起上诉。

（二）审理前的准备

根据《民事诉讼法》的规定，人民法院在开庭审理前的准备工作主要有以下内容。

（1）人民法院应当在立案之日起 5 日内将起诉状副本送达被告，被告应当在收到之日起 15 日内提出答辩状。被告提出答辩状的，人民法院应当在收到之日起 5 日内将答辩状副本发送原告。

（2）人民法院对决定受理的案件，应当在受理案件通知书和应诉通知书中向当事人告知有关的诉讼权利和义务，或者口头告知。合议庭组成人员确定后，应当在 3 日内告知当事人。

（3）在开庭审理前，审判人员必须认真审核诉讼材料，调查收集必要的证据。人民法院派出人员进行调查时，应当向被调查人出示证件。调查笔录经被调查人校阅后，由被调查人、调查人签名或者盖章。

（4）人民法院发现必须共同进行诉讼的当事人没有参加诉讼的，应当通知其参加诉讼，以追加当事人。

（5）人民法院根据当事人的主张和案件审理情况，确定当事人应当提供的证据及其期限。当事人逾期提供证据的，将承担不利的法律后果。对案情比较复杂且证据材料较多的案件，人民法院应当组织当事人进行证据交换。

（6）在答辩期届满后、开庭审理之前，人民法院可以根据案件的需要召集庭前会议，以明确争议焦点，或者进行调解。

（7）人民法院对受理的案件，分别情形，选择审理案件适用的程序：①当事人没有争议，符合督促程序规定条件的，可以转入督促程序。②开庭前可以调解的，采取调解方式及时解决纠纷。③根据案件情况，确定适用简易程序或者普通程序。

（三）开庭审理

开庭审理，是指人民法院的审判人员在当事人和其他诉讼参与人的参加下，依照法定形式和程序，全面审查认定案件事实，并依法对案件进行裁判的诉讼活动。开庭审理是整个民事诉讼程序的中心环节。根据《民事诉讼法》的有关规定，开庭审理包括以下几个阶段。

1. 庭审准备

人民法院审理民事案件，应当在开庭 3 日前用传票传唤当事人，用通知书通知诉讼代理人、证人、鉴定人、勘验人、翻译人员等其他诉讼参与人到庭。公开审理的，应当在开庭 3 日前公告当事人姓名、案由和开庭的时间、地点。

2. 宣布开庭

开庭审理前，书记员应当查明当事人和其他诉讼参与人是否到庭，向全体诉讼参与人和旁听群众宣布法庭纪律。审判长宣布开庭，并核对当事人身份，宣布案由和审判人员、书记员名单，告知当事人有关的诉讼权利和义务，询问当事人是否提出回避申请。当事人提出回避申请的，人民法院应当依法处理。

3. 法庭调查

法庭调查按照下列顺序进行：①当事人陈述。②告知证人的权利和义务，证人作证，宣读未到庭的证人证言。③出示书证、物证、视听资料和电子数据。④宣读鉴定意见。⑤宣读勘验笔录。法庭调查结束前，审判长应当就法庭调查认定的事实和当事人争议的问题进行归纳总结。然后由审判长宣布法庭调查结束，进入法庭辩论阶段。

4. 法庭辩论

法庭辩论按照下列顺序进行：①原告及其诉讼代理人发言。②被告及其诉讼代理人答辩。③第三人及其诉讼代理人发言或者答辩。④互相辩论。

法庭辩论终结，由审判长按照原告、被告、第三人的先后顺序征询各方最后意见，并可以对案件进行调解，调解不成的，宣布休庭，庭审结束。

5. 合议庭评议

法庭辩论终结后，当事人不愿调解或者调解未能达成协议的，合议庭应当对案件及时进行评议。合议庭评议不公开进行，实行少数服从多数的原则。评议时由书记员制作评议笔录，少数意见应记入笔录。合议庭评议笔录须经合议庭全体成员签名后才有效。

6. 宣告判决

合议庭评议后，无论是公开审理或者不公开审理的案件，一律公开宣告判决。当庭宣判的，应当在10日内发送判决书；定期宣判的，宣判后立即发给判决书。宣告判决时，必须告知当事人上诉权利、上诉期限和上诉的法院。

(四) 审理期限

人民法院适用普通程序审理的案件，应当在立案之日起6个月内审结。有特殊情况需要延长的，由本院院长批准，可以延长6个月；还需要延长的，报请上级人民法院批准。

二、简易程序

简易程序是指基层人民法院及其派出法庭审理事实清楚、权利和义务关系明确、争议不大的简单的民事案件所适用的一种简便易行的诉讼程序。

(一) 简易程序的特点

(1) 起诉方式简便。对简单的民事案件，原告既可以书面起诉，也可以口头起诉。

(2) 审理日期可灵活确定。当事人双方可以同时到基层人民法院或者它派出的法庭，请求解决纠纷。基层人民法院或者它派出的法庭可以当即审理，也可以另定日期审理。

(3) 传唤方式简便。基层人民法院和它派出的法庭审理简单的民事案件，可以用简便方式随时传唤当事人、证人。

(4) 审判组织简单。简单的民事案件由审判员一人独任审理。

(5) 审理期限短。人民法院适用简易程序审理案件，应当在立案之日起3个月内审结。审理期限到期后，双方当事人同意继续适用简易程序的，由本院院长批准，可以延长审理期限。延长后的审理期限累计不得超过6个月。

人民法院适用简易程序审理案件过程中，发现案件不宜适用简易程序的，裁定转为普通程序。

（二）简易程序中的小额诉讼

根据《民事诉讼法》的规定，小额诉讼是指基层人民法院和它派出的法庭审理的标的额为各省、自治区、直辖市上年度就业人员年平均工资30％以下的简单民事案件的活动与程序。在小额诉讼程序的适用上，当事人没有选择权，由人民法院根据案件的性质、类型和情况决定。根据《最高人民法院关于适用〈中华人民共和国民事诉讼法〉的解释》第274条和275条的规定，下列金钱给付的案件，适用小额诉讼程序审理：买卖合同、借款合同、租赁合同纠纷；身份关系清楚，仅在给付的数额、时间、方式上存在争议的赡养费、抚育费、扶养费纠纷；责任明确，仅在给付的数额、时间、方式上存在争议的交通事故损害赔偿和其他人身损害赔偿纠纷；供用水、电、气、热力合同纠纷；银行卡纠纷；劳动关系清楚，仅在劳动报酬、工伤医疗费、经济补偿金或者赔偿金给付数额、时间、方式上存在争议的劳动合同纠纷；劳务关系清楚，仅在劳务报酬给付数额、时间、方式上存在争议的劳务合同纠纷；物业、电信等服务合同纠纷；其他金钱给付纠纷。下列案件，不适用小额诉讼程序审理：人身关系、财产确权纠纷；涉外民事纠纷；知识产权纠纷；需要评估、鉴定或者对诉前评估、鉴定结果有异议的纠纷；其他不宜适用一审终审的纠纷。同时，小额诉讼实行一审终审，当事人不得上诉。

三、公益诉讼与第三人撤销之诉

公益诉讼与第三人撤销之诉是2012年修订《民事诉讼法》时新增加的内容，也是2017年《民事诉讼法》重点修订的内容。虽然人民法院应当按照通常诉讼程序审理这两类诉讼案件，但与通常的民事案件相比，这两类诉讼又有特别之处。

1. 公益诉讼

公益诉讼是指对损害国家和社会公共利益的违法行为，由法律规定的国家机关或组织向人民法院提起诉讼的制度。我国《民事诉讼法》第55条第1款规定，对污染环境、侵害众多消费者合法权益等损害社会公共利益的行为，法律规定的机关和有关组织可以向人民法院提起诉讼。在2017年《民事诉讼法》修订中，“法律规定的机关”开始包括人民检察院，检察公益诉讼制度得以明确。根据《民事诉讼法》第55条第2款的规定，人民检察院在履行职责中发现破坏生态环境和资源保护、食品药品安全领域侵害众多消费者合法权益等损害社会公共利益的行为，在没有法律规定的其他机关和组织或者法律规定的其他机关和组织不提起诉讼的情况下，可以向人民法院提起诉讼。法律规定的其他机关或者组织提起诉讼的，人民检察院可以支持起诉。

2. 第三人撤销之诉

第三人撤销之诉是指因不能归责于本人的事由未参加诉讼，但有证据证明发生法律效力的判决、裁定、调解书的部分或者全部内容错误，损害其民事权益的，其可以请求法院撤销或改变原生效判决、裁定、调解书中对其不利部分的诉讼程序。第三人撤销之诉的原告是提起撤销之诉的第三人，被告是生效判决、裁定、调解书的双方当事人。提起撤销之诉的第三人可以自知道或者应当知道其民事权益受到损害之日起6个月内，向作出生效判决、裁定、调解书的人民法院提起诉讼。人民法院经审理，诉讼请求成立的，应当改变或者撤销原判决、裁定、调解书；诉讼请求不成立的，驳回诉讼请求。

四、第二审程序

第二审程序又称上诉审程序，是指民事诉讼的当事人不服第一审人民法院作出的未发生法律效力的裁判而在法定期限内向上一级人民法院提起上诉，第二审人民法院对案件进行审理的程序。

根据《民事诉讼法》的规定，当事人不服地方人民法院第一审判决的，有权在判决书送达之日起15日内向上一级人民法院提起上诉。当事人不服地方人民法院第一审裁定的，有权在裁定书送达之日起10日内向上一级人民法院提起上诉。

第二审人民法院应当对上诉请求的有关事实和适用法律进行审查。第二审人民法院对上诉案件，应当组成合议庭，开庭审理。经过阅卷、调查和询问当事人，对没有提出新的事实、证据或者理由，合议庭认为不需要开庭审理的，可以不开庭审理。第二审人民法院审理上诉案件，可以在本院进行，也可以到案件发生地或者原审人民法院所在地进行。

第二审人民法院对上诉案件，经过审理，按照下列情形，分别处理。

(1) 原判决、裁定认定事实清楚，适用法律正确的，以判决、裁定方式驳回上诉，维持原判决、裁定。

(2) 原判决、裁定认定事实错误或者适用法律错误的，以判决、裁定方式依法改判、撤销或者变更。

(3) 原判决认定基本事实不清的，裁定撤销原判决，发回原审人民法院重审，或者查清事实后改判。

(4) 原判决遗漏当事人或者违法缺席判决等严重违反法定程序的，裁定撤销原判决，发回原审人民法院重审。

原审人民法院对发回重审的案件作出判决后，当事人提起上诉的，第二审人民法院不得再次发回重审。

第二审法院审理对判决的上诉案件，应当在第二审立案之日起3个月内审结；有特殊情况需要延长的，由本院院长批准。第二审法院审理对裁定的上诉案件，应当在第二审立案之日起30日内作出终审裁定；有特殊情况需要延长审限的，由本院院长批准。

五、审判监督程序

审判监督程序又称为再审程序，是指对已经发生法律效力的判决、裁定和调解书，人民法院认为确有错误，依照法律规定，对案件再行审理的程序。根据《民事诉讼法》的规定，审判监督程序的开始，既可以基于人民法院行使审判监督权而引起，也可以基于人民检察院行使检察监督权而引起，还可以由当事人或者案外人行使申请再审权而引起。

人民法院按照审判监督程序再审的案件，发生法律效力的判决、裁定是由第一审法院作出的，按照第一审程序审理，所作的判决、裁定，当事人可以上诉；发生法律效力的判决、裁定是由第二审法院作出的，按照第二审程序审理，所作的判决、裁定，是发生法律效力的判决、裁定；上级人民法院按照审判监督程序提审的，按照第二审程序审理，所作的判决、裁定是发生法律效力的判决、裁定。人民法院审理再审案件，应当另行组成合议庭。

六、督促程序

督促程序是指人民法院根据债权人要求债务人给付金钱和有价证券的申请，向债务人发出支付令，催促债务人在法定期限内向债权人清偿债务的法律程序。根据《民事诉讼法》的规定，债权人请求债务人给付金钱、有价证券，符合下列条件的，可以向有管辖权的基层人民法院申请支付令：①债权人与债务人没有其他债务纠纷的。②支付令能够送达债务人的。申请书应当写明请求给付金钱或者有价证券的数量和所根据的事实、证据。债权人提出申请后，人民法院应当在5日内通知债权人是否受理。

人民法院受理申请后，经审查债权人提供的事实、证据，对债权债务关系明确、合法的，应当在受理之日起15日内向债务人发出支付令；申请不成立的，裁定予以驳回。债务人应当自收到支付令之日起15日内清偿债务，或者向人民法院提出书面异议。债务人在法律规定的期间不提出异议又不履行支付令的，债权人可以向人民法院申请执行。人民法院收到债务人提出的书面异议后，经审查，异议成立的，应当裁定终结督促程序，支付令自行失效。支付令失效的，转入诉讼程序，但申请支付令的一方当事人不同意提起诉讼的除外。

七、公示催告程序

公示催告程序是指人民法院根据申请人的申请，将申请的票据以公示的方式，催告不明的利害关系人在指定期限内申报权利，如果逾期无人申报，根据申请人的申请，依法作出除权判决，宣告票据失权的一种非讼程序。根据《民事诉讼法》的规定，按照规定可以背书转让的票据持有人，因票据被盗、遗失或者灭失，可以向票据支付地的基层人民法院申请公示催告，依照法律规定可以申请公示催告的其他事项，适用公示催告程序。

申请人应当向人民法院递交申请书，写明票面金额、发票人、持票人、背书人等票据主要内容和申请的理由、事实。

人民法院决定受理申请，应当同时通知支付人停止支付，并在3日内发出公告，催促利害关系人申报权利。公示催告的期间，由人民法院根据情况决定，但不得少于60日，且公示催告期间届满日不得早于票据付款日后15日。支付人收到人民法院停止支付的通知，应当停止支付，至公示催告程序终结。公示催告期间，转让票据权利的行为无效。

利害关系人应当在公示催告期间向人民法院申报权利。人民法院收到利害关系人的申报后，应当裁定终结公示催告程序，并通知申请人和支付人。申请人或者申报人可以向人民法院起诉。在申报权利的期间无人申报权利，或者申报被驳回的，申请人应当自公示催告期间届满之日起1个月内申请人民法院作出判决。逾期不申请判决的，终结公示催告程序。提出申请的，人民法院应当根据申请人的申请，作出判决，宣告票据无效。判决应当公告，并通知支付人。自判决公告之日起，申请人有权向支付人请求支付。

利害关系人因正当理由不能在判决前向人民法院申报的，自知道或者应当知道判决公告之日起1年内，可以向作出判决的人民法院起诉，请求法院撤销除权判决。

八、执行程序

(一) 概述

民事执行是指人民法院的执行机构依照法定程序，强制被执行人履行发生法律效力的民事法律文书所确定的义务，以实现申请执行人的合法权益的诉讼活动。

根据《民事诉讼法》的规定，发生法律效力的民事判决、裁定，以及刑事判决、裁定中的财产部分，由第一审人民法院或者与第一审人民法院同级的被执行的财产所在地人民法院执行。法律规定由人民法院执行的其他法律文书，由被执行人住所地或者被执行的财产所在地人民法院执行。对于生效裁判，当事人必须履行。一方拒绝履行的，对方当事人可以向人民法院申请执行，也可以由审判员移送执行员执行。调解书和其他应当由人民法院执行的法律文书，当事人必须履行。一方拒绝履行的，对方当事人可以向人民法院申请执行。

申请执行的期间为 2 年。执行员接到申请执行书或者移交执行书，应当向被执行人发出执行通知，并可以立即采取强制执行措施。

(二) 执行措施

执行措施，是指在被执行人未按执行通知履行法律文书确定的义务时，人民法院依照法定程序，强制执行生效法律文书的方法和手段。人民法院采取的执行措施主要有以下几种。

(1) 被执行人应当报告当前以及收到执行通知之日前 1 年的财产情况。被执行人拒绝报告或者虚假报告的，人民法院可以根据情节轻重对被执行人或者其法定代理人、有关单位的主要负责人或者直接责任人员予以罚款、拘留。

(2) 人民法院有权向有关单位查询被执行人的存款、债券、股票、基金份额等财产情况，并根据不同情形扣押、冻结、划拨、变价被执行人的财产。人民法院查询、扣押、冻结、划拨、变价的财产不得超出被执行人应当履行义务的范围。人民法院决定扣押、冻结、划拨、变价财产，应当作出裁定，并发出协助执行通知书，有关单位必须办理。

(3) 人民法院有权扣留、提取被执行人应当履行义务部分的收入。但应当保留被执行人及其所扶养家属的生活必需费用。人民法院扣留、提取收入时，应当作出裁定，并发出协助执行通知书，被执行人所在单位、银行、信用合作社和其他有储蓄业务的单位必须办理。

(4) 人民法院有权查封、扣押、冻结、拍卖、变卖被执行人应当履行义务部分的财产。但应当保留被执行人及其所扶养家属的生活必需品。采取前述措施，人民法院应当作出裁定。

(5) 被执行人不履行法律文书确定的义务，并隐匿财产的，人民法院有权由院长签发搜查令，对被执行人及其住所或者财产隐匿地进行搜查。

(6) 有关单位持有法律文书指定交付的财物或者票证的，应当根据人民法院的协助执行通知书转交，并由被交付人签收。有关自然人持有该项财物或者票证的，人民法院通知其交出。拒不交出的，强制执行。

(7) 强制迁出房屋或者强制退出土地，由法院院长签发公告，责令被执行人在指定期间履行。被执行人逾期不履行的，由执行员强制执行。

(8) 人民法院可以强制执行或者委托有关单位或者其他人完成被执行人未履行的法律文书指定的行为，费用由被执行人承担。

(9) 被执行人未按判决、裁定和其他法律文书指定的期间履行给付金钱义务的，应当加倍支付迟延履行期间的债务利息。被执行人未按判决、裁定和其他法律文书指定的期间履行其他义务的，应当支付迟延履行金。

(10) 被执行人不履行法律文书确定的义务的，人民法院可以对其采取或者通知有关单位协助采取限制出境，在征信系统记录、通过媒体公布不履行义务信息，限制甚至禁止其以自己的财产进行某些种类的消费行为以及法律规定的其他措施。

(三) 执行中止

执行中止是指在执行过程中，由于出现法定事由而暂时停止执行程序，待该事由消除后再恢复执行程序的制度。有下列情形之一的，人民法院应当裁定中止执行：申请人表示可以延期执行的；案外人对执行标的提出确有理由的异议的；作为一方当事人的自然人死亡，需要等待继承人继承权利或者承担义务的；作为一方当事人的法人或者其他组织终止，尚未确定权利和义务承受人的；案件已经按照审判监督程序提审或再审的；人民法院已受理以被执行人为债务人的破产申请的；被执行人确无财产可供执行的；执行的标的物是其他法院或仲裁机构正在审理的案件争议标的物，需要等待该案件审理完毕确定权属的；一方当事人申请执行仲裁裁决，另一方当事人申请撤销仲裁裁决的；仲裁裁决的被申请执行人请求不予执行，并提供适当担保的；人民法院认为应当中止执行的其他情形。

(四) 执行终结

执行终结是指在执行过程中，由于发生某些特殊情况，执行程序不可能或没有必要继续进行，从而结束执行程序的制度。有下列情形之一的，人民法院裁定终结执行：①申请人撤销申请的。②据以执行的法律文书被撤销的。③作为被执行人的自然人死亡，无遗产可供执行，又无义务承担人的。④追索赡养费、扶养费、抚育费案件的权利人死亡的。⑤作为被执行人的自然人因生活困难无力偿还借款，无收入来源，又丧失劳动能力的。⑥人民法院认为应当终结执行的其他情形。

主要参考文献

[1] 刘映春,缪树蕾.经济法概论[M].6版.北京:中国人民大学出版社,2020.
[2] 李昌麒.经济法学[M].北京:中国政法大学出版社,2007.
[3] 杨紫烜,徐杰.经济法学[M].北京:北京大学出版社,2001.
[4] 杨紫烜.经济法[M].5版.北京:北京大学出版社,高等教育出版社,2015.
[5] 刘隆亨.经济法概论[M].6版.北京:北京大学出版社,2005.
[6] 肖钢.行政经济法论[M].北京:国防科技大学出版社,2007.
[7] 漆多俊.经济法基础理论[M].武汉:武汉大学出版社,2000.
[8] 张晓林.市场经济与依法行政[M].北京:法律出版社,1999.
[9] 张守文.经济法理论的重构[M].北京:人民出版社,2004.
[10] 黄薇.中华人民共和国民法典释义及适用指南[M].北京:中国民主法制出版社,2020.
[11] 最高人民法院民法典贯彻实施工作领导小组.中华人民共和国民法典总则编理解与适用(上下)[M].北京:人民法院出版社,2020.
[12] 国家统一法律职业资格考试辅导用书编辑委员会.2020年国家统一法律职业资格考试辅导用书(第三卷)[M].北京:法律出版社,2020.
[13] 王利明,杨立新,王轶,程啸.民法学[M].5版.北京:法律出版社,2017.
[14] 最高人民法院民法典贯彻实施工作领导小组.中华人民共和国民法典物权编理解与适用(上下)[M].北京:人民法院出版社,2020.
[15] 李磊明.物权债权冲突解决机制研究[M].北京:法律出版社,2012.
[16] 刘家安.物权法论[M].2版.北京:中国政法大学出版社,2015.
[17] 张永健.物权法之经济分析:所有权[M].北京:北京大学大学出版社,2019.
[18] 梁慧星,陈华彬.物权法[M].7版.北京:法律出版社,2020.
[19] 中国审判理论研究会民事审判理论专业委员会.民法典物权编条文理解与司法适用[M].北京:法律出版社,2020.
[20] 宋纪连,徐青英,郭艺蓓.物权与生活[M].上海:上海人民出版社,2016.
[21] 李永军.债权法[M].北京:北京大学出版社,2016.
[22] 黄茂荣.债法通则之四:无因管理与不当得利[M].厦门:厦门大学出版社,2019.
[23] 国务院法制办公室.中华人民共和国物权法[M].北京:中国法制出版社,2008.
[24] 李石山,江安亚,唐义虎.物权法原理[M].北京:北京大学出版社,2008.
[25] 唐德华.物权法解析与适用[M].北京:中国民主法制出版社,2007.
[26] 孙宪忠.中国物权法总论[M].2版.北京:法律出版社,2009.
[27] 王利明.物权法研究[M].北京:中国人民大学出版社,2007.
[28] 曹士兵.中国担保制度与担保法[M].北京:中国法制出版社,2007.

[29] 贺小电,唐吉凯.担保合同案例评析[M].北京:知识产权出版社,2004.
[30] 刘保玉.担保法疑难问题研究与立法完善[M].北京:法律出版社,2006.
[31] 宋宗宁,温长煌.担保法教程[M].北京:法律出版社,2009.
[32] 徐海燕.英美担保法[M].北京:对外经贸大学出版社,2006.
[33] 孙鹏.担保法精要与依据指引[M].北京:北京大学出版社,2011.
[34] 房绍坤.物权法用益物权编[M].北京:中国人民大学出版社,2007.
[35] 梁慧星.民法总论[M].4版.北京:法律出版社,2011.
[36] 王泽鉴.债法原理[M].北京:北京大学出版社,2009.
[37] 杨立新.债法总论[M].北京:高等教育出版社,2009.
[38] 郑成思.知识产权论[M].3版.北京:法律出版社,2007.
[39] 吴汉东.知识产权法[M].5版.北京:中国政法大学出版社,2009.
[40] 刘春田.知识产权法[M].3版.北京:中国人民大学出版社,2008.
[41] 王迁.知识产权法教程[M].6版.北京:中国人民大学出版社,2019.
[42] 张玉敏.知识产权法学[M].3版.北京:法律出版社,2017.
[43] 石少侠.公司法教程[M].北京:中国政法大学出版社,2006.
[44] 范健,王建文.公司法[M].3版.北京:法律出版社,2011.
[45] 谢俊林.中国破产法律制度专论[M].北京:人民法院出版社,2005.
[46] 最高人民法院民法典贯彻实施工作领导小组.中华人民共和国民法典合同编理解与适用(一、二)[M].北京:人民法院出版社,2020.
[47] 胡康生.中华人民共和国合同法释义[M].北京:法律出版社,2009.
[48] 崔建远.合同法[M].5版.北京:法律出版社,2010.
[49] 高圣平.物权法担保物权编[M].北京:中国人民大学出版社,2007.
[50] 郭明瑞.担保法[M].北京:法律出版社,2010.
[51] 王明锁.票据法[M].北京:法律出版社,2007.
[52] 邢会强.证券法学[M].6版.北京:中国人民大学出版社,2020.
[53] 邢会强.证券法一本通:中华人民共和国证券法总成[M].北京:法律出版社,2019.
[54] 曹凤岐.从审核制到注册制:新《证券法》的核心与进步[J].金融论坛,2020(04).
[55] 田宇,李小健.证券法:焕然一新亮点纷呈[J].中国人大,2020(03).
[56] 朱宁宁.新证券法有哪些"新意"[J].法人,2020(01).
[57] 邓建平.新《证券法》的五大亮点[J].财会月刊,2020(06).
[58] 李晔.新《证券法》如何强化信息披露[J].金融博览,2020(04).
[59] 何海锋.新《证券法》如何强化投资者保护[J].金融博览,2020(04).
[60] 何玲,孟佳惠.新证券法将大幅提高违法成本[J].中国信用,2020(01).
[61] 陈培爱.中外广告史——站在当代视角的全面回顾[M].2版.北京:中国物价出版社,2001.
[62] 中国注册会计师协会.税法[M].北京:中国财政经济出版社,2020.
[63] 张建华,李正华,邓雪兰.新编税法实务与会计处理[M].2版.上海:立信会计出版社,2008.
[64] 黄进,宋连斌,徐前权.仲裁法学[M].3版.北京:中国政法大学出版社,2007.
[65] 杨秀清,史飚.仲裁法学[M].厦门:厦门大学出版社,2007.
[66] 常怡.民事诉讼法学[M].6版.北京:中国政法大学出版社,2008.